U0895618

红楼梦

精华笺证

文化艺術出版社
Culture and Art Publishing House

本书由
澳门大学
先秦诸子与古典学
项目资助

作者简介

杨义

1946年8月生，广东省电白县万寿口村人。文学博士，中国社会科学院学部委员，文学研究所研究员，博士生导师，国家级有突出贡献专家，国家社科基金重大项目首席专家。1998—2009年，任中国社会科学院文学研究所所长、民族文学研究所所长，《文学评论》和《文学年鉴》主编，全国“格萨尔领导小组”组长。曾任中国鲁迅研究会会长，澳门大学讲座教授。学术研究从中国现代文学起步，后转向中国古典文学、叙事学、文学地理学及先秦诸子学，出版著作68余种，2500万字；主编书籍20种70余册，发表论文500余篇。主要著作有《中国现代小说史》《二十世纪中国文学图志》《中国古典小说史论》《中国叙事学》《中国古典文学图志》《文学地理学会通》，及诸子还原系列《老子还原》《庄子还原》《墨子还原》《韩非子还原》《论语还原》105万字、《兵家还原》6卷180万字等。曾荣获国家图书奖、中国图书奖、中国社会科学院优秀成果奖、全国优秀博士论文导师奖等，《论语还原》获中国社会科学院第十届科研著作一等奖。

笺红弁言

《红楼梦》是横空出世的文化圣典、文学昆仑，是以洞察人心人性的如实描写，出入于神话幻境的空幻，进而圣乎其文的旷世经典。昆仑代表着中国神话文化上可通天，下又发源黄河的祖源文化系统，用来形容《红楼梦》，就是要沟通它的文化本源和文化血脉，揭示它是博大精深的中国文化绽放出来的奇葩。《红楼梦》原始名字是《石头记》，这在中国小说的命名上蕴涵最为深厚精湛，起码有三重意义，一是石头作记，二是石头留记，三是石头被记，呈现出元叙事的复调形态。因女娲为了补天，炼成三万六千五百块石头，又多出一块无材补天的顽石，它不去补地济世，却去补恨海情天，被一僧一道缩成扇坠大小的鲜明莹洁的美玉，携带到那昌明隆盛之邦，诗礼簪缨之族，花柳繁华地，温柔富贵乡。这块幻形入世的通灵宝玉，被贵族中国的异样子弟贾宝玉衔在口中来到人世，经历了家族的衰落、爱情的磨难、群芳的流散，尤其是刻骨铭心的绛珠还泪，在绝望的痛苦中超脱了悟，遁入佛门。所有这些家族人世经历，以人书与天书结合的审美方式，记录成了“石上书”。“石上书”是何等结实而奇幻的想象。又不知过了几世几劫，空空道人将石上书抄录问世。曹雪芹于悼红轩中，披阅十载，增删五次。于是从天上看人间的《石头记》，被修改成从人间看天上的《红楼梦》。天上看人间为“记”，人间看天上成“梦”。记是深切的，梦是玄幻的，玄幻因深切而根基牢固，深切因玄幻而哲思清奇。这就是甲戌本脂评所说：“况又有‘美中不足，好事多魔’八个字紧相连属，瞬息间则又乐极悲生、人非物换，究竟是到头一梦，万境归空”，这“四句乃一部之总纲”。作记者的石头，植根于中国古人自然崇拜中的石头崇拜，又是女娲炼石补天闰余一石为怡红公子衔在口中降生的命根子。石头崇拜，是中国文化的原始崇拜，联系着女娲炼石补天、大禹治水的启母石和天地长子雷公由石卵而诞生。做梦所在的红楼，是贾宝玉的居处怡红院绛芸轩，联系着绛珠仙子，也联系着曹雪芹在其中“披阅十载，增删五次”的悼红轩。因而所谓红楼之梦，是在悼红轩的曹雪芹、在绛芸轩的贾宝玉和弃置在青埂峰下的石头一道书写的天人之书，一部充满玄思梦幻的人生忏悔录。

对于这部以“人书 — 天书”为审美本质的书，清人的《京都竹枝词》说：“闲谈不说《红楼梦》，读尽诗书是枉然。”枉然的意思是徒劳无功，浪费时间，得不到任何收获。为什么写了这么一首极而言之的竹枝词？这是由于《红楼梦》一出，中国文学经典的格局便发生了根本性的变化，只有重新从经典的顶端审视和理解全部经典，才能认识中国文学的本体特征和根本意义。由于《红楼梦》对其他文学作品的这种优势，到了近代竟出现了一门成就斐然的叫作“红学”的显学。至于“红学”的得名，清人徐珂《清稗类钞》三十五《诙谐类》记载：“曹雪芹所撰《红楼梦》一书，风行久矣，士大夫有习之者，称为‘红学’。而嘉、道两朝，则以讲求经学为风尚。朱子美尝讪笑之，谓其穿凿附会，曲学阿世也。独嗜说部书，曾寓目者几九百种，尤熟精《红楼梦》，与朋辈闲话，辄及之。一日，有友过访，语之曰：‘君何不治经？’朱曰：‘予亦攻经学，第与世人所治之经不同耳。’友大诧，朱曰：‘予之经学，所少于人者，一画三曲也。’友瞠目。朱曰：‘红学耳。’”[1]“紅”字比“經”字，少了“一横三曲”，这就由传统的经学转型为新生的"红学"。这条材料被均耀录入《慈竹居零墨》，发表在1914年第8期《文艺杂志》，广为传播，"红学"一词就成了《红楼梦》研究的专名。

五四新文化运动中，胡适创立了新红学。百年新红学，解读着言说不尽的一部大书。称红学为显学，是由于显学是社会上处于显赫地位的热点学科、学说、学派，正如《韩非子·显学篇》所云："世之显学，儒、墨也。儒之所至，孔丘也。墨之所至，墨翟也。"秦汉以后的历史表明，儒家成为长久的显学，墨家却成了中断的显学。由此可知，显学的发展，必须归于正。反思起来，红学这门显学，假如显在版本和曹学，在满足于根基的深厚之时，要避免显中有偏。这就要由偏归正，走上发展的正道。班固《东都赋》说："既闻正道，请终身而诵之。"追求研究志趣的正道，是终身践履的事业。《红楼梦》第四十九回香菱写了一首《咏月》诗，有句云"精华欲掩料应难，影自娟娟魄自寒"，众人看了笑说："这首不但好，而且新巧有意趣。"因此需要的不是掩饰、埋没《红楼梦》的精华，而是要阐释、发扬《红楼梦》的精华，故此有必要对《红楼梦》的精华做出探源溯流式的笺证。

探源溯流笺证精华，是艰难而又富有诱惑力的学术文化工程。即便是谪仙人李白，也感慨于"大道如青天，我独不得出"，但他还是呼唤着"多歧路，今安在？长风破浪会有时，直挂云帆济沧海"。李白讲究"独出"，红学应该以"独出"的原创精神，直挂云帆，长风破浪，从正道上开拓出浩渺苍茫的学理沧海。因而要对《红楼梦》"抽揭精华，批导窾郤"，揭示其天工人巧，解读其苦心孤诣。这就需要由细读文本出发，从三个方面用力：第一，通解《红楼梦》与整个中国文化之根本的关系也就是文化脐带的关

❶（清）徐珂：《清稗类钞》，中华书局1984年版，第1792页。

系，比如与经学、子学、佛学的关系，并且对原始神话与诗化神话（由亚神话提升为超神话）进行疏解。值得注意的是，全书不彰显地狱，却彰显太虚幻境，以始见于《庄子》的“太虚”来建构它的宇宙模式。这就超越了因果报应的地狱恐怖，而在诗化哲学中尽情咀嚼生存的价值。同时还要对晚明清初的小说戏剧的文化脉络进行清理，包括比高鹗续书早四十年的《儒林外史》的范进与贾宝玉一样也中了第七名举人的微妙联系，两位“第七名举人”，一进入名利场，一皈依佛门，这是以解构的方式重构天人之学；还可以考察从女娲补天到红楼群芳的女儿情结的渊源，木石前盟与巫山瑶姬精魂为草的牵连，直至考察全书整体的环形结构，完成一个伟大的“中国圆”。第二，通解《红楼梦》重大关节与民俗信仰的关系，比如与几乎可以左右清代王朝命运的天花禁忌以及跟家族荣衰息息相关的曹家的奶妈崇尚的关系，鬼神文化与世情书的关系，戏剧曲艺在政治社会结构上的边缘地位及其在民间文化心理上的中心地位的关系，还可以通过刘姥姥的进出大观园，检讨贵族世家衰落过程中农村对于城市的价值。第三，通解《红楼梦》深层叙事的学理，这就是甲戌本眉批所言：“事则实事，然亦叙得有间架，有曲折，有顺逆，有映带，有隐有见，有正有闰，以致草蛇灰线，空谷传声，一击两鸣，明修栈道，暗度陈仓，云龙雾雨，两山对峙，烘云托月，背面傅粉，千皴万染诸奇。书中之秘法，亦不复少。”这种“叙事秘法”衍化出文武张弛之道，文化空间设置，布局落子的神机，影之影、镜中人的意象玄幻，称谓与身份错综，尤其融会了小说与建筑、绘画、戏曲、兵书的多重智慧，直指“天书 — 人书”互动互参的叙事精髓。《红楼梦》由此成为中国叙事原则集大成的经典。把握上述三个基本点，就把握了一般的红学研究鲜有把握的文化深层意蕴，这样才能在实质意义上建构现代中国《红楼梦》研究的学理体系和话语体系，发出中国原创的声音。这样才真正对得起《红楼梦》所谓“标题诗”的期待：“满纸荒唐言，一把辛酸泪。都云作者痴，谁解其中味！”以荒唐言包裹着辛酸泪，泪里有社会史、家族史、人生史的百般辛酸，言中有神话学、宗教学、审美学的透顶荒唐，它们之间绵密精彩的结合，展示了贵族中国衰落崩溃时代百科全书式的人文图册和人物画卷。这就把《红楼梦》的伟大，还原到“天书”与“人书”相结合的旷世无双的审美特质之中。读《红楼梦》不能止步于读故事，而要取精用宏地读文化，唯此才能读到它的精髓。

目录

第一回

甄士隐梦幻识通灵 贾雨村风尘怀闺秀

此开卷第一回也。作者自云：因曾历过一番梦幻之后，故将真事隐去，而借“通灵”之说，撰此《石头记》一书也，故曰“甄士隐”云云。

笺证

《红楼梦》的原始书名《石头记》，真是给书命名的一绝，意义精深幽邃。第一回就开宗明义，作者自云：“因曾历过一番梦幻之后，故将真事隐去，而借‘通灵’之说，撰此《石头记》一书也。”这就将全书的基本意蕴植根于中国古人自然崇拜中的石头崇拜，富有本体蕴涵和象征价值。其一，石头崇拜联系着女娲炼五色石补天的创世神话。《淮南子·览冥训》：“往古之时，四极废，九州裂，天不兼覆，地不周载。火爁焱而不灭，水浩洋而不息。猛兽食颛民，鸷鸟攫老弱。于是女娲炼五色石以补苍天，断鳌足以立四极，杀黑龙以济冀州，积芦灰以止淫水。苍天补，四极正，淫水涸，冀州平，狡虫死，颛民生。背方州，抱圆天。和春阳夏，杀秋约冬，枕方寝绳，阴阳之所壅沈不通者，窍理之；逆气戾物，伤民厚积者，绝止之。当此之时，卧倨倨，兴眄眄，一自以为马，一自以为牛，其行蹎蹎，其视瞑瞑，侗然皆得其和，莫知所由生，浮游不知所求，魍魉不知所往。当此之时，禽兽蝮蛇，无不匿其爪牙，藏其螫毒，无有攫噬之心。考其功烈，上际九天，下契黄垆，名声被后世，光晖重万物。乘雷车，服驾应龙，骖青虬，援绝瑞，席萝图，黄云络，前白蟜，后奔蛇，浮游消摇，道鬼神，登九天，朝帝于灵门，宓穆休于太祖之下。然而不彰其功，不扬其声，隐真人之道，以从天地之固然。何则？道德上通，而智故消灭也。”女娲是最能为宇宙人类除灾造福、整顿乾坤的创世主。《红楼梦》就是从女娲炼石补天的神话讲起的。其二，石头崇拜联系着中华民族治理洪水的神话传说，洪水神话关联着人类蒙昧时期的生存发展。宋洪兴祖《楚辞补注》卷三解释《天问》“禹之力献功，降省下土四方，焉得彼涂山女，而通之于台桑”，引《淮南子》曰：“禹治鸿水，通轘辕山，化为熊，谓涂山氏曰：‘欲饷，闻鼓声乃来。’禹跳石，误中鼓，涂山氏往，见禹方作熊，惭而去。至嵩高山下，化为石，方生启。禹曰：‘归我子。’石破北方而启生。”[1] 这种与民族原型传说大禹治水相联系的石头崇拜，隐含着生殖崇拜。河南嵩山南麓的万岁峰下至今犹存启母石。安徽省蚌埠市涂山之阳，也有启母石如慈祥的妇人端坐于山崖之上。

其二，另一个“从石头里蹦出来神奇生命”的著名神话故事，见于《西游记》第一回“灵根育孕源流出　心性修持大道生”：“那座（花果）山正当顶上，有一块仙石。其石有三丈六尺五寸高，有二丈四尺围圆。三丈六尺五寸高，按周天三百六十五度。二丈四尺围圆，按政历二十四气。上有九窍八孔，按九宫八卦。四面更无树木遮阴，左右倒有芝兰相衬。盖自开辟以来，每受天真地秀，日精月华，感之既久，遂有灵通之意。内育仙胞。一日迸裂，产一石卵，似圆球样大。因见风，化作一个石猴。五官俱备，四肢皆全。便就学爬学走，拜了四方。目运两道金光，射冲斗府。”[2] 这块石头蕴含着天真地秀，日精月华。所谓“其石有三丈六尺五寸高”，是对应周天之数。长沙马王堆帛书《五星占》第一章《木星》说：“东方木，其帝大浩〔昊〕，其丞句〔芒〕，其神上为岁星。

[1]（宋）洪兴祖：《楚辞补注》，中华书局1984年版，第97页。

[2]（明）吴承恩：《西游记》，人民文学出版社1980年版，第3页。

岁处一国，是司岁。岁星以正月与营室晨〔出东方，其名为摄提格。其明岁以二月与东壁晨出东方，其名〕为单阏。其明岁以三月与胃晨出东方，其名为执徐。其明岁以四月与毕晨〔出〕东方，其名为大荒〔落。其明岁以五月与东井晨出东方，其名为敦牂。其明岁以六月与柳〕晨出东方，其名为汁给〔协洽〕。其明岁以七月与张晨出东方，其名为芮□〔涒滩〕。其明岁〔以〕八月与轸晨出东方，其〔名为作噩〕〔作鄂〕。〔其明岁以九月与亢晨出东方，其名为阉茂〕。其明岁以十月与心晨出〔东方〕，其名为大渊献。其明岁以十一月与斗晨出东方，其名为困敦。其明岁以十二月与虚〔晨出东方，其名为赤奋若。其明岁以正月与营室晨出东方〕，复为摄提〔格，十二岁〕而周。皆出三百六十五日而夕入西方。”[3]这里以神秘的星占学方式表述周天之数。总结春秋战国时期医疗经验和理论知识，成书于汉代的《黄帝内经·素问》卷三说：“黄帝问曰：余闻天以六六之节，以成一岁，人以九九制会，计人亦有三百六十五节，以为天地久矣。不知其所谓也。岐伯对曰：昭乎哉问也，请遂言之。夫六六之节，九九制会者，所以正天之度、气之数也。天度者，所以制日月之行也。气数者，所以纪化生之用也。天为阳，地为阴。日为阳，月为阴。行有分纪，周有道理，日行一度，月行十三度而有奇焉。故大小月三百六十五日而成岁，积气余而盈闰矣。立端于始，表正于中，推余于终，而天度毕矣。”[4]中国古人认为天地大宇宙与人体小宇宙是相互应合的。《古历纬》及西汉《周髀算经》卷上，皆言周天三百六十五度四分度之一。《周易乾凿度》也说：“历以三百六十五日四分度之一为一岁，易以三百六十析，当期之日，此律历数也。”被英国李约瑟博士称为“中国科学史上的坐标”的北宋沈括《梦溪笔谈》卷八则把周天之数加以科学化：“历法，天有黄、赤二道，月有九道。此皆强名而已，非实有也。亦由天之有三百六十五度，天何尝有度，以日行三百六十五日而一期强为之度，以步日月五星行次而已。日之所由，谓之黄道。南北极之中度最均处，谓之赤道。月行黄道之南，谓之朱道。行黄道之北，谓之黑道。黄道之东，谓之青道。黄道之西，谓之白道。黄道内外各四，并黄道为九。日月之行，有迟有速，难可以一术御也，故因其合散，分为数段，每段以一色名之，欲以别算位而已。如算法用赤筹、黑筹，以别正、负之数。历家不知其意，遂以为实有九道，甚可嗤也。”[5]历代正史的《律历志》或《天文志》都重复周天三百六十五度有奇的说法。石卵所生的孙悟空，其石有三丈六尺五寸高，契合周天三百六十五度。再看《红楼梦》女娲补天的五色石数目，实在是深刻契合中国传统的周天思维。

其三，石头崇拜又联系着对天地神灵的崇拜。谚曰：“天上雷公最大，地上舅公最大。”雷公也是石卵所生。清初屈大均《广东新语》卷六《神语》：“雷州英榜山，有雷神庙。神端冕而绯，左右列侍天将，一辅髦者捧圆物色垩，为神之所始，盖鸟卵云。堂后又有雷神十二躯，以应十二方位，及雷公、电母、风伯、雨师像，其在堂复，则雷神之父陈氏鈇也。《志》称：陈时雷州人陈鈇无子，其业捕猎，家有九耳犬甚灵。凡将猎，卜诸犬耳。一耳动，则获一兽，动多则三四耳，少则一二耳。一日出猎，而九耳俱动，鈇大喜，以为必多得兽矣。既之野，有丛棘一区，九耳犬围绕不去。异之，得一巨卵径尺，携以归，雷雨暴作，卵开，乃一男子，其手有文，左曰雷，右曰州，有神人尝入室中乳哺，乡人以为雷种也，神之。天建三年，果为雷州刺史，名曰文玉。既没，神化大显，民因祀以为雷神。此事诞甚，然厥初生民，皆由气化，鳦卵吞于简狄，帝武感乎姜嫄，神圣之生，天必示之怪异，况雷于天地为长子。《易》曰：震，一索而得男。神生于霹雳，为天地始阳所孕，理诚有之。况雷与龙同体，其从龙而伏也则在山，从龙而起也则在田。雷者龙之声也，电者龙之光也。龙本卵生，故雷神亦卵生，卵不从天降而从地出，又所谓雷出地奋也。又雷与风牝牡也，雷风相薄，雷之精入于风之血，故卵生焉。卵得乾之初气，故为雷子。其生于雷州，则以雷州乃炎方尽地，瘴烟所结，阴火所熏，旧风薄之而不散，溟海荡之而不开，其骇气奔激，多鼓动而

[3]《中国天文学史文集》编辑组编：《中国天文学史文集》，科学出版社1978年版，第1—2页。

[4] 姚春鹏译注：《黄帝内经》，中华书局2010年版，第54页。

[5]（宋）沈括著，金良年、胡小静译：《梦溪笔谈全译》，上海古籍出版社2013年版，第82页。

为雷，崩轰砰嗑，倏忽不常，故雷神必生于雷州，以镇斯土而壁除灾害也。庙名灵震，创于陈，禋祀于伪南汉，赐王爵于宋，明初改称雷司，定祀上元，俾雷神子孙世守之。岁之二月，雷将大声，太守至庙为雷司开印。八月，雷将闭藏，太守至庙为雷司封印。六月二十四日，雷州人必供雷鼓以酹雷，祷而得雷公之墨，光莹如漆，则以治邪魅惊痫，及书讼牒得雷屑，或霹雳砧，则以辟婴儿惊以催产。霹雳砧一名雷公石，郁溪云：天地之初，雷起于地。中则起于水，过中则起于石。起于石，雷之最迅烈者，故曰介于石，不终日。介者，言乎雷起于石之介也。夏间雷雨骤发，多在午后，而皆不终日，是其验云。又邵子云：石为雷，而龙常生石中，龙之生即雷之生也。雷以石为胎，其起也破石而出，石迸散于人间，故为雷公之石也。”[6]雷是天地的长子，又与龙攀上亲缘，龙生石卵，雷也生石卵。石头崇拜，对接着民族原始的图腾。因此《石头记》作为《红楼梦》的初始书名，意义极其深邃。陈独秀为上海亚东图书馆1921年版《红楼梦》作《红楼梦新叙》时，在题目中《红楼梦》书名之后，夹注说：“我以为用《石头记》好些。”其说良有以也。

这种石头崇拜情结联系着人类文明的早期进程，联系着人类文明的发生学。人类的史前文明，最初是以木石作为工具，进行采集和狩猎，并保护自己的生存繁衍。木棍和石头是人类脱离原始动物性而进入文明初阶的实用而具有象征性的符码。北京西南周口店的“北京人”就使用石器和木棍猎取野兽，采集果子充饥。青铜时代以前的“石器时代”绵延二三百万年，约占人类历史的99%以上。对木石符码的进一步引申，又联系着《红楼梦》核心故事贾宝玉、林黛玉、薛宝钗的爱情与命运。所谓“木石前盟”是人类不忘文明初阶的见证。所谓“金玉良缘”，则是脱离文明初阶之后对财富积累的追求、对荣华富贵的趋慕。不可否认，《红楼梦》是借鉴过《金瓶梅》的，甚至可以说《红楼梦》是存在于大观园的诗意世界，跨出这个诗意世界就是芸芸众生的《金瓶梅》世俗世界，世俗大于诗意。但是《红楼梦》却借用这个诗意的世界，升华出极其精妙的形而上的哲理思辨，这是浑身沾满市井泥水的《金瓶梅》无法比拟的。从《金瓶梅》《红楼梦》二书来看，要了解社会心理情态和人的精神信仰，莫若读小说。

但书中所记何事何人？自又云："今风尘碌碌，一事无成，忽念及当日所有之女子，一一细考较去，觉其行止见识，皆出于我之上。何我堂堂须眉，诚不若彼裙钗哉？实愧则有馀，悔又无益之大无可如何之日也！当此，则自欲将已往所赖天恩祖德，锦衣纨袴之时，饫甘餍肥之日，背父兄教育之恩，负师友规训之德，以至今日一技无成、半生潦倒之罪，编述一集，以告天下人：我之罪固不免，然闺阁中本自历历有人，万不可因我之不肖，自护己短，一并使其泯灭也。虽今日之茅椽蓬牖，瓦灶绳床，其晨夕风露，阶柳庭花，亦未有妨我之襟怀笔墨者。虽我未学，下笔无文，又何妨用假语村言，敷演出一段故事来，亦可使闺阁昭传，复可悦世之目，破人愁闷，不亦宜乎？"故曰"贾雨村"云云。

此回中凡用"梦"用"幻"等字，是提醒阅者眼目，亦是此书立意本旨。

❻（清）屈大均著，李育中等注：《广东新语注》，广东人民出版社1991年版，第179—180页。

笺证

所谓凡用"梦"用"幻"等字，是提醒阅者眼目，亦是此书立意本旨，这就在第一回中将《红楼梦》与佛教理念关联起来，梦、幻二字是通向佛境的路径。梦幻是佛教的基本理念，最驰名者是《金刚经》的偈颂说："一切有为法，如梦幻泡影，如露亦如电，应作如是观。"即所谓"金刚六如"。在佛教其他典籍中，谈论梦幻，比比皆是。《摩诃般若波罗蜜经》认为"十喻"就是诸法的实相，即"如幻、如梦、如响、如光、如影、如化、如水中泡、如镜中像、如热时炎、如水中月，常以此法用悟一切"。《普曜经》中说："色如聚沫，痛痒如泡，思想如芭蕉，行亦如梦，识喻如幻，三界如化。一切无常，不可久保。"梦幻三昧，就是要超越对法相的执着，进入深层的三昧空性。应该看到,《红楼梦》是庄、佛兼修的。庄子禅说,要旨是回归真性情的自适。《庄子·齐物论》说:“昔者庄周梦为胡蝶,栩栩然胡蝶也,自喻适志与,不知周也。俄然觉,则蘧蘧然周也。不知周之梦为胡蝶与,胡蝶之梦为周与?周与胡蝶,则必有分矣。此之谓物化。”[7] 这是在思考梦与觉的生命边界,边界的模糊就是空幻。《红楼梦》的“梦幻”立意本旨,融合了佛禅、老庄的空幻与物化,蕴含着自我个性的朦胧觉醒。因此甲戌本对“那红尘中有却有些乐事,但不能永远依恃,况又有‘美中不足,好事多魔’八个字紧相连属,瞬息间则又乐极悲生、人非物换,究竟是到头一梦、万境归空”,做出侧批说:“四句乃一部之总纲。”尽管是梦幻,又难以忘怀“背恩”“负德”“无成”“潦倒”之罪,忏悔意识弥漫满纸,也是《红楼梦》的一项拂之不去的宗旨。既是梦幻,又要忏悔,忏悔与梦幻纠缠,使得梦幻不能超脱,忏悔不能安神,充满着茫茫渺渺、无际无涯的悲哀。

列位看官:你道此书从何而来?说起根由虽近荒唐,细按则深有趣味。待在下将此来历注明,方使阅者了然不惑。

原来女娲氏炼石补天之时,于大荒山无稽崖炼成高经十二丈、方经二十四丈顽石三万六千五百零一块。娲皇氏只用了三万六千五百块,只单单剩了一块未用,便弃在此山青埂峰下。谁知此石自经煅炼之后,灵性已通,因见众石俱得补天,独自己无材不堪入选,遂自怨自叹,日夜悲号惭愧。

笺证

《红楼梦》的神话世界,第一回就由女娲炼石补天写起,人类学是排列着由母系社会到父系社会的序列的。《红楼梦》首列女娲神话,这是全书的火车头,牵引着一节又一节的车厢,彰显着一种女性崇拜的情结。女性崇拜的情结,就是这列火车的动力系统。这是《红楼梦》不同于《三国演义》《水浒传》《西游记》《金瓶梅》,更不同于西方《圣经》的一种女性情结。因此有必要对女性情结这个动力系统进行深入的考究。古代文献对于中国女性创世神女娲炼石补天的记述,颇为丰富,却也零散。《竹书纪年》记载:“东海外有山曰天台，有登天之梯，有登仙之台，羽人所居。天台者，神鳌背负之山也，浮游海内，不纪经年。惟女娲斩鳌足而立四极，见仙山无着，乃移于琅琊之滨。”这只是女娲创世行为的古老碎片。《列子·汤问篇》说：“故昔者女娲氏炼五色石以补其阙。断鳌之足以立四极。其后共工氏与颛顼争为帝，怒而触不周之山，折天柱，绝地维。故天倾西北，日月辰星就焉。地不满东南，故百川水潦归焉。”[8]其中把共工氏怒而触不周之山，放在女娲氏炼五色石以补其阙的后面，与通常的记述顺序不合。西汉刘安《淮南子·天文训》说：“昔者共工与颛顼争为帝，怒而触不周之山。天柱折，地维绝。天倾西北，故日月星辰移焉。地不满东南，故水潦尘埃归焉。”[9]这里未及女娲补天。而《淮南子·览冥训》却补充说：“往古之时，四极废，九州裂，天不兼覆，地不周载，火爁炎而不灭，水浩洋而不息，猛兽食颛民，鸷鸟攫老弱，于是女娲炼五色石以补苍天，断鳌足以立四极。杀黑龙以济冀州，积芦灰以止淫水。苍天补，四极正，淫水涸，冀州平，狡虫死，颛民生。”[10]女娲不仅补天平地，而且诛杀猛兽恶鸟，安抚生民，堪称人类最仁慈的女性创世主。东汉王充《论衡·谈天篇》的叙事顺序，把《列子·汤问篇》的顺序扭转过来：“共工与颛顼争为天子不胜，怒而触不周之山，使天柱折，地维绝。女娲销炼五色石以补苍天，断鳌足以立四极。天不足西北，故日月星辰移焉；地不足东南，故百川注焉。”[11]《论衡·顺鼓篇》又说：“尧遭洪水，《春秋》之大水也。圣君知之，不祷于神，不改乎政，使禹治之，百川东流。夫尧之使禹治水，犹病水者之使医也。然则尧之洪水，天地之水病也；禹之治水，洪水之良医也。说者何以易之？攻社之义，于事不得。雨不霁，祭女娲，于礼何见？伏羲、女娲，俱圣者也，舍伏羲而祭女娲，《春秋》不言。董仲舒之议，其故何哉？……俗图

[7]（清）王先谦：《庄子集解》，中华书局1987年版，第26—27页。
[8]杨伯峻：《列子集释》，中华书局1985年版，第150—151页。
[9]何宁：《淮南子集释》，中华书局1998年版，第167—168页。
[10]何宁：《淮南子集释》，中华书局1998年版，第479页。
[11]（东汉）王充著，袁华忠、方家常译注：《论衡全译》，贵州人民出版社1993年版，第657页。

画女娲之象，为妇人之形，又其号曰‘女’。仲舒之意，殆谓女娲古妇人帝王者也。男阳而女阴，阴气为害，故祭女娲求福佑也。传又言：‘共工与颛顼争为天子，不胜，怒而触不周之山，使天柱折，地维绝。女娲销炼五色石以补苍天，断鳌之足以立四极。’仲舒之祭女娲，殆见此传也。本有补苍天、立四极之神，天气不和，阳道不胜，倘女娲以精神助圣王止雨湛乎！”[12]女娲炼五色石补天的地点，上述记载没有涉及，而《红楼梦》则虚构了一个“大荒山无稽崖”，这是天荒地老、空幻无稽的意思。补天用剩的那块顽石弃置于青埂峰下，借用谐音的方式，将之与“情根”相联系，意味着这块顽石要补的不是一般的天，而是残缺的情天，这也是无可奈何之举。女娲不仅补苍天，填淫水，还是万物之灵的人类的创造者。《太平御览》卷七十八引汉代应劭《风俗通》曰：“俗说天地开辟，未有人民，女娲抟黄土作人，剧务，力不暇供，乃引绳絚于泥中，举以为人。故富贵者黄土人也，贫贱凡庸者絚人也。”[13]《红楼梦》没有讲盘古开天辟地，而讲女娲补天，所崇尚的是女性的创造智慧。在历朝记述的神话碎片之外，曹雪芹的创造在于有意安排女娲炼成顽石为三万六千五百零一块，比周天之数三百六十五，多出一块为闰余。对于周天之数，前面已有介绍，又，西汉刘安《淮南子·天文训》说：“太微者，主朱雀，紫宫执斗而左旋，日行一度，以周于天，日冬至峻狼之山，日移一度，凡行百八十二度八分度之五，而夏至牛首之山，反覆三百六十五度四分度之一而成一岁。”[14]东汉班固《白虎通义》卷九说：“月有闰余何？周天三百六十五日度四分度之一，岁十二月，日过十二度，故三年一闰，五年再闰，明阴不足，阳有余也，故《谶》曰：‘闰者阳之余。’”[15]东汉王充《论衡·谈天篇》说：“秘传或言天之离天下六万余里。数家计之，三百六十五度一周天。下有周度，高有里数。如天审气，气如云烟，安得里度？又以二十八宿效之，二十八宿为日月舍，犹地有邮亭为长吏廨矣。”[16]《红楼梦》对女娲炼石补天的石头数，在周天之数上作了“无材不堪入选”的闰余设计，乃是神来之笔，哲学中蕴含着诗。这种神话哲学充满着机巧，在闰余中留下了“无材补天”的缺陷，缺陷赋予神话哲学广阔的发挥空间。略作溯源，《红楼梦》的这种神来之笔，来自曹雪芹胸中郁积不平之气，他曾经画石自诩，友人敦敏《题芹圃画石》诗云：“傲骨如君世已奇，嶙峋更见此支离。醉馀奋扫如椽笔，写出胸中磈磊时。”此诗此画，以傲骨嶙峋和如椽巨笔，来抒写胸中块垒，把曹雪芹、贾宝玉、石头串连在一起了。难怪胡适在《红楼梦考证》中说：“若作者是曹雪芹，那么，曹雪芹即《红楼梦》开端时那个深自忏悔的‘我’，即是书里的甄、贾（真、假）两个宝玉的底本。”胡适此言虽然没有顾及那块会说话的石头，但已经顾及那个说话的人世中的自我，讲得相当务实而聪明，是可以由此引向深刻的。

⑫（东汉）王充著，袁华忠、方家常译注：《论衡全译》，贵州人民出版社1993年版，第964—969页。

⑬（宋）李昉等：《太平御览》，中华书局1966年版，第365页。

⑭ 何宁：《淮南子集释》，中华书局1998年版，第202—203页。

⑮（清）陈立撰，吴则虞点校：《白虎通疏证》，中华书局1994年版，第428页。

⑯（东汉）王充著，袁华忠、方家常译注：《论衡全译》，贵州人民出版社1993年版，第672页。

一日，正当嗟悼之际，俄见一僧一道远远而来，生得骨格不凡，丰神迥异，说说笑笑来至峰下，坐于石边高谈快论。先是说些云山雾海神仙玄幻之事，后便说到红尘中荣华富贵；此石听了，不觉打动凡心，也想要到人间去享一享这荣华富贵；但自恨粗蠢，不得已，便口吐人言，向那僧道说道：“大师，弟子蠢物，不能见礼了。适闻二位谈那人世间荣耀繁华，心切慕之。弟子质虽粗蠢，性却稍通；况见二师仙形道体，定非凡品，必有补天济世之材，利物济人之德。如蒙发一点慈心，携带弟子得入红尘，在那富贵场中、温柔乡里受享几年，自当永佩洪恩，万劫不忘也。”二仙师听毕，齐憨笑道：“善哉，善哉！那红尘中有却有些乐事，但不能永远依恃；况又有‘美中不足，好事多魔’八个字紧相连属，瞬息间则又乐极悲生，人非物换，究竟是到头一梦，万境归空，倒不如不去的好。”

笺证

僧、道言说红尘中荣华富贵，自有一种反讽意味。僧、道携带石兄得入红尘，可见本书宗教思维是佛、道融合。

尤可注意者，此书不彰显地狱，却彰显太虚幻境，以始见于《庄子》的“太虚”来建构它的宇宙模式。这就超越了因果报应的地狱恐怖，而在诗化哲学中尽情咀嚼生存的价值。对于第一回所言“此石听了，不觉打动凡心，也想要到人间去享一享这荣华富贵；但自恨粗蠢，不得已，便口吐人言”，甲戌本侧批说：“竟有人问：‘口生于何处？’其无心肝，可笑可恨之极！”[17]依照常理，石头哪来口和心肝，但这石头竟然“口吐人言”，实在是假语村言。一僧一道对石头憨笑说“倒不如不去的好”，意味着石头的幻形入世领略荣华富贵本身，洵属镜花水月，“到头一梦，万境归空”，蕴含着“贬谪—历劫”的神话传说母题，但因凡心一动，就落入这个母题的怪圈中。这是石兄即便有口也难以置辩的，何况无口？

这石凡心已炽，那里听得进这话去，乃复苦求再四。二仙知不可强制，乃叹道：“此亦静极思动，无中生有之数也。既如此，我们便携你去受享受享，只是到不得意时，切莫后悔。”石道：“自然，自然。”那僧又道：“若说你性灵，却又如此质蠢，并更无奇贵之处。如此也只好踮脚而已。也罢，我如今大施佛法助你助，待劫终之日，复还本质，以了此案。你道好否？”石头听了，感谢不尽。那僧便念咒书符，大展幻术，将一块大石登时变成一块鲜明莹洁的美玉，且又缩成扇坠大小的可佩可拿。那僧托于掌上，笑道：“形体倒也是个宝物了！还只没有实在的好处，须得再镌上数字，使人一见便知是奇物方妙。然后携你到那昌明隆盛之邦，诗礼簪缨之族，花柳繁华地，温柔富贵乡去安身乐业。”石头听了，喜不能禁，乃问：“不知赐了弟子那几件奇处，又不知携了弟子到何地方？望乞明示，使弟子不惑。”那僧笑道：“你且莫问，日后自然明白的。”说着，便袖了这石，同那道人飘然而去，竟不知投奔何方何舍。

笺证

第一回此处写那僧托于掌上，笑道：“形体倒也是个宝物了！还只没有实在的好处，须得再镌上数字，使人一见便知是奇物方妙。然后携你到那昌明隆盛之邦，诗礼簪缨之族，花柳繁华地，温柔富贵乡去安身乐业。”这就为全书标示三个要点：一是顽石变美玉，具有顽灵二重性；二是“到那昌明隆盛之邦，诗礼簪缨之族，花柳繁华地，温柔富贵乡”，却警告“到不得意时，切莫后悔”，暗示了贵族中国的奢靡及其必然崩毁的悲剧性；三是竟不知投奔何方何舍，“你且莫问，日后自然明白的”，散发着天机不可泄露而又难以勘破的命运感。甲戌本侧批说：“何不再添一句云‘择个绝世情痴作主人’？”[18]这既给贾宝玉定性为“绝世情痴”，又暗示着贾宝玉衔玉而生，他简直以一个“情”字当作宗教，当作个人信仰。“那僧便念咒书符，大展幻术，将一块大石登时变成一块鲜明莹洁的美玉，且又缩成扇坠大小的可佩可拿。那僧托于掌上，笑道：‘形体倒也是个宝物了！还只没有实在的好处，须得再镌上数字，使人一见便知是奇物方妙。’”甲戌本侧批说：“世上原宜假，不宜真也。◇谚云：‘一日卖了三千假，三日卖不出一个真。’信哉！”从“假作真来真亦假”衍生出的真假之辨，真成了假的本质，假却成了真的形相，本质隐藏而形相外露，因此世间假象触目皆是，令人眼花缭乱。至于神僧特地在扇坠大小的通灵宝玉上镌上数字，为日后的“木石前盟”“金玉良缘”衍生出种种奇事奇文。甲戌本眉批又说：“昔子房后谒黄石公，惟见一石。子房当时恨不随此石去。余亦恨不能随此石而去也。聊供阅者一笑。”这则眉批取典于《史记·留侯世家》所述，圯上老父把一编书给了张良后说道：“读此则为王者师矣。后十年兴。十三年孺子见我济北，穀城山下黄石即我矣。”这又是与《石头记》不同的另一种石头崇拜乎？石头崇拜总是带有神秘性的。

[17]（清）曹雪芹著，脂砚斋评：《脂砚斋重评石头记甲戌校本》，作家出版社2000年版，第79页。

[18]（清）曹雪芹著，脂砚斋评：《脂砚斋重评石头记甲戌校本》，作家出版社2000年版，第80页。

后来，又不知过了几世几劫，因有个空空道人访道求仙，忽从这大荒山无稽崖青埂峰下经过，忽见一大块石上字迹分明，编述历历。空空道人乃从头一看，原来就是无材补天，幻形入世，蒙茫茫大士、渺渺真人携入红尘，历尽离合悲欢炎凉世态的一段故事。后面又有一首偈云：

无材可去补苍天，枉入红尘若许年。此系身前身后事，倩谁记去作奇传？

笺证

时间大跨度跳跃，在几世几劫中内含着“枉入红尘若许年”，“历尽离合悲欢炎凉世态”的人间故事。几世几劫的宏大时空，就是蔑视人世的渺小时空。第一回就如此交代了“顽石—灵玉”的无材补天，幻形入世，历幻劫满，复还本质，在整个“造劫历世”的人间故事的链条上笼罩着冥冥漠漠的虚幻感，故事的结尾与故事的开头形成了环形结构。偈中的“无材可去补苍天”，甲戌本侧批指认为“书之本旨”；“枉入红尘若许年”，甲戌本侧批说是“惭愧之言，呜咽如闻”[19]。而“作奇传”，就是“作传奇”的倒字押韵。《红楼梦》是对接上传奇的精神脉络的。此前最著名的“传奇”剧本，有《长生殿》。清初剧作家洪昇（1645—1704）取材自唐代大诗人白居易《长恨歌》、陈鸿的传奇小说《长恨歌传》，于《红楼梦》成书之前的清康熙二十七年（1688）写成《长生殿》传奇。这部传奇剧本描写了唐朝天宝年间皇帝玄宗李隆基和贵妃杨玉环之间醉生梦死的爱情享乐酿成了安史之乱，导致王朝几乎覆灭，杨贵妃也殒命马嵬坡；剧中对唐玄宗和杨贵妃之间“爱情重于江山”的价值选择充满同情——曲终奏雅，说是“借太真外传谱新词，情而已”。《长生殿》杨玉环自报家门说：“奴家杨氏，弘农人也。父亲元琰，官为蜀中司户。早失怙恃，养在叔父之家。生有玉环在于左臂，上隐‘太真’二字。因名玉环，小字太真。”[20]杨玉环出生时左手臂上有玉环，与贾宝玉含玉而生，都属于异生幻想。此说见于元伊世珍《琅嬛记》卷下引《玄虚子仙志》：“杨太真生而有玉环在其左臂，环上有八分‘太真’二小字，故小名‘玉环’。马嵬变后，明皇朝夕思惟，形神憔悴。有道士以少君术求见，上极其宠待，冀得复见，即死不憾。道士出袖中笔墨，索细黄绢，诵咒呵笔，画一女人像，若天师所画将符，仅类人形而已。使上斋戒怀之，凝神定意，想其平日，三日夜不懈。道士曰：'得之矣。'上出像观之，乃真贵妃面貌也。上喜甚，道士笑曰：'未也。请具五色帐，结坛壁而供之，索十五六聪慧端正之女二十四人，齐声歌子建《步虚词》。'道士复焚符诵咒，吸烟呵像上，次命诸女一一如方呵之。至定昏时，请上自秉烛入帐中。先是，道士以五色石示上，谓之'衡遥'，以少许研极细，和以诸药，令作烛，外画五色花，谓之'还形烛'。上既入，道士命侍者出，反闭金扉以葳蕤钥锁之。于是太真在帐中见上，泣曰：'以天下之主，不能庇一弱女，何面颜复见妾乎！沉香亭下月中之誓何在也？'上亦泪下，言马嵬之变出于不意，其言甚多，太真意少释，与上曲尽绸缪，胜于平日，脱臂上玉环纳上臂。天未明，道士启扉曰：'宜别矣。'上出帐回视，不复更见，惟玉环宛然在臂耳。道士具言太真所以尸解，今见为某洞仙，甚悉，多所秘。道士姓王名舟，不知何许人，要其术过于李夫人是邪非邪远矣。此说又与《长恨歌》异，存之备考。"[21]斯人难寻踪，玉环犹在臂，此情可待成追忆，此恨绵绵无绝期，一个"情"字也贯注其中。对于比洪昇晚生半个多世纪的曹雪芹而言，他对《长生殿》撷取元人伊世珍《琅嬛记》所引《玄虚子仙志》所言"杨太真生而有玉环在其左臂，环上有八分'太真'二小字，故小名'玉环'"的异生幻设有所借鉴，并非不可能。假若这一点成立，那么，宝玉衔玉而生，是对《长生殿》杨玉环的异生幻设有所点化而将之贯穿全书的。如果要提供佐证，《红楼梦》第十一回写凤姐点了一出戏《弹词》，第十八回写元春点的第二出戏是《乞巧》，这两出戏均出自清康熙年间的洪昇《长生殿》传奇，是可以为曹雪芹借鉴过《长生殿》提供内证的。

[19]（清）曹雪芹著，脂砚斋评：《脂砚斋重评石头记甲戌校本》，作家出版社2000年版，第80页。

[20]（清）洪昇著，康保成校点：《长生殿》，岳麓书社2003年版，第13页。

[21]薛洪绩：《传奇小说史》，浙江古籍出版社1998年版，第212—213页。

诗后便是此石坠落之乡，投胎之处，亲自经历的一段陈迹故事。其中家庭闺阁琐事，以及闲情诗词倒还全备，或可适趣解闷；然朝代年纪，地舆邦国却反失落无考。

空空道人遂向石头说道：“石兄，你这一段故事，据你自己说有些趣味，故编写在此，意欲问世传奇。据我看来，第一件，无朝代年纪可考；第二件，并无大贤大忠理朝廷治风俗的善政，其中只不过几个异样女子，或情或痴，或小才微善，亦无班姑、蔡女之德能。我纵抄去，恐世人不爱看呢。”石头笑答道：“我师何太痴耶！若云无朝代可考，今我师竟假借汉唐等年纪添缀，又有何难？但我想，历来野史，皆蹈一辙，莫如我这不借此套者，反倒新奇别致，不过只取其事体情理罢了，又何必拘拘于朝代年纪哉！再者，市井俗人喜看理治之书者甚少，爱适趣闲文者特多。历来野史，或讪谤君相，或贬人妻女，奸淫凶恶，不可胜数。更有一种风月笔墨，其淫秽污臭，屠毒笔墨，坏人子弟，又不可胜数。至若佳人才子等书，则又千部共出一套，且其中终不能不涉于淫滥，以致满纸潘安、子建、西子、文君，不过作者要写出自己的那两首情诗艳赋来，故假拟出男女二人名姓，又必旁出一小人其间拨乱，亦如剧中之小丑然。且鬟婢开口即者也之乎，非文即理。故逐一看去，悉皆自相矛盾、大不近情理之话，竟不如我半世亲睹亲闻的这几个女子，虽不敢说强似前代书中所有之人，但事迹原委，亦可以消愁破闷；也有几首歪诗熟话，可以喷饭供酒。至若离合悲欢，兴衰际遇，则又追踪蹑迹，不敢稍加穿凿，徒为供人之目而反失其真传者。今之人，贫者日为衣食所累，富者又怀不足之心，纵一时稍闲，又有贪淫恋色、好货寻愁之事，那里去有工夫看那理治之书？所以我这一段故事，也不愿世人称奇道妙，也不定要世人喜悦检读，只愿他们当那醉淫饱卧之时，或避事去愁之际，把此一玩，岂不省了些寿命筋力？就比那谋虚逐妄，却也省了口舌是非之害，腿脚奔忙之苦。再者，亦令世人换新眼目，不比那些胡牵乱扯忽离忽遇，满纸才人淑女、子建文君红娘小玉等通共熟套之旧稿。我师意为何如？”

笺证

从中描写的石头掉转头来说以往的小说形态，使千古小说大吃一惊。第一回是《红楼梦》中写得最狡猾，最苦心积虑，而且叙事文化蕴涵极其丰富深湛的所在，它之所以是一座富矿，任人潜心发掘，其中的一个亮点就是借助石头与空空道人的对话，竟讲出了一篇千古未闻的洋洋洒洒的小说戏曲论。在小说中自评小说，也算得是曹雪芹的一大发明。石头开口说话令人领会到，这编传奇“若云无朝代可考，今我师竟假借汉唐等年纪添缀，又有何难”，就等于说隐去具体时间，以增加叙事的普遍性和朦胧感。其中严厉批评了才子佳人小说陈陈相因的书写模式：“至若佳人才子等书，则又千部共出一套，且其中终不能不涉于淫滥，以致满纸潘安、子建、西子、文君，不过作者要写出自己的那两首情诗艳赋来，故假拟出男女二人名姓，又必旁出一小人其间拨乱，亦如剧中之小丑然。”正如甲戌本眉批所言：“开卷一篇立意，真打破历来小说窠臼。阅其笔则是《庄子》《离骚》之亚。”[22] 庄骚文风，驭龙驾凤，鲲鹏展翅，天马行空，打破了此前诗文的诸多规矩，开创了战国诗文的绚丽境界。石头对才子佳人书的这种批评，乃是为曹雪芹代言，反衬出《红楼梦》打破旧格套，自觉追求新的艺术形态和艺术生命。至于《红楼梦》的具体叙事方法，甲戌本眉批又说：“事则实事，然亦叙得有间架，有曲折，有顺逆，有映带，有隐有见，有正有闰，以致草蛇灰线，空谷传声，一击两鸣，明修栈道，暗度陈仓，云龙雾雨，两山对峙，烘云托月，背面傅粉，千皴万染诸奇。书中之秘法，亦不复少。余亦于逐回中搜剔刳剖，明白注释，以待高明，再批示误谬。”[23] 对于石头问空空道人“我师意为何如”，甲戌本侧批最后代言说：

[22]（清）曹雪芹著，脂砚斋评：《脂砚斋重评石头记甲戌校本》，作家出版社2000年版，第81页。

[23]（清）曹雪芹著，脂砚斋评：《脂砚斋重评石头记甲戌校本》，作家出版社2000年版，第81页。

“余代空空道人答曰：‘不独破愁醒眊，且有大益。’”[24]《红楼梦》的小说学或叙事法，诚如王国维《红楼梦评论》所说：“《红楼梦》一书，彻头彻尾的悲剧也。…… 由于剧中之人物之位置及关系而不得不然者，非必有蛇蝎之性质，与意外之变故也，但由普通之人物，普通之境遇，逼之不得不如是，彼等明知其害，交施之而交受之，各加以力而各不任其咎。…… 而金玉以之合，木石以之离，又岂有蛇蝎之人物，非常之变故，行于其间哉！不过通常之道德，通常之人情，通常之境遇为之而已。由此观之，《红楼梦》者，可谓悲剧中之悲剧也。”[25]鲁迅在《中国小说的历史的变迁》第六讲《清小说之四派及其末流》中高度称赞说：“至于说到《红楼梦》的价值，可是在中国底小说中实在是不可多得的。其要点在敢于如实描写，并无讳饰，和从前的小说叙好人完全是好，坏人完全是坏的，大不相同，所以其中所叙的人物，都是真的人物。总之自有《红楼梦》出来以后，传统的思想和写法都打破了。”[26]《红楼梦》中石头之论小说，跳出了传统的窠臼，这就是它振聋发聩之处。

空空道人听如此说，思忖半晌，将《石头记》再检阅一遍，因见上面虽有些指奸责佞贬恶诛邪之语，亦非伤时骂世之旨；及至君仁臣良父慈子孝，凡伦常所关之处，皆是称功颂德，眷眷无穷，实非别书之可比。虽其中大旨谈情，亦不过实录其事，又非假拟妄称，一味淫邀艳约、私订偷盟之可比。因毫不干涉时世，方从头至尾抄录回来，问世传奇。从此空空道人因空见色，由色生情，传情入色，自色悟空，遂易名为情僧，改《石头记》为《情僧录》。东鲁孔梅溪则题曰《风月宝鉴》。后因曹雪芹于悼红轩中披阅十载，增删五次，纂成目录，分出章回，则题曰《金陵十二钗》。并题一绝云：

满纸荒唐言，一把辛酸泪。都云作者痴，谁解其中味！

笺证

中国圣人强调“必也正名乎”，礼乐刑罚一类政治举措，固然不可不正名，作家著书的书名也是怠慢不得的名片。考究起来，很少有谁拿自己的书名一分为多，作互相对撞颠覆的微言大义的文章，《红楼梦》作者于此第一回诚然释放出妙想天开的奇想。《红楼梦》的书名，由原始的《石头记》变为《情僧录》，再变为《风月宝鉴》，又变为《金陵十二钗》，加上《红楼梦》，就有了五个名号。变改书名的缘由，一是由于“空空道人因空见色，由色生情，传情入色，自色悟空，遂易名为情僧”，这涉及“色空梦幻”的本意主旨。二是东鲁孔梅溪或是孔子圣裔，自然要对“风月”之事之情，悬起一面警醒世人的“宝鉴”（甲戌本眉批于此处说：“雪芹旧有《风月宝鉴》之书，乃其弟棠村序也。今棠村已逝，余睹新怀旧，故仍因之。”[27]）。三是“曹雪芹于悼红轩中披阅十载，增删五次，纂成目录，分出章回”，他所念兹在兹、难以忘怀的，就是闺阁不让须眉的“金陵十二钗”。又是无情、损欲，又是情之情、绝世痴情，在书名变异上，就隐藏着文本的或眷恋、或忏悔、或无奈的多义性。由此而自怨自艾地感慨“满纸荒唐言，一把辛酸泪。都云作者痴，谁解其中味”，就令人心弦颤动不已。1925年10月《清华文艺》第1卷第2期刊发署名涛每的《读王国维先生〈红楼梦评论〉之后》一文述及此诗说：“此犹明示其凄怆难受的回忆。读者试持此以推想宝玉出家后之情况，则与四面楚歌之项王，浔阳江头琵琶妇，幽囚孤岛之拿破仑，禾黍故宫之遗老，其凄怆难受，无可如何，回想当年，风流云散之感触，当无若何分别也！”[28]值得注意的是，《红楼梦》行文至此，都属于站在叙事之外谈论叙事的元叙事，而且充满玄幻色彩，从女娲炼石补天的荒渺，到石头开口说话的荒唐，遂使之成了复眼式的元叙事；而谈论“曹雪芹于悼红轩中披阅十载，增删五次，纂成目录，分出章回”，又是从虚构反观实事的反元叙事。所有这些正正反反、虚虚实实，成了理解《红楼梦》思想艺术深层秘密的锁钥。如甲戌

[24]（清）曹雪芹著，脂砚斋评：《脂砚斋重评石头记甲戌校本》，作家出版社2000年版，第82页。

[25]王国维：《王国维文学论著三种》，安徽师范大学出版社2014年版，第14—15页。

[26]鲁迅：《中国小说史略》，中国书籍出版社2016年版，第302页。

[27]（清）曹雪芹著，脂砚斋评：《脂砚斋重评石头记甲戌校本》，作家出版社2000年版，第82页。

[28]人民文学出版社编辑部编：《红楼梦研究参考资料选辑》（第3辑），人民文学出版社1976年版，第62页。

本眉批所说:“若云雪芹披阅增删，然则开卷至此这一篇楔子又系谁撰?足见作者之笔，狡猾之甚。后文如此处者不少。这正是作者用画家烟云模糊处，观者万不可被作者瞒蔽了去，方是巨眼。”[29]研究者若不从复眼式的元叙事和反元叙事入手，就无法触及《红楼梦》文化学、审美学的真正本质。还可注意者，于“满纸荒唐言，一把辛酸泪。都云作者痴，谁解其中味”的诗后，甲戌本有眉批说:“能解者方有辛酸之泪，哭成此书。壬午除夕。◇书未成，芹为泪尽而逝。余尝哭芹，泪亦待尽。每意觅青埂峰再问石兄，奈不遇癞头和尚何!怅怅!◇今而后，惟愿造化主再出一芹一脂，是书何幸，余二人亦大快遂心于九泉矣。甲(午)[申]八(日)[月]泪笔。”[30]其中“壬午除夕”的时间刻度，成了后世考证曹雪芹卒年的出发点。胡适于1928年初发表的《考证红楼梦的新材料》说:“脂本于‘满纸荒唐言’一诗的上方有朱评云:能解者方有辛酸之泪哭成此书。壬午除夕，书未成，芹为泪尽而逝……壬午为乾隆二十七年，除夕当西历一七六三年二月十二日……现在应依脂本，定雪芹死于壬午除夕。”[31]脂砚斋因此成了给曹雪芹生命画句号的人。

出则既明，且看石上是何故事。按那石上书云:

当日地陷东南，这东南一隅有处曰姑苏，有城曰阊门者，最是红尘中一二等富贵风流之地。这阊门外有个十里街，街内有个仁清巷，巷内有个古庙，因地方窄狭，人皆呼作葫芦庙。庙旁住着一家乡宦，姓甄，名费，字士隐。嫡妻封氏，情性贤淑，深明礼义。家中虽不甚富贵，然本地便也推他为望族了。因这甄士隐禀性恬淡，不以功名为念，每日只以观花修竹，酌酒吟诗为乐，倒是神仙一流人品。只是一件不足:如今年已半百，膝下无儿，只有一女，乳名唤作英莲，年方三岁。

笺证

虽说是“石头上的故事”，但离主体故事还是远哉悠悠。这石兄也够谦让的，不是从自己的人间化身、贵族家庭讲起，却远远地从姑苏阊门讲起，特别点出“葫芦庙”。这一点饶有深意。中国多民族神话传说中有葫芦崇拜，以及洪水过后葫芦孕育出人类的传闻。葫芦形似妇人的丰乳肥臀，多籽则象征生育能力强。葫芦谐音“护禄”“福禄”，也有吉祥之义。闻一多在《伏羲考》一文中，列出了与葫芦相关的神话49种。在浙江余姚河姆渡遗址中发现了七千年前的葫芦及种子，是目前世界上关于葫芦的最早发现。葫芦的身影由神话传说蔓延于宗教、民俗、文学、艺术。葫芦又由于谐音，联系着“难得糊涂”，糊涂中隐含着不糊涂，即甲戌本侧批所言：“糊涂也，故假语从此具焉。”甄士隐的人名，是“真事隐”的谐音，这就在真假隐显中，增添了人生的空幻感和智慧的空灵性。英莲（即香菱）属于金陵十二钗副册的人物，又是传金陵十二钗不直击中心点，而以旁敲侧击的手法传之，行文充满跳脱感和迂回性。对于姑苏“有城曰阊门者，最是红尘中一二等富贵风流之地”，甲戌本侧批说：“妙极！是石头口气，惜米颠不遇此石。”这里的米颠（癫），就是宋朝的石痴米芾，他整日醉心于品赏奇石。宋代叶梦得《石林燕语》卷十记载：“米芾诙谲好奇。…… 知无为军，初入州廨，见立石颇奇，喜曰：‘此足以当吾拜。’遂命左右取袍笏拜之，每呼曰‘石丈’。言事者闻而论之，朝廷亦传以为笑。”[32]明代蒋一葵《尧山堂外纪》卷五十四又载：“米元章守濡须（安徽省无为县城北），闻有怪石在河壖，人以为异而不敢取。公命移至州治，为燕游之玩。石至，遽命设席拜于庭下，曰：‘吾欲见石兄二十年矣。’言者以为罪，坐是罢去。其后竹坡周少隐过是郡，见石而感之，为赋诗，其略曰，‘唤钱作兄真可怜，唤石作兄无乃贤。望尘雅拜良可笑，米公拜石不同调’云。”[33]米芾称奇石、怪石为“石兄”“石丈”，这

[29]（清）曹雪芹著，脂砚斋评：《脂砚斋重评石头记甲戌校本》，作家出版社2000年版，第82页。

[30]（清）曹雪芹著，脂砚斋评：《脂砚斋重评石头记甲戌校本》，作家出版社2000年版，第82页。

[31]胡适：《中国旧小说考证》，商务印书馆2014年版，第335—336页。

[32]倪进：《唐宋笔记选注》（下），上海教育出版社2016年版，第464页。

[33]（宋）费衮：《梁溪漫志》，上海古籍出版社1985年版，第71—72页。

种石头崇拜是与《石头记》相通的，可惜年代不相及，不然他读了《石头记》，就会感慨："吾欲见石兄六百余年矣。"回到《红楼梦》的行文，姑苏葫芦庙，"庙旁住着一家乡宦……然本地便也推他为望族了"，甲戌本侧批说，"不出荣国大族，先写乡宦小家，从小至大，是此书章法"，"本地推为望族，宁、荣则天下推为望族，叙事有层落"。这种写法，实际上是《红楼梦》特殊形态的"影子"叙事法，以甄士隐影射或折射宁荣二府，以谐音的方式，使真假互相衬托，从小至大，叙事有层落。这种以小引大的叙事章法，中国成语叫作"抛砖引玉"，以甄士隐这块砖头，引出贾府那块通灵宝玉。

一日，炎夏永昼，士隐于书房闲坐，至手倦抛书，伏几少憩，不觉朦胧睡去。梦至一处，不辨是何地方。忽见那厢来了一僧一道，且行且谈。

只听道人问道："你携了这蠢物，意欲何往？"那僧笑道："你放心，如今现有一段风流公案正该了结，这一干风流冤家，尚未投胎入世。趁此机会，就将此蠢物夹带于中，使他去经历经历。"那道人道："原来近日风流冤孽又将造劫历世去不成？但不知落于何方何处？"那僧笑道："此事说来好笑，竟是千古未闻的罕事。只因西方灵河岸上三生石畔，有绛珠草一株，时有赤瑕宫神瑛侍者，日以甘露灌溉，这绛珠草始得久延岁月。后来既受天地精华，复得雨露滋养，遂得脱却草胎木质，得换人形，仅修成个女体，终日游于离恨天外，饥则食蜜青果为膳，渴则饮灌愁海水为汤。只因尚未酬报灌溉之德，故其五内便郁结着一段缠绵不尽之意。恰近日这神瑛侍者凡心偶炽，乘此昌明太平朝世，意欲下凡造历幻缘，已在警幻仙子案前挂了号。警幻亦曾问及，灌溉之情未偿，趁此倒可了结的。那绛珠仙子道：'他是甘露之惠，我并无此水可还。他既下世为人，我也去下世为人，但把我一生所有的眼泪还他，也偿还得过他了。'因此一事，就勾出多少风流冤家来，陪他们去了结此案。"

笺证

女娲炼石补天剩下的无材补天、幻形入世的顽石神话，又加了一个绛珠还泪的神话，灵中有顽，情里有痴，把神话植入人间情爱，一发而形成了风光旖旎之诗。绛珠还泪的神话，是情感的哲学，情感的诗，属于神来之笔。对于第一回绛珠还泪神话，甲戌本侧批说："观者至此请掩卷思想，历来小说中可曾有此句？千古未闻之奇文。"[34]蒙古王府本侧批又说："恩情山海债，惟有泪堪还。"这就是神话传说中的"报恩"母题。绛珠仙子吃的是蜜青果，谐音"秘情"，饮的是灌愁海水，以沧海之水灌沃愁怀，痴情造成的烦恼可谓大如沧海矣。如此写来，一部人的书，在神话昊天之上，竟然无一字无来历，无一字无讲究。甲戌本眉批说："以顽石草木为偶，实历尽风月波澜，尝遍情缘滋味，至无可如何，始结此木石因果，以泄胸中悒郁。古人之'一花一石如有意，不语不笑能留人'，此之谓耶？"[35]这里所引是唐人刘长卿《戏赠干越尼子歌》"一花一竹如有意，不语不笑能留人"句，改"竹"为"石"字，是为了契合"顽石草木为偶"的话题。顽石草木的因缘中，蕴含着人类原始的自然崇拜，即人类史前文明以木棍、石块作为工具，保护自己，采集果实，猎取鱼兽，从而叩开进入文明初阶的大门。《红楼梦》有四样神话：一是女娲补天遗石，二是顽石幻形入世，三是绛珠还泪，四是太虚幻境，四者相互衔接、映衬、渗透，形成了全书"深刻的空幻、空幻的深刻"的命运之网。《红楼梦》的这些神话幻设，是一种融合了诗、宗教、哲学的亚神话，一种在诗中泡五次、宗教中泡三次、哲学中泡两次，因而从亚神话中升华出来的超神话。

[34]（清）曹雪芹著，脂砚斋评：《脂砚斋重评石头记甲戌校本》，作家出版社2000年版，第84页。

[35]（清）曹雪芹著，脂砚斋评：《脂砚斋重评石头记甲戌校本》，作家出版社2000年版，第84页。

那道人道："果是罕闻。实未闻有还泪之说。想来这一段故事，比历来风月事故更加琐碎细腻了。"那僧道："历来几个风流人物，不过传其大概以及诗词篇章而已。至家庭闺阁中一饮一食，总未述记。再者，大半风月故事，不过偷香窃玉、暗约私奔而已，并不曾将儿女之真情发泄一二。想这一干人入世，其情痴色鬼、贤愚不肖者，悉与前人传述不同矣。"那道人道："趁此何不你我也去下世度脱几个，岂不是一场功德？"那僧道："正合吾意。你且同我到警幻仙子宫中，将蠢物交割清楚，待这一干风流孽鬼下世已完，你我再去。如今虽已有一半落尘，然犹未全集。"道人道："既如此，便随你去来。"

笺证

第一回以甄士隐的梦境，隐括全书叙事特征：一是详述"家庭闺阁中一饮一食"，注重生活原生态的细节描写；二是"将儿女之真情发泄一二"，注重情感描写的真实性，使之"更加琐碎细腻"。这就以梦境形态，形成了书里评书。蒙古王府本侧批说："幻中幻，何不可幻？情中情，谁又无情？不觉僧道亦入幻中矣。"虽然是人书的生活原生态的细节描写，注重情感描写的真实性，但它还是蒙上一层天书的"幻中幻，何不可幻？情中情，谁又无情"的空灵感和朦胧感。或如阮籍《大人先生传》所说："人不可与为俦，不若与木石为邻。"那是通向道、通向"自然之至真"的。因此，与其说《红楼梦》是伟大的现实主义杰作，不如说是伟大的超现实主义杰作，超就超在人书与天书结合的审美本质。

却说甄士隐俱听得明白，但不知所云"蠢物"系何东西。遂不禁上前施礼，笑问道："二仙师请了。"那僧道也忙答礼相问。士隐因说道："适闻仙师所谈因果，实人世罕闻者。但弟子愚浊，不能洞悉明白，若蒙大开痴顽，备细一闻，弟子则洗耳谛听，稍能警省，亦可免沉伦之苦。"二仙笑道："此乃玄机不可预泄者。到那时不要忘我二人，便可跳出火坑矣。"士隐听了，不便再问。因笑道："玄机不可预泄，但适云'蠢物'，不知为何，或可一见否？"那僧道："若问此物，倒有一面之缘。"说着，取出递与士隐。

士隐接了看时，原来是块鲜明美玉，上面字迹分明，镌着"通灵宝玉"四字，后面还有几行小字。正欲细看时，那僧便说已到幻境，便强从手中夺了去，与道人竟过一大石牌坊，上书四个大字，乃是"太虚幻境"。两边又有一副对联，道是：

假作真时真亦假，无为有处有还无。

笺证

全书关键意象"通灵宝玉"，在第一回甄士隐的梦中首次现身矣，这是何其重大的题目？关心经籍者也许会联想到《孟子·尽心上》所说："舜之居深山之中，与木石居，与鹿豕游，其所以异于深山之野人者，几希。及其闻一善言，见一善行，若决江河，沛然莫之能御也。"[36]这里何尝不谈及木石在自然怀抱中的草野品性？但总不及郑板桥的题《石》诗更接近顽石灵玉的命运，诗云："顽然一块石，卧此苔阶碧。雨露亦不知，霜雪亦不识。园林几盛衰？花树几更易？但问石先生，先生俱记得。"[37]郑板桥比曹雪芹年长20余岁，一生只画兰、竹、石，自称所画是"四时不谢之兰，百节长青之竹，万古不败之石，千秋不变之人"。相比起来，《红楼梦》写的顽石，才是真正的"万古不败之石"，然而如此至关重要的这位石先生于此只是一晃而过，只称它是"蠢物"，嘲弄有之，未及细写，却又出现"太虚幻境"。甲戌本侧批说："凡三四次始出明玉形，隐屈之至。"通灵宝玉隐屈，太虚幻境又何尝不隐屈？才出现的"太虚幻境"也未及

[36]（汉）赵岐注、（宋）孙奭疏：《孟子注疏》，北京大学出版社1999年版，第360页。

[37]（清）郑板桥著，吴泽顺编注：《郑板桥集》，岳麓书社2002年版，第346页。

细写，只推出“假作真时真亦假，无为有处有还无”的对联。这种走马灯式的闪忽转换，诚如戚蓼生本夹批所说：“无极太极之轮转，色空之相生，四季之随行，皆不过如此。”[38]这副“假作真时真亦假，无为有处有还无”对联在《红楼梦》中曾两度出现：第一回是甄士隐在梦幻中所见，第五回是贾宝玉在游太虚幻境中所见。它昭示世人，如果以假充真，真就会变成假；如果把虚无当成存在，真正的存在反而变成了虚无。这个对联巧妙点出了人生如梦幻，为整本《红楼梦》下了一个提纲挈领式的批注。清代评点家王希廉《红楼梦总评》云：“读者须知，真即是假，假即是真；真中有假，假中有真；真不是真，假不是假。明此数意，则甄宝玉、贾宝玉是一是二，便心目了然。”[39]贾宝玉有真性情，真才华，却被经济仕途中人看成假货色；甄宝玉原本也有贾宝玉脾气，但是走上仕途经济道路，就变成了俗世认可的真货色。真者非真，假者非假，真又是假，假也成了真，真真假假颠三倒四，令人坠入真假莫辨的空幻之中。这些都是想象力的爆炸。近人吴宓《红楼梦新谈》引拿破仑曰：“想象力足以控制世界。”《红楼梦》以其不世出的天马行空的想象力，控制了小说世界的顶峰，如吴宓所言：“《石头记》(俗称《红楼梦》)为中国小说一杰作。其入人之深，构思之精，行文之妙，即求之西国小说，亦罕见其匹。西国小说，佳者固千百，各有所长，然如《石头记》之广博精到，诸美兼备者，实属寥寥。”[40]以世界的眼光看《红楼梦》，倒是把《红楼梦》作为人类经典的价值和地位看得更真切了。

士隐意欲也跟了过去，方举步时，忽听一声霹雳，有若山崩地陷。士隐大叫一声，定睛一看，只见烈日炎炎，芭蕉冉冉，所梦之事便忘了大半。又见奶母正抱了英莲走来。士隐见女儿越发生得粉妆玉琢，乖觉可喜，便伸手接来，抱在怀内，逗他顽耍一回，又带至街前，看那过会的热闹。

方欲进来时，只见从那边来了一僧一道：那僧则癞头跣脚，那道则跛足蓬头，疯疯癫癫，挥霍谈笑而至。及至到了他门前，看见士隐抱着英莲，那僧便大哭起来，又向士隐道：“施主，你把这有命无运、累及爹娘之物，抱在怀内作甚？”士隐听了，知是疯话，也不去睬他。那僧还说：“舍我罢，舍我罢！”士隐不耐烦，便抱女儿撤身要进去，那僧乃指着他大笑，口内念了四句言词道：

惯养娇生笑你痴，菱花空对雪澌澌。好防佳节元宵后，便是烟消火灭时。

士隐听得明白，心下犹豫，意欲问他们来历。只听道人说道：“你我不必同行，就此分手，各干营生去罢。三劫后，我在北邙山等你，会齐了同往太虚幻境销号。”那僧道：“最妙，最妙！”说毕，二人一去，再不见个踪影了。士隐心中此时自忖：这两个人必有来历，该试一问，如今悔却晚也。

笺证

一僧一道变了模样，叙事从梦境返回人间。人生与梦，出出入入，究竟边界何在？僧者口念四句言词，乃是谶语，却不说破。有命无运，也成了《红楼梦》诸多人物的宿命预言。对于这第一回“有命无运、累及爹娘”八个字，甲戌本眉批说：“八个字屈死多少英雄？屈死多少忠臣孝子？屈死多少仁人志士？屈死多少词客骚人？今又被作者将此一把眼泪洒与闺阁之中，见得裙钗尚遭逢此数，况天下之男子乎？看他所写开卷之第一个女子便用此二语以定终身，则知托言寓意之旨，谁谓独寄兴于一‘情’字耶！◇武侯之三分，武穆之二帝，二贤之恨，及今不尽，况今之草芥乎？◇家国君父事有大小之殊，其理其运其数则略无差异。知运知数者则必谅而后叹也。”[41]英莲（香菱）被称为“开卷之第一个女子”。所谓“累及爹娘”就是拖累整个家族，由各人的痴于情而“有命无运”，扩展为描写贵族中国大厦的坍塌。这就是《红楼梦》叙事母题伸缩自如，既涵盖性情，又涵盖社会的奇妙处。

[38] 朱一玄编：《红楼梦资料汇编》，南开大学出版社2012年版，第90页。

[39]（清）曹雪芹、高鹗著，（清）护花主人、大某山民、太平闲人评：《红楼梦（注评本）》，上海古籍出版社2014年版，第1604页。

[40] 人民文学出版社编辑部编：《红楼梦研究参考资料选辑》（第3辑），人民文学出版社1976年版，第1页。

[41]（清）曹雪芹著，脂砚斋评：《脂砚斋重评石头记甲戌校本》，作家出版社2000年版，第86页。

这士隐正痴想，忽见隔壁葫芦庙内寄居的一个穷儒——姓贾名化、表字时飞、别号雨村者走了出来。这贾雨村原系胡州人氏，也是诗书仕宦之族，因他生于末世，父母祖宗根基已尽，人口衰丧，只剩得他一身一口，在家乡无益，因进京求取功名，再整基业。自前岁来此，又淹蹇住了，暂寄庙中安身，每日卖字作文为生，故士隐常与他交接。

当下雨村见了士隐，忙施礼陪笑道："老先生倚门伫望，敢街市上有甚新闻否？"士隐笑道："非也。适因小女啼哭，引他出来作耍，正是无聊之甚，兄来得正妙，请入小斋一谈，彼此皆可消此永昼。"说着，便令人送女儿进去，自与雨村携手来至书房中。小童献茶。方谈得三五句话，忽家人飞报："严老爷来拜。"士隐慌的忙起身谢罪道："恕诳驾之罪，略坐，弟即来陪。"雨村忙起身亦让道："老先生请便。晚生乃常造之客，稍候何妨？"说着，士隐已出前厅去了。

笺证

甄士隐遭遇了贾雨村，谐音于将真事隐去，聊且假语村言，这就是小说虚构叙事的曹雪芹说法。如甲戌本侧批所言："雨村者，村言粗语也。言以村粗之言演出一段假话也。"第一回转转折折，到底笔锋指向现世了，但指出来的竟然是甄士隐、贾雨村二人，竟然是一个隐士，一个官迷。这两个人物出入尘世内外，具有多重的叙事功能：一是他们作为半是真实、半是寓言的人物，采取边缘人物的边缘观照的视角，这种视角虽然模糊，却能总览全局；二是这两个人物谐音于真事隐去、假语村言，蕴含着本书的抒写形态；三是借用这两个边缘人物作为结构性人物，给全书的叙述网络缠上了千丝万缕。《红楼梦》的运笔，由此有了"一声两歌，一手二牍"的复笔多彩之妙，真是吊诡到了令人眼花缭乱的地步。

这里雨村且翻弄书籍解闷。忽听得窗外有女子嗽声，雨村遂起身往窗外一看，原来是一个丫鬟，在那里撷花，生得仪容不俗，眉目清明，虽无十分姿色，却亦有动人之处。雨村不觉看的呆了。

那甄家丫鬟撷了花，方欲走时，猛抬头见窗内有人，敝巾旧服，虽是贫窘，然生得腰圆背厚，面阔口方，更兼剑眉星眼，直鼻权腮。这丫鬟忙转身回避，心下乃想："这人生的这样雄壮，却又这样褴褛，想他定是我家主人常说的什么贾雨村了，每有意帮助周济，只是没甚机会。我家并无这样贫窘亲友，想定是此人无疑了。怪道又说他必非久困之人。"如此想来，不免又回头两次。雨村见他回了头，便自为这女子心中有意于他，便狂喜不尽，自为此女子必是个巨眼英雄，风尘中之知己也。一时小童进来，雨村打听得前面留饭，不可久待，遂从夹道中自便出门去了。士隐待客既散，知雨村自便，也不去再邀。

一日，早又中秋佳节。士隐家宴已毕，乃又另具一席于书房，却自己步月至庙中来邀雨村。原来雨村自那日见了甄家之婢曾回顾他两次，自为是个知己，便时刻放在心上。今又正值中秋，不免对月有怀，因而口占五言一律云：

未卜三生愿，频添一段愁。闷来时敛额，行去几回头。自顾风前影，谁堪月下俦？蟾光如有意，先上玉人楼。

雨村吟罢，因又思及平生抱负，苦未逢时，乃又搔首对天长叹，复高吟一联曰："玉在匮中求善价，钗于奁内待时飞。"

恰值士隐走来听见，笑道："雨村兄真抱负不浅也！"雨村忙笑道："不过偶吟前人之句，何敢狂诞至此。"因问："老先生何兴至此？"士隐笑道："今夜中秋，俗谓'团圆之节'，想尊兄旅寄僧房，不无寂寥之感，故特具小酌，邀兄到敝斋一饮，不知可纳芹意否？"雨村听了，并不推辞，便笑道："既蒙厚爱，何敢拂此盛情？"说着，便同士隐复过这边书院中来。

须臾茶毕，早已设下杯盘，那美酒佳肴自不必说。二人归坐，先是款斟漫饮，次渐谈至兴浓，不觉飞觥限斝起来。当时街坊上家家箫管，户户弦歌，当头一轮明月，飞彩凝辉，二人愈添豪兴，酒到杯干。雨村此时已有七八分酒意，狂兴不禁，乃对月寓怀，口号一绝云：

时逢三五便团圆，满把晴光护玉栏。天上一轮才捧出，人间万姓仰头看。

士隐听了，大叫："妙哉！吾每谓兄必非久居人下者，今所吟之句，飞腾之兆已见，不日可接履于云霓之上矣。可贺，可贺！"乃亲斟一斗为贺。雨村因干过，叹道："非晚生酒后狂言，若论时尚之学，晚生也或可去充数沽名，只是目今行囊路费一概无措，神京路远，非赖卖字撰文即能到者。"士隐不待说完，便道："兄何不早言？愚每有此心，但每遇兄时，兄并未谈及，愚故未敢唐突。今既及此，愚虽不才，'义利'二字却还识得。且喜明岁正当大比，兄宜作速入都，春闱一战，方不负兄之所学也。其盘费馀事，弟自代为处置，亦不枉兄之谬识矣！"当下即命小童进去，速封五十两白银，并两套冬衣。又云："十九日乃黄道之期，兄可即买舟西上，待雄飞高举，明冬再晤，岂非大快之事耶！"雨村收了银衣，不过略谢一语，并不介意，仍是吃酒谈笑。那天已交了三更，二人方散。

士隐送雨村去后，回房一觉，直至红日三竿方醒。因思昨夜之事，意欲再写两封荐书与雨村带至神都，使雨村投谒个仕宦之家为寄足之地。因使人过去请时，那家人去了回来说："和尚说，贾爷今日五鼓已进京去了，也曾留下话与和尚转达老爷，说'读书人不在黄道黑道，总以事理为要，不及面辞了。'"士隐听了，也只得罢了。

笺证

《红楼梦》人物登场的相貌、言谈描写，多讲究一笔多义，哪怕次要人物也不轻忽了事。比如，第一回那甄家丫鬟（娇杏）撷了花，方欲走时，猛抬头见窗内有人（贾雨村），敝巾旧服，虽是贫窘，然生得腰圆背厚，面阔口方，更兼剑眉星眼，直鼻权腮。贾雨村的容貌是从甄士隐家的丫鬟娇杏的眼中看到的，而不是孤立静止描画的，这就在看与被看之间架起了一道心灵的桥梁。甲戌本脂评说："是（王）莽、（曹）操遗容。最可笑世之小说中，凡写奸人则用'鼠耳鹰腮'等语。"[42]人不可貌相，千人千面，方有世界的多样性生命活跃。千人一面，是最可笑的，是闭眼不看世界的陈套。贾雨村因又思及平生抱负，苦未逢时，乃又搔首对天长叹，复高吟一联云："玉在匮中求善价，钗于奁内待时飞。"这一联具有字面义和言外意，字面义是贾雨村以金玉自许，抱着待价而沽、高飞云天的雄心。言外意则是隐喻着贾宝玉、薛宝钗的身价和命运。如甲戌本脂评所说："前用二玉合传，今用二宝合传，自是书中正眼。表过黛玉，则紧接上宝钗。"[43]字面义与言外意的互相掩映，是《红楼梦》的特长。

[42]（清）曹雪芹著，脂砚斋评：《脂砚斋重评石头记甲戌校本》，作家出版社2000年版，第87页。

[43]（清）曹雪芹著，脂砚斋评：《脂砚斋重评石头记甲戌校本》，作家出版社2000年版，第88页。

真是闲处光阴易过，倏忽又是元宵佳节矣。士隐命家人霍启抱了英莲去看社火花灯，半夜中，霍启因要小解，便将英莲放在一家门槛上坐着。待他小解完了来抱时，那有英莲的踪影？急得霍启直寻了半夜，至天明不见，那霍启也就不敢回来见主人，便逃往他乡去了。那士隐夫妇，见女儿一夜不归，便知有些不妥，再使几人去寻找，回来皆云连音响皆无。夫妻二人，半世只生此女，一旦失落，岂不思想，因此昼夜啼哭，几乎不曾寻死。看看的一月，士隐先就得了一病；当时封氏孺人也因思女构疾，日日请医疗治。

不想这日三月十五，葫芦庙中炸供，那些和尚不加小心，致使油锅火逸，便烧着窗纸。此方人家多用竹篱木壁者，大抵也因劫数，于是接二连三，牵五挂四，将一条街烧得如火焰山一般。彼时虽有军民来救，那火已成了势，如何救得下？

直烧了一夜，方渐渐的熄去，也不知烧了几家。只可怜甄家在隔壁，早已烧成一片瓦砾场了。只有他夫妇并几个家人的性命不曾伤了。急得士隐惟跌足长叹而已。只得与妻子商议，且到田庄上去安身。偏值近年水旱不收，鼠盗蜂起，无非抢田夺地，鼠窃狗偷，民不安生，因此官兵剿捕，难以安身。士隐只得将田庄都折变了，便携了妻子与两个丫鬟投他岳丈家去。

他岳丈名唤封肃，本贯大如州人氏，虽是务农，家中都还殷实。今见女婿这等狼狈而来，心中便有些不乐。幸而士隐还有折变田地的银子未曾用完，拿出来托他随分就价薄置些须房地，为后日衣食之计。那封肃便半哄半赚，些须与他些薄田朽屋。士隐乃读书之人，不惯生理稼穑等事，勉强支持了一二年，越觉穷了下去。封肃每见面时，便说些现成话，且人前人后又怨他们不善过活，只一味好吃懒作等语。士隐知投人不着，心中未免悔恨，再兼上年惊唬，急忿怨痛，已有积伤，暮年之人，贫病交攻，竟渐渐的露出那下世的光景来。

可巧这日拄了拐杖挣挫到街前散散心时，忽见那边来了一个跛足道人，疯癫落脱，麻屣鹑衣，口内念着几句言词，道是：

世人都晓神仙好，惟有功名忘不了！古今将相在何方？荒冢一堆草没了。世人都晓神仙好，只有金银忘不了！终朝只恨聚无多，及到多时眼闭了。世人都晓神仙好，只有姣妻忘不了！君生日日说恩情，君死又随人去了。世人都晓神仙好，只有儿孙忘不了！痴心父母古来多，孝顺儿孙谁见了？

士隐听了，便迎上来道：“你满口说些什么？只听见些‘好’‘了’‘好’‘了’。”那道人笑道：“你若果听见‘好’‘了’二字，还算你明白。可知世上万般，好便是了，了便是好。若不了，便不好；若要好，须是了。我这歌儿，便名《好了歌》。”士隐本是有宿慧的，一闻此言，心中早已彻悟。因笑道：“且住！待我将你这《好了歌》解注出来何如？”道人笑道：“你解，你解。”士隐乃说道：

陋室空堂，当年笏满床；衰草枯杨，曾为歌舞场。蛛丝儿结满雕梁，绿纱今又糊在蓬窗上。说什么脂正浓、粉正香，如何两鬓又成霜？昨日黄土陇头送白骨，今宵红灯帐底卧鸳鸯。金满箱，银满箱，展眼乞丐人皆谤。

正叹他人命不长，那知自己归来丧！训有方，保不定日后作强梁。择膏粱，谁承望流落在烟花巷！因嫌纱帽小，致使锁枷扛；昨怜破袄寒，今嫌紫蟒长：乱烘烘你方唱罢我登场，反认他乡是故乡。甚荒唐，到头来都是为他人作嫁衣裳！

那疯跛道人听了，拍掌笑道："解得切，解得切！"士隐便说一声："走罢！"将道人肩上褡裢抢了过来背着，竟不回家，同了疯道人飘飘而去。当下烘动街坊，众人当作一件新闻传说。封氏闻得此信，哭个死去活来，只得与父亲商议，遣人各处访寻，那讨音信？无奈何，少不得依靠着他父母度日。幸而身边还有两个旧日的丫鬟服侍，主仆三人，日夜作些针线发卖，帮着父亲用度。那封肃虽然日日抱怨，也无可奈何了。

笺证

葫芦庙大火，将甄士隐烧成一只丧家犬。家产的毁灭，却增添了他的精神财富。如鲁迅《呐喊·自序》所言："有谁从小康人家而坠入困顿的么，我以为在这途路中，大概可以看见世人的真面目。"因此，本有宿慧的甄士隐，能够一闻跛足道人的《好了歌》，心中早已彻悟。第一回采取怪人奇笔，写那"疯癫落脱，麻屣鹑衣"的跛足道人唱出《好了歌》，解释为"世上万般，好便是了，了便是好。若不了，便不好；若要好，须是了"，这具有深刻的生存哲学意味和宗教智慧深度，成了全书灼灼然发光的文眼。甄士隐解注《好了歌》，极力渲染世事无常、人情冷暖，将世间荣华富贵解释为转眼就成空幻，从人间百相上展示了"好便是了，了便是好"的生存困境。人们活在世上，对所谓"功名""金银""姣妻""儿孙"的贪恋顾念，由此发生强梁竞夺、钩心斗角，把繁华变成了废墟。难得的是，《好了歌》及其解注，动用了民谣俚曲的语言形式，传达出的却是具有经典价值的深刻的人生和宗教哲理，揭示了那类人生无常、万境归空的超越性智慧，当头棒喝，劝人断绝俗缘（所谓“了”）以期解脱（所谓“好”），以透彻的观照，表达对现实社会人生的失望和对真理究竟的追慕，自然也就开拓出新的哲学性思维和创作思路。道家“好了”哲学颠覆了儒家修身齐家治国平天下的入世襟怀，颠覆了追求功名、利禄、娇妻、儿孙的幸福感，超越了“乱烘烘你方唱罢我登场，反认他乡是故乡。甚荒唐，到头来都是为他人作嫁衣裳”的充满紧张感的俗世生存方式。甲戌本眉批说：“此等歌谣原不宜太雅，恐其不能通俗，故只此便妙极。其说得痛切处，又非一味俗语可到。”[44] 谁想到甄士隐随疯道人飘飘而去之前，留下这么一个警世箴言，一种“废墟文化”的启示录。这既是宗教启示，启示那些被情欲蒙蔽的尚不“觉悟”的人，又是现实启示，发出人生之无可奈何的凄怆感叹。到底是“好”终归于“了”，还是“了”而达到“好”？以此劝人猛然回头，仔细寻味《红楼梦》中的人物命运及家族命运的这个总预测。

[44]（清）曹雪芹著，脂砚斋评：《脂砚斋重评石头记甲戌校本》，作家出版社2000年版，第93页。

这日，那甄家大丫鬟在门前买线，忽听街上喝道之声，众人都说新太爷到任。丫鬟于是隐在门内看时，只见军牢快手，一对一对的过去，俄而大轿抬着一个乌帽猩袍的官府过去。丫鬟倒发了个怔，自思这官好面善，倒像在那里见过的。于是进入房中，也就丢过不在心上。至晚间，正待歇息之时，忽听一片声打的门响，许多人乱嚷，说：“本府太爷差人来传人问话。”封肃听了，唬得目瞪口呆，不知有何祸事，且听下回分解。

第二回
贾夫人仙逝扬州城
冷子兴演说荣国府

却说封肃因听见公差传唤，忙出来陪笑启问。那些人只嚷："快请出甄爷来！"封肃忙陪笑道："小人姓封，并不姓甄。只有当日小婿姓甄，今已出家一二年了，不知可是问他？"那些公人道："我们也不知什么'真''假'，因奉太爷之命来问，他既是你女婿，便带了你去亲见太爷面禀，省得乱跑。"说着，不容封肃多言，大家推拥他去了。封家人个个都惊慌，不知何兆。

那天约二更时，只见封肃方回来，欢天喜地。众人忙问端的，他乃说道："原来本府新升的太爷姓贾名化，本贯胡州人氏，曾与女婿旧日相交。方才在咱门前过去，因见娇杏那丫头买线，所以他只当女婿移住于此。我一一将原故回明，那太爷倒伤感叹息了一回。又问外孙女儿，我说看灯丢了。太爷说：'不妨，我自使番役务必探访回来。'说了一回话，临走倒送了我二两银子。"甄家娘子听了，不免心中伤感。一宿无话。

至次日，早有雨村遣人送了两封银子、四匹锦缎，答谢甄家娘子，又寄一封密书与封肃，转托问甄家娘子要那娇杏作二房。封肃喜的屁滚尿流，巴不得去奉承，便在女儿前一力撺掇成了，乘夜只用一乘小轿，便把娇杏送进去了。雨村欢喜，自不必说，乃封百金赠封肃，外谢甄家娘子许多物事，令其好生养赡，以待寻访女儿下落。封肃回家无话。

却说娇杏这丫鬟，便是那年回顾雨村者。因偶然一顾，便弄出这段事来，亦是自己意料不到之奇缘。谁想他命运两济，不承望自到雨村身边，

只一年便生了一子，又半载，雨村嫡妻忽染疾下世，雨村便将他扶侧作正室夫人了。正是:

偶因一着错，便为人上人。

原来，雨村因那年士隐赠银之后，他于十六日便起身入都，至大比之期，不料他十分得意，已会了进士，选入外班，今已升了本府知府。虽才干优长，未免有些贪酷之弊。且又恃才侮上，那些官员皆侧目而视。不上一年，便被上司寻了个空隙，作成一本，参他“生情狡猾，擅纂礼仪，且沽清正之名，而暗结虎狼之属，致使地方多事，民命不堪”等语。龙颜大怒，即批革职。该部文书一到，本府官员无不喜悦。那雨村心中虽十分惭恨，却面上全无一点怨色，仍是嘻笑自若，交代过公事，将历年做官积的些资本并家小人属送至原籍，安排妥协，却是自己担风袖月，游览天下胜迹。

笺证

《红楼梦》多用谐音方式，牵引出多义关联，使其文章脉络爆发出回音壁效应。对于第二回甄士隐家丫鬟“娇杏”之名，甲戌本侧批就用了谐音见义的方法说:“(娇杏)侥幸也。托言当日丫头回顾，故有今日，亦不过偶然侥幸耳，非真实得尘中英杰也。非近日小说中满纸红拂、紫烟之可比。”[1]所谓风尘识英雄的红拂、紫烟，前者见于唐传奇《虬髯客传》，红拂女为司空杨素府中的婢女，因手执红色拂尘，故有此称号。看到隋朝王室腐朽淫荡，红拂女风尘之中识李靖，其夜五更初，以“丝萝非独生，愿托乔木”的素愿，投奔李靖，实在是惊世骇俗之举。途经灵石镇旅舍，遇见了一个满脸虬髯的人，自称虬髯客。红拂女见他貌似粗鄙，

[1] (清)曹雪芹著，脂砚斋评:《脂砚斋重评石头记甲戌校本》，作家出版社2000年版，第98页。

却有一种不凡的气质，于是与他拜为兄妹，合称“风尘三侠”。李靖后为唐朝开国元勋，封卫国公。唐太宗李世民称其武功乃“古今所未有”。后者紫烟姓袁，明代齐东野人编演的《隋炀帝艳史》、清初褚人获著的《隋唐演义》对袁紫烟都有记述。隋朝后期，天下大乱，但隋宫淫乐愈炽。袁紫烟得仙姑教导，于终南山静修十五年，竟达窥破玄机之境，下山混入隋宫，作伺酒女嫔。隋炀帝被这灵慧绝世美女所吸引，拜为贵人。但袁紫烟不事针黹，好观天象，因宇文化及弑逆，就设计潜逃到太原，归顺长安李唐王朝，成为李勣（徐懋功，赐姓李）之妻。李世民对袁紫烟说：“袁妃子擅天人之学，今归徐卿，阃内阃外，皆可为国家之一助。”徐懋功在小说中是诸葛亮一类的智慧人物，协助李世民扫平中原，开辟了大唐天下。与此类传奇故事不同，丫鬟娇杏实在是侥幸，她并非风尘识英雄，而是命运两济，她是二人抬的小轿送进顺天府衙的，而不是四人抬的普通轿子，更不是八人抬的大轿抬走的。岂料嫁了贾雨村只一年，就生了一子，又半载，贾雨村嫡妻染疾下世，就被扶侧作正室夫人了。由于这个丫鬟原本不应私顾外人的“一着错”，“便为人上人”了。甲戌本脂评以“更妙”“更奇之至”，评议此事，“可知守礼俟命者终为饿莩。其调侃寓意不小”。命运可以有多种多样的表现形态，或幸或不幸，幸又如何，不幸又如何，莫可预测。《红楼梦》就以这种讽世之笔，以丫鬟娇杏的侥幸命运，反衬着大观园女儿莫可奈何的悲剧结局。

那日，偶又游至维扬地面，因闻得今岁鹾政点的是林如海。这林如海姓林名海，字表如海，乃是前科的探花，今已升至兰台寺大夫，本贯姑苏人氏，今钦点出为巡盐御史，到任方一月有馀。原来这林如海之祖，曾袭过列侯，今到如海，业经五世。起初时，只封袭三世，因当今隆恩盛德，远迈前代，额外加恩，至如海之父，又袭了一代。至如海，便从科第出身。虽系钟鼎之家，却亦是书香之族。只可惜这林家支庶不盛，子孙有限，虽有几门，却与如海俱是堂族而已，没甚亲支嫡派的。今如海年已四十，只有一个三岁之子，偏又于去岁死了。虽有几房姬妾，奈他命中无子，亦无可如何之事。今只有嫡妻贾氏生得一女，乳名黛玉，年方五岁。夫妻无子，故爱如珍宝，且又见他聪明清秀，便也欲使他读书识得几个字，不过假充养子之意，聊解膝下荒凉之叹。

笺证

贾雨村宦海升沉，弯弯曲曲抛出一条线索，从姑苏抛到维扬，至此第二回搭上了属于《红楼梦》主要角色的林黛玉，在人物组接上煞费苦心。以贾雨村引出林黛玉，错里错以错切入正经叙事，实在是一种反讽。一个女诗人随一个男俗吏入京，意味着男俗吏找到攀缘要职的台阶，女诗人却孤立无靠而寄人篱下。不过读书至此，林黛玉将要出场，大概可以长透一口气了吧。也只有曹雪芹才有这种耐性子，才有这种妙笔墨，游龙婉转，左盘右旋，逗出主要角色，却错里再错，还要再来一个游龙婉转，左盘右旋，使人物运行轨道出现分岔。文章贵曲，《红楼梦》充分利用了这个“曲”字，曲尽其妙。

雨村正值偶感风寒，病在旅店，将一月光景方渐愈。一因身体劳倦，二因盘费不继，也正欲寻个合式之处，暂且歇下。幸有两个旧友，亦在此境居住，因闻得鹾政欲聘一西宾，雨村便相托友力，谋了进去，且作安身之计。妙在只一个女学生，并两个伴读丫鬟，这女学生年又小，身体又极怯弱，工课不限多寡，故十分省力。

堪堪又是一载的光阴，谁知女学生之母贾氏夫人一疾而终。女学生侍汤奉药，守丧尽哀，遂又将辞馆别图。林如海意欲令女守制读书，故又将他留下。近因女学生哀痛过伤，本自怯弱多病的，触犯旧症，遂连日不曾上学。雨村闲居无聊，每当风日晴和，饭后便出来闲步。

这日，偶至郭外，意欲赏鉴那村野风光。忽信步至一山环水旋、茂林深竹之处，隐隐的有座庙宇，门巷倾颓，墙垣朽败，门前有额，题着“智通寺”三字，门旁又有一副旧破的对联，曰：

身后有馀忘缩手，眼前无路想回头。

雨村看了，因想到：“这两句话，文虽浅近，其意则深。我也曾游过些名山大刹，倒不曾见过这话头，其中想必有个翻过筋斗来的亦未可知，何不进去试试。”想着走入，看时只有一个龙钟老僧在那里煮粥。雨村见了，便不在意。及至问他两句话，那老僧既聋且昏，齿落舌钝，所答非所问。

笺证

第二回写黛玉父亲林如海乃是前科的探花，今已升至兰台寺大夫，可谓出身诗书传家的清贵门第，不属于“护官符”中贾、史、王、薛四大家族。家族基因决定了人的性格命运。甲戌本眉批说：“官制半遵古名亦好。余最喜此等半有半无，半古半今，事之所无，理之必有，极玄极幻，荒唐不经之处。”[2]兰台，原系汉代宫廷藏书之所，由御史中丞掌管。后来御史中丞内掌兰台，兼任纠察，故后世又称主管纠察、弹劾官吏的御史府为兰台寺。兰台寺大夫为虚拟官名，若掌管兰台就属书香门第。林如海钦点出为巡盐御史，则是明代和清初的盐务官员，可见《红楼梦》的职官是古今兼杂、有实职有虚拟的。这与第一回所说的“朝代年纪，地舆邦国，却反失落无考”，是相互映照、针脚绵密的。林黛玉首次登场而实未露面，是从林如海的感受上形容林黛玉的。林如海“爱如珍宝，且又见他（她）聪明清秀”，甲戌本侧批说：“看他写黛玉，只用此（‘聪明清秀’）四字。可笑近来小说中，满纸‘天下无二’‘古今无双’等字。”[3]林如海“也欲使他（她）读书识得几个字，不过假充养子之意，聊解膝下荒凉之叹”，这就养成林黛玉非功利性的诗人才性。甲戌本眉批又说：“如此叙法，方是至情至理之妙文。最可笑者，近小说中满纸班昭、蔡琰、文君、道韫。”[4]《红楼梦》从林如海眼中写黛玉，清淡用笔，最是本色，不落俗套，实际上她不属于班昭、蔡琰、文君、道韫那一路人物。接着又换了贾雨村的角度写林黛玉。贾雨村作了林家的西宾，“谁知女学生之母贾氏夫人一疾而终。女学生侍汤奉药，守丧尽哀，遂又将辞馆别图。林如海意欲令女守制读书，故又将他留下。近因女学生哀痛过伤，本自怯弱多病的，触犯旧症，遂连日不曾上学”。林黛玉的怯弱多病于此已埋下根子。于此并不多费笔墨，而顺竿推舟转向西宾夫子贾雨村，让他体会一下人生哲学的甜酸苦辣。贾雨村在清闲逍遥中却意外地领略了“缩手”“回头”的人生哲学。他信步走到门巷倾颓、墙垣朽败的智通寺，看到一副旧破的对联：“身后有馀忘缩手，眼前无路想回头。”感觉到“这两句话，文虽浅近，其意则深。…… 其中想必有个翻过筋斗来的亦未可知”。《红楼梦》往往一笔兼写多面，充满着生存的焦虑和感慨。“老僧既聋且昏，齿落舌钝，所答非所问”，但不问而答，尽在那一副旧破的对联中了。这一副旧破的对联，对于利欲熏心的贾雨村，是莫大的讽刺。甲戌本眉批说：“未出宁、荣繁华盛处，却先写一荒凉小境；未写通部入世迷人，却先写一出世醒人。回风舞雪，倒峡逆波，别小说中所无之法。”[5]《红楼梦》运笔七转八转，换位移步，互相映照，尤其是那些“回风舞雪，倒峡逆波”的采取逆向思维之处，总是充满着潜台词。

雨村不耐烦，便仍出来，意欲到那村肆中沽饮三杯，以助野趣，于是款步行来。将入肆门，只见座上吃酒之客有一人起身大笑，接了出来，口内说：“奇遇，奇遇。”雨村忙看时，此人是都中在古董行中贸易的号冷子兴者，旧日在都

[2]（清）曹雪芹著，脂砚斋评：《脂砚斋重评石头记甲戌校本》，作家出版社2000年版，第100页。

[3]（清）曹雪芹著，脂砚斋评：《脂砚斋重评石头记甲戌校本》，作家出版社2000年版，第100页。

[4]（清）曹雪芹著，脂砚斋评：《脂砚斋重评石头记甲戌校本》，作家出版社2000年版，第100页。

[5]（清）曹雪芹著，脂砚斋评：《脂砚斋重评石头记甲戌校本》，作家出版社2000年版，第101页。

相识。雨村最赞这冷子兴是个有作为大本领的人，这子兴又借雨村斯文之名，故二人说话投机，最相契合。

雨村忙笑问道："老兄何日到此？弟竟不知。今日偶遇，真奇缘也。"子兴道："去年岁底到家，今因还要入都，从此顺路找个敝友说一句话，承他之情，留我多住两日。我也无紧事，且盘桓两日，待月半时也就起身了。今日敝友有事，我因闲步至此，且歇歇脚，不期这样巧遇！"一面说，一面让雨村同席坐了，另整上酒肴来。二人闲谈漫饮，叙些别后之事。

雨村因问："近日都中可有新闻没有？"子兴道："倒没有什么新闻，倒是老先生你贵同宗家，出了一件小小的异事。"雨村笑道："弟族中无人在都，何谈及此？"子兴笑道："你们同姓，岂非同宗一族？"雨村问是谁家。子兴道："荣国府贾府中，可也玷辱了先生的门楣么？"雨村笑道："原来是他家。若论起来，寒族人丁却不少，自东汉贾复以来，支派繁盛，各省皆有，谁逐细考查得来？若论荣国一支，却是同谱。但他那等荣耀，我们不便去攀扯，至今故越发生疏难认了。"

笺证

人物在全部社会关系中的位置，决定了他的性格导向和行为方式。冷子兴以都中古董行中贸易为职业，因而见多识广，消息灵通，从后来的交代可知，他还是贾府管家周瑞的女婿，使他对贾府人事的夸夸其谈有了资讯上的依托。这种职业身份设置，相当有讲究。第二回冷子兴向贾雨村谈论贾府，已是直击全书的核心空间了。但一者是冷子兴的冷眼旁观，二者是贾雨村的假语村言，毕竟隔了一层。叙事隔了一层，带有商人势利的价值观，但由于拉开了一定距离，可以直击最感兴趣的要点，可以概观整个家族的盛衰荣辱，也为后来的叙事做了概而言之的铺垫。尤可注意者，冷眼旁观，采取的是世俗价值观，与《红楼梦》潜在的价值观并不对付，隐隐然有一种麻花式的扭转力存焉。

子兴叹道:“老先生休如此说。如今的这宁荣两门，也都萧疏了，不比先时的光景。”雨村道:“当日宁荣两宅的人口也极多，如何就萧疏了?”冷子兴道:“正是，说来也话长。”雨村道:“去岁我到金陵地界，因欲游览六朝遗迹，那日进了石头城，从他老宅门前经过。街东是宁国府，街西是荣国府，二宅相连，竟将大半条街占了。大门前虽冷落无人，隔着围墙一望，里面厅殿楼阁，也还都峥嵘轩峻。就是后一带花园子里面树木山石，也还都有蓊蔚洇润之气，那里像个衰败之家?”冷子兴笑道:“亏你是进士出身，原来不通!古人有云:‘百足之虫，死而不僵’。如今虽说不及先年那样兴盛，较之平常仕宦之家，到底气象不同。如今生齿日繁，事务日盛，主仆上下，安富尊荣者尽多，运筹谋画者无一。其日用排场费用，又不能将就省俭，如今外面的架子虽未甚倒，内囊却也尽上来了。这还是小事。更有一件大事:谁知这样钟鸣鼎食之家，翰墨诗书之族，如今的儿孙，竟一代不如一代了!”

笺证

请记住，贾雨村此处讲的是荣宁二府在金陵，与冷子兴讲的都中(全书虚拟的“长安”即都中)存在着错位，却对应了金陵十二钗的名目。是曹雪芹叙事的疏漏?还是有意为之?第二回贾雨村说“街东是宁国府，街西是荣国府，二宅相连，竟将大半条街占了”，何等堂皇显赫。小说使用了欲抑先扬的手法。于是冷子兴回应说“百足之虫，死而不僵”，意味着死的征兆已现，依然有“不僵”的架势，“外面的架子虽未甚倒，内囊却也尽上来了”。更可怕的是“如今的儿孙，竟一代不如一代了”。财政危机、人事危机正在袭击贾府。甲戌本眉批称冷子兴的话："文是极好之文，理是必有之理，话则极痛极悲之话。"[6] 这意味着贵族中国坍塌的趋势已是无可挽回，闲谈中散发着冥冥宿命的预言。

雨村听说，也纳罕道："这样诗礼之家，岂有不善教育之理？别门不知，只说这宁、荣二宅，是最教子有方的。"子兴叹道："正说的是这两门呢。待我告诉你：当日宁国公与荣国公是一母同胞弟兄两个。宁公居长，生了四个儿子。宁公死后，贾代化袭了官，也养了两个儿子：长名贾敷，至八九岁上便死了，只剩了次子贾敬袭了官，如今一味好道，只爱烧丹炼汞，馀者一概不在心上。幸而早年留下一子，名唤贾珍，因他父亲一心想作神仙，把官倒让他袭了。他父亲又不肯回原籍来，只在都中城外和道士们胡羼。这位珍爷倒生了一个儿子，今年才十六岁，名叫贾蓉。如今敬老爹一概不管。这珍爷那里肯读书，只一味高乐不了，把宁国府竟翻了过来，也没有人敢来管他。再说荣府你听，方才所说异事，就出在这里。自荣公死后，长子贾代善袭了官，娶的也是金陵世勋史侯家的小姐为妻，生了两个儿子：长子贾赦，次子贾政。如今代善早已去世，太夫人尚在，长子贾赦袭着官，次子贾政，自幼酷喜读书，祖、父最疼，原欲以科甲出身的，不料代善临终时遗本一上，皇上因恤先臣，即时令长子袭官外，问还有几子，立刻引见，遂额外赐了这政老爹一个主事之衔，令其入部习学，如今现已升了员外郎了。这政老爹的夫人王氏，头胎生的公子，名唤贾珠，十四岁进学，不到二十岁就娶了妻生了子，一病死了。第二胎生了一位小姐，生在大年初一，这就奇了。不想后来又生一位公子，说来更奇，一落胎胞，嘴里便衔下一块五彩晶莹的玉来，上面还有许多字迹，就取名叫作宝玉。你道是新奇异事不是？"

笺证

冷子兴何许人也，在第二回中对宁、荣二府的世系底细竟然如数家珍。诚如甲戌本回首总评所说："此回亦非正文，本旨只在冷子兴一人，即俗谓

'冷中出热，无中生有'也。其演说荣府一篇者，盖因族大人多，若从作者笔下一一叙出，尽一二回不能得明，则成何文字？故借用冷子兴一人，略出其大半，使阅者心中，已有一荣府隐隐在心，然后用黛玉、宝钗等两三次皴染，则耀然于心中眼中矣。此即画家三染法也。"[7] 由冷子兴的生意人口风，满口胡柴，女娲炼石补天闰余的那块顽石宝玉，于此又出现于人间，贾府公子"一落胎胞，嘴里便衔下一块五彩晶莹的玉来，上面还有许多字迹"，甲戌本侧批说："青埂顽石已得下落。"《红楼梦》的主要角色贾宝玉于此第一次在闲谈中现身。这也属于直击核心，而得其偏。如此偏正用笔，极具匠心和功力。如甲戌本回首总评又说："通灵宝玉于士隐梦中一出，今于子兴口中一出，阅者已洞然矣。然后于黛玉、宝钗二人目中极精极细一描，则是文章锁合处。盖不肯一笔直下，有若放闸之水、燃信之爆，使其精华一泄而无余也。究竟此玉原应出自钗、黛目中，方有照应。今预从子兴口中说出，实虽写而却未写。观其后文可知。此一回则是虚敲傍击之文，笔则是反逆隐回之笔。"[8] 值得注意者，宝玉衔玉而生，是渊源古老的神异生育传说的诗化翻版。一见于《诗经·商颂·玄鸟》："天命玄鸟，降而生商。"郑玄笺说："天使鳦下而生商者，谓鳦遗卵，娀氏之女简狄吞之而生（商朝始祖）契。"[9] 二见于《元史·太祖本纪》写成吉思汗降生，"手握凝血如赤石"，预示着他是一代天骄的战神。《元朝秘史》卷一也说："也速该把阿秃儿的妻诃额仑正怀孕，于斡难河边迭里温孛勒答黑山下，生了太祖。太祖生时，右手握着髀石般一块血生了，因掳将帖木真兀格来时生，故就名帖木真。"[10] 三见于《满洲实录》卷一说："满洲原起长白山之东北，布库哩山下，一泊名布勒瑚里。初，天降三仙女于泊，长名恩古伦，次名正古伦，三名佛库伦，

❻（清）曹雪芹著，脂砚斋评：《脂砚斋重评石头记甲戌校本》，作家出版社2000年版，第103页。

❼（清）曹雪芹著，脂砚斋评：《脂砚斋重评石头记甲戌校本》，作家出版社2000年版，第97页。

❽（清）曹雪芹著，脂砚斋评：《脂砚斋重评石头记甲戌校本》，作家出版社2000年版，第97页。

❾（汉）毛亨传，（汉）郑玄笺，（唐）孔颖达疏：《毛诗正义》，北京大学出版社1999年版，第1444页。

❿陈彬龢选注：《元朝秘史》，商务印书馆1929年版，第20页。

浴毕上岸，有神鹊衔一朱果置佛库伦衣上，色甚鲜妍。佛库伦爱之不忍释手，遂衔口中，甫著衣，其果入腹中，即感生成孕……佛库伦后生一男，生而能言，倏尔成长……满洲后世子孙俱以鹊为神(《清太祖武皇帝实录》作'俱以鹊为祖')，故不加害。"[11]因此，神异生育传说是一个民族的始祖与天命相联系的纽带，是民族图腾崇拜的具象化。从吞玄鸟卵、手握血块的奇异生育，到仙女吞鹊卵而生满族始祖，通向家族承传，而出现衔玉而生，这块通灵宝玉也就成了人性化的"图腾"，图腾的意义是石头崇拜。

雨村笑道："果然奇异。只怕这人来历不小。"子兴冷笑道："万人皆如此说，因而乃祖母便先爱如珍宝。那年周岁时，政老爹便要试他将来的志向，便将那世上所有之物摆了无数，与他抓取。谁知他一概不取，伸手只把些脂粉钗环抓来。政老爹便大怒了，说：'将来酒色之徒耳！'因此便大不喜悦。独那史老太君还是命根一样。说来又奇，如今长了七八岁，虽然淘气异常，但其聪明乖觉处，百个不及他一个。说起孩子话来也奇怪，他说：'女儿是水作的骨肉，男人是泥作的骨肉。我见了女儿，我便清爽；见了男子，便觉浊臭逼人。'你道好笑不好笑？将来色鬼无疑了！"雨村罕然厉色忙止道："非也！可惜你们不知道这人来历。大约政老前辈也错以淫魔色鬼看待了。若非多读书识事，加以致知格物之功，悟道参玄之力，不能知也。"

笺证

周岁抓阄习俗，就是新生儿周岁时，将各种物品摆放在小孩面前，有笔、墨、纸、砚、算盘、钱币、书籍之类，任从小儿随机抓取，以测试其将来的人生选择。这种习俗蕴含着望子成龙的民俗信仰。其滥觞可以追溯到公元前529年。《左传·昭公十三年》记载："共王无冢適，有宠子五人，无適立焉。乃大有事于群望，而祈曰：'请神择于五人者，使主社稷。'乃遍以璧见于群望，曰：'当璧而拜者，神所立也，谁敢违之？'既，乃与巴姬密埋璧于大室之庭，使五人齐，而长入拜。康王跨之，灵王肘加焉，子干、子皙皆远之。平王弱，抱而入，再拜，皆厌纽。斗韦龟属成然焉，且曰：‘弃礼违命，楚其危哉。’”[12]楚共王无嫡子，想在五个受宠爱的庶子中选嗣，乃遍祭名山大川，秘密把一块玉璧埋在祖庙的庭院里，让五位庶子依长幼次第进庙拜跪祖先，谁正好压在埋玉璧的位置上，就算是神灵所确立的王嗣。年龄最小的楚平王被抱进祖庙后，两次下拜，都压在玉璧的璧纽上。但楚共王最终把下跪时两足各跨玉璧一边的长子（即楚康王）立为太子。大臣韦龟甚有感慨，以为此举违背了天命，故嘱托其子于平王，其后平王果然在楚国内争中坐上了王位。这段史传记载，可以看作“试儿”习俗的滥觞。抓阄试儿习俗在魏晋南北朝时期已经出现，北齐颜之推《颜氏家训·风操》中记载：“江南风俗，儿生一期（即满一周岁），为制新衣，盥浴装饰，男则用弓、矢、纸、笔，女则用刀、尺、针、缕，并加饮食之物及珍宝服玩，置之儿前，观其发意所取，以验贪廉愚智，名之为试儿。”[13]顾炎武《日知录》卷十三“生日”条说：“生日之礼，古人所无。《颜氏家训》曰：‘亲表聚集，因成宴会。自兹以后，二亲若在，每至此日，常有饮食之事。无教之徒虽已孤露，其日皆为供顿，酣畅声乐，不知有所感伤。梁孝元年少之时，每八月六日载诞之辰，尝设斋讲。自阮修容薨后，此事亦绝。’是此礼起于齐梁之间。逮唐宋以后，自天子至于庶人，无不崇饰。此日开筵召客，赋诗称寿，而于昔人反本乐生之意，去之远矣。”[14]第二回冷子兴讲到贾宝玉周岁抓阄，“伸手只把些脂粉钗环抓来”，害得贾政老爹大怒说：“将来酒色之徒耳。”这是对贾宝玉性格之一面的预示。至于贾宝玉所言：“女儿是水作的骨肉，男人是泥作的骨肉。我见了女儿，我便清爽；见了男子，便觉浊臭逼人。”如此女儿情结，更是千古未见，石破天惊之论，甲戌本侧批称其为“真

[11]《满洲实录》，《辽海丛书》本1934年版，第3页。

[12]（周）左丘明传，（晋）杜预注，（唐）孔颖达正义：《春秋左传正义》，北京大学出版社1999年版，第1317—1318页。

[13]王利器：《颜氏家训集解》，中华书局1996年版，第115页。

[14]（明）顾炎武撰，张京华校释：《日知录校释》（上），岳麓书社2010年版，第595页。

千古奇文奇情"，为曹雪芹心仪《金陵十二钗》的叙事旨趣张本。

子兴见他说得这样重大，忙请教其端。雨村道:"天地生人，除大仁大恶两种，馀者皆无大异。若大仁者，则应运而生，大恶者，则应劫而生。运生世治，劫生世危。尧、舜、禹、汤、文、武、周、召、孔、孟、董、韩、周、程、张、朱，皆应运而生者。蚩尤、共工、桀、纣、始皇、王莽、曹操、桓温、安禄山、秦桧等，皆应劫而生者。大仁者，修治天下。大恶者，挠乱天下。清明灵秀，天地之正气，仁者之所秉也。残忍乖僻，天地之邪气，恶者之所秉也。今当运隆祚永之朝，太平无为之世，清明灵秀之气所秉者，上至朝廷，下及草野，比比皆是。所馀之秀气，漫无所归，遂为甘露，为和风，洽然溉及四海。彼残忍乖僻之邪气，不能荡溢于光天化日之中，遂凝结充塞于深沟大壑之内，偶因风荡，或被云催，略有摇动感发之意，一丝半缕误而泄出者，偶值灵秀之气适过，正不容邪，邪复妒正，两不相下，亦如风水雷电，地中既遇，既不能消，又不能让，必至搏击掀发后始尽。故其气亦必赋人，发泄一尽始散。使男女偶秉此气而生者，在上则不能成仁人君子，下亦不能为大凶大恶。置之于万万人中，其聪俊灵秀之气，则在万万人之上。其乖僻邪谬不近人情之态，又在万万人之下。若生于公侯富贵之家，则为情痴情种。若生于诗书清贫之族，则为逸士高人。纵再偶生于薄祚寒门，断不能为走卒健仆，甘遭庸人驱制驾驭，必为奇优名倡。如前代之许由、陶潜、阮籍、嵇康、刘伶、王谢二族、顾虎头、陈后主、唐明皇、宋徽宗、刘庭芝、温飞卿、米南宫、石曼卿、柳耆卿、秦少游，近日之倪云林、唐伯虎、祝枝山，再如李龟年、黄幡绰、敬新磨、卓文君、红拂、薛涛、崔莺、朝云之流，此皆易地则同之人也。"

笺证

第二回由冷子兴所讲贾宝玉的奇异之处，引出贾雨村这一番关于"天地生人"的堂堂皇皇、又扭扭歪歪的宏论，实在是充满着反讽意味。捎及贾宝玉的，只是“若生于公侯富贵之家，则为情痴情种”。这种言论既切合贾雨村的品格、阅历、显摆趣味，又显示了曹雪芹运笔正正反反，不拘一格，涉笔成趣，游刃有余。值得注意者，贾雨村在大仁大恶的历史人物之外，特别揭出万万人之中“正邪兼赋”的人性类型。且不说他是否联想到董仲舒、韩愈的“性三品”说和程朱的“气禀”说，在“圣人之性”和“斗筲之性”两极之外，剔出芸芸众生的“中民之性”，就以其“正邪兼赋”的性格论，在不同情境中可以衍生出“情痴情种”“逸士高人”“奇优名倡”而言，不管它是正理还是歪论，也不管你信与不信，总可以套上《红楼梦》诸多人物，提供某种哲学人性论的根据。贾雨村具有反讽意味的夸夸其谈，也存在着可以发酵的哲理意蕴。

子兴道:“依你说，‘成则王侯败则贼’了。”雨村道:“正是这意。你还不知，我自革职以来，这两年遍游各省，也曾遇见两个异样孩子。所以，方才你一说这宝玉，我就猜着了八九亦是这一派人物。不用远说，只金陵城内，钦差金陵省体仁院总裁甄家，你可知么？”子兴道:“谁人不知！这甄府和贾府就是老亲，又系世交。两家来往，极其亲热的。便在下也和他家来往非止一日了。”

雨村笑道:“去岁我在金陵，也曾有人荐我到甄府处馆。我进去看其光景，谁知他家那等显贵，却是个富而好礼之家，倒是个难得之馆。但这一个学生，虽是启蒙，却比一个举业的还劳神。说起来更可笑，他说:‘必得两个女儿伴着我读书，我方能认得字，心里也明白，不然我自己心里糊涂。’又常对跟他的小厮们说:‘这女儿两个字，极尊贵、极清净的，比那阿弥陀佛、元始天尊的这两个宝号还更尊荣无对的呢！你们这浊口臭舌，万不可唐突了这两个字要紧。

但凡要说时，必须先用清水香茶漱了口才可，设若失错，便要凿牙穿腮等事。’其暴虐浮躁，顽劣憨痴，种种异常。只一放了学，进去见了那些女儿们，其温厚和平，聪敏文雅，竟又变了一个。因此，他令尊也曾下死笞楚过几次，无奈竟不能改。每打的吃疼不过时，他便‘姐姐’‘妹妹’乱叫起来。后来听得里面女儿们拿他取笑：‘因何打急了只管叫姐妹做甚？莫不是求姐妹去说情讨饶？你岂不愧些！’他回答的最妙。他说：‘急疼之时，只叫‘姐姐’‘妹妹’字样，或可解疼也未可知，因叫了一声，便果觉不疼了，遂得了秘法：每疼痛之极，便连叫姐妹起来了。’你说可笑不可笑？也因祖母溺爱不明，每因孙辱师责子，因此我就辞了馆出来。如今在这巡盐御史林家做馆了。你看，这等子弟，必不能守祖父之根基，从师长之规谏的。只可惜他家几个姊妹都是少有的。”

笺证

第二回此处借贾雨村之口首出甄宝玉，甄宝玉童年的顽劣类乎贾宝玉，他成了贾宝玉的“镜中影子”。甄宝玉所说：“必得两个女儿伴着我读书，我方能认得字，心里也明白，不然我自己心里糊涂。”他常对跟他的小厮们说：“这女儿两个字，极尊贵、极清净的，比那阿弥陀佛、元始天尊的这两个宝号还更尊荣无对的呢。你们这浊口臭舌，万不可唐突了这两个字要紧。但凡要说时，必须先用清水香茶漱了口才可，设若失错，便要凿牙穿腮等事。”甲戌本侧批说：“甄家之宝玉乃上半部不写者，故此处极力表明，以遥照贾家之宝玉。凡写贾宝玉之文，则正为真宝玉传影。”[15]对于甄宝玉所说“女儿”二字“比那阿弥陀佛、元始天尊的这两个宝号还更尊荣无对”，甲戌本眉批又说：“如何只以释、老二号为譬，略不敢及我先师儒圣等人？余则不敢以顽劣目之。”[16]真假映照，真是假，假是真，这种对应性的“影子”叙事，甄宝玉是贾宝玉的“镜中自我”，使《红楼梦》风姿摇曳，由世事沧桑逗引出天意难挽。蒙古王府本侧批说：“灵玉却只一块，而宝玉有两个。情性如一，亦如六耳悟空之意耶？”这里把真假宝玉，比作《西游记》的真假猴王，还可以比作《水浒传》中的真假李逵，尽管如何处理真假，各有不同的方式。所谓“镜中自我”（looking-glass self）由美国社会心理学家查尔斯·库利所提出，喻指每一个人对他人都是一面镜子，反应出他人所表现过的事情。即说明个人对自己的概念是基于他人对自己的反应和知觉所产生，因此，个体对自我的看法有相当一部分是受到他人重要的影响，这是“象征交互论”理论的滥觞。老子的视野更加宏阔，专门强调天道、人道的损益互动、象征交互。《老子》第77章说：“天之道，其犹张弓与？高者抑之，下者举之，有余者损之，不足者补之。天之道，损有余而补不足。人道则不然，损不足以奉有余。”⑰人就在天道、人道的交互损益中认识自我，确定自己的位置。然而，天道、人道，谁来操作，如何操作？都在真真假假的有余、不足的损益中花样百出，难以把握，这就难免带上浓郁的命运感了。

⑮（清）曹雪芹著，脂砚斋评：《脂砚斋重评石头记甲戌校本》，作家出版社2000年版，第107页。

⑯（清）曹雪芹著，脂砚斋评：《脂砚斋重评石头记甲戌校本》，作家出版社2000年版，第107页。

⑰陈鼓应：《老子注译及评介》，中华书局1984年版，第346页。

子兴道：“便是贾府中，现有的三个也不错。政老爹的长女，名元春，现因贤孝才德，选入宫中作女史去了。二小姐乃赦老爹之妾所出，名迎春。三小姐乃政老爹之庶出，名探春。四小姐乃宁府珍爷之胞妹，名唤惜春。因史老夫人极爱孙女，都跟在祖母这边一处读书，听得个个不错。”雨村道：“更妙在甄家的风俗，女儿之名，亦皆从男子之名命字，不似别家另外用这些‘春’、‘红’、‘香’、‘玉’等艳字的。何得贾府亦乐此俗套？”子兴道：“不然。只因现今大小姐是正月初一日所生，故名元春，馀者方从了‘春’字。上一辈的，却也是从兄弟而来的。现有对证：目今你贵东家林公之夫人，即荣府中赦、政二公之胞妹，在家时名唤贾敏。不信时，你回去细访可知。”雨村拍案笑道：“怪道这女学生读至凡书中有‘敏’字，皆念作‘密’字，每每如是；写字遇着‘敏’字，又减一二笔，我心中就有些疑惑。今听你说，的是为此无疑矣。怪道我这女学生言语举止另是一样，不与近日女子相同，度其母必不凡，方得其女，今知为荣府外孙，又不足罕矣，可伤上月竟亡故了。”子兴叹道：“老姊妹四个，这一个是极小的，又没了。长一辈的姊妹，一个也没了。只看这小一辈的，将来之东床如何呢？”

雨村道：“正是。方才说这政公，已有衔玉之儿，又有长子所遗一个弱孙。这赦老竟无一个不成？”子兴道：“政公既有玉儿之后，其妾又生了一个，倒不知其好歹。只眼前现有二子一孙，却不知将来如何。若问那赦公，也有二子，长名贾琏，今已二十来往了，亲上作亲，娶的就是政老爹夫人王氏之内侄女，今已娶了二年。这位琏爷身上现捐的是个同知，也是不肯读书，于世路上好机变，言谈去的，所以如今只在乃叔政老爷家住着，帮着料理些家务。谁知自娶了他令夫人之后，倒上下无一人不称颂他夫人的，琏爷倒退了一射之地：说模样又极标致，言谈又爽利，心机又极深细，竟是个男人万不及一的。”

笺证

第二回冷子兴、贾雨村闲谈，“说着别人家的闲话，正好下酒”，掰着指头而津津有味地一一清点了贾府人头。虽然还是雾里看花，毕竟格局初定。从总体格局来看，《红楼梦》具有双重品格，既是曹雪芹的忏悔录，又是曹雪芹的“天问”，其中的一些人物如贾宝玉之流，无材补天之阙，又无命安享人间繁华，融合着贵族中国的挽歌、青春生命的情歌、空幻人生的悲歌的复杂情调，如歌如泣，可以说其间潜伏着某种“非天”而“问天”的复杂理念。至于其雾里看花之处，比如冷子兴谈及元、迎、探、惜四春姊妹，只说“史老夫人极爱孙女，都跟在祖母这边一处读书，听得个个不错”，未及四人的性格、能力、命运；谈及王熙凤，未出姓名，只说“说模样又极标致，言谈又爽利，心机又极深细，竟是个男人万不及一的”，未及凤辣子治理荣国府的手腕和心计。这都是游龙见首不见尾的皴染法，一笔一笔铺染，色泽随之一层一层丰富浑厚，显现出把握火候的功夫甚是到家。

雨村听了，笑道："可知我前言不谬。你我方才所说的这几个人，都只怕是那正邪两赋而来一路之人，未可知也。"子兴道："邪也罢，正也罢，只顾算别人家的帐，你也吃一杯酒才好。"雨村道："正是，只顾说话，竟多吃了几杯。"子兴笑道："说着别人家的闲话，正好下酒，即多吃几杯何妨。"雨村向窗外看道："天也晚了，仔细关了城。我们慢慢的进城再谈，未为不可。"于是，二人起身，算还酒账。方欲走时，又听得后面有人叫道："雨村兄，恭喜了！特来报个喜信的。"雨村忙回头看时——

第三回

贾雨村夤缘复旧职 林黛玉抛父进京都

却说雨村忙回头看时，不是别人，乃是当日同僚一案参革的号张如圭者。他本系此地人，革后家居，今打听得都中奏准起复旧员之信，他便四下里寻情找门路，忽遇见雨村，故忙道喜。二人见了礼，张如圭便将此信告诉雨村，雨村自是欢喜，忙忙的叙了两句，遂作别各自回家。冷子兴听得此言，便忙献计，令雨村央烦林如海，转向都中去央烦贾政。雨村领其意，作别回至馆中，忙寻邸报看真确了。

次日，面谋之如海。如海道："天缘凑巧，因贱荆去世，都中家岳母念及小女无人依傍教育，前已遣了男女船只来接，因小女未曾大痊，故未及行。此刻正思向蒙训教之恩未经酬报，遇此机会，岂有不尽心图报之理。但请放心。弟已预为筹画至此，已修下荐书一封，转托内兄务为周全协佐，方可稍尽弟之鄙诚，即有所费用之例，弟于内兄信中已注明白，亦不劳尊兄多虑矣。"雨村一面打恭，谢不释口，一面又问："不知令亲大人现居何职?只怕晚生草率，不敢骤然入都干渎。"如海笑道："若论舍亲，与尊兄犹系同谱，乃荣公之孙：大内兄现袭一等将军，名赦，字恩侯，二内兄名政，字存周，现任工部员外郎，其为人谦恭厚道，大有祖父遗风，非膏粱轻薄仕宦之流，故弟方致书烦托。否则不但有污尊兄之清操，即弟亦不屑为矣。"雨村听了，心下方信了昨日子兴之言，于是又谢了林如海。如海乃说："已择了出月初二日小女入都，尊兄即同路而往，岂不两便？"雨村唯唯听命，心中十分得意。如海遂打点礼物并饯行之事，雨村一一领了。

那女学生黛玉，身体方愈，原不忍弃父而往，无奈他外祖母致意务去，且兼如海说："汝父年将半百，再无续室之意，且汝多病，年又极小，上无亲母教养，下无姊妹兄弟扶持，今依傍外祖母及舅氏姊妹去，正好减我顾盼之忧，何反云不往？"黛玉听了，方洒泪拜别，随了奶娘及荣府几个老妇人登舟而去。雨村另有一只船，带两个小童，依附黛玉而行。

笺证

属于《红楼梦》主要角色的林黛玉，至此第三回才从闲谈中，转身露出真容。她是苏州姑娘，得苏州山水园林戏曲书画艺术的精致，人如精雕细刻的艺术品。林黛玉的真容是在侯门深似海的风景中逐层展露的。众人都在看林黛玉，林黛玉在看侯门深似海的风景。这令人联想到卞之琳《断章》诗所言："你站在桥上看风景，看风景人在楼上看你。明月装饰了你的窗子，你装饰了别人的梦。"诗人自己曾经解释说，《断章》"写一刹那的意境。我当时爱想世间人物、事物的息息相关，相互依存、相互作用。人（'你'）可以看风景，也可能自觉、不自觉点缀了风景；人（'你'）可以见明月装饰了自己的窗子，也可能自觉不自觉成了别人梦境的装饰"。林黛玉与贾府就在这种相互观看、相互装饰中，展开了各自的明月、痴情与梦魇兼杂的性格和命运。

有日到了都中，进入神京，雨村先整了衣冠，带了小童，拿着宗侄的名帖，至荣府的门前投了。彼时贾政已看了妹丈之书，即忙请入相会。见雨村相貌魁伟，言语不俗，且这贾政最喜读书人，礼贤下士，济弱扶危，大有祖风。况又系妹丈致意，因此优待雨村，更又不同，便竭力内中协助，题奏之日，轻轻谋了一个复职候缺，不上两个月，金陵应天府缺出，便谋补了此缺，拜辞了贾政，择日上任去了。不在话下。

且说黛玉自那日弃舟登岸时，便有荣国府打发了轿子并拉行李的车辆久候了。这林黛玉常听得母亲说过，他外祖母家与别家不同。他近日所见的这几个三等仆妇，吃穿用度，已是不凡了，何况今至其家。因此步步留心，时时在意，不肯轻易多说一句话，多行一步路，惟恐被人耻笑了他去。自上了轿，进入城中，从纱窗向外瞧了一瞧，其街市之繁华，人烟之阜盛，自与别处不同。又行了半日，忽见街北蹲着两个大石狮子，三间兽头大门，门前列坐着十来个华冠丽服之人。正门却不开，只有东西两角门有人出入。正门之上有一匾，匾上大书"敕造宁国府"五个大字。黛玉想道："这必是外祖之长房了。"想着，又往西行，不多远，照样也是三间大门，方是荣国府了。却不进正门，只进了西边角门。那轿夫抬进去，走了一射之地，将转弯时，便歇下退出去了。后面的婆子们已都下了轿，赶上前来。另换了三四个衣帽周全十七八岁的小厮上来，复抬起轿子。众婆子步下围随至一垂花门前落下。众小厮退出，众婆子上来打起轿帘，扶黛玉下轿。林黛玉扶着婆子的手，进了垂花门，两边是抄手游廊，当中是穿堂，当地放着一个紫檀架子大理石的大插屏。转过插屏，小小的三间厅，厅后就是后面的正房大院。正面五间上房，皆雕梁画栋，两边穿山游廊厢房，挂着各色鹦鹉、画眉等鸟雀。台矶之上，坐着几个穿红着绿的丫头，一见他们来了，便忙都笑迎上来，说："刚才老太太还念呢，可巧就来了。"于是三四人争着打起帘笼，一面听得人回话："林姑娘到了。"

黛玉方进入房时，只见两个人搀着一位鬓发如银的老母迎上来，黛玉便知是他外祖母。方欲拜见时，早被他外祖母一把搂入怀中，心肝儿肉叫着大哭起来。当下地下侍立之人，无不掩面涕泣，黛玉也哭个不住。一时众人慢慢解劝住了，黛玉方拜见了外祖母。——此即冷子兴所云之史氏太君，贾赦、贾政之母也。当下贾母一一指与黛玉："这是你大舅母，这是你二舅母，这是你先珠大哥的媳妇珠大嫂子。"黛玉一一拜见过。贾母又说：

"请姑娘们来。今日远客才来，可以不必上学去了。"众人答应了一声，便去了两个。

不一时，只见三个奶嬷嬷并五六个丫鬟，簇拥着三个姊妹来了。第一个肌肤微丰，合中身材，腮凝新荔，鼻腻鹅脂，温柔沉默，观之可亲。第二个削肩细腰，长挑身材，鸭蛋脸面，俊眼修眉，顾盼神飞，文彩精华，见之忘俗。第三个身量未足，形容尚小。其钗环裙袄，三人皆是一样的妆饰。黛玉忙起身迎上来见礼，互相厮认过，大家归了坐。丫鬟们斟上茶来。不过说些黛玉之母如何得病，如何请医服药，如何送死发丧。不免贾母又伤感起来，因说："我这些儿女，所疼者独有你母，今日一旦先舍我而去，连面也不能一见，今见了你，我怎不伤心！"说着，搂了黛玉在怀，又呜咽起来。众人忙都宽慰解释，方略略止住。

众人见黛玉年貌虽小，其举止言谈不俗，身体面庞虽怯弱不胜，却有一段自然的风流态度，便知他有不足之症。因问："常服何药，如何不急为疗治？"黛玉道："我自来是如此，从会吃饮食时便吃药，到今日未断，请了多少名医修方配药，皆不见效。那一年我三岁时，听得说来了一个癞头和尚，说要化我去出家，我父母固是不从。他又说：'既舍不得他，只怕他的病一生也不能好的了。若要好时，除非从此以后总不许见哭声；除父母之外，凡有外姓亲友之人，一概不见，方可平安了此一世。'疯疯癫癫，说了这些不经之谈，也没人理他。如今还是吃人参养荣丸。"贾母道："正好，我这里正配丸药呢。叫他们多配一料就是了。"

一语未了，只听后院中有人笑声，说："我来迟了，不曾迎接远客。"黛玉纳罕道："这些人个个皆敛声屏气，恭肃严整如此，这来者系谁，这样放诞无礼？"心下想时，只见一群媳妇丫鬟围拥着一个人从后房门进来。这个人打扮与众姑娘不同，彩绣辉煌，恍若神妃仙子：头上戴着金丝八宝攒珠髻，绾着朝阳五凤挂珠钗，项上戴着赤金盘螭璎珞圈，裙边系着豆绿宫绦双衡比目玫瑰佩，身上穿着缕金百蝶穿花大红洋缎窄褃袄，外罩五彩刻丝石青银鼠褂；下着翡翠撒花洋绉裙。一双丹凤三角眼，两弯柳叶吊梢眉，身量苗条，体格风骚，粉面含春威不露，丹唇未启笑先闻。黛玉连忙起身接见。贾母笑道："你不认得他，他是我们这里有名的一个泼皮破落户儿，南省俗谓作'辣子'，你只叫他'凤辣子'就是了。"黛玉正不知以何称呼，只见众姊妹都忙告诉他道："这是琏嫂子。"黛玉虽不识，也曾听见母亲说过，大舅贾赦之子贾琏，娶的就是二舅母王氏之内侄女，自幼假充男儿教养的，学名王熙凤。黛玉忙陪笑见礼，以"嫂"呼之。这熙凤携着黛玉的手，上下细细打谅了一回，仍送至贾母身边坐下，因笑道："天下真有这样标致的人物，我今儿才算见了。况且这通身的气派，竟不像老祖宗的外孙女儿，竟是个嫡亲的孙女，怨不得老祖宗天天口头心头一时不忘。只可怜我这妹妹这样命苦，怎么姑妈偏就去世了！"说着，便用帕拭泪。贾母笑道："我才好了，你倒来招我。你妹妹远路才来，身子又弱，也才劝住了，快再休提前话。"这熙凤听了，忙转悲为喜道："正是呢。我一见了妹妹，一心都在他身上了，又是喜欢，又是伤心，竟忘记了老祖宗。该打，该打。"又忙携黛玉之手，问："妹妹几岁了？可也上过学？现吃什么药？在这里不要想家，想要什么吃的，什么玩的，只管告诉我，丫头老婆们不好了，也只管告诉我。"一面又问婆子们："林姑娘的行李东西可搬进来了？带了几个人来？你们赶早打扫两间下房，让他们去歇歇。"

说话时，已摆了茶果上来。熙凤亲为捧茶捧果。又见二舅母问他："月钱放过了不曾？"熙凤道："月钱已放完了。才刚带着人到后楼上找缎子，找了这半日，也并没有见昨日太太说的那样的，想是太太记错了？"王夫人道："有没有，什么要紧？"因又说道："该随手拿出两个来给你这妹妹去裁衣裳的，等晚上想着叫人再去拿罢，可别忘了。"熙凤道："这倒是我先料着了，知道妹妹不过这两日到的，我已预备下了，等太太回去过了目好送来。"王夫人一笑，点头不语。

笺证

《红楼梦》的叙事层面和角度是不断转移的，有石头的总体视角、僧道的超玄视角、贾雨村冷子兴的远视角，也有林黛玉、贾宝玉、刘姥姥的现实视角，成了中国叙事方法论的法典。这就有如多部摄影机来回切换，以便把“天书—人书”的场面和旨趣在镜头切换中出入无碍，聚焦于最佳角度。第三回采取林黛玉视角，以人物叙述可以使阅读者共同进入角色，产生一种身临其境的真实感。“接外孙贾母惜孤女”，这一接，定下了黛玉进贾府的命运，贾母有吝惜之意，黛玉有寄人篱下的孤独之感，这种情感状态使得看人看事染上了主观色彩。林黛玉常听得母亲说过，他外祖母家与别家不同，因此初进荣国府时步步留心，时时在意，不肯轻易多说一句话，多行一步路，唯恐被人耻笑。这折射出林黛玉进贾府的心态，是敏感、孤独，承受着不知来自何方而又无处不在的精神压力的。那是不同于林家的侯门巨宅，里面有许多建筑、许多故事、许多人物。她从轿子纱窗向外瞧见街市繁华，人烟阜盛，见街北蹲着两个大石狮子，匾上大书“敕造宁国府”五个大字。黛玉想道：这必是外祖之长房了。又往西行，也是三间大门，方是荣国府了。宁荣二府的描写，存在着偏正关系。轿夫抬进西边角门，林黛玉扶着婆子的手，进了垂花门，抄手游廊当中是穿堂，放着紫檀架子大理石的大插屏，以及厅房、正房。这就以林黛玉的眼光浏览了“侯门深似海”。一旦见到鬓发如银的贾母，就将黛玉一把搂入怀中，心肝儿肉叫着大哭起来。甲戌本侧批说：“几千斤力量写此一笔。”哭的力量如此沉重，对林黛玉是亲切，也是压力。黛玉又拜见了大舅母邢氏、二舅母王夫人和李纨，这是尽礼数，严密的礼数又何尝不是一种压力？随之，林黛玉“只见三个奶嬷嬷并五六个丫鬟，簇拥着三个姊妹来了。第一个（迎春）肌肤微丰，合中身材，腮凝新荔，鼻腻鹅脂，温柔沉默，观之可亲。第二个（探春）削肩细腰，长挑身材，鸭蛋脸面，俊眼修眉，顾盼神飞，文彩精华，见之忘俗。第三个（惜春）身量未足，形容尚小。其钗环裙袄，三人皆是一样的妆饰”；“众人见黛玉年貌虽小，其举止言谈不俗，身体面庞虽怯弱不胜，却有一段自然的风流态度”。这就是林黛玉在看风景，她也成了众人看风景的装饰。甲戌本眉批说：“从黛玉眼中写（迎、探、惜）三人。”在“众人见黛玉年貌虽小，其举止言谈不俗，身体面庞虽怯弱不胜，却有一段自然的风流态度”，甲戌本眉批说：“从众人目中写黛玉。草胎卉质，岂能胜物耶？想其衣裙皆不得不勉强支持者也。”[1]应该说，全书叙事以流动视角写人物、写景物，至此算是上了道儿了。但贾宝玉还未露面，上了道儿也只能算是上了偏道儿。写正先写偏，这就是曹雪芹的狡猾处。写偏有两个偏，一是贾母，二是王熙凤。先是贾母的偏，是喜极生悲，一把将林黛玉搂入怀中，“心肝儿肉”叫着大哭起来。经众人劝解后，又摆出老祖宗的身份，介绍舅母长辈、姊妹同辈。又对林黛玉问病问疼，安排药物。这些都彰显了一个老祖宗的派头。林黛玉说出：“那一年我三岁时，听得说来了一个癞头和尚，说要化我去出家，我父母固是不从。”甲戌本侧批谓：“奇奇怪怪一至于此。通部中假借癞僧、跛道二人点明迷情幻海中有数之人也。非袭《西游》中一味无稽、至不能处便用观世音可比。”[2]这就把林黛玉与西方灵河上三生石畔，有一株绛珠草，时有赤瑕宫神瑛侍者，日以甘露灌溉的诗化神话联系起来。其次是王熙凤的偏，又偏出新的形态，“只叫他凤辣子就是了”，贾母寥寥数语的这句嘲弄，真是了得，讲透了贾母与王熙凤的关系，尽显了王熙凤的火爆得宠。王熙凤一出场，满场都是她在说话。夸奖林黛玉“这通身的气派，竟不像老祖宗的外孙女儿，竟是个嫡亲的孙女”，是对贾母讨好。叹息林黛玉母亲去世，引起贾母感伤后，又忙说：“我一见了妹妹，一心都在他身上了，又是喜欢，又是伤心，竟忘记了老祖宗。该打，该打。”自称“该打”，以调皮的方式撒娇邀宠。再转身安抚林黛玉“在这里不要想家，想要什么吃的，什么玩的，只管告诉我，丫头老婆们不好了，也只管告诉我”。然后井井有条地安排烦琐的家务，这就是管家奶奶的姿态了。王熙凤的乖巧、泼辣、精明、干练、八面玲珑，再加上“一双丹凤三角眼，两弯柳叶吊梢眉，身量苗条，体格风骚，粉面含春威不露，丹唇未启笑先闻”，隐藏着许多面相学、身体学上的潜台词，都被叙写得跃然纸上，掩卷难忘。诚如鲁迅《花边文学·看书琐记（一）》说：“高尔基很惊服巴尔扎克小说里写对话的巧妙，以为并不描写人物的模样，却能使读者看了对话，便好像目睹了说话的那些人。中国还没有那样好手段的小说家，但《水浒》和《红楼梦》的有些地方，是能使读者由说话看出人来的。”[3] 其实《红楼梦》写王熙凤的声口言谈，乃是人类文学的顶尖笔墨，中西罕有其匹。如甲戌本侧批说：“第一笔，阿凤三魂六魄已被作者拘定了，后文焉得不活跳纸上？此等文字非仙助即神助，从何而得此机括耶？”[4] 甲戌本眉批又说：“另磨新墨，搦锐笔，特独出熙凤一人。未写其形，先使闻声，所谓‘绣幡开，遥见英雄俺’也。”[5] 王实甫《西厢记》第二本惠明闯阵搬救兵时唱道：“恁与我助威风擂几声鼓，仗佛力呐一声喊。绣旗下遥见英雄俺，我教那半万贼兵唬破胆。”看来评点者对《西厢记》也如贾宝玉、林黛玉那么熟悉，他借用戏曲中紧要角色的“亮相”，形容凤姐出场的先声夺人。又有甲戌本侧批说：“写阿凤，全部传神。第一笔也。”[6] 以“传神第一笔”称许《红楼梦》写凤姐赶来见林妹妹的口吻做派，并不为过，除非有谁再举出更好的例证来。

当下茶果已撤，贾母命两个老嬷嬷带了黛玉去见两个母舅。时贾赦之妻邢氏忙亦起身，笑回道：“我带了外甥女过去，倒也便宜。”贾母笑道：“正是呢，你也去罢，不必过

❶（清）曹雪芹著，脂砚斋评：《脂砚斋重评石头记甲戌校本》，作家出版社2000年版，第116页。

❷（清）曹雪芹著，脂砚斋评：《脂砚斋重评石头记甲戌校本》，作家出版社2000年版，第116页。

❸ 鲁迅：《鲁迅随笔精选》，长江文艺出版社2016年版，第224页。

❹（清）曹雪芹著，脂砚斋评：《脂砚斋重评石头记甲戌校本》，作家出版社2000年版，第117页。

❺（清）曹雪芹著，脂砚斋评：《脂砚斋重评石头记甲戌校本》，作家出版社2000年版，第116—117页。

❻（清）曹雪芹著，脂砚斋评：《脂砚斋重评石头记甲戌校本》，作家出版社2000年版，第117页。

来了。”邢夫人答应了一声“是”字，遂带了黛玉与王夫人作辞，大家送至穿堂前。出了垂花门，早有众小厮们拉过一辆翠幄青绸车，邢夫人携了黛玉，坐在上面，众婆子们放下车帘，方命小厮们抬起，拉至宽处，方驾上驯骡，亦出了西角门，往东过荣府正门，便入一黑油大门中，至仪门前方下来。众小厮退出，方打起车帘，邢夫人搀着黛玉的手，进入院中。黛玉度其房屋院宇，必是荣府中花园隔断过来的。进入三层仪门，果见正房厢庑游廊，悉皆小巧别致，不似方才那边轩峻壮丽，且院中随处之树木山石皆在。一时进入正室，早有许多盛妆丽服之姬妾丫鬟迎着，邢夫人让黛玉坐了，一面命人到外面书房去请贾赦。一时人来回话说："老爷说了：'连日身上不好，见了姑娘彼此倒伤心，暂且不忍相见。劝姑娘不要伤心想家，跟着老太太和舅母，即同家里一样。姊妹们虽拙，大家一处伴着，亦可以解些烦闷。或有委屈之处，只管说得，不要外道才是。'"黛玉忙站起来，一一听了。再坐一刻，便告辞。邢夫人苦留吃过晚饭去，黛玉笑回道："舅母爱惜赐饭，原不应辞，只是还要过去拜见二舅舅，恐领了赐迟去不恭，异日再领，未为不可。望舅母容谅。"邢夫人听说，笑道："这倒是了。"遂令两三个嬷嬷用方才的车好生送了姑娘过去，于是黛玉告辞。邢夫人送至仪门前，又嘱咐了众人几句，眼看着车去了方回来。

一时黛玉进了荣府，下了车。众嬷嬷引着，便往东转弯，穿过一个东西的穿堂，向南大厅之后，仪门内大院落，上面五间大正房，两边厢房鹿顶耳房钻山，四通八达，轩昂壮丽，比贾母处不同。黛玉便知这方是正经正内室，一条大甬路，直接出大门的。进入堂屋中，抬头迎面先看见一个赤金九龙青地大匾，匾上写着斗大的三个大字，是"荣禧堂"，后有一行小字："某年月日，书赐荣国公贾源"，又有"万几宸翰之宝"。大紫檀雕螭案上，设着三尺来高青绿古铜鼎，悬着待漏随朝墨龙大画，一边是金蜼彝，一边是玻璃𪧘。地下两溜十六张楠木交椅，又有一副对联，乃乌木联牌，镶着錾银的字迹，道是："座上珠玑昭日月，堂前黼黻焕烟霞。"下面一行小字，道是"同乡世教弟勋袭东安郡王穆莳拜手书"。

原来王夫人时常居坐宴息，亦不在这正室，只在这正室东边的三间耳房内。于是老嬷嬷引黛玉进东房门来。临窗大炕上铺着猩红洋罽，正面设着大红金钱蟒靠背，石青金钱蟒引枕，秋香色金钱蟒大条褥。两边设一对梅花式洋漆小几。左边几上文王鼎匙箸香盒，右边几上汝窑美人觚——觚内插着时鲜花卉，并茗碗痰盒等物。地下面西一溜四张椅上，都搭着银红撒花椅搭，底下四副脚踏。椅之两边，也有一对高几，几上茗碗瓶花俱备。其馀陈设，自不必细说。老嬷嬷们让黛玉炕上坐，炕沿上却有两个锦褥对设，黛玉度其位次，便不上炕，只向东边椅子上坐了。本房内的丫鬟忙捧上茶来。黛玉一面吃茶，一面打谅这些丫鬟们，妆饰衣裙，举止行动，果亦与别家不同。

茶未吃了，只见一个穿红绫袄青缎掐牙背心的丫鬟走来笑说道："太太说，请林姑娘到那边坐罢。"老嬷嬷听了，于是又引黛玉出来，到了东廊三间小正房内。正面炕上横设一张炕桌，桌上磊着书籍茶具，靠东壁面西设着半旧的青缎靠背引枕。王夫人却坐在西边下首，亦是半旧的青缎靠背坐褥。见黛玉来了，便往东让。黛玉心中料定这是贾政之位。因见挨炕一溜三张椅子上，也搭着半旧的弹墨椅袱，黛玉便向椅上坐了。王夫人再四携他上炕，他方挨王夫人坐了。王夫人因说："你舅舅今日斋戒去了，再见罢。只是有一句话嘱咐你：你三个姊妹倒都极好，以后一处念书认字学针线，或是偶一顽笑，都有尽让的。但我不放心的最是一件：我有一个孽根祸胎，是家里的'混世魔王'，今日因庙里还愿去了，尚未回来，晚间你看见便知了。你只以后不要睬他，你这些姊妹都不敢沾惹他的。"

黛玉亦常听得母亲说过，二舅母生的有个表兄，乃衔玉而诞，顽劣异常，极恶读书，最喜在内帏厮混，外祖母又极溺爱，无人敢管。今见王夫人如此说，便知说的是这表兄了。因陪笑道："舅母说的，可是衔玉所生的这位哥哥？在家时亦曾听见母亲常说，这位哥哥比我大一岁，小名就唤宝玉，虽极憨顽，说在姊妹情中极好的。况我来了，自然只和姊妹同处，兄弟们自是别院另室的，岂得去沾惹之理？"王夫人笑道："你不知道原故：他与别人不同，自幼因老太太疼爱，原系同姊妹们一处娇养惯了的。若姊妹们有日不理他，他倒还安静些，纵然他没趣，不过出了二门，背地里拿着他两个小幺儿出气，咕唧一会子就完了。若这一日姊妹们和他多说一句话，他心里一乐，便生出多少事来。所以嘱咐你别睬他。他嘴里一时甜言蜜语，一时有天无日，一时又疯疯傻傻，只休信他。"

笺证

急煞人也！不断地卖关子、设悬念，使贾宝玉迟迟未现身。第三回此处依然是千回百转的流动视角，借林黛玉拜见二位舅母，一路行来，展示荣宁二府的建筑空间，以及贵族家庭的礼数。礼数是大家族的规矩和面子，少不得。在王夫人居室中，"靠东壁面西设着半旧的青缎靠背引枕"，王夫人坐处是"半旧的青缎靠背坐褥"，林黛玉坐处是"搭着半旧的弹墨椅袱"，三写"半旧"，是世家派头，并非暴发户。正如甲戌本侧批说："此处则一色旧的，可知前正室中亦非家常之用度也。可笑近之小说中，不论何处，则曰商彝周鼎、绣幕珠帘、孔雀屏、芙蓉褥等样字眼。"[7] 甲戌本眉批又讲了一个故事："近闻一俗笑语云：一庄农进京回家，众人问曰：'你进京去可见些个世面否？'庄人曰：'连皇帝老爷都见了。'众罕然问曰：'皇帝如何景况？'庄人曰：'皇帝左手拿一金元宝，右手拿一银元宝，马上捎着一口袋人参，行动人参不离口。一时要屙屎了，连擦屁股都用的是鹅黄缎子，所以京中掏茅厕的人都富贵无比。'试思凡稗官写富贵字眼者，悉皆庄农进京之一流也。盖此时彼实未身经目睹，所言皆在情理之外焉。◇又如人嘲作诗者亦往往爱说富丽话，故有'胫骨变成金玳瑁，眼睛嵌作碧琉璃'之诮。

余自是评《石头记》，非鄙薄前人也。”[8]对于写富贵的方式，鲁迅《而已集·革命文学》中也说：“唐朝人早就知道，穷措大想做富贵诗，多用些‘金’‘玉’‘锦’‘绮’字面，自以为豪华，而不知适见其寒蠢。真会写富贵景象的，有道：‘笙歌归院落，灯火下楼台。’（案：白居易《宴散》诗句）全不用那些字。”[9]其实，这番嘲笑，是破落户对暴发户的轻蔑。王夫人居室环境也写了，看来主要角色贾宝玉要正式登场了，却在其母王夫人口中，称之为“孽根祸胎”“混世魔王”“娇养惯了”，“他嘴里一时甜言蜜语，一时有天无日，一时又疯疯傻傻，只休信他”，以此给林黛玉狠狠地打了一剂预防针。没有这剂预防针，就不足以反衬出二玉会面时那种令人拍案惊奇的情景。这欲扬故抑的手法，也可以看作戏曲打击乐的“急急风”了，以紧密的节奏，渲染紧张、焦灼的气氛。而其所使用的都是逆笔，逆笔刺激出了心理波澜。在心灵碰撞中，“混世魔王”与“绛洞花主”适成一个人物的双重面目。

[7]（清）曹雪芹著，脂砚斋评：《脂砚斋重评石头记甲戌校本》，作家出版社2000年版，第121页。

[8]（清）曹雪芹著，脂砚斋评：《脂砚斋重评石头记甲戌校本》，作家出版社2000年版，第121页。

[9]鲁迅：《鲁迅全集·编年版》（第5卷），人民文学出版社2014年版，第261页。

黛玉一一的都答应着。只见一个丫鬟来回：“老太太那里传晚饭了。”王夫人忙携黛玉从后房门由后廊往西，出了角门，是一条南北宽夹道。南边是倒座三间小小的抱厦厅，北边立着一个粉油大影壁，后有一半大门，小小一所房室。王夫人笑指向黛玉道：“这是你凤姐姐的屋子，回来你好往这里找他来，少什么东西，你只管和他说就是了。”这院门上也有四五个才总角的小厮，都垂手侍立。王夫人遂携黛玉穿过一个东西穿堂，便是贾母的后院了。于是，进入后房门，已有多人在此伺候，见王夫人来了，方安设桌椅。贾珠之妻李氏捧饭，熙凤安箸，王夫人进羹。贾母正面榻上独坐，两边四张空椅，熙凤忙拉了黛玉在左边第一张椅上坐了，黛玉十分推让。贾母笑道："你舅母你嫂子们不在这里吃饭。你是客，原应如此坐的。"黛玉方告了座，坐了。贾母命王夫人坐了。迎春姊妹三个告了座方上来。迎春便坐右手第一，探春坐左第二，惜春坐右第二。旁边丫鬟执着拂尘、漱盂、巾帕。李、凤二人立于案旁布让。外间伺候之媳妇丫鬟虽多，却连一声咳嗽不闻。寂然饭毕，各有丫鬟用小茶盘捧上茶来。当日林如海教女以惜福养身，云饭后务待饭粒咽尽，过一时再吃茶，方不伤脾胃。今黛玉见了这里许多事情不合家中之式，不得不随的，少不得一一改过来，因而接了茶。早见人又捧过漱盂来，黛玉也照样漱了口。盥手毕，又捧上茶来，这方是吃的茶。贾母便说："你们去罢，让我们自在说话儿。"王夫人听了，忙起身，又说了两句闲话，方引凤、李二人去了。贾母因问黛玉念何书。黛玉道："只刚念了《四书》。"黛玉又问姊妹们读何书。贾母道："读的是什么书，不过是认得两个字，不是睁眼的瞎子罢了。"

笺证

写吃饭、宴席，也是《红楼梦》的一大节目。第三回贾母传晚饭，仅是小聚而已，更加色样翻新的在后面。问题在于，王夫人贬责混世魔王后，并未让混世魔王现身，中间隔了一顿饭，以一道屏风暂时隔断秘密，也是叙事的好手腕。屏风者，屏其风也，具有防风、隔断、遮隐的实用功能，又引发点缀环境、美化空间的美学功能。由此引申到审美心理学领域，所产生的叙事上的屏风效应，就是通过隔断、遮隐，以引而不发的方式来控制读者的好奇心，使之在山重水复中获得豁然开朗的快感。

一语未了，只听外面一阵脚步响，丫鬟进来笑道："宝玉来了。"黛玉心中正疑惑着："这个宝玉，不知是怎生个惫懒人物，懵懂顽童？——倒不见那蠢物也罢了。"心中想着，忽见丫鬟话未报完，已进来了一位年轻的公子：头上戴着束发嵌宝紫金冠，齐眉勒着二龙抢珠金抹额，穿一件二色金百蝶穿花大红箭袖，束着五彩丝攒花结长穗宫绦，外罩石青起花八团倭缎排穗褂；登着青缎粉底小朝靴。面若中秋之月，色如春晓之花，鬓若刀裁，眉如墨画，面如桃瓣，目若秋波。虽怒时而若笑，即瞋视而有情。项上金螭璎珞，又有一根五色丝绦，系着一块美玉。黛玉一见，便吃一大惊，心下想道："好生奇怪，倒像在那里见过一般，何等眼熟到如此！"只见这宝玉向贾母请了安，贾母便命："去见你娘来。"宝玉即转身去了。一时回来，再看，已换了冠带：头上周围一转的短发，都结成小辫，红丝结束，共攒至顶中胎发，总编一根大辫，黑亮如漆，从顶至梢，一串四颗大珠，用金八宝坠角，身上穿着银红撒花半旧大袄，仍旧带着项圈、宝玉、寄名锁、护身符等物，下面半露松花撒花绫裤腿，锦边弹墨袜，厚底大红鞋。越显得面如敷粉，唇若施脂，转盼多情，语言常笑。天然一段风骚，全在眉梢。平生万种情思，悉堆眼角。看其外貌最是极好，却难知其底细。后人有《西江月》二词，批宝玉极恰，其词曰：

无故寻愁觅恨，有时似傻如狂。纵然生得好皮囊，腹内原来草莽。　潦倒不通世务，愚顽怕读文章。行为偏僻性乖张，那管世人诽谤。

富贵不知乐业，贫穷难耐凄凉。可怜辜负好韶光，于国于家无望。　天下无能第一，古今不肖无双。寄言纨袴与膏粱：莫效此儿形状。

贾母因笑道："外客未见，就脱了衣裳，还不去见你妹妹。"宝玉早已看见多了一个姊妹，便料定是林姑妈之女，忙来作揖。厮见毕归坐，细看形容，与众各别：两弯似蹙非蹙罥烟眉，一双似泣非泣含露目。态生两靥之愁，娇袭一身之病。泪光点点，娇喘微微。闲静时如姣花照水，行动处似弱柳扶风。心较比干多一窍，病如西子胜三分。宝玉看罢，因笑道："这个妹妹我曾见过的。"贾母笑道："可又是胡说，你又何曾见过他？”宝玉笑道：“虽然未曾见过他，然我看着面善，心里就算是旧相识，今日只作远别重逢，亦未为不可。”贾母笑道：“更好，更好，若如此，更相和睦了。”宝玉便走近黛玉身边坐下，又细细打量一番，因问：“妹妹可曾读书？”黛玉道：“不曾读，只上了一年学，些须认得几个字。”宝玉又道：“妹妹尊名是那两个字？”黛玉便说了名。宝玉又问表字。黛玉道：“无字。”宝玉笑道：“我送妹妹一妙字，莫若‘颦颦’二字极妙。”探春便问何出。宝玉道：“《古今人物通考》上说：‘西方有石名黛，可代画眉之墨。’况这林妹妹眉尖若蹙，用取这两个字，岂不两妙？”探春笑道：“只恐又是你的杜撰。”宝玉笑道：“除《四书》外，杜撰的太多，偏只我是杜撰不成？”又问黛玉：“可也有玉没有？”众人不解其语，黛玉便忖度着因他有玉，故问我有也无，因答道：“我没有那个。想来那玉是一件罕物，岂能人人有的？”宝玉听了，登时发作起痴狂病来，摘下那玉，就狠命摔去，骂道：“什么罕物，连人之高低不择，还说‘通灵’不‘通灵’呢。我也不要这劳什子了！”吓的众人一拥争去拾玉。贾母急的搂了宝玉道：“孽障。你生气，要打骂人容易，何苦摔那命根子！”宝玉满面泪痕泣道：“家里姐姐妹妹都没有，单我有，我说没趣，如今来了这们一个神仙似的妹妹也没有，可知这不是个好东西。”贾母忙哄他道：“你这妹妹原有这个来的，因你姑妈去世时，舍不得你妹妹，无法处，遂将他的玉带了去了：一则全殉葬之礼，尽你妹妹之孝心；二则你姑妈之灵，亦可权作见了女儿之意。因此他只说没有这个，不便自己夸张之意。你如今怎比得他？还不好生慎重带上，仔细你娘知道了。”说着，便向丫鬟手中接来，亲与他带上。宝玉听如此说，想一想大有情理，也就不生别论了。

笺证

第三回写宝黛初次见面，写“天上掉下了个林妹妹”，这是《红楼梦》中压轴性的大文章，关联着西方灵河岸上三生石畔的宿命性姻缘，在会心别具处掀起了令人心悸的大波澜。其实，第三回的叙事法是迭迭推进的：一是写了贾母将林黛玉搂入怀中，“心肝儿肉”叫着大哭的煽情；二是写了“凤辣子”风风火火的“传神第一笔”的狂欢，还有可能写出“更上一层楼”的新花样吗？这就考验着曹雪芹审美创造力的极限了。想不到其笔锋一转，却从贾宝玉、林黛玉的眼光对视迸发出璀璨的火光。林黛玉一见贾宝玉，就吃一大惊，心想：“好生奇怪，倒像在那里见过一般，何等眼熟到如此！”这里写灵根深处的心理。甲戌本侧批说：“正是。想必在灵河岸上三生石畔曾见过。”[10]这就把绛珠还泪的诗化神话加以锁合了，锁合中带有神秘感。戚蓼生本夹批说：“写宝玉只是宝玉，写黛玉只是黛玉，从中用黛玉一惊宝玉之面善等字，文气自然，笼统要分开不得了。”[11]林黛玉一见宝玉而大惊，心想而不说出，毕竟带有几分女儿的矜持和孤傲。行文不急于直写，而插入贾宝玉向母亲请安、换衣服，出来后笑道：“这个妹妹我曾见过的。”甲戌本眉批说：“黛玉见宝玉写一‘惊’字，宝玉见黛玉写一‘笑’字，一存于中，一发乎外，可见文于下笔必推敲的准稳，方才用字。”[12]贾宝玉脱口说出，是一种淘气和率性，他还要辩解笑说：“虽然未曾见过他，然我看着面善，心里就算是旧相识，今日只作远别重逢，亦未为不可。”如此表现，自与女儿态不同，二者反应相似而表现形态迥异，这就是曹雪芹的心细如发，把文字拿捏得非常准确的地方了。宝玉的音容笑貌是在原猜想宝玉惫懒即混闹、不驯服的黛玉眼中看出，黛玉的容貌风姿又是从就算惫懒即混闹、不驯服的宝玉的眼中看出，对看就是心灵对撞，眼神中有话。甲戌本眉批说：“不写衣裙妆饰，正是宝玉眼中不屑之物，故不曾看见。黛玉之举止容貌，亦是宝玉眼中看、心中评。若不是宝玉，断不能知黛玉是何等品貌。”[13]对于林黛玉而言，贾宝玉看成什么样最重要；对于贾宝玉而言，林黛玉看成什么样，也同样最重要。这种肖像描写，并

[10] （清）曹雪芹著，脂砚斋评：《脂砚斋重评石头记甲戌校本》，作家出版社2000年版，第124页。

[11] 朱一玄编：《红楼梦资料汇编》，南开大学出版社2012年版，第131页。

[12] （清）曹雪芹著，脂砚斋评：《脂砚斋重评石头记甲戌校本》，作家出版社2000年版，第126页。

[13] （清）曹雪芹著，脂砚斋评：《脂砚斋重评石头记甲戌校本》，作家出版社2000年版，第126页。

非客观静态的匠人画像，而是宝黛之间的互看、互评，在主客观融合中油然而生出倾慕之情，赋予肖像描写生动形态了。而且宝玉见面就给黛玉起了个"颦儿"的表字，率真处也不嫌唐突。值得注意者，回答贾宝玉问读书，林黛玉说："不曾读，只上了一年学，些须认得几个字。"这与她回答贾母问读何书说"只刚念了《四书》"，话音才落就有差别，值得寻味，似乎她对宝玉并不期以读圣贤书而走经济仕途，潜藏着朦胧的感觉。于此二人对看、对评中，还有陡起狂澜，问及林黛玉无玉，贾宝玉登时发作起痴狂病，摘下通灵宝玉狠命摔地。害得贾母搂了宝玉说："何苦摔那命根子！"只好以林黛玉捐玉葬母的谎言，收拾残局。对"那命根子"的这番描写，是全书的一个高潮，令人记住了通灵宝玉就是命根子，它是关联着女娲炼石补天的神话的，天书与人书于此碰撞融合。还应注意者，顽石美玉可以自天而降，而绛珠还泪，却草木无凭，并不在人间留下一个纪念灵物，从而造成了奈何天上缺其一角。要知道，这一点并非随意而为，关联着曹雪芹的亦真亦假、是有还无的梦幻立意。在黛玉看宝玉"外貌最是极好，却难知其底细"的后面，作者以戏谑之笔揭示底细，假托后人有"批宝玉极恰"的《西江月》词二首——"无故寻愁觅恨，有时似傻如狂。纵然生得好皮囊，腹内原来草莽。　潦倒不通世务，愚顽怕读文章。行为偏僻性乖张，那管世人诽谤。""富贵不知乐业，贫穷难耐凄凉。可怜辜负好韶光，于国于家无望。　天下无能第一，古今不肖无双。寄言纨袴与膏粱：莫效此儿形状。"这是一种插入式的批评和干预，跳出了原本的叙事层面。其中用了"草莽""愚顽""乖张""无能第一""不肖无双"一类词语，抒发着忏悔意识和反讽情绪。忏悔自己"不通世务"，我行我素，一事无成；反讽"世人诽谤"，俗眼无识，不知"此儿"保存真性情的"形状"，"草莽"之类是未受文明异化的自然人性。这就是《红楼梦》的吊诡，字面义与言外意相互参差，相互对质，增加了思维的骚动感和多义性。

当下，奶娘来请问黛玉之房舍。贾母说："今将宝玉挪出来，同我在套间暖阁儿里，把你林姑娘暂安置碧纱橱里。等过了残冬，春天再与他们收拾房屋，另作一番安置罢。”宝玉道：“好祖宗，我就在碧纱橱外的床上很妥当，何必又出来闹的老祖宗不得安静。”贾母想了一想说：“也罢哩。”每人一个奶娘并一个丫头照管，馀者在外间上夜听唤。一面早有熙凤命人送了一顶藕合色花帐，并几件锦被缎褥之类。

黛玉只带了两个人来：一个是自幼奶娘王嬷嬷，一个是十岁的小丫头，亦是自幼随身的，名唤作雪雁。贾母见雪雁甚小，一团孩气，王嬷嬷又极老，料黛玉皆不遂心省力的，便将自己身边的一个二等丫头，名唤鹦哥者与了黛玉。外亦如迎春等例，每人除自幼乳母外，另有四个教引嬷嬷，除贴身掌管钗钏盥沐两个丫鬟外，另有五六个洒扫房屋来往使役的小丫鬟。当下，王嬷嬷与鹦哥陪侍黛玉在碧纱橱内。宝玉之乳母李嬷嬷，并大丫鬟名唤袭人者，陪侍在外面大床上。

原来这袭人亦是贾母之婢，本名珍珠。贾母因溺爱宝玉，生恐宝玉之婢无竭力尽忠之人，素喜袭人心地纯良，克尽职任，遂与了宝玉。宝玉因知他本姓花，又曾见旧人诗句上有“花气袭人”之句，遂回明贾母，更名袭人。这袭人亦有些痴处：服侍贾母时，心中眼中只有一个贾母。如今服侍宝玉，心中眼中又只有一个宝玉。只因宝玉性情乖僻，每每规谏宝玉不听，心中着实忧郁。

是晚，宝玉、李嬷嬷已睡了，他见里面黛玉和鹦哥犹未安息，他自卸了妆，悄悄进来，笑问：“姑娘怎么还不安息？”黛玉忙让：“姐姐请坐。”袭人在床沿上坐了。鹦哥笑道：“林姑娘正在这里伤心，自己淌眼抹泪的说：‘今儿才来，就惹出你家哥儿的狂病，倘或摔坏了那玉，岂不是因我之过。’因此便伤心，我好容易劝好了。”袭人道：“姑娘快休如此，将来只怕比这个更奇怪的笑话儿还有呢。若为他这种行止，你多心伤感，只怕你伤感不了呢。快别多心。”黛玉道:“姐姐们说的，我记着就是了。究竟那玉不知是怎么个来历？上面还有字迹。”袭人道:“连一家子也不知来历，上头还有现成的眼儿，听得说，落草时是从他口里掏出来的。等我拿来你看便知。”黛玉忙止道:“罢了，此刻夜深，明日再看也不迟。”大家又叙了一回，方才安歇。

次日起来，省过贾母，因往王夫人处来，正值王夫人与熙凤在一处拆金陵来的书信看，又有王夫人之兄嫂处遣了两个媳妇来说话的。黛玉虽不知原委，探春等却都晓得是议论金陵城中所居的薛家姨母之子姨表兄薛蟠，倚财仗势，打死人命，现在应天府案下审理。如今母舅王子腾得了信息，故遣他家内的人来告诉这边，意欲唤取进京之意。

笺证

哪位主子的身边安排什么人，这种用人之道也如国手下棋，人物投放的位置，可以产生各种七缠八绕的人事关系，产生各种“祸兮福之所倚，福兮祸之所伏”的命运。安排鹦哥、袭人等婢女，都甚周到，章法绵密，有条不紊，由此也就确认了婢女的位置。比如第三回“贾母因溺爱宝玉，生恐宝玉之婢无竭力尽忠之人，素喜袭人心地纯良，克尽职任，遂与了宝玉”;“袭人亦有些痴处:服侍贾母时，心中眼中只有一个贾母。如今服侍宝玉，心中眼中又只有一个宝玉”。宝玉多事，又从南宋陆游《村居书喜》中“花气袭人知昼[骤]暖”，或北宋黄庭坚的外甥洪朋《上巳日南池作》中“竹光迷野径，花气袭人衣”之中撷取片语，以此给丫鬟更名为“花袭人”。袭人的贤惠和善解人意，也三点二染，就画出了形神。行文安排宝玉、黛玉睡里外屋，为他们的情感发展栽下根苗;紧接着又牵连出薛家，未出薛宝钗，先出薛蟠，总是在入手处以偏代正。可见《红楼梦》深得偏正叙事、由偏入正、以偏带正方法的奥秘，带出了“强中自有强中手，一山还有一山高”的既延耽、又推拥的效应。在叙事法上老谋深算，不仅人物位置的安排，而且人物位置的转换，都如国手弈棋，看一步，预想到以下几步。

第四回

薄命女偏逢薄命郎 葫芦僧乱判葫芦案

却说黛玉同姊妹们至王夫人处，见王夫人与兄嫂处的来使计议家务，又说姨母家遭人命官司等语。因见王夫人事情冗杂，姊妹们遂出来，至寡嫂李氏房中来了。

原来这李氏即贾珠之妻。珠虽夭亡，幸存一子，取名贾兰，今方五岁，已入学攻书。这李氏亦系金陵名宦之女，父名李守中，曾为国子监祭酒，族中男女无有不诵诗读书者。至李守中承继以来，便说“女子无才便有德”，故生了李氏时，便不十分令其读书，只不过将些《女四书》《列女传》《贤媛集》等三四种书，使他认得几个字，记得前朝这几个贤女便罢了，却只以纺绩井臼为要，因取名为李纨，字宫裁。因此这李纨虽青春丧偶，居家处膏粱锦绣之中，竟如槁木死灰一般，一概无见无闻，惟知侍亲养子，外则陪侍小姑等针凿诵读而已。今黛玉虽客寄于斯，日有这般姐妹相伴，除老父外，馀者也都无庸虑及了。

笺证

行文随之把薛家暂时轻轻按下，第四回开篇就插入一个丧偶寡居的李纨，李纨也名列金陵十二钗，却是另一种人物类型。她读的是《女四书》《列女传》《贤媛集》等书，记得前朝几位贤女，只以纺绩井臼为要务，是一个传统的贤惠寡妇。《蒙古王府本石头记》侧批说：“此中不得不有如此人。

天地覆载，何物不有？而才子手中，亦何物不有？”[1]正如德国哲学家、数学家莱布尼茨所说，世界上没有完全相同的两片绿叶。从林黛玉、薛宝钗到李纨，《红楼梦》体验人物甚是细致精微，无一雷同，这才显示出世界多姿多彩，有滋有味。甲戌本侧批说：“起笔写薛家事，他偏写（李）宫裁，是结黛玉，明李纨本末，又在人意料之外。”[2]这就以分叉旁出的运笔，叙写大情节的转换，其飘逸洒脱之处，颇得中国画中“曹衣出水”“吴带当风”之妙。所谓“曹衣出水”，指的是西域曹国（今乌兹别克斯坦撒马尔罕一带）的曹仲达，擅画人物、肖像、佛教图像，尤精于外国佛像，以稠密的细线，表现衣服褶纹贴身，“其体稠迭，而衣服紧窄”，似刚从水中出来，深刻影响了唐代壁画。至于“吴带当风”，是指唐朝被尊为“画圣”的吴道子，所画佛道人物，笔迹磊落，势状雄峻，不用圆规矩尺，一笔挥就，生动而有立体感。笔下人物多用状如兰叶的线条表现衣褶，使之有飘扬逸动之势，具有天衣飞扬、满壁风动的效果。《红楼梦》由第三回林黛玉入贾府，到第四回薛家入贾府，一入二入的两出重头戏，各具形态风貌，过渡时不宜硬着陆。就以林黛玉到王夫人处、再到李纨处，舞动了行为的线条，收取双峰并峙、二水分流而过渡自然之妙。

[1] 朱一玄编：《红楼梦资料汇编》，南开大学出版社2012年版，第138页。

[2]（清）曹雪芹著，脂砚斋评：《脂砚斋重评石头记甲戌校本》，作家出版社2000年版，第134页。

如今且说雨村，因补授了应天府，一下马就有一件人命官司详至案下，乃是两家争买一婢，各不相让，以至殴伤人命。彼时雨村即拘原告之人来审。那原告道：“被殴死者乃小人之主人。因那日买了一个丫头，不想是拐子拐来卖的。这拐子先已得了我家的银子，我家小爷原说第三日方是好日子，再接入门。这拐子便又悄悄的卖与薛家，被我们知道了，去找拿卖主，夺取丫头。无奈薛家原系金陵一霸，倚财仗势，众豪奴将我小主人竟打死了。凶身主仆已皆逃走，无影无踪，只剩了几个局外之人。小人告了一年的状，竟无人作主。望大老爷拘拿凶犯，剪恶除凶，以救孤寡，死者感戴天恩不尽！”

雨村听了大怒道：“岂有这样放屁的事！打死人命就白白的走了，再拿不来的。”因发签差公人立刻将凶犯族中人拿来拷问，令他们实供藏在何处，一面再动海捕文书。正要发签时，只见案边立的一个门子使眼色儿，——不令他发签之意。雨村心下甚为疑怪，只得停了手，即时退堂，至密室，侍从皆退去，只留门子服侍。这门子忙上来请安，笑问：“老爷一向加官进禄，八九年来就忘了我了？”雨村道：“却十分面善得紧，只是一时想不起来。”那门子笑道：“老爷真是贵人多忘事，把出身之地竟忘了，不记当年葫芦庙里之事？”雨村听了，如雷震一惊，方想起往事。原来这门子本是葫芦庙内一个小沙弥，因被火之后，无处安身，欲投别庙去修行，又耐不得清凉景况，因想这件生意倒还轻省热闹，遂趁年纪小蓄了发，充了门子。雨村那里料得是他，便忙携手笑道：“原来是故人。”又让坐了好谈。这门子不敢坐。雨村笑道：“贫贱之交不可忘。你我故人也，二则此系私室，既欲长谈，岂有不坐之理！”这门子听说，方告了座，斜签着坐了。

雨村因问方才何故有不令发签之意。这门子道：“老爷既荣任到这一省，难道就没抄一张本省‘护官符’来不成？”雨村忙问：“何为‘护官符’？我竟不知。”门子道：“这还了得。连这个不知，怎能作得长远。如今凡作地方官者，皆有一个私单，上面写的是本省最有权有势，极富极贵的大乡绅名姓，各省皆然，倘若不知，一时触犯了这样的人家，不但官爵不保，只怕连性命还保不成呢。所以绰号叫作‘护官符’。方才所说的这薛家，老爷如何惹得他？他这件官司并无难断之处，皆因都碍着情分面上，所以如此。”一面说，一面从顺袋中取出一张抄写的‘护官符来’，递与雨村，看时，上面皆是本地大族名宦之家的谚俗口碑。其口碑排写得明白，下面所注的皆是自始祖官爵并房次。石头亦曾抄写了一张，今据石上所抄云：

贾不假，白玉为堂金作马。〔宁国荣国二公之后，共二十房分，除宁荣亲派八房在都外，现原籍住者十二房。〕

阿房宫，三百里，住不下金陵一个史。〔保龄侯尚书令史公之后，房分共十八，都中现住者十房，原籍现居八房。〕

东海缺少白玉床，龙王来请金陵王。〔都太尉统制县伯王公之后，共十二房，都中二房，馀在籍。〕

丰年好大雪，珍珠如土金如铁。〔紫薇舍人薛公之后，现领内府帑银行商，共八房分。〕

笺证

第四回是全书的一个大关节，全在于由薛蟠犯下人命案，官府审判中引出了贾、史、王、薛四大家族的“护官符”。原因如葫芦僧所指点：“如今凡作地方官者，皆有一个私单，上面写的是本省最有权有势，极富极贵的大乡绅名姓，各省皆然，倘若不知，一时触犯了这样的人家，不但官爵不保，只怕连性命还保不成呢。所以绰号叫作‘护官符’。”本来贾雨村听到呆霸王薛蟠因抢夺香菱而打死冯渊的人命案的告发，就怒喝：“岂有这样放屁的事！打死人命就白白的走了，再拿不来的。”被葫芦僧出示的这护官符当头一击，就完全成了脓包。“符”本是道士画来驱神役鬼的符箓，移用在“护官符”上，就是投机官员判案走门路的欺神弄鬼的凭借了。对贾雨村判案的这种反跌的写法成了本书引人瞩目的一大关目。薛蟠争夺一个婢女，喝使一群豪奴打死先头小乡绅的买主。当年葫芦庙中的小沙弥当了门子，指点贾雨村按照“护官符”办案，官官相护的流弊于此可见一斑。对于护官符的风光背后隐藏的政治危机，戚蓼生本夹批说：“此等人家岂必欺霸方始成名耶？总因子弟不肖，招接匪人，一朝生事则百计营求，父为子隐，群小迎合，虽暂时不罹祸网，而从此放胆，必破家灭族不已，哀哉！”[3]戚蓼生本回首总评又说：“请君着眼护官符，把笔悲伤说世途。作者泪痕同我泪，燕山仍旧窦公无。”[4]燕山窦公指的是五代周渔阳人窦禹钧，官至谏议大夫，教导五个儿子仪、俨、侃、偁、僖相继登科，时称“燕山窦氏五龙”，这就是“五子登科”的典故。对窦禹钧教子有方，《三字经》中说：“窦燕山，有义方，教五子，名俱扬。”以此反衬薛家教子无方，过度溺爱，出了蛮横霸道的呆霸王。值得注意者，这次办案本是密室阴谋，人间不留痕迹，故此推究这份“护官符”的公案，“石头亦曾抄写了一张，今据石上所抄”。这就跳出了原先的叙事层面，以超现实叙写的方式，既是回应全书与大荒山无稽崖青埂峰下石头的关系，又以天书写人书的方式，对不留痕迹的痕迹做一个立此存照 。更大的波澜在于第四回的这张护身符，引起过毛泽东的高度重视和深度解读。1964年8月毛泽东在北戴河同几位哲学工作者谈话指出：“什么人都不注意《红楼梦》第四回，那是个总纲。……《红楼梦》我至少读了五遍 …… 是把它当历史读的。……《红楼梦》写四大家族，阶级斗争激烈，几十条人命。统治者二十几人(有人算了说三十三人)，其他都是奴隶，三百多个，鸳鸯、司棋、尤二姐、尤三姐等等。讲历史不拿阶级斗争观点讲，就讲不通。《红楼梦》写出二百多年了，研究红学的到现在还没有搞清楚，可见问题之难。”此说在“文化大革命”中非常流行，强调用阶级斗争观点研究《红楼梦》，把它当成一部政治历史小说，当成形象化的封建社会必然崩溃的历史，封建社会的百科全书。这就令人想到鲁迅的《〈绛洞花主〉小引》所说：“《红楼梦》是中国许多人所知道，至少，是知道这名目的书。谁是作者和续者姑且勿论，单是命意，就因读者的眼光而有种种：经学家看见《易》，道学家看见淫，才子看见缠绵，革命家看见排满，流言家看见宫闱秘事 …… 在我的眼下的宝玉，却看见他看见许多死亡；证成多所爱者，当大苦恼，因为世上，不幸人多。惟憎人者，幸灾乐祸，于一生中，得小欢喜，少有偏碍。然而憎人却不过是爱人者的败亡的逃路，与宝玉之终于出家，同一小器。但在作《红楼梦》时的思想，大约也止能如此；即使出于续作，想来未必与作者本意大相悬殊。惟被了大红猩猩毡斗篷来拜他的父亲，却令人觉得诧异。”[5]后世出现的解说种种，令人感到《红楼梦》是经得起人们反复解读折腾的真正经典，是一部“永远的《红楼梦》”。

雨村犹未看完，忽听传点，人报：“王老爷来拜。”雨村，忙具衣冠出去迎接。有顿饭工夫，方回来细问。这门子道：“这四家皆连络有亲，一损皆损，一荣皆荣，扶持遮饰，俱有照应的。今告打死人之薛，就系丰年大雪之‘雪’也。也不单靠这三家，他的世交亲友在都在外者，本亦不少。老爷如今拿谁去？”雨村听如此说，便笑问门子道：“如你这样说来，却怎么了结此案。你大约也深知这凶犯躲的方向了。”

门子笑道：“不瞒老爷说，不但这凶犯躲的方向我知道，一并这拐卖之人我也知道，死鬼买主也深知道。待我细说与老爷听：这个被打之死鬼，乃是本地一个小乡绅之子，名唤冯渊，自幼父母早亡，又无兄弟，只他一个人守着些薄产过日子。长到十八九岁上，酷爱男风，最厌女子。这也是前生冤孽，可巧遇见这拐子卖丫头，他便一眼看上了这丫头，立意买来作妾，立誓再不交结男子，也不再娶第二个了，所以郑重其事，必待三日后方过门。谁晓这拐子又偷卖与薛家，他意欲卷了两家的银子，再逃往他省。谁知又不曾走脱，两家拿住，打了个臭死，都不肯收银，只要领人。那薛家公子岂是让人的，便喝着手下人一打，将冯公子打了个稀烂，抬回家去三日死了。这薛公子原是早已择定日子上京去的，头起身两日前，就偶然遇见这丫头，意欲买了就进京的，谁知闹出这事来。既打了冯公子，夺了丫头，他便没事人一般，只管带了家眷走他的路。他这里自有兄弟奴仆在此料理，也并非为此些些小事值得他一逃走的。这且

❸ 朱一玄编：《红楼梦资料汇编》，南开大学出版社2012年版，第140页。

❹ 朱一玄编：《红楼梦资料汇编》，南开大学出版社2012年版，第137页。

❺ 鲁迅：《中国小说史略》，中国书籍出版社2016年版，第318页。

别说，老爷你当被卖之丫头是谁？”雨村笑道：“我如何得知？”门子冷笑道：“这人算来还是老爷的大恩人呢。他就是葫芦庙旁住的甄老爷的小姐，名唤英莲的。”雨村罕然道：“原来就是他。闻得养至五岁被人拐去，却如今才来卖呢？”

门子道：“这一种拐子单管偷拐五六岁的儿女，养在一个僻静之处，到十一二岁，度其容貌，带至他乡转卖。当日这英莲，我们天天哄他顽耍，虽隔了七八年，如今十二三岁的光景，其模样虽然出脱得齐整好些，然大概相貌，自是不改，熟人易认。况且他眉心中原有米粒大小的一点胭脂痹，从胎里带来的，所以我却认得。偏生这拐子又租了我的房舍居住，那日拐子不在家，我也曾问他。他是被拐子打怕了的，万不敢说，只说、拐子系他亲爹，因无钱偿债，故卖他。我又哄之再四，他又哭了，只说‘我不记得小时之事’。这可无疑了。那日冯公子相看了，兑了银子，拐子醉了，他自叹道：‘我今日罪孽可满了。’后又听见冯公子令三日之后过门，他又转有忧愁之态。我又不忍其形景，等拐子出去，又命内人去解释他：‘这冯公子必待好日期来接，可知必不以丫鬟相看。况他是个绝风流人品，家里颇过得，素习又最厌恶堂客，今竟破价买你，后事不言可知。只耐得三两日，何必忧闷。’他听如此说，方才略解忧闷，自为从此得所。谁料天下竟有这等不如意事，第二日，他偏又卖与薛家。若卖与第二个人还好，这薛公子的混名人称‘呆霸王’，最是天下第一个弄性尚气的人，而且使钱如土，遂打了个落花流水，生拖死拽，把个英莲拖去，如今也不知死活。这冯公子空喜一场，一念未遂，反花了钱，送了命，岂不可叹！”

雨村听了，亦叹道：“这也是他们的孽障遭遇，亦非偶然。不然这冯渊如何偏只看准了这英莲？这英莲受了拐子这几年折磨，才得了个头路，且又是个多情的，若能聚合了，倒是件美事，偏又生出这段事来。这薛家纵比冯家富贵，想其为人，自然姬妾众多，淫佚无度，未必及冯渊定情于一人者。这正是梦幻情缘，恰遇一对薄命儿女。且不要议论他，只目今这官司，如何剖断才好？”门子笑道：“老爷当年何其明决，今日何反成了个没主意的人了。小的闻得老爷补升此任，亦系贾府、王府之力，此薛蟠即贾府之亲，老爷何不顺水行舟，作个整人情，将此案了结，日后也好去见贾府、王府。”雨村道：“你说的何尝不是？但事关人命，蒙皇上隆恩，起复委用，实是重生再造，正当殚心竭力图报之时，岂可因私而废法？是我实不能忍为者。”门子听了，冷笑道：“老爷说的何尝不是大道理，但只是如今世上是行不去的。岂不闻古人有云：‘大丈夫相时而动’，又曰‘趋吉避凶者为君子’。依老爷这一说，不但不能报效朝廷，亦且自身不保，还要三思为妥。”

雨村低了半日头，方说道：“依你怎么样？”门子道：“小人已想了一个极好的主意在此：老爷明日坐堂，只管虚张声势，动文书发签拿人。原凶自然是拿不来的，原告固是定要将薛家族中及奴仆人等拿几个来拷问。小的在暗中调停，令他们报个暴病身亡，令族中及地方上共递一张保呈，老爷只说善能扶鸾请仙，堂上设下乩坛，令军民人等只管来看。老爷就说‘乩仙批了，死者冯渊与薛蟠原因夙孽相逢，今狭路既遇，原应了结。薛蟠今已得了无名之病，被冯魂追索已死。其祸皆因拐子某人而起，拐之人原系某乡某姓人氏，按法处治，馀不略及’等语。小人暗中嘱托拐子，令其实招。众人见乩仙批语与拐子相符，馀者自然也都不虚了。薛家有的是钱，老爷断一千也可，五百也可，与冯家作烧埋之费。那冯家也无甚要紧的人，不过为的是钱，见有了这个银子，想来也就无话了。老爷细想此计如何？”雨村笑道：“不妥，不妥。等我再斟酌斟酌，或可压服口声。”二人计议，天色已晚，别无话说。

至次日坐堂，勾取一应有名人犯，雨村详加审问，果见冯家人口稀疏，不过赖此欲多得些烧埋之费，薛家仗势倚情，偏不相让，故致颠倒未决。雨村便徇情枉法，胡乱判断了此案。冯家得了许多烧埋银子，也就无甚话说了。雨村断了此案，急忙作书信二封，与贾政并京营节度使王子腾，不过说“令甥之事已完，不必过虑”等语。此事皆由葫芦庙内之沙弥新门子所出，雨村又恐他对人说出当日贫贱时的事来，因此心中大不乐意，后来到底寻了个不是，远远的充发了他才罢。

笺证

葫芦僧说英莲（香菱）眉心中原有米粒大小的一点胭脂痣，从胎里带来的。这引起甲戌本作了侧批说：“宝钗之热，黛玉之怯，悉从胎中带来。今英莲有痣，其人可知矣。”[6] 面部的痣可用于面相学研究。香菱以胎中带来的印记，贯通天国与人间，属于《红楼梦》叙事的惯用好手段。同时，也是香菱是甄士隐之女的确证。贾雨村得知恩公甄士隐被拐走的女儿香菱的下落，却追逐护官符的权威庇护，而不以知恩图报的厚道心理来处理案件，可见其势利投机品性。回目说是“葫芦僧乱判葫芦案”，而不说贾雨村乱判葫芦案，实在是由于此案的关节和判法，都是当了顺天府门子的葫芦庙沙弥投合贾雨村心计而设下的机关算计。因此脂评说：“（葫芦庙）糊涂也，故假语从此兴焉。”甲戌本侧批又说：“可怜真可怜！◇一篇《薄命赋》，特出英莲（香菱）。”[7] 具有喜剧味的是，葫芦僧当了狗头军师，却不能算计自己也成了落荒狗。葫芦僧向贾雨村献计时，贾雨村就忙携手笑着以“故人”相称，客客气气地让坐，宣称：“贫贱之交不可忘。你我故人也，二则此系私室，既欲长谈，岂有不坐之理！”“贫贱之交不可忘，糟糠之妻不下堂”，是谢承《后汉书》所记述的宋弘对光武辞娶湖阳公主之语。元高明《琵琶记》第三十七出《书馆悲逢》中，蔡中郎说：“宋弘是光武时人，光武试把（新寡的）姐姐湖阳公主嫁他，宋弘不从，对道：贫贱之交不可忘，糟糠之妻不下堂。”主官对门子让座套近乎，用了“贫贱之交不可忘”的话，没有所求是不会出此策的。想不到行文最后却点了一笔：“此事皆由葫芦庙内之沙弥新门子所出，雨村又恐他对人说出当日贫贱时的事来，因此心中大不乐业，后来到底寻了个不是，远远的充发了他才罢。”这里实在是以怜悯心肠，感慨语调，对社会上翻云覆雨的情形作了反讽和调侃。门子不留姓名，仅以葫芦僧的绰号对付了事，这也是颇为悲哀的。清末报人陈蜕曾说，“处葫芦中，说葫芦外事，假中假也”，“特无如千古读者皆在葫芦中”。[8] 这里又借葫芦调侃世人，将之提出葫芦外，又装入葫芦内，遂使人生成了一场暗含不测的游戏。

[6]（清）曹雪芹著，脂砚斋评：《脂砚斋重评石头记甲戌校本》，作家出版社2000年版，第138页。

[7]（清）曹雪芹著，脂砚斋评：《脂砚斋重评石头记甲戌校本》，作家出版社2000年版，第139页。

[8] 一粟编：《红楼梦资料汇编》上册，中华书局1964年版，第280页。

当下言不着雨村。且说那买了英莲打死冯渊的薛公子，亦系金陵人氏，本是书香继世之家。只是如今这薛公子幼年丧父，寡母又怜他是个独根孤种，未免溺爱纵容，遂至老大无成，且家中有百万之富，现领着内帑钱粮，采办杂料。这薛公子学名薛蟠，字表文起，今年方十有五岁，性情奢侈，言语傲慢。虽也上过学，不过略识几字，终日惟有斗鸡走马，游山玩水而已。虽是皇商，一应经济世事，全然不知，不过赖祖父之旧情分，户部挂虚名，支领钱粮，其馀事体，自有伙计老家人等措办。寡母王氏乃现任京营节度使王子腾之妹，与荣国府贾政的夫人王氏，是一母所生的姊妹，今年方四十上下年纪，只有薛蟠一子。还有一女，比薛蟠小两岁，乳名宝钗，生得肌骨莹润，举止娴雅。当日有他父亲在日，酷爱此女，令其读书识字，较之乃兄竟高过十倍。自父亲死后，见哥哥不能依贴母怀，他便不以书字为事，只留心针黹家计等事，好为母亲分忧解劳。近因今上崇诗尚礼，征采才能，降不世出之隆恩，除聘选妃嫔外，凡仕宦名家之女，皆亲送名达部，以备选为公主郡主入学陪侍，充为才人赞善之职。二则自薛蟠父亲死后，各省中所有的买卖承局、总管、伙计人等，见薛蟠年轻不谙世事，便趁时拐骗起来，京都中几处生意，渐亦消耗。薛蟠素闻得都中乃第一繁华之地，正思一游，便趁此机会，一为送妹待选，二为望亲，三因亲自入部销算旧帐，再计新支，——其实则为游览上国风光之意。因此早已打点下行装细软，以及馈送亲友各色土物人情等类，正择日已定起身，不想偏遇见了拐子重卖英莲。薛蟠见英莲生得不俗，立意买他，又遇冯家来夺人，因恃强喝令手下豪奴将冯渊打死。他便将家中事务一一的嘱托了族中人并几个老家人，他便带了母妹竟自起身长行去了。人命官司一事，他竟视为儿戏，自为花上几个臭钱，没有不了的。

笺证

第四回由薛蟠犯下人命案关联到薛宝钗入京，这是《红楼梦》另一个主要角色的上场。不过也只是说薛宝钗“生得肌骨莹润，举止娴雅”，“其读书识字，较之乃兄竟高过十倍”等寥寥数语，犹抱琵琶半遮面，与黛玉、宝玉初次见面出现的精神震撼大为径庭。甲戌本眉批评议本回写法说：“盖宝钗一家不得不细写者。若另起头绪，则文字死板，故仍只借雨村一人穿插出阿呆兄人命一事，且又带叙出英莲一向之行踪，并以后之归结，是以故意戏用‘葫芦僧乱判’等字样，撰成半回，略一解颐，略一叹世，盖非有意讥刺仕途，实亦出人之闲文耳。◇又注冯家一笔，更妥。可见冯家正不为人命，实赖此获利耳。故用‘乱判’二字为题，虽曰不涉世事，或亦有微辞耳。但其意实欲出宝钗，不得不做此穿插，故云此等皆非《石头记》之正文。”[9]戚蓼生本回末总评说：“看他写一宝钗之来，先以英莲事逼其进京，及以舅氏官出，惟姨可倚。辗转相逼来，且加以世态人情，隐跃其间，如人饮醇酒，不其然而已醉矣。”[10]这种叙事推移中，有一个致命的发酵源，由此引起了类似于“蝴蝶效应”的连锁反应。薛蟠犯了人命案竟然是“些些小事”，这“些些小事”竟然连续发酵，牵连出“四大家族”的繁华和衰败，牵连出宝、黛、钗的爱情和人间情缘的破灭，于是乎由“些些小事”捅破了大大的天窟窿。这就是《红楼梦》告诉你什么是人生，什么是人生哲学。

在路不记其日。那日已将入都时，却又闻得母舅王子腾升了九省统制，奉旨出都查边。薛蟠心中暗喜道："我正愁进京去有个嫡亲的母舅管辖着，不能任意挥霍挥霍，偏如今又升出去了，可知天从人愿。"因和母亲商议道："咱们京中虽有几处房舍，只是这十来年没人进京居住，那看守的人未免偷着租赁与人，须得先着几个人去打扫收拾才好。"他母亲道："何必如此招摇。咱们这一进京，原该先拜望亲友，或是在你舅舅家，或是你姨爹家。他两家的房舍极是便宜的，咱们先能着住下，再慢慢的着人去收拾，岂不消停些！"薛蟠道："如今舅舅正升了外省去，家里自然忙乱起身，咱们这工夫一窝一拖的奔了去，岂不没眼色？"他母亲道："你舅舅家虽升了去，还有你姨爹家。况这几年来，你舅舅、姨娘两处，每每带信捎书，接咱们来。如今既来了，你舅舅虽忙着起身，你贾家姨娘未必不苦留我们。咱们且忙忙收拾房屋，岂不使人见怪！你的意思我却知道，守着舅舅、姨爹住着，未免拘紧了你，不如你各自住着，好任意施为。你既如此，你自去挑所宅子去住，我和你姨娘，——姊妹们别了这几年，却要厮守几日，我带了你妹子投你姨娘家去，你道好不好？"薛蟠见母亲如此说，情知扭不过的，只得吩咐人夫一路奔荣国府来。

那时王夫人已知薛蟠官司一事，亏贾雨村维持了结，才放了心。又见哥哥升了边缺，正愁又少了娘家的亲戚来往，略加寂寞。过了几日，忽家人传报："姨太太带了哥儿姐儿，合家进京，正在门外下车。"喜的王夫人忙带了女媳人等，接出大厅，将薛姨妈等接了进去。姊妹们暮年相会，自不必说悲喜交集，泣笑叙阔一番。忙又引了拜见贾母，将人情土物各种酬献了。合家俱厮见过，忙又治席接风。

薛蟠已拜见过贾政，贾琏又引着拜见了贾赦、贾珍等。贾政便使人上来对王夫人说："姨太太已有了春秋，外甥年

❾（清）曹雪芹著，脂砚斋评：《脂砚斋重评石头记甲戌校本》，作家出版社2000年版，第141页。

❿朱一玄编：《红楼梦资料汇编》，南开大学出版社2012年版，第150页。

轻不知世路，在外住着恐有人生事。咱们东北角上梨香院一所十来间房，白空闲着，打扫了，请姨太太和姐儿哥儿住了甚好。”王夫人未及留，贾母也就遣人来说“请姨太太就在这里住下，大家亲密些”等语。薛姨妈正要同居一处，方可拘紧些儿子，若另住在外，又恐他纵性惹祸，遂忙道谢应允。又私与王夫人说明:“一应日费供给一概免却，方是处常之法。”王夫人知他家不难于此，遂亦从其愿。从此后薛家母子就在梨香院住了。

原来这梨香院即当日荣公暮年养静之所，小小巧巧，约有十馀间房屋，前厅后舍俱全。另有一门通街，薛蟠家人就走此门出入。西南有一角门，通一夹道，出夹道便是王夫人正房的东边了。每日或饭后，或晚间，薛姨妈便过来，或与贾母闲谈，或与王夫人相叙。宝钗日与黛玉、迎春姊妹等一处，或看书下棋，或作针黹，倒也十分乐业。

只是薛蟠起初之心，原不欲在贾宅居住者，但恐姨父管约拘禁，料必不自在的，无奈母亲执意在此，且宅中又十分殷勤苦留，只得暂且住下，一面使人打扫出自己的房屋，再移居过去的。谁知自从在此住了不上一月的光景，贾宅族中凡有的子侄，俱已认熟了一半，凡是那些纨袴气习者，莫不喜与他来往，今日会酒，明日观花，甚至聚赌嫖娼，渐渐无所不至，引诱的薛蟠比当日更坏了十倍。虽然贾政训子有方，治家有法，一则族大人多，照管不到这些。二则现任族长乃是贾珍，彼乃宁府长孙，又现袭职，凡族中事，自有他掌管。三则公私冗杂，且素性潇洒，不以俗务为要，每公暇之时，不过看书着棋而已，馀事多不介意。况且这梨香院相隔两层房舍，又有街门另开，任意可以出入，所以这些子弟们竟可以放意畅怀的闹，因此遂将移居之念渐渐打灭了。

笺证

贾府的道德文化生态如何？第四回对薛蟠的描写，就是见证。薛蟠已是“终日惟有斗鸡走马”的呆霸王矣，但一旦薛蟠与贾府子侄投缘厮混，还要“引诱的薛蟠比当日更坏了十倍”，虽是轻作点染，却简直是一竹竿打尽了贾府的不肖子弟的满树枣儿。这是由表及里地开始接触荣宁二府的伦理文化生态。如甲戌本侧批说："虽说为纨袴设鉴，其意原只罪贾宅，故用此等句法写来。"[11] 至于写全书主要角色黛玉、宝钗的首次聚首，不像宝玉、黛玉的首次聚首那么大动干戈、浓墨重彩，而是轻轻一笔带过："宝钗日与黛玉、迎春姊妹等一处，或看书下棋，或作针黹，倒也十分乐业。"这里使用的依然是逐层皴染法，其间的阴阳向背、脉络纹理，留待日后从容着笔，慢慢地添枝加叶可矣，游龙见首不见尾方能曲尽其妙。曹雪芹总该在宝、黛火光璀璨的见面之后，让读者长舒一口气，以转向新的幻境，以免陷入审美的疲劳。

[11]（清）曹雪芹著，脂砚斋评：《脂砚斋重评石头记甲戌校本》，作家出版社2000年版，第145页。

第五回

游幻境指迷十二钗　饮仙醪曲演红楼梦

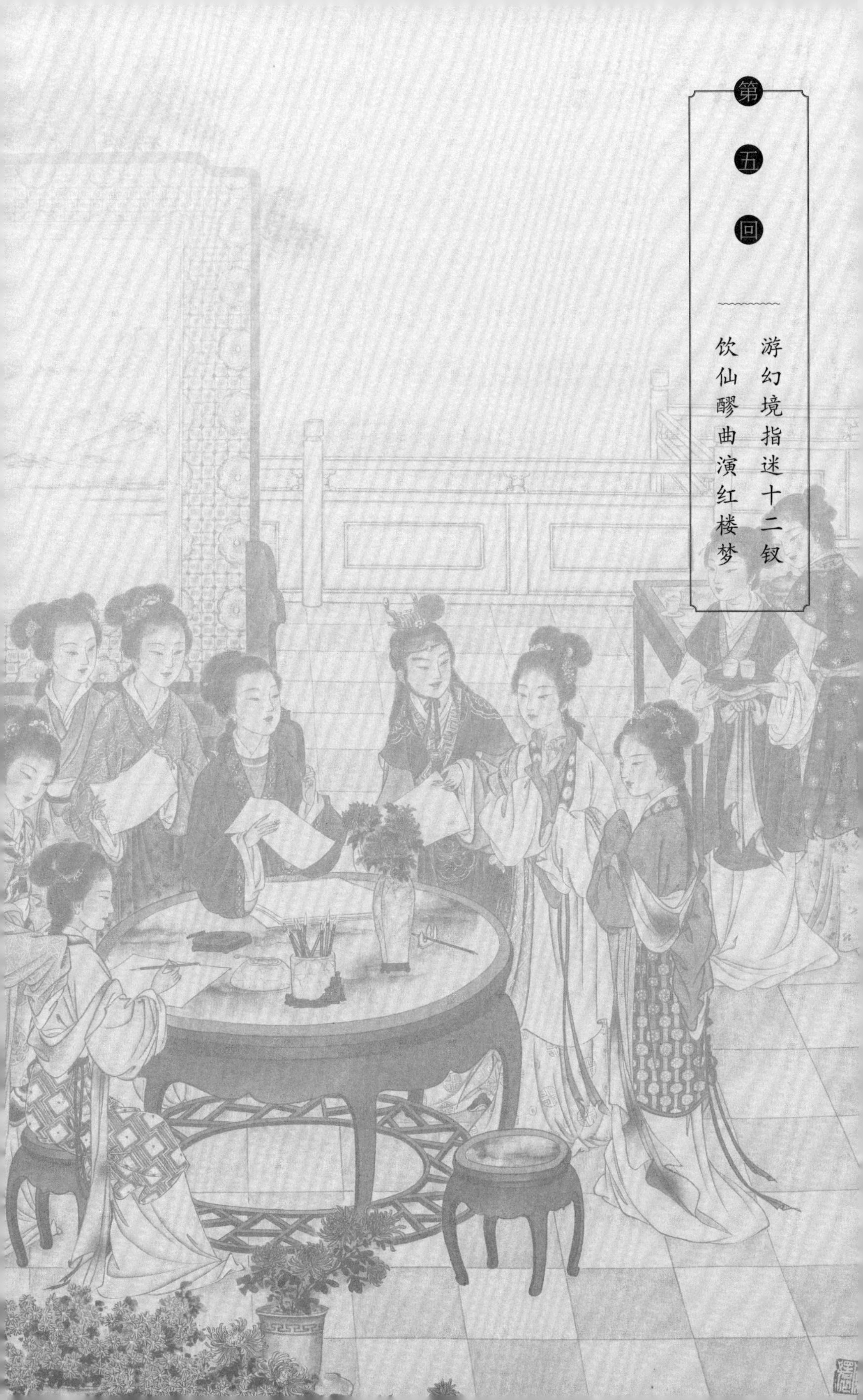

第四回中既将薛家母子在荣府内寄居等事略已表明，此回则暂不能写矣。

如今且说林黛玉自在荣府以来，贾母万般怜爱，寝食起居，一如宝玉，迎春、探春、惜春三个亲孙女倒且靠后，便是宝玉和黛玉二人之亲密友爱处，亦自较别个不同，日则同行同坐，夜则同息同止，真是言和意顺，略无参商。不想如今忽然来了一个薛宝钗，年岁虽大不多，然品格端方，容貌丰美，人多谓黛玉所不及。而且宝钗行为豁达，随分从时，不比黛玉孤高自许，目无下尘，故比黛玉大得下人之心。便是那些小丫头子们，亦多喜与宝钗去顽。因此黛玉心中便有些悒郁不忿之意，宝钗却浑然不觉。那宝玉亦在孩提之间，况自天性所禀来的一片愚拙偏僻，视姊妹弟兄皆出一意，并无亲疏远近之别。其中因与黛玉同随贾母一处坐卧，故略比别个姊妹熟惯些。既熟惯，则更觉亲密。既亲密，则不免一时有求全之毁，不虞之隙。这日不知为何，他二人言语有些不合起来，黛玉又气的独在房中垂泪，宝玉又自悔言语冒撞，前去俯就，那黛玉方渐渐的回转来。

笺证

至此第五回，贾宝玉开始面对着令他左顾右盼、神魂颠倒的黛、钗双人舞。考究起来，俞平伯针对世间右黛而左钗的流行看法，在《红楼梦辨·作者底态度》中提出批评，认为曹雪芹不褒林贬薛的证据，是《红楼梦引子》中说："因此上演出这悲金悼玉的《红楼梦》。"金是钗，玉是黛，悲悼犹曰惋惜。对钗黛一悲一悼，当然就无褒贬，无轻重，"这是雪芹不肯痛骂宝钗的一个铁证。且书中钗黛每每并提，若两峰相峙双水分流，各极其妙莫能相下，必如此方极情场之盛，必如此方尽文章之妙"。❶钗黛合传，有其合而未合、合中有离之处，其实是合传的变体，二人每每形成行为品格的对比："宝玉和黛玉二人之亲密友爱处，亦自较别个不同，日则同行同坐，夜则同息同止，真是言和意顺，略无参商。不想如今忽然来了一个薛宝钗，年岁虽大不多，然品格端方，容貌丰美，人多谓黛玉所不及。而且宝钗行为豁达，随分从时，不比黛玉孤高自许，目无下尘，故比黛玉大得下人之心。"性格左右着、播弄着人生的流程和命运的冲突，日后许多悲喜剧性的情感冲突皆生于此。对于黛钗并列、交叉、对比的叙事方式，甲戌本眉批说："不叙宝钗，反仍叙黛玉。盖前回只不过欲出宝钗，非实写之文耳，此回若仍续写，则将二玉高搁矣，故急转笔仍归至黛玉，使荣府正文方不至于冷落也。今写黛玉，神妙之至，何也？因写黛玉实是写宝钗，非真有意去写黛玉，几乎又被作者瞒过。"❷甲戌本眉批接着用了文法变体的说法，有道是："此处如此写宝钗，前回中略不一写，可知前回迥非十二钗之正文也。◇欲出宝钗，便不肯从宝钗身上写来，却先款款叙出二玉，陡然转出宝钗，三人方可鼎立。行文之法又一变体。"❸对于"人多谓黛玉所不及"一语，甲戌本侧批说："此句定评，想世人目中各有所取也。按黛玉、宝钗二人，一如姣花，一如纤柳，各极其妙者，然世人性分甘苦不同之故耳。"❹对于"黛玉又气的独在房中垂泪"一句，甲戌本侧批说："'又'字妙极！补出近

❶俞平伯：《红楼梦研究》，上海古籍出版社2015年版，第87页。

❷（清）曹雪芹著，脂砚斋评：《脂砚斋重评石头记甲戌校本》，作家出版社2000年版，第148页。

❸（清）曹雪芹著，脂砚斋评：《脂砚斋重评石头记甲戌校本》，作家出版社2000年版，第148页。

❹（清）曹雪芹著，脂砚斋评：《脂砚斋重评石头记甲戌校本》，作家出版社2000年版，第148页。

日无限垂泪之事矣，此仍淡淡写来，使后文来得不突然。”[5]除了以合传的变体写人间行为品格的对比之外，《红楼梦》还要在太虚幻境的金陵十二钗册子和《红楼梦》十二曲中，进行更具有悲剧性和命运感的对比，以便把天书的氛围笼罩人书的描绘。这就是为什么在俞平伯引用过的《红楼梦十二曲·引子》所言“因此上演出这悲金悼玉的《红楼梦》”之后，紧接着就是《终身误》“都道是金玉良姻，俺只念木石前盟。空对着山中高士晶莹雪，终不忘世外仙姝寂寞林。叹人间，美中不足今方信。纵然是齐眉举案，到底意难平”了。薛是晶莹，林是寂寞，但宝玉的感情有“空对着”和“终不忘”的差异，由此演出了他们的命运鸣奏曲。

因东边宁府中花园内梅花盛开，贾珍之妻尤氏乃治酒，请贾母、邢夫人、王夫人等赏花。是日先携了贾蓉之妻，二人来面请。贾母等于早饭后过来，就在会芳园游顽，先茶后酒，不过皆是宁荣二府女眷家宴小集，并无别样新文趣事可记。

一时宝玉倦怠，欲睡中觉，贾母命人好生哄着，歇一回再来。贾蓉之妻秦氏便忙笑回道：“我们这里有给宝叔收拾下的屋子，老祖宗放心，只管交与我就是了。”又向宝玉的奶娘丫鬟等道：“嬷嬷、姐姐们，请宝叔随我这里来。”贾母素知秦氏是个极妥当的人，生的袅娜纤巧，行事又温柔和平，乃重孙媳中第一个得意之人，见他去安置宝玉，自是安稳的。

当下秦氏引了一簇人来至上房内间。宝玉抬头看见一幅画贴在上面，画的人物固好，其故事乃是《燃藜图》，也不看系何人所画，心中便有些不快。又有一幅对联，写的是：

世事洞明皆学问，人情练达即文章。

笺证

第五回搭起了太虚幻境的神话构架，比起女娲补天遗石的神话、顽石幻形入世的神话、绛珠还泪的神话，都更为排场而蕴涵丰富。从第一回到

第五回，这四种诗化神话依次出现，互相牵连，全部神话构架抵于完成。有意思的是，还未梦游太虚幻境时的叙事带有明显的反讽意味，如“贾母素知秦氏是个极妥当的人，生的袅娜纤巧，行事又温柔和平，乃重孙媳中第一个得意之人，见他去安置宝玉，自是安稳的”。这种想头差矣，孽海情天，岂是安稳之乡？宝玉到了秦可卿上房，看见挂着一幅《燃藜图》。燃藜的典故，见于东晋王嘉《拾遗记》所载：“刘向于成帝之末，校书天禄阁，专精覃思。夜有老人，著黄衣，植青藜杖，登阁而进，见（刘）向暗中独坐诵书。老父乃吹杖端，烟燃，因以见向，说开辟已前。向因受《洪范五行》之文，恐辞说繁广忘之，乃裂裳及绅，以记其言。至曙而去，向请问姓名。云：‘我是太一之精，天帝闻金卯之子有博学者，下而观焉。’乃出怀中竹牒，有天文地图之书，‘余略授子焉’。至向子歆，从向受其术，向亦不悟此人焉。”[6]这是对刘向于汉成帝河平三年（前26）领校宫廷藏书之五经秘籍、诸子诗赋的神仙传说。贾宝玉见这幅图画，“心中便有些不快”，他对这类学问文章存在着逆反心理。两边对联“世事洞明皆学问，人情练达即文章”，是一种劝人学习“仕途经济”的格言，说是懂得人情世故就是学问，能干练应付人情世态就是文章。这是反讽和针砭贾宝玉“潦倒不通世务，愚顽怕读文章，行为偏僻性乖张，那管世人诽谤”的精神方式的。此图、此联拦头出现，是对贾宝玉进入太虚幻境的刻意劝阻，当头棒喝。甲戌本的夹批和眉批也看到了这一点。夹批说：“看此联极俗，用于此则极妙。盖作者正为古今王孙公子，劈头先下金针。”眉批又说：“如此画联，焉能入梦？”[7]夹批、眉批的意思是扭着的，前者针砭王孙公子要通达文章学问的世事人情，后者却认为这种针砭妨碍了梦游太虚幻境。

[5]（清）曹雪芹著，脂砚斋评：《脂砚斋重评石头记甲戌校本》，作家出版社2000年版，第149页。

[6]（晋）王嘉：《拾遗记》，中华书局1981年版，第153页。

[7]（清）曹雪芹著，脂砚斋评：《脂砚斋重评石头记甲戌校本》，作家出版社2000年版，第150页。

及看了这两句，纵然室宇精美，铺陈华丽，亦断断不肯在这里了，忙说："快出去。快出去。"秦氏听了笑道："这里还不好，可往那里去呢？不然往我屋里去吧。"宝玉点头微笑。有一个嬷嬷说道："那里有个叔叔往侄儿房里睡觉的理？"秦氏笑道："嗳哟哟，不怕他恼。他能多大呢，就忌讳这些个。上月你没看见我那个兄弟来了，虽然与宝叔同年，两个人若站在一处，只怕那个还高些呢！"宝玉道："我怎么没见过。你带他来我瞧瞧。"众人笑道："隔着二三十里，往那里带去，见的日子有呢。"说着大家来至秦氏房中。刚至房门，便有一股细细的甜香袭人而来。宝玉觉得眼饧骨软，连说"好香"。入房向壁上看时，有唐伯虎画的《海棠春睡图》，两边有宋学士秦太虚写的一副对联，其联云：

嫩寒锁梦因春冷，芳气笼人是酒香。

笺证

所谓唐伯虎画的《海棠春睡图》挂在秦可卿的卧室，与其外房的《燃藜图》相对照，象征着另一个不同的世界，在卧室这个世界中，"有一股细细的甜香袭人而来，宝玉觉得眼饧骨软"，是一种足以刺激性意识勃起的气氛。性意识把宝玉送上太虚幻境。宋代诗僧惠洪《冷斋夜话》卷一记载："东坡作《海棠》诗曰：'只恐夜深花睡去，故烧高烛照红妆。'事见《太真外传》，曰：'上皇登沉香亭，诏太真妃子。妃子时卯醉未醒，命力士从侍儿扶掖而至。妃子醉颜残妆，鬓乱钗横，不能再拜。上皇笑曰：岂是妃子醉，真海棠睡未足耳。'"[8] 苏轼《海棠》原诗是："东风袅袅泛崇光，香雾空蒙月转廊。只恐夜深花睡去，故烧高烛照红妆。"人花相怜相惜，把"海棠春睡"人格化了。宋人的海棠梦，引起后世好事者大做文章，谓明代"风流才子"唐伯虎画了一幅《海棠美人图》，作《题海棠美人》诗云："褪尽东风满面妆，可怜蝶粉与蜂狂。自今意思谁能说，一片春心付海棠。"又编造宋代"风流才子"秦观写的对联"嫩寒锁梦因春冷，芳气笼人是酒香"。贾宝玉进入秦可卿卧室后，有了此画、此联的烘托和诱导，就架设起通向太虚幻境的香甜浓郁的氛围。

案上设着武则天当日镜室中设的宝镜，一边摆着飞燕立着舞过的金盘，盘内盛着安禄山掷过伤了太真乳的木瓜。上面设着寿昌公主于含章殿下卧的榻，悬的是同昌公主制的联珠帐。宝玉含笑连说："这里好。"秦氏笑道："我这屋子大约神仙也可以住得了。"说着亲自展开了西子浣过的纱衾，移了红娘抱过的鸳枕。于是众奶母服侍宝玉卧好，款款散了，只留袭人、媚人、晴雯、麝月四个丫鬟为伴。秦氏便分咐小丫鬟们，好生在廊檐下看着猫儿狗儿打架。

笺证

秦可卿卧室案上摆设，令人拍案称奇，不敢相信为人间所有。这是曹雪芹以古代贵族豪华的艳情为素材，在太虚幻境的门口耍弄游戏笔墨。如戚蓼生第五回回首总评说："万种豪华原是幻，何尝造孽，何是风流？"其中"寿昌公主于含章殿下卧的榻"，寿昌公主应是寿阳公主之误。《太平御览》卷三十《时序部·人日》引《杂五行书》说："宋武帝（420—422在位）女寿阳公主人日卧于含章殿檐下，梅花落公主额上，成五出花，拂之不去。皇后留之，看得几时，经三日，洗之乃落。宫女奇其异，竟效之，今梅花妆是也。"[9]关于唐懿宗长女同昌公主制的联珠帐和室内装饰，《杜阳杂编》卷下记述说："咸通九年（868），同昌公主出降，宅于广化里。……堂中设连珠之帐，却寒之帘，犀簟牙席，龙罽凤褥。联珠帐，续真珠为之也。却寒帘，类玳瑁班，有紫色，云却寒之鸟骨所为也，未知出自何国。又有鹧鸪枕、翡翠匣、神丝绣被。其枕以七宝合成，为鹧鸪之状。翡翠匣，

[8] 影印文渊阁《四库全书》，子部十，杂家类三，冷斋夜话，第863—240页。

[9]（宋）李昉等编:《太平御览》，中华书局1966年版，第140页。

积毛羽饰之。神丝绣被，绣三千鸳鸯，仍间以奇花异叶，其精巧华丽绝比。其上缀以灵粟之珠，珠如粟粒，五色辉焕。又带蠲忿犀、如意玉。其犀圆如弹丸，入土不朽烂，带之令人蠲忿怒。如意玉类桃实，上有七孔，云通明之象也。又有瑟瑟幕、纹布巾、火蚕绵、九玉钗。其幕色如瑟瑟，阔三丈，长一百尺，轻明虚薄，无以为比。向空张之，则疏朗之纹如碧丝之贯真珠，虽大雨暴降不能湿溺，云以鲛人瑞香膏傅之故也。纹布巾即手巾也，洁白如雪，光软特异，拭水不濡，用之弥年，不生垢腻。二物称得之鬼谷国。火蚕绵云出炎洲，絮衣一袭用一两，稍过度则熇蒸之气不可近也。九玉钗上刻九鸾，皆九色，上有字曰'玉儿'。工巧妙丽，殆非人工所制。有金陵得之者，以献，公主酬之甚厚。”[10]曹雪芹卖弄才学，使同昌公主的联珠帐、寿阳公主的卧榻，与武则天、赵飞燕、杨贵妃、西施和戏曲人物红娘的用物，穿越时代，齐聚一堂，女性的珠光宝气，足以使贾宝玉心神摇荡。甲戌本侧批说：“设譬调侃耳，若真以为然，则又被作者瞒过。”[11]从另一个角度着眼，这又是游戏笔墨，古今错综，众美兼备，开始迈向超现实境界。

那宝玉刚合上眼，便惚惚的睡去，犹似秦氏在前，遂悠悠荡荡，随了秦氏，至一所在。但见朱栏白石，绿树清溪，真是人迹希逢，飞尘不到。宝玉在梦中欢喜，想道：“这个去处有趣，我就在这里过一生，纵然失了家也愿意，强如天天被父母师傅打呢。”正胡思之间，忽听山后有人作歌曰：

春梦随云散，飞花逐水流。寄言众儿女，何必觅闲愁。

宝玉听了是女子的声音。歌声未息，早见那边走出一个人来，蹁跹袅娜，端的与人不同。有赋为证：

方离柳坞，乍出花房。但行处，鸟惊庭树，将到时，影度回廊。仙袂乍飘兮，闻麝兰之馥郁；荷衣欲动兮，听环佩之铿锵。靥笑春桃兮，云堆翠髻；唇绽樱颗兮，榴齿含香。纤腰之楚楚兮，回风舞雪；珠翠之辉辉兮，满额鹅黄。出没花间兮，宜嗔宜喜。徘徊池上兮，若飞若扬。蛾眉颦笑兮，将言而未语；莲步乍移兮，待止而欲行。羡彼之良质兮，冰清玉润；慕彼之华服兮，闪灼文章。爱彼之貌容兮，香培玉琢；美彼之态度兮，凤翥龙翔。其素若何，春梅绽雪。其洁若何，秋菊被霜。其静若何，松生空谷。其艳若何，霞映澄塘。其文若何，龙游曲沼。其神若何，月射寒江。应惭西子，实愧王嫱。奇矣哉！生于孰地，来自何方；信矣乎！瑶池不二，紫府无双。果何人哉，如斯之美也。

宝玉见是一个仙姑，喜的忙来作揖问道："神仙姐姐不知从那里来，如今要往那里去？也不知这是何处，望乞携带携带。"那仙姑笑道："吾居离恨天之上，灌愁海之中，乃放春山遣香洞太虚幻境警幻仙姑是也：司人间之风情月债，掌尘世之女怨男痴。因近来风流冤孽，缠绵于此处，是以前来访察机会，布散相思。今忽与尔相逢，亦非偶然。此离吾境不远，别无他物，仅有自采仙茗一盏，亲酿美酒一瓮，素练魔舞歌姬数人，新填《红楼梦》仙曲十二支，试随吾一游否？"宝玉听说，便忘了秦氏在何处，竟随了仙姑，至一所在，有石牌横建，上书"太虚幻境"四个大字，两边一副对联，乃是：

假作真时真亦假，无为有处有还无。

转过牌坊，便是一座宫门，上面横书四个大字，道是"孽海情天"。又有一副对联，大书云：厚地高天，堪叹古今情不尽；痴男怨女，可怜风月债难偿。

⑩ 周勋初主编：《唐人轶事汇编》（上），上海古籍出版社2006年版，第178—179页。

⑪（清）曹雪芹著，脂砚斋评：《脂砚斋重评石头记甲戌校本》，作家出版社2000年版，第150页。

笺证

第五回在这里呼应着第一回，贾宝玉又见到那一僧一道携带着甄士隐办理人间风流债的交割事务时所见的"太虚幻境"。甄士隐只见到门前对联，意欲也跟了过去，方举步时，忽听一声霹雳，有若山崩地陷，就从梦境中跌了出来。可以说，甄士隐与深层的太虚幻境无缘。但到了贾宝玉这回梦游太虚幻境，对联已经不限于外面对联的思辨真假有无，悠悠荡荡地随秦可卿进入“孽海情天”，看到“厚地高天，堪叹古今情不尽；痴男怨女，可怜风月债难偿”的对联，又有自称“吾居离恨天之上，灌愁海之中，乃放春山遣香洞太虚幻境”的警幻仙姑导游，深入太虚幻境里的这个司、那个司，翻看簿册，聆听曲子。宝玉太虚幻境缔结了深刻的缘分，成了他的迷魂阵。假者有真缘分，真者缘分却是假。真真假假，在太虚幻境中制造着孽海情天的推背图。何为“太虚幻境”？太虚是古代用来形容宇宙之元气的哲学概念。《庄子·知北游》说：“有问道而应之者，不知道也。虽问道者，亦未闻道。道无问，问无应。无问问之，是问穷也。无应应之，是无内也。以无内待问穷，若是者，外不观乎宇宙，内不知乎大初，是以不过乎昆仑，不游乎太虚。”⑫把这段话反过来说，道是在无问无应中运行，唯有这样才能观察宇宙，通晓宇宙的发生，超越可以沟通天上人间的昆仑，而神游于太虚之境。这是庄子引申老子“天下万物生于有，有生于无”的原理，建构自己“唯道集虚”的道家宇宙生成模式。成书于汉代的《黄帝内经·素问》也有浓郁的道家色彩，其卷十九说：“太虚寥廓，肇基化元，万物资始，五运终天。”这就由太虚演绎成古代宇宙观的主流。东晋玄言诗人孙绰《游天台山赋》说：“太虚辽廓而无阂，运自然之妙有。”无阂的意思是畅通无阻，没有阻隔。如西晋陆机《文赋》所说：“恢万里而无阂，通亿载而为津。”这就形成了一个终极性的哲学神话学的命题。如果把道家形容宇宙元气的太虚与佛家的幻境组合成一种神话架构，这就是太虚幻境了。明代朱名世《牛郎织女传》第一回就在牛郎织女的神仙世界中用了“太虚幻境”这个词语，它开头就说：“无论古今，男女总难逃脱一个‘情’字。情之所种，有爱情，有怨情，有艳情，有痴情。情到最密之处，便是大罗天八洞神仙吕祖师，尚有‘三戏白牡丹’故事，至今小说脍炙人口。在下这部小说，却是天河配、鹊桥相会的历史。但这桩古典，都是太虚幻境中之楼台亭阁，内中情节奇奇怪怪，变化莫测，好似舞台之灯彩戏一般。然立言旨趣，却是齐谐志异，寓意劝惩。正所谓：古寺钟声清夜响，唤醒世间迷途人。”⑬这里已经把种种的情包括痴情与变化莫测的太虚幻境联系起来，实在称得上《红楼梦》太虚幻境的滥觞。要知道，女娲炼石补天神话，提供了顽石宝玉的核心意象，但只有一个意象还不够，必须有太虚幻境，必须有薄命司，必须有金陵十二钗正册、副册、又副册，以此备足人数，才能展示孽海情天的千姿百态。要写薄命司，又虚陪了“痴情司”“结怨司”“朝啼司”“夜怨司”“春感司”“秋悲司”六个衙门，以显示痴情结怨之类林林总总，复杂微妙，莫可名状。太虚幻境也就仿佛成了管理人间男女情感和家族命运的奇幻的办事处和档案馆。值得注意的是，将贾宝玉带入太虚幻境的是宝玉就在其卧室的秦氏，或是后面交代的“鲜艳妩媚，有似乎宝钗，风流袅娜，则又如黛玉”的乳名“兼美”的可卿。宝玉随了秦氏，至一所在。但见朱栏白石，绿树清溪，真是人迹希逢，飞尘不到。宝玉在梦中欢喜，想道：“这个去处有趣，我就在这里过一生，纵然失了家也愿意，强如天天被父母师傅打呢。”这段话的前半，是宝玉不受拘束的潜意识，是本能性的冲动；后半“天天被父母师傅打”，则是前意识抑制潜意识的“稽察者”，如奥地利精神分析学家西格蒙德·弗洛伊德（Sigmund Freud）在《梦的解析》一书中所言。这就是说，宝玉在太虚幻境中使自己的潜意识和性本能得以尽情释放。

⑫（清）王先谦：《庄子集解》，中华书局1987年版，第192页。

⑬路工、谭天编：《古本平话小说集》（上），人民文学出版社2006年版，第108页。

宝玉看了，心下自思道：“原来如此。但不知何为‘古今之情’，何为‘风月之债’？从今倒要领略领略。”宝玉只顾如此一想，不料早把些邪魔招入膏肓了。当下随了仙姑进入二层门内，至两边配殿，皆有匾额对联，一时看不尽许多，惟见有几处写的是“痴情司”“结怨司”“朝啼司”“夜怨司”“春感司”“秋悲司”。看了，因向仙姑道：“敢烦仙姑引我到那各司中游玩游玩，不知可使得？”仙姑道：“此各司中皆贮的是普天之下所有的女子过去未来的簿册，尔凡眼尘躯，未便先知的。”宝玉听了，那里肯依，复央之再四。仙姑无奈，说：“也罢，就在此司内略随喜随喜罢了。”宝玉喜不自胜，抬头看这司的匾上，乃是“薄命司”三字，两边对联写的是：

春恨秋悲皆自惹，花容月貌为谁妍。

宝玉看了，便知感叹。进入门来，只见有十数个大厨，皆用封条封着。看那封条上，皆是各省的地名。宝玉一心只拣自己的家乡封条看，遂无心看别省的了。只见那边厨上封条上大书七字云：“金陵十二钗正册”。宝玉问道：“何为‘金陵十二钗正册’？”警幻道：“即贵省中十二冠首女子之册，故为‘正册’。”宝玉道：“常听人说，金陵极大，怎么只十二个女子？如今单我家里，上上下下，就有几百女孩子呢。”警幻冷笑道：“贵省女子固多，不过择其紧要者录之。下边二厨则又次之。馀者庸常之辈，则无册可录矣。”宝玉听说，再看下首二厨上，果然写着“金陵十二钗副册”，又一个写着“金陵十二钗又副册”。宝玉便伸手先将“又副册”厨开了，拿出一本册来，揭开一看，只见这首页上画着一幅画，又非人物，也无山水，不过是水墨滃染的满纸乌云浊雾而已。后有几行字迹，写的是：

霁月难逢，彩云易散。心比天高，身为下贱。风流灵巧招人怨。寿夭多因毁谤生，多情公子空牵念。

宝玉看了，又见后面画着一簇鲜花，一床破席，也有几句言词，写道是：

枉自温柔和顺，空云似桂如兰，堪羡优伶有福，谁知公子无缘。

宝玉看了不解。遂掷下这个，又去开了副册厨门，拿起一本册来，揭开看时，只见画着一株桂花，下面有一池沼，其中水涸泥干，莲枯藕败，后面书云：

根并荷花一茎香，平生遭际实堪伤。自从两地生孤木，致使香魂返故乡。

宝玉看了仍不解。便又掷了，再去取“正册”看，只见头一页上便画着两株枯木，木上悬着一围玉带；又有一堆雪，雪下一股金簪。也有四句言词，道是：

可叹停机德，堪怜咏絮才。玉带林中挂，金簪雪里埋。

宝玉看了仍不解。待要问时，情知他必不肯泄漏；待要丢下，又不舍。遂又往后看时，只见画着一张弓，弓上挂着香橼。也有一首歌词云：

二十年来辨是非，榴花开处照宫闱。

三春争及初春景，虎兕相逢大梦归。

后面又画着两人放风筝，一片大海，一只大船，船中有一女子掩面泣涕之状。也有四句写云：

才自精明志自高，生于末世运偏消。清明涕送江边望，千里东风一梦遥。

后面又画几缕飞云，一湾逝水。其词曰："富贵又何为，襁褓之间父母违。展眼吊斜晖，湘江水逝楚云飞。"

后面又画着一块美玉，落在泥垢之中。其断语云：欲洁何曾洁，云空未必空。可怜金玉质，终陷淖泥中。

后面忽见画着个恶狼，追扑一美女，欲啖之意。其书云：子系中山狼，得志便猖狂。金闺花柳质，一载赴黄粱。

后面便是一所古庙，里面有一美人在内看经独坐。其判云：勘破三春景不长，缁衣顿改昔年妆。可怜绣户侯门女，独卧青灯古佛旁。

后面便是一片冰山，上面有一只雌凤。其判曰：凡鸟偏从末世来，都知爱慕此生才。一从二令三人木，哭向金陵事更哀。

后面又是一座荒村野店，有一美人在那里纺绩。其判云：事败休云贵，家亡莫论亲。偶因济刘氏，巧得遇恩人。"

后面又画着一盆茂兰，旁有一位凤冠霞帔的美人。也有判云："桃李春风结子完，到头谁似一盆兰。如冰水好空相妒，枉与他人作笑谈。”

后面又画着高楼大厦，有一美人悬梁自缢。其判云：“情天情海幻情身，情既相逢必主淫。漫言不肖皆荣出，造衅开端实在宁。”

宝玉还欲看时，那仙姑知他天分高明，性情颖慧，恐把仙机泄漏，遂掩了卷册，笑向宝玉道：“且随我去游玩奇景，何必在此打这闷葫芦？”

笺证

阅读第五回太虚幻境薄命司金陵十二钗的簿册，需把握两个关键点：一是册子上怎么写，二是对册子怎么读。写有顺序，读有轻重，顺序蕴含着意义，轻重蕴含着态度，都是不可忽略其间的微言大义的。这是深层叙事学的要紧问题。贾宝玉翻阅金陵十二钗的命运册子，首先翻阅“又副册”，只是展示二人。一是：“霁月难逢，彩云易散。心比天高，身为下贱。风流灵巧招人怨。寿夭多因毁谤生，多情公子空牵念。”隐喻着晴雯的心性灵气和命运。二是：“枉自温柔和顺，空云似桂如兰，堪羡优伶有福，谁知公子无缘。”隐喻着袭人的品性道德和命运。在宝玉的大丫鬟现实排序中，袭人在晴雯之前，但在太虚幻境册子中，晴雯居袭人之先，而且是所见簿册图画判词中的第一人，可见晴雯在《红楼梦》全书的举足轻重、堪称了得的地位。晴雯是《红楼梦》中的超级精灵。“副册”只展示一人：“根并荷花一茎香，平生遭际实堪伤。自从两地生孤木，致使香魂返故乡。”隐喻着香菱的遭际和命运。香菱居于副册，是别具深意的设计，由甄士隐的女儿到薛蟠的妾，又成了大观园中向黛玉学诗的诗疯子，“薄命女”香菱所搅动的风雨云烟和情感瓜葛，是大观园的一景。更何况第七回周瑞家的拉着香菱的手，细细的看了一会，笑说：“倒好个模样儿，竟有些像咱们东府里蓉大奶奶（秦可卿）的品格儿。”香菱是《红楼梦》中贯通真假、冲击贵贱、弥合雅俗的重要角色。“正册”展示的十二金钗人物比较周全。头一页上便画着两株枯木，木上悬着一围玉带，又有一堆雪，雪下一股金簪。也有四句言词，道是：“可叹停机德，堪怜咏絮才。玉带林中挂，金簪雪里埋。”这是林黛玉、薛宝钗的合传，是大观园情中情的核心线索，自然应该排在首位，而在荣华富贵的贾元春之前。其次是“二十年来辨是非，榴花开处照宫闱。三春争及初春景，虎兕相逢大梦归”，则是隐喻着元春的娘娘命运，决定着贾府的荣枯兴衰。“才自精明志自高，生于末世运偏消。清明涕送江边望，千里东风一梦遥”，隐喻着探春的精明干练和远嫁海疆的命运，才能出类拔萃，却因庶出、远嫁，无法挽救贾府颓势。“富贵又何为，襁褓之间父母违。展眼吊斜晖，湘江水逝楚云飞”，隐喻着史湘云的丰姿和命运，她豪迈爽直、英气勃勃、才思敏捷，却命运不济，是出入大观园非常讨人喜爱的姑娘。“欲洁何曾洁，云空未必空。可怜金玉质，终陷淖泥中”，隐喻着妙玉的品质和命运，气质秀美，心性孤僻，修禅未能离尘，终至遭劫落难。以上六人，都是十二钗的精华，因此排列在前面。以下“子系中山狼，得志便猖狂。金闺花柳质，一载赴黄粱”，隐喻着迎春遇人不淑的凄惨命运。“勘破三春景不长，缁衣顿改昔年妆。可怜绣户侯门女，独卧青灯古佛旁”，隐喻着惜春带发修行的孤寂命运。“凡鸟偏从末世来，都知爱慕此生才。一从二令三人木，哭向金陵事更哀”，隐喻着王熙凤的命运，以拆字法作的“一从二令三人木”意思晦涩，或解释为凤姐、贾琏的关系，一是从夫、二是被冷落、三是被休弃的惨痛下场。“事败休云贵，家亡莫论亲。偶因济刘氏，巧得遇恩人”，隐喻着巧姐在贾府衰败后得到刘姥姥的救济婚配乡下的命运。“桃李春风结子完，到头谁似一盆兰。如冰水好空相妒，枉与他人作笑谈”，隐喻着李纨青春守寡、心如槁木死灰，幸有儿子贾兰“胸悬金印”“爵禄高登”的命运。“情天情海幻情身，情既相逢必主淫。漫言不肖皆荣出，造衅开端实在宁”，隐喻着秦可卿貌美淫乱、悬梁自尽的品行和命运。秦可卿是十二钗中的尤物，如《左传·昭公二十八年》所说“夫有尤物，足以移人”，她貌可“兼美”，备受訾议，多有象征性，堪为十二钗的压阵人物。金陵十二钗始于黛钗，悲金悼玉，终于“兼美”，通向荒唐，形成了一个完整的意义结构。金陵十二钗正册的顺序是：林黛玉、薛宝钗、元春、探春、史湘云、妙玉、迎春、惜春、王熙凤、巧姐、李纨、秦可卿。十二人的顺序蕴含着意义，并不以其辈分和年纪为序，而是掂量着她们的才性、品格、行事、命运，摆出了一个天上人间的一局棋。虽然贾宝玉“看了不解”，但这番“梦演红楼梦”，已给全书笼罩上沉重的命运感。这就运用了时间哲学的神秘性，留出时间的提前量，使人们带着命运感来阅读此后的人生文章。有副名联是“戏台小天地，天地大戏台”，恰如莎士比亚的名句：“整个世界是一座舞台，所有的男男女女只不过是演员。”所有的男男女女演出的是他（她）们的品性、行事和命运，是他（她）们无以自控的悲欢离合。而这种种悲欢离合，都在太虚幻境的册子里无可奈何地命中注定了。

宝玉恍恍惚惚，不觉弃了卷册，又随了警幻来至后面。但见珠帘绣幕，画栋雕檐，说不尽那光摇朱户金铺地，雪照琼窗玉作宫。更见仙花馥郁，异草芬芳，真好个所在。又听警幻笑道：“你们快出来迎接贵客。”一语未了，只见房中又走出几个仙子来，皆是荷袂蹁跹，羽衣飘舞，姣若春花，媚如秋月。一见了宝玉，都怨谤警幻道：“我们不知系何‘贵客’，忙的接了出来。姐姐曾说今日今时必有绛珠妹子的生魂前来游玩，故我等久待。何故反引这浊物来污染这清净女儿之境？”

宝玉听如此说，便吓得欲退不能退，果觉自形污秽不堪。警幻忙携住宝玉的手，向众姊妹道：“你等不知原委：今日原欲往荣府去接绛珠，适从宁府所过，偶遇宁荣二公之灵，嘱吾云：‘吾家自国朝定鼎以来，功名奕世，富贵传流，虽历百年，奈运终数尽，不可挽回者。故遗之子孙虽多，竟无可以继业。其中惟嫡孙宝玉一人，禀性乖张，性情怪谲，虽聪明灵慧，略可望成，无奈吾家运数合终，恐无人规引入正。幸仙姑偶来，万望先以情欲声色等事警其痴顽，或能使彼跳出迷人圈子，然后入于正路，亦吾兄弟之幸矣。'如此嘱吾，故发慈心，引彼至此。先以彼家上中下三等女子之终身册籍，令彼熟玩，尚未觉悟。故引彼再至此处，令其再历饮馔声色之幻，或冀将来一悟，亦未可知也。"

说毕，携了宝玉入室。但闻一缕幽香，竟不知其所焚何物。宝玉遂不禁相问。警幻冷笑道："此香尘世中既无，尔何能知？此香乃系诸名山胜境内初生异卉之精，合各种宝林珠树之油所制，名'群芳髓'。"宝玉听了，自是羡慕而已。大家入座，小丫鬟捧上茶来。宝玉自觉清香异味，纯美非常，因又问何名。警幻道："此茶出在放春山遣香洞，又以仙花灵叶上所带之宿露而烹，此茶名曰'千红一窟'。"宝玉听了，点头称赏。因看房内，瑶琴、宝鼎、古画、新诗，无所不有，更喜窗下亦有唾绒，奁间时渍粉污。壁上也见悬着一副对联，书云：

幽微灵秀地，无可奈何天。

宝玉看毕，无不羡慕。因又请问众仙姑姓名：一名痴梦仙姑，一名钟情大士，一名引愁金女，一名度恨菩提，各各道号不一。少刻，有小丫鬟来调桌安椅，设摆酒馔。真是：

琼浆满泛玻璃盏，玉液浓斟琥珀杯。

更不用再说那肴馔之盛。宝玉因闻得此酒清香甘冽，异乎寻常，又不禁相问。警幻道："此酒乃以百花之蕊，万木之汁，加以麟髓之醅、凤乳之麯酿成，因名为'万艳同杯'。"宝玉称赏不迭。

饮酒间，又有十二个舞女上来，请问演何词曲。警幻道："就将新制《红楼梦》十二支演上来。"舞女们答应了，便轻敲檀板，款按银筝，听他歌道是：

开辟鸿蒙……

方歌了一句，警幻便说道："此曲不比尘世中所填传奇之曲，必有生旦净末之则，又有南北九宫之限。此或咏叹一人，或感怀一事，偶成一曲，即可谱入管弦。若非个中人，不知其中之妙。料尔亦未必深明此调。若不先阅其稿，后听其歌，翻成嚼蜡矣。”说毕，回头命小丫鬟取了《红楼梦》原稿来，递与宝玉。宝玉接来，一面目视其文，一面耳聆其歌曰:

【红楼梦引子】

开辟鸿蒙，谁为情种？都只为风月情浓。趁着这奈何天，伤怀日，寂寥时，试遣愚衷。因此上，演出这怀金悼玉的《红楼梦》。

【终身误】

都道是金玉良姻，俺只念木石前盟。空对着，山中高士晶莹雪。终不忘，世外仙姝寂寞林。叹人间，美中不足今方信。纵然是齐眉举案，到底意难平。

【枉凝眉】

一个是阆苑仙葩，一个是美玉无瑕。若说没奇缘，今生偏又遇着他，若说有奇缘，如何心事终虚化。一个枉自嗟呀，一个空劳牵挂。一个是水中月，一个是镜中花。想眼中能有多少泪珠儿，怎经得秋流到冬尽，春流到夏。

宝玉听了此曲，散漫无稽，不见得好处，但其声韵凄惋，竟能销魂醉魄。因此也不察其原委，问其来历，就暂以此释闷而已。因又看下面唱道:

【恨无常】

喜荣华正好，恨无常又到。眼睁睁，把万事全抛。荡悠悠，把芳魂消耗。望家乡，路远山高。故向爹娘梦里相寻告:儿命已入黄泉，天伦呵，须要退步抽身早。

【分骨肉】

一帆风雨路三千，把骨肉家园齐来抛闪。恐哭损残年，告爹娘，休把儿悬念。自古穷通皆有定，离合岂无缘？从今分两地，各自保平安。奴去也，莫牵连。

【乐中悲】

襁褓中，父母叹双亡。纵居那绮罗丛，谁知娇养？幸生来，英豪阔大宽宏量，从未将儿女私情略萦心上。好一似，霁月光风耀玉堂。厮配得才貌仙郎，博得个地久天长，准折得幼年时坎坷形状。终久是云散高唐，水涸湘江。这是尘寰中消长数应当，何必枉悲伤。

【世难容】

气质美如兰，才华阜比仙。天生成孤癖人皆罕。你道是啖肉食腥膻，视绮罗俗厌，却不知太高人愈妒，过洁世同嫌。可叹这，青灯古殿人将老，辜负了，红粉朱楼春色阑。到头来，依旧是风尘肮脏违心愿。好一似，无瑕白玉遭泥陷，又何须，王孙公子叹无缘。

【喜冤家】

中山狼，无情兽，全不念当日根由。一味的骄奢淫荡贪还构。觑着那，侯门艳质同蒲柳，作践的，公府千金似下流。叹芳魂艳魄，一载荡悠悠。

【虚花悟】

将那三春看破，桃红柳绿待如何？把这韶华打灭，觅那清淡天和。说什么，天上夭桃盛，云中杏蕊多。到头来，谁把秋捱过？则看那，白杨村里人呜咽，青枫林下鬼吟哦。更兼着，连天衰草遮坟墓。这的是，昨贫今富人劳碌，春荣秋谢花折磨。似这般，生关死劫谁能躲？闻说道，西方宝树唤婆娑，上结着长生果。

【聪明累】

机关算尽太聪明，反算了卿卿性命。生前心已碎，死后性空灵。家富人宁，终有个家亡人散各奔腾。枉费了，意悬悬半世心。好一似，荡悠悠三更梦。忽喇喇似大厦倾，昏惨惨似灯将尽。呀！一场欢喜忽悲辛。叹人世，终难定。

【留馀庆】

留馀庆，留馀庆，忽遇恩人，幸娘亲，幸娘亲，积得阴功。劝人生，济困扶穷，休似俺那爱银钱忘骨肉的狠舅奸兄。正是乘除加减，上有苍穹。

【晚韶华】

镜里恩情，更那堪梦里功名。那美韶华去之何迅。再休提绣帐鸳衾。只这带珠冠，披凤袄，也抵不了无常性命。虽说是，人生莫受老来贫，也须要阴骘积儿孙。气昂昂头戴簪缨，气昂昂头戴簪缨。光灿灿胸悬金印。威赫赫爵禄高登，威赫赫爵禄高登；昏惨惨黄泉路近。问古来将相可还存？也只是虚名儿与后人钦敬。

【好事终】

画梁春尽落香尘。擅风情，秉月貌，便是败家的根本。箕裘颓堕皆从敬，家事消亡首罪宁。宿孽总因情。

【收尾·飞鸟各投林】

为官的，家业凋零。富贵的，金银散尽。有恩的，死里逃生。无情的，分明报应。欠命的，命已还。欠泪的，泪已尽。冤冤相报实非轻，分离聚合皆前定。欲知命短问前生，老来富贵也真侥幸。看破的，遁入空门。痴迷的，枉送了性命。好一似食尽鸟投林，落了片白茫茫大地真干净！

笺证

《红楼梦》对金陵十二钗命运的预言，不仅验之于目，而且诉之于乐。在古人心目中，音乐是生于心，通于天，契合于天地万物运行的节奏的。第五回《红楼梦十二曲》成了金陵十二钗簿册图画判词的进一步演绎和补充，把人物命运的预言当作挽歌来吟唱，声遏流云，销魂醉魄。警幻邀宝玉品茶，饮酒，听曲，高雅之至，但“茶名曰千红一窟（哭）”，“酒名为万艳同杯（悲）”，借用谐音方式，隐隐然透露了红楼群芳悲剧人生的哭声悲音。听的是《红楼梦》十二曲，前有引子，后又收尾。《引子》点出全套曲子的宗旨：“演出这怀金悼玉的《红楼梦》。”《终身误》所咏是薛宝钗、林黛玉。《枉凝眉》专门咏叹林黛玉。《恨无常》咏身为贵妃的元春。《分骨肉》

咏跨海远嫁的探春。《乐中悲》咏丈夫夭逝的史湘云。《世难容》咏尼姑遭劫的妙玉。《喜冤家》咏错嫁中山狼的迎春。《虚花悟》咏遁入空门当尼姑的惜春。《聪明累》咏工于心计的王熙凤。《留馀庆》咏刘姥姥所救助的巧姐。《晚韶华》咏丧夫寡居的李纨。《好事终》咏淫丧天香楼的秦可卿。人物排序，与所见册子判词相同，顺序就是意义。《收尾·飞鸟各投林》则带有合观性质："为官的，家业凋零（元春）。富贵的，金银散尽（湘云）。有恩的，死里逃生（巧姐）。无情的，分明报应（宝钗）。欠命的，命已还（可卿）。欠泪的，泪已尽（黛玉）。冤冤相报实非轻（凤姐），分离聚合皆前定（探春）。欲知命短问前生（迎春），老来富贵也真侥幸（李纨）。看破的，遁入空门（惜春）。痴迷的，枉送了性命（妙玉）。好一似食尽鸟投林，落了片白茫茫大地真干净！"旨意在于预示红楼群芳和贵族世家的无可奈何的衰败。贾宝玉听了此曲，散漫无稽，不明白其中的好处，但其声韵凄惋，竟能销魂醉魄。于懵然无知、百思不解中，给人更多心灵震撼的是"机关算尽太聪明，反算了卿卿性命"，"忽喇喇似大厦倾，昏惨惨似灯将尽"，"好一似食尽鸟投林，落了片白茫茫大地真干净"，其间弥漫着个人的和世家的命运悲剧感。在太虚幻境中，作者以天的眼睛俯瞰着芸芸众生的悲欢离合、色相空幻，将死亡的阴影提前笼罩全书，又是以天的手指拨弄着时间。警幻仙姑欲以声色饮馔之幻警醒贾宝玉，也不辜负警幻之名，但凡此均成泡影，警幻自身成幻，宁荣二公之灵的托付已经付之东流，贵族中国大厦的坍塌究竟难以挽回。

歌毕，还要歌副曲。警幻见宝玉甚无趣味，因叹："痴儿竟尚未悟。"那宝玉忙止歌姬不必再唱，自觉朦胧恍惚，告醉求卧。警幻便命撤去残席，送宝玉至一香闺绣阁之中，其间铺陈之盛，乃素所未见之物。更可骇者，早有一位女子在内，其鲜艳妩媚，有似乎宝钗，风流袅娜，则又如黛玉。正不知何意，忽警幻道："尘世中多少富贵之家，那些绿窗风月，绣阁烟霞，皆被淫污纨袴与那些流荡女子悉皆玷辱。更可恨者，自古来多少轻薄浪子，皆以'好色不淫'为饰，又以'情而不淫'作案，此皆饰非掩丑之语也。好色即淫，知情更淫。是以巫山之会，云雨之欢，皆由既悦其色，复恋其情所致也。吾所爱汝者，乃天下古今第一淫人也。"

宝玉听了，唬的忙答道："仙姑差了。我因懒于读书，家父母尚每垂训饬，岂敢再冒'淫'字。况且年纪尚小，不知'淫'字为何物。"警幻道："非也。淫虽一理，意则有别。如世之好淫者，不过悦容貌，喜歌舞，调笑无厌，云雨无时，恨不能尽天下之美女供我片时之趣兴，此皆皮肤淫滥之蠢物耳。如尔则天分中生成一段痴情，吾辈推之为'意淫'。'意淫'二字，惟心会而不可口传，可神通而不可语达。汝今独得此二字，在闺阁中，固可为良友。然于世道中未免迂阔怪诡，百口嘲谤，万目睚眦。今既遇令祖宁荣二公剖腹深嘱，吾不忍君独为我闺阁增光，见弃于世道，是以特引前来，醉以灵酒，沁以仙茗，警以妙曲，再将吾妹一人，乳名兼美字可卿者，许配于汝。今夕良时，即可成姻。不过令汝领略此仙闺幻境之风光尚如此，何况尘境之情景哉。而今后万万解释，改悟前情，留意于孔孟之间，委身于经济之道。"说毕便秘授以云雨之事，推宝玉入房，将门掩上自去。

那宝玉恍恍惚惚，依警幻所嘱之言，未免有儿女之事，难以尽述。至次日，便柔情缱绻，软语温存，与可卿难解难分。因二人携手出去游顽之时，忽至一个所在，但见荆榛遍地，狼虎同群，迎面一道黑溪阻路，并无桥梁可通。正在犹豫之间，忽见警幻后面追来，告道："快休前进，作速回头要紧。"宝玉忙止步问道："此系何处？"警幻道："此即迷津也。深有万丈，遥亘千里，中无舟楫可通，只有一个木筏，乃木居士掌舵，灰侍者撑篙，不受金银之谢，但遇有缘者渡之。尔今偶游至此，设如堕落其中，则深负我从前谆谆警戒之语矣。"话犹未了，只听迷津内水响如雷，竟有许多夜叉海鬼将宝玉拖将下去。吓得宝玉汗下如雨，一面失声喊叫:“可卿救我。”吓得袭人辈众丫鬟忙上来搂住，叫:“宝玉别怕，我们在这里。”

却说秦氏正在房外嘱咐小丫头们好生看着猫儿狗儿打架，忽听宝玉在梦中唤他的小名，因纳闷道:“我的小名这里从没人知道的，他如何知道，在梦里叫出来？”正是:

一场幽梦同谁近，千古情人独我痴。

笺证

第五回贾宝玉梦游太虚幻境，于真真假假中经历了某种象征性的“成人礼”仪式。在贾宝玉读册闻曲依然懵然不悟之时，警幻仙姑辨析情、色与淫，谥之为“意淫”，秘授以云雨之事，称宝玉“乃天下古今第一淫人也”。意淫者，并非皮肤淫滥，而是天分中生成的痴情，在少年中结交良友，如鲁迅所说“爱博而心劳”。有意思的是，警幻却又劝“天下古今第一淫人”贾宝玉“改悟前情，留意于孔孟之间，委身于经济之道”。淫与道之争，成了全书的死结。若如此，警幻就愈警愈幻，往往自为悖论，颠倒错综，“再将吾妹一人，乳名兼美字可卿者，许配于汝。今夕良时，即可成姻。不过令汝领略此仙闺幻境之风光尚如此，何况尘境之情景哉”。兼美就是兼有“鲜艳妩媚，有似宝钗；风流袅娜，则又如黛玉”的双重美貌，甲戌本侧批说:“难得双兼，妙极！”这何尝不是贾宝玉潜意识中美的理想呢？警幻此举，是一种性意识的启蒙，“那宝玉恍恍惚惚，依警幻所嘱之言，未免有阳台、巫峡之会。数日来，柔情缱绻，软语温存，与可卿难解难分”。宝玉是在乳名兼美字可卿的身上，得到成年礼不可或缺的性启蒙和性觉醒的。至此，贾宝玉又如何能够渡过千里迷津？警幻仙姑解释说："此即迷津也。深有万丈，遥亘千里，中无舟楫可通，只有一个木筏，乃木居士掌舵，灰侍者撑篙，不受金银之谢，但遇有缘者渡之。尔今偶游至此，设如堕落其中，则深负我从前谆谆警戒之语矣。"以木筏渡迷津的掌舵、撑篙者木居士和灰侍者，隐喻着"形如槁木，心如死灰"，多情的贾宝玉自然与此无缘，于是宝玉竟然被许多夜叉海鬼拖下迷津，失声喊叫："可卿救我！"吓得一梦醒来，却有小丫头们好生看着猫儿狗儿打架。宝玉入梦前，就有"秦氏便分咐小丫鬟们，好生在廊檐下看着猫儿狗儿打架"，宝玉出梦后又有"秦氏正在房外嘱咐小丫头们好生看着猫儿狗儿打架，忽听宝玉在梦中唤他的小名，因纳闷道：'我的小名这里从没人知道的，他如何知道，在梦里叫出来？'"这就好比《枕中记》卢生在梦中享尽荣华富贵醒来，"蒸黍尚未熟"。应该进一步探究的是，成人礼在古老中国被称为冠礼，尽管贾宝玉年未及冠而早熟。《礼记·冠义》说："故曰'冠者，礼之始也'。是故古者圣王重冠。古者冠礼，筮日、筮宾，所以敬冠事。敬冠事所以重礼，重礼所以为国本也。故冠于阼，以著代也。醮于客位，三加弥尊，加有成也。已冠而字之，成人之道也。见于母，母拜之，见于兄弟，兄弟拜之，成人而与为礼也。玄冠、玄端，奠挚于君，遂以挚见于乡大夫、乡先生，以成人见也。成人之者，将责成人礼焉也。责成人礼焉者，将责为人子、为人弟、为人臣、为人少者之礼行焉。将责四者之行于人，其礼可不重与？故孝弟忠顺之行立，而后可以为人，可以为人，而后可以治人也。故圣王重礼。故曰'冠者，礼之始也，嘉事之重者也'。是故古者重冠。重冠，故行之于庙，行之于庙者，所以尊重事。尊重事而不敢擅重事，不敢擅重事，所以自卑而尊先祖也。"[14]行冠礼者必须承担起成人的责任，因此要"自卑而尊先祖"。这也就是警幻仙姑为何煞有介事地说："今日原欲往荣府去接绛珠，适从宁府所过，偶遇宁荣二公之灵，嘱吾云：'吾家自国朝定鼎以来，功名奕世，富贵传流，虽历百年，奈运终数尽，不可挽回者。故遗之子孙虽多，竟无可以继业。其中惟嫡孙宝玉一人，禀性乖张，性情怪谲，虽聪明灵慧，略可望成，无奈吾家运数合终，恐无人规引入正。幸仙姑偶来，万望先以情欲声色等事警其痴顽，或能使彼跳出迷人圈子，然后入于正路，亦吾兄弟之幸矣。’如此嘱吾，故发慈心，引彼至此。先以彼家上中下三等女子之终身册籍，令彼熟玩，尚未觉悟。故引彼再至此处，令其再历饮馔声色之幻，或冀将来一悟，亦未可知也。”荣宁二府的祖先殷切希望警幻仙姑以情欲声色等事警醒宝玉的痴顽，使他跳出迷误，走上继承祖业的正途。这是成人礼的旨趣所在，只是警幻仙姑的警醒行为种种，不啻给宝玉的“意淫”火上浇油。这也就导致以太虚幻境行成人礼，成了一种“悖谬的成人礼”。

⓮（汉）郑玄注，（唐）孔颖达疏：《礼记正义》，北京大学出版社1999年版，第1615页。

第六回

贾宝玉初试云雨情　刘姥姥一进荣国府

却说秦氏因听见宝玉从梦中唤他的乳名，心中自是纳闷，又不好细问。彼时宝玉迷迷惑惑，若有所失。众人忙端上桂圆汤来，呷了两口，遂起身整衣。袭人伸手与他系裤带时，不觉伸手至大腿处，只觉冰凉一片粘湿，唬的忙退出手来，问是怎么了。宝玉红涨了脸，把他的手一捻。袭人本是个聪明女子，年纪本又比宝玉大两岁，近来也渐通人事，今见宝玉如此光景，心中便觉察一半了，不觉也羞的红涨了脸面，不敢再问。仍旧理好衣裳，遂至贾母处来，胡乱吃毕了晚饭，过这边来。

袭人忙趁众奶娘丫鬟不在旁时，另取出一件中衣来与宝玉换上。宝玉含羞央告道："好姐姐，千万别告诉人。"袭人亦含羞笑问道："你梦见什么故事了？是那里流出来的那些脏东西？"宝玉道："一言难尽。"说着便把梦中之事细说与袭人听了。说至警幻所授云雨之情，羞的袭人掩面伏身而笑。宝玉亦素喜袭人柔媚娇俏，遂强袭人同领警幻所训云雨之事。袭人素知贾母已将自己与了宝玉的，今便如此，亦不为越礼，遂和宝玉偷试一番，幸得无人撞见。自此宝玉视袭人更比别个不同，袭人待宝玉更为尽心。暂且别无话说。

笺证

从警幻仙姑向宝玉秘授以云雨之事，到宝玉强与袭人同领警幻所训云雨之事，“偷试一番，幸得无人撞见”，这是一种秘密的冒险，一个宝玉人生的坎子。宝玉首尝禁脔，这道人生途程上高出地面的土埂，必然凝聚成为他的心理情结，成为终生难忘的记忆。甲戌本夹批形容说：“一段小儿女之态，可谓追魂摄魄之笔。”[1]禁脔是私自享有，不许他人染指的禁忌之物。唐李亢《独异志》卷上记述：“晋孝武欲为晋陵公主求婿，问王珣曰：‘得及刘真长、王子敬便足。’珣曰：‘谢混不及刘真长，不减王子敬。’帝然之。未几，帝崩。后司空袁崧欲以女妻谢混，珣曰：‘卿勿近禁脔。’元帝初渡江，国内常乏，朝士每烹猪，以项肉一斤尤脆美，进充御食。时人以此为‘禁脔’。”[2]南朝宋刘义庆《世说新语·排调》也述及这个故事：“孝武属王珣求女婿，曰：‘王敦、桓温，磊砢之流，既不可复得。且小如意，亦好豫人家事，酷非所须。正如真长、子敬比，最佳。’珣举谢混。后袁山松欲拟谢婚，王曰：‘卿莫近禁脔。’”[3]清人梁章钜的笔记《称谓录》卷八有“脔婿”条，又引申这个故事的影响：“《遁斋闲览》：‘今人于榜下择婿，号脔婿。’岑参诗：‘君为禁脔婿，争看玉人游。’案：晋武帝求婿，谓王珣曰：‘如真长、子敬足矣。’珣曰：‘谢混不及真长，不减子敬。’未几，帝崩。袁崧欲以女妻之，珣曰：‘卿莫近禁脔。’据此，则《遁斋闲览》之称脔婿，盖本于此。”[4]查考《全唐诗》卷一百三十四所谓“岑参诗”，乃是李颀《赠别张兵曹》：“汉家萧相国，功盖五诸侯。勋业河山重，丹青锡命优。君为禁脔婿，争看玉人游。”但是“南朝禁脔”，为此名声大噪。明谢肇淛《五杂组》卷六又把禁脔与宗教禁忌联系起来：“鸠摩罗什，但能精通术数，博极群书，僧中之子云、茂先也，谓之成佛作祖，吾则未敢。什父罗炎修行不遂，为禁脔所逼，已坠落矣，至什而复蹈其辙焉。虽曰被逼，亦由欲障未除，升座讲经

[1]（清）曹雪芹著，脂砚斋评：《脂砚斋重评石头记甲戌校本》，作家出版社2000年版，第171页。

[2]上海古籍出版社编：《唐五代笔记小说大观》（上），上海古籍出版社2000年版，第921—922页。

[3]（南北朝）刘义庆：《世说新语》，岳麓书社2015年版，第183页。

[4]（清）梁章钜、郑珍撰，冯惠民等点校：《称谓录·亲属记》，中华书局1996年版，第124页。

之际，二儿登肩，神识未定，鬼瞰之矣。既生二子，何患法种无嗣。伎女十人之蓄，不亦可以已乎。临终之时，诵神咒自救，未及致力，转觉危殆。其处死生之际，非能脱然无罣碍者，尚在道安佛图澄之后乎！”[5]宝玉强与袭人同领警幻所训云雨之事，是《红楼梦》中禁脔初尝，值得格外注意。对比袭人，黛玉只是宝玉精神上的情侣，宝钗虽与宝玉有皮肉之亲，但他们已是名义上的夫妻，唯有袭人与宝玉的云雨高唐，是一个另类，另类有属于另类的刻骨铭心之处。

按荣府中一宅人合算起来，人口虽不多，从上至下也有三四百丁；虽事不多，一天也有一二十件，竟如乱麻一般，并无个头绪可作纲领。正寻思从那一件事自那一个人写起方妙，恰好忽从千里之外，芥荳之微，小小一个人家，因与荣府略有些瓜葛，这日正往荣府中来，因此便就此一家说来，倒还是头绪。你道这一家姓甚名谁，又与荣府有甚瓜葛？且听细讲。

方才所说的这小小之家，乃本地人氏，姓王，祖上曾作过小小的一个京官，昔年与凤姐之祖王夫人之父认识。因贪王家的势利，便连了宗认作侄儿。那时只有王夫人之大兄凤姐之父与王夫人随在京中的，知有此一门连宗之族，馀者皆不认识。目今其祖已故，只有一个儿子，名唤王成，因家业萧条，仍搬出城外原乡中住去了。王成新近亦因病故，只有其子，小名狗儿。狗儿亦生一子，小名板儿，嫡妻刘氏，又生一女，名唤青儿。一家四口，仍以务农为业。因狗儿白日间又作些生计，刘氏又操井臼等事，青板姊弟两个无人看管，狗儿遂将岳母刘姥姥接来一处过活。这刘姥姥乃是个积年的老寡妇，膝下又无儿女，只靠两亩薄田度日。今者女婿接来养活，岂不愿意，遂一心一计，帮趁着女儿女婿过活起来。

因这年秋尽冬初，天气冷将上来，家中冬事未办，狗儿未免心中烦虑，吃了几杯闷酒，在家闲寻气恼，刘氏也不敢顶撞。因此刘姥姥看不过，乃劝道："姑爷，你别嗔着我多嘴。咱们村庄人，那一个不是老老诚诚的，守多大碗儿吃多大的饭。你皆因年小的时候，托着你那老家之福，吃喝惯了，如今所以把持不住。有了钱就顾头不顾尾，没了钱就瞎生气，成个什么男子汉大丈夫呢。如今咱们虽离城住着，终是天子脚下。这长安城中，遍地都是钱，只可惜没人会去拿去罢了。在家跳蹋会子也不中用。”狗儿听说，便急道：“你老只会炕头儿上混说，难道叫我打劫偷去不成？”刘姥姥道：“谁叫你偷去呢。也到底想法儿大家裁度，不然那银子钱自己跑到咱家来不成？”狗儿冷笑道：“有法儿还等到这会子呢。我又没有收税的亲戚，作官的朋友，有什么法子可想的？便有，也只怕他们未必来理我们呢。”

❺（明）谢肇淛：《五杂俎》，中华书局1959年版，第176—177页。

刘姥姥道：“这倒不然。谋事在人，成事在天。咱们谋到了，看菩萨的保佑，有些机会，也未可知。我倒替你们想出一个机会来。当日你们原是和金陵王家连过宗的，二十年前，他们看承你们还好，如今自然是你们拉硬屎，不肯去亲近他，故疏远起来。想当初我和女儿还去过一遭。他们家的二小姐着实响快，会待人，倒不拿大。如今现是荣国府贾二老爷的夫人。听得说，如今上了年纪，越发怜贫恤老，最爱斋僧敬道，舍米舍钱的。如今王府虽升了边任，只怕这二姑太太还认得咱们。你何不去走动走动，或者他念旧，有些好处，也未可知。要是他发一点好心，拔一根寒毛比咱们的腰还粗呢。”刘氏一旁接口道：“你老虽说的是，但只你我这样个嘴脸，怎样好到他门上去的。先不先，他们那些门上的人也未必肯去通信。没的去打嘴现世。”

谁知狗儿利名心最重，听如此一说，心下便有些活动起来。又听他妻子这话，便笑接道：“姥姥既如此说，况且当年你又见过这姑太太一次，何不你老人家明日就走一趟，先试试风头再说。”刘姥姥道：“嗳哟哟。可是说的，‘侯门深似海’，我是个什么东西，他家人又不认得我，我去了也是白去的。”狗儿笑道：“不妨，我教你老人家一个法子：你竟带了外孙子板儿，先去找陪房周瑞，若见了他，就有些意思了。这周瑞先时曾和我父亲交过一件事，我们极好的。”刘姥姥道：“我也知道他的。只是许多时不走动，知道他如今是怎样。这也说不得了，你又是个男人，又这样个嘴脸，自然去不得，我们姑娘年轻媳妇子，也难卖头卖脚的，倒还是舍着我这付老脸去碰一碰。果然有些好处，大家都有益。便是没银子来，我也到那公府侯门见一见世面，也不枉我一生。”说毕，大家笑了一回。当晚计议已定。

次日天未明，刘姥姥便起来梳洗了，又将板儿教训了几句。那板儿才五六岁的孩子，一无所知，听见刘姥姥带他进城逛去，便喜的无不应承。于是刘姥姥带他进城，找至宁荣街。来至荣府大门石狮子前，只见簇簇轿马，刘姥姥便不敢过去，且掸了掸衣服，又教了板儿几句话，然后蹭到角门前。只见几个挺胸叠肚指手画脚的人，坐在大板凳上，说东谈西呢。刘姥姥只得蹭上来问：“太爷们纳福。”众人打量了他一会，便问：“那里来的？”刘姥姥陪笑道：“我找太太的陪房周大爷的，烦那位太爷替我请他老出来。”那些人听了，都不瞅睬，半日方说道：“你远远的在那墙角下等着，一会子他们家有人就出来的。”内中有一老年人说道：“不要误他的事，何苦耍他。”因向刘姥姥道：“那周大爷已往南边去了。他在后一带住着，他娘子却在家。你要找时，从这边绕到后街上后门上去问就是了。”

刘姥姥听了谢过，遂携了板儿，绕到后门上。只见门前歇着些生意担子，也有卖吃的，也有卖顽耍物件的，闹吵吵三二十个小孩子在那里厮闹。刘姥姥便拉住一个道：“我问哥儿一声，有个周大娘可在家么？”孩子们道：“那个周大娘？我们这里周大娘有三个呢，还有两个周奶奶，不知是那一行当的？”刘姥姥道：“是太太的陪房周瑞。”孩子道：“这个容易，你跟我来。”说着，跳蹿蹿的引着刘姥姥进了后门，至一院墙边，指与刘姥姥道：“这就是他家。”又叫道：“周大娘，有个老奶奶来找你呢，我带了来了。”

周瑞家的在内听说，忙迎了出来，问：“是那位？”刘姥姥忙迎上来问道：“好呀，周嫂子。”周瑞家的认了半日，方笑道：“刘姥姥，你好呀。你说说，能几年，我就忘了。请家里来坐罢。”刘姥姥一壁里走着，一壁笑说道：“你老是贵人多忘事，那里还记得我们呢。”说着，来至房中。周瑞家的命雇的小丫头倒上茶来吃着。周瑞家的又问板儿道："你都长这们大了。"又问些别后闲话。又问刘姥姥："今日还是路过，还是特来的？"刘姥姥便说："原是特来瞧瞧嫂子你，二则也请请姑太太的安。若可以领我见一见更好，若不能，便借重嫂子转致意罢了。"

周瑞家的听了，便已猜着几分来意。只因昔年他丈夫周瑞争买田地一事，其中多得狗儿之力，今见刘姥姥如此而来，心中难却其意，二则也要显弄自己的体面。听如此说，便笑说道："姥姥你放心。大远的诚心诚意来了，岂有个不教你见个真佛去的呢。论理，人来客至回话，却不与我相干。我们这里都是各占一样儿：我们男的只管春秋两季地租子，闲时只带着小爷们出门子就完了，我只管跟太太奶奶们出门的事。皆因你原是太太的亲戚，又拿我当个人，投奔了我来，我就破个例，给你通个信去。但只一件，姥姥有所不知，我们这里又不比五年前了。如今太太竟不大管事，都是琏二奶奶管家了。你道这琏二奶奶是谁。就是太太的内侄女，当日大舅老爷的女儿，小名凤哥的。"刘姥姥听了，罕问道："原来是他。怪道呢，我当日就说他不错呢。这等说来，我今儿还得见他了。"周瑞家的道："这自然的。如今太太事多心烦，有客来了，略可推得去的就推过去了，都是凤姑娘周旋迎待。今儿宁可不会太太，倒要见他一面，才不枉这里来一遭。"刘姥姥道："阿弥陀佛。全仗嫂子方便了。"周瑞家的道："说那里话。俗语说的：'与人方便，自己方便。'不过用我说一句话罢了，害着我什么。"说着，便叫小丫头到倒厅上悄悄的打听打听，老太太屋里摆了饭了没有。小丫头去了。这里二人又说些闲话。

刘姥姥因说："这凤姑娘今年大还不过二十岁罢了，就这等有本事，当这样的家，可是难得的。"周瑞家的听了道：

"我的姥姥，告诉不得你呢。这位凤姑娘年纪虽小，行事却比世人都大呢。如今出挑的美人一样的模样儿，少说些有一万个心眼子。再要赌口齿，十个会说话的男人也说他不过。回来你见了就信了。就只一件，待下人未免太严些个。"说着，只见小丫头回来说："老太太屋里已摆完了饭了，二奶奶在太太屋里呢。"周瑞家的听了，连忙起身，催着刘姥姥说："快走，快走。这一下来他吃饭是个空子，咱们先赶着去。若迟一步，回事的人也多了，难说话。再歇了中觉，越发没了时候了。"说着一齐下了炕，打扫打扫衣服，又教了板儿几句话，随着周瑞家的，逶迤往贾琏的住处来。

笺证

曹雪芹确有多副笔墨，这样才算上一等一的小说家。他不仅善于描写贵族，而且善于描写平民百姓。第六回竟然从千里之外，芥豆之微，小小一个人家，因与荣府略有些瓜葛处落笔，就看刘姥姥在家中撺掇，又一路走来，周瑞家在应酬中看菜下箸，都被作者娓娓道来，点染出乡间人物、下人闲情，合情合理，入丝入扣，活灵活现。如甲戌本夹批说："《石头记》中公勋世宦之家以及草莽庸俗之族，无所不有，自能各得其妙。"[6]如山珍海味中加点葱蒜调料，令人饱览多少世态人情，真个眼福不浅。刘姥姥一上场，就泥土气满身而活泼有趣，她是一个世俗的精灵，数说女婿"你们原是和金陵王家连过宗的，二十年前，他们看承你们还好，如今自然是你们拉硬屎，不肯去亲近他，故疏远起来"。蒙古王府本侧批说："天下事无有不可为者。总因打不破，若打破时何事不能？请看刘姥姥一篇议论，便应解得些个才是。"[7]这是一种"天下事无有不可为"的人生哲学。她又有自己的社会哲学，说贾府"拔一根寒毛比咱们的腰还粗"，面对巨大的贫富差别，知道认命，并借此打秋风。周瑞家的告诉刘姥姥："这位凤姑娘年纪虽小，行事却比世人都大呢。如今出挑的美人一样的模样儿，少说些有一万个心眼子。再要赌口齿，十个会说话的男人也说他不过。回来你见了就信了。就只一件，待下人未免太严些个。"周瑞家的是王夫人的陪房，对王夫人的侄女自然敢于说三道四，但对王熙凤夸奖中蕴含对下人刻薄的微词，也是把捏过分寸的。刘姥姥三进荣国府，给沉闷没生气的朱门带来些许的欢声笑语，刘姥姥身上熔铸着中国大地的生命力。《红楼梦》这种叙事方法，契合着《老子》第63章所言：“图难于易，为大于细。天下难事，必作于易。天下大事，必作于细。”[8]《红楼梦》写刘姥姥的成功，折射着对中国大地生命力的深刻关注。生命活力在农村，而不在贵族府邸，这是一种了不起的价值观。

[6]（清）曹雪芹著，脂砚斋评：《脂砚斋重评石头记甲戌校本》，作家出版社2000年版，第172页。

[7]朱一玄校录：《红楼梦脂评校录》，齐鲁书社1986年版，第107页。

[8]陈鼓应：《老子注译及评介》，中华书局1984年版，第306页。

先到了倒厅，周瑞家的将刘姥姥安插在那里略等一等。自己先过了影壁，进了院门，知凤姐未下来，先找着凤姐的一个心腹通房大丫头名唤平儿的。周瑞家的先将刘姥姥起初来历说明，又说：“今日大远的特来请安。当日太太是常会的，今日不可不见，所以我带了他进来了。等奶奶下来，我细细回明，奶奶想也不责备我莽撞的。”平儿听了，便作了主意：“叫他们进来，先在这里坐着就是了。”周瑞家的听了，方出去引他两个进入院来。上了正房台矶，小丫头打起猩红毡帘，才入堂屋，只闻一阵香扑了脸来，竟不辨是何气味，身子如在云端里一般。满屋中之物都耀眼争光的，使人头悬目眩。刘姥姥此时惟点头咂嘴念佛而已。于是来至东边这间屋内，乃是贾琏的女儿大姐儿睡觉之所。平儿站在炕沿边，打量了刘姥姥两眼，只得问个好让坐。刘姥姥见平儿遍身绫罗，插金带银，花容玉貌的，便当是凤姐儿了。才要称姑奶奶，忽见周瑞家的称他是平姑娘，又见平儿赶着周瑞家的称周大娘，方知不过是个有些体面的丫头了。于是让刘姥姥和板儿上了炕，平儿和周瑞家的对面坐在炕沿上，小丫头子斟了茶来吃茶。

刘姥姥只听见咯当咯当的响声，大有似乎打箩柜筛面的一般，不免东瞧西望的。忽见堂屋中柱子上挂着一个匣子，底下又坠着一个秤砣般一物，却不住的乱幌。刘姥姥心中想着："这是什么爱物儿？有甚用呢？"正呆时，只听得当的一声，又若金钟铜磬一般，不防倒唬的一展眼。接着又是一连八九下。方欲问时，只见小丫头子们齐乱跑，说："奶奶下来了。"周瑞家的与平儿忙起身，命刘姥姥："只管等着，是时候我们来请你。"说着，都迎出去了。

刘姥姥屏声侧耳默候。只听远远有人笑声，约有一二十妇人，衣裙窸窣，渐入堂屋，往那边屋内去了。又见两三个妇人，都捧着大漆捧盒，进这边来等候。听得那边说了声"摆饭"，渐渐的人才散出，只有伺候端菜的几个人。半日鸦雀不闻之后，忽见二人抬了一张炕桌来，放在这边炕上，桌上碗盘森列，仍是满满的鱼肉在内，不过略动了几样。板儿一见了，便吵着要肉吃，刘姥姥一巴掌打了他去。忽见周瑞家的笑嘻嘻走过来，招手儿叫他。刘姥姥会意，于是带了板儿下炕，至堂屋中，周瑞家的又和他唧咕了一会，方过这边屋里来。

只见门外錾铜钩上悬着大红撒花软帘，南窗下是炕，炕上大红毡条，靠东边板壁立着一个锁子锦靠背与一个引枕，铺着金心绿闪缎大坐褥，旁边有雕漆痰盒。那凤姐儿家常带着秋板貂鼠昭君套，围着攒珠勒子，穿着桃红撒花袄，石青刻丝灰鼠披风，大红洋绉银鼠皮裙，粉光脂艳，端端正正坐在那里，手内拿着小铜火箸儿拨手炉内的灰。平儿站在炕沿边，捧着小小的一个填漆茶盘，盘内一个小盖钟。凤姐也不接茶，也不抬头，只管拨手炉内的灰，慢慢的问道："怎么还不请进来？"一面说，一面抬身要茶时，只见周瑞家的已带了两个人在地下站着呢。这才忙欲起身，犹未起身时，满面春风的问好，又嗔着周瑞家的怎么不早说。刘姥姥在地下已是拜了数拜，问姑奶奶安。凤姐忙说："周姐姐，快搀起来，别拜罢，请坐。我年轻，不大认得，可也不知是什么辈数，不敢称呼。"周瑞家的忙回道："这就是我才回的那姥姥了。"凤姐点头。刘姥姥已在炕沿上坐了。板儿便躲在背后，百般的哄他出来作揖，他死也不肯。

凤姐儿笑道："亲戚们不大走动，都疏远了。知道的呢，说你们弃厌我们，不肯常来，不知道的那起小人，还只当我们眼里没人似的。”刘姥姥忙念佛道：“我们家道艰难，走不起，来了这里，没的给姑奶奶打嘴，就是管家爷们看着也不像。”凤姐儿笑道：“这话没的叫人恶心。不过借赖着祖父虚名，作了穷官儿，谁家有什么，不过是个旧日的空架子。俗语说，‘朝廷还有三门子穷亲戚’呢，何况你我？”说着，又问周瑞家的回了太太了没有。周瑞家的道：“如今等奶奶的示下。”凤姐道：“你去瞧瞧，要是有人有事就罢，得闲儿呢就回，看怎么说？”周瑞家的答应着去了。

这里凤姐叫人抓些果子与板儿吃，刚问些闲话时，就有家下许多媳妇管事的来回话。平儿回了，凤姐道：“我这里陪客呢，晚上再来回。若有很要紧的，你就带进来现办。”平儿出去了，一会进来说：“我都问了，没什么紧事，我就叫他们散了。”凤姐点头。只见周瑞家的回来，向凤姐道：“太太说了，今日不得闲，二奶奶陪着便是一样。多谢费心想着。白来逛逛呢便罢；若有甚说的，只管告诉二奶奶，都是一样。”刘姥姥道：“也没甚说的，不过是来瞧瞧姑太太、姑奶奶，也是亲戚们的情分。”周瑞家的道：“没甚说的便罢，若有话，只管回二奶奶，是和太太一样的。”一面说，一面递眼色与刘姥姥。刘姥姥会意，未语先飞红的脸，欲待不说，今日又所为何来？只得忍耻说道：“论理今儿初次见姑奶奶，却不该说，只是大远的奔了你老这里来，也少不的说了。”刚说到这里，只听二门上小厮们回说：“东府里的小大爷进来了。”凤姐忙止刘姥姥：“不必说了。”一面便问：“你蓉大爷在那里呢？”只听一路靴子脚响，进来了一个十七八岁的少年，面目清秀，身材俊俏，轻裘宝带，美服华冠。刘姥姥此时坐不是，立不是，藏没处藏。凤姐笑道：“你只管坐着，这是我侄儿。”刘姥姥方扭扭捏捏在炕沿上坐了。

贾蓉笑道："我父亲打发我来求婶子，说上回老舅太太给婶子的那架玻璃炕屏，明日请一个要紧的客，借了略摆一摆就送过来。"凤姐道："说迟了一日，昨儿已经给了人了。"贾蓉听着，嘻嘻的笑着，在炕沿上半跪道："婶子若不借，又说我不会说话了，又挨一顿好打呢。婶子只当可怜侄儿罢。"凤姐笑道："也没见你们，王家的东西都是好的不成？你们那里放着那些好东西，只是看不见，偏我的就是好的。"贾蓉笑道："那里有这个好呢。只求开恩罢。"凤姐道："若碰一点儿，你可仔细你的皮。"因命平儿拿了楼房的钥匙，传几个妥当人抬去。贾蓉喜的眉开眼笑，说："我亲自带了人拿去，别由他们乱碰。"说着便起身出去了。

这里凤姐忽又想起一事来，便向窗外："叫蓉哥回来。"外面几个人接声说："蓉大爷快回来。"贾蓉忙复身转来，垂手侍立，听阿凤指示。那凤姐只管慢慢的吃茶，出了半日的神，又笑道："罢了，你且去罢。晚饭后你来再说罢。这会子有人，我也没精神了。"贾蓉应了一声，方慢慢的退去。

这里刘姥姥心神方定，才又说道："今日我带了你侄儿来，也不为别的，只因他老子娘在家里，连吃的都没有。如今天又冷了，越想没个派头儿，只得带了你侄儿奔了你老来。"说着又推板儿道："你那爹在家怎么教你来，打发咱们作煞事来？只顾吃果子咧。"凤姐早已明白了，听他不会说话，因笑止道："不必说了，我知道了。"因问周瑞家的："这姥姥不知可用了早饭没有？"刘姥姥忙说道："一早就往这里赶咧，那里还有吃饭的工夫咧。"凤姐听说，忙命快传饭来。一时周瑞家的传了一桌客饭来，摆在东边屋内，过来带了刘姥姥和板儿过去吃饭。凤姐说道："周姐姐，好生让着些儿，我不能陪了。"于是过东边房里来。又叫过周瑞家的去，问他才回了太太，说了些什么？周瑞家的道："太太说，他们家原不是一家子，不过因出一姓，当年又与太老爷在一处作官，偶然连了宗的。这几年来也不大走动。当时他们来一遭，却也没空了他们。今儿既来了瞧瞧我们，是他的好意思，也不可简慢了他。便是有什么说的，叫奶奶裁度着就是了。"凤姐听了说道："我说呢，既是一家子，我如何连影儿也不知道。"

说话时，刘姥姥已吃毕了饭，拉了板儿过来，舔舌咂嘴的道谢。凤姐笑道："且请坐下，听我告诉你老人家。方才的意思，我已知道了。若论亲戚之间，原该不等上门来就该有照应才是。但如今家内杂事太烦，太太渐上了年纪，一时想不到也是有的。况是我近来接着管些事，都不知道这些亲戚们。二则外头看着虽是烈烈轰轰的，殊不知大有大的艰难去处，说与人也未必信罢。今儿你既老远的来了，又是头一次见我张口，怎好叫你空回去呢。可巧昨儿太太给我的丫头们做衣裳的二十两银子，我还没动呢，你若不嫌少，就暂且先拿了去罢。"

那刘姥姥先听见告艰难，只当是没有，心里便突突的，后来听见给他二十两，喜的又浑身发痒起来，说道："嗳，我也是知道艰难的。但俗语说的：'瘦死的骆驼比马大'，凭他怎样，你老拔根寒毛比我们的腰还粗呢。"周瑞家的见他说的粗鄙，只管使眼色止他。凤姐看见，笑而不睬，只命平儿把昨儿那包银子拿来，再拿一吊钱来，都送到刘姥姥的跟前。凤姐乃道："这是二十两银子，暂且给这孩子做件冬衣罢。若不拿着，就真是怪我了。这钱雇车坐罢。改日无事，只管来逛逛，方是亲戚们的意思。天也晚了，也不虚留你们了，到家里该问好的问个好儿罢。"一面说，一面就站了起来。

刘姥姥只管千恩万谢的，拿了银子钱，随了周瑞家的来至外面。周瑞家的道："我的娘啊。你见了他怎么倒不会说了？开口就是'你侄儿'。我说句不怕你恼的话，便是亲侄儿，也要说和软些。蓉大爷才是他的正经侄儿呢，他怎么又跑出这么一个侄儿来了？"刘姥姥笑道："我的嫂子，我见了他，心眼儿里爱还爱不过来，那里还说的上话来呢。"二人说着，又到周瑞家坐了片时。刘姥姥便要留下一块银子与周瑞家孩子们买果子吃，周瑞家的如何放在眼里，执意不肯。刘姥姥感谢不尽，仍从后门去了。正是：

得意浓时易接济，受恩深处胜亲朋。

笺证

“刘姥姥进大观园”已经成为一个歇后语，一种人物行为的类型标本，形容没有见过世面的人来到新奇陌生的花花世界，揶揄其见识短浅、孤陋寡闻，也可借以自谦或者自嘲。上面第五回书写梦游太虚幻境，翻看薄命司的册子，听《红楼梦》十二曲，玄虚至极，命运感对心灵冲击猛烈至极。至此第六回书，描绘乡间、下人、贵族主仆，平易至极，人情世故蔓延于言谈应答之间。二回书采取两副笔墨，若只有一副笔墨，就会流于玄虚，或流于平庸，二者间插，就变得文意纵横，烟波荡漾。如何写贾府，一是以冷子兴的远距离的旁观冷眼；二是以黛玉的敏慧拘束的灵性眼光；三是以刘姥姥的世故村俗的陌生眼光。里里外外、上上下下地进行扫描，每次扫描各具特色。《红楼梦》有了刘姥姥，平添了不少乡野草根气味，一种在贵族府邸难得一闻的新鲜气息，这就是“刘姥姥价值”。刘姥姥的习惯动作是“点头咂嘴念佛”，而且求人救济，未语先飞红的脸，只得忍耻开口，都显示诚实本分，为她救济王熙凤之女巧儿埋下厚道人的心理伏线。刘姥姥一进荣国府，因乡下人眼界狭隘，少见多怪，而有点露怯。这种露怯，反映了城与乡、贵与贱的生活排场和生活规矩的巨大反差。刘姥姥看见平儿遍身绫罗，插金带银，花容玉貌的，便当是凤姐儿；听见时钟咯当咯当的响声，大有似乎打箩柜筛面的一般，不免东瞧西望的。忽见堂屋中柱子上挂着一个匣子，底下又坠着一个秤砣般一物，却不住的乱幌。正呆时，只听得当的一声，又若金钟铜磬一般，不防倒唬的一展眼。接着又是一连八九下。这也表明已经是上午巳时了。刘姥姥震惊于贾府的富贵荣华。对于王熙凤，从刘姥姥眼中也展现了其性格的另一面。王熙凤接待刘姥姥笑道：“亲戚们不大走动，都疏远了。知道的呢，说你们弃厌我们，不肯常来，不知道的那起小人，还只当我们眼里没人似的。”话说得何等把捏住分寸，令人挑不出缝来。王熙凤一连五笑，对乡下老人，并无拿大作态。还把说是太太给自己丫头们做衣裳的二十两银子，周济刘姥姥，再拿一吊钱雇车坐，做事情丝丝入扣。写刘姥姥也不少单线用笔，而是纠缠着写贾蓉。刘姥姥说自己外孙板儿是“你侄儿”，而贾蓉才是王熙凤关系非同一般的真侄儿。如周瑞家的对刘姥姥说：“开口就是你‘侄儿’。我说句不怕你恼的话，便是亲侄儿，也要说和软些。蓉大爷才是他的正经侄儿呢，他怎么又跑出这么一个侄儿来了？”这就出现了真假侄儿的好戏，反映了地位在拿捏着人们说话的分寸。更令人叹为观止的是，凤姐、刘姥姥对谈间满嘴俗语：“朝廷还有三门子穷亲戚”，“瘦死的骆驼比马大”，“你老拔根寒毛比我们的腰还粗”，都显示了曹雪芹雅俗兼备的艺术语言天才。这也是“刘姥姥价值”的效应，刘姥姥价值在于换一种眼光打量世界，尤其是与那个“诗礼簪缨之族，花柳繁华地，温柔富贵乡”发生反差对撞，迸发出炫目惊心的思想文化火花，虽然刘姥姥不知思想文化为何物。思想文化的价值，是在对比中存在的。

第七回

送宫花贾琏戏熙凤 宴宁府宝玉会秦钟

话说周瑞家的送了刘姥姥去后，便上来回王夫人话。谁知王夫人不在上房，问丫鬟们时，方知往薛姨妈那边闲话去了。周瑞家的听说，便转出东角门至东院，往梨香院来。刚至院门前，只见王夫人的丫鬟金钏儿，和一个才留了头的小女孩儿站在台阶坡上顽。见周瑞家的来了，便知有话回，因向内努嘴儿。

周瑞家的轻轻掀帘进去，只见王夫人和薛姨妈长篇大套的说些家务人情等语。周瑞家的不敢惊动，遂进里间来。只见薛宝钗穿着家常衣服，头上只散挽着鬐儿，坐在炕里边，伏在小炕桌上同丫鬟莺儿正描花样子呢。见他进来，宝钗才放下笔，转过身来，满面堆笑让："周姐姐坐。"周瑞家的也忙陪笑问："姑娘好。"一面炕沿上坐了，因说："这有两三天也没见姑娘到那边逛逛去，只怕是你宝兄弟冲撞了你不成？"宝钗笑道："那里的话。只因我那种病又发了，所以这两天没出屋子。"周瑞家的道："正是呢，姑娘到底有什么病根儿，也该趁早儿请个大夫来，好生开个方子，认真吃几剂药，一势儿除了根才是。小小的年纪倒作下个病根儿，也不是顽的。"宝钗听了便笑道："再不要提吃药。为这病请大夫吃药，也不知白花了多少银子钱呢。凭你什么名医仙药，从不见一点儿效。后来还亏了一个秃头和尚，说专治无名之症，因请他看了。他说我这是从胎里带来的一股热毒，幸而先天壮，还不相干，若吃寻常药，是不中用的。他就说了一个海上方，又给了一包药末子作引子，异香异气的。不知是那里弄了来的。他说发了时吃一丸就好。倒也奇怪，吃他的药倒效验些。”

周瑞家的因问：“不知是个什么海上方儿。姑娘说了，我们也记着，说与人知道，倘遇见这样病，也是行好的事。”宝钗见问，乃笑道：“不用这方儿还好，若用了这方儿，真真把人琐碎死。东西药料一概都有限，只难得‘可巧’二字：要春天开的白牡丹花蕊十二两，夏天开的白荷花蕊十二两，秋天的白芙蓉蕊十二两，冬天的白梅花蕊十二两。将这四样花蕊，于次年春分这日晒干，和在药末子一处，一齐研好。又要雨水这日的雨水十二钱……”周瑞家的忙道：“嗳哟。这么说来，这就得三年的工夫。倘或雨水这日竟不下雨，这却怎处呢？”宝钗笑道：“所以说那里有这样可巧的雨，便没雨也只好再等罢了。还要白露这日的露水十二钱，霜降这日的霜十二钱，小雪这日的雪十二钱。把这四样水调匀，和了药，再加十二钱蜂蜜，十二钱白糖，丸了龙眼大的丸子，盛在旧瓷坛内，埋在花根底下。若发了病时，拿出来吃一丸，用十二分黄柏煎汤送下。”

周瑞家的听了笑道：“阿弥陀佛，真坑死人的事儿。等十年未必都这样巧的呢。”宝钗道：“竟好，自他说了去后，一二年间可巧都得了，好容易配成一料。如今从南带至北，现在就埋在梨花树底下呢。”周瑞家的又问道：“这药可有名字没有呢？”宝钗道：“有。这也是那癞头和尚说下的，叫作‘冷香丸’。”周瑞家的听了点头儿，因又说：“这病发了时到底觉怎么着？”宝钗道：“也不觉甚怎么着，只不过喘嗽些，吃一丸下去也就好些了。”

笺证

曹雪芹又发奇思妙想，奇思妙想沟通了人书与天书。

第七回这里又是秃头和尚赋予一种超验的力量，给薛宝钗治疗“从胎里带来的一股热毒”的“冷香丸”，这些都是通向天书的。秃头和尚指点的配方之奇，遵循天地运行的轨迹，采办符合十二时辰之数的花草雨露入药，实属奇幻之极。令人不禁要问：四季花蕊为什么要十二两？四季的雨露霜雪为什么各要十二钱？其实，十二是一个神秘数字，地支数为十二，衍为十二生肖，一年十二月，衍为十二月令，《春秋》从鲁隐公至鲁哀公十二君，《史记》十二本纪，音乐有十二律，《红楼梦》又名《金陵十二钗》，诸如此类，难以枚举。娘胎的病症，是先天基因所为，治以海上仙方，隐隐然契合着《红楼梦》的天人之学。这就引起评点者想入非非，如甲戌本夹批说：“卿不知从那里弄来，余则深知是从放春山采来，以灌愁海水和成，烦广寒玉兔捣碎，在太虚幻境空灵殿上炮制配合者也。”[1]又说：“以花为药，可是吃烟火人想得出者？诸公且不必问其事之有无，只据此新奇妙文悦我等心目，便当浮一大白。”[2]

周瑞家的还欲说话时，忽听王夫人问：“谁在房里呢？”周瑞家的忙出去答应了，趁便回了刘姥姥之事。略待半刻，见王夫人无语，方欲退出，薛姨妈忽又笑道：“你且站住。我有一宗东西，你带了去罢。”说着便叫香菱。只听帘栊响处，方才和金钏顽的那个小丫头进来了，问：“奶奶叫我作什么？”薛姨妈道：“把匣子里的花儿拿来。”香菱答应了，向那边捧了个小锦匣来。薛姨妈道：“这是宫里头的新鲜样法，拿纱堆的花儿十二支。昨儿我想起来，白放着可惜了儿的，何不给他们姊妹们戴去。昨儿要送去，偏又忘了。你今儿来的巧，就带了去罢。你家的三位姑娘，每人一对，剩下的六枝，送林姑娘两枝，那四枝给了凤哥罢。”王夫人道：“留着给宝丫头戴罢，又想着他们作什么。”薛姨妈道：“姨娘不知道，宝丫头古怪着呢，他从来不爱这些花儿粉儿的。”

说着，周瑞家的拿了匣子，走出房门，见金钏仍在那里晒日阳儿。周瑞家的因问他道：“那香菱小丫头子，可就是常说临上京时买的，为他打人命官司的那个小丫头子么？”金钏道：“可不就是他。”正说着，只见香菱笑嘻嘻的走来。周瑞家的便拉了他的手，细细的看了一会，因向金钏儿笑道："倒好个模样儿，竟有些像咱们东府里蓉大奶奶的品格儿。"金钏儿笑道："我也是这们说呢。"周瑞家的又问香菱："你几岁投身到这里？"又问："你父母今在何处？今年十几岁了？本处是那里人？"香菱听问，都摇头说："不记得了。"周瑞家的和金钏儿听了，倒反为叹息伤感一回。

笺证

香菱毕竟是《金陵十二钗》副册人物，第七回于是就多用了一些笔墨。周瑞家的细看笑说："倒好个模样儿，竟有些像咱们东府里蓉大奶奶的品格儿。"竟然把香菱与秦可卿作比拟，为后来香菱显示的灵秀和才情做个铺垫。甲戌本夹批说："一击两鸣法，二人之美，并可知矣。再忽然想到秦可卿，何玄幻之极？假使说像荣府中所有之人，则死板之至，故远远以可卿之貌为譬，似极扯淡，然却是天下必有之情事。"[3]把香菱的容貌与秦可卿相比拟，可以简化笔墨，又可以通向冥冥之际。由此可知，曹雪芹深晓笔墨使用的节奏和分寸。周瑞家的在贾府可谓见多识广矣，她以惊异的眼光看香菱，就是香菱在大观园中独具风神和味道之笔。

❶（清）曹雪芹著，脂砚斋评：《脂砚斋重评石头记甲戌校本》，作家出版社2000年版，第187页。

❷（清）曹雪芹著，脂砚斋评：《脂砚斋重评石头记甲戌校本》，作家出版社2000年版，第188页。

❸（清）曹雪芹著，脂砚斋评：《脂砚斋重评石头记甲戌校本》，作家出版社2000年版，第189页。

一时间周瑞家的携花至王夫人正房后头来。原来近日贾母说孙女儿们太多了，一处挤着倒不方便，只留宝玉、黛玉二人这边解闷，却将迎、探、惜三人移到王夫人这边房后三间小抱厦内居住，令李纨陪伴照管。如今周瑞家的故顺路先往这里来，只见几个小丫头子都在抱厦内听呼唤呢。迎春的丫鬟司棋与探春的丫鬟待书二人正掀帘子出来，手里都捧着茶钟，周瑞家的便知他们姊妹在一处坐着呢，遂进入内房，只见迎春、探春二人正在窗下围棋。周瑞家的将花送上，说明缘故。二人忙住了棋，都欠身道谢，命丫鬟们收了。

周瑞家的答应了，因说："四姑娘不在房里，只怕在老太太那边呢。"丫鬟们道："那屋里不是四姑娘？"周瑞家的听了，便往这边屋里来。只见惜春正同水月庵的小姑子智能儿一处顽耍呢，见周瑞家的进来，惜春便问他何事。周瑞家的便将花匣打开，说明原故。惜春笑道："我这里正和智能儿说，我明儿也剃了头同他作姑子去呢，可巧又送了花儿来；若剃了头，可把这花儿戴在那里呢？"说着，大家取笑一回，惜春命丫鬟入画来收了。

周瑞家的因问智能儿："你是什么时候来的？你师父那秃歪剌往那里去了？"智能儿道："我们一早就来了。我师父见了太太，就往于老爷府内去了，叫我在这里等他呢。"周瑞家的又道："十五的月例香供银子可曾得了没有？"智能儿摇头儿说："我不知道。"惜春听了，便问周瑞家的："如今各庙月例银子是谁管着？"周瑞家的道："是余信管着。"惜春听了笑道："这就是了。他师父一来，余信家的就赶上来，和他师父咕唧了半日，想是就为这事了。"

那周瑞家的又和智能儿劳叨了一会，便往凤姐儿处来。穿夹道从李纨后窗下过，隔着玻璃窗户，见李纨在炕上歪着睡觉呢，遂越过西花墙，出西角门进入凤姐院中。走至堂屋，只见小丫头丰儿坐在凤姐房门槛上，见周瑞家的来了，连忙摆手儿叫他往东屋里去。周瑞家的会意，忙蹑手蹑足往东边房里来，只见奶子正拍着大姐儿睡觉呢。周瑞家的悄问奶子道："姐儿睡中觉呢，也该请醒了。"奶子摇头儿。正说着，只听那边一阵笑声，却有贾琏的声音。接着房门响处，平儿拿着大铜盆出来，叫丰儿舀水进去。平儿便到这边来，一见了周瑞家的便问："你老人家又跑了来作什么？"周瑞家的忙起身，拿匣子与他，说送花儿一事。平儿听了，便打开匣子，拿了四枝，转身去了。半刻工夫，手里拿出两枝来，先叫彩明吩咐道："送到那边府里给小蓉大奶奶戴去。"次后方命周瑞家的回去道谢。

笺证

周瑞家的送宫花，一路介绍了贾府各位小姐的习性作风。周瑞家的在贾府行走，以王夫人陪房的身份是有脚力的。如七十一回交代："周瑞家的虽不管事，因她素日仗着是王夫人陪房，原有些体面，心性乖滑，专管各处献勤讨好，所以各处房里的主人都喜欢他。"可以说，在《红楼梦》的结构上，周瑞家的与贾雨村异曲同工，一者发挥内线索的功能，一者发挥外线索的功能。内功能的作用，有时很微妙，比如写贾琏、王熙凤的床第之事，落笔就恍恍惚惚，鬼鬼祟祟："只听那边一阵笑声，却有贾琏的声音。接着房门响处，平儿拿着大铜盆出来，叫丰儿舀水进去。平儿便到这边来，一见了周瑞家的便问：'你老人家又跑了来作什么？'"甲戌本夹批窥见其中奥妙，称说："妙文奇想！阿凤之为人，岂有不着意于'风月'二字之理哉？若直以明笔写之，不但唐突阿凤声价，亦且无妙文可赏。若不写之，又万万不可。故只用'柳藏鹦鹉语方知'之法，略一皴染，不独文字有隐微，亦且不至污渎阿凤之英风俊骨。所谓此书无一不妙。"[4]"雪隐鹭鸶飞始见，柳藏鹦鹉语方知"，最早见于元高明《琵琶记》第三十出《瞯询衷情》。其后明汤显祖《紫钗记》第三十八出《计哨讹传》，以及《金瓶梅词话》第五回、第二十五回、第六十七回，清袁于令《西楼记》第九出《庭谮》，都使用这句流行的话。甲戌本眉批又说："余素所藏仇十洲《幽窗听莺暗春图》，其心思笔墨，已是无双，今见此阿凤一传，则觉画工太板。"[5]应该说，如此"柳藏鹦鹉语方知"的床第事情的泄露，是贾雨村一类爷们的视角所无法代替的，还得借重周瑞家的内视角方妙。

[4]（清）曹雪芹著，脂砚斋评：《脂砚斋重评石头记甲戌校本》，作家出版社2000年版，第191页。

[5]（清）曹雪芹著，脂砚斋评：《脂砚斋重评石头记甲戌校本》，作家出版社2000年版，第191页。

周瑞家的这才往贾母这边来。穿过了穿堂，抬头忽见他女儿打扮着才从他婆家来。周瑞家的忙问："你这会跑来作什么？"他女儿笑道："妈一向身上好？我在家里等了这半日，妈竟不出去，什么事情这样忙的不回家？我等烦了，自己先到了老太太跟前请了安了，这会子请太太的安去。妈还有什么不了的差事，手里是什么东西？"周瑞家的笑道："嗳，今儿偏偏的来了个刘姥姥，我自己多事，为他跑了半日，这会子又被姨太太看见了，送这几枝花儿与姑娘奶奶们。这会子还没送清楚呢。你这会子跑了来，一定有什么事？"他女儿笑道："你老人家倒会猜。实对你老人家说，你女婿前儿因多吃了两杯酒，和人分争，不知怎的被人放了一把邪火，说他来历不明，告到衙门里，要递解还乡。所以我来和你老人家商议商议，这个情分，求那一个可了事呢？"周瑞家的听了道："我就知道呢，这有什么大不了的事。你且家去等我，我给林姑娘送了花儿去就回家去。此时太太、二奶奶都不得闲儿，你回去等我。这有什么，忙的如此。"女儿听说，便回去了，又说："妈，好歹快来。"周瑞家的道："是了。小人儿家没经过什么事，就急得你这样了。"说着，便到黛玉房中去了。

谁知此时黛玉不在自己房中，却在宝玉房中大家解九连环玩呢。周瑞家的进来笑道："林姑娘，姨太太着我送花儿与姑娘带来了。"宝玉听说，便先问："什么花儿？拿来给我。"一面早伸手接过来了。开匣看时，原来是宫制堆纱新巧的假花儿。黛玉只就宝玉手中看了一看，便问道："还是单送我一人的，还是别的姑娘们都有呢？"周瑞家的道："各位都有了，这两枝是姑娘的了。"黛玉冷笑道："我就知道，别人不挑剩下的也不给我。"周瑞家的听了，一声儿不言语。宝玉便问道："周姐姐，你作什么到那边去了？"周瑞家的因说："太太在那里，因回话去了，姨太太就顺便叫我带来了。"宝玉道："宝姐姐在家作什么呢？怎么这几日也不过这边来？"周瑞家的道："身上不大好呢。"宝玉听了，便和丫头说："谁去瞧瞧？只说我与林姑娘打发了来请姨太太、姐姐安，问姐姐是什么病，现吃什么药。论理我该亲自来的，就说才从学里来，也着了些凉，异日再亲自来看罢。"说着，茜雪便答应去了。周瑞家的自去，无话。

笺证

林黛玉的刀子嘴，得罪了不少人，使她寄人篱下的身世更是孤立无援。就拿第七回挑剔宫花“别人不挑剩下的也不给我”来说，就使那么会说话的周瑞家的听了噎住，一声儿不言语。这不仅与“宝丫头古怪着呢，他从来不爱这些花儿粉儿的”不同，而且更与宝钗满面堆笑，称周瑞家的为“周姐姐”，形成鲜明的对比。周瑞家的何许人也？她可是王夫人的陪房，对她的态度关系非同一般，关系着她向王夫人打什么样的小报告。黛玉得罪人而不自知，宝钗会做人而善于经营，谁能够在贾府最后立稳脚跟、最终获得成功，就不言自明了。性格决定命运，此言不可不信。甲戌本眉批为此大发议论说：“余（问）[阅]送花一回，薛姨妈云，‘宝丫头不喜这些花儿粉儿的’，则谓是宝钗正传；又（主）[至]阿凤（惜）[嬉]春一段，则又知是阿凤正传；今又到颦儿一段，却又将阿颦之天性从骨中一写，方知亦系颦儿正传。小说中一笔作两三笔者有之，一事启两事者有之，未有如此恒河沙数之笔也。”[6] 这段脂评赞扬曹雪芹的文笔了得，但对于寄居贾府的钗、黛的情感和理智的发露，以及由此引起的人事先机和危机，用心并不可谓不深到，应知这是关系到二人命运的深浅莫测的社会迷津。

[6]（清）曹雪芹著，脂砚斋评：《脂砚斋重评石头记甲戌校本》，作家出版社2000年版，第193页。

原来这周瑞的女婿，便是雨村的好友冷子兴，近因卖古董和人打官司，故教女人来讨情分。周瑞家的仗着主子的势利，把这些事也不放在心上，晚间只求求凤姐儿便完了。

至掌灯时分，凤姐已卸了妆，来见王夫人回话：“今儿甄家送了来的东西，我已收了。咱们送他的，趁着他家有年下进鲜的船回去，一并都交给他们带了去罢？”王夫人点头。凤姐又道：“临安伯老太太生日的礼已经打点了，派谁送去呢？”王夫人道：“你瞧谁闲着，就叫他们去四个女人就是了，又来当什么正经事问我？”凤姐又笑道：“今日珍大嫂子来，请我明日过去逛逛，明日倒没有什么事情。”王夫人道：“有事没事都害不着什么。每常他来请，有我们，你自然不便意，他既不请我们，单请你，可知是他诚心叫你散淡散淡，别辜负了他的心，便有事也该过去才是。”凤姐答应了。当下李纨，迎、探等姐妹们亦来定省毕，各自归房无话。

次日凤姐梳洗了，先回王夫人毕，方来辞贾母。宝玉听了，也要跟了逛去。凤姐只得答应，立等着换了衣服，姐儿两个坐了车，一时进入宁府。早有贾珍之妻尤氏与贾蓉之妻秦氏婆媳两个，引了多少姬妾丫鬟媳妇等接出仪门。那尤氏一见了凤姐，必先笑嘲一阵，一手携了宝玉同入上房来归坐。秦氏献茶毕，凤姐因说：“你们请我来作什么？有什么好东西孝敬我，就快献上来，我还有事呢。”尤氏、秦氏未及答话，地下几个姬妾先就笑说：“二奶奶今儿不来就罢，既来了就依不得二奶奶了。”正说着，只见贾蓉进来请安。宝玉因问：“大哥哥今日不在家么？”尤氏道：“出城与老爷请安去了。可是你怪闷的，坐在这里作什么？何不也去逛逛？”

秦氏笑道：“今儿巧，上回宝叔立刻要见的我那兄弟，他今儿也在这里，想在书房里呢，宝叔何不去瞧一瞧？”宝玉听了，即便下炕要走。尤氏凤姐都忙说：“好生着，忙什么？”一面便吩咐好生小心跟着，别委曲着他，倒比不得跟了老太太过来就罢了。凤姐说道：“既这么着，何不请进这秦小爷来，我也瞧一瞧。难道我见不得他不成？”尤氏笑道：“罢，罢。可以不必见他，比不得咱们家的孩子们，胡打海摔的惯了。人家的孩子都是斯斯文文的惯了，乍见了你这破落户，还被人笑话死了呢。”凤姐笑道：“普天下的人，我不笑话就罢了，竟叫这小孩子笑话我不成？”贾蓉笑道：“不是这话，他生的腼腆，没见过大阵仗儿，婶子见了，没的生气。”凤姐道：“凭他什么样儿的，我也要见一见。别放你娘的屁了，再不带我看看，给你一顿好嘴巴。”贾蓉笑嘻嘻的说：“我不敢扭着，就带他来。”

说着，果然出去带进一个小后生来，较宝玉略瘦些，眉清目秀，粉面朱唇，身材俊俏，举止风流，似在宝玉之上，只是怯怯羞羞，有女儿之态，腼腆含糊，慢向凤姐作揖问好。凤姐喜的先推宝玉，笑道："比下去了。"便探身一把携了这孩子的手，就命他身傍坐了，慢慢的问他：几岁了，读什么书，弟兄几个，学名唤什么。秦钟一一答应了。早有凤姐的丫鬟媳妇们见凤姐初会秦钟，并未备得表礼来，遂忙过那边去告诉平儿。平儿知道凤姐与秦氏厚密，虽是小后生家，亦不可太俭，遂自作主意，拿了一匹尺头，两个"状元及第"的小金锞子，交付与来人送过去。凤姐犹笑说太简薄等语，秦氏等谢毕。一时吃过饭，尤氏、凤姐、秦氏等抹骨牌，不在话下。

那宝玉自见了秦钟的人品出众，心中似有所失，痴了半日，自己心中又起了呆意，乃自思道："天下竟有这等人物。如今看来，我竟成了泥猪癞狗了。可恨我为什么生在这侯门公府之家，若也生在寒门薄宦之家，早得与他交结，也不枉生了一世。我虽如此比他尊贵，可知锦绣纱罗，也不过裹了我这根死木头，美酒羊羔，也不过填了我这粪窟泥沟。'富贵'二字，不料遭我荼毒了。"秦钟自见了宝玉形容出众，举止不凡，更兼金冠绣服，骄婢侈童，心中亦自思道："果然这宝玉怨不得人溺爱他。可恨我偏生于清寒之家，不能与他耳鬓交接，可知'贫窭'二字限人，亦世间之大不快事。"二人一样的胡思乱想。忽然宝玉问他读什么书。秦钟见问，因而答以实话。二人你言我语，十来句后，越觉亲密起来。

一时摆上茶果，宝玉便说："我两个又不吃酒，把果子摆在里间小炕上，我们那里坐去，省得闹你们。"于是二人进里间来吃茶。秦氏一面张罗与凤姐摆酒果，一面忙进来嘱宝玉道:“宝叔，你侄儿倘或言语不防头，你千万看着我，不要理他。他虽腼腆，却性子左强，不大随和此是有的。”宝玉笑道:“你去罢，我知道了。”秦氏又嘱了他兄弟一回，方去陪凤姐。

一时凤姐尤氏又打发人来问宝玉:“要吃什么，外面有，只管要去。”宝玉只答应着，也无心在饮食上，只问秦钟近日家务等事。秦钟因说:“业师于去年病故，家父又年纪老迈，残疾在身，公务繁冗，因此尚未议及再延师一事，目下不过在家温习旧课而已。再读书一事，必须有一二知己为伴，时常大家讨论，才能进益。”宝玉不待说完，便答道:“正是呢，我们却有个家塾，合族中有不能延师的，便可入塾读书，子弟们中亦有亲戚在内可以附读。我因业师上年回家去了，也现荒废着呢。家父之意，亦欲暂送我去温习旧书，待明年业师上来，再各自在家里读。家祖母因说:一则家学里之子弟太多，生恐大家淘气，反不好;二则也因我病了几天，遂暂且耽搁着。如此说来，尊翁如今也为此事悬心。今日回去，何不禀明，就往我们敝塾中来，我亦相伴，彼此有益，岂不是好事?”秦钟笑道:“家父前日在家提起延师一事，也曾提起这里的义学倒好，原要来和这里的亲翁商议引荐。因这里又事忙，不便为这点小事来聒絮的。宝叔果然度小侄或可磨墨涤砚，何不速速的作成，又彼此不致荒废，又可以常相谈聚，又可以慰父母之心，又可以得朋友之乐，岂不是美事?”宝玉道:“放心，放心。咱们回来告诉你姐夫、姐姐和琏二嫂子。你今日回家就禀明令尊，我回去再禀明祖母，再无不速成之理。”二人计议一定。那天气已是掌灯时候，出来又看他们顽了一回牌。算帐时，却又是秦氏、尤氏二人输了戏酒的东道，言定后日吃这东道。一面就叫送饭。

吃毕晚饭，因天黑了，尤氏说:“先派两个小子送了这秦相公家去。”媳妇们传出去半日，秦钟告辞起身。尤氏问:“派了谁送去?”媳妇们回说:“外头派了焦大，谁知焦大醉了，又骂呢。”尤氏秦氏都说道:“偏又派他作什么!放着这些小子们，那一个派不得?偏要惹他去。”凤姐道:“我成日家说你太软弱了，纵的家里人这样还了得了。”尤氏叹道:“你难道不知这焦大的?连老爷都不理他的，你珍大哥哥也不理他。只因他从小儿跟着太爷们出过三四回兵，从死人堆里把太爷背了出来，得了命，自己挨着饿，却偷了东西来给主子吃，两日没得水，得了半碗水给主子喝，他自己喝马溺。不过仗着这些功劳情分，有祖宗时都另眼相待，如今谁肯难为他去？他自己又老了，又不顾体面，一味吃酒，吃醉了，无人不骂。我常说给管事的，不要派他差事，全当一个死的就完了。今儿又派了他。"凤姐道："我何曾不知这焦大。倒是你们没主意，有这样的，何不打发他远远的庄子上去就完了。"说着，因问："我们的车可齐备了？"地下众人都应道："伺候齐了。"

凤姐起身告辞，和宝玉携手同行。尤氏等送至大厅，只见灯烛辉煌，众小厮都在丹墀侍立。那焦大又恃贾珍不在家，即在家亦不好怎样他，更可以任意洒落洒落。因趁着酒兴，先骂大总管赖二，说他不公道，欺软怕硬，"有了好差事就派别人，像这等黑更半夜送人的事，就派我。没良心的王八羔子，瞎充管家，你也不想想，焦大太爷跷跷脚，比你的头还高呢。二十年头里的焦大太爷眼里有谁？别说你们这一起杂种王八羔子们。"

正骂的兴头上，贾蓉送凤姐的车出去，众人喝他不听，贾蓉忍不得，便骂了他两句，使人捆起来，"等明日酒醒了，问他还寻死不寻死了"。那焦大那里把贾蓉放在眼里，反大叫起来，赶着贾蓉叫："蓉哥儿，你别在焦大跟前使主子性儿。别说你这样儿的，就是你爹、你爷爷，也不敢和焦大挺腰子。不是焦大一个人，你们就做官儿享荣华受富贵？你祖宗九死一生挣下这家业，到如今了，不报我的恩，反和我充起主子来了。不和我说别的还可，若再说别的，咱们红刀子进去白刀子出来。"凤姐在车上说与贾蓉道："以后还不早打发了这个没王法的东西，留在这里岂不是祸害？倘或亲友知道了，岂不笑话咱们这样的人家，连个王法规矩都没有。"贾蓉答应:"是。"

众小厮见他太撒野了，只得上来几个，揪翻捆倒，拖往马圈里去。焦大越发连贾珍都说出来，乱嚷乱叫说:"我要往祠堂里哭太爷去。那里承望到如今生下这些畜牲来。每日家偷狗戏鸡，爬灰的爬灰，养小叔子的养小叔子，我什么不知道？咱们'胳膊折了往袖子里藏'。"众小厮听他说出这些没天日的话来，唬的魂飞魄散，也不顾别的了，便把他捆起来，用土和马粪满满的填了他一嘴。

凤姐和贾蓉等也遥遥的闻得，便都装作没听见。宝玉在车上见这般醉闹，倒也有趣，因问凤姐道:"姐姐，你听他说'爬灰的爬灰'，什么是'爬灰'？"凤姐听了，连忙立眉嗔目断喝道:"少胡说！那是醉汉嘴里混唚，你是什么样的人，不说没听见，还倒细问。等我回去回了太太，仔细捶你不捶你。"唬的宝玉忙央告道:"好姐姐，我再不敢了。"凤姐道:"这才是呢。等到了家，咱们回了老太太，打发你同秦家侄儿学里念书去要紧。"说着，却自回往荣府而来。正是:

不因俊俏难为友，正为风流始读书。

笺证

这第七回写了两个属于异数的人物，一个是秦钟，一个是焦大，同为异数，却异在两极，天差地别，甚是好看。秦可卿的兄弟秦钟一上场就非同一般:"果然出去带进一个小后生来，较宝玉略瘦些，眉清目秀，粉面朱唇，身材俊俏，举止风流，似在宝玉之上，只是怯怯羞羞，有女儿之态，腼腆含糊，慢向凤姐作揖问好。凤姐喜的先推宝玉，笑道:'比下去了。'"甲戌本夹批从谐音上做文章说:"(秦钟)设云'情种'。古诗云:'未嫁先名玉，来时本姓秦。'二语便是此书大纲目、大比托、大讽刺处。"[7]脂评引用的古诗，是《玉台新咏》卷八收录的南朝梁刘缓《敬酬刘长史咏名士悦倾城诗》:"不信巫山女，不信洛川神。何关别有物，还是倾城人。经共陈王戏，曾与宋家邻。未嫁先名玉，来时本姓秦。粉光犹似面，朱色不胜唇。遥见疑花发，闻香知异春。钗长逐鬟髲，袜小称腰身。夜夜言娇尽，日日态还新。工倾荀奉倩，能迷石季伦。上客徒留目，不见正横陈。”[8]这种诗的脂粉气，与秦钟的人品相称。宝玉不以凤姐“比下去了”的话为怪，反而见了秦钟的人品出众，引发呆意，寻思道：“天下竟有这等人物。如今看来，我竟成了泥猪癞狗了。可恨我为什么生在这侯门公府之家，若也生在寒门薄宦之家，早得与他交结，也不枉生了一世。我虽如此比他尊贵，可知锦绣纱罗，也不过裹了我这根死木头，美酒羊羔，也不过填了我这粪窟泥沟。富贵二字，不料遭我荼毒了。”这种呆想不可小觑，直接挑战了宝玉自身的“女儿崇拜”高论：“女儿是水作的骨肉，男人是泥作的骨肉。我见了女儿，我便清爽，见了男子，便觉浊臭逼人。”这种说法竟然在秦钟身上失灵了，见了就清爽的不是女儿，而是秦钟；觉得浊臭逼人的，竟然是宝玉“这根死木头”“这粪窟泥沟”。秦钟于此具有颠覆性，颠覆了宝玉的“唯女儿观”。因之，贾宝玉与秦钟有说不完的话，鼓捣着要秦钟到贾府家塾寄读，以便日夕相伴，彼此请益。如此投缘，在宝玉交往的男人中，唯有秦钟。另一个异数是宁府的门子焦大，他在礼数森严的贾氏家族中登场，令人感到晴空霹雳。贾珍夫人尤氏叹道：“你难道不知这焦大的。连老爷都不理他的，你珍大哥哥也不理他。只因他从小儿跟着太爷们出过三四回兵，从死人堆里把太爷背了出来，得了命，自己挨着饿，却偷了东西来给主子吃，两日没得水，得了半碗水给主子喝，他自己喝马溺。不过仗着这些功劳情分，有祖宗时都另眼相待，如今谁肯难为他去？他自己又老了，又不顾体面，一味吃酒，吃醉了，无人不骂。”这是一个粗鲁的主仆形象。蒙古王府本侧批说：“有此功劳，实不可轻易摧折，亦当处之道，厚其赡养，尊其等次。送人回家，原非

[7]（清）曹雪芹著，脂砚斋评：《脂砚斋重评石头记甲戌校本》，作家出版社2000年版，第195页。

[8]（陈）徐陵编，穆克宏点校：《玉台新咏笺注》，中华书局1985年版，第345—346页。

酬功之事。所谓汉之功臣不得保其首领者，我知之矣。”[9]功臣居功，往往没有好下场；忠仆居功放肆，自认为“焦大太爷跷跷脚，比你的头还高”，那就只能嘴上填马粪了。焦大竟然大骂贾府子弟道德沦丧，骂出“每日家偷狗戏鸡，爬灰的爬灰，养小叔子的养小叔子”的话来。甲戌本侧批说：“忽接此焦大一段，真可惊心骇目，一字化一泪，一泪化一血珠。”[10]惊心骇目之处，就是粗鲁的忠仆，对主子门里不肖子孙不留情面的公然诅咒，诅咒得愈是有理、愈是击中要害，就愈是招人讨厌之至。真话讨厌，自古皆然。贾宝玉、秦钟之交，看似晶莹如玉，即所谓“不因俊俏难为友，正为风流始读书”；焦大之骂，只好由那班被唬得魂飞魄散的众小厮，用土和马粪满满地填了他一嘴。异数超出了常数的界限，这里优雅人物与粗俗人物的情境超常反衬，亏他曹雪芹写得出，写得到家，在其笔下，人间百相无所遁形。《红楼梦》是如实描写、展现百态的人书，在这种超出常态的两种极端人物的对比中，可见其容纳人物形态的频谱幅度是非常宽广的。

[9] 朱一玄校录：《红楼梦脂评校录》，齐鲁书社1986年版，第132页。

[10]（清）曹雪芹著，脂砚斋评：《脂砚斋重评石头记甲戌校本》，作家出版社2000年版，第199页。

第八回
比通灵金莺微露意
探宝钗黛玉半含酸

话说凤姐和宝玉回家，见过众人。宝玉先便回明贾母秦钟要上家塾之事，自己也有了个伴读的朋友，正好发奋，又着实的称赞秦钟的人品行事，最使人怜爱。凤姐又在一旁帮着说“过日他还来拜老祖宗”等语，说的贾母喜欢起来。凤姐又趁势请贾母后日过去看戏。贾母虽年老，却极有兴头。至后日，又有尤氏来请，遂携了王夫人、林黛玉、宝玉等过去看戏。至晌午，贾母便回来歇息了。王夫人本是好清净的，见贾母回来也就回来了。然后凤姐坐了首席，尽欢至晚无话。

却说宝玉因送贾母回来，待贾母歇了中觉，意欲还去看戏取乐，又恐扰的秦氏等人不便，因想起近日薛宝钗在家养病，未去亲候，意欲去望他一望。若从上房后角门过去，又恐遇见别事缠绕，再或可巧遇见他父亲，更为不妥，宁可绕远路罢了。当下众嬷嬷丫鬟伺候他换衣服，见他不换，仍出二门去了，众嬷嬷丫鬟只得跟随出来，还只当他去那府中看戏。谁知到穿堂，便向东向北绕厅后而去。偏顶头遇见了门下清客相公詹光、单聘仁二人走来，一见了宝玉，便都笑着赶上来，一个抱住腰，一个携着手，都道：“我的菩萨哥儿，我说作了好梦呢，好容易得遇见了你。”说着，请了安，又问好，劳叨半日，方才走开。老嬷嬷叫住，因问：“二位爷是从老爷跟前来的不是？”二人点头道：“老爷在梦坡斋小书房里歇中觉呢，不妨事的。”一面说，一面走了。

笺证

第八回开头应该是闲笔，以闲笔写贾母、写清客，略作点染，却又各有各的气度和神态。先是写贾母："凤姐又趁势请贾母后日过去看戏。贾母虽年老，却极有兴头。至后日，又有尤氏来请，遂携了王夫人、林黛玉、宝玉等过去看戏。至晌午，贾母便回来歇息了。"甲戌本夹批说："叙事有法，若只管写看戏，便是一无见世面之暴发贫婆矣。写'随便'二字，兴高则往，兴败则回，方是世代封君正传。且'高兴'二字，又可生出多少文章来。"[1]人难得随便，人也难得总是那么高兴，贾母却是以这种派，支配着、享受着她的福分。其次写清客相公，寥寥几笔，就画出眉目："门下清客相公詹光、单聘仁二人走来，一见了宝玉，便都笑着赶上来，一个抱住腰，一个携着手，都道：'我的菩萨哥儿，我说作了好梦呢，好容易得遇见了你。'"詹光、单聘仁，谐音于沾光、善骗人，可发一笑。在"门下清客相公詹光"处，甲戌本侧批说："妙！盖沾光之意。"在"单聘仁"处，甲戌本侧批又说："更妙！盖善于骗人之意。"但是再进一层追究，就可以发现，这里透出了令人感慨不已的某种人情世态，卑微者见到尊贵者感到"作了好梦"，感到无比荣幸激动，"菩萨哥儿"就这样造出来了，且不管他的话是真是假，不管他是否遗失自我。"揩油"的哲学，需要配备几把揩油的刷子。地位左右着人说话的措辞和肢体语言的形式。

[1]（清）曹雪芹著，脂砚斋评：《脂砚斋重评石头记甲戌校本》，作家出版社2000年版，第203页。

说的宝玉也笑了。于是转弯向北奔梨香院来。可巧银库房的总领名唤吴新登与仓上的头目名戴良，还有几个管事的头目，共有七个人，从帐房里出来，一见了宝玉，赶来都一齐垂手站住。独有一个买办名唤钱华，因他多日未见宝玉，忙上来打千儿请安，宝玉忙含笑携他起来。众人都笑说："前儿在一处看见二爷写的斗方儿，字法越发好了，多早晚儿赏我们几张贴贴。"宝玉笑道："在那里看见了？"众人道："好几处都有，都称赞的了不得，还和我们寻呢。"宝玉笑道："不值什么，你们说与我的小幺儿们就是了。"一面说，一面前走，众人待他过去，方都各自散了。

笺证

第八回写买办钱华忙上来打千儿请安，宝玉忙含笑携他起来。众人都笑说："前儿在一处看见二爷写的斗方儿，字法越发好了，多早晚儿赏我们几张贴贴。"一为贵公子，他的书法也受众人追捧，这就是人间常见的势利眼。势利眼的特征是趋炎附势，媚富贱贫，以对方财势的多寡来决定"狗眼看人低，猫眼看人高"的猫猫狗狗的待人态度。

闲言少述，且说宝玉来至梨香院中，先入薛姨妈室中来，正见薛姨妈打点针凿与丫鬟们呢。宝玉忙请了安，薛姨妈忙一把拉了他，抱入怀内，笑说："这们冷天，我的儿，难为你想着来，快上炕来坐着罢。"命人倒滚滚的茶来。宝玉因问："哥哥不在家？"薛姨妈叹道："他是没笼头的马，天天忙不了，那里肯在家一日？"宝玉道："姐姐可大安了。"薛姨妈道："可是呢，你前儿又想着打发人来瞧他。他在里间不是，你去瞧他。里间比这里暖和，那里坐着，我收拾收拾就进去和你说话儿。"宝玉听说，忙下了炕来至里间门前，只见吊着半旧的红细软帘。宝玉掀帘一迈步进去，先就看见薛宝钗坐在炕上作针线，头上挽着漆黑油光的鬓儿，蜜合色棉袄，玫瑰紫二色金银鼠比肩褂，葱黄绫棉裙，一色半新不旧，看去不觉奢华。唇不点而红，眉不画而翠，脸若银盆，眼如水杏。罕言寡语，人谓藏愚，安分随时，自云守拙。宝玉一面看，一面问："姐姐可大愈了？"宝钗抬头只见宝玉进来，连忙起身含笑答说："已经大好了，倒多谢记挂着。"说着，让他在炕沿上坐了，即命莺儿斟茶来。一面又问老太太、姨娘安，别的姐妹们都好。一面看宝玉头上戴着累丝嵌宝紫金冠，额上勒着二龙抢珠金抹额，身上穿着秋香色立蟒白狐腋箭袖，系着五色蝴蝶鸾绦，项上挂着长命锁、记名符，另外有一块落草时衔下来的宝玉。宝钗因笑说道："成日家说你的这玉，究竟未曾细细的赏鉴，我今儿倒要瞧瞧。"说着便挪近前来。宝玉亦凑了上去，从项上摘了下来，递在宝钗手内。宝钗托于掌上，只见大如雀卵，灿若明霞，莹润如酥，五色花纹缠护。这就是大荒山中青埂峰下的那块顽石的幻相。后人曾有诗嘲云：

女娲炼石已荒唐，又向荒唐演大荒。失去幽灵真境界，幻来亲就臭皮囊。好知运败金无彩，堪叹时乖玉不光。白骨如山忘姓氏，无非公子与红妆。

笺证

前此对宝钗描述多及品性，至此第八回借宝玉的眼光对薛宝钗作正面画像："宝玉掀帘一迈步进去，先就看见薛宝钗坐在炕上作针线，头上挽着漆黑油光的鬠儿，蜜合色棉袄，玫瑰紫二色金银鼠比肩褂，葱黄绫棉裙，一色半新不旧，看去不觉奢华。唇不点而红，眉不画而翠，脸若银盆，眼如水杏。罕言寡语，人谓藏愚，安分随时，自云守拙。"藏愚是"人谓"，守拙是"自云"，这已经超出宝玉的眼光而进行全知的审视了，能够做到罕言寡语、安分随时、波澜不惊，已是非常冷静的修炼。对于"衣裳半新不旧，唇不点而红，眉不画而翠"，可见宝玉看美人，不重在衣装，而重在心性。如甲戌本夹批说："这方是宝卿正传。与前写黛玉之传一齐参看，各极其妙，各不相犯，使其人难其左右于毫末。"又有眉批说："画神鬼易，画人物难。写宝卿正是写人之笔，若与黛玉并写更难。今作者写得一毫难处不见，且得二人真体实传，非神助而何？”[2]如此冷静的宝钗，也有几分好奇的主动，笑对宝玉说：“成日家说你的这玉，究竟未曾细细的赏鉴，我今儿倒要瞧瞧。”甲夹：“自首回至此，回回说有通灵玉一物，余亦未曾细细赏鉴，今亦欲一见。”[3]接下来的肢体语言，也别有深意：宝钗说着就挪近前来，宝玉亦凑了上去，从项上摘了下来，递在宝钗手内。宝钗把通灵宝玉托于掌上，甲戌本夹批大发感慨：“试问石兄：此一托，比在青埂峰下猿啼虎啸之声何如？”紧接着眉批说：“余代答曰：‘遂心如意。’”[4]这是何等亲密旖旎的风光，宝玉初见黛玉愤而砸玉，这里却是宝钗以丰润的手掌托玉。作者又故意打破这种亲密旖旎的风光，强化叙事张力，从而编造后人曾有诗嘲讽通灵宝玉云：“女娲炼石已荒唐，又向荒唐演大荒。失去幽灵真境界，幻来亲就臭皮囊。”甲戌本侧批说：“二语可入道，故前引庄叟秘诀。”贾宝玉是倾心庄叟秘诀的，第二十二回宝玉读了《庄子》后，占一偈、填一支《寄生草》曲子以悟禅机，有大段脂批提到庄子。这里的“庄叟秘诀”，指宝玉“失去幽灵真境界，幻来亲就臭皮囊”的幻形入世，是进入了道家的物化流程。对于“好知运败金无彩”，甲戌本侧批说：“又夹入宝钗，不是虚图对得工。”对于“堪叹时乖玉不光”，甲戌本侧批又说：“二语虽粗，本是真情，然此等诗只宜如此，为天下儿女一哭。”[5]金玉无光彩，预示着金玉良缘的悲剧命运。最后“白骨如山忘姓氏，无非公子与红妆”，又有甲戌本侧批说：“批得好。末二句似与题不切，然正是极贴切语。”[6]贴切在何处？就在于公子与红妆，翻过一面看，就是白骨如山，应合着“风月宝鉴”的翻过一面看世界。《红楼梦》叙事手法实在吊诡，于旖旎风光中偏要扫兴，于吉利情境中偏要抖出不吉利来，令情境与评议互相对撞，令人情感一波三折，不可失望，也难以开怀大笑。在若笑非笑之间，吟味着甜酸苦辣兼备的生存哲学。

那顽石亦曾记下他这幻相并癞僧所镌的篆文，今亦按图画于后。但其真体最小，方能从胎中小儿口内衔下。今若按其体画，恐字迹过于微细，使观者大废眼光，亦非畅事。故今只按其形式，无非略展些规矩，使观者便于灯下醉中可阅。今注明此故，方无胎中之儿口有多大，怎得衔此狼犺蠢大之物等语之谤。

通灵宝玉正面图式：通灵宝玉〔注云：莫失莫忘仙寿恒昌〕

通灵宝玉反面图式：〔注云：一除邪祟，二疗冤疾，三知祸福〕

宝钗看毕，又从新翻过正面来细看，口内念道："莫失莫忘，仙寿恒昌。"念了两遍，乃回头向莺儿笑道："你不去倒茶，也在这里发呆作什么？"莺儿嘻嘻笑道："我听这两句话，倒像和姑娘的项圈上的两句话是一对儿。"宝玉听了，忙笑道："原来姐姐那项圈上也有八个字，我也赏鉴赏鉴。"宝钗道："你别听他的话，没有什么字。"宝玉笑央："好姐姐，你怎么瞧我的了呢。"宝钗被缠不过，因说道："也是个人给了两句吉利话儿，所以錾上了，叫天天带着，不然，沉甸甸的有什么趣儿。"一面说，一面解了排扣，从里面大红袄上，将那珠宝晶莹、黄金灿烂的璎珞掏将出来。宝玉忙托了锁看时，果然一面有四个篆字，两面八字，共成两句吉谶。亦曾按式画下形相：

"音注云：不离不弃；　音注云：芳龄永继。"

❷（清）曹雪芹著，脂砚斋评：《脂砚斋重评石头记甲戌校本》，作家出版社2000年版，第205页。

❸（清）曹雪芹著，脂砚斋评：《脂砚斋重评石头记甲戌校本》，作家出版社2000年版，第206页。

❹（清）曹雪芹著，脂砚斋评：《脂砚斋重评石头记甲戌校本》，作家出版社2000年版，第206页。

❺（清）曹雪芹著，脂砚斋评：《脂砚斋重评石头记甲戌校本》，作家出版社2000年版，第206页。

❻（清）曹雪芹著，脂砚斋评：《脂砚斋重评石头记甲戌校本》，作家出版社2000年版，第206页。

宝玉看了，也念了两遍，又念自己的两遍，因笑问："姐姐这八个字，倒真与我的是一对。"莺儿笑道："是个癞头和尚送的，他说必须錾在金器上。"宝钗不待说完，便嗔他不去倒茶，一面又问宝玉从那里来。

笺证

有意思的是，通灵宝玉的正面亮相，是与金锁项圈配对亮相的。看到第八回，宝钗与宝玉对比观看灵玉和金锁，是全书的所谓"金玉良缘"的大关节，意味着宝玉、宝钗在精神上算得是"入港"了。何为"入港"？"入港"一词见于《水浒传》第三回"鲁提辖拳打镇关西"，写鲁达、李忠、史进"三个酒至数杯，正说些闲话，较量些枪法，说得入港，只听得间壁阁子里，有人哽哽咽咽啼哭"。这里的"入港"是交谈投缘，意气投合的意思。但在《红楼梦》中，"入港"就多指男女勾搭上手，发生偷偷摸摸的性关系了。如第七十二回，写司棋和表兄潘又安在大观园湖山石后大桂树阴下，"今日趁乱方初次入港。虽未成双，却也海誓山盟，私传表记，已有无限风情了"，却被鸳鸯碰见。第八十回写薛蟠与宝蟾拉拉扯扯，半推半就，"正要入港"，却被夏金桂设计让香菱无端撞上，宝蟾恨无地缝儿可入，推开薛蟠，一径跑了。宝玉、宝钗在第八回虽然尚未有皮肉之亲，但在宝钗之项圈与宝玉之玉石近距离比照时，可以说他们精神上已经"入港"。这里贾宝玉看望薛宝钗，薛姨妈说："他在里间不是，你去瞧他。里间比这里暖和，那里坐着，我收拾收拾就进去和你说话儿。"蒙古王府本侧批说："作者何等笔法。'里间里'三字，恐文气不足，又贯之以'比这里暖和'，其笔真是神龙云中弄影，是必当进去的神理。"❼薛姨妈给宝玉的"暖和"，提供了宝玉、宝钗会面的温暖气氛，别有暖融融的一番深意。薛宝钗的项圈，由癞头和尚献字錾在金器，文字是："不离不弃，芳龄永继。"与贾宝玉通灵宝玉上的"莫失莫忘，仙寿恒昌"，对应工整，如丫鬟莺儿嘻嘻笑说："我听这两句话，倒像和姑娘的项圈上的两句话是一对儿。""一对儿"明指文字对仗，暗指男女配对。莺儿此言直奔主题，极是要紧。甲戌本夹批说："又引出一个金项圈来，莺儿口中说出方妙。"眉批还说："恨颦儿不早来听此数语，若使彼闻之，不知又有何等妙论趣语以悦我等心臆。"其实，宝钗口内念着通灵宝玉上的文字，念了两遍，乃回头向莺儿笑道："你不去倒茶，也在这里发呆作什么？"这表明宝钗对灵玉与金锁的文字是"一对儿"已是心知肚明，支使莺儿为宝玉倒茶，乃是顾左右而言他，再加上宝玉把金锁上的文字念两遍，又念自己灵玉上的文字两遍，笑说"姐姐这八个字，倒真与我的是一对"。宝玉不是感动惊讶，而是感到开心，这就进一步坐实了"一对儿"的说法，这怎么能说宝钗、宝玉精神上没有"入港"呢？宝玉是自己说出，宝钗的心里话却换用莺儿的口说出，既显示宝钗含而不露，从容不迫，更从旁助力而坐实了你八个字、我八个字的吉谶。然而毕竟是天阙西北、地陷东南，谁又能找到一个圆圆满满、没有缺陷的天地？林黛玉绛珠还泪，却草木无凭，并无人间物证，这是天意留下的难以弥补的缺陷；薛宝钗的项圈文字与通灵宝玉可以配对，但毕竟不同于含玉而生，虽有癞头和尚示意，但总归出自人工，有先验、半先验的差异，又何尝不是天意留下的难以弥补的缺陷？可叹万事总留缺陷，世间难得万全，缺陷蕴含着悲剧，悲剧滋生了美。呜呼哀哉！

宝玉此时与宝钗就近，只闻一阵阵凉森森甜丝丝的幽香，竟不知系何香气，遂问："姐姐熏的是什么香？我竟从未闻见过这味儿。"宝钗笑道："我最怕熏香，好好的衣服，熏的烟燎火气的。"宝玉道："既如此，这是什么香？"宝钗想了一想，笑道："是了，是我早起吃了丸药的香气。"宝玉笑道："什么丸药这么好闻？好姐姐，给我一丸尝尝。"宝钗笑道："又混闹了，一个药也是混吃的？"

⑦ 朱一玄编：《红楼梦资料汇编》，南开大学出版社2012年版，第195页。

一语未了，忽听外面人说："林姑娘来了。"话犹未了，林黛玉已摇摇的走了进来，一见了宝玉，便笑道："嗳哟，我来的不巧了。"宝玉等忙起身笑让坐，宝钗因笑道："这话怎么说？"黛玉笑道："早知他来，我就不来了。"宝钗道："我更不解这意。"黛玉笑道："要来一群都来，要不来一个也不来，今儿他来了，明儿我再来，如此间错开了来着，岂不天天有人来了？也不至于太冷落，也不至于太热闹了。姐姐如何反不解这意思？"

宝玉因见他外面罩着大红羽缎对衿褂子，因问："下雪了么？"地下婆娘们道："下了这半日雪珠儿了。"宝玉道："取了我的斗篷来不曾？"黛玉便道："是不是，我来了他就该去了？"宝玉笑道："我多早晚儿说要去了？不过拿来预备着。"宝玉的奶母李嬷嬷因说道："天又下雪，也好早晚的了，就在这里同姐姐妹妹一处顽顽罢。姨妈那里摆茶果子呢。我叫丫头去取了斗篷来，说给小幺儿们散了罢。"宝玉应允。李嬷嬷出去，命小厮们都各散去不提。

这里薛姨妈已摆了几样细巧茶果来留他们吃茶。宝玉因夸前日在那府里珍大嫂子的好鹅掌鸭信。薛姨妈听了，忙也把自己糟的取了些来与他尝。宝玉笑道："这个须得就酒才好。"薛姨妈便令人去灌了最上等的酒来。李嬷嬷便上来道："姨太太，酒倒罢了。"宝玉央道："妈妈，我只喝一钟。"李嬷嬷道："不中用。当着老太太、太太，那怕你吃一坛呢。想那日我眼错不见一会，不知是那一个没调教的，只图讨你的好儿，不管别人死活，给了你一口酒吃，葬送的我挨了两日骂。姨太太不知道，他性子又可恶，吃了酒更弄性。有一日老太太高兴了，又尽着他吃，什么日子又不许他吃，何苦我白赔在里面！"薛姨妈笑道："老货，你只放心吃你的去。我也不许他吃多了。便是老太太问，有我呢。"一面令小丫鬟："来，让你奶奶们去，也吃一杯搪搪雪气。"那李嬷嬷听如此说，只得和众人去吃些酒水。这里宝玉又说："不必烫热了，我只爱吃冷的。"薛姨妈忙道："这可使不得，吃了冷酒，写字手打飐儿。"宝钗笑道："宝兄弟，亏你每日家杂学旁收的，难道就不知道酒性最热，若热吃下去，发散的就快，若冷吃下去，便凝结在内，以五脏去暖他，岂不受害？从此还不快不要吃那冷的了。"宝玉听这话有情理，便放下冷酒，命人暖来方饮。

黛玉嗑着瓜子儿，只抿着嘴笑。可巧黛玉的小丫鬟雪雁走来与黛玉送小手炉，黛玉因含笑问他："谁叫你送来的？难为他费心，那里就冷死了我。"雪雁道："紫鹃姐姐怕姑娘冷，使我送来的。"黛玉一面接了，抱在怀中，笑道："也亏你倒听他的话。我平日和你说的，全当耳旁风，怎么他说了你就依，比圣旨还快些。"宝玉听这话，知是黛玉借此奚落他，也无回复之词，只嘻嘻的笑两声罢了。宝钗素知黛玉是如此惯了的，也不去睬他。薛姨妈因道："你素日身子弱，禁不得冷的，他们记挂着你倒不好？"黛玉笑道："姨妈不知道。幸亏是姨妈这里，倘或在别人家，人家岂不恼？好说就看的人家连个手炉也没有，巴巴的从家里送个来。不说丫鬟们太小心过馀，还只当我素日是这等轻狂惯了呢。"薛姨妈道："你这个多心的，有这样想，我就没这样心。"

说话时，宝玉已是三杯过去。李嬷嬷又上来拦阻。宝玉正在心甜意洽之时，和宝黛姊妹说说笑笑的，那肯不吃。宝玉只得屈意央告："好妈妈，我再吃两钟就不吃了。"李嬷嬷道："你可仔细老爷今儿在家，隄防问你的书。"宝玉听了这话，便心中大不自在，慢慢的放下酒，垂了头。黛玉先忙的说："别扫大家的兴。舅舅若叫你，只说姨妈留着呢。这个妈妈，他吃了酒，又拿我们来醒脾了。"一面悄推宝玉，使他赌气，一面悄悄的咕哝说："别理那老货，咱们只管乐咱们的。"那李嬷嬷不知黛玉的意思，因说道："林姐儿，你不要助着他了。你倒劝劝他，只怕他还听些。"林黛玉冷笑道："我为什么助他？我也不犯着劝他。你这妈妈太小心了，往常老太太又给他酒吃，如今在姨妈这里多吃一口，料也不妨事。必定姨妈这里是外人，不当在这里的也未可定。”李嬷嬷听了，又是急，又是笑，说道：“真真这林姐儿，说出一句话来，比刀子还尖。你 —— 这算了什么。”宝钗也忍不住笑着，把黛玉腮上一拧，说道：“真真这个颦丫头的一张嘴，叫人恨又不是，喜欢又不是。”薛姨妈一面又说：“别怕，别怕，我的儿。来这里没好的你吃，别把这点子东西唬的存在心里，倒叫我不安。只管放心吃，都有我呢。越发吃了晚饭去，便醉了，就跟着我睡罢。”因命：“再烫热酒来。姨妈陪你吃两杯，可就吃饭罢。”宝玉听了，方又鼓起兴来。

李嬷嬷因吩咐小丫头子们：“你们在这里小心着，我家里换了衣服就来，悄悄的回姨太太，别由着他，多给他吃。”说着便家去了。这里虽还有三两个婆子，都是不关痛痒的，见李嬷嬷走了，也都悄悄去寻方便去了。只剩了两个小丫头子，乐得讨宝玉的欢喜。幸而薛姨妈千哄万哄的，只容他吃了几杯，就忙收过了，作酸笋鸡皮汤，宝玉痛喝了两碗，吃了半碗碧粳粥。一时薛林二人也吃完了饭，又酽酽的沏上茶来大家吃了。薛姨妈方放了心。雪雁等三四个丫头已吃了饭，进来伺候。黛玉因问宝玉道：“你走不走？”宝玉乜斜倦眼道：“你要走，我和你一同走。”黛玉听说，遂起身道：“咱们来了这一日，也该回去了。还不知那边怎么找咱们呢？”说着，二人便告辞。

笺证

第八回写了通灵宝玉与薛宝钗金锁项圈文字的对照，形容宝玉、宝钗精神上“入港”；此时林黛玉摇摇的走进来，使原先的叙事方向发生偏斜，转向新的情节。林黛玉说的话还是不咸不淡，随任自己性情，笑说，“早知他来，我就不来了”；“要来时一群都来，要不来一个也不来，今儿他来了，明儿我再来，如此间错开了来着，岂不天天有人来了？也不至于太冷落，也不至于太热闹了。姐姐如何反不解这意思？”甲戌本朱夹说：“吾不知颦儿以何物为心、为齿、为口、为舌？实不知胸中有何丘壑。”[8]黛玉心中丘壑，存在于话外音，是奚落宝玉亲近宝钗。听话听音，因而李嬷嬷说：“真真这林姐儿，说出一句话来，比刀子还尖。”薛宝钗也说：“真真这个颦丫头的一张嘴，叫人恨又不是，喜欢又不是。”幸有薛姨妈从中斡旋，于是饮茶喝酒尽兴，又有李嬷嬷在打岔扫兴。叙事就在这一推一挽中，形成内在的张力，这就是曹雪芹的叙事功力所在。与黛玉形成对比，宝钗说话，不是任着自己性子，而是兼顾对象，讲究情理。宝玉饮酒说：“不必烫热了，我只爱吃冷的。”薛姨妈忙道：“这可使不得，吃了冷酒，写字手打飐儿。”宝钗帮着笑说：“宝兄弟，亏你每日家杂学旁收的，难道就不知道酒性最热，若热吃下去，发散的就快，若冷吃下去，便凝结在内，以五脏去暖他，岂不受害？从此还不快不要吃那冷的了。”宝玉听这话有情理，便放下冷的，命人暖来方饮。甲戌本对这段文字是眉批、夹批兼用——“若不是宝卿说出（每日家杂学旁收的），竟不知玉卿日就何业”；“在宝卿口中说出玉兄学业，是作微露卸春挂之萌耳，是书勿看正面为幸”；“（宝钗的话）知命知身，识理识性，博学不杂，庶可称为佳人。可笑别小说中一首歪诗，几句淫曲，便自佳人相许，岂不丑杀？”“宝玉亦听的出（宝钗）有情理的话来，与前问读书家务，并皆大奇之事。”[9]奇怪的是脂评中“是作微露卸春挂之萌耳”一语，不知作何解释？这可以参看第二十八回“薛宝钗羞笼红麝串”，薛宝钗卸下胳膊上那挂春意骀荡、性感浮泛的红麝串，那是用麝香加上其他配料做成的红色念珠串子，戴在手腕上非常俏皮，因而引发了一个有关金玉良缘的著名的故事。第二十八回写道：薛宝钗到了贾母这边，只见宝玉在这里呢。薛宝钗因往日母亲对王夫人等曾提过“金锁是个和尚给的，等日后有玉的方可结为婚姻”等语，所以总远着宝玉。昨儿见元春所赐的东西，独他与宝玉一样，心里越发没意思起来。幸亏宝玉被一个林黛玉缠绵住了，心心念念只

[8]（清）曹雪芹著，脂砚斋评：《脂砚斋重评石头记甲戌校本》，作家出版社2000年版，第209页。

[9]（清）曹雪芹著，脂砚斋评：《脂砚斋重评石头记甲戌校本》，作家出版社2000年版，第210页。

记挂着林黛玉，并不理论这事。此刻忽见宝玉笑问道："宝姐姐，我瞧瞧你的红麝串子。"可巧宝钗左腕上笼着一串，见宝玉问他，少不得褪了下来。宝钗生的肌肤丰泽，容易褪不下来。宝玉在旁看着雪白一段酥臂，不觉动了羡慕之心，暗暗想道："这个膀子要长在林妹妹身上，或者还得摸一摸，偏生长在他身上。"正是恨没福得摸，忽然想起"金玉"一事来，再看看宝钗形容，只见脸若银盆，眼似水杏，唇不点而红，眉不画而翠，比林黛玉另具一种妩媚风流，不觉就呆了，宝钗褪了串子来递与他也忘了接。宝钗见他怔了，自己倒不好意思的，丢下串子，回身才要走，只见林黛玉蹬着门槛子，嘴里咬着手帕子笑呢。宝钗道："你又禁不得风吹，怎么又站在那风口里？"林黛玉笑道："何曾不是在屋里的。只因听见天上一声叫唤，出来瞧了瞧，原来是个呆雁。"薛宝钗道："呆雁在那里呢？我也瞧一瞧。"林黛玉道："我才出来，他就'忒儿'一声飞了。"口里说着，将手里的帕子一甩，向宝玉脸上甩来。宝玉不防，正打在眼上，"嗳哟"了一声。紧接着第二十九回开头写道：话说宝玉正自发怔，不想黛玉将手帕子甩了来，正碰在眼睛上，倒唬了一跳，问是谁。林黛玉摇着头儿笑道："不敢，是我失了手。因为宝姐姐要看呆雁，我比给他看，不想失了手。"宝玉揉着眼睛，待要说什么，又不好说的。由此可知，第八回脂评说"微露卸春挂之萌"，只不过是宝玉初萌对宝钗的倾心，到了第二十八、二十九回才在宝钗"卸春挂"上痴痴地变成了一只"呆雁"。宝玉心仪的是"鲜艳妩媚，有似乎宝钗；风流袅娜，则又如黛玉"的"兼美"美人，那是他的美学理想，谁说不是呢？理想充实了精神，却跌碎在人间。

小丫头忙捧过斗笠来，宝玉便把头略低一低，命他戴上。那丫头便将着大红猩毡斗笠一抖，才往宝玉头上一合，宝玉便说："罢，罢。好蠢东西，你也轻些儿。难道没见过别人戴过的？让我自己戴罢。"黛玉站在炕沿上道："罗唆什么，过来，我瞧瞧罢。"宝玉忙就近前来。黛玉用手整理，轻轻笼住束发冠，将笠沿掖在抹额之上，将那一颗核桃大的绛绒簪缨扶起，颤巍巍露于笠外。整理已毕，端相了端相，说道："好了，披上斗篷罢。"宝玉听了，方接了斗篷披上。薛姨妈忙道："跟你们的妈妈都还没来呢，且略等等不迟。”宝玉道：“我们倒去等他们，有丫头们跟着也够了。”薛姨妈不放心，到底命两个妇女跟随他兄妹方罢。他二人道了扰，一径回至贾母房中。

笺证

值得注意的是，《红楼梦》中与大红猩猩斗篷相关的记载，共有七处。一是这第八回：黛玉用手整理（宝玉头上的大红猩毡斗笠），轻轻笼住束发冠，将笠沿掖在抹额之上，将那一颗核桃大的绛绒簪缨扶起，颤巍巍露于笠外。整理已毕，端相了端相，说道：“好了，披上斗篷罢。”宝玉听了，方接了斗篷披上。二是第三十一回：林黛玉笑说史湘云：“惟有前年正月里接了他来，住了没两日就下起雪来，老太太和舅母那日想是才拜了影回来，老太太的一个新新的大红猩毡斗篷放在那里，谁知眼错不见他就披了，又大又长，他就拿了个汗巾子拦腰系上，和丫头们在后院子扑雪人儿去，一跤栽到沟跟前，弄了一身泥水。”三是第四十九回：（宝玉）屋里的小丫头子送了猩猩毡斗篷来……宝玉便邀着黛玉同往稻香村来。黛玉换上掐金挖云红香羊皮小靴，罩了一件大红羽纱面白狐狸里的鹤氅，束一条青金闪绿双环四合如意绦，头上罩了雪帽。二人一齐踏雪行来。只见众姊妹都在那边，都是一色大红猩猩毡与羽毛缎斗篷。四是第四十九回：（宝玉）刚至沁芳亭，见探春正从秋爽斋来，围着大红猩猩毡斗篷，戴着观音兜，扶着小丫头，后面一个妇人打着青绸油伞。五是第五十一回：凤姐儿命平儿把一个玉色绸里的哆罗呢的包袱拿出来，又命包上一件雪褂子（赠给袭人）。平儿走去拿了出来，一件是半旧大红猩猩毡的，一件是大红羽纱的。袭人道：“一件就当不起了。”平儿笑道："你拿这猩猩毡的。把这件顺手拿将出来，叫人给邢大姑娘送去。昨儿那么大雪，人人都是有的，不是猩猩毡，就是羽缎羽纱的，十来件大红衣裳，映着大雪好不齐整。就只他穿着那件旧毡斗篷，越发显的拱肩缩背，好不可怜见的。如今把这件给他罢。"六是第五十二回：贾母见宝玉身上穿着荔色哆罗呢的天马箭袖，大红猩猩毡盘金彩绣石青妆缎沿边的排穗褂子。贾母道："下雪呢么？"宝玉道："天阴着，还没下呢。"贾母便命鸳鸯来："把昨儿那一件乌云豹的氅衣给他罢。"七是第一二〇回：（贾政船）行到毘陵驿……自己在船中写家书，先要打发人起早到家。写到宝玉的事，便停笔。抬头忽见船头上微微的雪影里面一个人，光着头，赤着脚，身上披着一领大红猩猩毡的斗篷，向贾政倒身下拜。贾政尚未认清，急忙出船，欲待扶住问他是谁。那人已拜了四拜，站起来打了个问讯。贾政才要还揖，迎面一看，不是别人，却是宝玉。贾政吃一大惊，忙问道："可是宝玉么？"那人只不言语，似喜似悲。贾政又问道："你若是宝玉，如何这样打扮，跑到这里？"宝玉未及回言，只见船头上来了两人，一僧一道，夹住宝玉说道："俗缘已毕，还不快走！"说着，三个人飘然登岸而去。贾政不顾地滑，疾忙来赶。见那三人在前，那里赶得上。只听得他们三人口中不知是那个作歌曰："我所居兮，青埂之峰。我所游兮，鸿蒙太空。谁与我游兮，吾谁与从。渺渺茫茫兮，归彼大荒。"这类与大红猩猩斗篷相关的服饰，男女皆有，僧俗皆见，突显了人物的身份，给全书增添了绚丽的色彩。

贾母尚未用晚饭，知是薛姨妈处来，更加喜欢。因见宝玉吃了酒，遂命他自回房去歇着，不许再出来了。因命人好生看侍着。忽想起跟宝玉的人来，遂问众人："李奶子怎么不见？"众人不敢直说家去了，只说："才进来的，想有事才去了。"宝玉踉跄回头道："他比老太太还受用呢，问他作什么。没有他只怕我还多活两日！"一面说，一面来至自己的卧室。只见笔墨在案，晴雯先接出来，笑说道："好，好，要我研了那些墨，早起高兴，只写了三个字，丢下笔就走了，哄的我们等了一日。快来与我写完这些墨才罢。"宝玉忽然想起早起的事来，因笑道："我写的那三个字在那里呢？"晴雯笑道:“这个人可醉了。你头里过那府里去，嘱咐贴在这门斗上，这会子又这么问。我生怕别人贴坏了，我亲自爬高上梯的贴上，这会子还冻的手僵冷的呢。”宝玉听了，笑道:“我忘了。你的手冷，我替你渥着。”说着便伸手携了晴雯的手，同仰首看门斗上新书的三个字。

一时黛玉来了，宝玉笑道:“好妹妹，你别撒谎，你看这三个字那一个好?”黛玉仰头看里间门斗上，新贴了三个字，写着“绛云轩”。黛玉笑道:“个个都好。怎么写的这们好了? 明儿也与我写一个匾。”宝玉嘻嘻的笑道:“又哄我呢。”说着又问:“袭人姐姐呢?”晴雯向里间炕上努嘴。宝玉一看，只见袭人和衣睡着在那里。宝玉笑道:“好，太渥早了些。”因又问晴雯道:“今儿我在那府里吃早饭，有一碟子豆腐皮的包子，我想着你爱吃，和珍大奶奶说了，只说我留着晚上吃，叫人送过来的，你可吃了?”晴雯道:“快别提。一送了来，我知道是我的，偏我才吃了饭，就放在那里。后来李奶奶来了看见，说:宝玉未必吃了，拿了给我孙子吃去罢。他就叫人拿了家去了。”接着茜雪捧上茶来。宝玉因让“林妹妹吃茶”，众人笑说:“林妹妹早走了，还让呢。”

宝玉吃了半碗茶，忽又想起早起的茶来，因问茜雪道:“早起沏了一碗枫露茶，我说过，那茶是三四次后才出色的，这会子怎么又沏了这个来?”茜雪道:“我原是留着的，那会子李奶奶来了，他要尝尝，就给他吃了。”宝玉听了，将手中的茶杯只顺手往地下一掷，豁啷一声，打了个粉碎，泼了茜雪一裙子的茶。又跳起来问着茜雪道:“他是你那一门子的奶奶，你们这么孝敬他? 不过是仗着我小时候吃过他几日奶罢了。如今逞的他比祖宗还大了。如今我又吃不着奶了，白白的养着祖宗作什么? 撵了出去，大家干净。”说着便要去立刻回贾母，撵他乳母。

原来袭人实未睡着，不过故意装睡，引宝玉来怄他顽耍。先闻得说字问包子等事，也还可不必起来，后来摔了茶钟，动了气，遂连忙起来解释劝阻。早有贾母遣人来问是怎么了。袭人忙道："我才倒茶来，被雪滑倒了，失手砸了钟子。"一面又安慰宝玉道："你立意要撵他也好，我们也都愿意出去，不如趁势连我们一齐撵了，我们也好，你也不愁再有好的来服侍你。"宝玉听了这话，方无了言语，被袭人等扶至炕上，脱换了衣服。不知宝玉口内还说些什么，只觉口齿缠绵，眼眉愈加饧涩，忙服侍他睡下。袭人伸手从他项上摘下那通灵玉来，用自己的手帕包好，塞在褥下，次日带时便冰不着脖子。那宝玉就枕便睡着了。彼时李嬷嬷等已进来了，听见醉了，不敢前来再加触犯，只悄悄的打听睡了，方放心散去。

次日醒来，就有人回："那边小蓉大爷带了秦相公来拜。"宝玉忙接了出去，领了拜见贾母。贾母见秦钟形容标致，举止温柔，堪陪宝玉读书，心中十分欢喜，便留茶留饭，又命人带去见王夫人等。众人因素爱秦氏，今见了秦钟是这般人品，也都欢喜，临去时都有表礼。贾母又与了一个荷包并一个金魁星，取"文星和合"之意。又嘱咐他道："你家住的远，或有一时寒热饥饱不便，只管住在这里，不必限定了。只和你宝叔在一处，别跟着那些不长进的东西们学。"秦钟一一的答应，回去禀知。

他父亲秦业现任营缮郎，年近七十，夫人早亡。因当年无儿女，便向养生堂抱了一个儿子并一个女儿。谁知儿子又死了，只剩女儿，小名唤可儿，长大时，生的形容袅娜，性格风流。因素与贾家有些瓜葛，故结了亲，许与贾蓉为妻。那秦业至五旬之上方得了秦钟。因去岁业师亡故，未暇延请高明之士，只得暂时在家温习旧课。正思要和亲家去商议送往他家塾中，暂且不致荒废，可巧遇见了宝玉这个机会。又知贾家塾中现今司塾的是贾代儒，乃当今之老儒，秦钟此去，学业料必进益，成名可望，因此十分喜悦。只是宦囊羞涩，那贾家上上下下都是一双富贵眼睛，贽见礼必须丰厚，容易拿不出来，又恐误了儿子的终身大事，说不得东拼西凑的恭恭敬敬封了二十四两贽见礼，亲自带了秦钟，来代儒家拜见了。然后听宝玉上学之日，好一同入塾。正是：

早知日后闲争气，岂肯今朝错读书。

笺证

第八回“贾宝玉大醉绛芸轩”，绛芸轩是宝玉自题居室匾额，命晴雯贴在里门斗上，真可谓隆重的挂牌仪式。郭璞注《尔雅·释草》宋邢昺疏曰：“《说文》亦云：芸，草也，似苜蓿。《淮南子》说：芸草，可以死复生。《月令》注云：芸，香草也。”宝玉以一种可以死而复生的绛红色的香草，命名自己居室，冥冥中牵系着西方灵河畔的绛珠仙草。而实际上，宝玉这次醉闹绛芸轩的重点是闹他的奶妈李嬷嬷。宝玉问知从宁府捎给晴雯吃的豆腐皮包子，被李嬷嬷拿回家给孙子；又问知早上泡的枫露茶，被李嬷嬷喝掉了，就把茶碗打得粉碎，怒斥：“他（她）是你那一门子的奶奶，你们这么孝敬他？不过是仗着我小时候吃过他几日奶罢了。如今逞的他比祖宗还大了。如今我又吃不着奶了，白白的养着祖宗作什么？撵了出去，大家干净。”奶妈的倚老卖大，蛮横吃掉喜欢的茶点，还强行规劝宝玉走“正路”，都使宝玉气不打一处出。但宝玉也对之无可奈何，其中一个重要的原因，是由于这种奶妈文化实际上是作家曹府世代获益的文化传统。曹雪芹的曾祖母孙氏就是康熙的奶妈。追溯起来，曹雪芹的六世祖曹锡远明末任沈阳中卫指挥使，沈阳沦陷之际被俘，沦为后金包衣（即家奴）旗人。曹雪芹五世祖曹振彦跟随努尔哈赤、皇太极、多尔衮征战，多立战功，官至两浙都转运盐使司盐法道。曹雪芹曾祖父曹玺跟随多尔衮平定山西姜骧叛乱，其妻孙氏为康熙的奶妈。康熙登基后，任命奶妈孙氏的丈夫曹玺做江宁织造监督一职，从此曹家三代四人担任此职，长达65年。曹玺儿子、曹雪芹的祖父曹寅也由于这层奶兄关系，官至朝廷三品大臣，其女儿又做了郡王王妃。曹寅是曹雪芹祖父，出任苏州织造、江宁织造。康熙后四次南巡皆住曹寅家。曹寅为人风雅，喜交名士，通诗词，晓音律，主编《全唐诗》，著有戏曲《虎口余生》与《续琵琶》。曹寅有两个儿子曹颙、曹頫，曹頫是曹雪芹的父亲，曾补放江宁织造。雍正五年（1727），曹頫被参劾骚扰驿站，被降旨交部严审革职。曹頫受审查期间秘密转移家财，事发被抄家，曹家因此彻底败落了。曹府之盛起于康熙朝的奶妈文化，曹府之败缘于雍正朝奶妈文化的失宠，这近百年的曹氏家族的盛衰荣枯，离不开奶妈文化这个结子。因此，《红楼梦》反反复复地写贾宝玉的奶妈李嬷嬷倚老卖老，实际上联系着曹家发迹的奶妈传统，这是一种恒久的家族记忆。另外，第八回结尾也有值得注意的地方。对秦可卿和秦钟身世的介绍，就甚可注意："秦业现任营缮郎，年近七十，夫人早亡。因当年无儿女，便向养生堂抱了一个儿子并一个女儿。谁知儿子又死了，只剩女儿，小名唤可儿，长大时，生的形容袅娜，性格风流。因素与贾家有些瓜葛，故结了亲，许与贾蓉为妻。那秦业至五旬之上方得了秦钟。"秦可卿是向养生堂抱养的，出处莫明，背后隐藏着太虚幻境的渺茫世界。甲戌本夹批说："出（秦可卿的可儿）名。秦氏究竟不知系出何氏，所谓寓褒贬、别善恶是也。秉刀斧之笔、具菩萨之心亦甚难矣。◇如此写出可儿来历亦甚苦矣。又知作者是欲天下人共来哭此情字。"[10]甲戌本眉批又说："写可儿出身自养生堂，是褒中贬。后死封龙禁尉，是贬中褒。灵巧一至于此。"[11]秦可卿的身世莫明，给后世留下了许多无端猜测的可能性。秦钟是晚年所得之子，难免溺爱有加，铸成了他的"情种"品性。曹雪芹一笔多义，写身世中却潜伏着人物的性情和命运。因为身世是人物的性情和命运的初始出发点。

[10]（清）曹雪芹著，脂砚斋评：《脂砚斋重评石头记甲戌校本》，作家出版社2000年版，第216页。

[11]（清）曹雪芹著，脂砚斋评：《脂砚斋重评石头记甲戌校本》，作家出版社2000年版，第217页。

第九回
恋风流情友入家塾
起嫌疑顽童闹学堂

话说秦业父子专候贾家的人来送上学择日之信。原来宝玉急于要和秦钟相遇，却顾不得别的，遂择了后日一定上学。“后日一早请秦相公到我这里，会齐了，一同前去。”—— 打发了人送了信。

至是日一早，宝玉起来时，袭人早已把书笔文物包好，收拾的停停妥妥，坐在床沿上发闷。见宝玉醒来，只得服侍他梳洗。宝玉见他闷闷的，因笑问道:“好姐姐，你怎么又不自在了？难道怪我上学去丢的你们冷清了不成？”袭人笑道:“这是那里话。读书是极好的事，不然就潦倒一辈子，终久怎么样呢。但只一件:只是念书的时节想着书，不念的时节想着家些。别和他们一处顽闹，碰见老爷不是顽的。虽说是奋志要强，那工课宁可少些，一则贪多嚼不烂，二则身子也要保重。这就是我的意思，你可要体谅。”袭人说一句，宝玉应一句。袭人又道:“大毛衣服我也包好了，交出给小子们去了。学里冷，好歹想着添换，比不得家里有人照顾。脚炉手炉的炭也交出去了，你可着他们添。那一起懒贼，你不说，他们乐得不动，白冻坏了你。”宝玉道:“你放心，出外头我自己都会调停的。你们也别闷死在这屋里，长和林妹妹一处去顽笑着才好。”说着，俱已穿戴齐备，袭人催他去见贾母、贾政、王夫人等。宝玉又去嘱咐了晴雯麝月等几句，方出来见贾母。贾母也未免有几句嘱咐的话。然后去见王夫人，又出来书房中见贾政。

偏生这日贾政回家早些，正在书房中与相公清客们闲谈。忽见宝玉进来请安，回说上学里去，贾政冷笑道:“你如果再提‘上学’两个字，连我也羞死了。依我的话，你竟顽你的去是正理。仔细站脏了我这地，靠脏了我的门。”众清客相公们都早起身笑道：“老世翁何必又如此？今日世兄一去，三二年就可显身成名的了，断不似往年仍作小儿之态了。天也将饭时，世兄竟快请罢。”说着便有两个年老的携了宝玉出去。

贾政因问：“跟宝玉的是谁？”只听外面答应了两声，早进来三四个大汉，打千儿请安。贾政看时，认得是宝玉的奶母之子，名唤李贵。因向他道：“你们成日家跟他上学，他到底念了些什么书。倒念了些流言混语在肚子里，学了些精致的淘气。等我闲一闲，先揭了你的皮，再和那不长进的算帐。”吓的李贵忙双膝跪下，摘了帽子，碰头有声，连连答应“是”，又回说：“哥儿已念到第三本《诗经》，什么‘呦呦鹿鸣，荷叶浮萍’，小的不敢撒谎。”说的满座哄然大笑起来。贾政也撑不住笑了。因说道：“那怕再念三十本《诗经》，也都是掩耳偷铃，哄人而已。你去请学里太爷的安，就说我说了：什么《诗经》古文，一概不用虚应故事，只是先把《四书》一气讲明背熟，是最要紧的。”李贵忙答应“是”，见贾政无话，方退出去。

笺证

蒙学教材《三字经》有言：“养不教，父之过。教不严，师之惰。子不学，非所宜。幼不学，老何为？”这里强调了父亲教子的责任，发出了儿子不及早向学，到老都难有作为的警示。《三字经》作者传为南宋王应麟，其为学宗尚朱熹。贾宝玉对这种正统的强制性教育，是不以为然的。袭人明白宝玉的性情，在第九回“恋风流情友入家塾”，就笑着叮嘱宝玉说：“读书是极好的事，不然就潦倒一辈子，终久怎么样呢。但只一件：只是念书的时节想着书，不念的时节想着家些。别和他们一处顽闹，碰见老爷不是顽的。虽说是奋志要强，那工课宁可少些，一则贪多嚼不烂，二则身子也要保重。这就是我的意思，你可要体谅。”袭人所说“读书是极好的事，不然就潦倒一辈子，终久怎么样呢”，与“子不学，非所宜。幼不学，老何为”是不谋而合的。但她把“奋志要强”放在“虽说是”的位置，着眼点的顺势利导，量力而行。戚蓼生本夹批说：“书正语细嘱一番。盖袭卿心中，明知宝玉他并非真心奋志之人，袭人自别有说不出来之话。”[1] 袭人由此成了宝玉的监护人，成了她的丫鬟姐姐、丫鬟妈妈、丫鬟情侣，她是顺着宝玉的性子说话，而加以调教的。贾政属于自幼酷喜读书，为人谦恭厚道，大有祖父遗风，非膏粱轻薄的仕宦之流，他教训儿子，却抱着儒家的方正面孔，逆着宝玉的性子训斥，一副道貌岸然，连属于五经的《诗经》都可以不计，要紧的是熟读《四书》，修心养性，步入经济仕途。可惜贾政堂上训子：“你如果再提‘上学’两个字，连我也羞死了。”却不知从性情入手加以疏导，对家塾义学又不知改良，也就使他堂上忿忿不平的生硬训斥，成了废话一篇。如果父子关系如同老鼠见到猫，那么又如何能够使老鼠乖乖地听从猫的话呢？教子之方，要懂得因其性情，顺势利导，这就是老子所说的“道法自然”。有意思的是，在贾政训子时加进了一个插曲，宝玉奶妈李嬷嬷的儿子李贵陪同宝玉上学，他回答贾政关于宝玉读什么书时说：“哥儿已念到第三本《诗经》，什么‘呦呦鹿鸣，荷叶浮萍’，小的不敢撒谎。”说的满座哄然大笑起来。贾政也撑不住笑了。李贵如此把《诗经·小雅·鹿鸣》中“呦呦鹿鸣，食野之苹”一句，由神圣变成荒谬，变成笑料，就以戏剧化的方式把贾政的一派道貌岸然稀释了、消解了。这就是《红楼梦》的张弛有度，雅俗兼及，以弛破张，以俗破雅，一两拨千斤的叙事手法。

此时宝玉独站在院外屏声静候，待他们出来，便忙忙的走了。李贵等一面掸衣服，一面说道：“哥儿听见了不曾？可先要揭我们的皮呢。人家的奴才跟主子赚些好体面，我们这等奴才白陪着挨打受骂的。从此后也可怜见些才好。”宝玉笑道：“好哥哥，你别委曲，我明儿请你。”李贵道：“小祖宗，谁敢望你请，只求听一句半句话就有了。”说着，又至贾母这边，秦钟早来候着了，贾母正和他说话儿呢。于是二人见过，辞了贾母。宝玉忽想起未辞黛玉，因又忙至黛玉房中来作辞。彼时黛玉才在窗下对镜理妆，听宝玉说上学去，因笑道：“好，这一去，可定是要‘蟾宫折桂’去了。我不能送你了。”宝玉道：“好妹妹，等我下了学再吃饭。和胭脂膏子也等我来再制。”劳叨了半日，方撤身去了。黛玉忙又叫住问道：“你怎么不去辞辞你宝姐姐呢？”宝玉笑而不答，一径同秦钟上学去了。

❶ 朱一玄校录：《红楼梦脂评校录》，齐鲁书社1986年版，第157页。

原来这贾家之义学，离此也不甚远，不过一里之遥，原系始祖所立，恐族中子弟有贫穷不能请师者，即入此中肄业。凡族中有官爵之人，皆供给银两，按俸之多寡帮助，为学中之费。特共举年高有德之人为塾掌，专为训课子弟。如今宝、秦二人来了，一一的都互相拜见过，读起书来。自此以后，他二人同来同往，同坐同起，愈加亲密。又兼贾母爱惜，也时常的留下秦钟，住上三天五日，与自己的重孙一般疼爱。因见秦钟不甚宽裕，更又助他些衣履等物。不上一月之工，秦钟在荣府便熟了。宝玉终是不安本分之人，竟一味的随心所欲，因此又发了癖性，又特向秦钟悄说道：“咱们俩个人一样的年纪，况又是同窗，以后不必论叔侄，只论弟兄朋友就是了。”先是秦钟不肯，当不得宝玉不依，只叫他“兄弟”，或叫他的表字“鲸卿”，秦钟也只得混着乱叫起来。

原来这学中虽都是本族人丁与些亲戚的子弟，俗语说的好，“一龙生九种，种种各别”，未免人多了，就有龙蛇混杂，下流人物在内。自宝、秦二人来了，都生的花朵儿一般的模样，又见秦钟腼腆温柔，未语面先红，怯怯羞羞，有女儿之风；宝玉又是天生成惯能作小服低，赔身下气，情性体贴，话语绵缠，因此二人更加亲厚，也怨不得那起同窗人起了疑，背地里你言我语，诟谇谣诼，布满书房内外。

原来薛蟠自来王夫人处住后，便知有一家学，学中广有青年子弟，不免偶动了龙阳之兴，因此也假来上学读书，不过是三日打鱼，两日晒网，白送些束脩礼物与贾代儒，却不曾有一些儿进益，只图结交些契弟。谁想这学内就有好几个小学生，图了薛蟠的银钱吃穿，被他哄上手的，也不消多记。更又有两个多情的小学生，亦不知是那一房的亲眷，亦未考真名姓，只因生得妩媚风流，满学中都送了他两个外号，一号“香怜”，一号“玉爱”。虽都有窃慕之意，将不利于孺子之心，只是都惧薛蟠的威势，不敢来沾惹。如今宝、秦二人一来，见了他两个，也不免绻缱羡慕，亦因知系薛蟠相知，故未敢轻举妄动。香、玉二人心中，也一般的留情与宝、秦。因此四人心中虽有情意，只未发迹。每日一入学中，四处各坐，却八目勾留，或设言托意，或咏桑寓柳，遥以心照，却外面自为避人眼目。不意偏又有几个滑贼看出形景来，都背后挤眉弄眼，或咳嗽扬声，这也非止一日。

可巧这日代儒有事，早已回家去了，只留下一句七言对联，命学生对了，明日再来上书，将学中之事，又命贾瑞暂且管理。妙在薛蟠如今不大来学中应卯了，因此秦钟趁此和香怜挤眉弄眼，递暗号儿，二人假装出小恭，走至后院说梯己话。秦钟先问他：“家里的大人可管你交朋友不管？”一语未了，只听背后咳嗽了一声。二人唬的忙回头看时，原来是窗友名金荣者。香怜有些性急，羞怒相激，问他道：“你咳嗽什么？难道不许我两个说话不成？”金荣笑道：“许你们说话，难道不许我咳嗽不成？我只问你们：有话不明说，许你们这样鬼鬼祟祟的干什么故事？我可也拿住了，还赖什么。先得让我抽个头儿，咱们一声儿不言语，不然大家就奋起来。”秦、香二人急的飞红的脸，便问道：“你拿住什么了？”金荣笑道：“我现拿住了是真的。”说着，又拍着手笑嚷道：“贴的好烧饼，你们都不买一个吃去？”秦钟、香怜二人又气又急，忙进去向贾瑞前告金荣，说金荣无故欺负他两个。

原来这贾瑞最是个图便宜没行止的人，每在学中以公报私，勒索子弟们请他，后又附助着薛蟠图些银钱酒肉，一任薛蟠横行霸道，他不但不去管约，反助纣为虐讨好儿。偏那薛蟠本是浮萍心性，今日爱东，明日爱西，近来又有了新朋友，把香、玉二人又丢开一边。就连金荣亦是当日的好朋友，自有了香、玉二人，便弃了金荣。近日连香、玉亦已见弃。故贾瑞也无了提携帮衬之人，不说薛蟠得新弃旧，只怨香、玉二人不在薛蟠前提携帮补他，因此贾瑞、金荣等一干人，也正在醋妒他两个。今见秦、香二人来告金荣，贾瑞心中便更不自在起来，虽不好呵叱秦钟，却拿着香怜作法，反说他多事，着实抢白了几句。香怜反讨了没趣，连秦钟也讪讪的各归坐位去了。金荣越发得了意，摇头咂嘴的，口内还说许多闲话，玉爱偏又听了不忿，两个人隔座咕咕唧唧的角起口来。金荣只一口咬定说："方才明明的撞见他两个在后院子里亲嘴摸屁股，一对一肏，撅草根儿抽长短，谁长谁先干。"金荣只顾得意乱说，却不防还有别人。谁知早又触怒了一个。你道这个是谁?

原来这一个名唤贾蔷，亦系宁府中之正派玄孙，父母早亡，从小儿跟着贾珍过活，如今长了十六岁，比贾蓉生的还风流俊俏。他弟兄二人最相亲厚，常相共处。宁府人多口杂，那些不得志的奴仆们，专能造言诽谤主人，因此不知又有什么小人诟谇谣诼之词。贾珍想亦风闻得些口声不大好，自己也要避些嫌疑，如今竟分与房舍，命贾蔷搬出宁府，自去立门户过活去了。这贾蔷外相既美，内性又聪明，虽然应名来上学，亦不过虚掩眼目而已。仍是斗鸡走狗，赏花玩柳。总恃上有贾珍溺爱，下有贾蓉匡助，因此族人谁敢来触逆于他。他既和贾蓉最好，今见有人欺负秦钟，如何肯依?如今自己要挺身出来报不平，心中却忖度一番，想道："金荣、贾瑞一干人，都是薛大叔的相知，向日我又与薛大叔相好，倘或我一出头，他们告诉了老薛，我们岂不伤和气？待要不管，如此谣言，说的大家没趣。如今何不用计制伏，又止息口声，又伤不了脸面。”想毕，也装作出小恭，走至外面，悄悄的把跟宝玉的书童名唤茗烟者唤到身边，如此这般，调拨他几句。

这茗烟乃是宝玉第一个得用的，且又年轻不谙世事，如今听贾蔷说金荣如此欺负秦钟，连他爷宝玉都干连在内，不给他个利害，下次越发狂纵难制了。这茗烟无故就要欺压人的，如今得了这个信，又有贾蔷助着，便一头进来找金荣，也不叫金相公了，只说：“姓金的，你是什么东西！”贾蔷遂跺一跺靴子，故意整整衣服，看看日影儿说：“是时候了。”遂先向贾瑞说有事要早走一步。贾瑞不敢强他，只得随他去了。这里茗烟先一把揪住金荣，问道：“我们肏屁股不肏屁股，管你䶂䶕相干，横竖没肏你爹去罢了。你是好小子，出来动一动你茗大爷！”唬的满屋中子弟都怔怔的痴望。贾瑞忙吆喝：“茗烟不得撒野。”金荣气黄了脸，说：“反了！奴才小子都敢如此，我只和你主子说。”便夺手要去抓打宝玉、秦钟。尚未去时，从脑后飕的一声，早见一方砚瓦飞来，并不知系何人打来的，幸未打着，却又打在旁人的座上，这座上乃是贾兰、贾菌。

这贾菌亦系荣国府近派的重孙，其母亦少寡，独守着贾菌。这贾菌与贾兰最好，所以二人同桌而坐。谁知贾菌年纪虽小，志气最大，极是淘气不怕人的。他在座上冷眼看见金荣的朋友暗助金荣，飞砚来打茗烟，偏没打着茗烟，便落在他桌上，正打在面前，将一个磁砚水壶打了个粉碎，溅了一书黑水。贾菌如何依得，便骂：“好囚攮的们，这不都动了手了么！”骂着，也便抓起砚砖来要打回去。贾兰是个省事的，忙按住砚，极口劝道：“好兄弟，不与咱们相干。”贾菌如何忍得住，便两手抱起书匣子来，照那边抡了去。终是身小力薄，却抡不到那里，刚到宝玉、秦钟桌案上就落了下来。只听哗啷啷一声，砸在桌上，书本纸片等至于笔砚之物撒了一桌，又把宝玉的一碗茶也砸得碗碎茶流。贾菌便跳出来，要揪打那一个飞砚的。金荣此时随手抓了一根毛竹大板在手，地狭人多，那里经得舞动长板。茗烟早吃了一下，乱嚷：“你们还不来动手。”宝玉还有三个小厮：一名锄药，一名扫红，一名墨雨。这三个岂有不淘气的，一齐乱嚷："小妇养的，动了兵器了。"墨雨遂掇起一根门闩，扫红、锄药手中都是马鞭子，蜂拥而上。贾瑞急的拦一回这个，劝一回那个，谁听他的话，肆行大闹。众顽童也有趁势帮着打太平拳助乐的，也有胆小藏在一边的，也有直立在桌上拍着手儿乱笑，喝着声儿叫打的，登时间鼎沸起来。

外边李贵等几个大仆人听见里边作起反来，忙都进来一齐喝住。问是何原故，众声不一，这一个如此说，那一个又如彼说。李贵且喝骂了茗烟四个一顿，撵了出去。秦钟的头早撞在金荣的板上，打起一层油皮，宝玉正拿褂襟子替他揉呢，见喝住了众人，便命："李贵，收书，拉马来，我去回太爷去。我们被人欺负了，不敢说别的，守礼来告诉瑞大爷，瑞大爷反倒派我们的不是，听着人家骂我们，还调唆他们打我们。茗烟见人欺负我他岂有不为我的；他们反打伙儿打了茗烟，连秦钟的头也打破。这还在这里念什么书！茗烟他也是为有人欺侮我的。不如散了罢。"李贵劝道："哥儿不要性急。太爷既有事回家去了，这会子为这点子事去聒噪他老人家，倒显的咱们没理。依我的主意，那里的事那里了结好，何必去惊动他老人家！这都是瑞大爷的不是，太爷不在这里，你老人家就是这学里的头脑了，众人看着你行事。众人有了不是，该打的打，该罚的罚，如何等闹到这步田地还不管？"贾瑞道："我吆喝着都不听。"李贵笑道："不怕你老人家恼我，素日你老人家到底有些不正经，所以这些兄弟才不听。就闹到太爷跟前去，连你老人家也是脱不过的。还不快作主意撕罗开了罢。"宝玉道："撕罗什么？我必是回去的。"秦钟哭道："有金荣，我是不在这里念书的。"宝玉道："这是为什么？难道有人家来的，咱们倒来不得？我必回明白众人，撵了金荣去。"又问李贵："金荣是那一房的亲戚？”李贵想了一想道：“也不用问了。若问起那一房的亲戚，更伤了兄弟们的和气。”

茗烟在窗外道：“他是东胡同子里璜大奶奶的侄儿。那是什么硬正仗腰子的，也来唬我们。璜大奶奶是他姑娘。你那姑妈只会打旋磨子，给我们琏二奶奶跪着借当头。我眼里就看不起他那样的主子奶奶。”李贵忙断喝不止，说：“偏你这小狗肏的知道，有这些蛆嚼。”宝玉冷笑道：“我只当是谁的亲戚，原来是璜嫂子的侄儿，我就去问问他来。”说着便要走。叫茗烟进来包书。茗烟包着书，又得意道：“爷也不用自己去见，等我到他家，就说老太太有说的话问他呢，雇上一辆车拉进去，当着老太太问他，岂不省事。”李贵忙喝道：“你要死。仔细回去我好不好先捶了你，然后再回老爷太太，就说宝玉全是你调唆的。我这里好容易劝哄好了一半了，你又来生个新法子。你闹了学堂，不说变法儿压息了才是，倒要往大里闹。”茗烟方不敢作声儿了。

此时贾瑞也怕闹大了，自己也不干净，只得委曲着来央告秦钟，又央告宝玉。先是他二人不肯。后来宝玉说：“不回去也罢了，只叫金荣赔不是便罢。”金荣先是不肯，后来禁不得贾瑞也来逼他去赔不是，李贵等只得好劝金荣说：“原是你起的端，你不这样，怎得了局？”金荣强不得，只得与秦钟作了揖。宝玉还不依，偏定要磕头。贾瑞只要暂息此事，又悄悄的劝金荣说：“俗语说的好：‘杀人不过头点地。’你既惹出事来，少不得下点气儿，磕个头就完事了。”金荣无奈，只得进前来与秦钟磕头。且听下回分解。

笺证

《红楼梦》的主题是复合型的，既有贾宝玉随任性灵而背叛经济仕途的人生追求，木石前盟与金玉良缘之间七扭八拗的爱情婚姻悲剧，又有四大家族的政治生态和贾府衰败的历史命运，还有社会人生的荣华富贵与佛道色空观念的真假悖谬。在四大家族的政治生态和贾府衰败的历史命运的主题上，第九回“恋风流情友入家塾，起嫌疑顽童闹学堂”，撩开了贵族贾府的另一角，窥看贾府家塾义学，窥看那里亲亲疏疏的贾门子弟，喧嚣混浊，竟称不上一个干净的读书上进之所。如戚蓼生本回末总评所说："此篇写贾氏学中，非亲即族，且学乃大众之规范，人伦之根本。首先悖乱，以至于此极，其贾家之气数，即此可知。"[2]贾府家塾义学中，强梁欺霸，结帮倾轧，凭借门户壮胆，纵容豪奴挥拳动脚，把书堂变成全武行。对此戚蓼生本连连点赞说："先'飞'后'抡'，用字得神，好看之极！""好看之极！不打着别个，偏打着二人，亦想不到文章也。此书此等笔法，与后文踢着袭人、误打平儿，是一样章法。"[3]当宝玉的小厮茗烟、锄药、扫红、墨雨一齐乱嚷动手时，戚蓼生本夹批说："好听之极，好看之极！"蒙古王府本侧批说："燕青打擂台，也不过如此。"这些点赞，可见点赞者好看热闹，看得精神抖擞，兴奋不已。隔岸观火，是中国人好当看客的世俗心理。这场闹剧令人联想到的倒不是《水浒传》燕青打擂台，而是《儒林外史》第十回"鲁翰林怜才择婿，蘧公孙富室招亲"的闹剧场面："酒过数巡，食供两套，厨下捧上汤来。那厨役雇的是个乡下小使，他靸了一双钉鞋，捧着六碗粉汤，站在丹墀里，尖着眼睛看戏。管家才掇了四碗上去，还有两碗不曾端，他捧着看戏，看到戏场上小旦装出一个妓者，扭扭捏捏的唱，他就看昏了，忘其所以然，只道粉汤碗已是端完了，把盘子向地下一掀，要倒那盘子里的汤脚，却叮当一声响，把两个碗和粉汤都打碎在地下。他一时慌了，弯下腰去抓那粉汤，又被两个狗争着，咂嘴弄舌的，来抢那地下的粉汤吃。他怒从心上起，使尽平生气力，跷起一只脚来踢去。不想那狗倒不曾踢着，力太用猛了，把一只钉鞋踢脱了，踢起有丈把高。陈和甫坐在左边的第一席。席上上了两盘点心——一盘猪肉心的烧卖，一盘鹅油白糖蒸的饺

[2] 朱一玄编：《红楼梦资料汇编》，南开大学出版社2012年版，第217页。

[3] 朱一玄编：《红楼梦资料汇编》，南开大学出版社2012年版，第216页。

儿——热烘烘摆在面前，又是一大深碗索粉八宝攒汤。正待举起箸来到嘴，忽然席口一个乌黑的东西，的溜溜的滚了来，乒乓一声，把两盘点心打的稀烂。陈和甫吓了一惊，慌立起来，衣袖又把粉汤碗招翻，泼了一桌。满坐上都觉得诧异。”[4]这与义塾中豪奴挥拳动脚，抓起砚砖或抱起书匣子打人打偏的闹剧场面，有异曲同工之妙。尤其值得注意的是，家塾义学中暗生出一股龙阳之风。薛蟠知有一家学，学中广有青年子弟，不免偶动了龙阳之兴。那位得到代理主管贾瑞支持的金荣渲染说：“方才明明的撞见他两个在后院子里亲嘴摸屁股，一对一肏，撅草根儿抽长短，谁长谁先干。”此所谓龙阳之兴的典故出自《战国策》中关于魏王与男宠龙阳君的一段记载，后被广泛用于指代男子间的同性恋。《战国策·魏策四》说：“魏王与龙阳君共船而钓，龙阳君得十余鱼而涕下。王曰：‘有所不安乎？如是，何不相告也。’对曰：‘臣无敢不安也。’王曰：‘然则何为涕出？’曰：‘臣为王之所得鱼也。’王曰：‘何谓也？’对曰：‘臣之始得鱼也，臣甚喜，后得又益大，今臣直欲弃臣前之所得矣。今以臣凶恶，而得为王拂枕席。今臣爵至人君，走人于庭，辟人于途。四海之内美人亦甚多矣，闻臣之得幸于王也，必褰裳而趋王。臣亦犹曩臣之前所得鱼也，臣亦将弃矣，臣安能无涕出乎？’魏王曰：‘误。有是心也，何不相告也？’于是布令于四境之内曰：‘有敢言美人者族。’”[5]魏王的男宠富贵到了被封为龙阳君，但担忧“四海之内美人亦甚多矣”，恐惧有美人侵夺他的宠幸。《红楼梦》将这种风气写入贾府家塾义学，在当时流行的价值观看来，贵族府邸恶浊的空气已经浸透了其子弟，由这类子弟来延续家族血脉，其结果就是以腐烂不堪的伦理道德作为家族败落的基本旋律。

[4]（清）吴敬梓：《儒林外史》，人民文学出版社2002年版，第120页。

[5]（西汉）刘向：《战国策》，上海古籍出版社1985年版，第917页。

第十回
金寡妇贪利权受辱
张太医论病细穷源

话说金荣因人多势众，又兼贾瑞勒令，赔了不是，给秦钟磕了头，宝玉方才不吵闹了。大家散了学，金荣回到家中，越想越气，说："秦钟不过是贾蓉的小舅子，又不是贾家的子孙，附学读书，也不过和我一样。他因仗着宝玉和他好，他就目中无人。他既是这样，就该行些正经事，人也没的说。他素日又和宝玉鬼鬼祟祟的，只当人都是瞎子，看不见。今日他又去勾搭人，偏偏的撞在我眼睛里。就是闹出事来，我还怕什么不成？"

他母亲胡氏听见他咕咕嘟嘟的说，因问道："你又要争什么闲气？好容易我望你姑妈说了，你姑妈千方百计的才向他们西府里的琏二奶奶跟前说了，你才得了这个念书的地方。若不是仗着人家，咱们家里还有力量请的起先生？况且人家学里，茶也是现成的，饭也是现成的。你这二年在那里念书，家里也省好大的嚼用呢。省出来的，你又爱穿件鲜明衣服。再者，不是因你在那里念书，你就认得什么薛大爷了？那薛大爷一年不给不给，这二年也帮了咱们有七八十两银子。你如今要闹出了这个学房，再要找这么个地方，我告诉你说罢，比登天还难呢。你给我老老实实的顽一会子睡你的觉去，好多着呢。"于是金荣忍气吞声，不多一时他自去睡了。次日仍旧上学去了。不在话下。

且说他姑娘，原聘给的是贾家玉字辈的嫡派，名唤贾璜。但其族人那里皆能像宁荣二府的富势，原不用细说。这贾璜夫妻守着些小的产业，又时常到宁荣二府里去请请安，又会奉承凤姐儿并尤氏，所以凤姐儿、尤氏也时常资助资助他，方能如此度日。今日正遇天气晴明，又值家中无事，遂带了一个婆子，坐上车，来家里走走，瞧瞧寡嫂并侄儿。

闲话之间，金荣的母亲偏提起昨日贾家学房里的那事，从头至尾，一五一十都向他小姑子说了。这璜大奶奶不听则已，听了，一时怒从心上起，说道："这秦钟小崽子是贾门的亲戚，难道荣儿不是贾门的亲戚？人都别忒势利了，况且都作的是什么有脸的好事。就是宝玉，也犯不上向着他到这个样。等我去到东府瞧瞧我们珍大奶奶，再向秦钟他姐姐说说，叫他评评这个理。"这金荣的母亲听了这话，急的了不得，忙说道："这都是我的嘴快，告诉了姑奶奶了，求姑奶奶别去，别管他们谁是谁非。倘或闹起来，怎么在那里站得住。若是站不住，家里不但不能请先生，反倒在他身上添出许多嚼用来呢。"璜大奶奶听了，说道："那里管得许多，你等我说了，看是怎么样。"也不容他嫂子劝，一面叫老婆子瞧了车，就坐上往宁府里来。

到了宁府，进了车门，到了东边小角门前下了车，进去见了贾珍之妻尤氏。也未敢气高，殷殷勤勤叙过寒温，说了些闲话，方问道："今日怎么没见蓉大奶奶？"尤氏说道："他这些日子不知怎么着，经期有两个多月没来。叫大夫瞧了，又说并不是喜。那两日，到了下半天就懒待动，话也懒待说，眼神也发眩。我说他：'你且不必拘礼，早晚不必照例上来，你就好生养养罢。就是有亲戚一家儿来，有我呢。就有长辈们怪你，等我替你告诉。'连蓉哥我都嘱咐了，我说：'你不许累掯他，不许招他生气，叫他静静的养养就好了。他要想什么吃，只管到我这里取来。倘或我这里没有，只管望你琏二婶子那里要去。倘或他有个好和歹，你再要娶这么一个媳妇，这么个模样儿，这么个性情的人儿，打着灯笼也没地方找去。'他这为人行事，那个亲戚，那个一家的长辈不喜欢他？所以我这两日好不烦心，焦的我了不得。偏偏今日早晨他兄弟来瞧他，谁知那小孩子家不知好歹，看见他姐姐身上不大爽快，就有事也不当告诉他，别说是这么一点子小事，就是你受了一万分的委曲，也不该向他说才是。谁知他们昨儿学房里打架，不知是那里附学来的一个人欺侮了他了。里头还有些不干不净的话，都告诉了他姐姐。婶子，你是知道那媳妇的：虽则见了人有说有笑，会行事儿，他可心细，心又重，不拘听见个什么话儿，都要度量个三日五夜才罢。这病就是打这个秉性上头思虑出来的。今儿听见有人欺负了他兄弟，又是恼，又是气。恼的是那群混帐狐朋狗友的扯是搬非，调三惑四的那些人，气的是他兄弟不学好，不上心念书，以致如此学里吵闹。他听了这事，今日索性连早饭也没吃。我听见了，我方到他那边安慰了他一会子，又劝解了他兄弟一会子。我叫他兄弟到那边府里找宝玉去了，我才看着他吃了半盏燕窝汤，我才过来了。婶子，你说我心焦不心焦？况且如今又没个好大夫，我想到他这病上，我心里倒像针扎似的。你们知道有什么好大夫没有？"

金氏听了这半日话，把方才在他嫂子家的那一团要向秦氏理论的盛气，早吓的都丢在爪洼国去了。听见尤氏问他有知道好大夫的话，连忙答道："我们这么听着，实在也没见人说有个好大夫。如今听起大奶奶这个来，定不得还是喜呢。嫂子倒别教人混治。倘或认错了，这可是了不得的。"尤氏道："可不是呢。"正是说话间，贾珍从外进来，见了金氏，便向尤氏问道："这不是璜大奶奶么？"金氏向前给贾珍请了安。贾珍向尤氏说道："让这大妹妹吃了饭去。"贾珍说着话，就过那屋里去了。金氏此来，原要向秦氏说说秦钟欺负了他侄儿的事，听见秦氏有病，不但不能说，亦且不敢提了。况且贾珍尤氏又待的很好，反转怒为喜，又说了一会子话儿，方家去了。

笺证

金荣闹学一事，在第十回被金荣的母亲一五一十告诉小姑子贾璜太太，惹得璜大奶奶气势汹汹要找宁府讨公道。蒙古王府本侧批说："狗仗人势者，开口便有多少必胜之谈，事要三思，免劳后悔。"又说："(贾璜太太)何等气派，何等声势，有射石饮羽之力，动天摇地，如项羽喑咤。"[1]其中"射石饮羽"来自养由基、李广。《吕氏春秋·精通》记述："养由基射先(应是'兕'字)，中石，矢乃饮羽，诚乎先也。"《史记·李将军列传》："(李)广出猎，见草中石，以为虎而射之，中石没镞(一作'没羽')。"所谓"项羽喑咤"见于《史记·淮阴侯列传》："项王喑恶叱咤，千人皆废，然不能任属贤将，此特匹夫之勇耳。"蒙古王府本的评点以李广、项羽比拟璜大奶奶，动用了有关大人物的大词语，是对贾璜太太色厉内荏的莫大讽刺。贾璜太太气势汹汹到了宁府，岂料尤氏诉说起秦可卿的烦心病，"谁知(秦钟)他们昨儿学房里打架，不知是那里附学来的一个人欺侮了他了。里头还有些不干不净的话，都告诉了他姐姐。婶子，你是知道那媳妇的：虽则见了人有说有笑，会行事儿，他可心细，心又重，不拘听见个什么话儿，都要度量个三日五夜才罢。这病就是打这个秉性上头思虑出来的。今儿听见有人欺负了他兄弟，又是恼，又是气。恼的是那群混帐狐朋狗友的扯是搬非，调三惑四的那些人，气的是他兄弟不学好，不上心念书，以致如此学里吵闹"。蒙古王府本侧批说："文笔之妙，妙至于此。本是璜大奶奶不忿来告，又偏从尤氏口中先出，确是秦钟之语，且是情理必然，形势逼近。孙悟空七十二变，未有如此灵巧活跳。"[2]贾璜太太听了尤氏这些话，就像碰上了孙悟空七十二变，只好忍气吞声把自己的话就缩回去，"那一团要向秦氏理论的盛气，早吓的都丢在爪洼国去了"。蒙古王府本侧批说："金氏(贾璜太太)何面目再见江东父老？然而如金氏者，世不乏其人。"[3]下等人家"打旋磨儿"

[1] 朱一玄编：《红楼梦资料汇编》，南开大学出版社2001年版，第218页。

[2] 朱一玄编：《红楼梦资料汇编》，南开大学出版社2001年版，第218页。

[3] 朱一玄编：《红楼梦资料汇编》，南开大学出版社2001年版，第219页。

向高门巨族讨施舍，竟然又打肿脸充胖子，要碰撞高门巨族的高门槛，只能自讨倒霉，败下阵来。门户不称，底气难免不足，只能看菜下箸，见风使舵，还要顾及自家所受照拂的保留，顾及“这二年也帮了咱们有七八十两银子”。如己卯本侧批所说：“因何无故给许多银子？金母亦当细思之。”一到现场，璜大奶奶金氏不能不细思。《诗经·小雅·巧言》说：“他人有心，予忖度之。”原意是忖度别人的谗言，但由此衍生一种忖度文化，以察言观色来见风使舵。璜大奶奶由气壮如牛，到吃瘪屈服，属于某种忖度文化在作怪。曹雪芹对仰人鼻息者的心理情态，揣摩得入木三分，见肝见肺，轻轻松松地嘲讽这种人的自找没趣，这才能在书中深刻地写出真实人物来。

金氏去后，贾珍方过来坐下，问尤氏道：“今日他来，有什么说的事情么？”尤氏答道：“倒没说什么。一进来的时候，脸上倒像有些着了恼的气色似的，及说了半天话，又提起媳妇这病，他倒渐渐的气色平定了。你又叫让他吃饭，他听见媳妇这么病，也不好意思只管坐着，又说了几句闲话儿就去了，倒没求什么事。如今且说媳妇这病，你到那里寻一个好大夫来与他瞧瞧要紧，可别耽误了。现今咱们家走的这群大夫，那里要得，一个个都是听着人的口气儿，人怎么说，他也添几句文话儿说一遍。可倒殷勤的很，三四个人一日轮流着倒有四五遍来看脉。他们大家商量着立个方子，吃了也不见效，倒弄得一日换四五遍衣裳，坐起来见大夫，其实于病人无益。”贾珍说道：“可是。这孩子也糊涂，何必脱脱换换的，倘再着了凉，更添一层病，那还了得。衣裳任凭是什么好的，可又值什么，孩子的身子要紧，就是一天穿一套新的，也不值什么。我正进来要告诉你：方才冯紫英来看我，他见我有些抑郁之色，问我是怎么了。我才告诉他说，媳妇忽然身子有好大的不爽快，因为不得个好太医，断不透是喜是病，又不知有妨碍无妨碍，所以我这两日心里着实着急。冯紫英因说起他有一个幼时从学的先生，姓张名友士，学问最渊博的，更兼医理极深，且能断人的生死。今年是上京给他儿子来捐官，现在他家住着呢。这么看来，竟是合该媳妇的病在他手里除灾亦未可知。我即刻差人拿我的名帖请去了。今日倘或天晚了不能来，明日想必一定来。况且冯紫英又即刻回家亲自去求他，务必叫他来瞧瞧。等这个张先生来瞧了再说罢。”

尤氏听了，心中甚喜，因说道：“后日是太爷的寿日，到底怎么办？”贾珍说道：“我方才到了太爷那里去请安，兼请太爷来家来受一受一家子的礼。太爷因说道：‘我是清净惯了的，我不愿意往你们那是非场中去闹去。你们必定说是我的生日，要叫我去受众人些头，莫过你把我从前注的《阴骘文》给我令人好好的写出来刻了，比叫我无故受众人的头还强百倍呢。倘或后日这两日一家子要来，你就在家里好好的款待他们就是了。也不必给我送什么东西来，连你后日也不必来，你要心中不安，你今日就给我磕了头去。倘或后日你要来，又跟随多少人来闹我，我必和你不依。’如此说了又说，后日我是再不敢去的了。且叫来升来，吩咐他预备两日的筵席。”尤氏因叫人叫了贾蓉来：“吩咐来升照旧例预备两日的筵席，要丰丰富富的。你再亲自到西府里去请老太太、大太太、二太太和你琏二婶子来逛逛。你父亲今日又听见一个好大夫，业已打发人请去了，想必明日必来。你可将他这些日子的病症细细的告诉他。”

贾蓉一一的答应着出去了。正遇着方才去冯紫英家请那先生的小子回来了，因回道：“奴才方才到了冯大爷家，拿了老爷的名帖请那先生去。那先生说道：‘方才这里大爷也向我说了。但是今日拜了一天的客，才回到家，此时精神实在不能支持，就是去到府上也不能看脉。’他说等调息一夜，明日务必到府。他又说，他‘医学浅薄，本不敢当此重荐，因我们冯大爷和府上的大人既已如此说了，又不得不去，你先替我回明大人就是了。大人的名帖实不敢当。’仍叫奴才拿回来了。哥儿替奴才回一声儿罢。”贾蓉转身复进去，回了贾珍、尤氏的话，方出来叫了来升来，吩咐他预备两日的筵席的话。来升听毕，自去照例料理。不在话下。

且说次日午间，人回道："请的那张先生来了。"贾珍遂延入大厅坐下。茶毕，方开言道："昨承冯大爷示知老先生人品学问，又兼深通医学，小弟不胜钦仰之至。"张先生道："晚生粗鄙下士，本知见浅陋，昨因冯大爷示知，大人家第谦恭下士，又承呼唤，敢不奉命。但毫无实学，倍增颜汗。"贾珍道："先生何必过谦。就请先生进去看看儿妇，仰仗高明，以释下怀。"

于是，贾蓉同了进去。到了贾蓉居室，见了秦氏，向贾蓉说道："这就是尊夫人了？"贾蓉道："正是。请先生坐下，让我把贱内的病说一说再看脉如何？"那先生道："依小弟的意思，竟先看过脉再说的为是。我是初造尊府的，本也不晓得什么，但是我们冯大爷务必叫小弟过来看看，小弟所以不得不来。如今看了脉息，看小弟说的是不是，再将这些日子的病势讲一讲，大家斟酌一个方儿，可用不可用，那时大爷再定夺。"贾蓉道："先生实在高明，如今恨相见之晚。就请先生看一看脉息，可治不可治，以便使家父母放心。"于是家下媳妇们捧过大迎枕来，一面给秦氏拉着袖口，露出脉来。先生方伸手按在右手脉上，调息了至数，宁神细诊了有半刻的工夫，方换过左手，亦复如是。诊毕脉息，说道："我们外边坐罢。"

贾蓉于是同先生到外间房里床上坐下，一个婆子端了茶来。贾蓉道："先生请茶。"于是陪先生吃了茶，遂问道："先生看这脉息，还治得治不得？"先生道："看得尊夫人这脉息：左寸沉数，左关沉伏，右寸细而无力，右关需而无神。其左寸沉数者，乃心气虚而生火，左关沉伏者，乃肝家气滞血亏。右寸细而无力者，乃肺经气分太虚，右关需而无神者，乃脾土被肝木克制。心气虚而生火者，应现经期不调，夜间不寐。肝家血亏气滞者，必然肋下疼胀，月信过期，心中发热。肺经气分太虚者，头目不时眩晕，寅卯间必然自汗，如坐舟中。脾土被肝木克制者，必然不思饮食，精神倦怠，四肢酸软。据我看这脉息，应当有这些症候才对。或以这个脉为喜脉，则小弟不敢从其教也。"旁边一个贴身服侍的婆子道："何尝不是这样呢。真正先生说的如神，倒不用我们告诉了。如今我们家里现有好几位太医老爷瞧着呢，都不能的当真切的这么说。有一位说是喜，有一位说是病，这位说不相干，那位说怕冬至，总没有个准话儿。求老爷明白指示指示。”

那先生笑道:“大奶奶这个症候，可是那众位耽搁了。要在初次行经的日期就用药治起来，不但断无今日之患，而且此时已全愈了。如今既是把病耽误到这个地位，也是应有此灾。依我看来，这病尚有三分治得。吃了我的药看，若是夜里睡的着觉，那时又添了二分拿手了。据我看这脉息:大奶奶是个心性高强聪明不过的人，聪明忒过，则不如意事常有，不如意事常有，则思虑太过。此病是忧虑伤脾，肝木忒旺，经血所以不能按时而至。大奶奶从前的行经的日子问一问，断不是常缩，必是常长的。是不是?”这婆子答道:“可不是，从没有缩过，或是长两日三日，以至十日都长过。”先生听了道:“妙啊。这就是病源了。从前若能够以养心调经之药服之，何至于此。这如今明显出一个水亏木旺的症候来。待用药看看。”于是写了方子，递与贾蓉，上写的是:

〖益气养荣补脾和肝汤〗

人参二钱　白术二钱〔土炒〕　云苓三钱　熟地四钱　归身二钱〔酒洗〕白芍二钱〔炒〕　川芎钱半　黄芪三钱　香附米二钱〔制〕醋柴胡八分　怀山药二钱〔炒〕　真阿胶二钱〔蛤粉炒〕　延胡索钱半〔酒炒〕炙甘草八分　引用建莲子七粒〔去心〕　红枣二枚

贾蓉看了，说:“高明的很。还要请教先生，这病与性命终久有妨无妨?”先生笑道:“大爷是最高明的人。人病到这个地位，非一朝一夕的症候，吃了这药也要看医缘了。依小弟看来，今年一冬是不相干的。总是过了春分，就可望全愈了。”贾蓉也是个聪明人，也不往下细问了。

于是贾蓉送了先生去了，方将这药方子并脉案都给贾珍看了，说的话也都回了贾珍并尤氏了。尤氏向贾珍说道："从来大夫不像他说的这么痛快，想必用的药也不错。"贾珍道："人家原不是混饭吃久惯行医的人。因为冯紫英我们好，他好容易求了他来了。既有这个人，媳妇的病或者就能好了。他那方子上有人参，就用前日买的那一斤好的罢。"贾蓉听毕话，方出来叫人打药去煎给秦氏吃。不知秦氏服了此药病势如何，下回分解。

笺证

第十回张友士为秦可卿看病，先看脉，再与贾蓉论病情。原有三四个医生一日轮流着四五遍来看脉，他们商量着立个方子，吃了也不见效。这次有神武将军之子冯紫英介绍"学问最渊博的，更兼医理极深，且能断人的生死"的张友士来诊断，宁神细诊了有半刻的工夫，他对脉象的分析头头是道，连贴身服侍的婆子都说"真正先生说的如神"。于是诊断为"据我看这脉息：大奶奶是个心性高强聪明不过的人，聪明忒过，则不如意事常有，不如意事常有，则思虑太过。此病是忧虑伤脾，肝木忒旺，经血所以不能按时而至。大奶奶从前的行经的日子问一问，断不是常缩，必是常长的"，开了一剂益气养荣补脾和肝汤。这种看脉、论治的气度做派，都是深通医道者才能写得出。行文于此划清了国手与庸医的界线。但张友士还是退一步强调"医缘"："人病到这个地位，非一朝一夕的症候，吃了这药也要看医缘了。依小弟看来，今年一冬是不相干的。总是过了春分，就可望全愈了。"医缘是在医药之外，给偶然性，甚至给命运留下活口和周旋的空间，这是医生的狡猾之处。《红楼梦》重视中华医药，对中医诊治写得滴水不漏，可见作者曹雪芹的知识浑若百科全书，即便涉及三教九流、医相星卜，也能够随手拈来，自成妙趣。

第十一回
庆寿辰宁府排家宴
见熙凤贾瑞起淫心

话说是日贾敬的寿辰，贾珍先将上等可吃的东西，稀奇些的果品，装了十六大捧盒，着贾蓉带领家下人等与贾敬送去，向贾蓉说道："你留神看太爷喜欢不喜欢，你就行了礼来。你说：'我父亲遵太爷的话未敢来，在家里率领合家都朝上行了礼了。'"贾蓉听罢，即率领家人去了。

这里渐渐的就有人来了。先是贾琏、贾蔷到来，先看了各处的座位，并问："有什么顽意儿没有？"家人答道："我们爷原算计请太爷今日来家来，所以未敢预备顽意儿。前日听见太爷又不来了，现叫奴才们找了一班小戏儿并一档子打十番的，都在园子里戏台上预备着呢。"

次后邢夫人、王夫人、凤姐儿、宝玉都来了，贾珍并尤氏接了进去。尤氏的母亲已先在这里呢。大家见过了，彼此让了坐。贾珍尤氏二人亲自递了茶，因说道："老太太原是老祖宗，我父亲又是侄儿，这样日子，原不敢请他老人家，但是这个时候，天气正凉爽，满园的菊花又盛开，请老祖宗过来散散闷，看着众儿孙热闹热闹，是这个意思。谁知老祖宗又不肯赏脸。"凤姐儿未等王夫人开口，先说道："老太太昨日还说要来着呢，因为晚上看着宝兄弟他们吃桃儿，老人家又嘴馋，吃了有大半个，五更天的时候就一连起来了两次，今日早晨略觉身子倦些。因叫我回大爷，今日断不能来了，说有好吃的要几样，还要很烂的。"贾珍听了笑道："我说老祖宗是爱热闹的，今日不来，必定有个原故，若是这么着就是了。"

王夫人道："前日听见你大妹妹说，蓉哥儿媳妇儿身上有些不大好，到底是怎么样？”尤氏道：“他这个病得的也奇。上月中秋还跟着老太太、太太们顽了半夜，回家来好好的。到了二十后，一日比一日觉懒，也懒待吃东西，这将近有半个多月了。经期又有两个月没来。”邢夫人接着说道：“别是喜罢？”

正说着，外头人回道：“大老爷、二老爷并一家子的爷们都来了，在厅上呢。”贾珍连忙出去了。这里尤氏方说道：“从前大夫也有说是喜的。昨日冯紫英荐了他从学过的一个先生，医道很好，瞧了说不是喜，竟是很大的一个症候。昨日开了方子，吃了一剂药，今日头眩的略好些，别的仍不见怎么样大见效。”凤姐儿道：“我说他不是十分支持不住，今日这样的日子，再也不肯不扎挣着上来。”尤氏道：“你是初三日在这里见他的，他强扎挣了半天，也是因你们娘儿两个好的上头，他才恋恋的舍不得去。”凤姐儿听了，眼圈儿红了半天，半日方说道：“真是‘天有不测风云，人有旦夕祸福’。这个年纪，倘或就因这个病上怎么样了，人还活着有甚么趣儿！”

正说话间，贾蓉进来，给邢夫人、王夫人、凤姐儿前都请了安，方回尤氏道：“方才我去给太爷送吃食去，并回说我父亲在家中伺候老爷们，款待一家子的爷们，遵太爷的话未敢来。太爷听了甚喜欢，说：‘这才是。’叫告诉父亲母亲好生伺候太爷太太们，叫我好生伺候叔叔婶子们并哥哥们。还说那《阴骘文》，叫急急的刻出来，印一万张散人。我将此话都回了我父亲了。我这会子得快出去打发太爷们并合家爷们吃饭。”凤姐儿说：“蓉哥儿，你且站住。你媳妇今日到底是怎么着？”贾蓉皱皱眉说道：“不好么。婶子回来瞧瞧去就知道了。”于是贾蓉出去了。

这里尤氏向邢夫人、王夫人道：“太太们在这里吃饭好，还是在园子里吃去好？小戏儿现预备在园子里呢。”王夫人向邢夫人道:“我们索性吃了饭再过去罢，也省好些事。”邢夫人道:“很好。”于是尤氏就吩咐媳妇婆子们:“快送饭来。”门外一齐答应了一声，都各人端各人的去了。不多一时，摆上了饭。尤氏让邢夫人、王夫人并他母亲都上了坐，他与凤姐儿、宝玉侧席坐了。邢夫人、王夫人道:“我们来原为给大老爷拜寿，这不竟是我们来过生日来了么?”凤姐儿说道:“大老爷原是好养静的，已经修炼成了，也算得是神仙了。太太们这么一说，这就叫作‘心到神知’了。”一句话说的满屋里的人都笑起来了。

于是，尤氏的母亲并邢夫人、王夫人、凤姐儿都吃毕饭，漱了口，净了手，才说要往园子里去。贾蓉进来向尤氏说道:“老爷们并众位叔叔哥哥兄弟们也都吃了饭了。大老爷说家里有事，二老爷是不爱听戏又怕人闹的慌，都才去了。别的一家子爷们都被琏二叔并蔷兄弟让过去听戏去了。方才南安郡王、东平郡王、西宁郡王、北静郡王四家王爷，并镇国公牛府等六家，忠靖侯史府等八家，都差人持了名帖送寿礼来，俱回了我父亲，先收在帐房里了，礼单都上上档子了。老爷的领谢的名帖都交给各来人了，各来人也都照旧例赏了，众来人都让吃了饭才去了。母亲该请二位太太、老娘、婶子都过园子里坐着去罢。”尤氏道:“也是才吃完了饭，就要过去了。”

凤姐儿说:“我回太太，我先瞧瞧蓉哥儿媳妇，我再过去。”王夫人道:“很是。我们都要去瞧瞧他，倒怕他嫌闹的慌，说我们问他好罢。”尤氏道:“好妹妹，媳妇听你的话，你去开导开导他，我也放心。你就快些过园子里来。”宝玉也要跟了凤姐儿去瞧秦氏去，王夫人道:“你看看就过去罢，那是侄儿媳妇。”于是尤氏请了邢夫人、王夫人并他母亲都过会芳园去了。

凤姐儿、宝玉方和贾蓉到秦氏这边来了。进了房门，悄悄的走到里间房门口，秦氏见了，就要站起来，凤姐儿说:“快别起来，看起猛了头晕。”于是凤姐儿就紧走了两步，拉住秦氏的手，说道:“我的奶奶，怎么几日不见，就瘦的这么着了。”于是就坐在秦氏坐的褥子上。宝玉也问了好，坐在对面椅子上。贾蓉叫:“快倒茶来，婶子和二叔在上房还未喝茶呢。”

秦氏拉着凤姐儿的手，强笑道:“这都是我没福。这样人家，公公婆婆当自己的女孩儿似的待。婶娘的侄儿虽说年轻，却也是他敬我，我敬他，从来没有红过脸儿。就是一家子的长辈同辈之中，除了婶子倒不用说了，别人也从无不疼我的，也无不和我好的。这如今得了这个病，把我那要强的心一分也没了。公婆跟前未得孝顺一天，就是婶娘这样疼我，我就有十分孝顺的心，如今也不能够了。我自想着，未必熬的过年去呢。”

宝玉正眼瞅着那《海棠春睡图》并那秦太虚写的“嫩寒锁梦因春冷，芳气笼人是酒香”的对联，不觉想起在这里睡晌觉梦到“太虚幻境”的事来。正自出神，听得秦氏说了这些话，如万箭攒心，那眼泪不知不觉就流下来了。凤姐儿心中虽十分难过，但恐怕病人见了众人这个样儿反添心酸，倒不是来开导劝解的意思了。见宝玉这个样子，因说道：“宝兄弟，你忒婆婆妈妈的了。他病人不过是这么说，那里就到得这个田地了？况且能多大年纪的人，略病一病儿就这么想那么想的，这不是自己倒给自己添病了么？”贾蓉道：“他这病也不用别的，只是吃得些饮食就不怕了。”凤姐儿道：“宝兄弟，太太叫你快过去呢。你别在这里只管这么着，倒招的媳妇也心里不好。太太那里又惦着你。”因向贾蓉说道：“你先同你宝叔叔过去罢，我还略坐一坐儿。”贾蓉听说，即同宝玉过会芳园来了。

这里凤姐儿又劝解了秦氏一番，又低低的说了许多衷肠话儿，尤氏打发人请了两三遍，凤姐儿才向秦氏说道：“你好生养着罢，我再来看你。合该你这病要好，所以前日就有人荐了这个好大夫来，再也是不怕的了。”秦氏笑道：“任凭神仙也罢，治得病治不得命。婶子，我知道我这病不过是挨日子。”凤姐儿说道：“你只管这么想着，病那里能好呢。总要想开了才是。况且听得大夫说，若是不治，怕的是春天不好呢。如今才九月半，还有四五个月的工夫，什么病治不好呢？咱们若是不能吃人参的人家，这也难说了，你公公婆婆听见治得好你，别说一日二钱人参，就是二斤也能够吃的起。好生养着罢，我过园子里去了。”秦氏又道：“婶子，恕我不能跟过去了。闲了时候还求婶子常过来瞧瞧我，咱们娘儿们坐坐，多说几遭话儿。”凤姐儿听了，不觉得又眼圈儿一红，遂说道：“我得了闲儿必常来看你。”

于是凤姐儿带领跟来的婆子丫头并宁府的媳妇婆子们，从里头绕进园子的便门来。但只见：

黄花满地，白柳横坡。小桥通若耶之溪，曲径接天台之路。石中清流激湍，篱落飘香。树头红叶翩翻，疏林如画。西风乍紧，初罢莺啼；暖日当暄，又添蛩语。遥望东南，建几处依山之榭；纵观西北，结三间临水之轩。笙簧盈耳，别有幽情。罗绮穿林，倍添韵致。

凤姐儿正自看园中的景致，一步步行来赞赏。猛然从假山石后走过一个人来，向前对凤姐儿说道：“请嫂子安。”凤姐儿猛然见了，将身子望后一退，说道：“这是瑞大爷不是？”贾瑞说道：“嫂子连我也不认得了？不是我是谁？”凤姐儿道：“不是不认得，猛然一见，不想到是大爷到这里来。”贾瑞道：“也是合该我与嫂子有缘。我方才偷出了席，在这个清净地方略散一散，不想就遇见嫂子也从这里来。这不是有缘么？”一面说着，一面拿眼睛不住的觑着凤姐儿。

凤姐儿是个聪明人，见他这个光景，如何不猜透八九分呢，因向贾瑞假意含笑道：“怨不得你哥哥时常提你，说你很好。今日见了，听你说这几句话儿，就知道你是个聪明和气的人了。这会子我要到太太们那里去，不得和你说话儿，等闲了咱们再说话儿罢。”贾瑞道：“我要到嫂子家里去请安，又恐怕嫂子年轻，不肯轻易见人。”凤姐儿假意笑道：“一家子骨肉，说什么年轻不年轻的话。”贾瑞听了这话，再不想到今日得这个奇遇，那神情光景亦发不堪难看了。凤姐儿说道：“你快入席去罢，仔细他们拿住罚你酒。”贾瑞听了，身上已木了半边，慢慢的一面走着，一面回过头来看。凤姐儿故意的把脚步放迟了些儿，见他去远了，心里暗忖道：“这才是知人知面不知心呢，那里有这样禽兽的人呢。他如果如此，几时叫他死在我的手里，他才知道我的手段。”

于是凤姐儿方移步前来。将转过了一重山坡，见两三个婆子慌慌张张的走来，见了凤姐儿，笑说道："我们奶奶见二奶奶只是不来，急的了不得，叫奴才们又来请奶奶来了。"凤姐儿说道："你们奶奶就是这么急脚鬼似的？"凤姐儿慢慢的走着，问："戏唱了几出了？"那婆子回道："有八九出了。"说话之间，已来到了天香楼的后门，见宝玉和一群丫头们在那里玩呢。凤姐儿说道："宝兄弟，别忒淘气了。"有一个丫头说道："太太们都在楼上坐着呢，请奶奶就从这边上去罢。"

凤姐儿听了，款步提衣上了楼，见尤氏已在楼梯口等着呢。尤氏笑说道："你们娘儿两个忒好了，见了面总舍不得来了。你明日搬来和他住着罢。你坐下，我先敬你一钟。"于是凤姐儿在邢、王二夫人前告了坐，又在尤氏的母亲前周旋了一遍，仍同尤氏坐在一桌上吃酒听戏。尤氏叫拿戏单来，让凤姐儿点戏，凤姐儿说道："亲家太太和太太们在这里，我如何敢点？"邢夫人、王夫人说道："我们和亲家太太都点了好几出了，你点两出好的我们听。"凤姐儿立起身来答应了一声，方接过戏单，从头一看，点了一出《还魂》，一出《弹词》，递过戏单去说："现在唱的这《双官诰》，唱完了，再唱这两出，也就是时候了。"王夫人道："可不是呢，也该趁早叫你哥哥嫂子歇歇，他们又心里不静。"尤氏说道："太太们又不常过来，娘儿们多坐一会子去，才有趣儿，天还早呢。"凤姐儿立起身来望楼下一看，说："爷们都往那里去了？"旁边一个婆子道："爷们才到凝曦轩，带了打十番的那里吃酒去了。"凤姐儿说道："在这里不便宜，背地里又不知干什么去了。"尤氏笑道："那里都像你这么正经人呢。"

笺证

第十一回宁国府为贾敬祝寿，既显示了人物身份的尊卑，又隐藏着家族兴衰的密码。在贾敬寿辰上，首先值得注意的是，凤姐、宝玉都来了，凤姐听了尤氏讲秦可卿的病情，眼圈儿红了半天，半日才说："真是'天有不测风云，人有旦夕祸福'。这个年纪，倘或就因这个病上怎么样了，人还活着有甚么趣儿！"蒙古王府本侧批说："揣摩的极平常言语来写无涯之幻景幻情，反作了悟之意，且又转至别处，真是月下梨花，几不能辨"[1]；"大英雄多在此等处悟得，每能超凡入圣"[2]。凤姐从秦可卿的病中感受到"天有不测风云，人有旦夕祸福"的人生空幻感。其实"天有不测风云，人有旦夕祸福"已经是口头常语，如《金瓶梅词话》第九回："武二（武松）道：'我的哥哥从来不曾有这病，如何心疼便死了？'王婆道：'都头，却怎的这般说。天有不测风云，人有旦夕祸福。今早脱下鞋和袜，未审明朝穿不穿，谁人保得常没事？'"[3]凤姐因此去看望和开导秦可卿，还特地有贾宝玉跟随，"宝玉正眼瞅着那《海棠春睡图》并那秦太虚写的'嫩寒锁梦因春冷，芳气笼人是酒香'的对联，不觉想起在这里睡晌觉梦到'太虚幻境'的事来"。这说明《红楼梦》对第五回贾宝玉梦游太虚幻境的关键情节总是念念不忘，时时回顾，就是在此幻境中，警幻仙姑将其妹乳名兼美字可卿者，许配给宝玉，秘授以云雨之事，使宝玉恍恍惚惚，依警幻所嘱之言，未免有阳台、巫峡之会。数日来，柔情缱绻，软语温存，与可卿难解难分。由此宝玉成了以"意淫"著称的"天下古今第一淫人"。凤姐如果带的是平儿，而非宝玉，就不会有这一番梦幻重温。其次值得注意的是，在贾敬寿辰中，宁府备有打十番："找了一班小戏儿并一档子打十番的，都在园子里戏台上预备着"；"爷们才到凝曦轩，带了打十番的那里吃酒去了"。那么，何为"打十番"？《清代日历汇抄》中介绍康熙二十三年（1684）第一次南巡到达苏州虎丘："竟到虎丘，到山门即下马进去，自己上山，并无扶援者。登大殿，拜三世佛。拜毕，即到后殿看宝塔，又走到四贤祠，回出到大殿，对正门东向坐。抚院及将军、工部、布政、兵道并随从官员，俱两行立。传苏州清客打十番，打完，上曰：‘好，果然好。但是只晓得南方的音，还不晓得我北方的音。叫小番来，打一番与你们看。’即刻飞传舡（同‘船’字）上小番来，俱十五六岁俊俏童子，一样打扮，俱穿酱红缎衣，头戴红纬貂帽，共一十六个。各持乐器上山，在大殿前两旁边立，打一套十番，果然好绝，姑苏极老班头，亦从未闻见者。约有一个时辰方毕，时已黄昏矣。上起而出，到天王殿，见下边百姓拥挤，塔上俱点红灯，照耀满山，看者不肯散去。上曰：‘上边百姓都已听见了，下边的还没有听见，再打一套去。’随坐千人石上，打起十番。上自动打鼓，后乃连打数套，逐件弄过，直打至二更时方完。”十番是宫廷音乐，又是寺院道观祭祀的古乐，是一种集合打击乐与吹奏乐为一体的交响乐，这也足见贾敬寿辰规格之高。其三值得注意的是，尤氏、邢夫人、王夫人要凤姐点戏，点了一出《还魂》，一出《弹词》，递过戏单去说：“现在唱的这《双官诰》，唱完了，再唱这两出，也就是时候了。”曹雪芹精通、喜好戏曲，于此以《双官诰》《还魂》《弹词》三出戏曲，隐喻贾府盛衰荣枯的命运。《双官诰》传奇是江苏长洲陈二白于清康熙二十九年（1690）写定的戏曲，又名《三娘教子》。剧情描写大同人冯瑞被害死其父的讲书教官林翘革去功名，被迫抛妻弃子离家避祸，以医术糊口，因治愈巡抚于谦的疾病，被于谦收做幕宾。冯瑞的好友范颜相貌与冯瑞相似，到冯瑞行医处寻冯不见，便冒名行医，被林翘派来的刺客误认为冯瑞刺死。冯家老仆寻访主人，误将范颜灵柩运回故里。家里人认为冯瑞已死，妻子和侧室改嫁出门。曾被冯瑞收为通房的婢女碧莲苦守贞节，日夜纺织，抚养教育侧室所生子冯雄。冯雄在三娘的教育下，发愤读书，一举成名。冯瑞也官至兵部尚书，衣锦还乡。碧莲因尽节抚幼，终获父子之双官诰。《双官诰》这出戏隐

❶ 朱一玄校录：《红楼梦脂评校录》，齐鲁书社1986年版，第168页。

❷ 朱一玄校录：《红楼梦脂评校录》，齐鲁书社1986年版，第169页。

❸ 秦修容整理：《金瓶梅会评会校本》，中华书局1998年版，第135页。

喻着贾府祖先建功立业，荣华富贵。《还魂》是明朝汤显祖《牡丹亭》之第三十五出。这部戏曲写大家闺秀杜丽娘和书生柳梦梅生死离合的爱情，终成穿越时空而还魂的生死之恋。本来杜丽娘在花园梦见年轻书生而相爱，醒后寻梦不得，抑郁而终，临终前将自己的画像封存并埋入亭旁。三年之后，柳梦梅赴京赶考，发现杜丽娘的画像，应杜丽娘鬼魂之约掘坟开棺，杜丽娘还魂复活，终于与新科状元柳梦梅成为眷属。如汤显祖所言："如杜丽娘者，乃可谓之有情人耳。情不知所起，一往而深。生者可以死，死亦可生。生而不可与死，死而不可复生者，皆非情之至也。"《还魂》这出戏隐喻着贾府儿女痴心于生死情缘，使荣华富贵的祖业在继承人问题上开始出现中衰。《弹词》是清康熙年间洪昇《长生殿》传奇之第三十八出，写唐玄宗梨园唱歌第一的李龟年在安史之乱后流落江南，成为卖唱民间的歌者，晚景凄凉。这出戏隐喻着贾府的树倒猢狲散，大厦倾覆。宁荣二府诸色人物在贾敬寿辰的享乐、痴心和看戏，纠结着太虚幻境和人间影像，呈现了升平景象背面已经潜伏了各种衰颓的暗流。在宁府高规格的祝寿典礼上，叹息着"天有不测风云"，回想着太虚幻境的意淫空幻，暗示了贵族世家的繁华衰败，这就把"人书 — 天书"的复调叙事发挥得淋漓尽致了。

于是说说笑笑，点的戏都唱完了，方才撤下酒席，摆上饭来。吃毕，大家才出园子来，到上房坐下，吃了茶，方才叫预备车，向尤氏的母亲告了辞。尤氏率同众姬妾并家下婆子媳妇们方送出来，贾珍率领众子侄都在车旁侍立，等候着呢，见了邢夫人、王夫人道："二位婶子明日还过来逛逛。"王夫人道："罢了，我们今日整坐了一日，也乏了，明日歇歇罢。"于是都上车去了。贾瑞犹不时拿眼睛觑着凤姐儿。贾珍等进去后，李贵才拉过马来，宝玉骑上，随了王夫人去了。这里贾珍同一家子的弟兄子侄吃过了晚饭，方大家散了。

次日，仍是众族人等闹了一日，不必细说。此后凤姐儿不时亲自来看秦氏。秦氏也有几日好些，也有几日仍是那样。贾珍、尤氏、贾蓉好不焦心。

且说贾瑞到荣府来了几次，偏都遇见凤姐儿往宁府那边去了。这年正是十一月三十日冬至。到交节的那几日，贾母、王夫人、凤姐儿日日差人去看秦氏，回来的人都说："这几日也没见添病，也不见甚好。"王夫人向贾母说："这个症候，遇着这样大节不添病，就有好大的指望了。"贾母说："可是呢，好个孩子，要是有些原故，可不叫人疼死。"说着，一阵心酸，叫凤姐儿说道："你们娘儿两个也好了一场，明日大初一，过了明日，你后日再去看一看他去。你细细的瞧瞧他那光景，倘或好些儿，你回来告诉我，我也喜欢喜欢。那孩子素日爱吃的，你也常叫人做些给他送过去。"凤姐儿一一的答应了。

到了初二日，吃了早饭，来到宁府，看见秦氏的光景，虽未甚添病，但是那脸上身上的肉全瘦干了。于是和秦氏坐了半日，说了些闲话儿，又将这病无妨的话开导了一遍。秦氏说道："好不好，春天就知道了。如今现过了冬至，又没怎么样，或者好的了也未可知。婶子回老太太、太太放心罢。昨日老太太赏的那枣泥馅的山药糕，我倒吃了两块，倒像克化的动似的。"凤姐儿说道："明日再给你送来。我到你婆婆那里瞧瞧，就要赶着回去回老太太的话去。"秦氏道："婶子替我请老太太、太太安罢。"

凤姐儿答应着就出来了，到了尤氏上房坐下。尤氏道："你冷眼瞧媳妇是怎么样？"凤姐儿低了半日头，说道："这实在没法儿了。你也该将一应的后事用的东西给他料理料理，冲一冲也好。"尤氏道："我也叫人暗暗的预备了。就是那件东西不得好木头，暂且慢慢的办罢。"于是凤姐儿吃了茶，说了一会子话儿，说道："我要快回去回老太太的话去呢。"尤氏道："你可缓缓的说，别吓着老太太。"凤姐儿道："我知道。"

于是凤姐儿就回来了。到了家中，见了贾母，说："蓉哥儿媳妇请老太太安，给老太太磕头，说他好些了，求老祖宗放心罢。他再略好些，还要给老祖宗磕头请安来呢。”贾母道：“你看他是怎么样？”凤姐儿说：“暂且无妨，精神还好呢。”贾母听了，沉吟了半日，因向凤姐儿说：“你换换衣服歇歇去罢。”

凤姐儿答应着出来，见过了王夫人，到了家中，平儿将烘的家常的衣服给凤姐儿换了。凤姐儿方坐下，问道：“家里没有什么事么？”平儿方端了茶来，递了过去，说道：“没有什么事。就是那三百银子的利银，旺儿媳妇送进来，我收了。再有瑞大爷使人来打听奶奶在家没有，他要来请安说话。”凤姐儿听了，哼了一声，说道：“这畜生合该作死，看他来了怎么样？”平儿因问道：“这瑞大爷是因什么只管来？”凤姐儿遂将九月里宁府园子里遇见他的光景，他说的话，都告诉了平儿。平儿说道：“癞蛤蟆想天鹅肉吃，没人伦的混帐东西，起这个念头，叫他不得好死。”凤姐儿道：“等他来了，我自有道理。”不知贾瑞来时作何光景，且听下回分解。

笺证

第十一回继续写的是日常家事，人总不能整天生活在一惊一乍的传奇故事之中，日常家事才是人的本色。但小说不能不在本色上增加一些异样色彩。满府邸为秦可卿的沉疴操心，王熙凤上下左右周旋，到底还算风平浪静。其中秦可卿的病因、死因却是神龙见首不见尾，如此推磨式的描写难道为了掩饰些什么？与这种互相交叉，闪闪烁烁形成对照，而运笔单刀直入、不做遮拦的，却是猛然看见“没人伦的混帐东西”贾瑞“癞蛤蟆想天鹅肉吃”的线索，他色令智昏，“在这个清净地方略散一散，不想就遇见嫂子也从这里来。这不是有缘么？”蒙古王府本侧批说：“作者何等心思，能在此等事想到如此出言。渐入之妙，无过于此”；“重点‘有缘’二字，方是笔力”[4]。这恐怕是一种孽缘，孽缘使不该相爱的两个人陷入了畸恋。凤姐几句半挑逗、半含混的话，使得贾瑞身上已木了半边。而凤姐心里暗忖道：“这才是知人知面不知心呢，那里有这样禽兽的人呢！”蒙古王府本侧批说：

"大英雄气概。作者以此命凤，其有为耶？"又说:"别者必将遇贾瑞的事声张一番，以表清节。此文偏若无事，一则可以见熙凤非凡，一则可以见熙凤包含广大。"[5]凤姐不是制止贾瑞陷入迷途，而是以"包含广大"的大英雄气概，对付迷醉色情的贾瑞，展示了凤姐性格中勇敢到了耍弄人致死的狠毒的一面。看来孔梅溪的"风月宝鉴"要发挥作用了。"风月宝鉴"由跛脚道人从太虚幻境带到贾府，一镜两面，美人骷髅，生的背面是死，以天上的镜子映照人间的丑恶。戚蓼生本回末总评说:"将可卿之病将死，作幻情一劫；又将贾瑞之遇唐突，作幻情一变。下回同归幻境，真风马牛不相及之谈。同范并趋，毫无滞碍，灵活之至，飘飘欲仙。默思作者其人之心，其人之形，其人之神，其人之文，必宋玉、子建一般心性，一流人物。"[6]这些话有点不着边际。宋玉对"增之一分则太长，减之一分则太短；著粉则太白，施朱则太赤"的东家美女，"登墙窥臣三年，至今未许也"；曹植（字子建）对"翩若惊鸿，婉若游龙"，"凌波微步，罗袜生尘"，"转眄流精，光润玉颜"的洛神，情思绻缱，由于人神道殊而不能结合，也只是抒发了无限的悲伤怅惘之情。戚蓼生本回末总评"默思作者其人之心，其人之形，其人之神，其人之文，必宋玉、子建一般心性，一流人物"的说法，是有失偏颇的，或者只能说，《红楼梦》第十一回的写法是以美人骷髅的空幻理念，写成了一篇反宋玉、曹植赞誉美人的别具一格的文章，反面文章往往辣味十足。

[4] 朱一玄编:《红楼梦资料汇编》，南开大学出版社2012年版，第222页。

[5] 朱一玄编:《红楼梦资料汇编》，南开大学出版社2012年版，第222页。

[6] 朱一玄编:《红楼梦资料汇编》，南开大学出版社2012年版，第223页。

第十二回

王熙凤毒设相思局　贾天祥正照风月鉴

话说凤姐正与平儿说话，只见有人回说："瑞大爷来了。"凤姐急命："快请进来。"贾瑞见往里让，心中喜出望外，急忙进来，见了凤姐，满面陪笑，连连问好。凤姐儿也假意殷勤，让茶让坐。

贾瑞见凤姐如此打扮，亦发酥倒，因饧了眼问道："二哥哥怎么还不回来？"凤姐道："不知什么原故。"贾瑞笑道："别是路上有人绊住了脚了，舍不得回来也未可知。"凤姐道："也未可知。男人家见一个爱一个也是有的。"贾瑞笑道："嫂子这话说错了，我就不这样。"凤姐笑道："像你这样的人能有几个呢，十个里也挑不出一个来。"贾瑞听了喜的抓耳挠腮，又道："嫂子天天也闷的很。"凤姐道："正是呢，只盼个人来说话解解闷儿。"贾瑞笑道："我倒天天闲着，天天过来替嫂子解解闲闷可好不好？"凤姐笑道："你哄我呢，你那里肯往我这里来。"贾瑞道："我在嫂子跟前，若有一点谎话，天打雷劈。只因素日闻得人说，嫂子是个利害人，在你跟前一点也错不得，所以唬住了我。如今见嫂子最是个有说有笑极疼人的，我怎么不来，——死了也愿意。"凤姐笑道："果然你是个明白人，比贾蓉、贾蔷两个强远了。我看他那样清秀，只当他们心里明白，谁知竟是两个胡涂虫，一点不知人心。"

贾瑞听了这话，越发撞在心坎儿上，由不得又往前凑了一凑，觑着眼看凤姐带的荷包，然后又问带着什么戒指。凤姐悄悄道："放尊重着，别叫丫头们看了笑话。"贾瑞如听纶音佛语一般，忙往后退。凤姐笑道："你该走了。"贾瑞说："我再坐一坐儿。——好狠心的嫂子。"凤姐又悄悄的道：

"大天白日，人来人往，你就在这里也不方便。你且去，等着晚上起了更你来，悄悄的在西边穿堂儿等我。"贾瑞听了，如得珍宝，忙问道："你别哄我。但只那里人过的多，怎么好躲的？"凤姐道："你只放心。我把上夜的小厮们都放了假，两边门一关，再没别人了。"贾瑞听了，喜之不尽，忙忙的告辞而去，心内以为得手。

笺证

人在环境中施手腕，人在环境中落陷阱，手腕、陷阱都因环境得逞。环境包括物质、财富、制度、观念、行为准则，对于人类心理具有熏染力、模塑力和压迫力。第十二回"王熙凤毒设相思局"，只要一方略施笑脸，另一方就暗喜而上钩，这当然是由于贾瑞色迷心窍，未婚的贾瑞为性压抑而苦闷难耐，色火烧心，这固然是一端；但只要听一听这种富有挑逗性的对话，就露出了原由的另一端。贾瑞见贾琏不在家，笑说："别是路上有人绊住了脚了，舍不得回来也未可知。"凤姐说："也未可知。男人家见一个爱一个也是有的。"可知贾瑞容易上套，与贾府淫乱环境有深刻关系。淫淫相生，早已形成了贾府不干不净、混浊不堪的生存气候，有如第七回焦大醉骂"每日家偷狗戏鸡，爬灰的爬灰，养小叔子的养小叔子"，有如第九回贾瑞巴结薛蟠在家塾学堂中煽起的"龙阳"之风，有如第六十六回柳湘莲所嘲讽的"你们东府里除了那两个石头狮子干净，只怕连猫儿狗儿都不干净"的伦理生态。在如此恶浊不堪的伦理生态中，贾瑞除了村俗混账之外，与贾府那些偷鸡摸狗之辈又有何差别？只不过五十步笑百步而已。王熙凤的地位、品位自然非贾瑞能够高攀，他不知高低，攀得愈高，就跌得愈重，直至殒命。

王熙凤对贾瑞狠下毒手，也展示了她见人说人话、见鬼说鬼话，在讨贾母开心、泼辣干练地管理偌大贾府事务之外，还存在着虚情假意、下手狠毒的品性的另一面。《红楼梦》从正面、背面、侧面、反面逐层皴染，把王熙凤写成了一个活生生的多面人。

盼到晚上，果然黑地里摸入荣府，趁掩门时，钻入穿堂。果见漆黑无一人，往贾母那边去的门户已倒锁，只有向东的门未关。贾瑞侧耳听着，半日不见人来，忽听咯噔一声，东边的门也倒关了。贾瑞急的也不敢则声，只得悄悄的出来，将门撼了撼，关的铁桶一般。此时要求出去亦不能够，南北皆是大房墙，要跳亦无攀援。这屋内又是过门风，空落落，现是腊月天气，夜又长，朔风凛凛，侵肌裂骨，一夜几乎不曾冻死。好容易盼到早晨，只见一个老婆子先将东门开了，进去叫西门。贾瑞瞅他背着脸，一溜烟抱着肩跑了出来，幸而天气尚早，人都未起，从后门一径跑回家去。

原来贾瑞父母早亡，只有他祖父代儒教养。那代儒素日教训最严，不许贾瑞多走一步，生怕他在外吃酒赌钱，有误学业。今忽见他一夜不归，只料定他在外非饮即赌，嫖娼宿妓，那里想到这段公案，因此气了一夜。贾瑞也捻着一把汗，少不得回来撒谎，只说："往舅舅家去了，天黑了，留我住了一夜。"代儒道："自来出门，非禀我不敢擅出，如何昨日私自去了？据此亦该打，何况是撒谎。"因此，发狠到底打了三四十板，不许吃饭，令他跪在院内读文章，定要补出十天的工课来方罢。贾瑞直冻了一夜，今又遭了苦打，且饿着肚子，跪着在风地里读文章，其苦万状。

此时贾瑞前心犹是未改，再想不到是凤姐捉弄他。过后两日，得了空，便仍来找凤姐。凤姐故意抱怨他失信，贾瑞急的赌身发誓。凤姐因见他自投罗网，少不得再寻别计令他知改，故又约他道："今日晚上，你别在那里了。你在我这房后小过道子里那间空屋里等我，可别冒撞了。"贾瑞道："果真？"凤姐道："谁可哄你，你不信就别来。"贾瑞道："来，来，来。死也要来。"凤姐道："这会子你先去罢。"贾瑞料定晚间必妥，此时先去了。凤姐在这里便点兵派将，设下圈套。

那贾瑞只盼不到晚上，偏生家里亲戚又来了，直等吃了晚饭才去，那天已有掌灯时候。又等他祖父安歇了，方溜进荣府，直往那夹道中屋子里来等着，热锅上的蚂蚁一般，只是干转。左等不见人影，右听也没声响，心下自思："别是又不来了，又冻我一夜不成。"正自胡猜，只见黑魆魆的来了一个人，贾瑞便意定是凤姐，不管皂白，饿虎一般，等那人刚至门前，便如猫捕鼠的一般，抱住叫道："亲嫂子，等死我了。"说着，抱到屋里炕上就亲嘴扯裤子，满口里"亲娘""亲爹"的乱叫起来。那人只不作声。贾瑞拉了自己裤子，硬帮帮的就想顶入。忽见灯光一闪，只见贾蔷举着个捻子照道："谁在屋里？"只见炕上那人笑道："瑞大叔要臊我呢。"贾瑞一见，却是贾蓉，真臊的无地可入，不知要怎么样才好，回身就要跑，被贾蔷一把揪住道："别走。如今琏二嫂已经告到太太跟前，说你无故调戏他。他暂用了个脱身计，哄你在这边等着，太太气死过去，因此叫我来拿你。刚才你又拦住他，没的说，跟我去见太太。"

贾瑞听了，魂不附体，只说："好侄儿，只说没有见我，明日我重重的谢你。"贾蔷道："你若谢我，放你不值什么，只不知你谢我多少？况且口说无凭，写一文契来。"贾瑞道："这如何落纸呢？"贾蔷道："这也不妨，写一个赌钱输了外人帐目，借头家银若干两便罢。"贾瑞道："这也容易。只是此时无纸笔。"贾蔷道："这也容易。"说罢翻身出来，纸笔现成，拿来命贾瑞写。他俩作好作歹，只写了五十两，然后画了押，贾蔷收起来。然后撕逻贾蓉。贾蓉先咬定牙不依，只说："明日告诉族中的人评评理。"贾瑞急的至于叩头。贾蔷作好作歹的，也写了一张五十两欠契才罢。贾蔷又道："如今要放你，我就担着不是。老太太那边的门早已关了，老爷正在厅上看南京的东西，那一条路定难过去，如今只好走后门。若这一走，倘或遇见了人，连我也完了。等我们先去哨探哨探，再来领你。这屋你还藏不得，少时就来堆东西。等我寻个地方。”说毕，拉着贾瑞，仍熄了灯，出至院外，摸着大台矶底下，说道：“这窝儿里好，你只蹲着，别哼一声，等我们来再动。”说毕，二人去了。

贾瑞此时身不由己，只得蹲在那里。心下正盘算，只听头顶上一声响，嗗拉拉一净桶尿粪从上面直泼下来，可巧浇了他一身一头。贾瑞撑不住嗳哟了一声，忙又掩住口，不敢声张，满头满脸浑身皆是尿屎，冰冷打战。只见贾蔷跑来叫：“快走，快走。”贾瑞如得了命，三步两步从后门跑到家里，天已三更，只得叫门。开门人见他这般景况，问是怎的。少不得扯谎说：“黑了，失脚掉在茅厕里了。”一面到了自己房中更衣洗濯，心下方想到是凤姐顽他，因此发一回恨，再想想凤姐的模样儿，又恨不得一时搂在怀内，一夜竟不曾合眼。

自此满心想凤姐，只不敢往荣府去了。贾蓉两个又常常的来索银子，他又怕祖父知道，正是相思尚且难禁，更又添了债务，日间工课又紧，他二十来岁人，尚未娶亲，迩来想着凤姐，未免有那指头告了消乏等事，更兼两回冻恼奔波，因此三五下里夹攻，不觉就得了一病：心内发膨胀，口中无滋味，脚下如绵，眼中似醋，黑夜作烧，白昼常倦，下溺连精，嗽痰带血。诸如此症，不上一年都添全了。于是不能支持，一头睡倒，合上眼还只梦魂颠倒，满口乱说胡话，惊怖异常。百般请医疗治，诸如肉桂、附子、鳖甲、麦冬、玉竹等药，吃了有几十斤下去，也不见个动静。

倏又腊尽春回，这病更又沉重。代儒也着了忙，各处请医疗治，皆不见效。因后来吃“独参汤”，代儒如何有这力量，只得往荣府来寻。王夫人命凤姐秤二两给他，凤姐回说：“前儿新近都替老太太配了药，那整的太太又说留着送杨提督的太太配药，偏生昨儿我已送了去了。”王夫人道：“就是咱们这边没了，你打发个人往你婆婆那边问问，或是你珍大哥哥那府里再寻些来，凑着给人家。吃好了，救人一命，也是你的好处。”凤姐听了，也不遣人去寻，只得将些渣末泡须凑了几钱，命人送去，只说：“太太送来的，再也没了。”然后回王夫人，只说：“都寻了来，共凑了有二两送去。”

那贾瑞此时要命心甚切，无药不吃，只是白花钱，不见效。忽然这日有个跛足道人来化斋，口称专治冤业之症。贾瑞偏生在内就听见了，直着声叫喊说："快请进那位菩萨来救我。"一面叫，一面在枕上叩首。众人只得带了那道士进来。贾瑞一把拉住，连叫："菩萨救我！"那道士叹道："你这病非药可医。我有个宝贝与你，你天天看时，此命可保矣。"说毕，从褡裢中取出一面镜子来——两面皆可照人，镜把上面錾着"风月宝鉴"四字——递与贾瑞道："这物出自太虚幻境空灵殿上，警幻仙子所制，专治邪思妄动之症，有济世保生之功。所以带他到世上，单与那些聪明杰俊、风雅王孙等看照。千万不可照正面，只照他的背面，要紧，要紧。三日后吾来收取，管叫你好了。"说毕，佯常而去，众人苦留不住。

贾瑞收了镜子，想道："这道士倒有意思，我何不照一照试试？"想毕，拿起"风月鉴"来，向反面一照，只见一个骷髅立在里面，唬得贾瑞连忙掩了，骂："道士混帐，如何吓我。——我倒再照照正面是什么。"想着，又将正面一照，只见凤姐站在里面招手叫他。贾瑞心中一喜，荡悠悠的觉得进了镜子，与凤姐云雨一番，凤姐仍送他出来。到了床上，嗳哟了一声，一睁眼，镜子从手里掉过来，仍是反面立着一个骷髅。贾瑞自觉汗津津的，底下已遗了一滩精。心中到底不足，又翻过正面来，只见凤姐还招手叫他，他又进去。如此三四次。到了这次，刚要出镜子来，只见两个人走来，拿铁锁把他套住，拉了就走。贾瑞叫道："让我拿了镜子再走。"——只说了这句，就再不能说话了。

旁边服侍贾瑞的众人，只见他先还拿着镜子照，落下来，仍睁开眼拾在手内，末后镜子落下来便不动了。众人上来看看，已没了气。身子底下冰凉渍湿一大滩精，这才忙着穿衣抬床。代儒夫妇哭的死去活来，大骂道士:“是何妖镜。若不早毁此物，遗害于世不小。”遂命架火来烧，只听镜内哭道:“谁叫你们瞧正面了。你们自己以假为真，何苦来烧我？”正哭着，只见那跛足道人从外面跑来，喊道:“谁毁‘风月鉴’，吾来救也。”说着，直入中堂，抢入手内，飘然去了。

当下，代儒料理丧事，各处去报丧。三日起经，七日发引，寄灵于铁槛寺，日后带回原籍。当下贾家众人齐来吊问，荣国府贾赦赠银二十两，贾政亦是二十两，宁国府贾珍亦有二十两，别者族中贫富不等，或三两五两，不可胜数。另有各同窗家分资，也凑了二三十两。代儒家道虽然淡薄，倒也丰丰富富完了此事。

笺证

这第十二回以贾瑞的荒唐故事，以闹剧的方式为“风月宝鉴”的书名解题，照出了风月的荒唐和性欲的恐惧感。清乾嘉时代的爱新觉罗·裕瑞《枣窗闲笔》说:“《红楼梦》一书，曹雪芹虽有志于作一百二十回，书未成即逝矣。诸家所藏抄本八十回书及八十回书后之目录，率大同小异者，盖因雪芹改《风月宝鉴》数次，始成此书，抄家各于其所改前后第几次者，分得不同，故今所藏诸稿本未能画一耳。此书由来非世间完物也。”又说:“闻旧有《风月宝鉴》一书，又名《石头记》，不知为何人之笔。曹雪芹得之，以是书所传述者，与其家之事迹略同，因借题发挥，将此部删改至五次，愈出愈奇，乃以近时之人情谚语，夹写而润色之，借以抒其寄托。”[1]按照这种意见，《风月宝鉴》属于《红楼梦》的原始内核之一。这里却专门用在贾瑞的身上。贾瑞照“风月宝鉴”，“风月宝鉴”照贾瑞。贾瑞确实是色迷心窍，他没有贾蓉、贾蔷那种可当小叔子养的姿色，竟敢贪恋工于心计的王熙凤的美色，“饧了眼”看，饧是糖稀，眼睛半睁半闭，甜腻腻地看。王熙凤虚情假意的几句话，竟然一再使贾瑞“喜的抓耳挠腮”，“如听纶音佛语”，“越发撞在心坎儿上”，如己卯本夹批说:“(贾瑞)渐渐入港。”贾瑞由此被骗到一间空旷房，朔风凛凛，侵肌裂骨，穿堂风中熬了一夜，差一点没冻死。蒙古王府本侧批说："凡人在平静时，物来言至，无不照见。若迷于一事一物，虽风雷交作，有所不闻。即'穿堂儿等'之一语，府第非比凡常，关启门户，必要查看，且更夫仆妇，势必往来，岂容人藏过于其间？只因色迷，闻声连诺，不能有回思之暇，信可悲夫！"[2]但贾瑞还不死心，前心犹是未改，庚辰本侧批说："(犹是未改)四字是寻死之根。"次夜凤姐点兵派将，设下的圈套，贾瑞又被骗到夹道屋里，黑暗中把贾蓉当成凤姐，如猫捕鼠一般抱住叫道："亲嫂子，等死我了。"抱到炕上亲嘴扯裤子，拉了自己裤子，硬帮帮的就想顶入。又被引到一处台阶，嗗拉拉一净桶尿粪从上面直泼下来，浇了他一身一头。对王熙凤的描写，涉及其床笫之事，《红楼梦》往往作不写之写，但面对色狼贾瑞，其言行虽是虚情假意，却充满挑逗性："只盼个人来说话解解闷儿"；"大天白日，人来人往，你就在这里也不方便。你且去，等着晚上起了更你来，悄悄的在西边穿堂儿等我"，诸如此类。但实际上如此虚情假意，出手却是非常歹毒。行文夹荤带素，运笔相当浪荡。贾瑞被折腾得身染沉疴，要吃"独参汤"，凤姐受王夫人"救人一命"的催促，却将些渣末泡须凑了几钱，命人送去，为此贾瑞卧病一年，吃了几十斤药也不见效。却有跛足道人口称专治冤业之症，赠予"风月宝鉴"的镜子，嘱咐说："这物出自太虚幻境空灵殿上，警幻仙子所制，专治邪思妄动之症，有济世保生之功。所以带他到世上，单与那些聪明杰俊、风雅王孙等看照。千万不可照正面，只照他的背面，要紧，要紧。"这就把人间色相与太虚幻境挂上钩了，使得人间事嵌入天书的脉络之中。己卯本夹批甚至推而广之说："观者记之，不要看这书正面，方是会看。"这种说法涉及《红楼梦》

❶ 周绍良：《红楼梦研究论集》，山西人民出版社1983年版，第276页。

❷ 朱一玄校录：《红楼梦脂评校录》，齐鲁书社1986年版，第173页。

的写实性和象征性所隐藏的人生哲学密码。天书的逻辑简直是匪夷所思，“风月宝鉴”反面照见骷髅，正面照凤姐站在里面招手叫他。己卯本夹批说：“所谓‘好知青冢骷髅骨，就是红楼掩面人’是也。作者好苦心思。”[3]脂评所引诗句，来自明朝才子唐伯虎《和石田先生落花诗》：“花落花开总属春，开时休羡落时嗔。好知青草骷髅冢，就是红楼掩面人。山屐已教休泛蜡，柴车从此不须巾。仙尘佛劫同归尽，坠处何须论厕茵。”此诗感慨红粉骷髅之空幻，引用此诗为证，看来《红楼梦》的写书人和评书人对风流才子唐伯虎的诗风是非常熟悉和喜欢的。贾瑞见了镜子正面凤姐站在里面招手，就荡悠悠的觉得进了镜子，与凤姐云雨一番，如此三四次，每次都流了一大滩精，终至油枯灯灭，呜呼哀哉。那跛足道人夺走“风月宝鉴”，飘然去了。君去何方？到太虚幻境销账去了。此镜“两面皆可照人”，隐喻着风月宝鉴的正面是温柔富贵、风月繁华、儿女情长的风月小说，背面却是白骨如山、血泪斑斑的社会史。这就是曹雪芹高明而空幻的复调叙事。

[3]（清）曹雪芹：《脂砚斋重评石头记（己卯本）》，上海古籍出版社1981年版，第235页。

谁知这年冬底，林如海的书信寄来，却为身染重疾，写书特来接林黛玉回去。贾母听了，未免又加忧闷，只得忙忙的打点黛玉起身。宝玉大不自在，争奈父女之情，也不好拦劝。于是贾母定要贾琏送他去，仍叫带回来。一应土仪盘缠，不消烦说，自然要妥贴。作速择了日期，贾琏与林黛玉辞别了贾母等，带领仆从，登舟往扬州去了。要知端的，且听下回分解。

第十三回

秦可卿死封龙禁尉　王熙凤协理宁国府

话说凤姐儿自贾琏送黛玉往扬州去后，心中实在无趣，每到晚间，不过和平儿说笑一回，就胡乱睡了。

笺证

到了第十三回开头，凤姐“心中实在无趣”，她的兴趣已经在上回“王熙凤毒设相思局”，把色狼贾瑞置于死地时用完了，连对这个狠招拍手称快的兴趣都提不起来。自然也包括惩罚贾瑞的性纠缠后，在贾琏离家的情境中失去补偿。可以看出，凤姐也是性欲很强的人，只不过她把性欲投入机关计算而已。

这日夜间，正和平儿灯下拥炉倦绣，早命浓薰绣被，二人睡下，屈指算行程该到何处，不知不觉已交三鼓。平儿已睡熟了。凤姐方觉星眼微朦，恍惚只见秦氏从外走来，含笑说道：“婶子好睡。我今日回去，你也不送我一程。因娘儿们素日相好，我舍不得婶子，故来别你一别。还有一件心愿未了，非告诉婶子，别人未必中用。”

凤姐听了，恍惚问道：“有何心愿？你只管托我就是了。”秦氏道：“婶婶，你是个脂粉队里的英雄，连那些束带顶冠的男子也不能过你，你如何连两句俗语也不晓得？常言‘月满则亏，水满则溢’，又道是‘登高必跌重’。

如今我们家赫赫扬扬，已将百载，一日倘或乐极悲生，若应了那句‘树倒猢狲散’的俗语，岂不虚称了一世的诗书旧族了！”凤姐听了此话，心胸大快，十分敬畏，忙问道：“这话虑的极是，但有何法可以永保无虞？”秦氏冷笑道：“婶子好痴也。否极泰来，荣辱自古周而复始，岂人力能可保常的。但如今能于荣时筹画下将来衰时的世业，亦可谓常保永全了。即如今日诸事都妥，只有两件未妥，若把此事如此一行，则后日可保永全了。”

凤姐便问何事。秦氏道：“目今祖茔虽四时祭祀，只是无一定的钱粮；第二，家塾虽立，无一定的供给。依我想来，如今盛时固不缺祭祀供给，但将来败落之时，此二项有何出处？莫若依我定见，趁今日富贵，将祖茔附近多置田庄、房舍、地亩，以备祭祀供给之费皆出自此处，将家塾亦设于此。合同族中长幼，大家定了则例，日后按房掌管这一年的地亩、钱粮、祭祀、供给之事。如此周流，又无争竞，亦不有典卖诸弊。便是有了罪，凡物可入官，这祭祀产业连官也不入的。便败落下来，子孙回家读书务农，也有个退步，祭祀又可永继。若目今以为荣华不绝，不思后日，终非长策。眼见不日又有一件非常喜事，真是烈火烹油、鲜花着锦之盛。要知道，也不过是瞬息的繁华，一时的欢乐，万不可忘了那‘盛筵必散’的俗语。此时若不早为后虑，临期只恐后悔无益了。”凤姐忙问：“有何喜事？”秦氏道：“天机不可泄漏。只是我与婶子好了一场，临别赠你两句话，须要记着。”因念道：

三春去后诸芳尽，各自须寻各自门。

凤姐还欲问时，只听二门上传事云板连叩四下，将凤姐惊醒。人回：“东府蓉大奶奶没了。”凤姐闻听，吓了一身冷汗，出了一回神，只得忙忙的穿衣，往王夫人处来。

笺证

《红楼梦》多见种种谜团，无谜团何以成梦？这是天人之书的特征，却往往令人如雾里看花，思绪绵绵，读书成了解谜的智慧游戏。金陵十二钗正册十二人中，秦可卿最早逝世，而且唯一死在前八十回。死因何在？就是聚讼纷纭的大谜团。还在第十回，医术高明的张太医在洞悉秦可卿的病源后说："人病到这个地位，非一朝一夕的症候，吃了这药也要看医缘了。依小弟看来，今年一冬是不相干的。总是过了春分，就可望全愈了。"因而不应在这年的冬末突然弃世，突然弃世等于没有给张太医留面子。实际上，这第十三回书关于秦可卿死因，已被删改得面目全非。从脂砚斋评语中可以看出曹雪芹将第十三回原标题"秦可卿淫丧天香楼"改为"秦可卿死封龙禁尉"，未免逻辑不通，封龙禁尉是贾蓉，不是秦可卿。集中考察脂砚斋批语，可以发现：在"(彼时合家皆知)无不纳罕，都有些疑心"处，甲戌本眉批说："九个字写尽天香楼事，是不写之写。"尤可注意者，贾珍为秦可卿办丧事，说："如何料理，不过尽我所有罢了！"戚蓼生本夹批说："'尽我所有'，为媳妇是非礼之谈，父母又将何以待之？故前此有恶奴酒后狂言，及今复见此语，含而不露，吾不能为贾珍隐讳。"[1]所谓"恶奴酒后狂言"，指的是焦大喝了马溺（酒），大骂"每日家偷狗戏鸡，爬灰的爬灰"。所谓"爬灰"（扒灰），是旧时婚礼上的恶俗节目。戏台上公公与儿媳妇各穿一套红色戏服。公公穿着如唐朝九品官服，头戴黑色的官帽，上写"扒灰"二字来表演。戏曲的源头在于古代公公与儿媳通奸的各类现象。戚蓼生本夹批以此揭示了贾珍与秦可卿的奸情。第十三回回末有甲戌本眉批说："此回只十页，因删去天香楼一节，少去四五页也。"甲戌本回末批又说："'秦可卿淫丧天香楼'，作者用史笔也。老朽因有魂托凤姐贾家后事二件，(嫡)[的]是安富尊荣坐享人能想得到处。其事虽未漏，其言其意则令人悲切感服，姑赦之，因命芹溪删去。"[2]庚辰本回末批说："通回将可卿如何死故隐去，是大发慈悲心也，叹叹！壬午春。"[3]删改的原因，在于秦可卿托梦王熙凤，这秦可卿含笑说："我舍不得婶子，故来别你一别。还有一件心愿未了，非告诉婶子，别人未必中用。”甲戌本侧批：“一语贬尽贾家一族空顶冠束带者。”秦可卿警告：“你如何连两句俗语也不晓得？常言‘月满则亏，水满则溢’，又道是‘登高必跌重’。如今我们家赫赫扬扬，已将百载，一日倘或乐极悲生，若应了那句‘树倒猢狲散’的俗语，岂不虚称了一世的诗书旧族了！”秦可卿于此不仅目光深远，而且有具体而微的务实，她又设想：“目今祖茔虽四时祭祀，只是无一定的钱粮；第二，家塾虽立，无一定的供给。依我想来，如今盛时固不缺祭祀供给，但将来败落之时，此二项有何出处？莫若依我定见，趁今日富贵，将祖茔附近多置田庄、房舍、地亩，以备祭祀供给之费皆出自此处，将家塾亦设于此。合同族中长幼，大家定了则例，日后按房掌管这一年的地亩、钱粮、祭祀、供给之事。如此周流，又无争竞，亦不有典卖诸弊。便是有了罪，凡物可入官，这祭祀产业连官也不入的。便败落下来，子孙回家读书务农，也有个退步，祭祀又可永继。”对于贾府“生于末世运偏消”的设计，对于“树倒猢狲散”的大家族命运的预言，对于“月满则亏，水满则溢”的历史哲学的揭示，堪称用心细密，这是秦可卿的托梦，还是掌管贾府事务的王熙凤的潜意识借用梦见秦可卿来表达？有如《蒙古王府本石头记》侧批所说：“‘瞬息繁华，一时欢乐’二语，可共天下有志事业功名者同来一哭。但天生人非无所为，遇机会，成事业，留名于后世者，亦必有奇传奇遇，方能成不世之功。此亦皆苍天暗中扶助，虽有波澜，而无甚害，反觉其铮铮有声。其不成也，亦由天命。其奸人倾险之计，亦非天命不能行。其繁华欢乐，亦自天命。人于其间，知天命而存好生之心，尽己力以周旋其间，不计其功之成与否，所谓心安而理尽，又何患乎？一时瞬息，随缘遇缘，乌乎不可！”[4]秦可卿这番托梦，也可谓“心安而理

❶ 朱一玄校录：《红楼梦脂评校录》，齐鲁书社1986年版，第188页。

❷（清）曹雪芹著，脂砚斋评：《脂砚斋重评石头记甲戌校本》，作家出版社2000年版，第233页。

❸（清）曹雪芹著，脂砚斋评：《脂砚斋重评石头记庚辰校本》，作家出版社2006年版，第267页。

❹ 朱一玄编：《红楼梦资料汇编》，南开大学出版社2001年版，第234页。

尽”，这个梦具有深刻的象征性，把王熙凤的智慧、谋虑甚至感受到的历史人生哲学的压力都在梦境中释放了。

彼时合家皆知，无不纳罕，都有些疑心。那长一辈的想他素日孝顺，平一辈的想他素日和睦亲密，下一辈的想他素日慈爱，以及家中仆从老小想他素日怜贫惜贱、慈老爱幼之恩，莫不悲嚎痛哭者。

闲言少叙，却说宝玉因近日林黛玉回去，剩得自己孤恓，也不和人顽耍，每到晚间便索然睡了。如今从梦中听见说秦氏死了，连忙翻身爬起来，只觉心中似戳了一刀的不忍，哇的一声，直喷出一口血来。袭人等慌慌忙忙上来搊扶，问是怎么样，又要回贾母来请大夫。宝玉笑道："不用忙，不相干，这是急火攻心，血不归经。"说着便爬起来，要衣服换了，来见贾母，即时要过去。袭人见他如此，心中虽放不下，又不敢拦，只是由他罢了。贾母见他要去，因说："才咽气的人，那里不干净，二则夜里风大，等明早再去不迟。"宝玉那里肯依。贾母命人备车，多派跟随人役，拥护前来。

一直到了宁国府前，只见府门洞开，两边灯笼照如白昼，乱烘烘人来人往，里面哭声摇山振岳。宝玉下了车，忙忙奔至停灵之室，痛哭一番。然后见过尤氏。谁知尤氏正犯了胃疼旧疾，睡在床上。然后又出来见贾珍。彼时贾代儒、代修、贾敕、贾效、贾敦、贾赦、贾政、贾琮、贾㻞、贾珩、贾珖、贾琛、贾琼、贾璘、贾蔷、贾菖、贾菱、贾芸、贾芹、贾蓁、贾萍、贾藻、贾蘅、贾芬、贾芳、贾兰、贾菌、贾芝等都来了。贾珍哭的泪人一般，正和贾代儒等说道："合家大小，远近亲友，谁不知我这媳妇比儿子还强十倍。如今伸腿去了，可见这长房内绝灭无人了。"说着又哭起来。众人忙劝："人已辞世，哭也无益，且商议如何料理要紧。"贾珍拍手道："如何料理，不过尽我所有罢了。"

正说着，只见秦业、秦钟并尤氏的几个眷属尤氏姊妹也都来了。贾珍便命贾琼、贾琛、贾璘、贾蔷四个人去陪客，一面吩咐去请钦天监阴阳司来择日，择准停灵七七四十九日，三日后开丧送讣闻。这四十九日，单请一百单八众禅僧在大厅上拜大悲忏，超度前亡后化诸魂，以免亡者之罪，另设一坛于天香楼上，是九十九位全真道士，打四十九日解冤洗业醮。然后停灵于会芳园中，灵前另外五十众高僧，五十众高道，对坛按七作好事。那贾敬闻得长孙媳死了，因自为早晚就要飞升，如何肯又回家染了红尘，将前功尽弃呢，因此并不在意，只凭贾珍料理。

贾珍见父亲不管，亦发恣意奢华。看板时，几副杉木板皆不中用。可巧薛蟠来吊问，因见贾珍寻好板，便说道："我们木店里有一副板，叫作什么樯木，出在潢海铁网山上，作了棺材，万年不坏。这还是当年先父带来，原系义忠亲王老千岁要的，因他坏了事，就不曾拿去。现在还封在店内，也没有人出价敢买。你若要，就抬来使罢。"贾珍听说，喜之不尽，即命人抬来。大家看时，只见帮底皆厚八寸，纹若槟榔，味若檀麝，以手扣之，玎珰如金玉。大家都奇异称赞。贾珍笑问："价值几何？"薛蟠笑道："拿一千两银子来，只怕也没处买去。什么价不价，赏他们几两工钱就是了。"贾珍听说，忙谢不尽，即命解锯糊漆。贾政因劝道："此物恐非常人可享者，殓以上等杉木也就是了。"此时贾珍恨不能代秦氏之死，这话如何肯听。

因忽又听得秦氏之丫鬟名唤瑞珠者，见秦氏死了，他也触柱而亡。此事可罕，合族人也都称叹。贾珍遂以孙女之礼敛殡，一并停灵于会芳园中之登仙阁。小丫鬟名宝珠者，因见秦氏身无所出，乃甘心愿为义女，誓任摔丧驾灵之任。贾珍喜之不尽，即时传下，从此皆呼宝珠为小姐。那宝珠按未嫁女之丧，在灵前哀哀欲绝。于是，合族人丁并家下诸人，都各遵旧制行事，自不得紊乱。

贾珍因想着贾蓉不过是个黉门监，灵幡经榜上写时不好看，便是执事也不多，因此心下甚不自在。可巧这日正是首七第四日，早有大明宫掌宫内相戴权，先备了祭礼遣人来，次后坐了大轿，打伞鸣锣，亲来上祭。贾珍忙接着，让至逗蜂轩献茶。贾珍心中打算定了主意，因而趁便就说要与贾蓉捐个前程的话。戴权会意，因笑道："想是为丧礼上风光些。"贾珍忙笑道："老内相所见不差。"戴权道："事倒凑巧，正有个美缺，如今三百员龙禁尉短了两员，昨儿襄阳侯的兄弟老三来求我，现拿了一千五百两银子，送到我家里。你知道，咱们都是老相与，不拘怎么样，看着他爷爷的分上，胡乱应了。还剩了一个缺，谁知永兴节度使冯胖子来求，要与他孩子捐，我就没工夫应他。既是咱们的孩子要捐，快写个履历来。"贾珍听说，忙吩咐："快命书房里人恭敬写了大爷的履历来。"小厮不敢怠慢，去了一刻，便拿了一张红纸来与贾珍。贾珍看了，忙送与戴权。看时，上面写道：

江南江宁府江宁县监生贾蓉，年二十岁。曾祖，原任京营节度使世袭一等神威将军贾代化；祖，乙卯科进士贾敬；父，世袭三品爵威烈将军贾珍。

戴权看了，回手便递与一个贴身的小厮收了，说道："回来送与户部堂官老赵，说我拜上他，起一张五品龙禁尉的票，再给个执照，就把这履历填上，明儿我来兑银子送去。"小厮答应了，戴权也就告辞了。贾珍十分款留不住，只得送出府门。临上轿，贾珍因问："银子还是我到部兑，还是一并送入老内相府中？"戴权道："若到部里，你又吃亏了。不如平准一千二百两银子，送到我家就完了。"贾珍感谢不尽，只说："待服满后，亲带小犬到府叩谢。"于是作别。

接着，便又听喝道之声，原来是忠靖侯史鼎的夫人来了。王夫人、邢夫人、凤姐等刚迎入上房，又见锦乡侯、川宁侯、寿山伯三家祭礼摆在灵前。少时，三人下轿，贾政等忙接上大厅。如此亲朋你来我去，也不能胜数。只这四十九日，宁国府街上一条白漫漫人来人往，花簇簇官去官来。

贾珍命贾蓉次日换了吉服，领凭回来。灵前供用执事等物俱按五品职例。灵牌疏上皆写"天朝诰授贾门秦氏恭人之灵位"。会芳园临街大门洞开，旋在两边起了鼓乐厅，两班青衣按时奏乐，一对对执事摆的刀斩斧齐。更有两面朱红销金大字牌对竖在门外，上面大书"防护内廷紫禁道御前侍卫龙禁尉"。对面高起着宣坛，僧道对坛榜文，榜上大书"世袭宁国公冢孙妇、防护内廷御前侍卫龙禁尉贾门秦氏恭人之丧。四大部洲至中之地，奉天承运太平之国，总理虚无寂静教门僧录司正堂万虚，总理元始三一教门道录司正堂叶生等，敬谨修斋，朝天叩佛”，以及“恭请诸伽蓝、揭谛、功曹等神，圣恩普锡，神威远镇，四十九日消灾洗业平安水陆道场”等语，亦不消烦记。

只是贾珍虽然此时心意满足，但里面尤氏又犯了旧疾，不能料理事务，惟恐各诰命来往，亏了礼数，怕人笑话，因此心中不自在。当下正忧虑时，因宝玉在侧问道：“事事都算安贴了，大哥哥还愁什么？”贾珍见问，便将里面无人的话说了出来。宝玉听说笑道：“这有何难，我荐一个人与你权理这一个月的事，管必妥当。”贾珍忙问：“是谁？”宝玉见座间还有许多亲友，不便明言，走至贾珍耳边说了两句。贾珍听了喜不自禁，连忙起身笑道：“果然妥贴，如今就去。”说着拉了宝玉，辞了众人，便往上房里来。

可巧这日非正经日期，亲友来的少，里面不过几位近亲堂客，邢夫人、王夫人、凤姐并合族中的内眷陪坐。闻人报：“大爷进来了。”唬的众婆娘嗯的一声，往后藏之不迭，独凤姐款款站了起来。贾珍此时也有些病症在身，二则过于悲痛了，因拄个拐踱了进来。邢夫人等因说道：“你身上不好，又连日事多，该歇歇才是，又进来做什么？”贾珍一面扶拐，扎挣着要蹲身跪下请安道乏。邢夫人等忙叫宝玉搀住，命人挪椅子来与他坐。贾珍断不肯坐，因勉强陪笑道：“侄儿进来有一件事要求二位婶子并大妹妹。”邢夫人等忙问：“什么事？”贾珍忙笑道：“婶子自然知道，如今孙子媳妇没了，侄儿媳妇偏又病倒，我看里头着实不成个体统。怎么屈尊大妹妹一个月，在这里料理料理，我就放心了。”邢夫人笑道：“原来为这个。你大妹妹现在你二婶子家，只和你二婶子说就是了。”王夫人忙道：“他一个小孩子家，何曾经过这样事，倘或料理不清，反叫人笑话，倒是再烦别人好。”贾珍笑道：“婶子的意思侄儿猜着了，是怕大妹妹劳苦了。若说料理不开——我包管必料理的开——便是错一点儿，别人看着还是不错的。从小儿大妹妹顽笑着就有杀伐决断，如今出了阁，又在那府里办事，越发历练老成了。我想了这几日，除了大妹妹再无人了。婶子不看侄儿、侄儿媳妇的分上，只看死了的分上罢。”说着滚下泪来。

王夫人心中怕的是凤姐儿未经过丧事，怕他料理不清，惹人耻笑。今见贾珍苦苦的说到这步田地，心中已活了几分，却又眼看着凤姐出神。那凤姐素日最喜揽事办，好卖弄才干，虽然当家妥当，也因未办过婚丧大事，恐人还不服，巴不得遇见这事。今见贾珍如此一来，他心中早已欢喜。先见王夫人不允，后见贾珍说的情真，王夫人有活动之意，便向王夫人道：“大哥哥说的这么恳切，太太就依了罢。”王夫人悄悄的道：“你可能么？”凤姐道：“有什么不能的。外面的大事已经大哥哥料理清了，不过是里头照管照管，便是我有不知道的，问问太太就是了。”王夫人见说的有理，便不作声。贾珍见凤姐允了，又陪笑道：“也管不得许多了，横竖要求大妹妹辛苦辛苦。我这里先与妹妹行礼，等事完了，我再到那府里去谢。”说着就作揖下去，凤姐儿还礼不迭。

贾珍便忙向袖中取了宁国府对牌出来，命宝玉送与凤姐，又说：“妹妹爱怎样就怎样，要什么只管拿这个取去，也不必问我。只求别存心替我省钱，只要好看为上。二则也要同那府里一样待人才好，不要存心怕人抱怨。只这两件外，我再没不放心的了。”凤姐不敢就接牌，只看着王夫人。王夫人道：“你哥哥既这么说，你就照看照看罢了。只是别自作主意，有了事，打发人问你哥哥、嫂子要紧。”宝玉早向贾珍手里接过对牌来，强递与凤姐了。贾珍又问：“妹妹住在这里，还是天天来呢？若是天天来，越发辛苦了。不如我这里赶着收拾出一个院落来，妹妹住过这几日倒安稳。”凤姐笑道：“不用。那边也离不得我，倒是天天来的好。”贾珍听说，只得罢了。然后又说了一回闲话，方才出去。

一时女眷散后，王夫人因问凤姐："你今儿怎么样？"凤姐儿道："太太只管请回去，我须得先理出一个头绪来，才回去得呢。"王夫人听说，便先同邢夫人等回去，不在话下。

这里凤姐儿来至三间一所抱厦内坐了，因想：头一件是人口混杂，遗失东西；第二件，事无专执，临期推委；第三件，需用过费，滥支冒领；第四件，任无大小，苦乐不均；第五件，家人豪纵，有脸者不服钤束，无脸者不能上进。此五件实是宁国府中风俗，不知凤姐如何处治，且听下回分解。正是：

金紫万千谁治国，裙钗一二可齐家。

笺证

第十三回有三点值得注意：其一是贾珍在秦可卿丧礼上的异常表现，脂评尚有遗漏，比如"贾珍哭的泪人一般"，"贾珍恨不能代秦氏之死"，"过于悲痛了，因拄个拐踱了进来"。贾珍还以追认孙女、指认义女、提高出殡的官爵等级等方法，增加秦可卿丧礼的荣显程度。而且贾珍执意要使用潢海铁网山上来的樯木作棺材，这木材帮底皆厚八寸，纹若槟榔，味若檀麝，以手扣之，玎珰如金玉，可以万年不坏，为此不惜违拂贾政的劝告，逾越礼制。可见贾珍每每逾越礼制办理秦可卿丧事，动用宁荣二府四代人马，特请御用钦天监阴阳司择日，竟然惊动掌宫内监，还要奉上侯伯之家的祭礼，可谓费尽心思，别有心肠，令人不能不疑窦丛生——到底贾珍与秦可卿有什么猫腻？但是，话还要说回来，死也要讲究时机，宁府还是繁华，自然就把一个儿媳妇的丧礼办得风光火爆，对比贾府抄家衰败之后，连尊贵的贾母丧仪也难以望秦可卿丧仪的项背。其二还值得一提的是贾宝玉对秦可卿之死的超常反应。宝玉从梦中听见说秦氏死了，连忙翻身爬起来，只觉心中似戳了一刀的不忍，哇的一声，直奔出一口血来。他笑说："这是急火攻心，血不归经。"立即坐车赶到宁国府，忙忙奔至停灵之室，痛哭一番。细审"心中似戳了一刀"，这刀所戳之心，就是梦游太虚幻境与乳名兼美字可卿者行云雨之事的那番心意，是人书通向天书的管道所在。其三是写"王熙凤协理宁国府"，这是王熙凤好强心性和干练才能的大展示。此举有两点值得注意：一是显示王熙凤的女强人心气："那凤姐素日最喜揽事办，好卖弄才干，虽然当家妥当，也因未办过婚丧大事，恐人还不服，巴不得遇见这事。今见贾珍如此一来，他心中早已欢喜。"二是王熙凤的精明干练："凤姐儿来至三间一所抱厦内坐了，因想：头一件是人口混杂，遗失东西；第二件，事无专执，临期推委；第三件，需用过费，滥支冒领；第四件，任无大小，苦乐不均；第五件，家人豪纵，有脸者不服钤束，无脸者不能上进。此五件实是宁国府中风俗。"她一进入角色，就能以敏锐的眼光把握人、财、物事务的要点，显得有条不紊，游刃有余。总之，第十三回这三个值得注意的关键点表明，《红楼梦》叙事内蕴博大深邃，写实性背后又蕴含着象征性，需要进行深度智慧性的解读。

第十四回

林如海捐馆扬州城 贾宝玉路谒北静王

话说宁国府中都总管来升闻得里面委请了凤姐，因传齐同事人等说道："如今请了西府里琏二奶奶管理内事，倘或他来支取东西，或是说话，我们须要比往日小心些。每日大家早来晚散，宁可辛苦这一个月，过后再歇着，不要把老脸丢了。那是个有名的烈货，脸酸心硬，一时恼了，不认人的。"众人都道："有理。"又有一个笑道："论理，我们里面也须得他来整治整治，都忒不像了。"正说着，只见来旺媳妇拿了对牌来领取呈文京榜纸札，票上批着数目。众人连忙让坐倒茶，一面命人按数取纸来抱着，同来旺媳妇一路来至仪门口，方交与来旺媳妇自己抱进去了。

凤姐即命彩明钉造簿册。即时传来升媳妇，兼要家口花名册来查看，又限于明日一早传齐家人媳妇进来听差等语。大概点了一点数目单册，问了来升媳妇几句话，便坐车回家。一宿无话。

至次日，卯正二刻便过来了。那宁国府中婆娘媳妇闻得到齐，只见凤姐正与来升媳妇分派，众人不敢擅入，只在窗外听觑。只听凤姐与来升媳妇道："既托了我，我就说不得要讨你们嫌了。我可比不得你们奶奶好性儿，由着你们去。再不要说你们'这府里原是这样'的话，如今可要依着我行，错我半点儿，管不得谁是有脸的，谁是没脸的，一例现清白处治。"说着，便吩咐彩明念花名册，按名一个一个的唤进来看视。

一时看完，便又吩咐道："这二十个分作两班，一班十个，每日在里头单管人客来往倒茶，别的事不用他们管。这二十个也分作两班，每日单管本家亲戚茶饭，别的事也不用他们管。这四十个人也分作两班，单在灵前上香添油，挂幔守灵，供饭供茶，随起举哀，别的事也不与他们相干。这四个人单在内茶房收管杯碟茶器，若少一件，便叫他四个描赔。这四个人单管酒饭器皿，少一件，也是他四个描赔。这八个单管监收祭礼。这八个单管各处灯油、蜡烛、纸札，我总支了来，交与你八个，然后按我的定数再往各处去分派。这三十个每日轮流各处上夜，照管门户，监察火烛，打扫地方。这下剩的按着房屋分开，某人守某处，某处所有桌椅古董起，至于痰盒掸帚，一草一苗，或丢或坏，就和守这处的人算账描赔。来升家的每日揽总查看，或有偷懒的，赌钱吃酒的，打架拌嘴的，立刻来回我，你有徇情，经我查出，三四辈子的老脸就顾不成了。如今都有定规，以后那一行乱了，只和那一行说话。素日跟我的人，随身自有钟表，不论大小事，我是皆有一定的时辰。横竖你们上房里也有时辰钟。卯正二刻我来点卯，巳正吃早饭，凡有领牌回事的，只在午初刻。戌初烧过黄昏纸，我亲到各处查一遍，回来上夜的交明钥匙。第二日仍是卯正二刻过来。说不得咱们大家辛苦这几日罢，事完了，你们家大爷自然赏你们。”

说罢，又吩咐按数发与茶叶、油烛、鸡毛掸子、笤帚等物。一面又搬取家伙：桌围、椅搭、坐褥、毡席、痰盒、脚踏之类。一面交发，一面提笔登记，某人管某处，某人领某物，开得十分清楚。众人领了去，也都有了投奔，不似先时只拣便宜的做，剩下的苦差没个招揽。各房中也不能趁乱失迷东西。便是人来客往，也都安静了，不比先前一个正摆茶，又去端饭，正陪举哀，又顾接客。如这些无头绪、荒乱、推托、偷闲、窃取等弊，次日一概都蠲了。

凤姐儿见自己威重令行，心中十分得意。因见尤氏犯病，贾珍又过于悲哀，不大进饮食，自己每日从那府中煎了各样细粥，精致小菜，命人送来劝食。贾珍也另外吩咐每日送上等菜到抱厦内，单与凤姐。那凤姐不畏勤劳，天天于卯正二刻就过来点卯理事，独在抱厦内起坐，不与众妯娌合群，便有堂客来往，也不迎会。

这日乃五七正五日上，那应佛僧正开方破狱，传灯照亡，参阎君，拘都鬼，筵请地藏王，开金桥，引幢幡，那道士们正伏章申表，朝三清，叩玉帝，禅僧们行香，放焰口，拜水忏，又有十三众尼僧，搭绣衣，靸红鞋，在灵前默诵接引诸咒，十分热闹。那凤姐必知今日人客不少，在家中歇宿一夜，至寅正，平儿便请起来梳洗。及收拾完备，更衣盥手，吃了两口奶子糖粳米粥，漱口已毕，已是卯正二刻了。来旺媳妇率领诸人伺候已久。凤姐出至厅前，上了车，前面打了一对明角灯，大书“荣国府”三个大字，款款来至宁府。大门上门灯朗挂，两边一色戳灯，照如白昼，白汪汪穿孝仆从两边侍立。请车至正门上，小厮等退去，众媳妇上来揭起车帘。凤姐下了车，一手扶着丰儿，两个媳妇执着手把灯罩，簇拥着凤姐进来。宁府诸媳妇迎来请安接待。凤姐缓缓走入会芳园中登仙阁灵前，一见了棺材，那眼泪恰似断线之珠，滚将下来。院中许多小厮垂手伺候烧纸。凤姐吩咐得一声：“供茶烧纸。”只听一棒锣鸣，诸乐齐奏，早有人端过一张大圈椅来，放在灵前，凤姐坐了，放声大哭。于是里外男女上下，见凤姐出声，都忙忙接声嚎哭。

一时贾珍尤氏遣人来劝，凤姐方才止住。来旺媳妇献茶漱口毕，凤姐方起身，别过族中诸人，自入抱厦内来。按名查点，各项人数都已到齐，只有迎送亲客上的一人未到。即命传到，那人已张惶愧惧。凤姐冷笑道：“我说是谁误了，原来是你。你原比他们有体面，所以才不听我的话。”那人道：“小的天天都来的早，只有今儿，醒了觉得早些，因又睡迷了，来迟了一步，求奶奶饶过这次。”正说着，只见荣国府中的王兴媳妇来了，在前探头。

凤姐且不发放这人，却先问：“王兴媳妇作什么？”王兴媳妇巴不得先问他完了事，连忙进去说：“领牌取线，打车轿网络。”说着，将个帖儿递上去。凤姐命彩明念道：“大轿两顶，小轿四顶，车四辆，共用大小络子若干根，用珠儿线若干斤。”凤姐听了，数目相合，便命彩明登记，取荣国府对牌掷下。王兴家的去了。

凤姐方欲说话时，见荣国府的四个执事人进来，都是要支取东西领牌来的。凤姐命彩明要了帖念过，听了一共四件，指两件说道："这两件开销错了，再算清了来取。"说着掷下帖子来。那二人扫兴而去。

凤姐因见张材家的在旁，因问："你有什么事？"张材家的忙取帖儿回说："就是方才车轿围作成，领取裁缝工银若干两。"凤姐听了，便收了帖子，命彩明登记。待王兴家的交过牌，得了买办的回押相符，然后方与张材家的去领。一面又命念那一个，是为宝玉外书房完竣，支买纸料糊裱。凤姐听了，即命收帖儿登记，待张材家的缴清，又发与这人去了。

凤姐便说道："明儿他也睡迷了，后儿我也睡迷了，将来都没了人了。本来要饶你，只是我头一次宽了，下次人就难管，不如现开发的好。"登时放下脸来，喝命："带出去，打二十板子。"一面又掷下宁国府对牌："出去说与来升，革他一月银米。"众人听说，又见凤姐眉立，知是恼了，不敢怠慢，拖人的出去拖人，执牌传谕的忙去传谕。那人身不由己，已拖出去挨了二十大板，还要进来叩谢。凤姐道："明日再有误的，打四十，后日的六十，有要挨打的，只管误。"说着，吩咐"散了罢"，窗外众人听说，方各自执事去了。彼时宁府荣府两处执事领牌交牌的，人来人往不绝，那抱愧被打之人含羞去了，这才知道凤姐利害。众人不敢偷闲，自此兢兢业业，执事保全。不在话下。

笺证

第十四回开头，行文进入王熙凤协理宁国府事务的具体过程，展示王熙凤大展身手的强悍而细致的作风。甲戌本回首总评说："写凤姐之珍贵，写凤姐之英气，写凤姐之声势，写凤姐之心机，写凤姐之骄大。"❶凤姐威重令行，快刀斩乱麻，把宁国府多年积重难返的那些无头绪、荒乱、推托、偷闲、窃取等弊端，干脆利落地解决了，自己心中也十分得意。她建立起管理那百十个婆子媳妇的制度，人司其责，问责追究，奖勤罚懒，颐指气使。如此复杂烦琐的事情，行文娓娓道来，用语微妙讲究，写出了王熙凤量才用人的干练，展示了她性格细微差别的多面性。如蒙古王府本侧批所说："不要说'原是这样'的话，破尽痼弊根底。"正如鲁迅《狂人日记》所质疑的："从来如此，便对么？"要打破"从来如此"的惰性和陈规陋习，历史才能开拓新生面，才能破尽痼弊根底。尤其是凤姐处理那个晚点迟到者，先听她张惶愧惧的狡辩而冷笑，且不发放这人，先安排王兴媳妇的事务，又安排荣国府的四个执事人以及张材家的事务。这确实是长袖善舞，撒得开，收得拢，然后再回过头来数落那个迟到者："明儿他也睡迷了，后儿我也睡迷了，将来都没了人了。本来要饶你，只是我头一次宽了，下次人就难管，不如现开发的好"，喝命"带出去，打二十板子"。震慑得众人"知是（她）恼了，不敢怠慢"，那迟到被打之人尝到了凤姐利害，众人也不敢偷闲，自此兢兢业业，执事保全。如此穿插，运笔如风，可见文心之细中有悍，悍中有细。确如甲戌本侧批所说："惯起波澜，惯能忙中写闲，又惯用曲笔，又惯综错。真妙。"❷最后还总写一句："（宁府）合族中虽有许多妯娌，但或有羞口的，或有羞脚的，或有不惯见人的，或有惧贵怯官的，种种之类，俱不及凤姐举止舒徐，言语慷慨，珍贵宽大；因此也不把众人放在眼里，挥霍指示，任其所为，目若无人。"庚辰本墨夹说："写秦氏之丧，却只为凤姐一人。"❸秦可卿之死，搭起了凤姐治理才能表演的舞台。这就是《韩非子·五蠹》所言："鄙谚曰：'长袖善舞，多钱善贾。'此言多资之易为工也。"

如今且说宝玉因见今日人众，恐秦钟受了委曲，因默与他商议，要同他往凤姐处来坐。秦钟道："他的事多，况且不喜人去，咱们去了，他岂不烦腻？”宝玉道：“他怎好腻我们，不相干，只管跟我来。”说着，便拉了秦钟，直至抱厦。凤姐才吃饭，见他们来了，便笑道：“好长腿子，快上来罢。”宝玉道：“我们偏了。”凤姐道：“在这边外头吃的，还是那边吃的？”宝玉道：“这边同那些浑人吃什么。原是那边，我们两个同老太太吃了来的。”一面归坐。

凤姐吃毕饭，就有宁国府中的一个媳妇来领牌，为支取香灯事。凤姐笑道：“我算着你们今儿该来支取，总不见来，想是忘了。这会子到底来取，要忘了，自然是你们包出来，都便宜了我。”那媳妇笑道：“何尝不是忘了，方才想起来，再迟一步，也领不成了。”说罢，领牌而去。

一时登记交牌。秦钟因笑道：“你们两府里都是这牌，倘或别人私弄一个，支了银子跑了，怎样？”凤姐笑道：“依你说，都没王法了？”宝玉因道：“怎么咱们家没人领牌子做东西？”凤姐道：“人家来领的时候，你还做梦呢。我且问你，你们这夜书多早晚才念呢？”宝玉道：“巴不得这如今就念才好，他们只是不快收拾出书房来，这也无法。”凤姐笑道：“你请我一请，包管就快了。”宝玉道：“你要快也不中用，他们该作到那里的，自然就有了。”凤姐笑道：“便是他们作，也得要东西，搁不住我不给对牌是难的。”宝玉听说，便猴向凤姐身上立刻要牌，说：“好姐姐，给出牌子来，叫他们要东西去。”凤姐道：“我乏的身子上生疼，还搁的住揉搓。你放心罢，今儿才领了纸裱糊去了，他们该要的还等叫去呢，可不傻了？”宝玉不信，凤姐便叫彩明查册子与宝玉看了。

正闹着，人回：“苏州去的人昭儿来了。”凤姐急命唤进来。昭儿打千儿请安。凤姐便问：“回来做什么的？”昭儿道：“二爷打发回来的。林姑老爷是九月初三日巳时没的。

❶（清）曹雪芹著，脂砚斋评：《脂砚斋重评石头记甲戌校本》，作家出版社2000年版，第236页。

❷（清）曹雪芹著，脂砚斋评：《脂砚斋重评石头记甲戌校本》，作家出版社2000年版，第240页。

❸（清）曹雪芹著，脂砚斋评：《脂砚斋重评石头记庚辰校本》，作家出版社2006年版，第281页。

二爷带了林姑娘同送林姑老爷灵到苏州，大约赶年底就回来。二爷打发小的来报个信请安，讨老太太示下，还瞧瞧奶奶家里好，叫把大毛衣服带几件去。”凤姐道:“你见过别人了没有? ”昭儿道:“都见过了。”说毕，连忙退去。凤姐向宝玉笑道:“你林妹妹可在咱们家住长了。”宝玉道:“了不得，想来这几日他不知哭的怎样呢。”说着，蹙眉长叹。

凤姐见昭儿回来，因当着人未及细问贾琏，心中自是记挂，待要回去，争奈事情繁杂，一时去了，恐有延迟失误，惹人笑话。少不得耐到晚上回来，复令昭儿进来，细问一路平安信息。连夜打点大毛衣服，和平儿亲自检点包裹，再细细追想所需何物，一并包藏交付昭儿。又细细吩咐昭儿“在外好生小心服侍，不要惹你二爷生气，时时劝他少吃酒，别勾引他认得混帐老婆，果有这些事，回来打折你的腿”等语。赶乱完了，天已四更将尽，纵睡下又走了困，不觉天明鸡唱，忙梳洗过宁府中来。

那贾珍因见发引日近，亲自坐车，带了阴阳司吏，往铁槛寺来踏看寄灵所在。又一一嘱咐住持色空，好生预备新鲜陈设，多请名僧，以备接灵使用。色空忙看晚斋。贾珍也无心茶饭，因天晚不得进城，就在净室胡乱歇了一夜。次日早，便进城来料理出殡之事，一面又派人先往铁槛寺，连夜另外修饰停灵之处，并厨茶等项接灵人口坐落。

里面凤姐见日期有限，也预先逐细分派料理，一面又派荣府中车轿人从跟王夫人送殡，又顾自己送殡去占下处。目今正值缮国公诰命亡故，王邢二夫人又去打祭送殡；西安郡王妃华诞，送寿礼；镇国公诰命生了长男，预备贺礼；又有胞兄王仁连家眷回南，一面写家信禀叩父母并带往之物；又有迎春染病，每日请医服药，看医生启帖、症源、药案等事，亦难尽述。又兼发引在迩，因此忙的凤姐茶饭也没工夫吃得，坐卧不能清净。刚到了宁府，荣府的人又跟到宁府，既回到荣府，宁府的人又找到荣府。凤姐见如此，心中倒十分欢喜，并不偷安推托，恐落人褒贬，因此日夜不暇，筹划得十分的整肃。于是合族上下无不称叹者。

这日伴宿之夕，里面两班小戏并耍百戏的与亲朋堂客伴宿，尤氏犹卧于内室，一应张罗款待，独是凤姐一人周全承应。合族中虽有许多妯娌，但或有羞口的，或有羞脚的，或有不惯见人的，或有惧贵怯官的，种种之类，俱不及凤姐举止舒徐，言语慷慨，珍贵宽大；因此也不把众人放在眼里，挥霍指示，任其所为，目若无人。一夜中灯明火彩，客送官迎，那百般热闹，自不用说的。至天明，吉时已到，一班六十四名青衣请灵，前面铭旌上大书“奉天洪建兆年不易之朝诰封一等宁国公冢孙妇防护内廷紫禁道御前侍卫龙禁尉享强寿贾门秦氏恭人之灵柩”。一应执事陈设，皆系现赶着新做出来的，一色光艳夺目。宝珠自行未嫁女之礼外，摔丧驾灵，十分哀苦。

那时官客送殡的，有镇国公牛清之孙现袭一等伯牛继宗，理国公柳彪之孙现袭一等子柳芳，齐国公陈翼之孙世袭三品威镇将军陈瑞文，治国公马魁之孙世袭三品威远将军马尚，修国公侯晓明之孙世袭一等子侯孝康，缮国公诰命亡故，故其孙石光珠守孝不曾来得。这六家与宁荣二家，当日所称“八公”的便是。余者更有南安郡王之孙，西宁郡王之孙，忠靖侯史鼎，平原侯之孙世袭二等男蒋子宁，定城侯之孙世袭二等男兼京营游击谢鲸，襄阳侯之孙世袭二等男戚建辉，景田侯之孙五城兵马司裘良。余者锦乡伯公子韩奇，神武将军公子冯紫英，陈也俊、卫若兰等诸王孙公子，不可枚数。堂客算来亦有十来顶大轿，三四十小轿，连家下大小轿车辆，不下百余十乘。连前面各色执事、陈设、百耍，浩浩荡荡，一带摆三四里远。

走不多时，路旁彩棚高搭。设席张筵，和音奏乐，俱是各家路祭：第一座是东平王府祭棚，第二座是南安郡王祭棚，第三座是西宁郡王，第四座是北静郡王的。原来这四王，当日惟北静王功高，及今子孙犹袭王爵。现今北静王水溶年未弱冠，生得形容秀美，情性谦和。近闻宁国公冢孙妇告殂，因想当日彼此祖父相与之情，同难同荣，未以异姓相视，因此不以王位自居，上日也曾探丧上祭，如今又设路奠，命麾下各官在此伺候。自己五更入朝，公事一毕，便换了素服，坐大轿鸣锣张伞而来，至棚前落轿。手下各官两旁拥侍，军民人众不得往还。

一时只见宁府大殡浩浩荡荡，压地银山一般从北而至。早有宁府开路传事人看见，连忙回去报与贾珍。贾珍急命前面驻扎，同贾赦贾政三人连忙迎来，以国礼相见。水溶在轿内欠身含笑答礼，仍以世交称呼接待，并不妄自尊大。贾珍道："犬妇之丧，累蒙郡驾下临，荫生辈何以克当？"水溶笑道："世交之谊，何出此言。"遂回头命长府官主祭代奠。贾赦等一旁还礼毕，复身又来谢恩。

水溶十分谦逊，因问贾政道："那一位是衔宝而诞者？几次要见一见，都为杂冗所阻，想今日是来的，何不请来一会。"贾政听说，忙回去，急命宝玉脱去孝服，领他前来。那宝玉素日就曾听得父兄亲友人等说闲话时，赞水溶是个贤王，且生得才貌双全，风流潇洒，每不以官俗国体所缚。每思相会，只是父亲拘束严密，无由得会，今见反来叫他，自是欢喜。一面走，一面早瞥见那水溶坐在轿内，好个仪表人材。不知近看时又是怎样，且听下回分解。

笺证

繁华如何写？可以写繁华的秦可卿丧礼，也可以写繁华的贵妃省亲，而且把繁华的丧礼放在繁华的省亲之前，以哀导乐，一倍增其哀乐，一倍暗藏着哀乐的深层的象征性意义。《红楼梦》第十三、十四回敷陈秦可卿的死和死后的丧礼，实际上成了宁国府繁华时期的一件盛事，也是一个颇费猜详的谜。秦可卿出殡阵容，"压地银山一般"浩浩荡荡，"连前面各色执事、陈设、百耍，浩浩荡荡，一带摆三四里远"，连用了两个"浩浩荡荡"，真如歇后语所说："太平洋里洗脚——浩浩荡荡。"尤其是其中有与宁荣二家国公并列"八公"的其余六家子孙的设祭、东南西北四位郡王的祭棚，既显示宁府气派，又暗藏贾珍的苦心，这苦心的气派就不怕世人指指点点？由此引出北静王水溶要见"衔宝而诞者"，不着痕迹地将叙事线索抛向新的去处。水溶之名，恐怕是满人的名字。庚辰本眉批说："忙中闲笔，点缀玉兄，方不失正文中之正人。作者良苦。壬午春。畸笏。"[4] 这段描写中还可以看出《红楼梦》用语之妙，可以充当"一字师"而无愧。其中写道："宝玉听说，便猴向凤姐身上立刻要牌。"庚辰本侧批在"猴"字旁写下批语说："诗中知有炼字一法，不期于《石头记》中多得其妙。"[5] 炼字得法，即成"一字师"，典故见于宋人陶岳《五代史补》卷三记载："郑谷在袁州，齐己因携所为诗往谒焉。有《早梅诗》曰：'前村深雪里，昨夜数枝开。'谷笑曰：'数枝非早，不若一枝则佳。'齐己矍然，不觉兼三衣叩地膜拜，自是士林以谷为齐己一字之师。"[6] 以一个"猴"字，写两个贾府得脸人物宝玉对凤姐乖巧得像猴子一样攀援纠缠，着实是以一种肢体语言写尽了宝玉、凤姐的亲密黏糊关系。《红楼梦》隐藏象征意义，往往大处着眼，描写人物关系往往小处着墨，在"浩浩荡荡"中剔出一个"猴"字，大小互衬，精微中透出深意，便于调动天眼看人间。

❹（清）曹雪芹著，脂砚斋评：《脂砚斋重评石头记庚辰校本》，作家出版社2006年版，第283页。

❺（清）曹雪芹著，脂砚斋评：《脂砚斋重评石头记庚辰校本》，作家出版社2006年版，第279页。

❻陈伯海编：《唐诗汇评》（下），浙江教育出版社1995年版，第2841页。

第十五回

王凤姐弄权铁槛寺　秦鲸卿得趣馒头庵

话说宝玉举目见北静王水溶头上戴着洁白簪缨银翅王帽，穿着江牙海水五爪坐龙白蟒袍，系着碧玉红鞓带，面如美玉，目似明星，真好秀丽人物。宝玉忙抢上来参见，水溶连忙从轿内伸出手来挽住。见宝玉戴着束发银冠，勒着双龙出海抹额，穿着白蟒箭袖，围着攒珠银带，面若春花，目如点漆。水溶笑道："名不虚传，果然如'宝'似'玉'。"因问："衔的那宝贝在那里？"宝玉见问，连忙从衣内取了递与过去。水溶细细的看了，又念了那上头的字，因问："果灵验否？"贾政忙道："虽如此说，只是未曾试过。"水溶一面极口称奇道异，一面理好彩绦，亲自与宝玉带上，又携手问宝玉几岁，读何书。宝玉一一的答应。

水溶见他语言清楚，谈吐有致，一面又向贾政笑道："令郎真乃龙驹凤雏，非小王在世翁前唐突，将来'雏凤清于老凤声'，未可量也。"贾政忙陪笑道："犬子岂敢谬承金奖。赖藩郡馀祯，果如是言，亦荫生辈之幸矣。"水溶又道："只是一件，令郎如是资质，想老太夫人、夫人辈自然钟爱极矣；但吾辈后生，甚不宜钟溺，钟溺则未免荒失学业。昔小王曾蹈此辙，想令郎亦未必不如是也。若令郎在家难以用功，不妨常到寒第。小王虽不才，却多蒙海上众名士凡至都者，未有不另垂青目。是以寒第高人颇聚。令郎常去谈会谈会，则学问可以日进矣。"贾政忙躬身答应。

水溶又将腕上一串念珠卸了下来，递与宝玉道："今日初会，仓促竟无敬贺之物，此系前日圣上亲赐蕶苓香念珠一串，权为贺敬之礼。"宝玉连忙接了，回身奉与贾政。贾政与宝玉一齐谢过。于是贾赦、贾珍等一齐上来请回舆，水溶道："逝者已登仙界，非碌碌你我尘寰中之人也。小王虽上叨天恩，虚邀郡袭，岂可越仙輀而进也？"贾赦等见执意不从，只得告辞谢恩回来，命手下掩乐停音，滔滔然将殡过完，方让水溶回舆去了。不在话下。

笺证

第十五回开头紧接上回，写北静王见玉谈玉，因玉论人，又向贾政笑道："令郎真乃龙驹凤雏，非小王在世翁前唐突，将来'雏凤清于老凤声'，未可量也。"甲戌本回首总评说："宝玉谒北静王辞对神色，方露出本来面目，迥非在闺阁中之形景。北静王问玉上字果验否，政老对以未曾试过，是隐却多少捕风捉影闲文。北静王论聪明伶俐，又年幼时为溺爱所累，亦大得病源之语。"[1]北静王称赞宝玉的"雏凤清于老凤声"的诗句，来自李商隐。宋计有功《唐诗纪事》卷六十五记载："韩偓父瞻，开成六年李义山同年也。…… 偓小字冬郎。义山云：'尝即席为诗相送，一座尽惊，句有老成之风。'因有诗云：'十岁裁诗走马成，冷灰残烛动离情。桐花万里丹山路，雏凤清于老凤声。'"[2]北静王认为宝玉的才华，是在贾政之上的。北静王因玉谈玉，着墨不多，却又遥遥然呼应女娲炼石补天的神话和衔玉而生的奇异。天人之书的关键意象，不宜冷落过久，才是照应周密的匠心。秦可卿大出殡中嵌入如此晶莹剔透的插曲，自是作者运笔从容的风度。

[1]（清）曹雪芹著，脂砚斋评：《脂砚斋重评石头记甲戌校本》，作家出版社2000年版，第248页。

[2]（宋）计有功：《唐诗纪事》，上海古籍出版社1987年版，第977页。

且说宁府送殡，一路热闹非常。刚至城门前，又有贾赦、贾政、贾珍等诸同僚属下各家祭棚接祭，一一的谢过，然后出城，竟奔铁槛寺大路行来。彼时贾珍带贾蓉来到诸长辈前，让坐轿上马，因而贾赦一辈的各自上了车轿，贾珍一辈的也将要上马。凤姐儿因记挂着宝玉，怕他在郊外纵性逞强，不服家人的话，贾政管不着这些小事，惟恐有个失闪，难见贾母，因此便命小厮来唤他。宝玉只得来到他车前。凤姐笑道:“好兄弟，你是个尊贵人，女孩儿一样的人品，别学他们猴在马上。下来，咱们姐儿两个坐车，岂不好？”宝玉听说，忙下了马，爬入凤姐车上，二人说笑前来。

不一时，只见从那边两骑马压地飞来，离凤姐车不远，一齐蹿下来，扶车回说:“这里有下处，奶奶请歇更衣。”凤姐急命请邢夫人王夫人的示下，那人回来说:“太太们说不用歇了，叫奶奶自便罢。”凤姐听了，便命歇了再走。众小厮听了，一带辕马，岔出人群，往北飞走。宝玉在车内急命请秦相公。那时秦钟正骑马随着他父亲的轿，忽见宝玉的小厮跑来，请他去打尖。秦钟看时，只见凤姐儿的车往北而去，后面拉着宝玉的马，搭着鞍笼，便知宝玉同凤姐坐车，自己也便带马赶上去，同入一庄门内。早有家人将众庄汉撵尽。那庄农人家无多房舍，婆娘们无处回避，只得由他们去了。那些村姑庄妇见了凤姐、宝玉、秦钟的人品衣服，礼数款段，岂有不爱看的?

一时凤姐进入茅堂，因命宝玉等先出去顽顽。宝玉等会意，因同秦钟出来，带着小厮们各处游顽。凡庄农动用之物，皆不曾见过。宝玉一见了锹、镢、锄、犁等物，皆以为奇，不知何项所使，其名为何。小厮在旁一一的告诉了名色，说明原委。宝玉听了，因点头叹道:“怪道古人诗上说‘谁知盘中餐，粒粒皆辛苦’，正为此也。”一面说，一面又至一间房前，只见炕上有个纺车，宝玉又问小厮们:“这又是什么？”小厮们又告诉他原委。宝玉听说，便上来拧转作耍，自为有趣。只见一个约有十七八岁的村庄丫头跑了来乱嚷:“别动坏了。”众小厮忙断喝拦阻。宝玉忙丢开手，陪笑说道:“我因为没见过这个，所以试他一试。”那丫头道:“你们那里会弄这个，站开了，我纺与你瞧。”秦钟暗拉宝玉笑道:“此卿大有意趣。”宝玉一把推开，笑道:“该死的！再胡说，我就打了。”说着，只见那丫头纺起线来。宝玉正要说话时，只听那边老婆子叫道:“二丫头，快过来！”那丫头听见，丢下纺车，一径去了。

宝玉怅然无趣。只见凤姐儿打发人来叫他两个进去。凤姐洗了手，换衣服抖灰，问他们换不换。宝玉不换，只得罢了。家下仆妇们将带着行路的茶壶茶杯、十锦屉盒、各样小食端来，凤姐等吃过茶，待他们收拾完毕，便起身上车。外面旺儿预备下赏封，赏了本村主人。庄妇等来叩赏。凤姐并不在意，宝玉却留心看时，内中并无二丫头。一时上了车，出来走不多远，只见迎头二丫头怀里抱着他小兄弟，同着几个小女孩子说笑而来。宝玉恨不得下车跟了他去，料是众人不依的，少不得以目相送，争奈车轻马快，一时展眼无踪。

走不多时，仍又跟上大殡了。早有前面法鼓金铙，幢幡宝盖:铁槛寺接灵众僧齐至。少时到入寺中，另演佛事，重设香坛。安灵于内殿偏室之中，宝珠安于里寝室相伴。外面贾珍款待一应亲友，也有扰饭的，也有不吃饭而辞的，一应谢过乏，从公侯伯子男一起一起的散去，至未末时分方才散尽了。里面的堂客皆是凤姐张罗接待，先从显官诰命散起，也到晌午大错时方散尽了。只有几个亲戚是至近的，等做过三日安灵道场方去。那时邢、王二夫人知凤姐必不能来家，也便就要进城。王夫人要带宝玉去，宝玉乍到郊外，那里肯回去，只要跟凤姐住着。王夫人无法，只得交与凤姐便回来了。

原来这铁槛寺原是宁荣二公当日修造，现今还是有香火地亩布施，以备京中老了人口，在此便宜寄放。其中阴阳两宅俱已预备妥贴，好为送灵人口寄居。不想如今后辈人口繁盛，其中贫富不一，或性情参商:有那家业艰难安分的，便住在这里了，有那尚排场有钱势的，只说这里不方便，一定另外或村庄或尼庵寻个下处，为事毕宴退之所。即今秦氏之丧，族中诸人皆权在铁槛寺下榻，独有凤姐嫌不方便，因而早遣人来和馒头庵的姑子净虚说了，腾出两间房子来作下处。

原来这馒头庵就是水月庵，因他庙里做的馒头好，就起了这个浑号，离铁槛寺不远。

笺证

事件发生在特殊的场合、特殊的时刻，而获得在其他场合、时刻所没有的新的意义。因而写事件要精心掐算，善于以特殊的场合、特殊的时刻，激活它们非同一般的意义。第十五回写尼庵风波，是一种触犯禁忌的叙写。禁忌的触犯，一是凤姐与尼姑在佛门庙庵里干预案件致人死命；二是秦钟在姐姐丧礼中与少年尼姑苟且，在水月庵中演出了水中风月。甲戌本在第十五回“这馒头庵就是水月庵，因他庙里做的馒头好，就起了这个浑号，离铁槛寺不远”之处有夹批说：“前人诗云：‘纵有千年铁门限，终须一个土馒头。’是此意。故‘不远’二字有文章。”[3]这里的诗句出自南宋范成大《重九日行营寿藏之地》：“家山随处可松楸，荷锸携壶似醉刘。纵有千年铁门限，终须一个土馒头。三轮世界犹灰劫，四大形骸强首丘。蝼蚁乌鸢何厚薄，临风拊掌菊花秋。”北宋诗僧惠洪《冷斋夜话》卷十记载：“（苏）东坡夜宿曹溪，读《传灯录》，灯花堕卷上，烧一僧字，即以笔记于窗间曰：‘山堂夜岑寂，灯下读《传灯》。不觉灯花落，茶毗一个僧。’梵志诗曰：‘城外土馒头，馅草在城里。一人吃一个，莫嫌没滋味。’（黄庭坚）鲁直曰：‘既是馅草，何缘更知滋味。易之曰：显儿以酒浇，且图有滋味。’”[4]本回的铁槛寺不远就是“馒头庵”，显然取义于唐初白话诗僧王梵志，尤其是南宋诗人范成大的诗，以及苏轼、黄庭坚的游戏趣味。但行文却说，馒头庵就因“庙里做的馒头好”才起的名，也是一种游戏笔墨。问题在于后面写王熙凤在水月庵接受银两干预一桩争夺美人的案子，导致一种类乎“葫芦僧乱判葫芦案”的结局，这就触犯了佛门禁忌了。这王熙凤却发了兴头说：“你是素日知道我的，从来不信什么是阴司地狱报应的，凭是什么事，我说要行就行。你叫他拿三千银子来，我就替他出这口气。”庚辰本侧批说：“批书人深知卿有是心，叹叹！”王熙凤还以自我解嘲来掩饰说：“我比不得他们扯篷拉牵的图银子。这三千银子，不过是给打发说去的小厮作盘缠，使他赚几个辛苦钱，我一个钱也不要他的。便是三万两，我此刻也拿的出来。”甲戌本侧批说：“阿凤欺人如此”，“总写阿凤聪明中的痴人”。如此王熙凤纵然面对“纵有千年铁门限，终须一个土馒头”的命运提示，也硬是不放在心上，她宁可相信“庙里做的馒头好”，能咬一口就咬一口，是一个敢于与命运捣鬼作对的女汉子。写到这个公案导致一双痴情男女殉情，第十六回庚辰本夹批说：“一段收拾过。阿凤心机胆量，真与（贾）雨村是［一］对乱世之奸雄。后文不必细写其事，则知其平生之作为。回首时，无怪乎其惨痛之态，使天下痴心人同来一警，或可期共入于恬然自得之乡矣。［脂砚］”[5]从某种意义上说，这一连串的诡计和死亡，是对铁槛寺、馒头庵、水月庵佛门地界的亵渎性的解构写法，老尼竟然善于在官场刑事中上下其手，谋财害命，致使佛门也无干净之地，犯了佛门的戒律、佛门的禁忌。贾府、官场、馒头庵水月庵串通一气，虽然机关算尽，但亵圣侫俗，受污浊浸染，终难逃败坏的命运。

当下和尚工课已完，奠过茶饭，贾珍便命贾蓉请凤姐歇息。凤姐见还有几个妯娌陪着女亲，自己便辞了众人，带了宝玉、秦钟往水月庵来。原来秦业年迈多病，不能在此，只命秦钟等待安灵罢了。那秦钟便只跟着凤姐、宝玉，一时到了水月庵，净虚带领智善、智能两个徒弟出来迎

❸（清）曹雪芹著，脂砚斋评：《脂砚斋重评石头记甲戌校本》，作家出版社2000年版，第253页。

❹张伯伟编校：《稀见本宋人诗话四种》，江苏古籍出版社2002年版，第96页。

❺（清）曹雪芹著，脂砚斋评：《脂砚斋重评石头记庚辰校本》，作家出版社2006年版，第303页。

接，大家见过。凤姐等来至净室更衣净手毕，因见智能儿越发长高了，模样儿越发出息了，因说道：“你们师徒怎么这些日子也不往我们那里去？”净虚道：“可是这几天都没工夫，因胡老爷府里产了公子，太太送了十两银子来这里，叫请几位师父念三日《血盆经》，忙的没个空儿，就没来请奶奶的安。”

不言老尼陪着凤姐。且说秦钟、宝玉二人正在殿上顽耍，因见智能过来，宝玉笑道：“能儿来了。”秦钟道：“理那东西作什么？”宝玉笑道：“你别弄鬼，那一日在老太太屋里，一个人没有，你搂着他作什么。这会子还哄我？”秦钟笑道：“这可是没有的话。”宝玉笑道：“有没有也不管你，你只叫住他倒碗茶来我吃，就丢开手。”秦钟笑道：“这又奇了，你叫他倒去，还怕他不倒？何必要我说呢。”宝玉道“我叫他倒的是无情意的，不及你叫他倒的是有情意的。”秦钟只得说道：“能儿，倒碗茶来给我。”

那智能儿自幼在荣府走动，无人不识，因常与宝玉、秦钟顽笑。他如今大了，渐知风月，便看上了秦钟人物风流，那秦钟也极爱他妍媚，二人虽未上手，却已情投意合了。今智能见了秦钟，心眼俱开，走去倒了茶来。秦钟笑道：“给我。”宝玉叫：“给我。”智能儿抿嘴笑道：“一碗茶也争，我难道手里有蜜！”宝玉先抢得了，吃着，方要问话，只见智善来叫智能去摆茶碟子，一时来请他两个去吃茶果点心。他两个那里吃这些东西，坐一坐仍出来顽耍。

凤姐也略坐片时，便回至净室歇息，老尼相送。此时众婆娘媳妇见无事，都陆续散了，自去歇息，跟前不过几个心腹常侍小婢，老尼便趁机说道：“我正有一事，要到府里求太太，先请奶奶一个示下。”凤姐因问何事。

老尼道：“阿弥陀佛！只因当日我先在长安县内善才庵内出家的时节，那时有个施主姓张，是大财主。他有个女儿小名金哥，那年都往我庙里来进香，不想遇见了长安府府太爷的小舅子李衙内。那李衙内一心看上，要娶金哥，打发人来求亲，不想金哥已受了原任长安守备的公子的聘定。张家若退亲，又怕守备不依，因此说已有了人家。谁知李公子执意不依，定要娶他女儿，张家正无计策，两处为难。不想守备家听了此言，也不管青红皂白，便来作践辱骂，说一个女儿许几家，偏不许退定礼，就打官司告状起来。那张家急了，只得着人上京来寻门路，赌气偏要退定礼。我想如今长安节度云老爷与府上最契，可以求太太与老爷说声，打发一封书去，求云老爷和那守备说一声，不怕那守备不依。若是肯行，张家连倾家孝顺也都情愿。”

凤姐听了笑道:“这事倒不大，只是太太再不管这样的事。”老尼道“太太不管，奶奶也可以主张了。”凤姐听说笑道“我也不等银子使，也不做这样的事。”净虚听了，打去妄想，半晌叹道:“虽如此说，张家已知我来求府里，如今不管这事，张家不知道没工夫管这事，不希罕他的谢礼，倒像府里连这点子手段也没有的一般。”

凤姐听了这话，便发了兴头，说道:“你是素日知道我的，从来不信什么是阴司地狱报应的，凭是什么事，我说要行就行。你叫他拿三千银子来，我就替他出这口气。”老尼听说，喜不自禁，忙说:“有，有！这个不难。”凤姐又道:“我比不得他们扯篷拉牵的图银子。这三千银子，不过是给打发说去的小厮做盘缠，使他赚几个辛苦钱，我一个钱也不要他的。便是三万两，我此刻也拿的出来。”老尼连忙答应，又说道:“既如此，奶奶明日就开恩也罢了。”凤姐道:“你瞧瞧我忙的，那一处少了我？既应了你，自然快快的了结。”老尼道:“这点子事，在别人的跟前就忙的不知怎么样，若是奶奶的跟前，再添上些也不够奶奶一发挥的。只是俗语说的，‘能者多劳’，太太因大小事见奶奶妥贴，越性都推给奶奶了，奶奶也要保重金体才是。”一路话奉承的凤姐越发受用，也不顾劳乏，更攀谈起来。

谁想秦钟趁黑无人，来寻智能。刚至后面房中，只见智能独在房中洗茶碗，秦钟跑来便搂着亲嘴。智能急的跺脚说："这算什么！再这么我就叫唤。"秦钟求道："好人，我已急死了。你今儿再不依，我就死在这里。"智能道："你想怎样？除非等我出了这牢坑，离了这些人，才依你。"秦钟道："这也容易，只是远水救不得近渴。"说着，一口吹了灯，满屋漆黑，将智能抱到炕上，就云雨起来。

那智能百般的挣挫不起，又不好叫的，少不得依他了。正在得趣，只见一人进来，将他二人按住，也不则声。二人不知是谁，唬的不敢动一动。只听那人嗤的一声，撑不住笑了，二人听声方知是宝玉。秦钟连忙起来，抱怨道："这算什么？"宝玉笑道："你倒不依，咱们就叫喊起来。"羞的智能趁黑地跑了。宝玉拉了秦钟出来道："你可还和我强？"秦钟笑道："好人，你只别嚷的众人知道，你要怎样我都依你。"宝玉笑道："这会子也不用说，等一会睡下，再细细的算帐。"一时宽衣安歇的时节，凤姐在里间，秦钟宝玉在外间，满地下皆是家下婆子，打铺坐更。凤姐因怕通灵玉失落，便等宝玉睡下，命人拿来摼在自己枕边。宝玉不知与秦钟算何帐目，未见真切，未曾记得，此是疑案，不敢纂创。

笺证

第十五回此处宝玉要对秦钟与智能的云雨之事细细算账，却荡开笔锋，轻轻一点："宝玉不知与秦钟算何帐目，未见真切，未曾记得，此是疑案，不敢纂创。"甲戌本于此夹批说："忽又作如此评断，似自相矛盾，却是最妙之文。若不如此隐去，则又有何妙文可写哉？这方是世人意料不到之大奇笔。若通部中万万件细微之事俱备，《石头记》真亦太觉死板矣。故特因此二三件隐事，借石之未见真切，淡淡隐去，越觉得云烟渺茫之中，无限丘壑在焉。"[6]原来秦钟人物风流，也极爱智能的妍媚，二人情投意合，智能见了秦钟，也心眼俱开。他们间的偷偷摸摸，秦钟一口吹了灯，满屋漆黑，将智能抱到炕上，就云雨起来。那智能百般的挣挫不起，又不好叫的，少不得依他了。可见秦钟并非循规蹈矩的人，不是省油的灯，在为自己的姐姐秦可卿出殡之时做了如此有违禁忌的风流事。何为"省油灯"？南宋陆游

《老学庵笔记》卷十说："宋文安公（北宋初年的翰林学士）集中有《省油灯盏》诗，今汉嘉（郡治在今四川芦山县）有之，盖夹灯盏也。一端作小窍，注清冷水于其中，每夕一易之。寻常盏为火所灼而燥，故速干，此独不然，其省油几半。邵公济牧汉嘉时，数以遗中朝士大夫。按：文安亦尝为玉津令，则汉嘉出此物几三百年矣。"[7] 这种省油灯却因秦钟触犯丧葬禁忌，而变成不省油。禁忌本是古人敬畏超自然力量或因鬼魂迷信而采取的防范措施，丧葬禁忌与鬼魂信仰的联系最直接。风流顶撞禁忌，这是《红楼梦》惯用的笔墨。贾宝玉要与秦钟算这笔账，只能是胡扯蛮缠一番，不值得一写，故将此事隐去。甲戌本回首批语说："秦、智幽情，忽写宝、秦事云：'不知算何账目，未见真切，不曾记得，此系疑案，不敢纂创。'是不落套中，且省却多少累赘笔墨。昔安南国使有题一丈红句云：'五尺墙头遮不得，留将一半与人看。'"[8] 因而曹雪芹跳出叙事之外，采取元叙事的手法，宣称"此是疑案，不敢纂创"，这是作者的诡计，切不可忽略其间隐含的机关。从《红楼梦》第一回，就可以看出，曹雪芹是这种元叙事诡计的创造者，他反反复复地以这种元叙事诡计通向大荒山无稽崖青埂峰那块无材补天的顽石，通向太虚幻境的命运启示。

❻（清）曹雪芹著，脂砚斋评：《脂砚斋重评石头记甲戌校本》，作家出版社2000年版，第256页。

❼（宋）陆游：《老学庵笔记》，中华书局1979年版，第130页。

❽（清）曹雪芹著，脂砚斋评：《脂砚斋重评石头记甲戌校本》，作家出版社2000年版，第248页。

一宿无话。至次日一早，便有贾母王夫人打发了人来看宝玉，又命多穿两件衣服，无事宁可回去。宝玉那里肯回去，又有秦钟恋着智能，调唆宝玉求凤姐再住一天。凤姐想了一想：凡丧仪大事虽妥，还有一半点小事未曾安插，可以指此再住一日，岂不又在贾珍跟前送了满情，二则又可以完净虚那事，三则顺了宝玉的心，贾母听见，岂不欢喜？因有此三益，便向宝玉道："我的事都完了，你要在这里逛，少不得越性辛苦一日罢了，明儿可是定要走的了。”宝玉听说，千姐姐万姐姐的央求：“只住一日，明儿必回去的。”于是又住了一夜。

凤姐便命悄悄将昨日老尼之事，说与来旺儿。来旺儿心中俱已明白，急忙进城找着主文的相公，假托贾琏所嘱，修书一封，连夜往长安县来，不过百里路程，两日工夫俱已妥协。那节度使名唤云光，久欠贾府之情，这点小事，岂有不允之理，给了回书，旺儿回来。且不在话下。

却说凤姐等又过一日，次日方别了老尼，着他三日后往府里去讨信。那秦钟与智能百般不忍分离，背地里多少幽期密约，俱不用细述，只得含恨而别。凤姐又到铁槛寺中照望一番。宝珠执意不肯回家，贾珍只得派妇女相伴。后回再见。

第十六回

贾元春才选凤藻宫　秦鲸卿夭逝黄泉路

话说宝玉见收拾了外书房，约定与秦钟读夜书。偏那秦钟秉赋最弱，因在郊外受了些风霜，又与智能儿偷期绻缱，未免失于调养，回来时便咳嗽伤风，懒进饮食，大有不胜之态，遂不敢出门，只在家中养息。宝玉便扫了兴头，只得付于无可奈何，且自静候大愈时再约。

那凤姐儿已是得了云光的回信，俱已妥协。老尼达知张家，果然那守备忍气吞声的受了前聘之物。谁知那张家父母如此爱势贪财，却养了一个知义多情的女儿，闻得父母退了前夫，他便一条麻绳悄悄的自缢了。那守备之子闻得金哥自缢，他也是个极多情的，遂也投河而死，不负妻义。张李两家没趣，真是人财两空。这里凤姐却坐享了三千两，王夫人等连一点消息也不知道。自此凤姐胆识愈壮，以后有了这样的事，便恣意的作为起来。也不消多记。

一日正是贾政的生辰，宁荣二处人丁都齐集庆贺，闹热非常。忽有门吏忙忙进来，至席前报说："有六宫都太监夏老爷来降旨。"唬的贾赦、贾政等一干人不知是何消息，忙止了戏文，撤去酒席，摆了香案，启中门跪接。早见六宫都太监夏守忠乘马而至，前后左右又有许多内监跟从。那夏守忠也并不曾负诏捧敕，至檐前下马，满面笑容，走至厅上，南面而立，口内说："特旨：立刻宣贾政入朝，在临敬殿陛见。"说毕，也不及吃茶，便乘马去了。贾赦等不知是何兆头。只得急忙更衣入朝。

贾母等合家人等心中皆惶惶不定，不住的使人飞马来往报信。有两个时辰工夫，忽见赖大等三四个管家喘吁吁跑进仪门报喜，又说“奉老爷命，速请老太太带领太太等进朝谢恩”等语。那时贾母正心神不定，在大堂廊下伫立，那邢夫人、王夫人、尤氏、李纨、凤姐、迎春姊妹以及薛姨妈等皆在一处，听如此信至，贾母便唤进赖大来细问端的。赖大禀道:“小的们只在临敬门外伺候，里头的信息一概不能得知。后来还是夏太监出来道喜，说咱们家大小姐晋封为凤藻宫尚书，加封贤德妃。后来老爷出来亦如此吩咐小的。如今老爷又往东宫去了，速请老太太领着太太们去谢恩。”

贾母等听了方心神安定，不免又都洋洋喜气盈腮。于是都按品大妆起来。贾母带领邢夫人、王夫人、尤氏，一共四乘大轿入朝。贾赦、贾珍亦换了朝服，带领贾蓉、贾蔷奉侍贾母大轿前往。于是宁荣两处上下里外，莫不欣然踊跃，个个面上皆有得意之状，言笑鼎沸不绝。

谁知近日水月庵的智能私逃进城，找至秦钟家下看视秦钟，不意被秦业知觉，将智能逐出，将秦钟打了一顿，自己气的老病发作，三五日光景呜呼死了。秦钟本自怯弱，又带病未愈，受了笞杖，今见老父气死，此时悔痛无及，更又添了许多症候。因此宝玉心中怅然如有所失。虽闻得元春晋封之事，亦未解得愁闷。贾母等如何谢恩，如何回家，亲朋如何来庆贺，宁荣两处近日如何热闹，众人如何得意，独他一个皆视有如无，毫不曾介意。因此众人嘲他越发呆了。

笺证

《红楼梦》第十六回写贾元春晋封为凤藻宫尚书，加封贤德妃，贾府长辈都入宫谢恩，诚然是一桩“烈火烹油”的盛事，或“泼天喜事”。但行文以虚实之道对贾府“烈火烹油”之盛，来了一个釜底抽薪，进行冷处理。西汉刘安《淮南子·精神训》说：“以汤止沸，沸乃不止，诚知其本，则去火而已矣。”釜底抽薪是对烈火烹油的极大讽刺，体现的也是真假空幻之旨意。如庚辰本眉批所言：“泼天喜事却如此开宗。出人意料外之文也。壬午季春。”然而第十六回却插叙了一桩与秦钟相关、因而也牵动宝玉心弦的小儿女公案：“谁知近日水月庵的智能私逃进城”，这次私逃引出了人命变故。甲戌本侧批点赞说：“好笔仗，好机轴。”甲戌本眉批又说：“忽然接水月庵，似大脱泄。及读至后，方知为紧收。此大段有如歌疾调迫之际，忽闻戛然檀板截断，真见其大力量处，却便于写宝玉之文。”[1]智能私逃进城有何贵干？她“找至秦钟家下看视秦钟，不意被秦（邦）业知觉，将智能逐出，将秦钟打了一顿，自己气的老病发作，三五日光景呜呼死了。秦钟本自怯弱，又带病未愈，受了笞打，今见老父气死，此时悔痛无及，更又添了许多症候。因此宝玉心中怅然如有所失”。庚辰本眉批说：“凡用宝玉收件，俱是大关键。”[2]甲戌本夹批又说：“前多少［热闹］文字不写，却从外人意外撰出一段悲伤，是别人不屑写者，亦别人之不能处。”[3]别人不屑写，我偏要写，这就是曹雪芹的原创力所在，他创造了一种节外生枝的新叙写模式。贾宝玉的心思只在秦钟身上，“虽闻得元春晋封之事，亦未解得愁闷。贾母等如何谢恩，如何回家，亲朋如何来庆贺，宁荣两处近日如何热闹，众人如何得意，独他一个皆视有如无，毫不曾介意。因此众人嘲他越发呆了”。甲戌本夹批说：“大奇至妙之文，却用宝玉一人，连用五‘如何’，隐过多少繁华势利等文。试思若不如此，必至种种写到，其死板拮据、琐碎杂乱，何可胜哉？故只借宝玉一人如此一写，省却多少闲文，却有无限烟波。”[4]《红楼梦》如此轻轻数语，闪过了许多富贵繁华、繁礼缛节之事，于不写之写中，何等举重若轻，用了节外生枝的方法，以弱枝轻轻地承担起一个极尽繁华的大事件。会做文章的人，不仅要懂得什么要写，而且要懂得什么不要写，这就是中国哲学中的虚实之道。更何况秦钟、智能的这桩扫帚星一扫而逝的小儿女悲剧，却给贾元春的大人物喜剧衬上了一层黯淡不祥的底色。其象征意义是在贾府“烈火烹油”的繁华中奏出了某种黯然神伤、幽幽咽咽的音符。

且喜贾琏与黛玉回来，先遣人来报信，明日就可到家，宝玉听了，方略有些喜意。细问原由，方知贾雨村亦进京陛见，皆由王子腾累上保本，此来候补京缺，与贾琏是同宗弟兄，又与黛玉有师从之谊，故同路作伴而来。林如海已葬入祖坟了，诸事停妥，贾琏方进京的。本该出月到家，因闻得元春喜信，遂昼夜兼程而进，一路俱各平安。宝玉只问得黛玉"平安"二字，馀者也就不在意了。

好容易盼至明日午错，果报："琏二爷和林姑娘进府了。"见面时彼此悲喜交集，未免又大哭一阵，后又致喜庆之词。宝玉心中品度黛玉，越发出落的超逸了。黛玉又带了许多书籍来，忙着打扫卧室，安插器具，又将些纸笔等物分送宝钗、迎春、宝玉等人。宝玉又将北静王所赠鹡鸰香串珍重取出来，转赠黛玉。黛玉说："什么臭男人拿过的！我不要他。"遂掷而不取。宝玉只得收回，暂且无话。

笺证

《红楼梦》运笔，依然驾轻就熟地实施它的虚实之道。第十六回贾琏闻得元春喜信，遂昼夜兼程而进，一路俱各平安。宝玉只闻得黛玉"平安"二字，馀者也就不在意了。宝玉用一点痴情，删去了人情世故的许多繁枝密叶。这种删除，腾出了必要的叙事空间。甲戌本夹批说："又从天外写出一段离合来，总为掩过宁、荣两处许多琐细闲笔。处处交代清楚，方好起大观园也。"[5] 在作者心目中，大观园主人的"平安"，比那些花花草草更为重要。好容易盼至明日午错，果报："琏二爷和林姑娘进府了。"庚辰本侧批说：

❶（清）曹雪芹著，脂砚斋评：《脂砚斋重评石头记甲戌校本》，作家出版社2000年版，第261页。

❷（清）曹雪芹著，脂砚斋评：《脂砚斋重评石头记庚辰校本》，作家出版社2006年版，第305页。

❸（清）曹雪芹著，脂砚斋评：《脂砚斋重评石头记甲戌校本》，作家出版社2000年版，第261页。

❹（清）曹雪芹著，脂砚斋评：《脂砚斋重评石头记甲戌校本》，作家出版社2000年版，第262页。

❺（清）曹雪芹著，脂砚斋评：《脂砚斋重评石头记甲戌校本》，作家出版社2000年版，第262页。

“(好容易)三字是宝玉心中。”这里注入的是宝玉的眼光，宝玉的焦灼等待。见面时彼此悲喜交集，未免又大哭一阵，后又致喜庆之词。甲戌本夹批说：“世界上亦如此，不独书中瞬息。观此便可省悟。”❻大哭与喜庆，是人间世界的两个方面，谁也离不了谁，离了，就流于浅薄。宝玉心中品度黛玉，越发出落得超逸了。这就是宝玉的眼光，他关注的焦点是“超逸”，是心中人的精神气质。宋代文豪苏轼《答黄鲁直书》中称赞黄庭坚的诗文：“意其超逸绝尘，独立万物之表；驭风骑气，以与造物者游。”所谓超逸绝尘，乃是庄子气象，贾宝玉以此看黛玉。黛玉又带了许多书籍来，忙着打扫卧室，安插器具，又将些纸笔等物分送宝钗、迎春、宝玉等人。宝玉又将北静王所赠鹡鸰香串珍重取出来，转赠黛玉。黛玉说：“什么臭男人拿过的！我不要他。”遂掷而不取。宝玉只得收回，暂且无话。鹡鸰香串是含有鹡鸰(鸟名)香料制作的数珠，是北静王把前日圣上亲赐的礼物，转送给宝玉的，可见其沾染了皇上、郡王的恩泽，在世俗眼光中是非常金贵的。但是超逸绝尘的黛玉却鄙视为“什么臭男人拿过的”东西，这就连皇上、郡王都算在“臭男人”的范围之内，是否有点匪夷所思？甲戌本夹批说：“略一点黛玉性情，赶忙收住，正留为后文地步。”❼黛玉性情看起来有些乖戾，实际上反映了超逸绝尘与世俗观念的强烈反差。

且说贾琏自回家参见过众人，回至房中。正值凤姐近日多事之时，无片刻闲暇之工，见贾琏远路归来，少不得拨冗接待，因房内无外人，便笑道：“国舅老爷大喜！国舅老爷一路风尘辛苦。小的听见昨日的头起报马来报，说今日大驾归府，略预备了一杯水酒掸尘，不知可赐光谬领否？”贾琏笑道：“岂敢岂敢，多承多承。”一面平儿与众丫鬟参拜毕，献茶。

贾琏遂问别后家中的诸事，又谢凤姐的操持劳碌。凤姐道：“我那里照管得这些事！见识又浅，口角又笨，心肠又直率，人家给个棒槌，我就认作‘针’。脸又软，搁不住人给两句好话，心里就慈悲了。况且又没经历过大事，胆子又小，太太略有些不自在，就吓的我连觉也睡不着了。我苦辞了几回，太太又不容辞，倒反说我图受用，不肯习学了。殊不知我是捻着一把汗儿呢。一句也不敢多说，一步也不敢多走。你是知道的，咱们家所有的这些管家奶奶们，那一位是好缠的？错一点儿他们就笑话打趣，偏一点儿他们就指桑说槐的报怨。'坐山观虎斗'，'借剑杀人'，'引风吹火'，'站干岸儿'，'推倒油瓶不扶'，都是全挂子的武艺。况且我年纪轻，头等不压众，怨不得不放我在眼里。更可笑那府里忽然蓉儿媳妇死了，珍大哥又再三再四的在太太跟前跪着讨情，只要请我帮他几日，我是再四推辞，太太断不依，只得从命。依旧被我闹了个马仰人翻，更不成个体统，至今珍大哥哥还抱怨后悔呢。你这一来了，明儿你见了他，好歹描补描补，就说我年纪小，原没见过世面，谁叫大爷错委他的。"

笺证

凤姐是《红楼梦》中顶尖人物，写凤姐是《红楼梦》中顶尖笔墨。第十六回略加用墨，就神态毕现。贾琏自回家参见过众人，回至房中，凤姐就笑说："国舅老爷大喜！国舅老爷一路风尘辛苦。小的听见昨日的头起报马来报，说今日大驾归府，略预备了一杯水酒掸尘，不知可赐光谬领否？"元春晋封贵妃，使凤姐对赶回来庆贺的贾琏不错过这个说俏皮话的话题。甲戌本侧批说："娇音如闻，俏态如见，少年夫妻常事，的确有之。"[8] 贾琏表现如何？他只是笑说："岂敢岂敢，多承多承。"庚辰本侧批说："一言答不上，蠢才蠢才！"在凤姐撒娇与嘲讽兼杂的快刀子言谈面前，贾琏只会说两句套话来应付，这么一比，贾琏简直成了土芥木偶。贾琏就问别后家中的事，又谢凤姐操持劳碌。凤姐说："我那里照管得这些事！见识又浅，口角又笨，心肠又直率，

[6]（清）曹雪芹著，脂砚斋评：《脂砚斋重评石头记甲戌校本》，作家出版社2000年版，第262页。

[7]（清）曹雪芹著，脂砚斋评：《脂砚斋重评石头记甲戌校本》，作家出版社2000年版，第262页。

[8]（清）曹雪芹著，脂砚斋评：《脂砚斋重评石头记甲戌校本》，作家出版社2000年版，第262页。

人家给个棒槌，我就认作‘针’。脸又软，搁不住人给两句好话，心里就慈悲了。况且又没经历过大事，胆子又小，太太略有些不自在，就吓的我连觉也睡不着了。我苦辞了几回，太太又不容辞，倒反说我图受用，不肯习学了。殊不知我是捻着一把汗儿呢。一句也不敢多说，一步也不敢多走。你是知道的，咱们家所有的这些管家奶奶们，那一位是好缠的？错一点儿他们就笑话打趣，偏一点儿他们就指桑说槐的抱怨。‘坐山观虎’，‘借剑杀人’，‘引风吹火’，‘站干岸儿’，‘推倒油瓶不扶’，都是全挂子的武艺。况且我年纪轻，头等不压众，怨不得不放我在眼里。更可笑那府里忽然蓉儿媳妇死了，珍大哥又再三再四的在太太跟前跪着讨情，只要请我帮他几日，我是再四推辞，太太断不依，只得从命。依旧被我闹了个马仰人翻，更不成个体统，至今珍大哥哥还抱怨后悔呢。你这一来了，明儿你见了他，好歹描补描补，就说我年纪小，原没见过世面，谁叫大爷错委他的。”甲戌本眉批说：“此等文字，作者尽力写来，欲诸公认识阿凤，好看后文，勿为泛泛看过”；“阿凤之待琏兄如弄小儿，可思之至”。[9] 庚辰本侧批说：“（更可笑）三字是得意口气”，“阿凤之弄琏兄如弄小儿，可怕可畏！若生于小户，落在贫家，琏兄死矣”。[10] 如此家常撒娇卖乖的话，使凤姐出尽风头。

正说着，只听外间有人说话，凤姐便问：“是谁？”平儿进来回道：“姨太太打发了香菱妹子来问我一句话，我已经说了，打发他回去了。”贾琏笑道：“正是呢，方才我见姨妈去，不防和一个年轻的小媳妇子撞了个对面，生的好齐整模样。我疑惑咱家并无此人，说话时因问姨妈，谁知就是上京来买的那小丫头，名叫香菱的，竟与薛大傻子作了房里人，开了脸，越发出挑的标致了。那薛大傻子真玷辱了他。”凤姐道：“嗳！往苏杭走了一趟回来，也该见些世面了，还是这么眼馋肚饱的。你要爱他，不值什么，我去拿平儿换了他来如何？那薛老大也是‘吃着碗里看着锅里’的，这一年来的光景，他为要香菱不能到手，和姨妈打了多少饥荒。也因姨妈看着香菱模样儿好还是末则，其为人行事，却又比别的女孩子不同，温柔安静，差不多的主子姑娘也跟他不上呢，故此摆酒请客的费事，明堂正道的与他作了妾。

过了没半月，也看的马棚风一般了，我倒心里可惜了的。”一语未了，二门上小厮传报：“老爷在大书房等二爷呢。”贾琏听了，忙忙整衣出去。

这里凤姐乃问平儿：“方才姨妈有什么事，巴巴的打发了香菱来？”平儿笑道：“那里来的香菱，是我借他暂撒个谎。奶奶说说，旺儿嫂子越发连个成算也没了。”说着，又走至凤姐身边，悄悄的说道：“奶奶的那利钱银子，迟不送来，早不送来，这会子二爷在家，他且送这个来了。幸亏我在堂屋里撞见，不然时走了来回奶奶，二爷倘或问奶奶是什么利钱，奶奶自然不肯瞒二爷的，少不得照实告诉二爷。我们二爷那脾气，油锅里的钱还要找出来花呢，听见奶奶有了这个梯己，他还不放心的花了呢。所以我赶着接了过来，叫我说了他两句，谁知奶奶偏听见了问，我就撒谎说香菱来了。”凤姐听了笑道：“我说呢，姨妈知道你二爷来了，忽喇巴的反打发个房里人来了。原来你这蹄子肏鬼。”

说话时贾琏已进来，凤姐便命摆上酒馔来，夫妻对坐。凤姐虽善饮，却不敢任兴，只陪侍着贾琏。一时贾琏的乳母赵嬷嬷走来，贾琏凤姐忙让吃酒，令其上炕去。赵嬷嬷执意不肯。平儿等早于炕沿下设下一杌，又有一小脚踏，赵嬷嬷在脚踏上坐了。贾琏向桌上拣两盘肴馔与他放在杌上自吃。凤姐又道：“妈妈很嚼不动那个，倒没的矼了他的牙。”因向平儿道：“早起我说那一碗火腿炖肘子很烂，正好给妈妈吃，你怎么不拿了去赶着叫他们热来？”又道：“妈妈，你尝一尝你儿子带来的惠泉酒。”赵嬷嬷道：“我喝呢，奶奶也喝一盅，怕什么？只不要过多了就是了。我这会子跑了来，倒也不为饮酒，倒有一件正经事，奶奶好歹记在心里，疼顾我些罢。我们这爷，只是嘴里说的好，到了跟前就忘了我们。幸亏我从小儿奶了你这么大。我也老了，有的

❾（清）曹雪芹著，脂砚斋评：《脂砚斋重评石头记甲戌校本》，作家出版社2000年版，第263页。

❿（清）曹雪芹著，脂砚斋评：《脂砚斋重评石头记庚辰校本》，作家出版社2006年版，第307页。

是那两个儿子，你就另眼照看他们些，别人也不敢呲牙儿的。我还再四的求了你几遍，你答应的倒好，到如今还是燥屎。这如今又从天上跑出这一件大喜事来，那里用不着人？所以倒是和奶奶来说是正经，靠着我们爷，只怕我还饿死了呢。”

凤姐笑道：“妈妈你放心，两个奶哥哥都交给我。你从小儿奶的儿子，你还有什么不知他那脾气的？拿着皮肉倒往那不相干的外人身上贴。可是现放着奶哥哥，那一个不比人强？你疼顾照看他们，谁敢说个‘不’字儿？没的白便宜了外人——我这话也说错了，我们看着是‘外人’，你却看着‘内人’一样呢。”说的满屋里人都笑了。赵嬷嬷也笑个不住，又念佛道：“可是屋子里跑出青天来了。若说‘内人’‘外人’这些混帐缘故，我们爷是没有，不过是脸软心慈，搁不住人求两句罢了。”凤姐笑道：“可不是呢，有‘内人’的他才慈软呢，他在咱们娘儿们跟前才是刚硬呢。”赵嬷嬷笑道：“奶奶说的太尽情了，我也乐了，再吃一杯好酒。从此我们奶奶作了主，我就没的愁了。”

贾琏此时没好意思，只是讪笑吃酒，说“胡说”二字，——“快盛饭来，吃碗子还要往珍大爷那边去商议事呢。”凤姐道：“可是别误了正事。才刚老爷叫你作什么？”贾琏道：“就为省亲。”凤姐忙问道：“省亲的事竟准了不成？”贾琏笑道：“虽不十分准，也有八分准了。”凤姐笑道：“可见当今的隆恩。历来听书看戏，古时从未有的。”赵嬷嬷又接口道：“可是呢，我也老糊涂了。我听见上上下下吵嚷了这些日子，什么省亲不省亲，我也不理论他去；如今又说省亲，到底是怎么个原故？”贾琏道：“如今当今贴体万人之心，世上至大莫如‘孝’字，想来父母儿女之性，皆是一理，不是贵贱上分别的。当今自为日夜侍奉太上皇、皇太后，尚不能略尽孝意，因见宫里嫔妃才人等皆是入宫多年，抛离父母音容，岂有不思想之理？在儿女思想父母，是分所应当。想父母在家，若只管思念女儿，竟不能见，倘因此成疾致病，甚至死亡，皆由朕躬禁锢，不能使其遂天伦之愿，亦大伤天和之事。故启奏太上皇、皇太后，每月逢二六日期，准其椒房眷属入宫请候看视。于是太上皇、皇太后大喜，深赞当今至孝纯仁，体天格物。因此二位老圣人又下旨意，说椒房眷属入宫，未免有国体仪制，母女尚不能惬怀。竟大开方便之恩，特降谕诸椒房贵戚，除二六日入宫之恩外，凡有重宇别院之家，可以驻跸关防之处，不妨启请内廷鸾舆入其私第，庶可略尽骨肉私情、天伦中之至性。此旨一下，谁不踊跃感戴？现今周贵人的父亲已在家里动了工了，修盖省亲别院呢。又有吴贵妃的父亲吴天祐家，也往城外踏看地方去了。这岂不有八九分了？”

赵嬷嬷道："阿弥陀佛！原来如此。这样说，咱们家也要预备接咱们大小姐了？"贾琏道："这何用说呢！不然，这会子忙的是什么？"凤姐笑道："若果如此，我可也见个大世面了。可恨我小几岁年纪，若早生二三十年，如今这些老人家也不薄我没见世面了。说起当年太祖皇帝仿舜巡的故事，比一部书还热闹，我偏没造化赶上。"赵嬷嬷道："嗳哟哟，那可是千载希逢的！那时候我才记事儿，咱们贾府正在姑苏扬州一带监造海舫，修理海塘，只预备接驾一次，把银子都花的淌海水似的！说起来……"凤姐忙接道："我们王府也预备过一次。那时我爷爷单管各国进贡朝贺的事，凡有的外国人来，都是我们家养活。粤、闽、滇、浙所有的洋船货物都是我们家的。"

赵嬷嬷道："那是谁不知道的？如今还有个口号儿呢，说'东海少了白玉床，龙王来请江南王'，这说的就是奶奶府上了。还有如今现在江南的甄家，嗳哟哟，好势派！独他家接驾四次，若不是我们亲眼看见，告诉谁谁也不信的。别讲银子成了土泥，凭是世上所有的，没有不是堆山塞海的，'罪过可惜'四个字竟顾不得了。"凤姐道："常听见我们太爷们也这样说，岂有不信的。只纳罕他家怎么就这么富贵呢？"赵嬷嬷道："告诉奶奶一句话，也不过是拿着皇帝家的银子往皇帝身上使罢了。谁家有那些钱买这个虚热闹去？”

正说的热闹，王夫人又打发人来瞧凤姐吃了饭不曾。凤姐便知有事等他，忙忙的吃了半碗饭，漱口要走，又有二门上小厮们回：“东府里蓉、蔷二位哥儿来了。”贾琏才漱了口，平儿捧着盆盥手，见他二人来了，便问：“什么话？快说。”凤姐且止步稍候，听他二人回些什么。

贾蓉先回说：“我父亲打发我来回叔叔：老爷们已经议定了，从东边一带，借着东府里花园起，转至北边，一共丈量准了，三里半大，可以盖造省亲别院了。已经传人画图样去了，明日就得。叔叔才回家，未免劳乏，不用过我们那边去，有话明日一早再请过去面议。”贾琏笑着忙说：“多谢大爷费心体谅，我就不过去了。正经是这个主意才省事，盖造也容易；若采置别处地方去，那更费事，且倒不成体统。你回去说这样很好，若老爷们再要改时，全仗大爷谏阻，万不可另寻地方。明日一早我给大爷去请安去，再议细话罢。”贾蓉忙应几个“是”。

贾蔷又近前回说：“下姑苏聘请教习，采买女孩子，置办乐器行头等事，大爷派了侄儿，带领着来管家两个儿子，还有单聘仁、卜固修两个清客相公，一同前往，所以命我来见叔叔。”贾琏听了，将贾蔷打量了打量，笑道：“你能在这一行么？这个事虽不算甚大，里头大有藏掖的。”贾蔷笑道：“只好学习着办罢了。”

贾蓉在身旁灯影下悄拉凤姐的衣襟，凤姐会意，因笑道：“你也太操心了，难道大爷比咱们还不会用人？偏你又怕他不在行了。谁都是在行的？孩子们已长的这么大了，‘没吃过猪肉，也看见过猪跑’。大爷派他去，原不过是个坐纛旗儿，难道认真的叫他去讲价钱会经纪去呢！依我说就很好。”贾琏道：“自然是这样。并不是我驳回，少不得替他算计算计。”因问：“这一项银子动那一处的？”贾蔷道：“才也议到这里。赖爷爷说，不用从京里带下去，江南甄家还收着我们五万银子。明日写一封书信会票我们带去，先支三万，下剩二万存着，等置办花烛彩灯并各色帘栊帐幔的使费。”贾琏点头道：“这个主意好。”

凤姐忙向贾蔷道：“既这样，我有两个在行妥当人，你就带他们去办，这个便宜了你呢。”贾蔷忙陪笑说：“正要和婶婶讨两个人呢，这可巧了。”因问名字。凤姐便问赵嬷嬷。彼时赵嬷嬷已听呆了话，平儿忙笑推他，他才醒悟过来，忙说：“一个叫赵天梁，一个叫赵天栋。”凤姐道：“可别忘了，我可干我的去了。”说着便出去了。贾蓉忙送出来，又悄悄的向凤姐道：“婶子要什么东西，吩咐我开个帐给蔷兄弟带了去，叫他按帐置办了来。”凤姐笑道：“别放你娘的屁！我的东西还没处撂呢，希罕你们鬼鬼祟祟的？”说着一径去了。

这里贾蔷也悄问贾琏：“要什么东西？顺便置来孝敬叔叔。”贾琏笑道：“你别兴头。才学着办事，倒先学会了这把戏。我短了什么，少不得写信来告诉你，且不要论到这里。”说毕，打发他二人去了。接着回事的人来，不止三四次，贾琏害乏，便传与二门上，一应不许传报，俱等明日料理。凤姐至三更时分方下来安歇，一宿无话。

笺证

《红楼梦》叙事，一靠精妙的语言，二靠灵巧的框架。框架展开“天书 — 人书”的形态，语言点醒“天书 — 人书”的写实性、象征性的精神。说到《红楼梦》语言，诚然珠圆玉润，而又剑锋锐利，二者刚柔相济，珠联璧合，宛若天工。尤其是口语入文，适合各色人物的口吻，雅俗并陈，荤素兼杂，又使文路闪烁出传神而鲜活的光彩。第十六回王熙凤在贾琏面前，如此为协理宁国府撒娇表功说：“我那里照管得这些事！见识又浅，口角又笨，心肠又直率，人家给个棒槌，我就认作‘针’。脸又软，搁不住人给两句好话，心里就慈悲了。…… 咱们家所有的这些管家奶奶们，那一位是好缠的？错一点儿他们就笑话打趣，偏一点儿他们就指桑说槐的报怨。‘坐山观虎斗’，‘借剑杀人’，‘引风吹火’，‘站干岸儿’，‘推倒油瓶不扶’，都是全挂子的武艺。”这在前面已经做了分析，不赘。就是贾琏的奶妈赵嬷嬷这等下人，也口舌生风，她在王熙凤面前如此倚老卖老、张扬见多识广：“嗳哟哟，那可是千载希逢的！那时候我才记事儿，咱们贾府正在姑苏扬州一带监造海舫，修理海塘，只预备接驾一次，把银子都花的淌海水似的。说起来……”赵嬷嬷又说：“还有如今现在江南的甄家，嗳哟哟，好势派！独他家接驾四次。若不是我们亲眼看见，告诉谁谁也不信的。别讲银子成了土泥，凭是世上所有的，没有不是堆山塞海的，‘罪过可惜’四个字竟顾不得了。”赵嬷嬷毕竟老了，唠唠叨叨，重复着“罪过可惜”这种陈谷子烂芝麻的车轱辘话，唯有说了些车轱辘话，才符合赵嬷嬷年迈的口吻。这里借用赵嬷嬷的话忙里偷闲，又点出江南的甄家接驾四次，史料记载曹氏家族一共接驾四次，因此，胡适《〈红楼梦〉考证》断定，书中的甄家的原型就是曹家。这就使文脉出现真假错综，贾府、甄府、曹府错综，于颠倒错综处睁开了一双灼灼然的天眼来看世界。再说《红楼梦》的叙事框架。贾蓉托王熙凤办事，在身旁灯影下悄拉凤姐的衣襟，凤姐会意而笑说：“你也太操心了，难道大爷比咱们还不会用人？偏你又怕他不在行了。谁都是在行的？孩子们已长的这么大了，‘没吃过猪肉，也看见过猪跑’。”这里的孩子们，指贾蓉、贾蔷和贾琏奶妈赵嬷嬷的儿子赵天梁、赵天栋。就是在这种谈言微中，却又辛辣鲜活的言谈应对间，贾蓉来回复盖造省亲别院的选址和图样，凤姐让贾蔷带上赵嬷嬷的两个儿子下姑苏采买女戏子，置办乐器行头等事，筹建大观园的头绪纷繁的事务就提纲挈领、到位就绪了。甲戌本回首批语说：“细思大观园一事，若从如何奉旨起造，又如何分派众人，从头细细直写将来，几千样细事，如何能顺笔一气写清？又将落于死板拮据之乡，故只用琏凤夫妻二人一问一答，上用赵妪讨情作引，下文蓉、蔷来说事作收，余者随笔顺笔略一点染，则耀然洞彻矣。此是避难法。”⓫己卯本夹批也来凑趣说：“一段赵妪讨情闲文，却引出通部脉络。所谓由小及大，譬如登高必自卑之意。”⓬叙事的避难法，避到哪里？避到侧面，但必须是关键的侧面，不然一避就踩空了。关键的侧面就是凤姐、贾琏，以及见过先前世面的赵嬷嬷。避就之道，用于政治，如《商君书·定分》所说："吏为之师，以道之知，万民皆知所避就，避祸就福，而皆以自治也。"用于处世哲学和叙事哲学，就如《老子》所言："图难于易，为大于细。天下难事，必作于易。天下大事，必作于细。"又是虚中有实，实里含虚，虚实之道，互动互补至于无穷。在此虚实互动互补至于无穷的叙事流程上，《红楼梦》实现了叙事框架上诸多节点的乾坤大挪移。如甲戌本眉批说："赵嬷一问是文章家进一步门庭法则。"[13]庚辰本眉批的视野就更加阔大，说是："自政老生日，用降旨截住，贾母等进朝如此热闹，用秦（邦）业死岔开，只写几个'如何'，将泼天喜事交代完了，紧接黛玉回，琏、凤闲话，以老妪勾出省亲事来。其千头万绪，合榫贯连，无一毫痕迹，如此等，是书多多，不能枚举。想兄在青埂峰上，经煅炼后，参透重关至恒河沙数。如否，余曰万不能有此机括，有此笔力，恨不得面问果否。叹叹！丁亥春。畸笏叟。"[14]这则脂评提到石兄"在青埂峰上，经煅炼后，参透重关至恒河沙数"，就是通向天书的苍茫幻境的。换言之，《红楼梦》以天书深处的天眼看世界，才能有如此大框架、如此大笔力，拓展叙事幅度，实现叙事节点的乾坤大挪移。

⑪（清）曹雪芹著，脂砚斋评：《脂砚斋重评石头记甲戌校本》，作家出版社2000年版，第259页。

⑫（清）曹雪芹：《脂砚斋重评石头记（己卯本）》，上海古籍出版社1981年版，第300页。

⑬（清）曹雪芹著，脂砚斋评：《脂砚斋重评石头记甲戌校本》，作家出版社2000年版，第266页。

⑭（清）曹雪芹著，脂砚斋评：《脂砚斋重评石头记庚辰校本》，作家出版社2006年版，第311页。

次早贾琏起来，见过贾赦贾政，便往宁府中来，合同老管事的人等，并几位世交门下清客相公，审察两府地方，缮画省亲殿宇，一面察度办理人丁。自此后，各行匠役齐集，金银铜锡以及土木砖瓦之物，搬运移送不歇。先令匠人拆宁府会芳园墙垣楼阁，直接入荣府东大院中。荣府东边所有下人一带群房尽已拆去。当日宁荣二宅，虽有一小巷界断不通，然这小巷亦系私地，并非官道，故可以连属。会芳园本是从北拐角墙下引来一股活水，今亦无烦再引。其山石树木虽不敷用，贾赦住的乃是荣府旧园，其中竹树山石以及亭榭栏杆等物，皆可挪就前来。如此两处又甚近，凑来一处，省得许多财力，纵亦不敷，所添亦有限。全亏一个老明公号山子野者，一一筹画起造。

贾政不惯于俗务，只凭贾赦、贾珍、贾琏、赖大、来升、林之孝、吴新登、詹光、程日兴等几人安插摆布。凡堆山凿池，起楼竖阁，种竹栽花，一应点景等事，又有山子野制度。下朝闲暇，不过各处看望看望，最要紧处和贾赦等商议商议便罢了。贾赦只在家高卧，有芥豆之事，贾珍等或自去回明，或写略节；或有话说，便传呼贾琏、赖大等领命。贾蓉单管打造金银器皿。贾蔷已起身往姑苏去了。贾珍、赖大等又点人丁，开册籍，监工等事，一笔不能写到，不过是喧阗热闹非常而已。暂且无话。

且说宝玉近因家中有这等大事，贾政不来问他的书，心中是件畅事，无奈秦钟之病日重一日，也着实悬心，不能乐业。这日一早起来才梳洗完毕，意欲回了贾母去望候秦钟，忽见茗烟在二门照壁前探头缩脑，宝玉忙出来问他："作什么？"茗烟道："秦相公不中用了！"宝玉听说，吓了一跳，忙问道："我昨儿才瞧了他来，还明明白白，怎么就不中用了？"茗烟道："我也不知道，才刚是他家的老头子来特告诉我的。"宝玉听了，忙转身回明贾母。贾母吩咐："好生派妥当人跟去，到那里尽一尽同窗之情就回来，不许多耽搁了。"

宝玉听了，忙忙的更衣出来，车犹未备，急的满厅乱转。一时催促的车到，忙上了车，李贵、茗烟等跟随。来至秦钟门首，悄无一人，遂蜂拥至内室，唬的秦钟的两个远房婶母并几个弟兄都藏之不迭。

此时秦钟已发过两三次昏了，移床易箦多时矣。宝玉一见，便不禁失声。李贵忙劝道："不可不可，秦相公是弱症，未免炕上挺扛的骨头不受用，所以暂且挪下来松散些。哥儿如此，岂不反添了他的病？"宝玉听了，方忍住近前，见秦钟面如白蜡，合目呼吸于枕上。宝玉忙叫道："鲸兄！宝玉来了。"连叫两三声，秦钟不睬。宝玉又道："宝玉来了。"

那秦钟早已魂魄离身，只剩得一口悠悠馀气在胸，正见许多鬼判持牌提索来捉他。那秦钟魂魄那里肯就去，又记念着家中无人掌管家务，又记挂着父亲还有留积下的三四千两银子，又记挂着智能尚无下落，因此百般求告鬼判。无奈这些鬼判都不肯徇私，反叱咤秦钟道："亏你还是读过书的人，岂不知俗语说的：'阎王叫你三更死，谁敢留人到五更。'我们阴间上下都是铁面无私的，不比你们阳间瞻情顾意，有许多的关碍处。"

正闹着，那秦钟魂魄忽听见"宝玉来了"四字，便忙又央求道："列位神差，略发慈悲，让我回去，和这一个好朋友说一句话就来的。"众鬼道："又是什么好朋友？"秦钟道："不瞒列位，就是荣国公的孙子，小名宝玉。"都判官听了，先就唬慌起来，忙喝骂鬼使道："我说你们放了他回去走走罢，你们断不依我的话，如今只等他请出个运旺时盛的人来才罢。"众鬼见都判如此，也都忙了手脚，一面又抱怨道："你老人家先是那等雷霆电雹，原来见不得'宝玉'二字。依我们愚见，他是阳，我们是阴，怕他们也无益于我们。"都判道："放屁。俗语说的好，'天下官管天下事'，自古人鬼之道却是一般，阴阳并无二理。别管他阴也罢，阳也罢，还是把他放回没有错了的。"

众鬼听说，只得将秦魂放回，哼了一声，微开双目，见宝玉在侧，乃勉强叹道："怎么不肯早来？再迟一步也不能见了。"宝玉忙携手垂泪道："有什么话留下两句。"秦钟道："并无别话。以前你我见识自为高过世人，我今日才知自误了。以后还该立志功名，以荣耀显达为是。"说毕，便长叹一声，萧然长逝了。

笺证

《红楼梦》叙事情节的切换，意味深长。叙事切换有内切换、外切换，内切换是变换思维方向，外切换是变换活动场合。在贾珍、贾琏等人筹办省亲别院之余，第十六回结尾就切换到秦钟病入膏肓，宝玉也着实悬心，不能乐业，从而形成了悲喜交加的人生吊诡。这属于外切换。甲戌本侧批说："'天下本无事，庸人自扰之'，世上人个个如此，又非此情钟意切。"[15]庚辰本眉批又说："偏于极热闹处写出大不得意之文，却无丝毫牵强，且有许多令人笑不了、哭不了、叹不了、悔不了，唯以大白酬我作者。[壬午季春。畸笏。]"[16]脂评所引语句，出自《新唐书·陆象先传》："天下本无事，庸人扰之为烦耳，弟澄其源，何忧不简邪？"宝玉的烦闷，乃痴情所钟，内心滋扰，岂能对人言？偏于极热闹处写出大不得意之文，啼笑皆非，又啼笑皆可，社会人生是如此诡异令人无所适从。那时，秦钟早已魂魄离身，只剩得一口悠悠馀气在胸，正见许多鬼判持牌提索来捉他。甲戌本急忙加了夹批说："看至此一句令人失望，再看至后面数语，方知作者故意借世俗愚谈愚论设譬，喝醒天下迷人，翻成千古未见之奇文奇笔。"[17]庚辰本眉批也说："《石头记》一部中皆是近情近理必有之事，必有之言。又如此等荒唐不经之谈，间亦有之，是作者故意游戏之笔，聊以破色取笑，非如别书认真说鬼话也。"[18]以鬼话强化和提升人话，使人话疑似或掺杂着鬼话，是《红楼梦》的游戏之笔，也是《红楼梦》以幻写真，而且写出更深一层之真的审美创造。由此再写众鬼对秦钟的纠缠："阎王叫你三更死，谁敢留人到五更。我们阴间上下都是铁面无私的，不比你们阳间瞻情顾意，有许多的关碍处。"庚辰本眉批说："可想鬼不读书，信矣哉！"[19]鬼不读书，鬼却读社会人生，读出社会人生的人情代价，读出社会人生的蝇营狗苟。但是到了秦钟说出"荣国公孙子宝玉"来看望，鬼世界的头头都判官听了，先就慌张起来，忙喝骂鬼使说："我说你们放回了他去走走罢，你们断不依我的话，如今只等他请出个运旺时盛的人来才罢。"甲戌本夹批说："如闻其声。试问谁曾见都判来，观此则又见一都判跳出来。调侃世情固深，然游戏笔墨一至于此，真可压倒古今小说。◇这才算是小说。”[20] 原来鬼世界对于强势人物也是给情面的，鬼世界并非执法如山，讨好哲学一样风行。都判还申斥重鬼说：“放屁！俗语说的好，‘天下官管天下事’，自古人鬼之道却是一般，阴阳本无二理。别管他阴也罢，阳也罢，还是把他放回没有错了的。”庚辰本侧批说：“名曰捣鬼。”己卯本夹批说：“更妙！愈不通愈妙，愈错会意愈奇。脂砚。”鬼世界与人世界都是一路货色，官大一级压死人。于是秦钟被照顾还魂片刻，对宝玉说：“以前你我见识自为高过世人，我今日才知自误了。以后还该立志功名，以荣耀显达为是。”然后长叹一声，萧然长逝。秦钟的病死，是秦可卿轰轰烈烈之死的黯然收官或谢幕。秦钟临终的忏悔善言，与秦可卿死后托梦王熙凤的警世善言异曲同工，一者针对整个家族，一者针对家族的继承人。这种临终的忏悔善言，自然不合宝玉心意，以致有评论说：“这几句话不像是秦钟讲的，他讲这话，宝玉早一脚把他踢开了。连史湘云劝宝玉几句做官，他都把她推出门去。凡劝他做官、立志的，最听不下去。我想秦钟也应了解他，不会讲这种话。”其实，中国诗学既提倡中和之美，也讲究反常之趣。北宋诗僧惠洪《冷斋夜话》卷五引述苏轼语云：“诗以奇趣为宗，反常合道为趣。”苏轼《琴诗》就有反常合道的奇趣，诗云：“若言琴上有琴声，放在匣中何不鸣？若言声在指头上，何不于君指上听？”《红楼梦》写秦钟临终的忏悔善言，讲求的就是反常合道的奇趣，秦钟知道宝玉对他的善言并不理解，所以说归说，听归听，只好长叹一声，萧然长逝。这确实如甲戌本眉批所言“偏于极热闹处写出大不得意之文，却无丝毫牵强，且有许多令人笑不了、哭不了、叹不了、悔不了”，笑、哭、叹、悔，透露了作者啼笑不得的忏悔意识。死，在这里成了一个不容回避的主题。而

[15] （清）曹雪芹著，脂砚斋评：《脂砚斋重评石头记甲戌校本》，作家出版社2000年版，第271页。

[16] （清）曹雪芹著，脂砚斋评：《脂砚斋重评石头记庚辰校本》，作家出版社2006年版，第315页。

[17] （清）曹雪芹著，脂砚斋评：《脂砚斋重评石头记甲戌校本》，作家出版社2000年版，第272页。

[18] （清）曹雪芹著，脂砚斋评：《脂砚斋重评石头记庚辰校本》，作家出版社2006年版，第316页。

[19] （清）曹雪芹著，脂砚斋评：《脂砚斋重评石头记庚辰校本》，作家出版社2006年版，第316页。

[20] （清）曹雪芹著，脂砚斋评：《脂砚斋重评石头记甲戌校本》，作家出版社2000年版，第272—273页。

在由秦可卿之死到秦钟之死的鬼影憧憧的黯淡氛围中，插叙贾珍、贾琏等人筹办省亲别院，作为元春省亲的铺垫，就将盛衰荣枯、生死无常，于一两回之间猛然对接，激发出深刻的社会人生哲理。这真有如《老子》第5章所说："天地不仁，以万物为刍狗。圣人不仁，以百姓为刍狗。"曹雪芹就在既体味、又质疑天地不仁、圣人不仁之中，以纵横捭阖之笔，在意义、情调反差极大的人事线索之间，彼此纠缠，彼此对撞，彼此反衬，彼此解构，从而九曲十八弯地展示天人之道。鬼话也有哲学，鬼话讽喻人生，天书与人书相结合的叙写方法，令人在似解非解间，放飞思想到真假空幻的深处。

第十七回

大观园试才题对额　荣国府归省庆元宵

话说秦钟既死，宝玉痛哭不已，李贵等好容易劝解半日方住，归时犹是凄恻哀痛。贾母帮了几十两银子，外又另备奠仪，宝玉去吊纸。七日后便送殡掩埋了，别无述记。只有宝玉日日思慕感悼，然亦无可如何了。

又不知历几何时，这日贾珍等来回贾政："园内工程俱已告竣，大老爷已瞧过了，只等老爷瞧了，或有不妥之处，再行改造，好题匾额对联的。"贾政听了，沉思一会，说道："这匾额对联倒是一件难事。论理该请贵妃赐题才是，然贵妃若不亲睹其景，大约亦必不肯妄拟，若直待贵妃游幸过再请题，偌大景致，若干亭榭，无字标题，也觉寥落无趣，任有花柳山水，也断不能生色。"众清客在旁笑答道："老世翁所见极是。如今我们有个愚见：各处匾额对联断不可少，亦断不可定名。如今且按其景致，或两字、三字、四字，虚合其意，拟了出来，暂且做灯匾联悬了。待贵妃游幸时，再请定名，岂不两全？"贾政等听了，都道："所见不差。我们今日且看看去，只管题了，若妥当便用；不妥时，然后将雨村请来，令他再拟。"众人笑道："老爷今日一拟定佳，何必又待雨村。"贾政笑道："你们不知，我自幼于花鸟山水题咏上就平平。如今上了年纪，且案牍劳烦，于这怡情悦性文章上更生疏了。纵拟了出来，不免迂腐古板，反不能使花柳园亭生色，似不妥协，反没意思。"众清客笑道："这也无妨。我们大家看了公拟，各举其长，优则存之，劣则删之，未为不可。"贾政道："此论极是。且喜今日天气和暖，大家去逛逛。"说着起身，引众人前往。

贾珍先去园中知会众人。可巧近日宝玉因思念秦钟，忧戚不尽，贾母常命人带他到园中来戏耍。此时亦才进去，忽见贾珍走来，向他笑道："你还不出去，老爷就来了。"宝玉听了，带着奶娘小厮们，一溜烟就出园来。方转过弯，顶头贾政引众客来了，躲之不及，只得一边站了。贾政近因闻得塾掌称赞宝玉专能对对联，虽不喜读书，偏倒有些歪才情似的，今日偶然撞见这机会，便命他跟来。宝玉只得随往，尚不知何意。

笺证

贾宝玉是大观园诸艳之冠，大观园的园主，毫无疑问，只有他"试才题对额"才是最合适的人选。如己卯本第十七回回首总评说："宝玉系诸艳之冠，故大观园对额必得玉兄题跋，且暂题灯匾联上，再请赐题，此千妥万当之章法。"[1]至于行文用了一句"又不知历几何时"，大观园内工程俱已告竣。大观园工程浩大，三月半年难以完成，若拖延一两年又耽误元春省亲之盛事，于两难着墨之处取巧，不如说"不知历几何时"，《红楼梦》兴之所至，往往伸缩时间、空间以把思想伸向苍茫的任人猜测的无何有的远方。正如己卯本夹批所言："年表如此写，亦妙！"宝玉不能自作主张，如何上场，必须水到渠成。贾政带来清客预拟匾额对联，碰上在园子里散心的宝玉，纯属偶然，不是特意召唤而来。庚辰本侧批说："现成榫楔，一丝不费力。若特唤出宝玉来，则成何文字？"[2]己卯本夹批也说："如此偶然方妙，若特特唤来题额，真不成文矣。"[3]贾政要带着宝玉"试才题对额"，看中的是"近因闻得塾掌称赞宝玉专能对对联，虽不喜读书，偏倒有些歪才情似的"。虽然不能说"知子莫

[1]（清）曹雪芹：《脂砚斋重评石头记（己卯本）》，上海古籍出版社1981年版，第314页。

[2]（清）曹雪芹著，脂砚斋评：《脂砚斋重评石头记庚辰校本》，作家出版社2006年版，第327页。

[3]（清）曹雪芹：《脂砚斋重评石头记（己卯本）》，上海古籍出版社1981年版，第317页。

若父”，但如此用笔，却可谓飘逸之至，水到渠成，顺水推舟，不是强按牛头饮水也。本书第四十六回就有：“鸳鸯道：‘家生女儿怎么样？牛不吃水强按头？我不愿意，难道杀我的老子娘不成？’”曹雪芹深知灵感的来源，不能靠强按牛头饮水，要在思想放松中，放飞灵感。

贾政刚至园门前，只见贾珍带领许多执事人来，一旁侍立。贾政道：“你且把园门都关上，我们先瞧了外面再进去。”贾珍听说，命人将门关了。贾政先秉正看门。只见正门五间，上面桶瓦泥鳅脊，那门栏窗槅，皆是细雕新鲜花样，并无朱粉涂饰；一色水磨群墙，下面白石台矶，凿成西番草花样。左右一望，皆雪白粉墙，下面虎皮石，随势砌去，果然不落富丽俗套，自是欢喜。遂命开门，只见迎面一带翠嶂挡在前面。众清客都道：“好山，好山！”贾政道：“非此一山，一进来园中所有之景悉入目中，则有何趣？”众人道：“极是。非胸中大有邱壑，焉想及此。”说毕，往前一望，见白石崚嶒，或如鬼怪，或如猛兽，纵横拱立，上面苔藓成斑，藤萝掩映，其中微露羊肠小径。贾政道：“我们就从此小径游去，回来由那一边出去，方可遍览。”

说毕，命贾珍在前引导，自己扶了宝玉，逶迤进入山口。抬头忽见山上有镜面白石一块，正是迎面留题处。贾政回头笑道：“诸公请看，此处题以何名方妙？”众人听说，也有说该题“叠翠”二字，也有说该提“锦嶂”的，又有说“赛香炉”的，又有说“小终南”的，种种名色，不止几十个。

原来众客心中早知贾政要试宝玉的功业进益如何，只将些俗套来敷衍。宝玉亦料定此意。贾政听了，便回头命宝玉拟来。宝玉道：“尝闻古人有云：‘编新不如述旧，刻古终胜雕今。’况此处并非主山正景，原无可题之处，不过是探景一进步耳。莫若直书‘曲径通幽处’这句旧诗在上，倒还大方气派。”众人听了，都赞道：“是极。二世兄天分高，才情远，不似我们读腐了书的。”贾政笑道：“不可谬奖。他年小，不过以一知充十用，取笑罢了。再俟选拟。”

说着，进入石洞来。只见佳木茏葱，奇花烂灼，一带清流，从花木深处曲折泻于石隙之下。再进数步，渐向北边，平坦宽豁，两边飞楼插空，雕甍绣槛，皆隐于山坳树杪之间。俯而视之，则清溪泻雪，石磴穿云，白石为栏，环抱池沿，石桥三港，兽面衔吐。桥上有亭。贾政与诸人上了亭子，倚栏坐了，因问:“诸公以何题此?”诸人都道:“当日欧阳公《醉翁亭记》有云:‘有亭翼然’，就名‘翼然’。”贾政笑道“‘翼然’虽佳，但此亭压水而成，还须偏于水题方称。依我拙裁，欧阳公之‘泻出于两峰之间’，竟用他这一个‘泻’字。”有一客道:“是极，是极。竟是‘泻玉’二字妙。”贾政拈髯寻思，因抬头见宝玉侍侧，便笑命他也拟一个来。

宝玉听说，连忙回道:“老爷方才所议已是。但是如今追究了去，似乎当日欧阳公题酿泉用一‘泻’字则妥，今日此泉若亦用‘泻’字，则觉不妥。况此处虽云省亲驻跸别墅，亦当入于应制之例，用此等字眼，亦觉粗陋不雅。求再拟较此蕴藉含蓄者。”贾政笑道:“诸公听此论若何?方才众人编新，你又说不如述古;如今我们述古，你又说粗陋不妥。你且说你的来我听。”宝玉道:“有用‘泻玉’二字，则莫若‘沁芳’二字，岂不新雅?”贾政拈髯点头不语。众人都忙迎合，赞宝玉才情不凡。贾政道:“匾上二字容易。再作一副七言对联来。”宝玉听说，立于亭上，四顾一望，便机上心来，乃念道:“绕堤柳借三篙翠，隔岸花分一脉香。”贾政听了，点头微笑。众人先称赞不已。

于是出亭过池，一山一石，一花一木，莫不着意观览。忽抬头看见前面一带粉垣，里面数楹修舍，有千百竿翠竹遮映。众人都道:“好个所在。”于是大家进入，只见入门便是曲折游廊，阶下石子漫成甬路。上面小小两三间房舍，一明两暗，里面都是合着地步打就的床几椅案。从里间房内又得一小门，出去则是后院，有大株梨花兼着芭蕉。又有两间小小退步。后院墙下忽开一隙，得泉一派，开沟仅尺许，灌入墙内，绕阶缘屋至前院，盘旋竹下而出。贾政笑道："这一处还罢了。若能月夜坐此窗下读书，不枉虚生一世。"说毕，看着宝玉，唬的宝玉忙垂了头。

众客忙用话开释，又说道："此处的匾该题四个字。"贾政笑问："那四字？"一个道是"淇水遗风"。贾政道"俗"。又一个是"睢园雅迹"。贾政道"也俗"。贾珍笑道："还是宝兄弟拟一个来。"贾政道："他未曾作，先要议论人家的好歹，可见就是个轻薄人。"众客道："议论的极是，其奈他何。"贾政忙道："休如此纵了他。"因命他道："今日任你狂为乱道，先设议论来，然后方许你作。方才众人说的，可有使得的？"宝玉见问，答道："都似不妥。"贾政冷笑道："怎么不妥？"宝玉道："这是第一处行幸之处，必须颂圣方可。若用四字的匾，又有古人现成的，何必再作？"贾政道："难道'淇水''睢园'不是古人的？"宝玉道："这太板腐了。莫若'有凤来仪'四字。"众人都哄然叫妙。贾政点头道："畜生，畜生，可谓'管窥蠡测'矣。"因命："再题一联来。"宝玉便念道："宝鼎茶闲烟尚绿，幽窗棋罢指犹凉。"贾政摇头说道："也未见长。"说毕，引众人出来。

方欲走时，忽又想起一事来，因问贾珍道："这些院落房宇并几案桌椅都算有了，还有那些帐幔帘子并陈设玩器古董，可也都是一处一处合式配就的？"贾珍回道："那陈设的东西早已添了许多，自然临期合式陈设。帐幔帘子，昨日听见琏兄弟说，还不全。那原是一起工程之时就画了各处的图样，量准尺寸，就打发人办去的。想必昨日得了一半。"贾政听了，便知此事不是贾珍的首尾，便命人去唤贾琏。

一时，贾琏赶来，贾政问他共有几种，现今得了几种，尚欠几种。贾琏见问，忙向靴桶取靴掖内装的一个纸折略节来，看了一看，回道："妆蟒绣堆、刻丝弹墨并各色绸绫大小幔子一百二十架，昨日得了八十架，下欠四十架。帘子二百挂，昨日俱得了。外有猩猩毡帘二百挂，金丝藤红漆竹帘二百挂，墨漆竹帘二百挂，五彩线络盘花帘二百挂，每样得了一半，也不过秋天都全了。椅搭、桌围、床裙、桌套，每分一千二百件，也有了。"

一面走，一面说，倏尔青山斜阻。转过山怀中，隐隐露出一带黄泥筑就矮墙，墙头皆用稻茎掩护。有几百株杏花，如喷火蒸霞一般。里面数楹茅屋。外面却是桑、榆、槿、柘，各色树稚新条，随其曲折，编就两溜青篱。篱外山坡之下，有一土井，旁有桔槔辘轳之属。下面分畦列亩，佳蔬菜花，漫然无际。

贾政笑道："倒是此处有些道理。固然系人力穿凿，此时一见，未免勾引起我归农之意。我们且进去歇息歇息。"说毕，方欲进篱门去，忽见路旁有一石碣，亦为留题之备。众人笑道："更妙，更妙，此处若悬匾待题，则田舍家风一洗尽矣。立此一碣，又觉生色许多，非范石湖田家之咏不足以尽其妙。"贾政道："诸公请题。"众人道："方才世兄有云，'编新不如述旧'，此处古人已道尽矣，莫若直书'杏花村'妙极。"贾政听了，笑向贾珍道："正亏提醒了我。此处都妙极，只是还少一个酒幌。明日竟作一个，不必华丽，就依外面村庄的式样作来，用竹竿挑在树梢。"贾珍答应了，又回道："此处竟还不可养别的雀鸟，只是买些鹅鸭鸡类，才都相称了。"贾政与众人都道："更妙。"贾政又向众人道："'杏花村'固佳，只是犯了正名，村名直待请名方可。"众客都道："是呀。如今虚的，便是什么字样好。"

大家想着，宝玉却等不得了，也不等贾政的命，便说道："旧诗有云：'红杏梢头挂酒旗'。如今莫若'杏帘在望'四字。"众人都道："好个'在望'。又暗合'杏花村'意。"宝玉冷笑道："村名若用'杏花'二字，则俗陋不堪了。又有古人诗云：'柴门临水稻花香'，何不就用'稻香村'的妙？"众人听了，亦发哄声拍手道："妙！"贾政一声断喝："无知的业障！你能知道几个古人，能记得几首熟诗，也敢在老先生前卖弄！你方才那些胡说的，不过是试你的清浊，取笑而已，你就认真了！"

说着，引人步入茆堂，里面纸窗木榻，富贵气像一洗皆尽。贾政心中自是欢喜，却瞅宝玉道:“此处如何？”众人见问，都忙悄悄的推宝玉，教他说好。宝玉不听人言，便应声道:“不及‘有凤来仪’多矣。”贾政听了道:“无知的蠢物！你只知朱楼画栋，恶赖富丽为佳，那里知道这清幽气象，终是不读书之过！”宝玉忙答道:“老爷教训的固是，但古人常云‘天然’二字，不知何意？”

众人见宝玉牛心，都怪他呆痴不改。今见问“天然”二字，众人忙道:“别的都明白，为何连‘天然’不知？‘天然’者，天之自然而有，非人力之所成也。”宝玉道:“却又来！此处置一田庄，分明见得人力穿凿扭捏而成。远无邻村，近不负郭，背山山无脉，临水水无源，高无隐寺之塔，下无通市之桥，峭然孤出，似非大观。争似先处有自然之理，得自然之气，虽种竹引泉，亦不伤于穿凿。古人云‘天然图画’四字，正畏非其地而强为地，非其山而强为山，虽百般精而终不相宜……”未及说完，贾政气的喝命:“叉出去！”刚出去，又喝命:“回来！”命再题一联:“若不通，一并打嘴！”宝玉只得念道:“新涨绿添浣葛处，好云香护采芹人。”

贾政听了，摇头说:“更不好。”一面引人出来，转过山坡，穿花度柳，抚石依泉，过了荼蘼架，再入木香棚，越牡丹亭，度芍药圃，入蔷薇院，出芭蕉坞，盘旋曲折。忽闻水声潺湲，泻出石洞，上则萝薜倒垂，下则落花浮荡。众人都道:“好景，好景！”贾政道:“诸公题以何名？”众人道:“再不必拟了，恰恰乎是‘武陵源’三个字。”贾政笑道:“又落实了，而且陈旧。”众人笑道:“不然就用‘秦人旧舍’四字也罢了。”宝玉道:“这越发过露了。‘秦人旧舍’说避乱之意，如何使得？莫若‘蓼汀花溆’四字。”贾政听了，更批胡说。

于是要进港洞时，又想起有船无船。贾珍道:“采莲船共四只，座船一只，如今尚未造成。”贾政笑道:“可惜不得入了。”贾珍道:“从山上盘道亦可以进去。”说毕，在前导引，大家攀藤抚树过去。只见水上落花愈多，其水愈清，溶溶荡荡，曲折萦迂。池边两行垂柳，杂着桃杏，遮天蔽日，真无一些尘土。忽见柳阴中又露出一个折带朱栏板桥来，度过桥去，诸路可通，便见一所清凉瓦舍，一色水磨砖墙，清瓦花堵。那大主山所分之脉，皆穿墙而过。

贾政道："此处这所房子，无味的很。"因而步入门时，忽迎面突出插天的大玲珑山石来，四面群绕各式石块，竟把里面所有房屋悉皆遮住，而且一株花木也无。只见许多异草：或有牵藤的，或有引蔓的，或垂山巅，或穿石隙，甚至垂檐绕柱，萦砌盘阶，或如翠带飘飘，或如金绳盘屈，或实若丹砂，或花如金桂，味芬气馥，非花香之可比。贾政不禁笑道："有趣！只是不大认识。"有的说："是薜荔藤萝。"贾政道："薜荔藤萝不得如此异香。"宝玉道："果然不是。这些之中也有藤萝薜荔。那香的是杜若蘅芜，那一种大约是茝兰，这一种大约是清葛，那一种是金䔲草，这一种是玉蕗藤，红的自然是紫芸，绿的定是青芷。想来《离骚》《文选》等书上所有的那些异草，也有叫作什么藿蒳姜荨的，也有叫作什么纶组紫绛的，还有石帆、水松、扶留等样，又有叫什么绿荑的，还有什么丹椒、蘼芜、风连。如今年深岁改，人不能识，故皆像形夺名，渐渐的唤差了，也是有的。"未及说完，贾政喝道："谁问你来！"唬的宝玉倒退，不敢再说。

贾政因见两边俱是抄手游廊，便顺着游廊步入。只见上面五间清厦连着卷棚，四面出廊，绿窗油壁，更比前几处清雅不同。贾政叹道："此轩中煮茶操琴，亦不必再焚名香矣。此造已出意外，诸公必有佳作新题以颜其额，方不负此。"众人笑道："再莫若'兰风蕙露'贴切了。"贾政道："也只好用这四字。其联若何？"一人道："我倒想了一对，大家批削改正。"念道是："麝兰芳霭斜阳院，杜若香飘明月洲。"

众人道："妙则妙矣，只是'斜阳'二字不妥。"那人道："古人诗云：'蘼芜满手泣斜晖'。"众人道："颓丧，颓丧。"又一人道："我也有一联，诸公评阅评阅。"因念道：三径香风飘玉蕙，一庭明月照金兰。

贾政拈髯沉吟，意欲也题一联。忽抬头见宝玉在旁不敢则声，因喝道："怎么你应说话时又不说了？还要等人请教你不成！"宝玉听说，便回道："此处并没有什么'兰麝''明月''洲渚'之类，若要这样着迹说起来，就题二百联也不能完。"贾政道："谁按着你的头，叫你必定说这些字样呢？"宝玉道："如此说，匾上则莫若'蘅芷清芬'四字。"对联则是："吟成豆蔻才犹艳，睡足荼蘼梦也香。"

贾政笑道："这是套的'书成蕉叶文犹绿'，不足为奇。"众客道："李太白《凤凰台》之作，全套《黄鹤楼》，只要套得妙。如今细评起来，方才这一联，竟比'书成蕉叶'犹觉幽娴活泼。视'书成'之句，竟似套此而来。"贾政笑道："岂有此理！"

说着，大家出来。行不多远，则见崇阁巍峨，层楼高起，面面琳宫合抱，迢迢复道萦纡，青松拂檐，玉栏绕砌，金辉兽面，彩焕螭头。贾政道："这是正殿了，只是太富丽了些。"众人都道："要如此方是。虽然贵妃崇节尚俭，天性恶繁悦朴，然今日之尊，礼仪如此，不为过也。"一面说，一面走，只见正面现出一座玉石牌坊来，上面龙蟠螭护，玲珑凿就。贾政道："此处书以何文？"众人道："必是'蓬莱仙境'方妙。"贾政摇头不语。

宝玉见了这个所在，心中忽有所动，寻思起来，倒像那里曾见过的一般，却一时想不起那年月日的事了。贾政又命他作题，宝玉只顾细思前景，全无心于此了。众人不知其意，只当他受了这半日的折磨，精神耗散，才尽词穷了；再要考难逼迫，着了急，或生出事来，倒不便。遂忙都劝贾政："罢，罢，明日再题罢了。"贾政心中也怕贾母不放心，遂冷笑道："你这畜生，也竟有不能之时了。也罢，限你一日，明日若再不能，我定不饶。这是要紧一处，更要好生作来！"

说着，引人出来，再一观望，原来自进门起，所行至此，才游了十之五六。又值人来回，有雨村处遣人回话。贾政笑道："此数处不能游了。虽如此，到底从那一边出去，纵不能细观，也可稍览。"说着，引客行来，至一大桥前，见水如晶帘一般奔入。原来这桥便是通外河之闸，引泉而入者。

贾政因问："此闸何名？"宝玉道："此乃沁芳泉之正源，就名'沁芳闸'。"贾政道："胡说，偏不用'沁芳'二字。"

于是一路行来，或清堂茅舍，或堆石为垣，或编花为牖，或山下得幽尼佛寺，或林中藏女道丹房，或长廊曲洞，或方厦圆亭，贾政皆不及进去。因说半日腿酸，未尝歇息，忽又见前面又露出一所院落来，贾政笑道："到此可要进去歇息歇息了。"说着，一径引人绕着碧桃花，穿过一层竹篱花障编就的月洞门，俄见粉墙环护，绿柳周垂。贾政与众人进去。

一入门，两边都是游廊相接。院中点衬几块山石，一边种着数本芭蕉。那一边乃是一棵西府海棠，其势若伞，丝垂翠缕，葩吐丹砂。众人赞道："好花，好花！从来也见过许多海棠，那里有这样妙的。"贾政道："这叫作'女儿棠'，乃是外国之种。俗传系出'女儿国'中，云彼国此种最盛，亦荒唐不经之说罢了。"众人笑道："然虽不经，如何此名传久了？"宝玉道："大约骚人咏士，以此花之色红晕若施脂，轻弱似扶病，大近乎闺阁风度，所以以'女儿'命名。想因被世间俗恶听了，他便以野史纂入为证，以俗传俗，以讹传讹，都认真了。"众人都摇身赞妙。

一面说话，一面都在廊外抱厦下打就的榻上坐了。贾政因问："想几个什么新鲜字来题此。"一客道："'蕉鹤'二字最妙。"又一个道："'崇光泛彩'方妙。"贾政与众人都道："好个'崇光泛彩'。"宝玉也道："妙极！"又叹："只是可惜了。"众人问："如何可惜？"宝玉道："此处蕉棠两植，其意暗蓄'红''绿'二字在内。若只说蕉，则棠无着落；若只说棠，蕉亦无着落。固有蕉无棠不可，有棠无蕉更不可。"贾政道："依你如何？"宝玉道："依我，题'红香绿玉'四字，方两全其妙。"贾政摇头道："不好，不好！"

说着，引人进入房内。只见这几间房内收拾的与别处不同，竟分不出间隔来的。原来四面皆是雕空玲珑木板，或“流云百蝠”，或“岁寒三友”，或山水人物，或翎毛花卉，或集锦，或博古，或卍畐卍寿各种花样，皆是名手雕镂，五彩销金嵌宝的。一槅一槅，或有贮书处，或有设鼎处，或安置笔砚处，或供花设瓶、安放盆景处。其槅各式各样，或天圆地方，或葵花蕉叶，或连环半璧。真是花团锦簇，剔透玲珑。倏尔五色纱糊就，竟系小窗。倏尔彩绫轻覆，竟系幽户。且满墙满壁，皆系随依古董玩器之形抠成的槽子。诸如琴、剑、悬瓶、桌屏之类，虽悬于壁，却都是与壁相平的。众人都赞：“好精致想头！难为怎么想来！”

原来贾政等走了进来，未进两层，便都迷了旧路，左瞧也有门可通，右瞧又有窗暂隔，及到了跟前，又被一架书挡住。回头再走，又有窗纱明透，门径可行；及至门前，忽见迎面也进来了一群人，都与自己形相一样，——却是一架玻璃大镜相照。及转过镜去，益发见门子多了。贾珍笑道：“老爷随我来。从这门出去，便是后院，从后院出去，倒比先近了。”说着，又转了两层纱橱锦槅，果得一门出去，院中满架蔷薇、宝相。转过花障，则见青溪前阻。众人咤异：“这股水又是从何而来？”贾珍遥指道：“原从那闸起流至那洞口，从东北山坳里引到那村庄里，又开一道岔口，引到西南上，共总流到这里，仍旧合在一处，从那墙下出去。”众人听了，都道：“神妙之极！”说着，忽见大山阻路。众人都道：“迷了路了。”贾珍笑道：“随我来。”仍在前导引，众人随他，直由山脚边忽一转，便是平坦宽阔大路，豁然大门前见。众人都道：“有趣，有趣，真搜神夺巧之至！”于是大家出来。

那宝玉一心只记挂着里边，又不见贾政吩咐，少不得跟到书房。贾政忽想起他来，方喝道：“你还不去？难道还逛不足！也不想逛了这半日，老太太必悬挂着。快进去，疼你也白疼了。”宝玉听说，方退了出来。

笺证

第十七回写贾政带着宝玉和众清客，游览省亲别院，即后来的大观园，为大观园试题匾额，画龙点睛。这座园子的恢宏、繁富、气派，为后来大观园与太虚幻境相互映照张本，即便这次游览，也足够展现贾政的端方顽梗，清客的奉承卖乖，宝玉的灵气、呆气和所谓“牛心”。这就在流动中写人写景，摒弃了静止客观的描述园中风物的累赘呆板手法，以流动牵引灵气。由贾政、宝玉、众清客三种人物维度游览品题偌大园林，以人观景，景中见人，健步攀缘，宛若游龙，见出三种人的品性、兴趣，以及地位捉弄人的言行揣摩选择。而且各景有各景的风貌，各人有各人应景之词，峰回路转，绝不雷同。己卯本有夹批说：“此回乃一部之纲绪，不得不细写，尤不可不细批注。盖后文十二钗书，出入来往之境，方不能错乱，观者亦如身临足到矣。今贾政虽进的是正门，却行的是僻路，按此一大园，羊肠鸟道不止几百十条，穿东度西，临山过水，万勿以今日贾政所行之径，考其方向基址。故正殿反于末后写之，足见未由大道而往，乃逶迤转折而经也。”[4]需要提醒的是，这其中有三个要点值得注意：其一是贾政虽然方正顽梗，但在宝玉呈露诗性才华时，也情不自禁地投入了老牛舐犊之情。比如进入石洞来，只见佳木茏葱，奇花烂灼，一带清流，从花木深处曲折泻于石隙之下。贾政与诸人上了亭子，倚栏坐了，因问：“诸公以何题此？”诸人都道：“当日欧阳公《醉翁亭记》有云：‘有亭翼然。’就名‘翼然’。”贾政笑道：“‘翼然’虽佳，但此亭压水而成，还须偏于水题方称。依我拙裁，欧阳公之‘泻出于两峰之间’，竟用他这一个‘泻’字。”有一客道：“是极，是极。竟是

[4]（清）曹雪芹：《脂砚斋重评石头记（己卯本）》，上海古籍出版社1981年版，第318页。

'泻玉'二字妙。"贾政拈髯寻思,因抬头见宝玉侍侧,便笑命他也拟一个来。宝玉听说,连忙回道:"老爷方才所议已是。但是如今追究了去,似乎当日欧阳公题酿泉用一'泻'字则妥,今日此泉若亦用'泻'字,则觉不妥。况此处虽云省亲驻跸别墅,亦当入于应制之例,用此等字眼,亦觉粗陋不雅。求再拟较此蕴藉含蓄者。"甚可注意的是,宝玉公然否定贾政提议的"泻"字,甚至认为"用此等字眼,亦觉粗陋不雅",而贾政不以为忤,还笑说:"诸公听此论若何?方才众人编新,你又说不如述古;如今我们述古,你又说粗陋不妥。你且说你的来我听。"宝玉道:"有用'泻玉'二字,则莫若'沁芳'二字,岂不新雅?"贾政拈髯点头不语。众人都忙迎合,赞宝玉才情不凡。宝玉又遵嘱作了一联:"绕堤柳借三篙翠,隔岸花分一脉香。"贾政听了,点头微笑。众人先称赞不已。庚辰本眉批说:"(拈髯点头不语)六字是严父大露悦容也。壬午春。"[5]由舐犊之情而大露悦容,在贾政是非常罕见的。其二是贾政摆出老子训斥儿子的派头,以显示尊长的威风,以抑制儿子的放纵。比如到得一处几百株杏花喷火蒸霞的乡野景观,宝玉否定清客"杏花村"的题名俗套,认为:"旧诗有云:红杏梢头挂酒旗。如今莫若'杏帘在望'四字。"众人都道:"好个'在望'。又暗合'杏花村'意。"宝玉冷笑道:"村名若用'杏花'二字,则俗陋不堪了。又有古人诗云:'柴门临水稻花香',何不就用'稻香村'的妙?"宝玉所引古人诗句,见于明初瞿佑《归田诗话》卷下所言:"洪武间,杭州元夕张灯颇盛。予因游观,有句云:'三市华灯依旧好,一天明月为谁圆。'惟郁鲁珍和云:'春灯闲论谁家好,夜月初看此度圆。'句意甚新,为众推许。鲁珍后为官陕西,被罪,退居独山村中,不复入城。寄诗云:'我已栽成三径菊,君今著就几编书。'然竟以《题松石轩诗卷》被累,死狱中。其被逮也,见予诵许仲晦诗'村迳绕山松叶滑,柴门临水稻花香''牛羊晚食铺平地,鹳鹤晴飞磨远天''日落远波惊宿雁,风吹轻浪起眠鸥'等句,谓写村居之景,曲尽其妙,今不复见矣。予因其言,念郢州诗之妙,而亦哀鲁珍之不幸也。"[6]宝玉随手引诗,诗不常见,可见他杂学多识,博闻强记,众清客听了,亦发哄声拍手道"妙",贾政一声断喝:"无知的业障!你能知道几个古人,能记得几首熟诗，也敢在老先生前卖弄！你方才那些胡说的，不过是试你的清浊，取笑而已，你就认真了！”宝玉还犟嘴说：“此处置一田庄，分明见得人力穿凿扭捏而成。远无邻村，近不负郭，背山山无脉，临水水无源，高无隐寺之塔，下无通市之桥，峭然孤出，似非大观。争似先处有自然之理，得自然之气，虽种竹引泉，亦不伤于穿凿。古人云‘天然图画’四字，正畏非其地而强为地，非其山而强为山，虽百般精而终不相宜……”未及说完，贾政气的喝命：“叉出去！”刚出去，又喝命：“回来！”命再题一联：“若不通，一并打嘴！”庚辰本眉批认为贾政的发怒是：“爱之至，喜之至，故作此语。作者至此，宁不笑杀？壬午春。”[7]又说：“所谓奈何他不得也，呵呵！畸笏。”[8]以震怒表达喜爱，严父要耍一下威严，才能镇得住局面。在此言谈应对间，各色人等的嘴脸趣味都跃然纸上了。其三是将大观园与太虚幻境相对接，在写人书之时不忘天书的超现实观照。随着一面品评，一面走路，只见正面现出一座玉石牌坊来，上面龙蟠螭护，玲珑凿就。贾政道：“此处书以何文？”众人道：“必是‘蓬莱仙境’方妙。”贾政摇头不语。宝玉见了这个所在，心中忽有所动，寻思起来，倒像那里曾见过的一般，却一时想不起那年月日的事了。贾政又命他作题，宝玉只顾细思前景，全无心于此了。众人不知其意，只当他受了这半日的折磨，精神耗散，才尽词穷了。再要考难逼迫，着了急，或生出事来，倒不便。这就是太虚幻境的迷离恍惚的现身了，迷离恍惚不点破，给人留下许多联想的空间。其实这就是己卯本夹批所说：“仍归于葫芦一梦之太虚玄境。”[9]也就是《红楼梦》第五回警幻仙姑引宝玉至一所在，有石牌横建，上书“太虚幻境”四个大字，两边一副对联，乃是“假作真时真亦假，无为有处有还无”。由此可知，大观园就是贾宝玉精

⑤（清）曹雪芹著，脂砚斋评：《脂砚斋重评石头记庚辰校本》，作家出版社2006年版，第330页。

⑥（清）鲍廷博辑：《知不足斋丛书［1］》，中华书局1999年版，第750页。

⑦（清）曹雪芹著，脂砚斋评：《脂砚斋重评石头记庚辰校本》，作家出版社2006年版，第333页。

⑧（清）曹雪芹著，脂砚斋评：《脂砚斋重评石头记庚辰校本》，作家出版社2006年版，第334页。

⑨（清）曹雪芹：《脂砚斋重评石头记（己卯本）》，上海古籍出版社1981年版，第333页。

神深处的太虚幻境。在此真假有无、恍惚迷离间，《大观园记》的描写，岂能忘了对“太虚幻境”的回应？梦中的太虚幻境对应着地上的大观园，这是“天书 — 人书”的一大关键。这是《红楼梦》不忘根本，不忘初心，将太虚幻境为大观园结穴。

第十八回

大观园试才题对额
荣国府归省庆元宵（续）

［话说宝玉来］至院外，就有跟贾政的几个小厮上来拦腰抱住，都说："今儿亏我们，老爷才喜欢，老太太打发人出来问了几遍，都亏我们回说喜欢；不然，若老太太叫你进去，就不得展才了。人人都说，你才那些诗比世人的都强。今儿得了这样的彩头。该赏我们了。"宝玉笑道："每人一吊钱。"众人道："谁没见那一吊钱！把这荷包赏了罢。"说着，一个上来解荷包，那一个就解扇囊，不容分说，将宝玉所佩之物尽行解去。又道："好生送上去罢。"一个抱了起来，几个围绕，送至贾母二门前。那时贾母已命人看了几次。众奶娘丫鬟跟上来，见过贾母，知不曾难为着他，心中自是欢喜。

少时袭人倒了茶来，见身边佩物一件无存，因笑道："带的东西又是那起没脸的东西们解了去了。"林黛玉听说，走来瞧瞧，果然一件无存，因向宝玉道："我给的那个荷包也给他们了？你明儿再想我的东西，可不能够了！"说毕，赌气回房，将前日宝玉所烦他作的那个香袋儿——才做了一半——赌气拿过来就铰。宝玉见他生气，便知不妥，忙赶过来，早剪破了。

宝玉已见过这香囊，虽尚未完，却十分精巧，费了许多工夫。今见无故剪了，却也可气。因忙把衣领解了，从里面红袄襟上将黛玉所给的那荷包解了下来，递与黛玉瞧道："你瞧瞧，这是什么！我那一回把你的东西给人了？"林黛玉见他如此珍重，带在里面，可知是怕人拿去之意，因此又自悔莽撞，未见皂白，就剪了香袋。因此又愧又气，低头一言不发。宝玉道："你也不用剪，我知道你是懒待给我东西。我连这荷包奉还，何如？"说着，掷向他怀中便走。黛玉见如此，越发气起来，声咽气堵，又汪汪的滚下泪来，拿起荷包来又剪。宝玉见他如此，忙回身抢住，笑道："好妹妹，饶了他罢。"黛玉将剪子一摔，拭泪说道："你不用同我好一阵歹一阵的，要恼，就撂开手。这当了什么！"说着，赌气上床，面向里倒下拭泪。禁不住宝玉上来"妹妹"长、"妹妹"短赔不是。

笺证

痴情总会做些傻事，不做傻事就难见痴情之深。人生能有几回痴？贾宝玉、林黛玉还货真价实地痴上几回。在第十八回，林黛玉看见宝玉身上荷包等物都被小厮们搜刮得果然一件无存，赌气回房，将前日才为宝玉做了一半的香袋儿拿过来就剪。宝玉忙赶过来，把衣领解了，从里面红袄襟上将黛玉所给的那荷包解了下来，递与黛玉瞧。黛玉见如此珍重带在里面，自悔莽撞，又愧又气，声咽气堵，汪汪的滚下泪来，拿起荷包来又要剪。宝玉、黛玉瞬息间变化无常的怨、恨、悔、泣，好一阵歹一阵，写尽情痴之至。在礼教森严的贵族府邸中，青年男女无从坦率表达爱情，只好以作贱爱情信物的方式表达刻骨铭心的爱情。可叹宝玉、黛玉草木前盟没有人间凭证，仅以荷包、香囊来弥补。弥补的缺陷终归是缺陷，黛玉将剪子一摔，拭泪说道："你不用同我好一阵歹一阵的，要恼，就撂开手。这当了什么？"说着，赌气上床，面向里倒下拭泪。禁不住宝玉上来"妹妹"长、"妹妹"短地赔不是。绛珠还泪似是天意，但还泪的过程，却使出了人间心理情绪描写的浑身解数。己卯本夹批说："按理论之，则是'天下本无事，庸人自扰之'。若以儿女女子之情论之，则是必有之事，必有之理。又系今古小说中不能道得写得，谈情者亦不能说出讲出，情痴之至文也！”[1]如果要问：人生能有几回痴？北宋文学家欧阳修《玉楼春》词就说“人生自是有情痴”，把情痴看成是人的本性使然，其词云：“尊前拟把归期说，欲语春容先惨咽。人生自是有情痴，此恨不关风与月。　离歌且莫翻新阕，一曲能教肠寸结。直须看尽洛城花，始共春风容易别。”其中“人生自是有情痴，此恨不关风与月”，把眼前的别离洛阳牡丹的情事感受，推广到了对于整个人世的情痴认知。“洛城花”毕竟有“尽”，“春风”也毕竟要“别”，但情痴是刻骨铭心，难以看尽和离别的。因而王国维《人间词话》论及欧阳修这些词句时，称赞其“于豪放之中有沉着之致，所以尤高”。清人涂瀛《石头记论赞》还把人的感情分出等级，其中《甄宝玉赞》说：“太上忘情，其次多情，其次任情，其下矫情。矫情不可问矣，甄宝玉不能为太上之忘情，不失为其次之多情也。自经济文章之说中之，而情矫矣。则甄宝玉者世俗之伟人，而实贾宝玉之罪人也。罪人则黜之而已矣，故终以甄宝玉云。”[2]在感情等级上，这里推崇“太上忘情”，忘到了痴的地步，而反对矫情。情痴成了人与生俱来的刻骨铭心的情感，说起来也会令人肝肠寸断，这也就为绛珠还泪提供了精神现象学的根据。

前面贾母一片声找宝玉。众奶娘丫鬟们忙回说：“在林姑娘房里呢。”贾母听说道：“好，好，好！让他姊妹们一处顽顽罢。才他老子拘了他这半天，让他开心一会子罢。只别叫他们拌嘴，不许扭了他。”众人答应着。黛玉被宝玉缠不过，只得起来道：“你的意思不叫我安生，我就离了你。”说着往外就走。宝玉笑道：“你到那里，我跟到那里。”一面仍拿起荷包来带上，黛玉伸手抢道：“你说不要了，这会子又带上，我也替你怪臊的！”说着，“嗤”的一声又笑了。宝玉道：“好妹妹，明儿另替我作个香袋儿罢。”黛玉道：“那也只瞧我高兴罢了。”一面说，一面二人出房，到王夫人上房中去了，可巧宝钗亦在那里。

此时王夫人那边热闹非常。原来贾蔷已从姑苏采买了十二个女孩子——并聘了教习——以及行头等事来了。那时薛姨妈另迁于东北上一所幽静房舍居住，将梨香院早已腾挪出来，另行修理了，就令教习在此教演女戏。又另派家中旧有曾演学过歌唱的女人们——如今皆已皤然老妪了，着他们带领管理。就令贾蔷总理其日用出入银钱等事，以及诸凡大小所需之物料账目。

又有林之孝家的来回："采访聘买得十个小尼姑、小道姑都有了，连新作的二十分道袍也有了。外有一个带发修行的，本是苏州人氏，祖上也是读书仕宦之家。因生了这位姑娘自小多病，买了许多替身儿皆不中用，足的这位姑娘亲自入了空门，方才好了，所以带发修行，今年才十八岁，法名妙玉。如今父母俱已亡故，身边只有两个老嬷嬷、一个小丫头服侍。文墨也极通，经文也不用学了，模样儿又极好。因听见'长安'都中有观音遗迹并贝叶遗文，去岁随了师父上来，现在西门外牟尼院住着。他师父极精演先天神数，于去冬圆寂了。妙玉本欲扶灵回乡的，他师父临寂遗言，说他'衣食起居不宜回乡。在此静居，后来自然有你的结果'。所以他竟未回乡。"王夫人不等回完，便说："既这样，我们何不接了他来。"林之孝家的回道："接他，他说'侯门公府，必以贵势压人，我再不去的'"。王夫人笑道："他既是官宦小姐，自然骄傲些，就下个帖子请他何妨。"林之孝家的答应了出去，命书启相公写请帖去请妙玉。次日遣人备车轿去接等后话，暂且搁过，此时不能表白。

❶（清）曹雪芹：《脂砚斋重评石头记（己卯本）》，上海古籍出版社1981年版，第340—341页。

❷（清）曹雪芹、高鹗著，（清）护花主人、大某山民、太平闲人评：《红楼梦（注评本）》，上海古籍出版社2014年版，第1631页。

笺证

《红楼梦》有神秘数字"十二"，十二金钗，十二"红楼梦曲子"，十二个女戏子，十个女尼，加上妙玉、惜春，也取足十二之数。第十八回虽然在谈论教演女戏子时，顺手牵羊述及妙玉，但这不是一般的“羊”，需郑重对待：“外有一个带发修行的，本是苏州人氏，祖上也是读书仕宦之家。因生了这位姑娘自小多病，买了许多替身儿皆不中用，足的这位姑娘亲自入了空门，方才好了，所以带发修行，今年才十八岁，法名妙玉。如今父母俱已亡故，身边只有两个老嬷嬷、一个小丫头服侍。文墨也极通，经文也不用学了，模样儿又极好。”大家闺秀遁入空门，与贾府姊妹多有耦合之处，才能占有金陵十二钗正册的地步。己卯本夹批说：“妙卿出现。至此细数十二钗，以贾家四艳再加薛、林二冠有六，添秦可卿有七，熙凤有八，李纨有九，今又加妙玉，仅得十人矣。后有史湘云与熙凤之女巧姐儿者，共十二人。雪芹题曰‘金陵十二钗’，盖本宗《红楼梦》十二曲之义。后宝琴、岫烟、李纹、李绮皆陪客也，《红楼梦》中所谓副十二钗是也。又有又副册三段词，乃晴雯、袭人、香菱三人而已，余未多及，想为金钏、玉钏、鸳鸯、茜雪、平儿等人无疑矣。观者不待言可知，故不必多费笔墨。”[3]妙玉是金陵十二钗正册人物，出场就须细写，自不必说。至于说香菱属于“又副册”，本书第五回香菱却在“副册”，她是甄士隐的女儿，容不得怠慢。庚辰本眉批又说：“(树处)[副册]引十二钗总未的确，皆系漫拟也。至末回警幻情榜，方知正副、再副及三四副芳讳。壬午季春。畸笏。”[4]这里透露了畸笏叟所见《红楼梦》末回的“警幻情榜”，却在今本《红楼梦》第一二〇回不见踪影，因而续作者所见的也许是残稿。胡适《跋乾隆庚辰本脂砚斋重评〈石头记〉钞本》说：“壬午季春雪芹尚存。他所拟的末回有警幻的《情榜》。这个结局大似《水浒传》的石碣，又似《儒林外史》的幽榜。这回迷失了，似乎于原书价值无大损失。”[5]俞平伯《红楼梦研究》却说：“我的意见和他不很相同，如此固落套，不如此亦结束不住这部大书；所以这回底迷失，依然是个大损失呵。”[6]

当下又有人回，工程上等着糊东西的纱绫，请凤姐去开楼拣纱绫；又有人来回，请凤姐开库，收金银器皿。连王夫人并上房丫鬟等众，皆一时不得闲的。宝钗便说：“咱们别在这里碍手碍脚，找探丫头去。”说着，同宝玉、黛玉往迎春等房中来闲顽，无话。

王夫人等日日忙乱，直到十月将尽，幸皆全备：各处监管都交清账目；各处古董文玩，皆已陈设齐备；采办鸟雀的，自仙鹤、孔雀以及鹿、兔、鸡、鹅等类，悉已买全，交于园中各处像景饲养；贾蔷那边也演出二十出杂戏来；小尼姑、道姑也都学会了念几卷经咒。贾政方略心意宽畅，又请贾母等进园，色色斟酌，点缀妥当，再无一些遗漏不当之处了。于是贾政方择日题本。本上之日，奉朱批准奏：次年正月十五上元之日，恩准贾妃省亲。贾府领了此恩旨，益发昼夜不闲，年也不曾好生过的。

展眼元宵在迩，自正月初八日，就有太监出来先看方向：何处更衣，何处燕坐，何处受礼，何处开宴，何处退息。又有巡察地方总理关防太监等，带了许多小太监出来，各处关防，挡围幙；指示贾宅人员何处退，何处跪，何处进膳，何处启事，种种仪注不一。外面又有工部官员并五城兵备道打扫街道，撵逐闲人。贾赦等督率匠人扎花灯烟火之类，至十四日，俱已停妥。这一夜，上下通不曾睡。

至十五日五鼓，自贾母等有爵者，皆按品服大妆。园内各处，帐舞蟠龙，帘飞彩凤，金银焕彩，珠宝争辉，鼎焚百合之香，瓶插长春之蕊，静悄无人咳嗽。贾赦等在西街门外，贾母等在荣府大门外。街头巷口，俱系围幙挡严。正等的不耐烦，忽一太监坐大马而来，贾母忙接入，问其消息。太监道："早多着呢！未初刻用过晚膳，未正二刻还到宝灵宫拜佛，酉初刻进大明宫领宴看灯方请旨，只怕戌初才起身呢。"凤姐听了道："既这么着，老太太、太太且请回房，等是时候再来也不迟。"于是贾母等暂且自便，园中悉赖凤姐照理。又命执事人带领太监们去吃酒饭。

一时传人一担一担的挑进蜡烛来，各处点灯。方点完时，忽听外边马跑之声。一时，有十来个太监都喘吁吁跑

❸（清）曹雪芹：《脂砚斋重评石头记（己卯本）》，上海古籍出版社1981年版，第343页。

❹（清）曹雪芹著，脂砚斋评：《脂砚斋重评石头记庚辰校本》，作家出版社2006年版，第343页。

❺胡适：《中国旧小说考证》，商务印书馆2014年版，第399页。

❻俞平伯：《红楼梦研究》，上海古籍出版社2015年版，第173页。

来拍手儿。这些太监会意，都知道是“来了，来了”，各按方向站住。贾赦领合族子侄在西街门外，贾母领合族女眷在大门外迎接。

半日静悄悄的。忽见一对红衣太监骑马缓缓的走来，至西街门下了马，将马赶出围幙之外，便垂手面西站住。半日又是一对，亦是如此。少时便来了十来对，方闻得隐隐细乐之声。一对对龙旌凤翣，雉羽夔头，又有销金提炉焚着御香；然后一把曲柄七凤黄金伞过来，便是冠袍带履。又有值事太监捧着香珠、绣帕、漱盂、拂尘等类。一队队过完，后面方是八个太监抬着一顶金顶金黄绣凤版舆，缓缓行来。贾母等连忙路旁跪下。早飞跑过几个太监来，扶起贾母、邢夫人、王夫人来。那版舆抬进大门，入仪门往东去，到一所院落门前，有执拂太监跪请下舆更衣。于是抬舆入门，太监等散去，只有昭容、彩嫔等引领元春下舆。只见院内各色花灯烂灼，皆系纱绫扎成，精致非常。上面有一匾灯，写着“体仁沐德”四字。元春入室，更衣毕复出，上舆进园。只见园中香烟缭绕，花彩缤纷，处处灯光相映，时时细乐声喧，说不尽这太平气象，富贵风流。—— 此时自己回想当初在大荒山中，青埂峰下，那等凄凉寂寞；若不亏癞僧、跛道二人携来到此，又安能得见这般世面。本欲作一篇《灯月赋》《省亲颂》，以志今日之事，但又恐入了别书的俗套。按此时之景，即作一赋一赞，也不能形容得尽其妙；即不作赋赞，其豪华富丽，观者诸公亦可想而知矣。所以倒是省了这工夫纸墨，且说正经的为是。

笺证

《红楼梦》的笔墨，总是不那么安分守己，往往游荡于人书与天书之间，形成了结构与解构的相互开放。第十八回写到元春省亲的繁华典重场面深处，竟然又跳出叙事纹理之外，与大荒山中青埂峰下无材补天的顽石灵玉遥相呼应：“抬舆入门，太监等散去，只有昭容、彩嫔等引领元春下舆。只见院内各色花灯烂灼，皆系纱绫扎成，精致非常。上面有一匾灯，写着‘体仁沐德’四字。元春入室，更衣毕复出，上舆进园。只见园中香烟缭绕，花彩缤纷，处处灯光相映，时时细乐声喧，说不尽这太平气象，富贵风流。此时自己回想当初在大荒山中，青埂峰下，那等凄凉寂寞；若不亏癞僧、跛道二人携来到此，又安能得见这般世面。本欲作一篇《灯月赋》《省亲颂》，以志今日之事，但又恐入了别书的俗套。按此时之景，即作一赋一赞，也不能形容得尽其妙；即不作赋赞，其豪华富丽，观者诸公亦可想而知矣。所以倒是省了这工夫纸墨，且说正经的为是。”在如此烈火烹油、鲜花着锦的礼仪场合正如此看似闲笔却极要紧的反照，实在是不可等闲视之的元叙事大模样。己卯本夹批说：“自‘此时’以下皆石头之语，真是千奇百怪之文。”[7] 庚辰本眉批说：“如此繁华盛极、花团锦簇之文，忽用石兄自语截住，是何笔力！令人安得不拍案叫绝。试阅历来诸小说中有如此章法乎？”[8] 元叙事的手法，在《红楼梦》中屡屡出现，往往截断繁华，以千奇百怪的笔墨令人进入空幻，以此做出命运的玄思。

[7]（清）曹雪芹：《脂砚斋重评石头记（己卯本）》，上海古籍出版社1981年版，第348页。

[8]（清）曹雪芹著，脂砚斋评：《脂砚斋重评石头记庚辰校本》，作家出版社2006年版，第346页。

且说贾妃在轿内看此园内外如此豪华，因默默叹息奢华过费。忽又见执拂太监跪请登舟，贾妃乃下舆。只见清流一带，势如游龙，两边石栏上，皆系水晶玻璃各色风灯，点的如银花雪浪；上面柳杏诸树虽无花叶，然皆用通草绸绫纸绢依势作成，粘于枝上的，每一株悬灯数盏。更兼池中荷荇凫鹭之属，亦皆系螺蚌羽毛之类作就的。诸灯上下争辉，真系玻璃世界，珠宝乾坤。船上亦系各种精致盆景诸灯，珠帘绣幙，桂楫兰桡，自不必说。已而入一石港，港上一面匾灯，明现着“蓼汀花溆”四字。

按此四字并“有凤来仪”等处，皆系上回贾政偶然一试宝玉之课艺才情耳，何今日认真用此匾联？况贾政世代诗书，来往诸客屏侍座陪者，悉皆才技之流，岂无一名手题撰，竟用小儿一戏之辞苟且搪塞？真似暴发新荣之家，滥使银钱，一味抹油涂朱，毕则大书“前门绿柳垂金锁，后户青山列锦屏”之类，则以为大雅可观，岂《石头记》中通部所表之宁荣贾府所为哉！据此论之，竟大相矛盾了。诸公不知，待蠢物将原委说明，大家方知。

笺证

第十八回写元春进入省亲别墅，已而入一石港，港上一面匾灯，明现着“蓼汀花溆”四字。接着说：按此四字，并“有凤来仪”等处，皆系上回贾政偶然一试宝玉之课艺才情耳，何今日认真用此匾联？况贾政世代诗书，来往诸客屏侍坐陪者，悉皆才技之流，岂无一名手题撰，竟用小儿一戏之辞苟且搪塞？真似暴发新荣之家，滥使银钱，一味抹油涂朱，毕则大书“前门绿柳垂金锁，后户青山列锦屏”之类，则以为大雅可观，岂《石头记》中通部所表之宁荣贾府所为哉！据此论之，竟大相矛盾了。诸公不知，待蠢物将原委说明，大家方知。对于行文中的“蠢物”二字，已卯本夹批说：“石兄自谦，妙！”庚辰本眉批对于以上整段文字评点说：“《石头记》惯用特犯不犯之笔，读之真令人惊心骇目。”[9]既然“蠢物”是石兄自语，石头看见用了自己偶试才情之语“蓼汀花溆”“有凤来仪”作了匾联，颇有点沾沾得意，又现身自谦自抑，写得相当俏皮。这份得意是与女娲补天神话中无材补天、幻形入世的故事联系在一起的，也属一种元叙事。此处的元叙事和前面“自己回想当初在大荒山之青埂峰下”那一元叙事，有评论认为“当初《红楼梦》有很多抄本，有可能曹雪芹写下来，后来他改掉了。也可能有人抄的时候自己加上去。但以曹雪芹缜密的思维，此段是他写的可能性极低，自称蠢物，石头跑出来讲话，手法有点拙劣”。其实，这两段石头出面的元叙事，应是曹雪芹的神来之笔，在元春省亲的鼎盛巅峰上，石头一再打断叙事程序，就是以天眼审视鼎盛巅峰，以天书方式解读人书，无材补天，反而去补情天。以补情天为贾府盛极难继的下坡路做出警示，其用心是极其深刻的。

当日这贾妃未入宫时，自幼亦系贾母教养。后来添了宝玉，贾妃乃长姊，宝玉为弱弟，贾妃之心上念母年将迈，始得此弟，是以怜爱宝玉，与诸弟待之不同。且同随祖母，刻未暂离。那宝玉未入学堂之先，三四岁时，已得贾妃手引口传，教授了几本书、数千字在腹内了。其名分虽系姊弟，其情状有如母子。自入宫后，时时带信出来与父母说："千万好生扶养，不严不能成器，过严恐生不虞，且致父母之忧。"眷念切爱之心，刻未能忘。前日贾政闻塾师背后赞宝玉偏才尽有，贾政未信，适巧遇园已落成，令其题撰，聊一试其情思之清浊。其所拟之匾联虽非妙句，在幼童为之，亦或可取。即另使名公大笔为之，固不费难，然想来倒不如这本家风味有趣。更使贾妃见之，知系其爱弟所为，亦或不负其素日切望之意。因有这段原委，故此竟用了宝玉所题之联额。那日虽未曾题完，后来亦曾补拟。

闲文少述，且说贾妃看了四字，笑道："'花溆'二字便妥，何必'蓼汀'？"侍座太监听了，忙下小舟登岸，飞传与贾政。贾政听了，即忙移换。

一时，舟临内岸，复弃舟上舆，便见琳宫绰约，桂殿巍峨。石牌坊上明显"天仙宝境"四字，贾妃忙命换"省亲别墅"四字。于是进入行宫。但见庭燎烧空，香屑布地，火树琪花，金窗玉槛。说不尽帘卷虾须，毯铺鱼獭，鼎飘麝脑之香，屏列雉尾之扇。真是：

金门玉户神仙府，桂殿兰宫妃子家。

贾妃乃问："此殿何无匾额？"随侍太监跪启曰："此系正殿，外臣未敢擅拟。"贾妃点头不语。礼仪太监跪请升座受礼，两陛乐起。礼仪太监二人引贾赦、贾政等于月台下排班，殿上昭容传谕曰："免。"太监引贾赦等退出。又有太监引荣国太君及女眷等自东阶升月台上排班，昭容再谕曰：

❾（清）曹雪芹著，脂砚斋评：《脂砚斋重评石头记庚辰校本》，作家出版社2006年版，第347页。

"免。"于是引退。

茶已三献，贾妃降座，乐止。退入侧殿更衣，方备省亲车驾出园。至贾母正室，欲行家礼，贾母等俱跪止不迭。贾妃满眼垂泪，方彼此上前厮见，一手搀贾母，一手搀王夫人，三个人满心里皆有许多话，只是俱说不出，只管呜咽对泣。邢夫人、李纨、王熙凤、迎、探、惜三姊妹等，俱在旁围绕，垂泪无言。

半日，贾妃方忍悲强笑，安慰贾母、王夫人道："当日既送我到那不得见人的去处，好容易今日回家娘儿们一会，不说说笑笑，反倒哭起来。一会子我去了，又不知多早晚才来！"说到这句，不禁又哽咽起来。邢夫人等忙上来解劝。贾母等让贾妃归座，又逐次一一见过，又不免哭泣一番。然后东西两府掌家执事人丁在厅外行礼，及两府掌家执事媳妇领丫鬟等行礼毕。贾妃因问："薛姨妈、宝钗、黛玉因何不见？"王夫人启曰："外眷无职，未敢擅入。"贾妃听了，忙命快请。一时，薛姨妈等进来，欲行国礼，亦命免过，上前各叙阔别寒温。又有贾妃原带进宫去的丫鬟抱琴等上来叩见，贾母等连忙扶起，命人别室款待。执事太监及彩嫔、昭容各侍从人等，宁国府及贾赦那宅两处自有人款待，只留三四个小太监答应。母女姊妹深叙些离别情景，及家务私情。

笺证

在一个专制社会里，政治与人性往往分道扬镳，难以兼顾。在这里，刚柔是不对称的，沉重的政治礼制，可能压瘪温情脉脉的人性。贾妃可谓荣华富贵矣，但在第十八回省亲返家团圆之时，只能忍悲强笑，安慰贾母、王夫人说："当日既送我到那不得见人的去处，好容易今日回家娘儿们一会，不说说笑笑，反倒哭起来。一会子我去了，又不知多早晚才来！"说到这句，不禁又哽咽起来。己卯本夹批说："追魂摄魄。《石头记》传神摹影全在此等地方，他书中不得有此见识"；"说完不可，不先说不可，说之不痛不可，最难说者是此时贾妃口中之语。只如此一说，千贴万妥，一字不可更改，

❿（清）曹雪芹：《脂砚斋重评石头记（己卯本）》，上海古籍出版社1981年版，第353页。

一字不可增减，入情入神之至！”。[10]这种入情入神，就是人性的呼吁。其实还可以加上这一幕——贾妃元春又隔帘含泪谓其父（贾政）曰：“田舍之家，虽齑盐布帛，终能聚天伦之乐；今虽富贵已极，骨肉各方，然终无意趣！”富贵已极之地，竟然是那不得见人的去处，不能聚天伦之乐的终无意趣之所。有这种体验，可见元春未失为人儿女的天然人性。所谓“最难说者是此时贾妃口中之语”，吐露的是“贵妃女儿”精神深处的熹微的人性之光，成了这次省亲之举的闪亮点。

又有贾政至帘外问安，贾妃垂帘行参等事。又隔帘含泪谓其父曰：“田舍之家，虽齑盐布帛，终能聚天伦之乐；今虽富贵已极，骨肉各方，然终无意趣！”贾政亦含泪启道：“臣，草莽寒门，鸠群鸦属之中，岂意得征凤鸾之瑞。今贵人上锡天恩，下昭祖德，此皆山川日月之精奇、祖宗之远德钟于一人，幸及政夫妇。且今上启天地生物之大德，垂古今未有之旷恩，虽肝脑涂地，臣子岂能得报于万一！惟朝乾夕惕，忠于厥职外，愿我君万寿千秋，乃天下苍生之同幸也。贵妃切勿以政夫妇残犁为念，懑愤金怀，更祈自加珍爱。惟业业兢兢，勤慎恭肃以侍上，庶不负上体贴眷爱如此之隆恩也。”贾妃亦嘱“只以国事为重，暇时保养，切勿记念”等语。

贾政又启：“园中所有亭台轩馆，皆系宝玉所题。如果有一二稍可寓目者，请别赐名为幸。”元妃听了宝玉能题，便含笑说：“果进益了。”贾政退出。贾妃见宝、林二人亦发比别姊妹不同，真是姣花软玉一般。因问：“宝玉为何不进见？”贾母乃启：“无谕，外男不敢擅入。”元妃命快引进来。小太监出去引宝玉进来，先行国礼毕，元妃命他进前，携手揽于怀内，又抚其头颈笑道："比先竟长了好些……"一语未终，泪如雨下。

尤氏、凤姐等上来启道："筵宴齐备，请贵妃游幸。"元妃等起身，命宝玉导引，遂同诸人步至园门前，早见灯光火树之中，诸般罗列非常。进园来先从"有凤来仪""红香绿玉""杏帘在望""蘅芷清芬"等处，登楼步阁，涉水缘山，百般眺览徘徊。一处处铺陈不一，一桩桩点缀新奇。贾妃极加奖赞，又劝："以后不可太奢，此皆过分之极。"已而至正殿，谕免礼归座，大开筵宴。贾母等在下相陪，尤氏、李纨、凤姐等亲捧羹把盏。

元妃乃命传笔砚伺候，亲搦湘管，择其几处最喜者赐名。按其书云："顾恩思义"〔匾额〕；"天地启宏慈，赤子苍头同感戴。古今垂旷典，九州万国被恩荣"〔此一匾一联书于正殿〕；"大观园"〔园之名〕；"有凤来仪"〔赐名曰"潇湘馆"〕；"红香绿玉"改作"怡红快绿"〔即名曰"怡红院"〕；"蘅芷清芬"〔赐名曰"蘅芜苑"〕；"杏帘在望"〔赐名曰"浣葛山庄"〕；正楼曰"大观楼"，东面飞楼曰"缀锦阁"，西面斜楼曰"含芳阁"；更有"蓼风轩""藕香榭""紫菱洲""荇叶渚"等名；又有四字的匾额十数个，诸如"梨花春雨"、"桐剪秋风"，"荻芦夜雪"等名，此时悉难全记。又命旧有匾联俱不必摘去。于是先题一绝云：

衔山抱水建来精，多少工夫筑始成。天上人间诸景备，芳园应锡大观名。

写毕，向诸姊妹笑道："我素乏捷才，且不长于吟咏，妹辈素所深知。今夜聊以塞责，不负斯景而已。异日少暇，必补撰《大观园记》并《省亲颂》等文，以记今日之事。妹辈亦各题一匾一诗，随才之长短，亦暂吟成，不可因我微才所缚。且喜宝玉竟知题咏，是我意外之想。此中'潇湘馆''蘅芜苑'二处，我所极爱，次之'怡红院'、'浣葛山庄'，此四大处，必得别有章句题咏方妙。前所题之联虽佳，如今再各赋五言律一首，使我当面试过，方不负我自幼教授之苦心。"宝玉只得答应了，下来自去构思。

迎、探、惜三人之中，要算探春又出于姊妹之上，然自忖亦难与薛、林争衡，只得勉强随众塞责而已。李纨也勉强凑成一律。贾妃先挨次看姊妹们的，写道是：

旷性怡情〔匾额〕：迎春 —— 园成景备特精奇，奉命羞题额旷怡。谁信世间有此境，游来宁不畅神思？

万象争辉〔匾额〕：探春 —— 名园筑出势巍巍，奉命何惭学浅微。精妙一时言不出，果然万物生光辉。

文章造化〔匾额〕：惜春 —— 山水横拖千里外，楼台高起五云中。园修日月光辉里，景夺文章造化功。

文采风流〔匾额〕：李纨 —— 秀水明山抱复回，风流文采胜蓬莱。绿裁歌扇迷芳草，红衬湘裙舞落梅。珠玉自应传盛世，神仙何幸下瑶台。名园一自邀游赏，未许凡人到此来。

凝晖钟瑞〔匾额〕：薛宝钗 —— 芳园筑向帝城西，华日祥云笼罩奇。高柳喜迁莺出谷，修篁时待凤来仪。文风已著宸游夕，孝化应隆归省时。睿藻仙才盈彩笔，自惭何敢再为辞。

世外仙源〔匾额〕：林黛玉 —— 名园筑何处，仙境别红尘。借得山川秀，添来景物新。香融金谷酒，花媚玉堂人。何幸邀恩宠，宫车过往频。

贾妃看毕，称赏一番，又笑道：“终是薛、林二妹之作与众不同，非愚姊妹可同列者。”原来林黛玉安心今夜大展奇才，将众人压倒，不想贾妃只命一匾一咏，倒不好违谕多作，只胡乱作一首五言律应景罢了。

彼时宝玉尚未作完，只刚作了“潇湘馆”与“蘅芜苑”二首，正作“怡红院”一首，起草内有“绿玉春犹卷”一句。宝钗转眼瞥见，便趁众人不理论，急忙回身悄推他道：“他因不喜‘红香绿玉’四字，改了‘怡红快绿’；你这会子偏用‘绿玉’二字，岂不是有意和他争驰了？况且蕉叶之说也颇多，再想一个字改了罢。”宝玉见宝钗如此说，便拭汗道：“我这会子总想不起什么典故出处来。”宝钗笑道：“你只把‘绿玉’的‘玉’字改作‘蜡’字就是了。”宝玉道:“‘绿蜡’可有出处?”宝钗见问，悄悄的咂嘴点头笑道:“亏你，今夜不过如此，将来金殿对策，你大约连‘赵钱孙李’都忘了呢!唐钱珝咏芭蕉诗头一句:‘冷烛无烟绿蜡干’，你都忘了不成?”宝玉听了，不觉洞开心臆，笑道:“该死，该死!现成眼前之物偏倒想不起来了，真可谓‘一字师’了。从此后我只叫你师父，再不叫姐姐了。”宝钗亦悄悄的笑道:“还不快作上去，只管姐姐妹妹的。谁是你姐姐，那上头穿黄袍的才是你姐姐!你又认我这姐姐来了。”一面说笑，因说笑又怕他耽延工夫，遂抽身走开了。宝玉只得续成，共有了三首。

此时林黛玉未得展其抱负，自是不快。因见宝玉独作四律，大费神思，何不代他作两首，也省他些精神不到之处。想着，便也走至宝玉案旁，悄问:“可都有了?”宝玉道:“才有了三首，只少‘杏帘在望’一首了。”黛玉道:“既如此，你只抄录前三首罢。赶你写完那三首，我也替你作出这首了。”说毕，低头一想，早已吟成一律，便写在纸条上，搓成个团子，掷在他跟前。宝玉打开一看，只觉此首比自己所作的三首高过十倍，真是喜出望外，遂忙恭楷呈上。贾妃看道:

【有凤来仪】臣 宝玉谨题:秀玉初成实，堪宜待凤凰。竿竿青欲滴，个个绿生凉。迸砌妨阶水，穿帘碍鼎香。莫摇清碎影，好梦昼初长。

【蘅芷清芬】蘅芜满净苑，萝薜助芬芳。软衬三春草，柔拖一缕香。轻烟迷曲径，冷翠滴回廊。谁谓池塘曲，谢家幽梦长。

【怡红快绿】深庭长日静，两两出婵娟。绿蜡春犹卷，红妆夜未眠。凭栏垂绛袖，倚石护青烟。对立东风里，主人应解怜。

【杏帘在望】杏帘招客饮，在望有山庄。菱荇鹅儿水，桑榆燕子梁。一畦春韭绿，十里稻花香。盛世无饥馁，何须耕织忙。

贾妃看毕，喜之不尽，说:“果然进益了。”又指“杏帘”一首为前三首之冠，遂将“浣葛山庄”改为“稻香村”。又命探春另以彩笺誊录出方才一共十数首诗，出令太监传与外厢。贾政等看了，都称颂不已。贾政又进《归省颂》。元春又命以琼酥金脍等物，赐与宝玉并贾兰。此时贾兰极幼，未达诸事，只不过随母依叔行礼，故无别传。贾环从年内染病未痊，自有闲处调养，故亦无传。

那时贾蔷带领十二个女戏，在楼下正等的不耐烦，只见一太监飞来说："作完了诗，快拿戏目来！"贾蔷急将锦册呈上，并十二个花名单子。少时，太监出来，只点了四出戏：

第一出《豪宴》，第二出《乞巧》，第三出《仙缘》，第四出《离魂》。

笺证

《红楼梦》人物喜欢看戏，看的是明代和清初的戏曲，看的无心，写者有意，以写实性隐喻象征性，往往隐喻着家族和人物的命运。己卯本夹批，一一评点贾妃元春点的四出戏的隐喻所在，可资参考。第一出《豪宴》，夹批说："《一捧雪》中。伏贾家之败。"[11]明末清初戏剧家李玉写的《一捧雪》传奇，核心意象是玉器珍品"一捧雪"玉杯。讲的是明朝嘉靖年间莫怀古家有祖传玉杯"一捧雪"，被友人汤勤为谋占莫妾雪艳，就向严世蕃告密，引来严世蕃强索玉杯。莫怀古弃官逃走，至蓟州被拿获，仆人莫成以貌相似，挺身代死，莫怀古逃往古北口。最后莫怀古儿子莫昊冒死上书，以昭雪父亲不白之冤，一家得以团聚。可知这出戏隐喻着贾府被抄家。第二出《乞巧》，夹批说："《长生殿》中。伏元妃之死。"《长生殿》写唐明皇深爱杨玉环，马嵬坡为形势所逼，赐死杨玉环。没有错，这出戏隐喻着元妃之死。第三出《仙缘》，夹批说："《邯郸梦》中。伏甄宝玉送玉。"《邯郸梦》改编自《黄粱梦》，写的是卢生在梦境梦里享尽荣华富贵，梦醒来之时，店小二为他煮的黄粱饭尚未熟透。卢生经吕洞宾点化，随行到蓬莱山门顶替何仙姑扫落花去

[11]（清）曹雪芹：《脂砚斋重评石头记（己卯本）》，上海古籍出版社1981年版，第365页。

了。这出戏应是隐喻着贾宝玉看破红尘出家，而非甄宝玉送玉。第四出《离魂》，夹批说："《牡丹亭》中。伏黛玉死。所点之戏剧伏四事，乃通部书之大过节、大关键。"⑫《牡丹亭》里杜丽娘还魂，但黛玉却是魂归离恨天，隐喻着宝黛爱情终成泡影。这些戏曲表演起来，"一个个歌欺裂石之音，舞有天魔之态。虽是妆演的形容，却作尽悲欢情状"。天魔悲欢的弦外之音，指向了元妃之死、黛玉之死、贾府抄家、宝玉出家，总之全书这些大关键都在贾妃元春不经意的点戏中，以隐喻的方式一一点中了脉门。这就是"天书——人书"框架中人算不如天算的冥冥之道。古时以戏曲酬神，以"天地大舞台，舞台小天地"的天道、人道相映照的方式，通向冥冥漠漠的孽海情天的深处。

贾蔷忙张罗扮演起来。一个个歌欺裂石之音，舞有天魔之态。虽是妆演的形容，却作尽悲欢情状。刚演完了，一太监执一金盘糕点之属进来，问："谁是龄官？"贾蔷便知是赐龄官之物，喜的忙接了，命龄官叩头。太监又道："贵妃有谕，说'龄官极好，再作两出戏，不拘那两出就是了'。"贾蔷忙答应了，因命龄官作《游园》《惊梦》二出。龄官自为此二出原非本角之戏，执意不作，定要作《相约》《相骂》二出。贾蔷扭他不过，只得依他作了。贾妃甚喜，命"不可难为了这女孩子，好生教习"，额外赏了两匹宫缎，两个荷包并金银锞子、食物之类。然后撤筵，将未到之处复又游顽。忽见山环佛寺，忙另盥手进去焚香拜佛，又题一匾云："苦海慈航"。又额外加恩与一般幽尼女道。

笺证

贾府喜欢演戏，牵动了主子与戏子的关系，从主子的立场看来，戏子的拿乔作态，触犯了主奴关系的底线。第十八回贾妃元春宣谕龄官再演两出戏，贾蔷因命龄官演《游园》《惊梦》二出。龄官自为此二出原非本角之戏，执意不作，定要作《相约》《相骂》二出。己卯本夹批说："(《相约》《相骂》

二出在）《钗钏记》中。总隐后文不尽风月等文。◇按近之俗语云：‘宁养千军，不养一戏。’盖甚言优伶之不可养之意也。大抵一班之中，此一人技业稍优出众，此一人则拿腔作势、辖众恃能，种种可恶，使主人逐之不舍、责之不可，虽欲不怜而实不能不怜，虽欲不爱而实不能不爱。余历梨园子弟广矣，个个皆然，亦曾与惯养梨园诸世家兄弟谈议及此，众皆知其事而皆不能言。今阅《石头记》至‘原非本角之戏，执意不作’二语，便见其恃能压众、乔酸娇妒，淋漓满纸矣。复至‘情悟梨香院’一回更将和盘托出，与余三十年前目睹身亲之人现形于纸上。使言《石头记》之为书，情之至极、言之至恰，然非领略过乃事、迷陷过乃情，即观此，茫然嚼蜡，亦不知其神妙也。”[13]龄官坚持本角之戏，出自明代松江戏曲作家王玉峰《钗钏记》传奇。这部戏共二十八出，叙写书生皇甫吟与富家女儿史碧桃先前有婚约，皇甫吟家道中落，史家便有悔婚之意，欲将女儿改嫁枢密使魏国相。第八出《相约》写碧桃不愿毁弃婚约，便命丫鬟云香约皇甫吟于八月十五夜前来史家花园，以便赠金，用作聘礼。恰巧皇甫吟不在家，云香便将来意告诉皇甫吟之母李氏。皇甫吟好友韩时忠顿起歹念，竭力劝阻皇甫吟前去赴约。自己却在八月十五冒名赴约，骗得金钗、金钏、银两等物。第十三出《相骂》写史碧桃久等不见皇甫吟前来迎娶，甚为焦急，又遣云香前去皇甫家，与李氏发生争执，大吵一场。史碧桃听到云香回报，就绝望投江自尽，为御史张所救起，收为义女。碧桃之父史直告发皇甫吟奸污女儿导致投江自尽之罪。观文殿学士李若水奉旨恤刑，发现真州狱中的皇甫吟案相当蹊跷，重审时费尽周折，顺藤摸瓜，发现韩时忠骗取钗钏的罪行。皇甫吟无罪释放后上京应试，进士及第。皇甫吟去李若水府上叩谢师恩，恰巧御使张所也来拜访。

[12]（清）曹雪芹：《脂砚斋重评石头记（己卯本）》，上海古籍出版社1981年版，第365页。

[13]（清）曹雪芹：《脂砚斋重评石头记（己卯本）》，上海古籍出版社1981年版，第365—366页。

张所从义女碧桃口中得知皇甫吟乃是其未婚夫，又试探出他矢志决不再娶，终使有情人成为眷属。从脂评鄙视和指责技艺精良的优伶的拿份做大之处，翻过一面可以看出，龄官坚持非演自己的“本角之戏”不可，隐藏着她决不把爱情当作儿戏，哪怕相约相骂，也要坚持投入真挚的生命追求。毕竟戏子也是人，要尊重她的感情。

少时，太监跪启：“赐物俱齐，请验等例。”乃呈上略节。贾妃从头看了，俱甚妥协，即命照此遵行。太监听了，下来一一发放。原来贾母的是金、玉如意各一柄，沉香拐拄一根，伽楠念珠一串，“富贵长春”宫缎四匹，“福寿绵长”宫绸四匹，紫金“笔锭如意”锞十锭，“吉庆有鱼”银锞十锭。邢夫人、王夫人二分，只减了如意、拐、珠四样。贾敬、贾赦、贾政等，每分御制新书二部，宝墨二匣，金、银爵各二只，表礼按前。宝钗、黛玉诸姊妹等，每人新书一部，宝砚一方，新样格式金银锞二对。宝玉亦同此。贾兰则是金银项圈二个，金银锞二对。尤氏、李纨、凤姐等，皆金银锞四锭，表礼四端。外表礼二十四端，清钱一百串，是赐与贾母、王夫人及诸姊妹房中奶娘众丫鬟的。贾珍、贾琏、贾环、贾蓉等，皆是表礼一分，金锞一双。其馀彩缎百端，金银千两，御酒华筵，是赐东西两府凡园中管理工程、陈设、答应及司戏、掌灯诸人的。外有清钱五百串，是赐厨役、优伶、百戏、杂行人丁的。

众人谢恩已毕，执事太监启道：“时已丑正三刻，请驾回銮。”贾妃听了，不由的满眼又滚下泪来。却又勉强堆笑，拉住贾母、王夫人的手，紧紧的不忍释放，再四叮咛：“不须挂念，好生自养。如今天恩浩荡，一月许进内省视一次，见面是尽有的，何必伤惨。倘明岁天恩仍许归省，万不可如此奢华靡费了。”贾母等已哭的哽噎难言了。贾妃虽不忍别，怎奈皇家规范，违错不得，只得忍心上舆去了。这里诸人好容易将贾母、王夫人安慰解劝，搀扶出园去了。正是——

笺证

第十八回元春省亲，是贾府鲜花着锦、烈火烹油的大场面，既有国家典礼的大排场，又有内宅相聚的深感伤；既有戏子表演的空热闹，又有临别赐赠的真阔绰。元春与贾府眷属团聚，竟然忍悲强笑，安慰贾母、王夫人道："当日既送我到那不得见人的去处，好容易今日回家娘儿们一会，不说说笑笑，反倒哭起来。一会子我去了，又不知多早晚才来！"大排场中出现如此亦啼亦笑、啼笑皆非的小风景，足见笔墨携云卷风，情节推波助澜，端是大手笔才能把握这种小细节。《红楼梦》把盛极的景象安排在第十八回，以便腾出更多笔墨写"无可奈何花落去"的盛极而衰，形成一种具有悲剧命运感的主体叙事。元春命众姊妹各题一匾一诗，突出钗、黛、宝玉，尤其是黛玉"早已吟成一律，便写在纸条上，搓成个团子，掷在他跟前。宝玉打开一看，只觉此首比自己所作的三首高过十倍，真是喜出望外，遂忙恭楷呈上"，这就是元春褒奖林黛玉所作《杏帘在望》为群诗之冠，称得上是点睛之笔。据传赵明诚废寝忘食，花了三昼夜工夫，写了五十首词，并把妻子李清照《醉花阴》"莫道不消魂，帘卷西风，人比黄花瘦"这首词杂在其中，请友人陆德夫品评。陆德夫说："只有三句最好。"他认为最好的，恰恰正是李清照这三句。贾妃称赞宝玉的诗"果然进益了"，又指《杏帘》一首为前三首之冠，冠者是杂在宝玉诗中的黛玉诗，这里应和着李清照词杂在赵明诚词的故事。

第十九回
情切切良宵花解语
意绵绵静日玉生香

话说贾妃回宫，次日见驾谢恩，并回奏归省之事，龙颜甚悦。又发内帑彩缎金银等物，以赐贾政及各椒房等员，不必细说。

且说荣宁二府中因连日用尽心力，真是人人力倦，各各神疲，又将园中一应陈设动用之物收拾了两三天方完。第一个凤姐事多任重，别人或可偷安躲静，独他是不能脱得的；二则本性要强，不肯落人褒贬，只乍挣着与无事的人一样。

第一个宝玉是极无事最闲暇的。偏这日一早，袭人的母亲又亲来回过贾母，接袭人家去吃年茶，晚间才得回来。因此，宝玉只和众丫头们掷骰子赶围棋作戏。正在房内顽的没兴头，忽见丫头们来回说："东府珍大爷来请过去看戏、放花灯。"宝玉听了，便命换衣裳。才要去时，忽又有贾妃赐出糖蒸酥酪来，宝玉想上次袭人喜吃此物，便命留与袭人了。自己回过贾母，过去看戏。

谁想贾珍这边唱的是《丁郎认父》《黄伯央大摆阴魂阵》，更有《孙行者大闹天宫》《姜子牙斩将封神》等类的戏文，倏尔神鬼乱出，忽又妖魔毕露，甚至于扬幡过会，号佛行香，锣鼓喊叫之声远闻巷外。满街之人个个都赞："好热闹戏，别人家断不能有的。"宝玉见繁华热闹到如此不堪的田地，只略坐了一坐，便走开各处闲耍。先是进内去和尤氏和丫鬟姬妾说笑了一回，便出二门来。

尤氏等仍料他出来看戏，遂也不曾照管。贾珍、贾琏、薛蟠等只顾猜枚行令，百般作乐，也不理论，纵一时不见他在座，只道在里边去了，故也不问。至于跟宝玉的小厮们，那年纪大些的，知宝玉这一来了，必是晚间才散，因此偷空也有去会赌的，也有往亲友家去吃年茶的，更有或嫖或饮的，都私散了，待晚间再来；那小些的，都钻进戏房里瞧热闹去了。

宝玉见一个人没有，因想："这里素日有个小书房，内曾挂着一轴美人，极画的得神。今日这般热闹，想那里自然无人，那美人也自然是寂寞的，须得我去望慰他一回。"想着，便往书房里来。刚到窗前，闻得房内有呻吟之韵。宝玉倒唬了一跳：敢是美人活了不成？乃乍着胆子，舔破窗纸，向内一看——那轴美人却不曾活，却是茗烟按着一个女孩子，也干那警幻所训之事。宝玉禁不住大叫："了不得！"一脚踹进门去，将那两个唬开了，抖衣而颤。

茗烟见是宝玉，忙跪求不迭。宝玉道："青天白日，这是怎么说。珍大爷知道，你是死是活？"一面看那丫头，虽不标致，倒还白净，些微亦有动人处，羞的脸红耳赤，低首无言。宝玉跺脚道："还不快跑！"一语提醒了那丫头，飞也似去了。宝玉又赶出去，叫道："你别怕，我是不告诉人的。"急的茗烟在后叫："祖宗，这是分明告诉人了！"宝玉因问："那丫头十几岁了？"茗烟道："大不过十六七岁了。"宝玉道："连他的岁属也不问问，别的自然越发不知了。可见他白认得你了，可怜，可怜！"又问："名字叫什么？"茗烟大笑道："若说出名字来话长，真真新鲜奇文，竟是写不出来的。据他说，他母亲养他的时节做了个梦，梦见得了一匹锦，上面是五色富贵不断头卍字的花样，所以他的名字叫作卍儿。"宝玉听了笑道："真也新奇，想必他将来有些造化。"说着，沉思一会。

笺证

《红楼梦》往往在大场面之后，来一个大解构，把盖好的大房子拆成许多砖头木料，这些砖头木料重新派上了出人意料的用场。元春省亲的大场面之后，第十九回贾珍这边唱的是《丁郎认父》《黄伯央大摆阴魂阵》，更有《孙行者大闹天宫》《姜子牙斩将封神》等类的戏文。倏尔神鬼乱出，忽又妖魔毕露，甚至于扬幡过会，号佛行香，锣鼓喊叫之声远闻巷外。己卯本夹批说："真真热闹"；"形容刻薄之至，弋阳腔能事毕矣。阅至此则有如耳内喧哗、目中离乱，后文至隔墙闻'袅晴丝'数曲，则有如魂随笛转、魄逐歌销。形容一事，一事毕真，石头是第一能手矣。"[1] 袅晴丝是汤显祖《牡丹亭》第十出《惊梦》杜丽娘所唱"袅晴丝吹来闲庭院，摇漾春如线"的首三字。用的典来自南宋词人叶梦得的《虞美人》词："落花已作风前舞，又送黄昏雨。晓来庭院半残红。唯有游丝千丈袅晴空。殷勤花下同携手，更尽杯中酒。美人不用敛蛾眉。我亦多情无奈酒阑时。"汤显祖以飘浮的游丝一缕，被微风吹进了寂静无人的庭院，春光荡漾，如同千万根轻柔的细线，唤醒了杜丽娘对春天的向往，引领这位少女进入春天和爱情的梦想，于是荡漾出一股神秘的力量把人带入了深邃的爱情世界。脂评说的"后文至隔墙闻'袅晴丝'数曲，则有如魂随笛转、魄逐歌销"的情境不可寻踪，但《红楼梦》第三十六回"识分定情悟梨香院"叙写说："一日，宝玉因各处游的烦腻，便想起《牡丹亭》曲来，自己看了两遍，犹不惬怀，因闻得梨香院的十二个女孩子中有小旦龄官最是唱的好……只见龄官独自倒在枕上，见他进来，文风不动。宝玉素习与别的女孩子顽惯了的，只当龄官也同别人一样，因进前来身旁坐下，又陪笑央他起来唱'袅晴丝'一套。不想龄官见他坐下，忙抬身起来躲避，正色说道：'嗓子哑了。前儿娘娘传进我们去，我还没有唱呢。'宝玉见他坐正了，再一细看，原来就是那日蔷薇花下划'蔷'字那一个。又见如此景况，从来未经过这番被人弃厌，自己便讪讪的红了脸，只得出来了。宝官等不解何故，因问其所以。宝玉便说了，遂出来。宝官便说道：'只略等一等，蔷二爷来了叫他唱，是必唱的。'"由此可知，

“袅晴丝”数曲，确实有可以使宝玉魂随笛转、魄逐歌销的神秘力量的。接着就是转向宝玉，宝玉见繁华热闹到如此不堪的田地，只略坐了一坐，便走开各处闲耍。贾珍、贾琏、薛蟠等只顾猜枚行令，百般作乐。至于跟宝玉的小厮们，偷空也有去会赌的，也有往亲友家去吃年茶的，更有或嫖或饮的，都私散了。宝玉见一个人没有，因想：“这里素日有个小书房，内曾挂着一轴美人，极画的得神。今日这般热闹，想那里自然无人，那美人也自然是寂寞的，须得我去望慰他一回。”己卯本夹批说：“极不通极胡说中写出绝代情痴，宜乎众人谓之疯傻。”[2]蒙古王府本侧批说：“天生一段痴情，所谓‘情不情’也。”这位情痴想去看望寂寞的美人，这是何等阳光明媚的梦，随之他往书房里走，这个梦就被解构。刚到窗前，闻得房内有呻吟之韵。韵字也雅，什么韵呢？宝玉倒吓了一跳：敢是美人活了不成？谁想碰到的竟然是茗烟按着卍儿“干那警幻所训之事”，卍儿也奇，据说“他母亲养他的时节做了个梦，梦见得了一匹锦，上面是五色富贵不断头卍字的花样”，就起了这个名字。这是一种解构性的写法，对宏大叙事进行调侃和颠覆，亏他写得出，写出了就引人发笑，又发人深思。卍字右旋，读作“万”，是古代宗教信仰的一个标志，在印度教、耆那教、佛教中被认为是神圣和吉祥好运的标志。在西藏原始宗教苯教中，是“永恒不变”的象征。鸠摩罗什、唐玄奘将“卍”翻译为“德”。这种神圣吉祥的德，在这里竟然和仆人小丫头“干那警幻所训之事”联系起来，已经被嘲弄和解构得非常不堪。宝玉跺脚叫那丫头：“还不快跑！”宝玉此话是为了保护一个出轨的小丫头。己卯本夹批却说：“此等搜神夺魄至神至妙处，只在囫囵不解中得”；“按此书中写一宝玉，其宝玉之为人，是我辈于书中见而知有此人，实未目曾亲睹者。又写宝玉

[1]（清）曹雪芹：《脂砚斋重评石头记（己卯本）》，上海古籍出版社1981年版，第372页。

[2]（清）曹雪芹：《脂砚斋重评石头记（己卯本）》，上海古籍出版社1981年版，第373页。

之发言，每每令人不解；宝玉之生性，件件令人可笑；不独不曾于世上亲见这样的人，即阅今古所有之小说传奇中，亦未见这样的文字。于颦儿处更为甚。其囫囵不解之中实可解，可解之中又说不出理路。合目思之，却如真见一宝玉，真闻此言者，移至第二人万不可，亦不成文字矣。余阅《石头记》中至奇至妙之文，全在宝玉颦儿至痴至呆、囫囵不解之语中，其诗词、雅谜、酒令、奇衣、奇食、奇文等类固他书中未能，然在此书中评之，犹为二着”。[3] 对于这个卍字，己卯本夹批又说：“千奇百怪之想，所谓‘牛溲马渤皆至乐也，鱼鸟昆虫皆妙文也’，天地间无一物不是妙物，无一物不可不成文，但在人意舍取耳。此皆信手拈来随笔成趣，大游戏、大慧悟、大解脱之妙文也。”[4] 也亏《红楼梦》想得出来，仆人与小丫头的苟合有如牛溲马渤，竟然成了解构的材料，极微贱的野草蘑菇之类也能派上了用场，这就使得解构的大游戏中，解出不拘一格的大智慧来了。明代程登吉《幼学求源》卷三十二说：“竹头木屑，皆为有用之物。牛溲马渤，可备药物之资。”竹头木屑的出典，见于《晋书》卷六十六《陶侃传》，说是陶侃奉命督造大船，见到工人锯下木屑，截下竹头，扔在地上。他就命令收拾储藏，存放在库房里。大家都不明白这是什么用意。后来府衙举行庆祝朝会，官员都必须在清晨赶到衙门参加元旦庆典，却因落了几场大雪，道路泥泞难行。陶侃下令把库房里的木屑拿来铺在地上，便于出行。又有驸马都尉桓温要讨伐蜀地，赶造了不少船只，缺乏竹钉，陶侃命人把储藏的竹头削成钉子，送给桓温，顺利解决了造船的难题。后世以“竹头木屑”为成语，比喻人的心思缜密，虽极为微小或琐碎的事物，也储存不弃，有备无患。因此天地间无一物不是妙物，就连竹头木屑、牛溲马渤之类的事情，巧妙地运用于文章脉络里，都可以在细微中蕴含着大智慧。

茗烟因问：“二爷为何不看这样的好戏？”宝玉道：“看了半日，怪烦的，出来逛逛，就遇见你们了。这会子作什么呢？”茗烟欸欸笑道：“这会子没人知道，我悄悄的引二爷往城外逛逛去，一会子再往这里来，他们就不知道了。”宝玉道：“不好，仔细花子拐了去。便是他们知道了，又闹大了，不如往熟近些的地方去。还可就来。”茗烟道：“熟近地方，谁家可去？这却难了。”宝玉笑道：“依我的主意，咱们竟找你花大姐姐去，瞧他在家作什么呢。”茗烟笑道：“好，好！倒忘了他家。”又道：“若他们知道了，说我引着二爷胡走，要打我呢？”宝玉道：“有我呢。”茗烟听说，拉了马，二人从后门就走了。

❸（清）曹雪芹：《脂砚斋重评石头记（己卯本）》，上海古籍出版社1981年版，第374页。

❹（清）曹雪芹：《脂砚斋重评石头记（己卯本）》，上海古籍出版社1981年版，第374—375页。

❺（清）曹雪芹：《脂砚斋重评石头记（己卯本）》，上海古籍出版社1981年版，第375页。

笺证

《红楼梦》的着墨，往往一笔多彩，深浅浓淡，远近高低，都非常讲究，言在此而意在彼，勾引着另外的线索。这才能显示历史是在千丝万缕的相互联系中存在的，历史学包含着关系学。第十九回茗烟的出丑，于是他想补过而引出了宝玉的出行，才有私访袭人家的事件。己卯本夹批说：“妙！宝玉心中早安了这着，但恐茗烟不肯引去耳。恰遇茗烟私行淫媾，为宝玉所胁，故以城外引以悦其心，宝玉始说出往花家去。非茗烟适有罪所胁，万不敢如此私引出外。别家子弟尚不敢私出，况宝玉哉，况茗烟哉？文字(笋)[榫]楔细极。”❺文章榫卯衔接处，须如屋宇营造高手，在凹凸吻合上，严丝合缝，又富有弹性，浑若天成。

幸而袭人家不远，不过一半里路程，展眼已到门前。茗烟先进去叫袭人之兄花自芳。彼时袭人之母接了袭人与几个外甥女儿、几个侄女儿来家，正吃果茶，听见外面有人叫“花大哥”，花自芳忙出去看时，见是他主仆两个，唬的惊疑不止，连忙抱下宝玉来，在院内嚷道：“宝二爷来了！”别人听见还可，袭人听了，也不知为何，忙跑出来迎着宝玉，一把拉着问：“你怎么来了？”宝玉笑道：“我怪闷的，来瞧瞧你作什么呢。”袭人听了，才放下心来，嗐了一声，笑道：“你也忒胡闹了，可作什么来呢！”一面又问茗烟：“还有谁跟来？”茗烟笑道：“别人都不知，就只有我们两个。”袭人听了，复又惊慌，说道：“这还了得！倘或碰见了人，或是遇见了老爷，街上人挤车碰，马轿纷纷的，若有个闪失，也是顽得的！你们的胆子比斗还大。都是茗烟调唆的，回去我定告诉嬷嬷们打你。”茗烟撅了嘴道：“二爷骂着打着，叫我引了来，这会子推到我身上。我说别来罢，—— 不然我们还去罢。”花自芳忙劝：“罢了，已是来了，也不用多说了。只是茅檐草舍，又窄又脏，爷怎么坐呢？”

袭人之母也早迎了出来。袭人拉了宝玉进去。宝玉见房中三五个女孩儿，见他进来，都低了头，羞惭惭的。花自芳母子两个百般怕宝玉冷，又让他上炕，又忙另摆果桌，又忙倒好茶。袭人笑道：“你们不用白忙，我自然知道。果子也不用摆，也不敢乱给东西吃。”一面说，一面将自己的坐褥拿了铺在一个杌上，宝玉坐了；用自己的脚炉垫了脚；向荷包内取出两个梅花香饼儿来，又将自己的手炉掀开焚上，仍盖好，放与宝玉怀内；然后将自己的茶杯斟了茶，送与宝玉。彼时他母兄已是忙另齐齐整整摆上一桌子果品来。袭人见总无可吃之物，因笑道：“既来了，没有空去之理，好歹尝一点儿，也是来我家一趟。”说着，便拈了几个松子穰，吹去细皮，用手帕托着送与宝玉。

宝玉看见袭人两眼微红，粉光融滑，因悄问袭人：“好好的哭什么？”袭人笑道：“何尝哭，才迷了眼揉的。”因此便遮掩过了。当下宝玉穿着大红金蟒狐腋箭袖，外罩石青貂裘排穗褂。袭人道：“你特为往这里来又换新服，他们就不问你往那去的？”宝玉笑道：“珍大爷那里去看戏换的。”袭人点头。又道：“坐一坐就回去罢，这个地方不是你来的。”宝玉笑道：“你就家去才好呢，我还替你留着好东西呢。”袭人悄笑道：“悄悄的，叫他们听着什么意思。”一面又伸手从宝玉项上将通灵玉摘了下来，向他姊妹们笑道：“你们见识见识。时常说起来都当希罕，恨不能一见，今儿可尽力瞧了。再瞧什么希罕物儿，也不过是这么个东西。”说毕，递与他们传看了一遍，仍与宝玉挂好。

笺证

写人须勾出人的内心，用什么来勾？用人的种种言语行为弯曲成钓钩，在人生棋局中勾出人的内心，如杜甫《江村》诗所云“老妻画纸为棋局，稚子敲针作钓钩”是也。第十九回袭人招待突然来家中探访的宝玉，并不手忙脚乱，而是头头是道，将自己的坐褥拿了铺在一个杌上，宝玉坐了；用自己的脚炉垫了脚；向荷包内取出两个梅花香饼儿来，又将自己的手炉掀开焚上，仍盖好，放与宝玉怀内；然后将自己的茶杯斟了茶，送与宝玉。己卯本夹批说：“叠用四‘自己’字，写得宝、袭二人素日如何亲洽如何尊荣，此时一盘托出。盖素日身居侯府绮罗锦绣之中，其安富尊荣之宝玉，亲密浃洽、勤慎委婉之袭人，是分所应当不必写者也。今于此一补，更见其二人平素之情义，且暗透此回中所有母女兄长欲为赎身角口等未到之过文。”[6]袭人的周到，显示了她对于宝玉，融合了丫鬟、情人、母亲、监护人等多重角色，细心侍奉，无微不至，营造着自己的托身之所。其实这些都是袭人的日常功课，只不过呈现在袭人家里，由于环境的反差，变得非同一般而已。那时候袭人的母兄已是忙另齐齐整整摆上一桌子果品来。袭人见总无可吃之物，就拈了几个松子穰，吹去细皮，用手帕托着送与宝玉。己卯本夹批说：“补明宝玉自幼何等娇贵。以此一句留与下部后数十回‘寒冬噎酸齑，雪夜围破毡’等处对看，可为后生过分之戒。叹叹！”[7]脂评于此透露了下半部《红楼梦》的片段内容，宝玉的生活穷愁落魄到了大冬天下着雪，吃的是腌制的酸菜，围着一条破毡御寒。这些内容在今本《红楼梦》续书中，都看不到了。袭人伸手从宝玉项上将通灵玉摘了下来，向她姊妹们笑道：“你们见识见识。时常说起来都当希罕，

[6]（清）曹雪芹：《脂砚斋重评石头记（己卯本）》，上海古籍出版社1981年版，第378页。

[7]（清）曹雪芹：《脂砚斋重评石头记（己卯本）》，上海古籍出版社1981年版，第378页。

恨不能一见，今儿可尽力瞧了。再瞧什么希罕物儿，也不过是这么个东西。”这是袭人在家人中间显摆自己进入侯门后与众不同的风光，她是以毫不见外的半个主人身份来摆弄那个劳什子的。己卯本夹批说：“行文至此，固好看之极，且勿论按此言固是袭人得意之语，盖言你等所稀罕不得一见之宝，我却常守常见，视为平物。然余今窥其用意之旨，则是作者借此，正为贬玉原非大观者也。”[8]袭人对宝玉亲昵之至，周到之至，摸透他的脾性，又呈现自己的贤惠。如此写日常生活，称得上丝丝入扣，勾勾入心。却又在显摆通灵宝玉时，若有意若无意沟通了大荒山无稽崖无材补天的顽石。写宝玉，岂可疏忽这位沟通天人的石兄？疏忽不得也。

又命他哥哥去或雇一乘小轿，或雇一辆小车，送宝玉回去。花自芳道：“有我送去，骑马也不妨了。”袭人道：“不为不妨，为的是碰见人。”花自芳忙去雇了一顶小轿来，众人也不敢相留，只得送宝玉出去，袭人又抓果子与茗烟，又把些钱与他买花炮放，教他：“不可告诉人，连你也有不是。”一直送宝玉至门前，看着上轿，放下轿帘。花、茗二人牵马跟随。来至宁府街，茗烟命住轿，向花自芳道：“须等我同二爷还到东府里混一混，才好过去的，不然人家就疑惑了。”花自芳听说有理，忙将宝玉抱出轿来，送上马去。宝玉笑说：“倒难为你了。”于是仍进后门来。俱不在话下。

却说宝玉自出了门，他房中这些丫鬟们都越性恣意的顽笑，也有赶围棋的，也有掷骰抹牌的，嗑了一地瓜子皮。偏奶母李嬷嬷拄拐进来请安，瞧瞧宝玉，见宝玉不在家，丫头们只顾玩闹，十分看不过。因叹道：“只从我出去了，不大进来，你们越发没个样儿了，别的妈妈们越不敢说你们了。那宝玉是个丈八的灯台——照见人家，照不见自家的。只知嫌人家脏，这是他的屋子，由着你们遭塌，越不成体统了。”这些丫头们明知宝玉不讲究这些，二则李嬷嬷已是告老解事出去的了，如今管他们不着，因此只顾顽，并不理他。那李嬷嬷还只管问“宝玉如今一顿吃多少饭”“什么时辰睡觉”等语。丫头们总胡乱答应。有的说：“好一个讨厌的老货。”

李嬷嬷又问道："这盖碗里是酥酪，怎不送与我去？我就吃了罢。"说毕，拿匙就吃。一个丫头道："快别动。那是说了给袭人留着的，回来又惹气了。你老人家自己承认，别带累我们受气。"李嬷嬷听了，又气又愧，便说道："我不信他这样坏了。别说我吃了一碗牛奶，就是再比这个值钱的，也是应该的。难道待袭人比我还重？难道他不想想怎么长大了？我的血变的奶，吃的长这么大，如今我吃他一碗牛奶，他就生气了？我偏吃了，看怎么样！你们看袭人不知怎样，那是我手里调理出来的毛丫头，什么阿物儿！"一面说，一面赌气将酥酪吃尽。又一丫头笑道："他们不会说话，怨不得你老人家生气。宝玉还时常送东西孝敬你老去，岂有为这个不自在的。"李嬷嬷道："你们也不必妆狐媚子哄我，打量上次为茶撵茜雪的事我不知道呢。明儿有了不是，我再来领！"说着，赌气去了。

❽（清）曹雪芹：《脂砚斋重评石头记（己卯本）》，上海古籍出版社1981年版，第379页。

少时，宝玉回来，命人去接袭人。只见晴雯躺在床上不动，宝玉因问："敢是病了？再不然输了？"秋纹道："他倒是赢的。谁知李老太太来了，混输了，他气的睡去了。"宝玉笑道："你别和他一般见识，由他去就是了。"说着，袭人已来，彼此相见。袭人又问宝玉何处吃饭，多早晚回来，又代母妹问诸同伴姊妹好。一时换衣卸妆。宝玉命取酥酪来，丫鬟们回说："李奶奶吃了。"宝玉才要说话，袭人便忙笑道："原来是留的这个，多谢费心。前儿我吃的时候好吃，吃过了好肚子疼，足的吐了才好。他吃了倒好，搁在这里倒白糟塌了。我只想风干栗子吃，你替我剥栗子，我去铺床。"

宝玉听了信以为真，方把酥酪丢开，取栗子来，自向灯前检剥，一面见众人不在房中，乃笑问袭人道："今儿那个穿红的是你什么人？"袭人道："那是我两姨妹子。"宝玉听了，赞叹了两声。袭人道："叹什么？我知道你心里的缘故，想是说他那里配红的。"宝玉笑道："不是，不是。那样的人不配穿红的，谁还敢穿。我因为见他实在好的很，怎么也得他在咱们家就好了。"袭人冷笑道："我一个人是奴才命罢了，难道连我的亲戚都是奴才命不成？定还要拣实在好的丫头才往你家来。"宝玉听了，忙笑道："你又多心了。我说往咱们家来，必定是奴才不成？说亲戚就使不得？"袭人道："那也搬配不上。"

宝玉便不肯再说，只是剥栗子。袭人笑道："怎么不言语了？想是我才冒撞冲犯了你，明儿赌气花几两银子买他们进来就是了。"宝玉笑道："你说的话，怎么叫我答言呢。我不过是赞他好，正配生在这深堂大院里，没的我们这种浊物倒生在这里。"

笺证

人的言行，离不开心理，离不开意识和潜意识，在《红楼梦》还有超意识，描写要点在于体贴衷情，方寸所蕴，形于颜色，眼快手疾而能把握其精微。第十九回宝玉赞赏袭人的姨表妹，受袭人的反驳，就笑说："我不过是赞他好，正配生在这深堂大院里，没的我们这种浊物倒生在这里。"己卯本于此夹批说："（'浊物'）妙号！后文又曰'须眉浊物'之称，今古未有之一人始有此今古未有之妙称妙号。这皆是宝玉心中意中确实之念，非前勉强之词，所以谓今古未有之一人耳。听其囫囵不解之言，察其幽微感触之心，审其痴妄委婉之意，皆今古未见之人，亦是今古未见之文字。说不得贤，说不得愚，说不得不肖，说不得善，说不得恶，说不得光明正大，说不得混账恶赖，说不得聪明才俊，说不得庸俗平凡，说不得好色好淫，说不得情痴情种，恰恰只有一颦儿可对，令他人徒加评论，总未摸着他二人是何等脱胎、何等心臆、何等骨肉。余阅此书，亦爱其文字耳，实亦不能评出此二人终是何等人物。后观《情榜》评曰'宝玉情不情'，'黛玉情情'，此二评自在评痴之上，亦属囫囵不解，妙甚！"[9] 宝玉见美丽少女而自愧自称为"浊物"，这是他"情不情"的典型体现，他用情于不知情者，而且一往情深。

自称"浊物"是女儿水做骨肉、男子泥做骨肉的自我演绎而已。宝玉为袭人特意留下的酥酪，在袭人家里就告诉"你就家去才好呢，我还替你留着好东西呢"，这也是宝玉的深情，深情不露奔向留个惊喜，不料留了个扫兴。行文写他不在怡红院时，奶妈李嬷嬷倚老卖老，吃了宝玉为袭人特意留下的酥酪。这还不算妙，更妙在袭人听了丫头告状后，就连忙笑说："原来是留的这个，多谢费心。前儿我吃的时候好吃，吃过了好肚子疼，足的吐了才好。他吃了倒好，搁在这里倒白遭塌了。我只想风干栗子吃，你替我剥栗子，我去铺床。"这就不露痕迹地将可能引起风波的事件掩饰过去，显示了袭人真会做人。连宝玉听了，也信以为真，方把酥酪丢开，取栗子来，自向灯前检剥。没有这种息事宁人的处置，难以为后面的袭人敲打宝玉腾出足够的空间。如此描写人物，拨动了内心微妙的弦，真可谓把式练得到家了。

袭人道："他虽没这造化，倒也是娇生惯养的呢，我姨爹姨娘的宝贝。如今十七岁，各样的嫁妆都齐备了，明年就出嫁。"宝玉听了"出嫁"二字，不禁又嗐了两声，正是不自在，又听袭人叹道："只从我来这几年，姊妹们都不得在一处。如今我要回去了，他们又都去了。"

宝玉听这话内有文章，不觉吃一惊，忙丢下栗子，问道："怎么，你如今要回去了？"袭人道："我今儿听见我妈和哥哥商议，教我再耐烦一年，明年他们上来，就赎我出去的呢。"宝玉听了这话，越发怔了，因问："为什么要赎你？"袭人道："这话奇了。我又比不得是你这里的家生子儿，一家子都在别处，独我一个人在这里，怎么是个了局？"宝玉道："我不叫你去也难。"袭人道："从来没这道理。便是朝廷宫里，也有个定例，或几年一选，几年一入，也没有个长

❾（清）曹雪芹：《脂砚斋重评石头记（己卯本）》，上海古籍出版社1981年版，第384—385页。

远留下人的理，别说你了！”

宝玉想一想，果然有理。又道：“老太太不放你也难。”袭人道：“为什么不放？我果然是个最难得的，或者感动了老太太，老太太必不放我出去的，设或多给我们家几两银子，留下我，然或有之；其实我也不过是个平常的人，比我强的多而且多。自我从小儿来了，跟着老太太，先服侍了史大姑娘几年，如今又服侍了你几年。如今我们家来赎，正是该叫去的，只怕连身价也不要，就开恩叫我去呢。若说为服侍的你好，不叫我去，断然没有的事。那服侍的好，是分内应当的，不是什么奇功。我去了，仍旧有好的来，不是没了我就不成事。”

宝玉听了这些话，竟是有去的理，无留的理，心内越发急了，因又道：“虽然如此说，我只一心留下你，不怕老太太不和你母亲说，多多给你母亲些银子，他也不好意思接你了。”袭人道：“我妈自然不敢强。且慢说和他好说，又多给银子；就便不好和他说，一个钱也不给，安心要强留下我，他也不敢不依。但只是咱们家从没干过这倚势仗贵霸道的事，这比不得别的东西，因为你喜欢，加十倍利弄了来给你，那卖的人不得吃亏，可以行得。如今无故平空留下我，于你又无益，反叫我们骨肉分离，这件事，老太太、太太断不肯行的。”宝玉听了，思忖半晌，乃说道：“依你说，你是去定了？”袭人道：“去定了。”宝玉听了，自思道：“谁知这样一个人，这样薄情无义。”乃叹道：“早知道都是要去的，我就不该弄了来，临了剩我一个孤鬼儿。”说着，便赌气上床睡去了。

原来袭人在家，听见他母兄要赎他回去，他就说至死也不回去的。又说：“当日原是你们没饭吃，就剩我还值几两银子，若不叫你们卖，没有个看着老子娘饿死的理。如今幸而卖到这个地方，吃穿和主子一样，又不朝打暮骂。况且如今爹虽没了，你们却又整理的家成业就，复了元气。若果然还艰难，把我赎出来，再多掏澄几个钱，也还罢了，其实又不难了。这会子又赎我作什么？权当我死了，再不必起赎我的念头。”因此哭闹了一阵。

他母兄见他这般坚执，自然必不出来的了。况且原是卖倒的死契，明仗着贾宅是慈善宽厚之家，不过求一求，只怕身价银一并赏了这是有的事呢。二则，贾府中从不曾作践下人，只有恩多威少的。且凡老少房中所有亲侍的女孩子们，更比待家下众人不同，平常寒薄人家的小姐，也不能那样尊重的。因此，他母子两个也就死心不赎了。次后忽然宝玉去了，他二人又是那般景况，他母子二人心下更明白了，越发石头落了地，而且是意外之想，彼此放心，再无赎念了。

如今且说袭人自幼见宝玉性格异常，其淘气憨顽自是出于众小儿之外，更有几件千奇百怪口不能言的毛病儿。近来仗着祖母溺爱，父母亦不能十分严紧拘管，更觉放荡弛纵，任性恣情，最不喜务正。每欲劝时，料不能听，今日可巧有赎身之论，故先用骗词，以探其情，以压其气，然后好下箴规。今见他默默睡去了，知其情有不忍，气已馁堕。自己原不想栗子吃的，只因怕为酥酪又生事故，亦如茜雪之茶等事，是以假以栗子为由，混过宝玉不提就完了。于是命小丫头们将栗子拿去吃了，自己来推宝玉。只见宝玉泪痕满面，袭人便笑道:“这有什么伤心的，你果然留我，我自然不出去了。”宝玉见这话有文章，便说道:“你倒说说，我还要怎么留你，我自己也难说了。”袭人笑道:“咱们素日好处，再不用说。但今日你安心留我，不在这上头。我另说出两三件事来，你果然依了我，就是你真心留我了，刀搁在脖子上，我也是不出去的了。”

宝玉忙笑道:“你说，那几件？我都依你。好姐姐，好亲姐姐，别说两三件，就是两三百件，我也依。只求你们同看着我，守着我，等我有一日化成了飞灰，——飞灰还不好，灰还有形有迹，还有知识。——等我化成一股轻烟，风一吹便散了的时候，你们也管不得我，我也顾不得你们了。那时凭我去，我也凭你们爱那里去就去了。”话未说完，急的袭人忙握他的嘴，说:“好好的，正为劝你这些，倒更说的狠了。”宝玉忙说道：“再不说这话了。”袭人道：“这是头一件要改的。”宝玉道：“改了，再要说，你就拧嘴。还有什么？”

袭人道：“第二件，你真喜读书也罢，假喜也罢，只是在老爷跟前或在别人跟前，你别只管批驳诮谤，只作出个喜读书的样子来，也教老爷少生些气，在人前也好说嘴。他心里想着，我家代代读书，只从有了你，不承望你不喜读书，已经他心里又气又愧了。而且背前背后乱说那些混话，凡读书上进的人，你就起个名字叫作‘禄蠹’；又说只除‘明明德’外无书，都是前人自己不能解圣人之书，便另出己意，混编纂出来的。这些话，怎么怨得老爷不气，不时时打你，叫别人怎么想你？”宝玉笑道：“再不说了。那原是那小时不知天高地厚，信口胡说，如今再不敢说了。还有什么？”

袭人道：“再不可毁僧谤道，调脂弄粉。还有更要紧的一件，再不许吃人嘴上擦的胭脂了，与那爱红的毛病儿。”宝玉道：“都改，都改。再有什么，快说。”袭人笑道：“再也没有了。只是百事检点些，不任意任情的就是了。你若果都依了，便拿八人轿也抬不出我去了。”宝玉笑道：“你在这里长远了，不怕没八人轿你坐。”袭人冷笑道：“这我可不希罕的。有那个福气，没有那个道理。纵坐了，也没甚趣。”

笺证

虽然不是大圣大贤或大奸大恶，普通人总是关心生存，包括生存境遇、生存挑战、生存的安稳性及背后蕴含的生存哲学。就算袭人，也不外于此。庚辰本眉批说：“‘花解语’一段，乃袭卿满心满意将玉兄为终身得靠，千妥万当，故有是。余阅至此，余为袭卿一叹。丁亥春。畸笏叟。”[10]“花解语”的未解之解，就是袭人念念不忘的求生存的意识，或生存哲学。袭人由此对贾宝玉约法三章：头一件要改的是不再乱说混话；第二件是要作出个喜读书的样子给老爷看，不许说凡读书上进的人是“禄蠹”，再不可毁僧谤道；第三件是再不许吃人嘴上擦的胭脂了，改掉那爱红的毛病儿。之所以如此苦口婆心，缘于袭人自幼见宝玉性格异常，其淘气憨顽到了“傻帽”的程度，自是出于众小儿顽性之外，更有几件千奇百怪口不能言的毛病。近来仗着祖母溺爱，父母亦不能十分严紧拘管，更觉放荡弛纵，任性恣情，最不喜务正。每欲劝时，料不能听，今日可巧有母兄为袭人赎身之论，故先用骗词，以探其情，以压其气，然后好下箴规。袭人对宝玉的看法，己卯本夹批说：“只如此说更好。所谓‘说不得聪明贤良，说不得痴呆愚昧’也”；“四字更好，亦不涉于恶，亦不涉于淫，亦不涉于骄，不过一味任性耳”。[11]是一个正邪兼杂、顽灵兼有的痴于情的贵族公子。如此看人、如此用心，可见袭人也有心计，尽管在当时普通过日子的人看来，算是向善的或自留地步的心计，能够写到这一层，可见曹雪芹文心深细，心宅也有仁厚的一面，能够体贴各色人等对生存哲学的不同理解，以此直钩人物的心弦，运笔又游刃有余。如蒙古王府本侧批说：“以此法游刃，有何不可解之牛？”尤其有意思的是，宝玉说出：“只求你们同看着我，守着我，等我有一日化成了飞灰——飞灰还不好，灰还有形有迹，还有知识——等我化成一股轻烟，风一吹便散了的时候，你们也管不得我，我也顾不得你们了。那时凭我去，我也凭你们爱那里去就去了。”这番似痴似傻的话，是宝玉未经理性思考，脱口而出的囫囵话。却害得评点家手忙脚乱地一路叫好。己卯本夹批说：“脂砚斋所谓‘不知是何心思，始得口出此等不成话之至奇至妙之话’，诸公请如何解得，如何评论？◇所劝者正为此，偏于劝时一犯，妙甚！”又说：“灰‘还有知识’，奇之不可甚言矣！余则谓人尚无知识者多多。”还说：“是聪明，是愚昧，是小儿淘气？余皆不知，只觉悲感难言，奇瑰愈妙。”[12]聪明、愚昧，又夹着几分小儿淘气的囫囵话，是曹雪芹如实描写的特妙之笔，如果

[10]（清）曹雪芹著，脂砚斋评：《脂砚斋重评石头记庚辰校本》，作家出版社2006年版，第385页。

[11]（清）曹雪芹：《脂砚斋重评石头记（己卯本）》，上海古籍出版社1981年版，第389页。

[12]（清）曹雪芹：《脂砚斋重评石头记（己卯本）》，上海古籍出版社1981年版，第391页。

一经理性整理，凿破浑沌，反而味同嚼蜡矣。只不过要注意，这种化灰化烟的囫囵话，隐含着宝玉悬崖撒手、出家为僧的潜在因子。

二人正说着，只见秋纹走进来，说："快三更了，该睡了。方才老太太打发嬷嬷来问，我答应睡了。"宝玉命取表来看时，果然针已指到亥正，方从新盥漱，宽衣安歇，不在话下。

至次日清晨，袭人起来，便觉身体发重，头疼目胀，四肢火热。先时还挣扎的住，次后捱不住，只要睡着，因而和衣躺在炕上。宝玉忙回了贾母，传医诊视，说道："不过偶感风寒，吃一两剂药疏散疏散就好了。"开方去后，令人取药来煎好。刚服下去，命他盖上被渥汗，宝玉自去黛玉房中来看视。

彼时黛玉自在床上歇午，丫鬟们皆出去自便，满屋内静悄悄的，宝玉揭起绣线软帘，进入里间，只见黛玉睡在那里，忙走上来推他道："好妹妹，才吃了饭，又睡觉。"将黛玉唤醒。黛玉见是宝玉，因说道："你且出去逛逛。我前儿闹了一夜，今儿还没有歇过来，浑身酸疼。"宝玉道："酸疼事小，睡出来的病大。我替你解闷儿，混过困去就好了。"黛玉只合着眼，说道："我不困，只略歇歇儿，你且别处去闹会子再来。"宝玉推他道："我往那去呢，见了别人就怪腻的。"

黛玉听了，嗤的一声笑道："你既要在这里，那边去老老实实的坐着，咱们说话儿。"宝玉道："我也歪着。"黛玉道："你就歪着。"宝玉道："没有枕头，咱们在一个枕头上。"黛玉道："放屁！外头不是枕头？拿一个来枕着。"宝玉出至外间，看了一看，回来笑道："那个我不要，也不知是那个脏婆子的。"黛玉听了，睁开眼，起身笑道："真真你就是我命中的'天魔星'！请枕这一个。"说着，将自己枕的推与宝玉，又起身将自己的再拿了一个来，自己枕了，二人对面倒下。

黛玉因看见宝玉左边腮上有钮扣大小的一块血渍，便欠身凑近前来，以手抚之细看，又道："这又是谁的指甲刮破了？"宝玉侧身，一面躲，一面笑道："不是刮的，只怕是才刚替他们淘澭胭脂膏子，搵上了一点儿。"说着，便找手帕子要揩拭。黛玉便用自己的帕子替他揩拭了，口内说道："你又干这些事了。干也罢了，必定还要带出幌子来。便是舅舅看不见，别人看见了，又当奇事新鲜话儿去学舌讨好儿，吹到舅舅耳朵里，又该大家不干净惹气。"

宝玉总未听见这些话，只闻得一股幽香，却是从黛玉袖中发出，闻之令人醉魂酥骨。宝玉一把便将黛玉的袖子拉住，要瞧笼着何物。黛玉笑道："冬寒十月，谁带什么香呢。"宝玉笑道："既然如此，这香是那里来的？"黛玉道："连我也不知道。想必是柜子里头的香气，衣服上熏染的也未可知。"宝玉摇头道："未必，这香的气味奇怪，不是那些香饼子、香毬子、香袋子的香。"黛玉冷笑道："难道我也有什么'罗汉''真人'给我些香不成？便是得了奇香，也没有亲哥哥亲兄弟弄了花儿、朵儿、霜儿、雪儿替我炮制。我有的是那些俗香罢了。"

宝玉笑道："凡我说一句，你就拉上这么些，不给你个利害，也不知道，从今儿可不饶你了。"说着翻身起来，将两只手呵了两口，便伸手向黛玉膈肢窝内两肋下乱挠。黛玉素性触痒不禁，宝玉两手伸来乱挠，便笑的喘不过气来，口里说："宝玉！你再闹，我就恼了。"宝玉方住了手，笑问道："你还说这些不说了？"黛玉笑道："再不敢了。"一面理鬓笑道："我有奇香，你有'暖香'没有？"

宝玉见问，一时解不来，因问："什么'暖香'？"黛玉点头叹笑道："蠢才，蠢才！你有玉，人家就有金来配你；人家有'冷香'，你就没有'暖香'去配？"宝玉方听出来，笑道："方才求饶，如今更说狠了。"说着，又去伸手。黛玉忙笑道："好哥哥，我可不敢了。"宝玉笑道："饶便饶你，只把袖子我闻一闻。"说着，便拉了袖子笼在面上，闻个不住。黛玉夺了手道："这可该去了。"宝玉笑道："去，不能。咱们斯斯文文的躺着说话儿。”说着，复又倒下。黛玉也倒下。用手帕子盖上脸。宝玉有一搭没一搭的说些鬼话，黛玉只不理。宝玉问他几岁上京，路上见何景致古迹，扬州有何遗迹故事，土俗民风。黛玉只不答。

宝玉只怕他睡出病来，便哄他道：“嗳哟！你们扬州衙门里有一件大故事，你可知道？”黛玉见他说的郑重，且又正言厉色，只当是真事，因问：“什么事？”宝玉见问，便忍着笑顺口诌道：“扬州有一座黛山。山上有个林子洞。”黛玉笑道：“就是扯谎，自来也没听见这山。”宝玉道：“天下山水多着呢，你那里知道这些不成。等我说完了，你再批评。”黛玉道：“你且说。”宝玉又诌道：“林子洞里原来有群耗子精。那一年腊月初七日，老耗子升座议事，因说：‘明日乃是腊八，世上人都熬腊八粥。如今我们洞中果品短少，须得趁此打劫些来方妙。’乃拔令箭一枝，遣一能干的小耗前去打听。一时小耗回报：‘各处察访打听已毕，惟有山下庙里果米最多。’老耗问：‘米有几样？果有几品？’小耗道：‘米豆成仓，不可胜记。果品有五种：一红枣，二栗子，三落花生，四菱角，五香芋。’老耗听了大喜，即时点耗前去。乃拔令箭问：‘谁去偷米？’一耗便接令去偷米。又拔令箭问：‘谁去偷豆？’又一耗接令去偷豆。然后一一的都各领令去了。只剩了香芋一种，因又拔令箭问：‘谁去偷香芋？’只见一个极小极弱的小耗应道：‘我愿去偷香芋。’老耗并众耗见他这样，恐不谙练，且怯懦无力，都不准他去。小耗道：‘我虽年小身弱，却是法术无边，口齿伶俐，机谋深远。此去管比他们偷的还巧呢。’众耗忙问：‘如何比他们巧呢？’小耗道：‘我不学他们直偷。我只摇身一变，也变成个香芋，滚在香芋堆里，使人看不出，听不见，却暗暗的用分身法搬运，渐渐的就搬运尽了。岂不比直偷硬取的巧些？’众耗听了，都道：‘妙却妙，只是不知怎么个变法，你先变个我们瞧瞧。’小耗听了，笑道：‘这个不难，等我变来。’说毕，摇身说‘变’，竟变了一个最标致美貌的一位小姐。众耗忙笑道：‘变错了，变错了。原说变果子的，如何变出小姐来？’小耗现形笑道：‘我说你们没见世面，只认得这果子是香芋，却不知盐课林老爷的小姐才是真正的香玉呢。’”

黛玉听了，翻身爬起来，按着宝玉笑道：“我把你烂了嘴的！我就知道你是编我呢。”说着，便拧的宝玉连连央告，说：“好妹妹，饶我罢，再不敢了！我因为闻你香，忽然想起这个故典来。”黛玉笑道：“饶骂了人，还说是故典呢。”

一语未了，只见宝钗走来，笑问：“谁说故典呢？我也听听。”黛玉忙让坐，笑道：“你瞧瞧，有谁！他饶骂了人，还说是故典。”宝钗笑道：“原来是宝兄弟，怨不得他，他肚子里的故典原多。只是可惜一件，凡该用故典之时，他偏就忘了。有今日记得的，前儿夜里的芭蕉诗就该记得。眼面前的倒想不起来，别人冷的那样，你急的只出汗。这会子偏又有记性了。”黛玉听了笑道：“阿弥陀佛！到底是我的好姐姐，你一般也遇见对子了，可知一还一报，不爽不错的。”刚说到这里，只听宝玉房中一片声嚷，吵闹起来。正是——

笺证

有所谓“不如意事常八九，可与人言无二三”，人生难得天真无邪、心中阳光灿烂的时节，偶或出现，就是情感上的庆典。第十九回“意绵绵静日玉生香”，称得上是宝玉、黛玉两小无猜、聊得毫无芥蒂的一次聚会，是他们“情不情”“情情”的庆典。宝、黛见面的方式，就别开生面。宝玉揭起绣线软帘，进入里间，只见黛玉睡在那里，忙走上来推她道：“好妹妹，才吃了饭，又睡觉。”将黛玉唤醒。己卯本夹批说：“才住了‘好姐姐’（对袭人），又闻‘好妹妹’（对黛玉），大约宝玉一日之中一时之内，此六个字未曾暂离口角。妙甚！”又说：“若是别部书中写，此时之宝玉一进来，便生不轨之心，突萌苟且之念，更有许多贼形鬼状等丑态邪言矣。此却反推唤醒他，毫不在意，所谓说不得淫荡是也。”[13]这就是所谓“意淫”即情意充溢了。也就是随之宝玉所说：“没有枕头，咱们在一个枕头上。”同床共枕，多指夫妻生活并头而眠，而在宝、黛这里只是情意绵绵而已，这呈现了神瑛侍者、绛珠仙子的灵肉关系别具一份纯洁。因而己卯本夹批说：“缠绵秘密入微”；“更妙！渐逼渐近，所谓‘意绵绵’也”。[14]二人对面躺卧，宝玉胡说笑话，还伸手向黛玉膈肢窝内两肋下乱挠痒痒，黛玉说：“真真你就是我命中的‘天魔星’。”己卯本夹批说：“妙语，妙之至！想见其态度。”[15]所谓态度，是又恨又爱；所谓天魔星是佛教采录的古印度传说中的烦恼魔、阴魔、死魔、天魔这四魔之一，这位欲界第六天的魔王经常率领众魔扰人身心，障碍佛法，破坏善事。可见黛玉责怪宝玉是个难缠的冤家，这如同她骂宝玉“放屁”一样，雅人说粗话，是过分亲热的一种反激。宝玉欣赏着黛玉身上幽幽的体香，“闻之令人醉魂酥骨”，问这香是那里来的？黛玉说：“连我也不知道。”忘记自己的香气，才是自然生成的香气。如己卯本夹批所说：“正是。按谚云：‘人在气中忘气，鱼在水中忘水。’余今续之曰：‘美人忘容，花则忘香。’此则黛玉不知自骨肉中之香同。”[16]禁不住宝玉继续追问，黛玉冷笑说：“难道我也有什么‘罗汉’‘真人’给我些香不成？便是得了奇香，也没有亲哥哥亲兄弟弄了花儿、朵儿、霜儿、雪儿替我炮制。我有的是那些俗香罢了。”黛玉还点头叹息笑说：“蠢才，蠢才！你有玉，人家就有金来配你；人家有‘冷香’，你就没有‘暖香’去配？”黛玉冷笑和点头叹笑，出自一种嘲讽，嘲讽薛宝钗以癞头和尚赐字的金锁印证金玉良缘，以秃头和尚指点的海上仙方炮制冷香丸，可见在宝、黛情意绵绵的顶峰上，精神深处还存在着难以弭平的创痕，这是一种出自本能的安全防范。贾宝玉毕竟有点傻乎乎，他对黛玉的担忧不作回答，却绘声绘色地编造了扬州黛山林子洞的耗子精的故典，耗子也能升座且议事，也要吃腊八粥，派遣法术无边、口齿伶俐、机谋深远的最小的耗子去偷香芋，岂料这耗子摇身变了一个最标致美貌的小姐，而且笑说：“我说你们没见世面，只认得这果子是香芋，却不知盐课林老爷的小姐才是真正的香玉呢。”这就把林黛玉诓进来了。致使黛玉翻身按着宝玉笑说：“我把你烂了嘴的！我就知道你是编我呢。”耗子精偷香芋的故事编排，折射了宝玉此时的心境非常自由阳光，也是宝、黛情缘最明媚的春天。人生难得感情上最明媚的春天，“此情可待成追忆，只是当时已惘然”。这些叙写，通篇都是亲密无间，情意绵绵，天真无邪的言行，似乎忘记了绛珠还泪的伤感。这个耗子精故事，令人想起老鼠嫁女的民俗故事：年迈的老鼠夫妇住在阴湿寒冷的洞里，想给如花似玉的女儿找个最好的婆家，以摆脱这种不见天日的生活。看见天上太阳，就想把女儿嫁给太阳，岂不是嫁给了光明？太阳说，乌云可以遮住我的光芒。老鼠夫妇转而向乌云求亲，乌云说，风可以让我“云消雾散”。找到风，风说，墙可以挡住我的去路。找到墙，墙说，再坚固的墙也抵挡不住老鼠打洞。老鼠夫妇这才恍然大悟，原来我鼠辈才是世界上最伟大的！于是抛绣球选秀，把宝贝女儿嫁给少年才俊的老鼠女婿，过起没有族类文化隔阂的幸福生活。如果把老鼠嫁女故事，跟贾宝玉讲的耗子精偷香芋的故事联为双璧，应是非常有趣的。贾宝玉以偷香芋的耗子精比拟林黛玉，是否受过老鼠嫁女的民俗故事的启发？不得而知。如然若此，那么宝玉也愿成为那个绣球选秀而选中的少年才俊的耗子了。一笑。

⑬（清）曹雪芹：《脂砚斋重评石头记（己卯本）》，上海古籍出版社1981年版，第394页。

⑭（清）曹雪芹：《脂砚斋重评石头记（己卯本）》，上海古籍出版社1981年版，第395页。

⑮（清）曹雪芹：《脂砚斋重评石头记（己卯本）》，上海古籍出版社1981年版，第395页。

⑯（清）曹雪芹：《脂砚斋重评石头记（己卯本）》，上海古籍出版社1981年版，第396页。

第二十回
王熙凤正言弹妒意
林黛玉俏语谑娇音

话说宝玉在林黛玉房中说“耗子精”，宝钗撞来，讽刺宝玉元宵不知“绿蜡”之典，三人正在房中互相讥刺取笑。那宝玉正恐黛玉饭后贪眠，一时存了食，或夜间走了困，皆非保养身体之法，幸而宝钗走来，大家谈笑，那林黛玉方不欲睡，自己才放了心。忽听他房中嚷起来，大家侧耳听了一听，林黛玉先笑道:“这是你妈妈和袭人叫嚷呢。那袭人也罢了，你妈妈再要认真排场他，可见老背晦了。”

宝玉忙要赶过来，宝钗忙一把拉住道:“你别和你妈妈吵才是，他老糊涂了，倒要让他一步为是。”宝玉道:“我知道了。”说毕走来，只见李嬷嬷拄着拐棍，在当地骂袭人:“忘了本的小娼妇！我抬举起你来，这会子我来了，你大模大样的躺在炕上，见我来也不理一理。一心只想妆狐媚子哄宝玉，哄的宝玉不理我，听你们的话。你不过是几两臭银子买来的毛丫头，这屋里你就作耗，如何使得！好不好拉出去配一个小子，看你还妖精似的哄宝玉不哄！”袭人先只道李嬷嬷不过为他躺着生气，少不得分辩说“病了，才出汗，蒙着头，原没看见你老人家”等语。后来只管听他说“哄宝玉”“妆狐媚”，又说“配小子”等，由不得又愧又委屈，禁不住哭起来。

宝玉虽听了这些话，也不好怎样，少不得替袭人分辩病了吃药等话，又说:“你不信，只问别的丫头们。”李嬷嬷听了这话，益发气起来了，说道:“你只护着那起狐狸，那里认得我了，叫我问谁去？谁不帮着你呢，谁不是袭人拿下马来的！我都知道那些事。我只和你在老太太、太太跟前去讲了。

把你奶了这么大，到如今吃不着奶了，把我丢在一旁，逞着丫头们要我的强。”一面说，一面也哭起来。彼时黛玉宝钗等也走过来劝说：“妈妈，你老人家担待他们一点子就完了。”李嬷嬷见他二人来了，便拉住诉委屈，将当日吃茶，茜雪出去，与昨日酥酪等事，唠唠叨叨说个不清。

可巧凤姐正在上房算完输赢帐，听得后面高声嚷动，便知是李嬷嬷老病发了，排揎宝玉的人。——正值他今儿输了钱，迁怒于人。便连忙赶过来，拉了李嬷嬷，笑道：“好妈妈，别生气。大节下，老太太才喜欢了一日，你是个老人家，别人高声，你还要管他们呢，难道你反不知道规矩，在这里嚷起来，叫老太太生气不成？你只说谁不好，我替你打他。我家里烧的滚热的野鸡，快来跟我吃酒去。”一面说，一面拉着走，又叫：“丰儿，替你李奶奶拿着拐棍子，擦眼泪的手帕子。”

那李嬷嬷脚不沾地跟了凤姐走了，一面还说：“我也不要这老命了，越性今儿没了规矩，闹一场子，讨个没脸，强如受那娼妇蹄子的气！”后面宝钗黛玉随着。见凤姐儿这般，都拍手笑道：“亏这一阵风来，把个老婆子撮了去了。”宝玉点头叹道：“这又不知是那里的帐，只拣软的排揎。昨儿又不知是那个姑娘得罪了，上在他帐上。”

一句未了，晴雯在旁笑道：“谁又不疯了，得罪他作什么。便得罪了他，就有本事承任，不犯着带累别人！”袭人一面哭，一面拉宝玉道：“为我得罪了一个老奶奶，你这会子又为我得罪这些人，这还不够我受的，还只是拉别人。”宝玉见他这般病势，又添了这些烦恼，连忙忍气吞声，安慰他仍旧睡下出汗。又见他汤烧火热，自己守着他，歪在旁边，劝他只养着病，别想着些没要紧的事生气。袭人冷笑道：“要为这些事生气，这屋里一刻还站不得了。但只是天长日久，只管这样，可叫人怎么样才好呢。时常我劝你，别为我们得罪人，你只顾一时为我们那样，他们都记在心里，遇着坎儿，说的好说不好听，大家什么意思。”一面说，一面禁不住流泪，又怕宝玉烦恼，只得又勉强忍着。

笺证

《红楼梦》的场面转换，真是波诡云谲，极尽千姿万态、变幻莫测的妙处。有天眼审视下的跳跃转换，有人际情理中的自然转换，有回廊曲折的布局性转换。第十九回宝玉出到花袭人家，府里的丫鬟们都越性恣意的顽笑，嗑了一地瓜子皮，引发奶妈李嬷嬷一番训斥，指责宝玉是个“丈八的灯台——照见人家，照不见自家”。其后转到袭人对贾宝玉约法三章，以及贾宝玉和林黛玉情意绵绵地讲耗子精的故事，随之宝玉自己房中又陡起波澜。场合几经变化，人物几经组合，情节几经扭转，简直是曲径通幽处，突然来了一份惊涛骇浪，《红楼梦》这种行文方式与大观园的布局异曲同工。所谓“天上人间诸景备，衔山抱水建来精”的大观园布局雄伟幽深，山水曲折，步步开新。把园林建筑的布局转借到小说的布局，这是中国作家跨艺术边界的一种创造。第二十回的这次曲折和开新，又转回到袭人回到宝玉住地，抱病在床，李嬷嬷倚老卖老找到了瞎折腾的对手，她拄着拐棍专门骂病在床上的袭人说：“忘了本的小娼妇！我抬举起你来，这会子我来了，你大模大样的躺在炕上，见我来也不理一理。一心只想妆狐媚子哄宝玉，哄的宝玉不理我，听你们的话。你不过是几两臭银子买来的毛丫头，这屋里你就作耗，如何使得！好不好拉出去配一个小子，看你还妖精似的哄宝玉不哄？”这里隐藏着一个过时老妪，对得宠丫鬟的嫉妒。李嬷嬷从袭人的晚辈身份骂到拉出去配一个小子，句句戳着心窝儿。庚辰本侧批一路评点说：“活像过时奶妈骂丫头”；“袭卿身上去叫下撞天屈来”；“看这句，几把批书人吓杀了”；“幸有此二句，不然我石兄袭卿扫地矣”；“虽写得酷肖，然唐突我袭卿，实难为情”；“若知‘好事多魔’，方会作者这意”。[1] 这一连串批语，折射了在如何对待和管教宝玉的问题上两代人之间的代沟，如何对待或修整宝玉的乖张痴情，以奶妈名分的顽固悖理，自然难免轩然大波。众人都拿李嬷嬷没办法，只有王熙凤能够摆平乱局。她既知道李嬷嬷老病发了，也知道她输了钱，迁怒于人，就连忙赶过来，拉了李嬷嬷，笑着说："好妈妈，别生气。大节下，老太太才喜欢了一日，你是个老人家，别人高声，你还要管他们呢，难道你反不知道规矩，在这里嚷起来，叫老太太生气不成？你只说谁不好，我替你打他。我家里烧的滚热的野鸡，快来跟我吃酒去。"王熙凤用贾母的权威压住对方的气焰，同时如庚辰本侧批所说："阿凤两提'老太太'，是叫老妪想袭卿是老太太的人，况又双关大体，勿泛泛看去。"[2]王熙凤还用酒肴款待给对方下台阶，拉着她走，还叫丫头替她拿着棍子和擦眼泪的手帕子，"亏这一阵风来，把个老婆子撮了去了"。《红楼梦》善于写场面，在乱糟糟的场面中，写出活泼泼的人物，笔下生风，举重若轻，把王熙凤快刀斩乱麻的干练，写得跃然纸上。文风随人风，你是干净利落，我也来一个干净利落。如庚辰本侧批所言："何等现成，何等自然，的是凤卿笔法。"[3]《红楼梦》的叙事能事，既有大观园式的布局，又能够随人物的作风转换情调，这就叫作芹圃笔法写凤卿，凤卿笔法如芹圃。

一时杂使的老婆子煎了二和药来。宝玉见他才有汗意，不肯叫他起来，自己便端着就枕与他吃了，即命小丫头子们铺炕。袭人道："你吃饭不吃饭，到底老太太、太太跟前坐一会子，和姑娘们玩一会子再回来。我就静静的躺一躺也好。"宝玉听说，只得替他去了簪环，看他躺下，自往上房来。

同贾母吃毕饭，贾母犹欲同那几个老管家嬷嬷斗牌解闷，宝玉记着袭人，便回至房中，见袭人朦朦睡去。自己要

❶（清）曹雪芹著，脂砚斋评：《脂砚斋重评石头记庚辰校本》，作家出版社2006年版，第400—401页。

❷（清）曹雪芹著，脂砚斋评：《脂砚斋重评石头记庚辰校本》，作家出版社2006年版，第402页。

❸（清）曹雪芹著，脂砚斋评：《脂砚斋重评石头记庚辰校本》，作家出版社2006年版，第402页。

睡，天气尚早。彼时晴雯、绮霰、秋纹、碧痕都寻热闹，找鸳鸯、琥珀等耍戏去了，独见麝月一个人在外间房里灯下抹骨牌。宝玉笑问道："你怎不同他们玩去？"麝月道："没有钱。"宝玉道："床底下堆着那么些，还不够你输的？"麝月道："都玩去了，这屋里交给谁呢？那一个又病了。满屋里上头是灯，地下是火。那些老妈妈子们，老天拔地，服侍一天，也该叫他们歇歇；小丫头子们也是服侍了一天，这会子还不叫他们玩玩去。所以让他们都去罢，我在这里看着。"

宝玉听了这话，公然又是一个袭人。因笑道："我在这里坐着，你放心去罢。"麝月道："你既在这里，越发不用去了，咱们两个说话玩笑岂不好？"宝玉笑道："咱两个作什么呢？怪没意思的，也罢了，早上你说头痒，这会子没什么事，我替你篦头罢。"麝月听了便道："就是这样。"说着，将文具镜匣搬来，卸去钗钏，打开头发，宝玉拿了篦子替他一一的梳篦。

只篦了三五下，只见晴雯忙忙走进来取钱。一见了他两个，便冷笑道："哦，交杯盏还没吃，倒上头了！"宝玉笑道："你来，我也替你篦一篦。"晴雯道："我没那么大福。"说着，拿了钱，便摔帘子出去了。

宝玉在麝月身后，麝月对镜，二人在镜内相视。宝玉便向镜内笑道："满屋里就只是他磨牙。"麝月听说，忙向镜中摆手，宝玉会意。忽听唿一声帘子响，晴雯又跑进来问道："我怎么磨牙了？咱们倒得说说。"麝月笑道："你去你的罢，又来问人了。"晴雯笑道："你又护着。你们那瞒神弄鬼的，我都知道。等我捞回本儿来再说话。"说着，一径出去了。这里宝玉通了头，命麝月悄悄的服侍他睡下，不肯惊动袭人。一宿无话。

笺证

《红楼梦》善于写正身人物，也善于写影子人物，以影子折射正身，造成多重的光影效应。要知道，影子是以人物的类型化处理而通向幻化，以浪漫的光斑通向晕眩。不要害怕影子，因为这意味着不远处有光明；不要轻信光明，因为它会给你制造影子；但也不必惧怕光明，因为它要以影子证明自己存在的价值。追溯起来，影子哲学或幻化哲学来源于庄子。《庄子·齐物论》中的罔两指影子外围颜色较淡的部分，罔两问影子说:“曩子行，今子止。曩子坐，今子起。何其无特操与？”影子回答说:“吾有待而然者邪？吾所待又有待而然者邪？吾待蛇蚹蜩翼邪？恶识所以然，恶识所以不然？”罔两是影子外围的微弱光影，也就是“影子的影子”。影子的影子质问影子:“先前你行走，现在又停下；以往你坐着，如今又站了起来。你怎么没有自己独立的操守呢？”影子回答说:“我是有所依凭才这样的吗？我所依凭的东西又有所依凭才这样的吗？我所依凭的东西难道像蛇的鳞和鸣蝉的翅膀吗？我怎么知道因为什么缘故会是这样？我又怎么知道因为什么缘故而不会是这样？”整个问答，充满着怀疑主义，怀疑影子和影子的影子都不能自主。由此紧接着又讲述庄周梦蝶的故事:过往庄周梦见自己变成蝴蝶，一只欣然自得地飞舞着的蝴蝶，感到多么愉快和惬意啊！不知道自己原本是庄周。突然间醒来，在惊惶不定之余才知原来是我庄周。辨别不清是庄周梦中变成蝴蝶呢，还是蝴蝶梦见自己变成庄周呢？庄周与蝴蝶必定是有区别的。这就可叫作物、我的交合变化。影子的影子属于庄子的“万物化生”哲学，为《红楼梦》加以艺术化了。清代中晚期魏秀仁《花月痕》还专门设有“影中影快谈红楼梦”的回目。在《红楼梦》第二十回这段行文中，晴雯是黛玉的影子，麝月是袭人的影子。此处写到别的丫鬟都去玩了，麝月独自守在屋里，麝月对宝玉说:“都顽去了，这屋里交给谁呢？那一个（袭人）又病了。满屋里上头是灯，地下是火。那些老妈妈子们，老天拔地，服侍一天，也该叫他们歇歇；小丫头子们也是服侍了一天，这会子还不叫他们玩玩去？所以让他们都去罢，我在这里看着。”宝玉听了这话，公然又是一个袭人，麝月是袭人的影子。己卯本夹批说："闲闲一段儿女口舌，却写麝月一人。袭人出嫁之后，宝玉、宝钗身边还有一人，虽不及袭人周到，亦可免微嫌小弊等患，方不负宝钗之为人也。故袭人出嫁后云'好歹留着麝月'一语，宝玉便依从此话。可见袭人虽去实未去也。写晴雯之疑忌，亦为下文跌扇角口等文伏脉，却又轻轻抹去。正见此时都在幼时，虽微露其疑忌，见得人各禀天真之性，善恶不一，往后渐大渐生心矣。但观者凡见晴雯诸人则恶之，何愚也哉！要知自古及今，愈是尤物，其猜忌愈甚。若一味浑厚大量涵养，则有何可令人怜爱护惜哉？然后知宝钗、袭人等行为，并非一味蠢拙古板以女夫子自居，当绣幕灯前、绿窗月下，亦颇有或调或妒、轻俏艳丽等说，不过一时取乐买笑耳，非切切一味妒才嫉贤也，是以高诸人百倍。不然，宝玉何甘心受屈于二女夫子哉？看过后文则知矣。故观书诸君子不必恶晴雯，正该感晴雯金闺绣阁中生色方是。"[4]宝钗—袭人—麝月的影子系列，与黛玉—晴雯的影子系列，形成了强烈的反差。随之，宝玉笑着对麝月说："我在这里坐着，你放心去罢。"麝月说："你既在这里，越发不用去了，咱们两个说话顽笑岂不好？"庚辰本侧批："全是袭人口气，所以后来代任。"于是宝玉笑说："咱两个作什么呢？怪没意思的，也罢了，早上你说头痒，这会子没什么事，我替你篦头罢。"麝月听了就将文具镜匣搬来，卸去钗钏，打开头发，宝玉拿了篦子替他一一的梳篦。只篦了三五下，只见晴雯忙忙走进来取钱。一见了他两个，便冷笑道："哦，交杯盏还没吃，倒上头了！"宝玉笑道："你来，我也替你篦一篦。"晴雯说："我没那么大福。"说着，拿了钱，便摔帘子出去了。此影子与彼影子光照互映，顽皮取笑，到底尚无机心。宝玉在麝月身后，麝月对镜，二人在镜内相视。宝玉便向镜内笑说："满屋里就只是他磨牙。"麝月听说，忙向镜中摆手，宝玉会意。忽听唿一声帘子响，晴雯又跑进来问道："我怎么磨牙了？咱们倒得说说。"庚辰本侧批说："好看煞！"眉批又说："娇憨满纸，令人叫绝。壬午九月。"[5]晴雯临走还笑说："你们那瞒神弄鬼的，我都知道。等我捞回本儿来再说话。"说着，一径出去了。晴雯、麝月分别是黛玉、袭人的影子，袭人又是宝钗的影子，影影对话，美美争春，互不相让，充满戏剧性和幽默感。如此写正身人物用的是正笔，写影子人物用的是奇笔，正奇相生，是一种妙用无穷的叙事法。在这段描写背后，似乎可以窥见曹雪芹以俏皮的态度欣赏红楼儿女的眯眯笑的眼睛。

至次日清晨起来，袭人已是夜间发了汗，觉得轻省了些，只吃些米汤静养。宝玉放了心，因饭后走到薛姨妈这边来闲逛。彼时正月内，学房中放年学，闺阁中忌针黹，却都是闲时。贾环也过来玩，正遇见宝钗、香菱、莺儿三个赶围棋作耍，贾环见了也要玩。宝钗素习看他亦如宝玉，并没他意。今儿听他要顽，让他上来坐了一处。一磊十个钱，头一回自己赢了，心中十分欢喜。后来接连输了几盘，便有些着急。赶着这盘正该自己掷骰子，若掷个七点便赢，若掷个六点，下该莺儿掷三点就赢了。因拿起骰子来，狠命一掷，一个作定了五，那一个乱转。莺儿拍着手只叫“幺”，贾环便瞪着眼，“六——七——八”混叫。那骰子偏生转出幺来。贾环急了，伸手便抓起骰子来，然后就拿钱，说是个六点。莺儿便说：“分明是个幺！”宝钗见贾环急了，便瞅莺儿说道：“越大越没规矩，难道爷们还赖你？还不放下钱来呢！”

❹（清）曹雪芹：《脂砚斋重评石头记（己卯本）》，上海古籍出版社1981年版，第409—410页。

❺（清）曹雪芹著，脂砚斋评：《脂砚斋重评石头记庚辰校本》，作家出版社2006年版，第404页。

莺儿满心委屈，见宝钗说，不敢则声，只得放下钱来，口内嘟囔说：“一个作爷的，还赖我们这几个钱，连我也不放在眼里。前儿我和宝二爷玩，他输了那些，也没着急。下剩的钱，还是几个小丫头子们一抢，他一笑就罢了。”宝钗不等说完，连忙断喝。贾环道：“我拿什么比宝玉呢。你们怕他，都和他好，都欺负我不是太太养的。”说着，便哭了。宝钗忙劝他：“好兄弟，快别说这话，人家笑话你。”又骂莺儿。

正值宝玉走来，见了这般形况，问：“是怎么了？”贾环不敢则声。宝钗素知他家规矩，凡作兄弟的，都怕哥哥。

却不知那宝玉是不要人怕他的。他想着："兄弟们一并都有父母教训，何必我多事，反生疏了。况且我是正出，他是庶出，饶这样还有人背后谈论，还禁得辖治他了。"更有个呆意思存在心里。——你道是何呆意？因他自幼姊妹丛中长大，亲姊妹有元春、探春，伯叔的有迎春、惜春，亲戚中又有史湘云、林黛玉、薛宝钗等诸人。他便料定，原来天生人为万物之灵，凡山川日月之精秀，只钟于女儿，须眉男子不过是些渣滓浊沫而已。因有这个呆念在心，把一切男子都看成混沌浊物，可有可无。只是父亲叔伯兄弟中，因孔子是亘古第一人说下的，不可忤慢，只得要听他这句话。所以，弟兄之间不过尽其大概的情理就罢了，并不想自己是丈夫，须要为子弟之表率。是以贾环等都不怕他，却怕贾母，才让他三分。

如今宝钗恐怕宝玉教训他，倒没意思，便连忙替贾环掩饰。宝玉道："大正月里哭什么？这里不好，你别处玩去。你天天念书，倒念糊涂了。比如这件东西不好，横竖那一件好，就弃了这件取那个。难道你守着这个东西哭一会子就好了不成？你原是来取乐玩的，既不能取乐，就往别处去再寻乐玩。哭一会子，难道算取乐玩了不成？倒招自己烦恼，不如快去为是。"贾环听了，只得回来。

赵姨娘见他这般，因问："又是那里垫了踹窝来了？"一问不答，再问时，贾环便说："同宝姐姐玩的，莺儿欺负我，赖我的钱，宝玉哥哥撵我来了。"赵姨娘啐道："谁叫你上高台盘去了？下流没脸的东西！那里顽不得？谁叫你跑了去讨没意思？"

正说着，可巧凤姐在窗外过。都听在耳内。便隔窗说道："大正月又怎么了？环兄弟小孩子家，一半点儿错了，你只教导他，说这些淡话作什么！凭他怎么去，还有太太老爷管他呢，就大口啐他！他现是主子，不好了，横竖有教导他的人，与你什么相干！环兄弟，出来，跟我顽去。"

贾环素日怕凤姐比怕王夫人更甚，听见叫他，忙唯唯的出来。赵姨娘也不敢则声。凤姐向贾环道："你也是个没气性的！时常说给你：要吃，要喝，要顽，要笑，只爱同那一个姐姐妹妹哥哥嫂子顽，就同那个顽。你不听我的话，反叫这些人教的歪心邪意，狐媚子霸道的。自己不尊重，要往下流走，安着坏心，还只管怨人家偏心。输了几个钱？就这么个样儿！”贾环见问，只得诺诺的回说：“输了一二百。”凤姐道：“亏你还是爷，输了一二百钱就这样！”回头叫丰儿：“去取一吊钱来，姑娘们都在后头顽呢，把他送了顽去。——你明儿再这么下流狐媚子，我先打了你，打发人告诉学里，皮不揭了你的！为你这个不尊重，恨的你哥哥牙根痒痒，不是我拦着，窝心脚把你的肠子窝出来了。”喝命：“去罢！”贾环诺诺的跟了丰儿，得了钱，自己和迎春等顽去。不在话下。

笺证

此处触及贵族世家的嫡庶问题，题目不小。嫡庶问题是古中国婚姻制度核心内容，在一夫多妻制度中，妻与妾之间的地位不平等，这种差别就是嫡庶之分，妾及宠婢所生子女地位也就不及嫡子，在祖业继承上偏正不等。贾宝玉是不计较嫡庶的，似乎具有某种平等意识。第二十回只不过顺便带出宝玉的呆念头：“你道是何呆意？因他自幼姊妹丛中长大，亲姊妹有元春、探春，伯叔的有迎春、惜春，亲戚中又有史湘云、林黛玉、薛宝钗等诸人。他便料定，原来天生人为万物之灵，凡山川日月之精秀，只钟于女儿，须眉男子不过是些渣滓浊沫而已。因有这个呆念在心，把一切男子都看成混沌浊物，可有可无。只是父亲叔伯兄弟中，因孔子是亘古第一人说下的，不可忤慢，只得要听他这句话。所以，弟兄之间不过尽其大概的情理就罢了，并不想自己是丈夫，须要为子弟之表率。”对于宝玉崇尚女儿、宽容嫡庶这种“情不情”，庚辰本侧批说：“听了这一个人之话，岂是呆子？由你自己说罢。我把你作极乖的人看。”贾宝玉认为须眉男子不过是些渣滓浊沫，山川日月之精秀只钟于女儿，这就导致绛珠要到人间还泪，贾宝玉却要在女儿间还情。这种理念是连通着女娲补天、女子通灵的浩渺苍茫的宇宙神话的。而且还要牵扯上圣人，“孔子是亘古第一人说下的”，来处理嫡庶问题。事情是由于贾环与宝钗的丫鬟莺儿掷骰子输了钱还赖账引起的。赵姨娘不问缘由，偏要扎死嫡庶这个结，她问贾环：“又是那里垫了踹窝来了？”而且责怪贾环：“谁叫你上高台盘去了？下流没脸的东西！那里顽不得？谁叫你跑了去讨没意思？”王熙凤却要维护嫡庶名分、击破嫡庶计量，她有她的法子，她向贾环指桑骂槐说：“你也是个没气性的！时常说给你：要吃，要喝，要顽，要笑，只爱同那一个姐姐妹妹哥哥嫂子顽，就同那个顽。你不听我的话，反叫这些人教的歪心邪意，狐媚子霸道的。自己不尊重，要往下流走，安着坏心，还只管怨人家偏心。输了几个钱？就这么个样儿！”这就是王熙凤正言弹妒意，弹得嫡庶计较的界限东倒西歪。庚辰本侧批说：“嫡嫡是彼亲生，句句竟成正中贬，赵姨实难答言。到此方知题标用‘弹’字甚妥协。己卯冬夜。”[6]又说：“借人发脱，好阿凤！好口齿！句句正言正理，赵姨安得不抿翅低头，静听发挥？批至此，不禁[浮]一大白又[一]大白矣！”[7]由此可知，贾宝玉崇尚的是形而上的哲学，王熙凤崇尚的是形而下的“实学”，赵姨娘崇尚的是走形失样的“歪学”，一件由掷骰子输钱赖账引起的事件，也就从各方不同的地位、不同的心思、不同的“哲学”或“无哲学”的多种角度发生撞击和震荡，《红楼梦》好看，就好看在这些颠倒错综的地方，由一个小小事件，牵引出五花八门的人情世态。

且说宝玉正和宝钗顽笑，忽见人说：“史大姑娘来了。”宝玉听了，抬身就走。宝钗笑道：“等着，咱们两个一齐走，瞧瞧他去。”说着，下了炕，同宝玉一齐来至贾母这边。只见史湘云大笑大说的，见他两个来，忙问好厮见。正值林黛玉在旁，因问宝玉：“在那里的？”宝玉便说：“在宝姐姐家的。”黛玉冷笑道：“我说呢，亏在那里绊住，不然早就飞了来了。”宝玉笑道：“只许同你顽，替你解闷儿。不过偶然去他那里一趟，就说这话。”林黛玉道："好没意思的话！去不去管我什么事，我又没叫你替我解闷儿。可许你从此不理我呢！"说着，便赌气回房去了。

宝玉忙跟了来，问道："好好的又生气了？就是我说错了，你到底也还坐在那里，和别人说笑一会子。又来自己纳闷。"林黛玉道："你管我呢！"宝玉笑道："我自然不敢管你，只没有个看着你自己作践了身子呢。"林黛玉道："我作践坏了身子，我死，与你何干！"宝玉道："何苦来，大正月里，死了活了的。"林黛玉道："偏说死！我这会子就死！你怕死，你长命百岁的，如何？"宝玉笑道："要像只管这样闹，我还怕死呢？倒不如死了干净。"黛玉忙道："正是了，要是这样闹，不如死了干净。"宝玉道："我说我自己死了干净，别听错了话赖人。"正说着，宝钗走来道："史大妹妹等你呢。"说着，便推宝玉走了。这里黛玉越发气闷，只向窗前流泪。

没两盏茶的工夫，宝玉仍来了。林黛玉见了，越发抽抽噎噎的哭个不住。宝玉见了这样，知难挽回，打叠起千百样的款语温言来劝慰。不料自己未张口，只见黛玉先说道："你又来作什么？横竖如今有人和你顽，比我又会念，又会作，又会写，又会说笑，又怕你生气拉了你去，你又作什么来？死活凭我去罢了！"

宝玉听了，忙上来悄悄的说道："你这么个明白人，难道连'亲不间疏，先不僭后'也不知道？我虽糊涂，却明白这两句话。头一件，咱们是姑舅姊妹，宝姐姐是两姨姊妹，论亲戚，他比你疏。第二件，你先来，咱们两个一桌吃，一床睡，长的这么大了，他是才来的，岂有个为他疏你的？"林黛玉啐道："我难道为叫你疏他？我成了个什么人了呢！我为的是我的心。"宝玉道："我也为的是我的心。难道你就知你的心，不知我的心不成？"

❻（清）曹雪芹著，脂砚斋评：《脂砚斋重评石头记庚辰校本》，作家出版社2006年版，第406页。

❼（清）曹雪芹著，脂砚斋评：《脂砚斋重评石头记庚辰校本》，作家出版社2006年版，第407页。

笺证

准诸深层心理学，人类说话往往不是总凭着理性筛选过滤，“足将进而趑趄，口将言而嗫嚅”；许多时候急不择言，脱口而出，来自潜意识，只有对话的当事人心照不宣，半知不解，灵犀相通。这种秘密，引得己卯本夹批说：“此二语不独观者不解，料作者亦未必解；不但作者未必解，想石头亦不解；不过述宝、林二人之语耳。石头既未必解，宝、林此刻更自己亦不解，皆随口说出耳。若观者必欲要解，须揣自身是宝、林之流，则洞然可解；若自料不是宝、林之流，则不必求解矣。万不可（记）[借]此二句不解，错谤宝、林及石头、作者等人。”[8]这就是第二十回宝玉对黛玉说出囫囵话，起因应是宝玉正和宝钗顽笑，被史湘云搅散，玉、钗二人同去看黛玉引起的。己卯本夹批说：“妙极！凡宝玉、宝钗正闲相遇时，非黛玉来，即湘云来，是恐泄漏文章之精华也。若不如此，则宝玉久坐忘情，必被宝卿见弃，杜绝后文成其夫妇时无可谈旧之情，有何趣味哉？”[9]由于黛玉嘲笑宝玉被宝钗绊住，宝玉陪宝钗去看史湘云，又回来安慰黛玉，悄悄地对黛玉说：“你这么个明白人，难道连‘亲不间疏、先不僭后’也不知道？我虽糊涂，却明白这两句话。头一件，咱们是姑舅姊妹，宝姐姐是两姨姊妹，论亲戚，他比你疏。第二件，你先来，咱们两个一桌吃，一床睡，长的这么大了，他是才来的，岂有个为他疏你的？”这是经过理性过滤，论说“亲不间疏”，显然属于带有逻辑推理的话。而林黛玉说：“我为的是我的心。”宝玉赶忙说：“我也为的是我的心。难道你就知你的心，不知我的心不成？”这是话赶话，脱口而出，是没有经过理性过滤的囫囵语。愈是未经理性过滤，留下的解释空间就越多，就越是耐人寻味，寻味着宝玉、黛玉是如何心心相印，以心换心的。而能够将笔触伸入这种深层心理的痒痒处，正是曹雪芹如实描写、如实抓住脱口而出的囫囵话所取得的耀眼的胜利。

林黛玉听了，低头一语不发，半日说道：“你只怨人行动嗔怪了你，你再不知道你自己怄人难受。就拿今日天气比，分明今儿冷的这样，你怎么倒反把个青肷披风脱了呢？”宝玉笑道：“何尝不穿着，见你一恼，我一暴躁就脱了。”林黛玉叹道:“回来伤了风,又该饿着吵吃的了。”

二人正说着,只见湘云走来,笑道:“爱哥哥,林姐姐,你们天天一处玩,我好容易来了,也不理我一理儿。”黛玉笑道:“偏是咬舌子爱说话,连个‘二’哥哥也叫不出来,只是‘爱’哥哥‘爱’哥哥的。回来赶围棋儿,又该你闹‘幺爱三四五了’。”宝玉笑道:“你学惯了他,明儿连你还咬起来呢。”史湘云道:“他再不放人一点儿,专挑人的不好。你自己便比世人好,也不犯着见一个打趣一个。我指出一个人来,你敢挑他,我就服你。”黛玉忙问是谁。湘云道:“你敢挑宝姐姐的短处,就算你是好的。我算不如你,他怎么不及你呢?”黛玉听了,冷笑道:“我当是谁,原来是他!我那里敢挑他呢。”宝玉不等说完,忙用话岔开。湘云笑道:“这一辈子我自然比不上你。我只保佑着明儿得一个咬舌的林姐夫,时时刻刻你可听‘爱’‘厄’去。阿弥陀佛,那才现在我眼里!”说的众人一笑,湘云忙回身跑了。要知端详,下回分解。

❽(清)曹雪芹:《脂砚斋重评石头记(己卯本)》,上海古籍出版社1981年版,第417—418页。

❾(清)曹雪芹:《脂砚斋重评石头记(己卯本)》,上海古籍出版社1981年版,第415页。

笺证

文学描写要呈现生活原生态,必须善于使得生活细节交叉错综、转折断续,如网络互相盘结缠绕。而要写好人物,又必须展现性格的有机多面性,使善恶美丑有判别又有渗透,要懂得有缺陷的美人才是活起来的美人。在第二十回行文的最后两段描写后面,依次有庚辰本眉批、己卯本夹批。强调呈现生活原生态,如庚辰本眉批所说:“明明写湘云来是正文,只用二三答言,反写玉、林小角口,又用宝钗岔开,仍不了局。再用千句柔言百般温态,正在情完未完之时，湘云突至，‘谑娇音’之文终见。真正‘卖弄有家私’之笔也。丁亥夏，畸笏叟。”[10]而突出写好人物，如己卯本夹批所说：“可笑近之野史中，满纸羞花闭月、莺啼燕语。殊不知真正美人方有一陋处，如太真之肥、飞燕之瘦、西子之病，若施于别个，不美矣。今见‘咬舌’二字加之湘云，是何大法手眼敢用此二字哉？不独不见其陋，且更觉轻巧娇媚，俨然一娇憨湘云立于纸上，掩卷合目思之，其‘爱’‘厄’娇音如入耳内。然后将满纸莺啼燕语之字样填粪窖可也。”[11]真正美人方有一陋处，有一陋处方是真正美人，辩证法于此生焉。林黛玉嘲讽史湘云“咬舌子爱说话，连个‘二’哥哥也叫不出来，只是‘爱’哥哥‘爱’哥哥的”，湘云回了她一句：“这一辈子我自然比不上你。我只保佑着明儿得一个咬舌的林姐夫，时时刻刻你可听‘爱’‘厄’去。阿弥陀佛，那才现在我眼里！”天下人咬字不清、逗人发笑者多矣，从没有哪部小说将这种现象作为关乎人物真实性、独特性的题目来写，曹雪芹写了，精彩立现，以如实描写创造出新的风光。如此“谑娇音”，却谑出了史湘云的开朗娇憨，在金陵十二钗中别具风采。

[10]（清）曹雪芹著，脂砚斋评：《脂砚斋重评石头记庚辰校本》，作家出版社2006年版，第409页。

[11]（清）曹雪芹：《脂砚斋重评石头记（己卯本）》，上海古籍出版社1981年版，第418页。

第二十一回

贤袭人娇嗔箴宝玉 俏平儿软语救贾琏

话说史湘云跑了出来，怕林黛玉赶上，宝玉在后忙说:“仔细绊跌了！那里就赶上了？”林黛玉赶到门前，被宝玉叉手在门框上拦住，笑劝道:“饶他这一遭罢。”林黛玉扳着手说道:“我若饶过云儿，再不活着！”湘云见宝玉拦住门，料黛玉不能出来，便立住脚笑道:“好姐姐，饶我这一遭罢。”恰值宝钗来在湘云身后，也笑道:“我劝你两个看宝兄弟分上，都丢开手罢。”黛玉道:“我不依。你们是一气的，都戏弄我不成！”宝玉劝道:“谁敢戏弄你！你不打趣他，他焉敢说你！”四人正难分解，有人来请吃饭，方往前边来。那天早又掌灯时分，王夫人、李纨、凤姐、迎、探、惜等都往贾母这边来，大家闲话了一回，各自归寝。湘云仍往黛玉房中安歇。

宝玉送他二人到房，那天已二更多时，袭人来催了几次，方回自己房中来睡。次日天明时，便披衣靸鞋往黛玉房中来，不见紫鹃、翠缕二人，只见他姊妹两个尚卧在衾内。那林黛玉严严密密裹着一幅杏子红绫被，安稳合目而睡。那史湘云却一把青丝拖于枕畔，被只齐胸，一弯雪白的膀子撂于被外，又带着两个金镯子。宝玉见了，叹道:“睡觉还是不老实！回来风吹了，又嚷肩窝疼了。”一面说，一面轻轻的替他盖上。林黛玉早已醒了，觉得有人，就猜着定是宝玉，因翻身一看，果中其料。因说道:“这早晚就跑过来作什么？”宝玉笑道:“这天还早呢！你起来瞧瞧。”黛玉道:“你先出去，让我们起来。”宝玉听了，转身出至外边。

黛玉起来叫醒湘云，二人都穿了衣服。宝玉复又进来，坐在镜台旁边，只见紫鹃、雪雁进来服侍梳洗。湘云洗了面，翠缕便拿残水要泼，宝玉道:“站着，我趁势洗了就完了，省得又过去费事。”说着便走过来，弯腰洗了两把。紫鹃递过香皂去，宝玉道:“这盆里的就不少，不用搓了。”再洗了两把，便要手巾。翠缕道:“还是这个毛病儿，多早晚才改。”

宝玉也不理，忙忙的要过青盐擦了牙，嗽了口，完毕，见湘云已梳完了头，便走过来笑道:“好妹妹，替我梳上头罢。”湘云道:“这可不能了。”宝玉笑道:“好妹妹，你先时怎么替我梳了呢？”湘云道:“如今我忘了，怎么梳呢？”宝玉道:“横竖我不出门，又不带冠子勒子，不过打几根散辫子就完了。”说着，又千妹妹万妹妹的央告。湘云只得扶过他的头来，一一梳篦。在家不戴冠，并不总角，只将四围短发编成小辫，往顶心发上归了总，编一根大辫，红绦结住。自发顶至辫梢，一路四颗珍珠，下面有金坠脚。湘云一面编着，一面说道:“这珠子只三颗了，这一颗不是的。我记得是一样的，怎么少了一颗？”宝玉道:“丢了一颗。”湘云道:“必定是外头去掉下来，不防被人拣了去，倒便宜他。”

黛玉一旁盥手，冷笑道:“也不知是真丢了，也不知是给了人镶什么戴去了！”宝玉不答，因镜台两边俱是妆奁等物，顺手拿起来赏玩，不觉又顺手拈了胭脂，意欲要往口边送，因又怕史湘云说。正犹豫间，湘云果在身后看见，一手掠着辫子，便伸手来“拍”的一下，从手中将胭脂打落，说道:“这不长进的毛病儿，多早晚才改过。”

笺证

睡觉、起床、洗脸此类日常起居，又有什么好写？谁料《红楼梦》却以此写少年男女，写得精细入微，各尽其妙，由小处着墨而成大手笔。这就告诉人们，日常生活才是真生活，写好日常生活需要有绣花针的好手腕。第二十一回写同床而卧的林黛玉、史湘云的睡相，呈现了各自的体质、性格和神采，睡相也见性格，这就穿透了生理学和心理学。林黛玉严严密密裹着一幅杏子红绫被，安稳合目而睡。那史湘云却一把青丝拖于枕畔，被只齐胸，一弯雪白的膀子撂于被外，又戴着两个金镯子。庚辰本夹批说："一个睡态"；"又一个睡态。写黛玉之睡态，俨然就是娇弱女子，可怜。湘云之态，则俨然是个娇态女儿，可爱。真是人人俱尽，个个活跳，吾不知作者胸中埋伏多少裙钗"。[1]写出千差万别，方能写出万千生命形态。湘云起床梳洗完毕，宝玉竟用史湘云洗面水来洗脸，又千妹妹万妹妹地央求史湘云给他梳头结辫，还顺手拈了胭脂要往口边送，都是情痴的怪癖。这些行为或有意识，或下意识。不如此描写，就不能疏通人间儿女情指向天书冥冥处的入口，吃胭脂，成了饱餐美色。《红楼梦》写人写到了极致，却又在这极致上纽结着充满命运感的天书。庚辰本回首总评说："有客题《红楼梦》一律，失其姓氏，惟见其诗意骇警，故录于斯：'自执金矛又执戈，自相戕戮自张罗。茜纱公子情无限，脂砚先生恨几多。是幻是真空历遍，闲风闲月枉吟哦。情机转得情天破，情不情兮奈我何？'凡是书题者，不可[不以]此为绝调。诗句警拔，且深知拟书底里，惜乎失名矣！按此回之文固妙，然未见后之卅回，犹不见此之妙。此回'娇嗔箴宝玉''软语救贾琏'，后回'薛宝钗借词含讽谏，王熙凤知命强英雄'。今只从二婢说起，后则直指其主。然今日之袭人、之宝玉，亦他日之袭人、他日之宝玉也。今日之平儿、之贾琏，亦他日之平儿、他日之贾琏也。何今日之玉犹可箴，他日之玉已不可箴耶？今日之琏犹可救，他日之琏已不可救耶？箴与谏无异也，而袭人安在哉？宁不悲乎！救与强无别也，今因平儿救，此日阿凤英气何如是也？他日之强，何身微运蹇，展眼何如彼耶？人世之变迁，如此光阴。"[2]这里透露了《红楼梦》八十回后还有"后之卅回"，其中有回目是《薛宝钗借词含讽谏，王熙凤知命强英雄》，这也许是一些尚未改定的稿本。沉痛哉！所谓"身微运蹇"，"人世之变迁如此，光阴倏尔如此"，在这里时间见证命运，空间展示命运的表现状态，从中已经隐隐然可以窥见“忽喇喇似大厦倾，昏惨惨似灯将尽”，“落了片白茫茫大地真干净”的悲剧结局。

一语未了，只见袭人进来，看见这般光景，知是梳洗过了，只得回来自己梳洗。忽见宝钗走来，因问道：“宝兄弟那去了？”袭人含笑道：“宝兄弟那里还有在家的工夫！”宝钗听说，心中明白。又听袭人叹道：“姊妹们和气，也有个分寸礼节，也没个黑家白日闹的！凭人怎么劝，都是耳旁风。”宝钗听了，心中暗忖道：“倒别看错了这个丫头，听他说话，倒有些识见。”宝钗便在炕上坐了，慢慢的闲言中套问他年纪家乡等语，留神窥察，其言语志量深可敬爱。

一时宝玉来了，宝钗方出去。宝玉便问袭人道：“怎么宝姐姐和你说的这么热闹，见我进来就跑了？”问一声不答，再问时，袭人方道：“你问我么？我那里知道你们的原故。”宝玉听了这话，见他脸上气色非往日可比，便笑道：“怎么动了真气？”袭人冷笑道：“我那里敢动气！只是从今以后别再进这屋子了。横竖有人服侍你，再别来支使我。我仍旧还服侍老太太去。”一面说，一面便在炕上合眼倒下。宝玉见了这般景况，深为骇异，禁不住赶来劝慰。那袭人只管合了眼不理。宝玉无了主意，因见麝月进来，便问道：“你姐姐怎么了？”麝月道：“我知道么？问你自己便明白了。”宝玉听说，呆了一回，自觉无趣，便起身叹道：“不理我罢，我也睡去。”说着，便起身下炕，到自己床上歪下。

袭人听他半日无动静，微微的打鼾，料他睡着，便起身拿一领斗篷来，替他刚压上，只听“忽”的一声，宝玉便掀过去，也仍合目装睡。袭人明知其意，便点头冷笑道：“你也不用生气，从此后我只当哑子，再不说你一声儿，如何？”宝玉禁不住起身问道：“我又怎么了？你又劝我。你

❶（清）曹雪芹著，脂砚斋评：《脂砚斋重评石头记庚辰校本》，作家出版社2006年版，第421页。

❷（清）曹雪芹著，脂砚斋评：《脂砚斋重评石头记庚辰校本》，作家出版社2006年版，第420页。

劝我也罢了，才刚又没见你劝我，一进来你就不理我，赌气睡了。我还摸不着是为什么，这会子你又说我恼了。我何尝听见你劝我什么话了？”袭人道：“你心里还不明白，还等我说呢？”

笺证

正身对影子的珍惜，实际上是在大观园人物关系上结盟，组织自己的派系群体势力。宝钗敬重袭人，就是一个好例子。第二十一回袭人感叹宝玉的性情：“姊妹们和气，也有个分寸礼节，也没个黑家白日闹的！凭人怎么劝，都是耳旁风。”宝钗听了，心中暗忖道：“倒别看错了这个丫头，听他说话，倒有些识见。”虽然回目标示“贤袭人”，庚辰本还在标题字旁作了侧批“当得起”，袭人感叹宝玉的话却可能也含有对宝玉“爱博而劳”的醋意，爱情的一方追求博，另一方强调专，失去占有感就失去安全感。但宝钗从袭人醋意的酸中闻到了甜，也就滋生了以“爱明而静”化解宝玉的“爱博而劳”的苦心。庚辰本夹批说：“此是宝卿初试，已下渐成知己，盖宝卿从此心察得袭人果贤女子也。”[3] 于是宝钗就在炕上坐了，慢慢的闲言中套问他年纪家乡等语，留神窥察，其言语志量深可敬爱。庚辰本夹批说：“好！逐回细看，宝卿待人接物，不疏不亲，不远不近。可厌之人，亦未见冷淡之态，形诸声色；可喜之人，亦未见醴密之情，形诸声色。今日‘便在炕上坐了’，盖深取袭卿矣。二人文字，此回为始。详批于此，诸公请记之”；“（深可敬爱）四字包罗许多文章笔墨，不似近之开口便云‘非诸女子之可比者’此句大坏。然袭人故佳矣，不书此句是大手眼”。[4] 一时宝玉来了，宝钗方出去。庚辰本夹批紧接着说：“奇文！写得钗、玉二人形景较诸人皆（近）[远]，何也？宝玉之心，凡女子前不论贵贱，皆亲密之至，岂于宝钗前反生远心哉？盖宝钗之行止端肃恭严，不可轻犯，宝玉欲近之，而恐一时有渎，故不敢狎犯也。宝钗待下愚尚且和平亲密，何反于兄弟前有远心哉？盖宝玉之形景已泥于闺阁，近之则恐不逊，反成远离之端也。故二人之远，实相近之至也。至颦儿于宝玉实近之至矣，却远之至也。不然，后文如何（反）[凡]

较胜角口诸事皆出于颦哉？以及宝玉砸玉，颦儿之泪枯，种种孽障，种种忧忿，皆情之所陷，更何辨哉？◇此一回将宝玉、袭人、钗、颦、云等行止大概一描，已启后大观园中文字也。今详批于此，后久不（忽）[忘]矣。◇钗与玉远中近，颦与玉近中远，是要紧两大般，不可粗心看过。"[5]薛宝钗关注袭人的人品，留神窥察，在炕上坐着闲言，对其言语志量深感敬爱。袭人是薛宝钗的影子人物，对影子人物的欣赏，堪称顾影自怜。宝钗与影子袭人是一派，应对另一派黛玉与晴雯。宝玉回来，宝钗就离去，这实际上是保持距离，以显得端方持重。宝钗的影子人物袭人冷笑宝玉只当她是哑子，对自己的劝诫只当耳边风，宝玉追问何意时，袭人说："你心里还不明白，还等我说呢？"庚辰本侧批说："亦是囫囵语，却从有生以来肺腑中出，千斤重。"眉批又说："《石头记》每用囫囵语处，无不精绝奇绝，且总不觉相犯。壬午九月。畸笏。"[6]袭人的怨怪，宝玉是心照不宣的，她曾与之约法三章。把严肃恳切的约法三章当耳旁风，不能不引起袭人的无限伤心。《红楼梦》每见囫囵语，既参透人物内心，又深晓人物间的关系，方能为此。伤透了的心，只能痴痴地说囫囵语了。《红楼梦》的一大发明，在于以囫囵语穿透人物的心胸，撞击人物的心胸，穿透和撞击得令人在能解、莫解之间仔细寻味，答案在不答之答中。

❸（清）曹雪芹著，脂砚斋评：《脂砚斋重评石头记庚辰校本》，作家出版社2006年版，第423页。

❹（清）曹雪芹著，脂砚斋评：《脂砚斋重评石头记庚辰校本》，作家出版社2006年版，第423页。

❺（清）曹雪芹著，脂砚斋评：《脂砚斋重评石头记庚辰校本》，作家出版社2006年版，第423页。

❻（清）曹雪芹著，脂砚斋评：《脂砚斋重评石头记庚辰校本》，作家出版社2006年版，第424页。

正闹着，贾母遣人来叫他吃饭，方往前边来，胡乱吃了半碗，仍回自己房中。只见袭人睡在外头炕上，麝月在旁边抹骨牌。宝玉素知麝月与袭人亲厚，一并连麝月也不理，揭起软帘自往里间来。麝月只得跟进来。宝玉便推他出去，说："不敢惊动你们。"麝月只得笑着出来，唤了两个小丫头进来。宝玉拿一本书，歪着看了半天，因要茶，抬头只见两个小丫头在地下站着。一个大些儿的生得十分水秀，宝玉便问："你叫什么名字？"那丫头便说："叫蕙香。"宝玉便问："是谁起的？"蕙香道："我原叫芸香的，是花大姐姐改了蕙香。"宝玉道："正经该叫'晦气'罢了，什么蕙香呢！"又问："你姊妹几个？"蕙香道："四个。"宝玉道："你第几？"蕙香道："第四。"宝玉道"明儿就叫'四儿'，不必什么'蕙香''兰气'的。那一个配比这些花，没的玷辱了好名好姓。"一面说，一面命他倒了茶来吃。袭人和麝月在外间听了抿嘴而笑。

这一日，宝玉也不大出房，也不和姊妹丫头等厮闹，自己闷闷的，只不过拿着书解闷，或弄笔墨，也不使唤众人，只叫四儿答应。谁知四儿是个聪敏乖巧不过的丫头，见宝玉用他，他变尽方法笼络宝玉。至晚饭后，宝玉因吃了两杯酒，眼饧耳热之际，若往日则有袭人等大家喜笑有兴，今日却冷清清的一人对灯，好没兴趣。待要赶了他们去，又怕他们得了意，以后越发来劝；若拿出做上的规矩来镇唬，似乎无情太甚。说不得横心只当他们死了，横竖自然也要过的。便权当他们死了，毫无牵挂，反能怡然自悦。因命四儿剪灯烹茶，自己看了一回《南华经》。正看至《外篇 · 胠箧》一则，其文曰：

故绝圣弃知，大盗乃止；擿玉毁珠，小盗不起；焚符破玺，而民朴鄙；掊斗折衡，而民不争；殚残天下之圣法，而民始可与论议。擢乱六律，铄绝竽瑟，塞瞽旷之耳，而天下始人含其聪矣；灭文章，散五采，胶离朱之目，而天下始人含其明矣；毁绝钩绳而弃规矩，攦工倕之指，而天下始人有其巧矣。

看至此，意趣洋洋，趁着酒兴，不禁提笔续曰：

焚花散麝，而闺阁始人含其劝矣；戕宝钗之仙姿，灰黛玉之灵窍，丧减情意，而闺阁之美恶始相类矣。彼含其劝，则无参商之虞矣；戕其仙姿，无恋爱之心矣；灰其灵窍，无才思之情矣。彼钗、玉、花、麝者，皆张其罗而穴其隧，所以迷眩缠陷天下者也。

笺证

深湛的感情受阻，于孤独苦闷中就必然挣扎突围，产生精神的裂变。尤其是遇上贾宝玉那样的敏感神经。贾宝玉的痴情，是《红楼梦》叙事的焦点，对于这个焦点可以顺着阐发，也可以扭着摔打。扭着摔打，电光石火，奇光异彩，更能撞击和烧灼人们心弦。第二十一回贾宝玉续《庄子》，就是自己受到冷遇后，以“独与天地精神往来”的超逻辑思维，扭着摔打自己的痴情。他读《南华经》即《庄子》，见外篇《胠箧》说：“故绝圣弃知，大盗乃止；擿玉毁珠，小盗不起；焚符破玺，而民朴鄙；掊斗折衡，而民不争；殚残天下之圣法，而民始可与论议。擢乱六律，铄绝竽瑟，塞瞽旷之耳，而天下始人含其聪矣；灭文章，散五采，胶离朱之目，而天下始人含其明矣；毁绝钩绳而弃规矩，攦工倕之指，而天下始人有其巧矣。”[7] 这种思想是从《老子》第19章“绝圣弃智，民利百倍。绝仁弃义，民复孝慈。绝巧弃利，盗贼无有”中来的，对儒家经世济用的价值秩序是一种颠覆。宝玉对此意趣洋洋，趁着酒兴，不禁提笔续写，庚辰本眉批说：“趁着酒兴不禁而续，是作者自站地步处，谓余何人耶，敢续《庄子》？然奇极怪极之笔，从何设想，怎不令人叫绝？已卯冬夜。”[8] 贾宝玉心仪《庄子》，《庄子》是宝玉心灵的镇痛剂、销愁散，他需要《庄子》以超逻辑的方式拯救苦闷难耐的心灵。他不去赓续圣经贤传，却来续《庄子》，由此探取逍遥人性，进入一种庄禅境界。因而这回续《庄子》，却满口胡茬，焚花散麝，戕钗灰黛，把在他心中最占位置的黛玉、宝钗、袭人、麝月都归入焚毁废弃之列，爱之至极，焚之后快，唯独没有晴雯。如鲁迅所言：“悲剧将人生的有价值的东西毁灭给人看，喜剧将那无价值的撕破给

[7]（清）王先谦：《庄子集解》，中华书局1987年版，第87页。

[8]（清）曹雪芹著，脂砚斋评：《脂砚斋重评石头记庚辰校本》，作家出版社2006年版，第426页。

人看。”宝玉糅合着悲喜剧的悽怆，狠狠地表演了心灵的游戏。宝玉续《庄子因》说:“焚花散麝，而闺阁始人含其劝矣;戕宝钗之仙姿，灰黛玉之灵窍，丧减情意，而闺阁之美恶始相类矣。彼含其劝，则无参商之虞矣;戕其仙姿，无恋爱之心矣;灰其灵窍，无才思之情矣。彼钗、玉、花、麝者，皆张其罗而穴其隧，所以迷眩缠陷天下者也。”他感觉到大观园群芳是“迷眩缠陷天下者”。而又如此断然以废墟对待群芳的做派，害得脂评者也满口胡茬，拿兖州杜甫祠被郡守毁为己祠来做文章，写下与《红楼梦》不搭界的评语。庚辰本紧接着夹批“直似庄老，奇甚怪甚”，眉批又说:“赵香梗先生《秋树根偶谭》内，兖州少陵台有子美祠为郡守毁为己祠。先生叹子美生遭丧乱，奔走无家，孰料千百年后数椽片瓦犹遭贪吏之毒手。甚矣，才人之厄也！因改公《茅屋为秋风所破歌》数句，为少陵解嘲:‘少陵遗像太守欺无力，忍能对面为盗贼，公然（折克非）[拆去作]己祠，旁人有口呼不得，梦归来兮闻叹息，白日无光天地黑。安得旷宅千万间，太守取之不尽生欢颜，公祠免毁安如山。’读之令人感慨悲愤，心常耿耿。壬午九月。——因索书甚迫，姑志于此，非批《石头记》也。◇为续《庄子因》数句，真是打破胭脂阵，坐透红粉关，另开生面之文，无可评处。”[9]总之，宝玉是为了“打破胭脂阵，坐透红粉关”，在不可突围处发起精神的突围。这是心灵游戏吗？这种心灵游戏有点做过头了。贾宝玉续《庄子》，摔打自己平日的情痴所系的“何堂堂之须眉诚不若彼一干裙钗”，给人心灵的震撼，有点像他摔打自己的“命根子”，他后来出家为僧的精神基因就这样潜伏下来了。

续毕，掷笔就寝。头刚着枕便酣然睡去，一夜竟不知所之，直至天明方醒。翻身看时，只见袭人和衣睡在衾上。宝玉将昨日的事已付与度外，便推他说道:“起来好生睡，看冻着了。”

原来袭人见他无晓夜和姊妹们厮闹，若直劝他，料不能改，故用柔情以警之，料他不过半日片刻仍复好了。不想宝玉一日夜竟不回转，自己反不得主意，直一夜没好生睡得。今忽见宝玉如此，料他心意回转，便越性不睬他。宝玉见他不应，便伸手替他解衣，刚解开了钮子，被袭人将手推开，又自扣了。宝玉无法，只得拉他的手笑道："你到底怎么了？"连问几声，袭人睁眼说道："我也不怎么。你睡醒了，你自过那边房里去梳洗，再迟了就赶不上。"宝玉道："我过那里去？"袭人冷笑道："你问我，我知道？你爱往那里去，就往那里去。从今咱们两个丢开手，省得鸡声鹅斗，叫别人笑。横竖那边腻了过来，这边又有个什么'四儿''五儿'服侍。我们这起东西，可是白'玷辱了好名好姓'的。"宝玉笑道："你今儿还记着呢！"袭人道："一百年还记着呢。比不得你，拿着我的话当耳旁风，夜里说了，早起就忘了。"宝玉见他娇嗔满面，情不可禁，便向枕边拿起一根玉簪来，一跌两段，说道："我再不听你说，就同这个一样。"袭人忙的拾了簪子，说道："大清早起，这是何苦来。听不听什么要紧，也值得这种样子。"宝玉道："你那里知道我心里急。"袭人笑道："你也知道着急么？可知我心里怎么样。快起来洗脸去罢。"说着，二人方起来梳洗。

宝玉往上房去后，谁知黛玉走来，见宝玉不在房中，因翻弄案上书看，可巧翻出昨儿的《庄子》来。看至所续之处，不觉又气又笑，不禁也提笔续书一绝云：

无端弄笔是何人？作践南华庄子因。不悔自己无见识，却将丑语怪他人！

写毕，也往上房来见贾母，后往王夫人处来。

❾（清）曹雪芹著，脂砚斋评：《脂砚斋重评石头记庚辰校本》，作家出版社2006年版，第428页。

笺证

读一点小说评点史的文字，对于理解《红楼梦》的精蕴不无好处。清康熙三十四年（1695）张竹坡评点《第一奇书金瓶梅》，书前有《第一奇书非淫书论》《冷热金针》《读法》《凡例》《趣谈》，又有回前评、眉批夹批共十万余言。《冷热金针》说："《金瓶》以'冷热'二字开讲，抑孰不知此二字为一部之金钥乎？……噫嘻！一部言冷言热，何啻如花如火……是作书者固难，而看书者为尤难，岂不信哉！"[10]冷热金针，不仅是解开文本死结的金钥匙，而且是解开人物精神死结的金钥匙。第二十一回袭人和林黛玉对贾宝玉续《庄子》的精神死结反应不同，袭人用的是冷金针，林黛玉用的是热金针。宝玉续《庄子》毕，掷笔就寝。头刚着枕便酣然睡去，一夜竟不知所之，直至天明方醒。庚辰本夹批说："此犹是袭人余功也。想每日每夜，宝玉自是心忙身忙口忙之极，今则怡然自适。虽此一刻，于身心无所补益，能有一时之闲闲自若，亦岂非袭卿之所使然耶？"[11]宝玉将郁悒的情绪发泄过后，精神反而得到放松，因而翻身看时，只见袭人和衣睡在衾上。这是袭人用柔情以警之，柔情是焦虑的清补凉，是治疗精神死结的冷金针。庚辰本夹批又说："神极之笔！试思袭人不来同卧亦不成文字，来同卧更不成文字。却云'和衣（睡在）衾上'，正是来同卧、不来同卧之间。何神奇又妙绝矣！好袭人，真好！石头记得真，真好！述者述得不错，真好！批者批得出，更好！"[12]袭人坦然对待，使宝玉将昨日的事已付与度外。庚辰本夹批说："更好！可见玉卿的是天真烂漫之人也！近之所谓呆公子，又曰'老好人'，又曰'无心道人'是也！殊不知尚古淳风。"[13]宝玉只好对坦然而卧的袭人推了一推说："起来好生睡，看冻着了。"宝玉的精神郁结也就一推推开了。袭人以柔情警之，又以箴言讽之，冷笑着说："你问我，我知道？你爱往那里去，就往那里去。从今咱们两个丢开手，省得鸡声鹅斗，叫别人笑。横竖那边腻了过来，这边又有个什么'四儿''五儿'服侍。我们这起东西，可是白'玷辱了好名好姓'的。"宝玉笑着说："你今儿还记着呢！"袭人说："一百年还记着呢！比不得你，拿着我的话当耳旁风，夜里说了，早起就忘了。"宝玉见他娇嗔满面，情不可禁，就向枕边拿起一根玉簪来，一跌两段，说道："我再不听你说，就同这个一样。"蒙古王府本侧批说："迎头一棒！"这迎头一棒，是袭人软硬兼施，绵里藏针，从而把宝玉收拾妥帖的。因此本回回目用"贤袭人"称之。她也知道宝玉本性难移，因此逼他发誓，要记一百年。再说林黛玉对贾宝玉续《庄子》的回应。谁知黛玉走来，见宝玉不在房中，因翻弄案上书看，可巧翻出昨儿的《庄子》来。看至所续之处，不觉又气又笑，不禁也提笔续书一绝云：“无端弄笔是何人？作践南华庄子因。不悔自己无见识，却将丑语怪他人。”林黛玉以无端、作践、不悔、却将的语言方式，拆解了宝玉续《庄子》引起的笔墨官司，可知林黛玉也熟知庄生三昧，以此对宝玉的精神死结对准穴位，扎下一枚热金针。《庄子》在《红楼梦》中的渗透，简直是深入骨髓。对于这场笔墨官司，庚辰本夹批说：“骂得痛快，非颦儿不可。真好颦儿，真好颦儿！好诗！若云知音者，颦儿也。至此方完‘箴玉’半回。”夹批又说：“不用宝玉见此诗，若长若短亦是大手法。”庚辰本眉批说：“又借阿颦诗自相鄙驳，可见余前批不谬。己卯冬夜。”[14]又有眉批说：“宝玉不见诗，是后文余步也，《石头记》得力所在。丁亥夏。畸笏叟。”[15]林黛玉得见贾宝玉续《庄子》，贾宝玉不见林黛玉所作批驳，见与不见，天缺一角，参差有致，不落俗套。绛珠仙子毕竟不能一味还泪，有时也得沾点便宜，嘲笑接受还泪者“无端弄笔”才是。《红楼梦》在宝玉、黛玉的逞才使气中，游戏文字，显得波诡云谲，思绪缠绵。袭人、黛玉对宝玉以废墟对待群芳的心结，疏解方法一冷一热，或缓或急，亦俗亦雅，从不同侧面极尽心理治疗之能事，对其人格障碍、心理疾患进行矫正。能够写出同一事件的不同反应，是作家揣摩人物内心的精到之处。

谁知凤姐之女大姐病了，正乱着请大夫来诊脉。大夫便说：“替夫人奶奶们道喜，姐儿发热是见喜了，并非别病。”王夫人、凤姐听了，忙遣人问：“可好不好？”医生回道：“病虽险，却顺，倒还不妨。预备桑虫猪尾要紧。”凤姐听了，登时忙将起来：一面打扫房屋供奉痘疹娘娘，一面传与家人忌

❿秦修容整理：《金瓶梅会评会校本》，中华书局1998年版，第1491页。

⓫（清）曹雪芹著，脂砚斋评：《脂砚斋重评石头记庚辰校本》，作家出版社2006年版，第426页。

⓬（清）曹雪芹著，脂砚斋评：《脂砚斋重评石头记庚辰校本》，作家出版社2006年版，第426—427页。

⓭（清）曹雪芹著，脂砚斋评：《脂砚斋重评石头记庚辰校本》，作家出版社2006年版，第427页。

⓮（清）曹雪芹著，脂砚斋评：《脂砚斋重评石头记庚辰校本》，作家出版社2006年版，第428页。

⓯（清）曹雪芹著，脂砚斋评：《脂砚斋重评石头记庚辰校本》，作家出版社2006年版，第428页。

煎炒等物，一面命平儿打点铺盖衣服与贾琏隔房，一面又拿大红尺头与奶子丫头亲近人等裁衣。外面又打扫净室，款留两个医生，轮流斟酌诊脉下药，十二日不放家去。贾琏只得搬出外书房来斋戒，凤姐与平儿都随着王夫人日日供奉娘娘。

那个贾琏，只离了凤姐便要寻事，独寝了两夜，便十分难熬，便暂将小厮们内有清俊的选来出火。不想荣国府内有一个极不成器破烂酒头厨子，名唤多官，人见他懦弱无能，都唤他作“多浑虫”。因他自小父母替他在外娶了一个媳妇，今年方二十来往年纪，生得有几分人才，见者无不羡爱。他生性轻浮，最喜拈花惹草，多浑虫又不理论，只是有酒有肉有钱，便诸事不管了，所以荣宁二府之人都得入手。因这个媳妇美貌异常，轻浮无比，众人都呼他作“多姑娘儿”。

如今贾琏在外熬煎，往日也曾见过这媳妇，失过魂魄，只是内惧娇妻，外惧娈宠，不曾下得手。那多姑娘儿也曾有意于贾琏，只恨没空。今闻贾琏挪在外书房来，他便没事也要走两趟去招惹。惹的贾琏似饥鼠一般，少不得和心腹的小厮们计议，合同遮掩谋求，多以金帛相许。小厮们焉有不允之理，况都和这媳妇是好友，一说便成。是夜二鼓人定，多浑虫醉昏在炕，贾琏便溜了来相会。进门一见其态，早已魄飞魂散，也不用情谈款叙，便宽衣动作起来。

谁知这媳妇有天生的奇趣，一经男子挨身，便觉遍身筋骨瘫软，使男子如卧绵上，更兼淫态浪言，压倒娼妓，诸男子到此岂有惜命者哉。那贾琏恨不得连身子化在他身上。那媳妇故作浪语，在下说道:“你家女儿出花儿，供着娘娘，你也该忌两日，倒为我脏了身子。快离了我这里罢。”贾琏一面大动，一面喘吁吁答道:“你就是娘娘！我那里管什么娘娘！”那媳妇越浪，贾琏越丑态毕露。一时事毕，两个又海誓山盟，难分难舍，此后遂成相契。

笺证

《红楼梦》的事件往往牵涉着清朝前中期的风俗惯例或民俗信仰，包括当时的流行疫情恐怖。在清朝顺、康、雍、乾时期，天花是一种关乎皇朝气运的可怕的恶性传染病，甚至危及大清国本。清朝皇帝中顺治、同治死于天花，康熙、咸丰虽然侥幸活命，却在脸上留下了麻子瘢痕。顺治之子玄烨（后来的康熙皇帝）出生不久就被抱到紫禁城西华门外“躲避天花”，这就是今日北京的福佑寺。天花流行使得顺治生的八个阿哥，有四个早亡，六个格格死的只剩一个。康熙生的三十五个皇子，有十五个早亡，二十五个公主死了十三个。这种浓重的阴影，在曹雪芹写《红楼梦》时期尚未飘散，因此第二十一回凤姐的女儿巧姐出天花，贾府的禁忌仪式十分郑重：“凤姐听了，登时忙将起来：一面打扫房屋供奉痘疹娘娘，一面传与家人忌煎炒等物，一面命平儿打点铺盖衣服与贾琏隔房，一面又拿大红尺头与奶子丫头亲近人等裁衣。外面又打扫净室，款留两个医生，轮流斟酌诊脉下药，十二日不放家去。贾琏只得搬出外书房来斋戒，凤姐与平儿都随着王夫人日日供奉娘娘。”隔房是为了避免性行为冲犯了痘疹娘娘，这关系到东方神秘的民俗信仰，认为性行为是肮脏的，不洁的，亵渎神灵的。可笑的是，贾琏把这种民俗信仰简直视为无物，他只信仰性的神圣，搬出外书房来斋戒，却按捺不住淫火中烧，就拿多姑娘泄欲，放纵到了丑态百出，“谁知这媳妇有天生的奇趣，一经男子挨身，便觉遍身筋骨瘫软，使男子如卧绵上，更兼淫态浪言，压倒娼妓”。庚辰本夹批说：“如此境界，自胜西方、蓬莱等处。”[16]贾琏把淫乱当成仙境，哪管什么痘花娘娘的禁忌，连称多姑娘“你就是娘娘！我那里管什么娘娘”。在这里，淫乱袭击了天花绝症的禁忌，淫乱成了贾府中压倒性的主题。对于此事写得露骨的淫乱文字，庚辰本反复作眉批说：“一部书中，只有此一段丑极太露之文，写于贾琏身上，恰极当极！己卯

[16]（清）曹雪芹著，脂砚斋评：《脂砚斋重评石头记庚辰校本》，作家出版社2006年版，第429页。

冬夜”；“看官熟思：写珍、琏辈当以何等文方妥方恰也？壬午孟夏”；“此段系书中情之瘕疵，写为阿凤生日泼醋回及‘天风流’宝玉悄看晴雯回作引，伏线千里外之笔也。丁亥夏。畸笏”。[17]由此推想“秦可卿淫丧天香楼”原文，写此类淫乱丑态当是更加淋漓尽致，令“看官熟思：写珍、琏辈当以何等文方妥方恰也？”《红楼梦》之文，雅到极致，俗也到极致，荤素兼陈，总是纵笔直书，勾魂摄魄，物无遁形，写得好看极了，竟然以性本能袭击民俗信仰的禁忌，以人间反常的伦理直逼天书容纳的极限。

一日大姐毒尽癍回，十二日后送了娘娘，合家祭天祀祖，还愿焚香，庆贺放赏已毕，贾琏仍复搬进卧室。见了凤姐，正是俗语云“新婚不如远别”，更有无限恩爱，自不必烦絮。

次日早起，凤姐往上屋去后，平儿收拾贾琏在外的衣服铺盖，不承望枕套中抖出一绺青丝来。平儿会意，忙拽在袖内，便走至这边房内来，拿出头发来，向贾琏笑道：“这是什么？”贾琏看见着了忙，抢上来要夺。平儿便跑，被贾琏一把揪住，按在炕上，掰手要夺，口内笑道：“小蹄子，你不趁早拿出来，我把你膀子撅折了。”平儿笑道：“你就是没良心的。我好意瞒着他来问，你倒赌狠。你只赌狠，等他回来我告诉他，看你怎么着。”贾琏听说，忙陪笑央求道：“好人，赏我罢，我再不赌狠了。”

一语未了，只听凤姐声音进来。贾琏听见松了手，平儿刚起身，凤姐已走进来，命平儿快开匣子，替太太找样子。平儿忙答应了找时，凤姐见了贾琏，忽然想起来，便问平儿：“拿出去的东西都收进来了么？”平儿道：“收进来了。”凤姐道：“可少什么没有？”平儿道：“我也怕丢下一两件，细细的查了查，也不少。”凤姐道：“不少就好，只是别多出来罢。”平儿笑道：“不丢万幸，谁还添出来呢？”凤姐冷笑道：“这半个月难保干净，或者有相厚的丢下的东西：戒指、汗巾、香袋儿，再至于头发、指甲，都是东西。”一席话，说的贾琏脸都黄了。

贾琏在凤姐身后，只望着平儿杀鸡抹脖使眼色儿。平儿只装着看不见，因笑道：“怎么我的心就和奶奶的心一样！我就怕有这些个，留神搜了一搜，竟一点破绽也没有。奶奶不信时，那些东西我还没收呢，奶奶亲自翻寻一遍去。”凤姐笑道：“傻丫头，他便有这些东西，那里就叫咱们翻着了！”说着，寻了样子又上去了。

⑰（清）曹雪芹著，脂砚斋评：《脂砚斋重评石头记庚辰校本》，作家出版社2006年版，第430页。

平儿指着鼻子，晃着头笑道：“这件事怎么回谢我呢？”喜的个贾琏身痒难挠，跑上来搂着，“心肝肠肉”乱叫乱谢。平儿仍拿了头发笑道：“这是我一生的把柄了。好就好，不好就抖露出这事来。”贾琏笑道：“你只好生收着罢，千万别叫他知道。”口里说着，瞅他不防，便抢了过来，笑道：“你拿着终是祸患，不如我烧了他完事了。”一面说着，一面便塞于靴掖内。平儿咬牙道：“没良心的东西，过了河就拆桥，明儿还想我替你撒谎！”

贾琏见他娇俏动情，便搂着求欢，被平儿夺手跑了，急的贾琏弯着腰恨道：“死促狭小淫妇！一定浪上人的火来，他又跑了。”平儿在窗外笑道：“我浪我的，谁叫你动火了？难道图你受用一回，叫他知道了，又不待见我。”贾琏道：“你不用怕他，等我性子上来，把这醋罐打个稀烂，他才认得我呢！他防我像防贼似的，只许他同男人说话，不许我和女人说话；我和女人略近些，他就疑惑，他不论小叔子侄儿，大的小的，说说笑笑，就不怕我吃醋了？以后我也不许他见人！”平儿道：“他醋你使得，你醋他使不得。他原行的正走的正；你行动便有个坏心，连我也不放心，别说他了。”贾琏道：“你两个一口贼气。都是你们行的是，我凡行动都存坏心。多早晚都死在我手里。”

一句未了，凤姐走进院来，因见平儿在窗外，就问道：“要说话两个人不在屋里说，怎么跑出一个来，隔着窗子，是什么意思？”贾琏在窗内接道：“你可问他，倒像屋里有老虎吃他呢。”平儿道：“屋里一个人没有，我在他跟前作什么？”凤姐儿笑道：“正是没人才好呢。”平儿听说，便说道：

“这话是说我呢？”凤姐笑道：“不说你说谁？”平儿道：“别叫我说出好话来了。”说着，也不打帘子让凤姐，自己先摔帘子进来，往那边去了。

凤姐自掀帘子进来，说道：“平儿疯魔了。这蹄子认真要降伏我，仔细你的皮要紧。”贾琏听了，已绝倒在炕上，拍手笑道：“我竟不知平儿这么利害，从此倒伏他了。”凤姐道：“都是你惯的他，我只和你说！”贾琏听说忙道：“你两个不卯，又拿我来作人。我躲开你们。”凤姐道：“我看你躲到那里去。”贾琏道：“我就来。”凤姐道：“我有话和你商量。”不知商量何事，且听下回分解。正是：

淑女从来多抱怨，娇妻自古便含酸。

笺证

《红楼梦》真会写戳心窝的事，戳到心窝中最见不得人的地方。心窝天地大，戳心窝，弄不好就会捅出一个天窟窿，弄好了就可以撬开一片大天地。第二十一回此次所戳，是贾琏的心窝，是他无地自容之处。贾琏在外面与多姑娘淫乱，还捎回来一缕头发，平儿发现后替他藏掖掩饰，贾琏一把揪住平儿，按在炕上掰手要夺走。凤姐闻声音进来时，庚辰本夹批说：“惊天骇地之文！如何？不知下文怎样了结，使贾琏及观者一齐丧胆。”侧批又说：“《石头记》大法小法累累如是，并不为厌。”[18]所谓惊天骇地，就是天有捅出窟窿的危险。凤姐竟然冷笑着对平儿说：“这半个月难保干净，或者有相厚的丢下的东西：戒指，汗巾，香袋儿，再至于头发、指甲，都是东西。”先要设下一个天窟窿被捅破的险境。实在是知夫莫若妻，一席话，说的贾琏脸都黄了。贾琏在凤姐身后，只望着平儿杀鸡抹脖使眼色儿。写人气急败坏，用“杀鸡抹脖使眼色儿”来形容，实在找不出更妙的词儿了。庚辰本夹批说：“好阿凤，令人胆寒。”胆寒是站在贾琏位置上说的，“俏平儿软语救贾琏”，究竟还是把胆寒的贾琏救下来了，把天窟窿补上了。但是，才一转眼，贾琏就说大话：“你（平儿）不用怕他（凤姐），等我性子上来，把这醋罐打个稀烂，他才认得我呢！他防我像防贼似的，只许他同男人说话，不许我和女人说话，我和女人略近些，他就疑惑，他不论小叔子侄儿，大的小的，说说笑笑，就不怕我吃醋了？以后我也不许他见人！”这诚然是说大话也不怕收税，但“小叔子侄儿”，也是话外有话的。庚辰本夹批说：“无理之甚，却是妙极趣谈，天下惧内者背后之谈皆如此。”[19]在此三角战争中，得心应手是平儿，她一推一拉、一藏一逗，狡黠机灵，举重若轻，就把争风吃醋的凤姐、贾琏处置得不失面子、风平浪静，无愧于本回回目所形容的“俏平儿”。平儿俏就俏在她挺身而出，挡住那片可能会被捅出窟窿的天。然而站在读者的位置，这一连串的戳心窝，切实戳出一片天地，这片天地中人心被戳得颠颠倒倒，戳得真够好看的。写小说就要写得好看，不好看岂能算得上什么好小说？

[18]（清）曹雪芹著，脂砚斋评：《脂砚斋重评石头记庚辰校本》，作家出版社2006年版，第430页。

[19]（清）曹雪芹著，脂砚斋评：《脂砚斋重评石头记庚辰校本》，作家出版社2006年版，第432页。

第二十二回

听曲文宝玉悟禅机　制灯迷贾政悲谶语

话说贾琏听凤姐儿说有话商量，因止步问是何话。凤姐道："二十一是薛妹妹的生日，你到底怎么样呢？"贾琏道："我知道怎么样！你连多少大生日都料理过了，这会子倒没了主意？"凤姐道："大生日料理，不过是有一定的则例在那里。如今他这生日，大又不是，小又不是，所以和你商量。"贾琏听了，低头想了半日道："你今儿糊涂了。现有比例，那林妹妹就是例。往年怎么给林妹妹过的，如今也照依给薛妹妹过就是了。"凤姐听了，冷笑道："我难道连这个也不知道？我原也这么想定了。但昨儿听见老太太说，问起大家的年纪生日来，听见薛大妹妹今年十五岁，虽不是整生日，也算得将笄之年。老太太说要替他作生日，想来若果真替他作，自然比往年与林妹妹的不同了。"贾琏道："既如此，就比林妹妹的多增些。"凤姐道："我也这们想着，所以讨你的口气。我若私自添了东西，你又怪我不告诉明白你了。"贾琏笑道："罢，罢，这空头情我不领。你不盘察我就够了，我还怪你！"说着，一径去了，不在话下。

且说史湘云住了两日，因要回去。贾母因说："等过了你宝姐姐的生日，看了戏再回去。"史湘云听了，只得住下。又一面遣人回去，将自己旧日作的两色针线活计取来，为宝钗生辰之仪。

谁想贾母自见宝钗来了，喜他稳重和平，正值他才过第一个生辰，便自己蠲资二十两，唤了凤姐来，交与他置酒戏。凤姐凑趣笑道："一个老祖宗给孩子们作生日，不拘怎样，谁还敢争，又办什么酒戏？既高兴要热闹，就说不得自己花上几两。巴巴的找出这霉烂的二十两银子来作东道，这意思还叫我赔上。果然拿不出来也罢了，金的、银的、圆的、扁的，压塌了箱子底，只是勒掯我们。举眼看看，谁不是儿女？难道将来只有宝兄弟顶了你老人家上五台山不成？那些梯己只留于他，我们如今虽不配使，也别苦了我们。这个够酒的？够戏的？”说的满屋里都笑起来。贾母亦笑道：“你们听听这嘴！我也算会说的，怎么说不过这猴儿。你婆婆也不敢强嘴，你和我啷啷的。”凤姐笑道：“我婆婆也是一样的疼宝玉，我也没处去诉冤，倒说我强嘴。”说着，又引着贾母笑了一回，贾母十分喜悦。

到晚间，众人都在贾母前，定昏之馀，大家娘儿姊妹等说笑时，贾母因问宝钗爱听何戏，爱吃何物等语。宝钗深知贾母年老人，喜热闹戏文，爱吃甜烂之食，便总依贾母往日素喜者说了出来。贾母更加欢悦。次日便先送过衣服玩物礼去，王夫人、凤姐、黛玉等诸人皆有随分不一，不须多记。

至二十一日，就贾母内院中搭了家常小巧戏台，定了一班新出小戏，昆弋两腔皆有。就在贾母上房排了几席家宴酒席，并无一个外客，只有薛姨妈、史湘云、宝钗是客，馀者皆是自己人。这日早起，宝玉因不见林黛玉，便到他房中来寻，只见林黛玉歪在炕上。宝玉笑道：“起来吃饭去，就开戏了。你爱看那一出？我好点。”林黛玉冷笑道：“你既这样说，你特叫一班戏来，拣我爱的唱给我看。这会子犯不上跐着人借光儿问我。”宝玉笑道：“这有什么难的。明儿就这样行，也叫他们借咱们的光儿。”一面说，一面拉起他来，携手出去。

吃了饭点戏时，贾母一定先叫宝钗点。宝钗推让一遍，无法，只得点了一折《西游记》。贾母自是欢喜，然后便命凤姐点。凤姐亦知贾母喜热闹，更喜谑笑科诨，便点了一出《刘二当衣》。贾母果真更又喜欢，然后便命黛玉点。黛玉因让薛姨妈、王夫人等。贾母道："今日原是我特带着你们取笑，咱们只管咱们的，别理他们。我巴巴的唱戏摆酒，为他们不成？他们在这里白听白吃，已经便宜了，还让他们点呢！"说着，大家都笑了。黛玉方点了一出。然后宝玉，史湘云、迎、探、惜、李纨等俱各点了，按出扮演。

笺证

记得俄国文豪列夫·托尔斯泰《安娜·卡列尼娜》有句开场白："幸福的家庭都是相似的，不幸的家庭各有各的不幸。"其实，幸福之事并不都相似，《红楼梦》就写出幸福之事，各有各的玄机，各人藏着各人的心事。第二十二回写薛宝钗十五岁生日，算得将笄之年。贾母要替她作这个在王熙凤看来"大又不是，小又不是"的生日，还捐出二十两银子安置酒戏。如此幸福之事，足见薛宝钗在贾母心中的位置有了着实耐人寻味的提升。幸福的玄机，就在于薛宝钗善于揣摩深浅、真会做人，与林黛玉任着性子，专门耍她的刀子嘴不同。贾母问宝钗"爱听何戏，爱吃何物"等语。宝钗深知贾母年老人，喜热闹戏文，爱吃甜烂之食，便总依贾母往日素喜者说了出来，使得贾母更加欢悦。吃饭点戏时，宝钗点了一折《西游记》，是讨好贾母好热闹的心理，后来慈禧太后也好看《西游记》。贾母自是欢喜，然后便命凤姐点。凤姐亦知贾母喜热闹，更喜谑笑科诨，便点了一出《刘二当衣》。"亦知"二字，暗示凤姐与宝钗一样，都是能够体察老人心理，善于卖乖讨好的人。《刘二当衣》是流行于清康熙、乾隆年间的一出以丑角为主的滑稽小戏。叙写的是穷汉刘二（丑脚扮演）清晨就上当铺叩门，但当铺大门尚未到点开启，他就站在门外一边等待，一边装疯卖傻，做出许多滑稽的身段和表情，唱了好几段笑料百出的弋阳腔，令人忍俊不禁。庚辰本眉批说："凤姐点戏，脂砚执笔事，今知者寥寥矣，不怨夫？"又说："前批'知者寥寥'，今丁亥夏只剩朽物一枚，宁不痛乎！"[1]可见这出滑稽小戏，在康熙年间的曹家曾经演出过。凤姐点这出滑稽小戏，就是以戏里的谑笑科诨取悦贾母。轮到了黛玉，点了一出戏，却不写戏的名字。庚辰本夹批说："不提何戏，妙！盖黛玉不喜看戏也。正是与后文'妙曲警芳心'留地步，正见此时不过草草随众而已，非心之所愿也。"[2]宝钗、凤姐、黛玉几位重要角色心中在点戏上各存玄机，就使这次喜庆的生日暗潮涌动，岂可以幸福之事都是相似而忽略过去？

[1]（清）曹雪芹著，脂砚斋评：《脂砚斋重评石头记庚辰校本》，作家出版社2006年版，第446页。

[2]（清）曹雪芹著，脂砚斋评：《脂砚斋重评石头记庚辰校本》，作家出版社2006年版，第446页。

至上酒席时，贾母又命宝钗点。宝钗点了一出《鲁智深醉闹五台山》。宝玉道："只好点这些戏。"宝钗道："你白听了这几年的戏，那里知道这出戏的好处，排场又好，词藻更妙。"宝玉道："我从来怕这些热闹戏。"宝钗笑道："要说这一出热闹，你还算不知戏呢。你过来，我告诉你，这一出戏热闹不热闹。——是一套北《点绛唇》，铿锵顿挫，韵律不用说是好的了，只那词藻中有一支《寄生草》，填的极妙，你何曾知道？"宝玉见说的这般好，便凑近来央告："好姐姐，念与我听听。"宝钗便念道：

漫揾英雄泪，相离处士家。谢慈悲剃度在莲台下，没缘法转眼分离乍。赤条条来去无牵挂。那里讨烟蓑雨笠卷单行？一任俺芒鞋破钵随缘化！

宝玉听了，喜的拍膝画圈，称赏不已，又赞宝钗无书不知。林黛玉道："安静看戏罢，还没唱《山门》，你倒《妆疯》了。"说的湘云也笑了。于是大家看戏。

笺证

《红楼梦》善于写影中影，也善于写戏中戏。而且竟然把薛宝钗写成精通戏曲的大行家，折射出曹雪芹对戏曲的丰富知识和浓厚兴趣。第二十二回写宝钗庆生日，贾母又命宝钗点戏，宝钗点了一出《鲁智深醉闹五台山》。宝钗对宝玉笑说："要说这一出热闹，你还算不知戏呢。你过来，我告诉你，这一出戏热闹不热闹。——是一套北《点绛唇》，铿锵顿挫，韵律不用说是好的了，只那词藻中有一支《寄生草》，填的极妙，你何曾知道？"宝玉见说的这般好，便凑近来央告："好姐姐，念与我听听。"宝钗便念道："漫揾英雄泪，相离处士家。谢慈悲剃度在莲台下，没缘法转眼分离乍。赤条条来去无牵挂。那里讨烟蓑雨笠卷单行？一任俺芒鞋破钵随缘化！"这里提到的《鲁智深醉闹五台山》又名《醉打山门》，是顶热闹的戏曲，宝玉说"我从来怕这些热闹"，也不算错，只是相当肤浅。这出戏演绎《水浒传》中掌管按练军旅、督捕盗贼的提辖官鲁达，为救弱女子金翠莲，三拳打死镇关西郑屠，受到官府追捕。经赵员外介绍，避难上五台山，剃度出家，法号"智深"，却吃酒闹事，毁寺打僧，师父智真屡劝不改，无奈之下就安排他去东京大相国寺。鲁智深临别向师父唱了《寄生草》曲子，感叹自己半生飘零，感谢师父的慈悲恩惠，独自踏上漫漫前路，悟出了"赤条条来去无牵挂"、"一任俺芒鞋破钵随缘化"的道理。薛宝钗念出的就是鲁智深向师父辞行的这支《寄生草》曲子。其中"赤条条来去无牵挂"，也可以看作宝玉最后出家的诗谶，言者无意，写者有心，让宝钗说出了宝玉最终"赤条条来去无牵挂"出家为僧的结局。庚辰本夹批说："是极！宝钗可谓博学矣，不似黛玉只一《牡丹亭》便心身不自主矣。真有学问如此，宝钗是也。"又说："此阕出自《山门》传奇。近之唱者将'一任俺'改为'早辞却'，无理不通之甚。必从'一任俺'三字，则'随缘'二字方不脱落。"[3]从这则脂评可知，《鲁智深醉闹五台山》即《醉打山门》传奇和这支《寄生草》曲子，在《红楼梦》时代颇为流行。宝钗的"博学"，反而泄露了自己悲剧命运的玄机。宝玉听了这支《寄生草》曲子，喜的拍膝画圈，称赏不已，又赞宝钗无书不知。林黛玉道："安静看戏罢，还没唱《山门》，你倒《妆疯》了。"《妆疯》出自"取百狐之腋，聚而成裘"之意而编成的戏曲剧本选集《缀白裘》的昆曲折子戏，叙写唐朝大将尉迟敬德因在功臣宴上触犯唐高祖李渊之侄、立下赫赫战功的名将李道宗而遭贬，就用装疯来拒绝领命出征的故事。林黛玉只不过取昆曲折子戏之名，讽刺宝玉对宝钗的捧场是装疯。庚辰本夹批说："趣极！今古利口莫过于优伶。此一诙谐，优伶亦不得如此急速得趣，可谓才人百技也。一段醋意可知。"[4]所谓醋意的对象，是黛玉对宝钗生日得到贾母垂青占尽风光，而宝玉却冷落自己去捧场。这既是失落感，又是寄人篱下的自卫意识。她讽刺宝玉对宝钗的捧场是装疯，有点类乎第二十八回林黛玉讽刺宝玉是呆雁，说是："何曾不是在屋里的，只因听见天上一声叫唤，出来瞧了瞧，原来是个呆雁。"戏中戏是一种巧喻或曲喻，它以故事中隐藏的意义，挖苦讽刺现实世界，挖苦讽刺对黛玉信誓旦旦的宝玉是装疯的呆雁。《红楼梦》的字面义与弦外音的张力，弹跳出字面意义的拘束，跨入了更深层的内蕴意义，从而酿造出可以反复解读的无穷滋味。

❸（清）曹雪芹著，脂砚斋评：《脂砚斋重评石头记庚辰校本》，作家出版社2006年版，第447页。

❹（清）曹雪芹著，脂砚斋评：《脂砚斋重评石头记庚辰校本》，作家出版社2006年版，第447页。

至晚散时，贾母深爱那作小旦的与一个作小丑的，因命人带进来，细看时益发可怜见。因问年纪，那小旦才十一岁，小丑才九岁，大家叹息一回。贾母令人另拿些肉果与他两个，又另外赏钱两串。凤姐笑道："这个孩子扮上活像一个人，你们再看不出来。"宝钗心里也知道，便只一笑不肯说。宝玉也猜着了，亦不敢说。史湘云接着笑道："倒像林妹妹的模样儿。"宝玉听了，忙把湘云瞅了一眼，使个眼色。众人却都听了这话，留神细看，都笑起来了，说果然不错。一时散了。

晚间，湘云更衣时，便命翠缕把衣包打开收拾，都包了起来。翠缕道："忙什么，等去的日子再包不迟。"湘云道："明儿一早就走。在这里作什么？——看人家的鼻子眼睛，什么意思！"宝玉听了这话，忙赶近前拉他说道："好妹妹，你错怪了我。林妹妹是个多心的人。别人分明知道，不肯说出来，也皆因怕他恼。谁知你不防头就说了出来，他岂不恼你。我是怕你得罪了他，所以才使眼色。你这会子恼我，不但辜负了我，而且反倒委曲了我。若是别人，那怕他得罪了十个人，与我何干呢。”湘云摔手道：“你那花言巧语别哄我。我也原不如你林妹妹，别人说他，拿他取笑都使得，只我说了就有不是。我原不配说他。他是小姐主子，我是奴才丫头，得罪了他，使不得！”宝玉急的说道：“我倒是为你，反为出不是来了。我要有外心，立刻就化成灰，叫万人践踹！”湘云道：“大正月里，少信嘴胡说。这些没要紧的恶誓、散话、歪话，说给那些小性儿、行动爱恼的人、会辖治你的人听去。别叫我啐你。”说着，一径至贾母里间，忿忿的躺着去了。

宝玉没趣，只得又来寻黛玉。刚到门槛前，黛玉便推出来，将门关上。宝玉又不解其意，在窗外只是吞声叫“好妹妹”。黛玉总不理他。宝玉闷闷的垂头自审。袭人早知端的，当此时断不能劝。那宝玉只是呆呆的站在那里。黛玉只当他回房去了，便起来开门，只见宝玉还站在那里。黛玉反不好意思，不好再关，只得抽身上床躺着。宝玉随进来问道：“凡事都有个原故，说出来，人也不委屈。好好的就恼了，终是什么原故起的？”林黛玉冷笑道：“问的我倒好，我也不知为什么原故。我原是给你们取笑的，——拿我比戏子取笑。”宝玉道：“我并没有比你，我并没笑，为什么恼我呢？”黛玉道：“你还要比？你还要笑？你不比不笑，比人比了笑了的还利害呢！”宝玉听说，无可分辩，不则一声。

黛玉又道：“这一节还恕得。再者，你为什么又和云儿使眼色？这安的是什么心？莫不是他和我顽，他就自轻自贱了？他原是公侯的小姐，我原是贫民的丫头，他和我顽，设若我回了口，岂不他自惹人轻贱呢。是这主意不是？这却也是你的好心，只是那一个偏又不领你这好情，一般也恼了。你又拿我作情，倒说我小性儿，行动肯恼。你又怕他得罪了我，我恼他。我恼他，与你何干？他得罪了我，又与你何干？”

宝玉见说，方才与湘云私谈，他也听见了。细想自己原为他二人，怕生隙恼，方在中调和，不想并未调和成功，反已落了两处的贬谤。正合着前日所看《南华经》上，有“巧者劳而智者忧，无能者无所求，饱食而遨游，泛若不系之舟”，又曰“山木自寇，源泉自盗”等语。因此越想越无趣。

笺证

第二十二回宝钗生日演戏，戏台下的“戏”比起戏台上的戏还要精彩，还要有滋味。简直是“戏台”上下，唱念做打调弄世间百态，锣鼓喧天唤醒人生百般心酸。贾母赏赐演戏的小旦和小丑，凤姐笑说：“这个孩子（小旦）扮上活像一个人，你们再看不出来。”庚辰本侧批说：“（凤姐）明明不叫人说出。”宝钗心里也知道，便只一笑不肯说。宝玉也猜着了，亦不敢说。她们不肯说与不敢说，已有风起青蘋之末，吹皱一池春水的气氛，史湘云却接着笑说：“倒像林妹妹的模样儿。”庚辰本夹批说：“口直心快，无有不可说之事。”侧批又说：“事无不可对人言。”眉批又说：“湘云、探春二卿，正‘事无不可对人言’之性。丁亥夏。畸笏叟。”[5]在古代富贵家族的眼光中，戏子是低人一等的。由此而吹皱的一池春水，就由于各人性格的碰撞，激起了波澜。写人际波澜，实际上就是写各人的性格。宝玉听了史湘云说“倒像林妹妹的模样儿”，忙把湘云瞅了一眼，使个眼色。众人却都听了史湘云这话，留神细看，都笑起来了，说果然不错。这件事大伤黛玉的心，一者把她一个贵族小姐比作卑贱的戏子；二者宝玉与湘云挤眉弄眼，似乎他们比自己亲近，难免产生醋意。宝玉爱博而劳，受尽夹板气，只能向林黛玉解释。林黛玉冷笑说：“问的我倒好，我也不知为什么原故。我原是给你们取笑的，——拿我比戏子取笑。”宝玉说：“我并没有比你，我并没笑，为什么恼我呢？”黛玉说：“你还要比？你还要笑？你不比不笑，比人比了笑了的

[5]（清）曹雪芹著，脂砚斋评：《脂砚斋重评石头记庚辰校本》，作家出版社2006年版，第448页。

还利害呢！”宝玉听说，无可分辩，不则一声。宝玉既然被黛玉看作知心人，知之愈深，责之愈苛。庚辰本侧批说：“可谓‘官断十条路’是也。”夹批又说：“何便无言可辩？真令人不解。前文湘云方来，‘正言弹妒意’一篇中，颦、玉角口，后收至‘褂子’一篇，余已注明不解矣。回思自心、自身是玉颦之心，则洞然可解，否则无可解也。身非宝玉，则有辩有答；若是宝玉，则再不能辩不能答。何也？总在二人心上想来。”[6] 眉批还说：“此书如此等文章多多不胜枚举，机括神思自从天分而有。其毛锥写人口气传神摄魄处，怎不令人拍案称奇叫绝！丁亥夏。畸笏叟。”[7] 脂评所说“‘正言弹妒意’一篇中，颦、玉角口，后收至‘褂子’一篇”，乃是第二十回“王熙凤正言弹妒意，林黛玉俏语谑娇音”中的故事。王熙凤正言弹压的是李嬷嬷大闹怡红院对袭人的妒意，赵姨娘呵斥贾环指桑骂槐的妒意，以及贾环对贾宝玉因嫡受宠的妒意。“颦、玉角口”，则是宝玉、宝钗去看新来的湘云，引得黛玉孤独哭泣，不想宝玉没两盏茶的工夫又来安慰黛玉，只见黛玉先说：“你又来作什么？横竖如今有人和你顽，比我又会念，又会作，又会写，又会说笑，又怕你生气拉了你去，你又作什么来？死活凭我去罢了。”宝玉为此说出“亲不间疏，先不僭后”道理后，黛玉、宝玉都说“我为的是我的心”的囫囵话，林黛玉听了，半日才说：“今儿冷的这样，你怎么倒反把个青肷披风脱了呢？”这就是脂评所谓“后收至‘褂子’”，口角之余不忘对方冷暖。这种小儿女的感情游戏，确实如脂评所言“此书如此等文章多多不胜枚举”。这未免搅扰得贾宝玉心劳日拙，因而看到《庄子》中有“巧者劳而智者忧，无能者无所求，饱食而遨游，泛若不系之舟”“山木自寇，源泉自盗”等语，就悟起禅来。可见宝玉的内心逻辑，与《庄子》是灵窍相通的，他对庄子之言的联想，几乎出自下意识。《庄子》这些话出自《庄子·人间世》：“山木自寇也，膏火自煎也。桂可食，故伐之。漆可用，故割之。人皆知有用之用，而莫知无用之用也。”以及《庄子·列御寇》：“巧者劳而智者忧，无能者无所求，饱食而遨游，泛若不系之舟，虚而敖游者也。”贾宝玉对《庄子》如此烂熟于心，遂使《庄子》成了宝玉悟禅的一条不可代替的便利通道。对于《庄子》之言，庚辰本夹批说：“按原注：‘山木，漆树也。’精脉自出，岂人所使之？故云‘自寇’，言自相戕贼也”；“源泉味甘，然后人争取之，自寻干涸也，亦如山木意，皆寓人智能聪明多知之害也。前文无心云看《南华经》，不过袭人等恼时，无聊之甚，偶以释闷耳。殊不知用于今日，大解悟、大觉迷之功甚矣。市徒见此必云：前日看的是外篇《胠箧》，如何今日又知若许篇？然则彼时只曾看外篇数语乎？想其理，自然默默看过几篇，适至外篇，故偶触其机，方续之也。若云只看了那几句便续，则宝玉彼时之心是有意续《庄子》，并非释闷时偶续之也。且更有见前所续，则曰续的不通，更可笑矣。试思宝玉虽愚，岂有安心立意与庄叟争衡哉？且宝玉有生以来，此身此心为诸女儿应酬不暇，眼前多少现成有益之事尚无暇去做，岂忽然要分心于腐言糟粕之中哉？可知除闺阁之外，并无一事是宝玉立意作出来的。大则天地阴阳，小则功名荣枯，以及吟篇琢句，皆是随分触情。偶得之，不喜；失之，不悲。若当作有心，谬矣。只看大观园题咏之文，已算平生得意之句、得意之事矣，然亦总不见再吟一句，再题一事，据此可见矣。然后可知前夜是无心顺手拈了一本《庄子》在手，且酒兴醺醺，芳愁默默，顺手不计工拙，草草一续也。若使顺手拈一本近时鼓词，或如‘钟无艳赴会，齐太子走国’等草野风邪之传，必亦续之矣。观者试看此批，然后谓余不谬。所以可恨者，彼夜却不曾拈了《山门》一出传奇。若使《山门》在案，彼时拈着，又不知于《寄生草》后续出何等超凡入圣大觉大悟诸语录来。◇黛玉一生是聪明所误，宝玉是多事所误。多事者，情之事也，非世事也。多情曰多事，亦宗《庄》笔而来，盖余亦偏矣，可笑。阿凤是机心所误，宝钗是博识所误，湘云是自爱所误，袭人是好胜所误，皆不能跳出庄叟言外，悲亦甚矣。再笔。”[8] 随手拈来《庄子》语，为自己与众女子的感情纠

❻（清）曹雪芹著，脂砚斋评：《脂砚斋重评石头记庚辰校本》，作家出版社2006年版，第449页。

❼（清）曹雪芹著，脂砚斋评：《脂砚斋重评石头记庚辰校本》，作家出版社2006年版，第449页。

❽（清）曹雪芹著，脂砚斋评：《脂砚斋重评石头记庚辰校本》，作家出版社2006年版，第450页。

葛自解自嘲，贾宝玉的感情就出入于《庄子》和女子之间，以《庄子》来调适与众女子的感情纠葛所产生的烦恼，使自己的精神不致因烦恼过度而崩溃。宝玉此时的心情近乎苏东坡频年遭受贬谪，遂作《洗儿诗》云“人家养子爱聪明，我为聪明误一生。但愿生儿愚且鲁，无灾无害到公卿”么？他虽然为“聪明误”，但想的不是“无灾无害到公卿”，而是不困不扰而使众女儿了解“我的心”。如庚辰本夹批所说：“看他只这一笔，写得宝玉又如何用心于世道。言闺中红粉尚不能周全，何碌碌僭欲治世待人接物哉？视闺中自然如儿戏，视世道如虎狼矣，谁云不然？”[9] 追求不困不扰而使众女儿了解“我的心”，这一点得不到，他只好由此岸的爱欲烦恼，解脱到彼岸的禅理禅境去了。这是一种逃遁、一种解脱，这条思路促成了他最终解脱为僧。要能打破，才有生机。《庄子》在《红楼梦》起到了进入感情嫩处，揉捏感情痛处，疏通感情隘处，打破感情塞处的功能，最终达到庄佛融合的禅悦境界。尚需补充的是，脂评说宝玉随手引用《庄子》中的话，并非刻意为之，“若使顺手拈一本近时鼓词，或如‘钟无艳赴会，齐太子走国’等草野风邪之传，必亦续之矣”。这个典故来自汉代刘向《列女传》卷六《辩通传》：“钟离春者，齐无盐邑之女，宣王之正后也。其为人极丑无双，臼头，深目，长壮，大节，卬鼻，结喉，肥项，少发，折腰，出胸，皮肤若漆。行年四十，无所容入，衒嫁不雠，流弃莫执。于是乃拂拭短褐，自诣宣王，谓谒者曰：‘妾齐之不雠女也。闻君王之圣德，愿备后宫之埽除，顿首司马门外，唯王幸许之。’谒者以闻，宣王方置酒于渐台，左右闻之，莫不掩口大笑曰：‘此天下强颜女子也，岂不异哉！’于是宣王乃召见之，谓曰：‘昔者先王为寡人娶妃匹，皆已备有列位矣。今夫人不容于乡里布衣，而欲干万乘之主，亦有何奇能哉？’钟离春对曰：‘无有。特窃慕大王之美义耳。’王曰：‘虽然，何善？’良久曰：‘窃尝善隐。’宣王曰：‘隐固寡人之所愿也，试一行之。’言未卒，忽然不见。宣王大惊，立发隐书而读之，退而推之，又未能得。明日，又更召而问之，不以隐对，但扬目衔齿，举手拊膝，曰：‘殆哉殆哉！’如此者四。宣王曰：‘愿遂闻命。’钟离春对曰：‘今大王之君国也，西有衡秦之患，南有强楚之雠，外有二国之难。内聚奸臣，众人不附。

春秋四十，壮男不立，不务众子而务众妇。尊所好，忽所恃。一旦山陵崩弛，社稷不定，此一殆也。渐台五重，黄金白玉，琅玕笼疏翡翠珠玑，幕络连饰，万民罢极，此二殆也。贤者匿于山林，谄谀强于左右，邪伪立于本朝，谏者不得通入，此三殆也。饮酒沈湎，以夜继昼，女乐俳优，纵横大笑。外不修诸侯之礼，内不秉国家之治，此四殆也。故曰殆哉殆哉！'于是宣王喟然而叹曰：'痛乎无盐君之言！乃今一闻。'于是拆渐台，罢女乐，退谄谀，去雕琢，选兵马，实府库，四辟公门，招进直言，延及侧陋。卜择吉日，立太子，进慈母，拜无盐君为后。而齐国大安者，丑女之力也。君子谓钟离春正而有辞。诗云'既见君子，我心则喜'，此之谓也。颂曰：无盐之女，干说齐宣，分别四殆，称国乱烦。宣王从之，四辟公门，遂立太子，拜无盐君。"[10]宝玉随手拈来典故，是不拘一格的，这才符合他的自由品性。

[9]（清）曹雪芹著，脂砚斋评：《脂砚斋重评石头记庚辰校本》，作家出版社2006年版，第450页。

[10]金振华、陈桂声主编：《文史合璧·两汉卷》，苏州大学出版社2016年版，第220—221页。

再细想来，目下不过这两个人，尚未应酬妥协，将来犹欲为何？想到其间，也无庸分辩回答，自己转身回房来。林黛玉见他去了，便知他回思无趣，赌气去了，一言也不曾发，不禁自己越发添了气，便说道："这一去，一辈子也别来，也别说话。"

宝玉不理，回房躺在床上，只是瞪瞪的。袭人深知原委，不敢就说，只得以他事来解释，因说道："今儿看了戏，又勾出几天戏来。宝姑娘一定要还席的。"宝玉冷笑道："他还不还，管谁什么相干。"袭人见这话不是往日的口吻，因又笑道："这是怎么说？好好的大正月里，娘儿们姊妹们都喜喜欢欢的，你又怎么这个形景了？"宝玉冷笑道："他们娘儿们姊妹们欢喜不欢喜，也与我无干。"袭人笑道："他们既随和，你也随和，岂不大家彼此有趣。"宝玉道："什么是

‘大家彼此’！他们有‘大家彼此’，我是‘赤条条来去无牵挂’。”谈及此句，不觉泪下。袭人见此光景，不肯再说。宝玉细想这句意味，不禁大哭起来，翻身起来至案，遂提笔立占一偈云：

你证我证，心证意证。是无有证，斯可云证。无可云证，是立足境。

写毕，自虽解悟，又恐人看此不解，因此亦填一支《寄生草》，也写在偈后。自己又念一遍，自觉无挂碍，中心自得，便上床睡了。

谁想黛玉见宝玉此番果断而去，故以寻袭人为由，来视动静。袭人笑回：“已经睡了。”黛玉听说，便要回去。袭人笑道：“姑娘请站住，有一个字帖儿，瞧瞧是什么话。”说着，便将方才那曲子与偈语悄悄拿来，递与黛玉看。黛玉看了，知是宝玉一时感忿而作，不觉可笑可叹，便向袭人道：“作的是顽意儿，无甚关系。”说毕，便携了回房去，与湘云同看。次日又与宝钗看。宝钗看其词曰：

无我原非你，从他不解伊。肆行无碍凭来去。茫茫着甚悲愁喜，纷纷说甚亲疏密。从前碌碌却因何，到如今回头试想真无趣！

看毕，又看那偈语，又笑道：“这个人悟了。都是我的不是，都是我昨儿一支曲子惹出来的。这些道书禅机最能移性。明儿认真说起这些疯话来，存了这个意思，都是从我这一支曲子上来，我成了个罪魁了。”说着，便撕了个粉碎，递与丫头们说：“快烧了罢。”黛玉笑道：“不该撕，等我问他。你们跟我来，包管叫他收了这个痴心邪话。”

三人果然都往宝玉屋里来。一进来，黛玉便笑道：“宝玉，我问你：至贵者是‘宝’，至坚者是‘玉’。尔有何贵？尔有何坚？”宝玉竟不能答。三人拍手笑道：“这样钝愚，还参禅呢。”黛玉又道：“你那偈末云，‘无可云证，是立足境’，固然好了，只是据我看，还未尽善。我再续两句在后。”因念云：“无立足境，是方干净。”宝钗道：“实在这方悟彻。当日南宗六祖惠能，初寻师至韶州，闻五祖弘忍在黄梅，他便充役火头僧。五祖欲求法嗣，令徒弟诸僧各出一偈。上座神秀说道：‘身是菩提树，心如明镜台，时时勤拂拭，莫使有尘埃。’彼时惠能在厨房碓米，听了这偈，说道：‘美则美矣，了则未了。’因自念一偈曰：‘菩提本非树，明镜亦非台，本来无一物，何处染尘埃？’五祖便将衣钵传他。今儿这偈语，亦同此意了。只是方才这句机锋，尚未完全了结，这便丢开手不成？”黛玉笑道：“彼时不能答，就算输了，这会子答上了也不为出奇。只是以后再不许谈禅了。连我们两个所知所能的，你还不知不能呢，还去参禅呢。”宝玉自己以为觉悟，不想忽被黛玉一问，便不能答，宝钗又比出“语录”来，此皆素不见他们能者。自己想了一想：“原来他们比我的知觉在先，尚未解悟，我如今何必自寻苦恼。”想毕，便笑道：“谁又参禅，不过一时顽话罢了。”说着，四人仍复如旧。

笺证

由庄入禅，注重心灵体验和了悟，如宋释道元《景德传灯录》卷四《智威禅师》云：“师又示偈曰：‘余本性虚无，缘妄生人我。如何息妄情，还归空处坐。’慧忠偈答曰：‘虚无是实体，人我何所存。妄情不须息，即泛般若船。’师知其了悟，乃付以山门。遂随缘化导。”[11] 由庄入禅，能够了悟，就进一步走上更高的“空无”之境。《红楼梦》中庄禅互通，这是一条由人书到天书的带有感悟意味的精神线索，冥冥中又是一条由痴情世界到空幻佛门的解脱纷扰的潜在线索。第二十二回袭人劝宝玉要待人随和，岂不大家彼此有趣，宝玉反驳说：“什么是‘大家彼此’！他们有‘大家彼此’，我是‘赤条条来去无牵挂’。”谈及此句，不觉泪下。庚辰本夹批说：“拍案叫好！当此一发，西方诸佛亦来听此棒喝，参此语录”；“还是心中不静、不了、斩不断之故”；“此是忘机大悟，世人所谓疯癫是也”。西方诸佛亦来听此棒喝，棒喝梦醒之后自是拜谒诸佛，莫要看轻了鲁智深唱的《寄生草》曲子中那句“赤条条来去无牵挂”的潜在意义，这句在

[11]（宋）释道元：《景德传灯录》，成都古籍书店2000年版，第52—53页。

宝玉心中留下最深的记忆。他要摆脱“大家彼此”的人事关系的羁绊，彻底放下，绝情破执而来一个“赤条条来去无牵挂”。对于宝玉参禅的偈“你证我证，心证意证。是无有证，斯可云证。无可云证，是立足境”，庚辰本夹批说：“已悟已觉，是好偈矣。◇宝玉悟禅亦由情，读书亦由情，读《庄》亦由情。可笑。”夹批又说：“此处亦续《寄生草》。余前批云不曾见续，今却见之，是意外之幸也。盖前夜《庄子》是道悟，此日是禅悟，天花散漫之文也。”[12]读《庄》、悟禅皆由情，“情”字是《红楼梦》中大写的字，宝玉要摆脱“大家彼此”的人事情缘关系的羁绊，到底摆脱不了。因为他还要寻找一个“立足境”。黛玉看了宝玉的偈子和曲子，知是宝玉一时感忿而作，不觉可笑可叹。就向袭人说：“作的是顽意儿，无甚关系。”庚辰本夹批说：“是个善知觉。何不趁此大家一解，齐证上乘，甘心堕落迷津哉？”接着又说：“黛玉说‘无关系’，将来必无关系。◇余正恐颦、玉从此一悟则无妙文可看矣。不想颦儿视之为漠然，更曰‘无关系’，可知宝玉不能悟也。余心稍慰。盖宝玉一生行为，颦知最确，故余闻语则信而又信，不必宝玉而后证之方信也。◇余云恐他二人一悟则无妙文可看，然欲为开我怀，为醒我目，却愿他二人永堕迷津，生出孽障，余心甚不公矣。世云损人利己者，余此愿是矣。试思之，可发一笑。今自呈于此，亦可为后人一笑，以助茶前酒后之兴耳。而今后天地间岂不又添一趣谈乎？凡书皆以趣谈读去，其理自明，其趣自得矣。”[13]黛玉又对宝玉的偈子作了补救和引申说：“你那偈末云：‘无可云证，是立足境。’固然好了，只是据我看，还未尽善。我再续两句在后。”因念云：“无立足境，是方干净。”庚辰本夹批说：“拍案叫绝！此又深一层也。亦如谚云：‘去年贫，只立锥；今年贫，锥也无。’其理一也。”[14]脂评也来自《景德传灯录》卷十一，有偈曰：“去年贫未是贫，今年贫始是贫；去年无卓锥之地，今年锥也无。”黛玉悟禅，快刀斩乱麻，截然斩断了宝玉的“立足境”，还他白茫茫一片真干净。然而，在黛玉感到“无关系”的地方，宝钗却感到“有关系”，一个放得下，一个放不下。宝玉《寄生草》曲子的词句是从宝钗眼中看到的：“无我原非你，从他不解伊。肆行无碍凭来去。茫茫着甚悲愁喜，纷纷说甚亲疏密。从前碌碌却因何，到如今回头试想真无趣！”宝钗评议说：“实在这方悟彻。当日南宗六祖惠能，初寻师至韶州，闻五祖弘忍在黄梅，他便充役火头僧。五祖欲求法嗣，令徒弟诸僧各出一偈。上座神秀说道：‘身是菩提树，心如明镜台，时时勤拂拭，莫使有尘埃。’彼时惠能在厨房碓米，听了这偈，说道：‘美则美矣，了则未了。’因自念一偈曰：‘菩提本非树，明镜亦非台，本来无一物，何处惹尘埃？’五祖便将衣钵传他。今儿这偈语，亦同此意了。只是方才这句机锋，尚未完全了结，这便丢开手不成？”对于宝钗讲述的神秀、惠能传五祖弘忍之衣钵的二偈，庚辰本眉批说：“用得妥当之极！”夹批又说：“出《语录》。总写宝卿博学宏览，胜诸才人；颦儿却聪慧灵智，非学力所致——皆绝世绝伦之人也。宝玉宁不愧杀！”[15]最后，庚辰本眉批作总结说：“前以《庄子》为引，故偶续之。又借颦儿诗一鄙驳，兼不写着落，以为瞒过看官矣。此回用若许曲折，仍用老庄引出一偈来，再续一《寄生草》，可为大觉大悟矣。以之上承果位，以后无书可作矣。却又轻轻用黛玉一问机锋，又续偈言二句，并用宝钗讲五祖六祖问答二实偈子，使宝玉无言可答，仍将一大善知识，始终跌不出警幻幻榜中，作下回若干书。真有机心游龙不测之势，安得不叫绝？且历来小说中万写不到者。己卯冬夜。”[16]应该说，黛玉的悟性高，所续的“无立足境，是方干净”，直趋六祖惠能的境界；宝钗的学养博，引证五祖弘忍传衣钵时二位弟子的偈子，头头是道，却只停留在“身是菩提树”的地步。《红楼梦》长于精神探索，庄、禅、偈、曲，相兼为用，宝、黛、钗互相诘究，层层推进，每每翻转，煞是好看。钗、黛以更高的悟性和禅机，把宝玉走火入魔的禅悟打破，使宝玉笑说：“谁又参禅，不过一时顽话罢了。”这就以游戏化解了走火入魔，在自愧弗如中跳出禅悟中的固执。《红楼梦》

[12]（清）曹雪芹著，脂砚斋评：《脂砚斋重评石头记庚辰校本》，作家出版社2006年版，第451页。

[13]（清）曹雪芹著，脂砚斋评：《脂砚斋重评石头记庚辰校本》，作家出版社2006年版，第452页。

[14]（清）曹雪芹著，脂砚斋评：《脂砚斋重评石头记庚辰校本》，作家出版社2006年版，第453页。

[15]（清）曹雪芹著，脂砚斋评：《脂砚斋重评石头记庚辰校本》，作家出版社2006年版，第453页。

[16]（清）曹雪芹著，脂砚斋评：《脂砚斋重评石头记庚辰校本》，作家出版社2006年版，第453页。

高出其他小说之处，在于它告诉人们，悟禅是一种智慧，并非单纯的知识。

忽然人报，娘娘差人送出一个灯谜儿，命你们大家去猜，猜着了每人也作一个进去。四人听说忙出去，至贾母上房。只见一个小太监，拿了一盏四角平头白纱灯，专为灯谜而制，上面已有一个，众人都争看乱猜。小太监又下谕道:“众小姐猜着了，不要说出来，每人只暗暗的写在纸上，一齐封进宫去，娘娘自验是否。”宝钗等听了，近前一看，是一首七言绝句，并无甚新奇，口中少不得称赞，只说难猜，故意寻思，其实一见就猜着了。宝玉、黛玉、湘云、探春四个人也都解了，各自暗暗的写了半日。一并将贾环、贾兰等传来，一齐各揣机心都猜了，写在纸上。然后各人拈一物作成一谜，恭楷写了，挂在灯上。

太监去了，至晚出来传谕:“前娘娘所制，俱已猜着，惟二小姐与三爷猜的不是。小姐们作的也都猜了，不知是否。”说着，也将写的拿出来。也有猜着的，也有猜不着的，都胡乱说猜着了。太监又将颁赐之物送与猜着之人，每人一个宫制诗筒，一柄茶筅，独迎春、贾环二人未得。迎春自为玩笑小事，并不介意，贾环便觉得没趣。且又听太监说:“三爷说的这个不通，娘娘也没猜，叫我带回问三爷是个什么。”众人听了，都来看他作的什么，写道是:

大哥有角只八个，二哥有角只两根。大哥只在床上坐，二哥爱在房上蹲。

众人看了，大发一笑。贾环只得告诉太监说:“一个枕头，一个兽头。”太监记了，领茶而去。

贾母见元春这般有兴，自己越发喜乐，便命速作一架小巧精致围屏灯来，设于堂屋，命他姊妹各自暗暗的作了，写出来粘于屏上，然后预备下香茶细果以及各色玩物，为猜着之贺。贾政朝罢，见贾母高兴，况在节间，晚上也来承欢取乐。设了酒果，备了玩物，上房悬了彩灯，请贾母赏灯取乐。上面贾母、贾政、宝玉一席，下面王夫人、宝钗、黛玉、湘云又一席，迎、探、惜三个又一席。地下婆娘丫鬟站满。李宫裁、王熙凤二人在里间又一席。贾政因不见贾兰，便问："怎么不见兰哥？"地下婆娘忙进里间问李氏，李氏起身笑着回道："他说方才老爷并没去叫他，他不肯来。"婆娘回复了贾政。众人都笑说："天生的牛心古怪。"贾政忙遣贾环与两个婆娘将贾兰唤来。贾母命他在身旁坐了，抓果品与他吃。大家说笑取乐。

往常间只有宝玉长谈阔论，今日贾政在这里，便惟有唯唯而已。馀者湘云虽系闺阁弱女，却素喜谈论，今日贾政在席，也自缄口禁言。黛玉本性懒与人共，原不肯多语。宝钗原不妄言轻动，便此时亦是坦然自若。故此一席虽是家常取乐，反见拘束不乐。贾母亦知因贾政一人在此所致之故，酒过三巡，便撵贾政去歇息。贾政亦知贾母之意，撵了自己去后，好让他们姊妹兄弟取乐的。贾政忙陪笑道："今日原听见老太太这里大设春灯雅谜，故也备了彩礼酒席，特来入会。何疼孙子孙女之心，便不略赐以儿子半点？"贾母笑道："你在这里，他们都不敢说笑，没的倒叫我闷。你要猜谜时，我便说一个你猜，猜不着是要罚的。"贾政忙笑道："自然要罚。若猜着了，也是要领赏的。"贾母道："这个自然。"说着便念道：

猴子身轻站树梢。〔——打一果名〕

贾政已知是荔枝，便故意乱猜别的，罚了许多东西，然后方猜着，也得了贾母的东西。然后也念一个与贾母猜，念道："身自端方，体自坚硬。虽不能言，有言必应。〔——打一用物〕"

说毕，便悄悄的说与宝玉。宝玉意会，又悄悄的告诉了贾母。贾母想了想，果然不差，便说："是砚台。"贾政笑道："到底是老太太，一猜就是。"回头说："快把贺彩送上来。"地下妇女答应一声，大盘小盘一齐捧上。贾母逐件看去，都是灯节下所用所顽新巧之物，甚喜，遂命："给你老爷斟酒。”宝玉执壶，迎春送酒。贾母因说：“你瞧瞧那屏上，都是他姊妹们做的，再猜一猜我听。”

贾政答应，起身走至屏前，只见头一个写道是：能使妖魔胆尽摧，身如束帛气如雷。一声震得人方恐，回首相看已化灰。贾政道：“这是炮竹嗄。”宝玉答道：“是。”贾政又看道：天运人功理不穷，有功无运也难逢。因何镇日纷纷乱，只为阴阳数不同。贾政道：“是算盘。”迎春笑道：“是。”

又往下看是：阶下儿童仰面时，清明妆点最堪宜。游丝一断浑无力，莫向东风怨别离。贾政道：“这是风筝。”探春笑道：“是。”

又看道是：前身色相总无成，不听菱歌听佛经。莫道此生沉黑海，性中自有大光明。贾政道：“这是佛前海灯嗄。”惜春笑答道：“是海灯。”

贾政心内沉思道：“娘娘所作爆竹，此乃一响而散之物。迎春所作算盘，是打动乱如麻。探春所作风筝，乃飘飘浮荡之物。惜春所作海灯，一发清净孤独。今乃上元佳节，如何皆作此不祥之物为戏耶？”心内愈思愈闷，因在贾母之前，不敢形于色，只得仍勉强往下看去。

笺证

人生本来多有谜局，谁又能都摸得到谜底，更不用说都猜得透谜底？这就不能不令人感叹：人生信如谜，连狗都猜不透，猫也猜不透。《红楼梦》第二十二回写灯谜而不限于灯谜，总是把谜底之谜底隐藏在人物命运的深处。这种隐喻手法，常用常新，以“谜中谜”的形态，考验着人们的悟性智慧，触动敏感人颤抖着的神经。对于这些隐喻，评点家也在指指点点。贾母出的谜语“猴子身轻站树梢——打一果名”，谜底是荔枝，谜底之谜底却如庚辰本夹批所说：“所谓树倒猢狲散是也。”[17]贾母是家族的主心骨，这位站立在树枝梢上的老祖宗一死，贾府也就树倒猢狲散了。其余写在一架小巧精致围屏灯上的谜语分别是元春、迎春、探春、惜春所作，第一则谜语“能使妖魔胆尽摧，身如束帛气如雷。一声震得人方恐，回首相看已化灰”，谜底是炮竹，隐含的谜底之谜底却如庚辰本夹批所说：“此元春之谜。才得侥幸，奈寿不长，可悲哉！”[18]第二则谜语“天运人功理不穷，有功无运也难逢。因何镇日纷纷乱，只为阴阳数不同”，谜底是算盘，隐含的谜底之谜底却如庚辰本夹批所说：“此迎春一生遭际，惜不得其夫何！”第三则谜语“阶下儿童仰面时，清明妆点最堪宜。游丝一断浑无力，莫向东风怨别离”，谜底是风筝，隐含的谜底之谜底如庚辰本夹批所说：“此探春远适之谶也。使此人不远去，将来事败，诸子孙不致流散也，悲哉伤哉！”[19]第四则谜语“前身色相总无成，不听菱歌听佛经。莫道此生沉黑海，性中自有大光明”，谜底是佛前海灯，隐含的谜底之谜底如庚辰本夹批所说：“此惜春为尼之谶也。公府千金至缁衣乞食，宁不悲夫！”[20]所有这些，在贾政心头只知谜底，不可能参知谜底之谜底，但他朦胧中滋生了郁悒的命运性预感，越思越闷，叹息这些都是不祥之物：“娘娘所作爆竹，此乃一响而散之物。迎春所作算盘，是打动乱如麻。探春所作风筝，乃飘飘浮荡之物。惜春所作海灯，一发清净孤独。今乃上元佳节，如何皆作此不祥之物为戏耶？”对此，戚蓼生本回末总评说：“作者具菩提心，捉笔现身说法，每于言外警人再三再四。而读者但以小说古词目之，则大罪过。其先以《庄子》为引，及偈曲句作醒悟之语，以警觉世人。犹恐不入，再以灯谜伸词致意，自解自叹，以不成寐为言，其用心之切之诚，读者忍不留心而慢忽之耶？”[21]不可慢忽之处，在于《红楼梦》富于隐喻，在处处地层的深处埋藏着地雷，地雷上安装了命运的引信，一举足，一落脚，都应留心，当须以悟性为探雷器。灯谜伸词致意，记述贾府人物的谶语，又弥漫着人的生存处境的空幻感、虚无感。

只见后面写着七言律诗一首，却是宝钗所作，随念道：

[17]（清）曹雪芹著，脂砚斋评：《脂砚斋重评石头记庚辰校本》，作家出版社2006年版，第456页。

[18]（清）曹雪芹著，脂砚斋评：《脂砚斋重评石头记庚辰校本》，作家出版社2006年版，第457页。

[19]（清）曹雪芹著，脂砚斋评：《脂砚斋重评石头记庚辰校本》，作家出版社2006年版，第457页。

[20]（清）曹雪芹著，脂砚斋评：《脂砚斋重评石头记庚辰校本》，作家出版社2006年版，第457页。

[21]（清）曹雪芹著，黄霖校理：《脂砚斋评批红楼梦》（上），齐鲁书社1994年版，第389页。

朝罢谁携两袖烟，琴边衾里总无缘。晓筹不用鸡人报，五夜无烦侍女添。焦首朝朝还暮暮，煎心日日复年年。光阴荏苒须当惜，风雨阴晴任变迁。

贾政看完，心内自忖道："此物还倒有限。只是小小之人作此词句，更觉不祥，皆非永远福寿之辈。"想到此处，愈觉烦闷，大有悲戚之状，因而将适才的精神减去十分之八九，只垂头沉思。

贾母见贾政如此光景，想到或是他身体劳乏亦未可定，又兼之恐拘束了众姊妹不得高兴玩耍，即对贾政云："你竟不必猜了，去安歇罢。让我们再坐一会，也好散了。"贾政一闻此言，连忙答应几个"是"字，又勉强劝了贾母一回酒，方才退出去了。回至房中只是思索，翻来复去竟难成寐，不由伤悲感慨，不在话下。

且说贾母见贾政去了，便道："你们可自在乐一乐罢。"一言未了，早见宝玉跑至围屏灯前，指手画脚，满口批评，这个这一句不好，那一个破的不恰当，如同开了锁的猴子一般。宝钗便道："还像适才坐着，大家说说笑笑，岂不斯文些儿。"凤姐自里间忙出来插口道："你这个人，就该老爷每日令你寸步不离方好。适才我忘了，为什么不当着老爷，撺掇叫你也作诗谜儿。若果如此，怕不得这会子正出汗呢。"说的宝玉急了，扯着凤姐儿，扭股儿糖似的只是厮缠。贾母又与李宫裁并众姊妹说笑了一会，也觉有些困倦起来。听了听已是漏下四鼓，命将食物撤去，赏散与众人，随起身道："我们安歇罢。明日还是节下，该当早起。明日晚间再玩罢。"且听下回分解。

第二十三回

西厢记妙词通戏语　牡丹亭艳曲警芳心

话说贾元春自那日幸大观园回宫去后，便命将那日所有的题咏，命探春依次抄录妥协，自己编次，叙其优劣，又命在大观园勒石，为千古风流雅事。因此，贾政命人各处选拔精工名匠，在大观园磨石镌字，贾珍率领蓉、萍等监工。因贾蔷又管理着文官等十二个女戏并行头等事，不大得便，因此贾珍又将贾菖、贾菱唤来监工。一日，汤蜡钉朱，动起手来。这也不在话下。

且说那个玉皇庙并达摩庵两处，一班的十二个小沙弥并十二个小道士，如今挪出大观园来，贾政正想发到各庙去分住。不想后街上住的贾芹之母周氏，正盘算着也要到贾政这边谋一个大小事务与儿子管管，也好弄些银钱使用，可巧听见这件事出来，便坐轿子来求凤姐。凤姐因见他素日不大拿班作势的，便依允了，想了几句话便回王夫人说："这些小和尚道士万不可打发到别处去，一时娘娘出来就要承应。倘或散了，若再用时，可是又费事。依我的主意，不如将他们竟送到咱们家庙里铁槛寺去，月间不过派一个人拿几两银子去买柴米就完了。说声用，走去叫来，一点儿不费事呢。"王夫人听了，便商之于贾政。贾政听了笑道："倒是提醒了我，就是这样。"即时唤贾琏来。

当下贾琏正同凤姐吃饭，一闻呼唤，不知何事，放下饭便走。凤姐一把拉住，笑道："你且站住，听我说话。若是别的事我不管，若是为小和尚们的事，好歹依我这么着。"如此这般教了一套话。贾琏笑道："我不知道，你有本事你说去。”凤姐听了，把头一梗，把筷子一放，腮上似笑不笑的瞅着贾琏道：“你当真的，还是玩话？”贾琏笑道：“西廊下五嫂子的儿子芸儿来求了我两三遭，要个事情管管。我依了，叫他等着。好容易出来这件事，你又夺了去。”凤姐儿笑道：“你放心。园子东北角子上，娘娘说了，还叫多多的种松柏树，楼底下还叫种些花草。等这件事出来，我管保叫芸儿管这件工程。”贾琏道：“果然这样也罢了。只是昨儿晚上，我不过是要改个样儿，你就扭手扭脚的。”凤姐儿听了，嗤的一声笑了，向贾琏啐了一口，低下头便吃饭。

笺证

《红楼梦》写情境，有浓笔，有淡彩，有工细，有写意，即所谓墨分五彩，本是在水墨画上富有弹性的运笔，使墨分作清墨、淡墨、浓墨、极淡墨和焦墨五墨五种层次。《红楼梦》运笔，深得水墨画的意趣，在选择和调配笔墨的层次色泽中，服务于深层意蕴的呈现。第二十三回贾琏对凤姐说：“果然这样也罢了。只是昨儿晚上，我不过是要改个样儿，你就扭手扭脚的。”凤姐儿听了，嗤的一声笑了，向贾琏啐了一口，低下头便吃饭。庚辰本侧批指出：“写凤姐风月之文如此，总不脱漏”；“好章法！”[1]蒙古王府本侧批说：“粗蠢，情景可笑。后将有大观园中一段奇情韵，不得不先为此等丑语一（迭）[跌]，以作未火先烟之象。”[2]未火先烟是一种叙事法，以微引著，以浓烟一团引火光闪耀。运用淡墨写凤姐与贾琏行警幻所训之事，总是如此捕风捉影，意趣朦胧，给这位女强人留下了她争强逞能的挥洒空间。以一碗清水调节墨的浓淡而表现事物的五色之相，这就是唐

❶（清）曹雪芹著，脂砚斋评：《脂砚斋重评石头记庚辰校本》，作家出版社2006年版，第465页。

❷（清）曹雪芹著，黄霖校理：《脂砚斋评批红楼梦》（上），齐鲁书社1994年版，第391页。

代王维对画体提出“水墨为上”，后世宗之。小说沟通绘画，沟通不同的艺术形式，就能潜入中国文化的神髓。

贾琏已经笑着去了，到了前面见了贾政，果然是小和尚一事。贾琏便依了凤姐主意，说道：“如今看来，芹儿倒大大的出息了，这件事竟交予他去管办。横竖照在里头的规例，每月叫芹儿支领就是了。”贾政原不大理论这些事，听贾琏如此说，便如此依了。贾琏回到房中告诉凤姐儿，凤姐即命人去告诉了周氏。贾芹便来见贾琏夫妻两个，感谢不尽。凤姐又作情央贾琏先支三个月的供给，叫他写了领字，贾琏批票画了押，登时发了对牌出去。银库上按数发出三个月的供给来，白花花二三百两。贾芹随手拈一块，撂予掌平的人，叫他们吃茶罢。于是命小厮拿回家，与母亲商议。登时雇了大叫驴，自己骑上，又雇了几辆车，至荣国府角门前，唤出二十四个人来，坐上车，一径往城外铁槛寺去了。当下无话。

如今且说贾元春，因在宫中自编大观园题咏之后，忽想起那大观园中景致，自己幸过之后，贾政必定敬谨封锁，不敢使人进去骚扰，岂不寥落。况家中现有几个能诗会赋的姊妹，何不命他们进去居住，也不使佳人落魄，花柳无颜。却又想到宝玉自幼在姊妹丛中长大，不比别的兄弟，若不命他进去，只怕他冷清了，一时不大畅快，未免贾母王夫人愁虑，须得也命他进园居住方妙。想毕，遂命太监夏守忠到荣国府来下一道谕，命宝钗等只管在园中居住，不可禁约封锢，命宝玉仍随进去读书。

贾政、王夫人接了这谕，待夏守忠去后，便来回明贾母，遣人进去各处收拾打扫，安设帘幔床帐。别人听了还自犹可，惟宝玉听了这谕，喜的无可不可。正和贾母盘算，要这个，弄那个，忽见丫鬟来说：“老爷叫宝玉。”宝玉听了，好似打了个焦雷，登时扫去兴头，脸上转了颜色，便拉着贾母扭的好似扭股儿糖，杀死不敢去。贾母只得安慰他道：“好宝贝，你只管去，有我呢，他不敢委曲了你。况且你又作了那篇好文章。想是娘娘叫你进去住，他吩咐你几句，不过不教你在里头淘气。他说什么，你只好生答应着就是了。”一面安慰，一面唤了两个老嬷嬷来，吩咐：“好生带了宝玉去，别叫他老子唬着他。”老嬷嬷答应了。

宝玉只得前去，一步挪不了三寸，蹭到这边来。可巧贾政在王夫人房中商议事情，金钏儿、彩云、彩霞、绣鸾、绣凤等众丫鬟都在廊檐底下站着呢，一见宝玉来，都抿着嘴笑。金钏一把拉住宝玉，悄悄的笑道：“我这嘴上是才擦的香浸胭脂，你这会子可吃不吃了？”彩云一把推开金钏，笑道：“人家正心里不自在，你还奚落他。趁这会子喜欢，快进去罢。”宝玉只得挨进门去。原来贾政和王夫人都在里间呢。赵姨娘打起帘子，宝玉躬身进去。只见贾政和王夫人对面坐在炕上说话，地下一溜椅子，迎春、探春、惜春、贾环四个人都坐在那里。一见他进来，惟有探春和惜春、贾环站了起来。

贾政一举目，见宝玉站在跟前，神彩飘逸，秀色夺人；看看贾环，人物委琐，举止荒疏，忽又想起贾珠来，再看看王夫人只有这一个亲生的儿子，素爱如珍，自己的胡须将已苍白：因这几件上，把素日嫌恶处分宝玉之心不觉减了八九。半晌说道：“娘娘吩咐说，你日日外头嬉游，渐次疏懒，如今叫禁管，同你姊妹在园里读书写字。你可好生用心习学，再如不守分安常，你可仔细！”宝玉连连的答应了几个“是”。王夫人便拉他在身旁坐下。他姊弟三人依旧坐下。

王夫人摸挲着宝玉的脖项说道：“前儿的丸药都吃完了？”宝玉答道：“还有一丸。”王夫人道：“明儿再取十丸来，天天临睡的时候，叫袭人服侍你吃了再睡。”宝玉道：“只从太太吩咐了，袭人天天晚上想着，打发我吃。”贾政问道：“袭人是何人？”王夫人道：“是个丫头。”贾政道：“丫头不管叫个什么罢了，是谁这样刁钻，起这样的名字？”王夫人见贾政不自在了，便替宝玉掩饰道：“是老太太起的。”

贾政道："老太太如何知道这话，一定是宝玉。"宝玉见瞒不过，只得起身回道："因素日读诗，曾记古人有一句诗云：'花气袭人知昼暖。'因这个丫头姓花，便随口起了这个名字。"王夫人忙又道："宝玉，你回去改了罢。老爷也不用为这小事动气。"贾政道："究竟也无碍，又何用改。只是可见宝玉不务正，专在这些秾词艳赋上作工夫。"说毕，断喝一声："作业的畜生，还不出去！"王夫人也忙道："去罢，只怕老太太等你吃饭呢。"宝玉答应了，慢慢的退出去，向金钏儿笑着伸伸舌头，带着两个嬷嬷一溜烟去了。

刚至穿堂门前，只见袭人倚门立在那里，一见宝玉平安回来，堆下笑来问道："叫你作什么？"宝玉告诉他："没有什么，不过怕我进园去淘气，吩咐吩咐。"一面说，一面回至贾母跟前，回明原委。只见林黛玉正在那里，宝玉便问他："你住那一处好？"林黛玉正心里盘算这事，忽见宝玉问他，便笑道："我心里想着潇湘馆好，爱那几竿竹子隐着一道曲栏，比别处更觉幽静。"宝玉听了拍手笑道："正和我的主意一样，我也要叫你住这里呢。我就住怡红院，咱们两个又近，又都清幽。"

二人正计较，就有贾政遣人来回贾母说："二月二十二日子好，哥儿姐儿们好搬进去的。这几日内遣人进去分派收拾。"薛宝钗住了蘅芜苑，林黛玉住了潇湘馆，贾迎春住了缀锦楼，探春住了秋爽斋，惜春住了蓼风轩，李氏住了稻香村，宝玉住了怡红院。每一处添两个老嬷嬷，四个丫头，除各人奶娘亲随丫鬟不算外，另有专管收拾打扫的。至二十二日，一齐进去，登时园内花招绣带，柳拂香风，不似前番那等寂寞了。

笺证

第二十三回叙写了红楼儿女入住大观园的大典，此乃《红楼梦》的盛事。盛事发生的缘由，是皇贵妃贾元春想到家中现有几个能诗会赋的姊妹，何不命他们进去居住，也不使佳人落魄，花柳无颜。又想到宝玉自幼在姊妹丛中长大，不比别的兄弟，若不命他进去，只怕他冷清了，一时不大畅快，未免贾母、王夫人愁虑，须得也命他进园居住方妙。这是贾妃的安排，不是贾政的安排。谁来安排，大观园就出现不同的人文形态，贾政只会安排清客，元春却是安排姊妹，爱及宝玉。庚辰本眉批说：“大观园原系十二钗栖止之所，然工程浩大，故借元春之名而起，再用元春之命以安诸艳，不见一丝扭捻。已卯冬夜。”[3] 入住大观园之前，贾政首先关心的是宝玉在园中的管教，他必须对这件心头大事进行敲打。但贾政也是人，他也有牴犊之爱。贾政一举目，见宝玉站在跟前，神彩飘逸，秀色夺人，庚辰本侧批说：“‘消气散’用的好。”再看看贾环，人物委琐，举止荒疏，忽又想起贾珠来，庚辰本侧批又说：“批至此，几乎失声哭出。”[4] 又再看看王夫人只有这一个亲生的儿子，素爱如珍，自己的胡须将已苍白：因这几件上，把素日嫌恶处分宝玉之心不觉减了八九。蒙古王府本侧批说：“为天下年老父母一哭！”贾政半晌才说：“娘娘吩咐说，你日日外头嬉游，渐次疏懒，如今叫禁管，同你姊妹在园里读书写字。你可好生用心习学，再如不守分安常，你可仔细！”庚辰本眉批说：“写宝玉可入园，用‘禁管’二字，得体理之至。壬午九月。”[5] 半晌才说，意味着要将一桩重要的事情在心里咀嚼几遍才说出口，贾政虽有舐犊之情，却忘不了心头的“禁管”情结，随口要在元春的安排中妥当地夹入自己的私货，这是一个方正顽梗的父亲的责任感。而宝玉的思维方式与贾政背道而驰，他进大观园头一件上心的事，是黛玉的住所。宝玉问黛玉：“你住那一处好？”林黛玉正心里盘算这事，庚辰本侧批说：“颦儿亦有盘算事，拣择清幽处耳，未知择邻否？一笑。”黛玉笑着回答宝玉：“我心里想着潇湘馆好，爱那几竿竹子隐着一道曲栏，比别处更觉幽静。”宝玉听了拍手笑说：“正和我的主意一样，我也要叫你住这里呢。我就住怡红院，咱们两个又近，又都清幽。”庚辰本侧批说：“择邻出于玉兄，所

❸（清）曹雪芹著，脂砚斋评：《脂砚斋重评石头记庚辰校本》，作家出版社2006年版，第466页。

❹（清）曹雪芹著，脂砚斋评：《脂砚斋重评石头记庚辰校本》，作家出版社2006年版，第467页。

❺（清）曹雪芹著，脂砚斋评：《脂砚斋重评石头记庚辰校本》，作家出版社2006年版，第467页。

谓真知己。”[6]他们择居，既要切合性情，又要便于串门交流。地理方位深刻影响了人物交往关系。至于贾政选定子女们搬入大观园的时间是何讲究？且听贾政遣人来回贾母说：“二月二十二日子好，哥儿姐儿们好搬进去的。这几日内遣人进去分派收拾。”于是薛宝钗住了蘅芜苑，林黛玉住了潇湘馆，贾迎春住了缀锦楼，探春住了秋爽斋，惜春住了蓼风轩，李氏住了稻香村，宝玉住了怡红院。每一处添两个老嬷嬷、四个丫头，除各人奶娘亲随丫鬟不算外，另有专管收拾打扫的。至二十二日，一齐进去，登时园内花招绣带，柳拂香风。庚辰本夹批说：“（花招绣带，柳拂香风）八字写得满园之内处处有人，无一处不到。”[7]这里以草木花卉，以它们伴随着的人物绣带、香气，烘托着大观园的生气。二月二十二日搬入大观园的吉日良辰的选择，令人联想到唐代郑还古《博异志》所记述的《崔玄微》故事：“唐天宝中，处士崔玄微，洛苑东有宅……时春季夜门，风月清朗，不睡，独处一院。家人无故辄不到。三更后，忽有一青衣人云：‘在宛（苑）中住，欲与一两女伴过至上东门表里处，暂借此歇，可乎？’玄微许之。须臾，乃有十余人，青衣引入。有绿裳者前曰：‘某姓杨。’指一人曰‘李氏’，又一人曰‘陶氏’，又指一绯衣小女曰‘姓石名醋醋’，各有侍女辈。玄微相见毕，乃命坐于月下，问出行之由。对曰：‘欲到封十八姨。数日云欲来相看不得，今夕众往看之。’坐未定，门外报封家姨来也，坐皆惊喜出迎。杨氏云：‘主人甚贤，只此从容不恶，诸处亦未胜于此也。’玄微又出见封氏，言词泠泠，有林下风气。遂揖入坐，色皆殊绝，满坐芳香，馞馞袭人。处士命酒，各歌以送之。玄微志其二焉。有红裳人与白衣送酒歌曰：‘皎洁玉颜胜白雪，况乃当年对芳月。沈吟不敢怨春风，自叹容华暗消歇。’又白衣人送酒歌曰：‘绛衣披拂露盈盈，淡染胭脂一朵轻。自恨红颜留不住，莫怨春风道薄情。’至十八姨持盏，性轻佻，翻酒污醋醋衣裳。醋醋怒曰：‘诸人即奉求，余不奉求。’拂衣而起。十八姨曰：‘小女子弄酒。’皆起，至门外别，十八姨南去，诸子西入苑中而别。玄微亦不至异。明夜又来，云：‘欲往十八姨处。’醋醋怒曰：‘何用更去封妪舍。有事只求处士，不知可乎？’醋醋又言曰：‘诸女伴皆在苑中，每岁多被恶风所挠，居止不安，常求十八姨相庇。昨醋醋不能低回，应难取力。处士倘不阻见庇，亦有微报耳。’玄微曰：‘某有何力得及诸女？’醋醋曰：‘但处士每岁岁日与作一朱幡，上图日月五星之文，于苑东立之，则免难矣。今岁已过，但请至此月二十一日平旦，微有东风则立之，庶夫免于患也。’处士许之。乃齐声曰：‘不敢忘德。’拜谢而去。处士于月中随而送之，逾苑墙乃入苑中，各失所在。依其言，至此日立幡。是日，东风刮地，自洛南折树飞沙，而苑中繁花不动。玄微乃悟诸女曰姓杨、李、陶，乃衣服颜色之异，皆众花之精也。绯衣名‘醋醋’，即石榴也。封十八姨乃风神也。后数夜，杨氏辈复来愧谢，各裹桃李花数斗，劝崔生服之：‘可延年却老。愿长于此住，卫护某等，亦可致长生。’至元和初，处士犹在，可称年三十许人。言此事于时人，得不信也。”[8] 晚明冯梦龙编《醒世恒言》加以演绎，成了《灌园叟晚逢仙女》的入话故事。贾政选择二月二十二日为入住大观园的吉日良辰，恰好是崔玄微竖起朱幡，驯服折树飞沙的风神，保护园中草木花卉平安无事的次日，应是风清日朗的好日子。而且《周礼·地官·媒氏》云：“媒氏掌万民之判。凡男女，自成名以上，皆书年月日名焉。……中春之月，令会男女，于是时也，奔者不禁，若无故而不用令者，罚之，司男女之无夫家者而会之，凡嫁子取妻，入币纯帛，无过五两，禁迁葬者与嫁殇者。凡男女之阴讼，听之于胜国之社，其附于刑者，归之于士。”[9] 贾政选择仲春之月令众姊妹入住大观园，暗合着古老的男女会合的变礼，实在是青春的变奏。

闲言少叙。且说宝玉自进花园以来，心满意足，再无别项可生贪求之心。每日只和姊妹丫头们一处，或读书，或写字，或弹琴下棋，作画吟诗，以至描鸾刺凤，斗草簪花，

❻（清）曹雪芹著，脂砚斋评：《脂砚斋重评石头记庚辰校本》，作家出版社2006年版，第468页。

❼（清）曹雪芹著，脂砚斋评：《脂砚斋重评石头记庚辰校本》，作家出版社2006年版，第469页。

❽ 张友鹤选注：《唐宋传奇选》，人民文学出版社2007年版，第255—256页。

❾（汉）郑玄注，（唐）贾公彦疏：《周礼注疏》，北京大学出版社1999年版，第360—366页。

低吟悄唱，拆字猜枚，无所不至，倒也十分快乐。他曾有几首即事诗，虽不算好，却倒是真情真景，略记几首云：

【春夜即事】霞绡云幄任铺陈，隔巷蟆更听未真。枕上轻寒窗外雨，眼前春色梦中人。盈盈烛泪因谁泣，点点花愁为我嗔。自是小鬟娇懒惯，拥衾不耐笑言频。

【夏夜即事】倦绣佳人幽梦长，金笼鹦鹉唤茶汤。窗明麝月开宫镜，室霭檀云品御香。琥珀杯倾荷露滑，玻璃槛纳柳风凉。水亭处处齐纨动，帘卷朱楼罢晚妆。

【秋夜即事】绛芸轩里绝喧哗，桂魄流光浸茜纱。苔锁石纹容睡鹤，井飘桐露湿栖鸦。抱衾婢至舒金凤，倚槛人归落翠花。静夜不眠因酒渴，沉烟重拨索烹茶。

【冬夜即事】梅魂竹梦已三更，锦罽鹴衾睡未成。松影一庭惟见鹤，梨花满地不闻莺。女儿翠袖诗怀冷，公子金貂酒力轻。却喜侍儿知试茗，扫将新雪及时烹。

因这几首诗，当时有一等势利人，见是荣国府十二三岁的公子作的，抄录出来各处称颂，再有一等轻浮子弟，爱上那风骚妖艳之句，也写在扇头壁上，不时吟哦赏赞。因此竟有人来寻诗觅字，倩画求题的。宝玉亦发得了意，镇日家作这些外务。

谁想静中生烦恼，忽一日不自在起来，这也不好，那也不好，出来进去只是闷闷的。园中那些人多半是女孩儿，正在混沌世界，天真烂熳之时，坐卧不避，嬉笑无心，那里知宝玉此时的心事。那宝玉心内不自在，便懒在园内，只在外头鬼混，却又痴痴的。茗烟见他这样，因想与他开心，左思右想，皆是宝玉顽奈烦了的，不能开心，惟有这件，宝玉不曾看见过。想毕，便走去到书坊内，把那古今小说并那飞燕、合德、武则天、杨贵妃的外传与那传奇角本买了许多来，引宝玉看。宝玉何曾见过这些书，一看见了便如得了珍宝。茗烟又嘱咐他不可拿进园去，“若叫人知道了，我就吃不了兜着走呢”。宝玉那里舍的不拿进园去，踟蹰再三，单把那文理细密的拣了几套进去，放在床顶上，无人时自己密看。那粗俗过露的，都藏在外面书房里。

那一日正当三月中浣，早饭后，宝玉携了一套《会真记》，走到沁芳闸桥边桃花底下一块石上坐着，展开《会真记》，从头细玩。正看到“落红成阵”，只见一阵风过，把树头上桃花吹下一大半来，落的满身满书满地皆是。宝玉要抖将下来，恐怕脚步践踏了，只得兜了那花瓣，来至池边，抖在池内。那花瓣浮在水面，飘飘荡荡，竟流出沁芳闸去了。

回来只见地下还有许多，宝玉正踟蹰间，只听背后有人说道:“你在这里作什么？”宝玉一回头，却是林黛玉来了，肩上担着花锄，锄上挂着花囊，手内拿着花帚。宝玉笑道:“好，好，来把这个花扫起来，撂在那水里。我才撂了好些在那里呢。”林黛玉道:“撂在水里不好。你看这里的水干净，只一流出去，有人家的地方脏的臭的混倒，仍旧把花遭塌了。那畸角上我有一个花冢，如今把他扫了，装在这绢袋里，拿土埋上，日久不过随土化了，岂不干净。”

宝玉听了喜不自禁，笑道:“待我放下书，帮你来收拾。”黛玉道:“什么书？”宝玉见问，慌的藏之不迭，便说道:“不过是《中庸》《大学》。”黛玉笑道:“你又在我跟前弄鬼。趁早儿给我瞧，好多着呢。”宝玉道:“好妹妹，若论你，我是不怕的。你看了，好歹别告诉别人去。真真这是好书！你要看了，连饭也不想吃呢。”一面说，一面递了过去。林黛玉把花具且都放下，接书来瞧，从头看去，越看越爱看，不到一顿饭工夫，将十六出俱已看完，自觉词藻警人，馀香满口。虽看完了书，却只管出神，心内还默默记诵。

宝玉笑道:“妹妹，你说好不好？”林黛玉笑道:“果然有趣。”宝玉笑道:“我就是个‘多愁多病身’，你就是那‘倾国倾城貌’。”林黛玉听了，不觉带腮连耳通红，登时直竖起两道似蹙非蹙的眉，瞪了两只似睁非睁的眼，微腮带怒，薄面含嗔，指宝玉道："你这该死的胡说！好好的把这淫词艳曲弄了来，还学了这些混话来欺负我。我告诉舅舅舅母去。"说到"欺负"两个字上，早又把眼睛圈儿红了，转身就走。宝玉着了急，向前拦住说道："好妹妹，千万饶我这一遭，原是我说错了。若有心欺负你，明儿我掉在池子里，教个癞头鼋吞了去，变个大忘八，等你明儿做了'一品夫人'病老归西的时候，我往你坟上替你驮一辈子的碑去。"说的林黛玉嗤的一声笑了，一面揉着眼睛，一面笑道："一般也唬的这个调儿，还只管胡说。'呸，原来是苗而不秀，是个银样镴枪头。'"宝玉听了，笑道："你这个呢？我也告诉去。"林黛玉笑道："你说你会过目成诵，难道我就不能一目十行么？"

宝玉一面收书，一面笑道："正经快把花埋了罢，别提那个了。"二人便收拾落花，正才掩埋妥协，只见袭人走来，说道："那里没找到，摸在这里来。那边大老爷身上不好，姑娘们都过去请安，老太太叫打发你去呢。快回去换衣裳去罢。"宝玉听了，忙拿了书，别了黛玉，同袭人回房换衣不提。

笺证

第二十三回所谓"西厢记妙词通戏语"，是既有诗心，又有纯情的篇章。爱情在这里不是严格接受礼教管束，而是出自内心的审美对象，因此它能够纯，能够与诗心相会。看那林黛玉肩上担着花锄，锄上挂着花囊，手内拿着花帚。对于黛玉的这幅图画，脂评纷纷点赞。甲辰本夹批说："写出扫花仙女。"庚辰本侧批说："一幅采芝图，非葬花图也。"眉批又说："此图欲画之心久矣，誓不遇仙笔不写，恐亵我颦卿故也。己卯冬"；"丁亥春间，偶识一浙省[新]发，其白描美人，真神品物，甚合余意。奈彼因宦缘所缠无暇，且不能久留都下，未几南行矣。余至今耿耿，怅然之至。恨与阿颦结一笔墨缘之难若此！叹叹！丁亥夏。畸笏叟"。[10] 蒙古王府本侧批说："真是韵人韵事！"把满地落花扫起来，不是像宝玉那样撂在水里，而是埋在花冢。理由是："撂在水里不好。你看这里的水干净，只一流出去，有人家的地方脏的臭的混倒，仍旧把花遭塌了。那畸角上我有一个花冢，如今把他扫了，装在这绢袋里，拿土埋上，日久不过随土化了，岂不干净？”这种爱花、惜花、怜花、葬花的心理行为，当得上人与自然之美相融相通的绝妙好诗，《红楼梦》于此把人性、花品当成纯情的诗来体验和抒写。同时，宝玉携带一套《会真记》，走到沁芳闸桥边桃花底下一块石上坐着，展开《会真记》，从头细玩。正看到“落红成阵”，这是元代王实甫《西厢记》第二本《崔莺莺夜听琴》中的句子：“（混江龙）落红成阵，风飘万点正愁人。池塘梦晓，阑槛辞春。蝶粉轻沾飞絮雪，燕泥香惹落花尘。系春心情短柳丝长，隔花阴人远天涯近。香消了六朝金粉，清减了三楚精神。”读到此处，只见一阵风过，把树头上桃花吹下一大半来，落的满身满书满地皆是，纯情加上一点感伤更能萃取它的醇香滋味。贾宝玉回答林黛玉问“什么书”慌的藏之不迭，撒谎说：“不过是《中庸》《大学》。”林黛玉催逼着接过《会真记》，从头看去，越看越爱看，不到一顿饭工夫，将十六出俱已看完，自觉词藻警人，馀香满口。虽看完了书，却只管出神，心内还默默记诵，笑说：“果然有趣。”少女的心，被戏曲中的纯真爱情所感动，所融化，她的心玲珑通透，有过目不忘的慧悟。《会真记》原名《莺莺传》，乃唐朝著名诗人元稹所著，为唐人传奇中最著名的一篇。元代杂剧家王实甫根据《会真记》写成《西厢记》，明清时代曾被朝廷列为禁书。宝玉、黛玉读《会真记》即《西厢记》，独闯禁区，投入了初尝禁脔的惊奇和喜悦。宝玉套用戏曲句子说：“我就是个‘多愁多病身’，你就是那‘倾国倾城貌’。”这出自《西厢记》第一本《张君瑞闹道场》：“（雁儿落）我则道这玉天仙离了碧霄，原来是可意种来清醮。小子多愁多病身，怎当他倾国倾城貌。”林黛玉听了又羞又气，害得贾宝玉求饶说：“好妹妹，千万饶我这一遭，原是我说错了。若有心欺负你，明儿我掉在

⑩（清）曹雪芹著，脂砚斋评：《脂砚斋重评石头记庚辰校本》，作家出版社2006年版，第471页。

池子里，教个癞头鼋吞了去，变个大忘八，等你明儿做了‘一品夫人’病老归西的时候，我往你坟上替你驮一辈子的碑去。”庚辰本侧批说：“虽是混话一串，却成了最新最奇的妙文。”[11]甲辰本夹批又说：“此誓新鲜。”宝玉这种痴情傻话，惹得林黛玉嗤然一笑，说：“一般也唬的这个调儿，还只管胡说。‘呸，原来是苗而不秀，是个银样镴枪头。’”林黛玉所引戏曲句子，来自《西厢记》第四本《草桥店梦莺莺》：“（小桃红）既然泄漏怎干休，是我相投首。俺家里陪酒陪茶倒撋就，你休愁，何须约定通媒媾。我弃了部署不收，你原来苗而不秀。呸，你是个银样镴枪头。”苗而不秀，又出自《论语·子罕篇》孔子的话：“苗而不秀者有矣夫，秀而不实者有矣夫。”但一被《西厢记》化用，就把理性的感慨化成红娘的娇嗔之语。《红楼梦》如此落红纷纷地使用《西厢记》的绝妙好辞，作为痴情男女的情感寄托和倾泄，实在称得上圣于言情的特等笔墨。即蒙古王府本侧批所说：“儿女情，丝毫无淫念，韵雅直至！”还须补充的是，《红楼梦》对接上《西厢记》的精神血脉，是将之置于一种伸缩自由的理想时空中的。红楼儿女二月二十二日搬入大观园，到三月中旬读《西厢记》，时间不到一个月，而贾宝玉已经写出《春夜即事》《夏夜即事》《秋夜即事》《冬夜即事》，把四时节令囊括胸中。以不到一个月囊括了一年，时间在这里化作“百炼钢成绕指柔”，岂不奇哉妙哉！

这里林黛玉见宝玉去了，又听见众姊妹也不在房，自己闷闷的。正欲回房，刚走到梨香院墙角上，只听墙内笛韵悠扬，歌声婉转。林黛玉便知是那十二个女孩子演习戏文呢。只是林黛玉素习不大喜看戏文，便不留心，只管往前走。偶然两句吹到耳内，明明白白，一字不落，唱道是：“原来姹紫嫣红开遍，似这般都付与断井颓垣。”林黛玉听了，倒也十分感慨缠绵，便止住步侧耳细听，又听唱道是：“良辰美景奈何天，赏心乐事谁家院。”听了这两句，不觉点头自叹，心下自思道：“原来戏上也有好文章。可惜世人只知看戏，未必能领略这其中的趣味。”想毕，又后悔不该胡想，耽误了听曲子。又侧耳时，只听唱道：“则为你如花美眷，似水流年……”林黛玉听了这两句，不觉心动神摇。又听道“你在幽闺自怜”等句，亦发如醉如痴，站立不住，便一蹲身坐在一块山子石上，细嚼“如花美眷，似水流年”八个字的滋味。忽又想起前日见古人诗中有“水流花谢两无情”之句，再又有词中有“流水落花春去也，天上人间”之句，又兼方才所见《西厢记》中“花落水流红，闲愁万种”之句，都一时想起来，凑聚在一处。仔细忖度，不觉心痛神痴，眼中落泪。正没个开交，忽觉背上击了一下，及回头看时，原来是…… 且听下回分解。正是：

妆晨绣夜心无矣，对月临风恨有之。

⓫（清）曹雪芹著，脂砚斋评：《脂砚斋重评石头记庚辰校本》，作家出版社2006年版，第472页。

⓬（清）曹雪芹著，脂砚斋评：《脂砚斋重评石头记庚辰校本》，作家出版社2006年版，第473页。

笺证

《红楼梦》探索人物的精神深处脉络，颇有一种紧咬着不放的韧劲头，借助《西厢记》刻划人物的纯美爱情心理，还不肯松口，又添上了一曲生死情缘的《牡丹亭》。《牡丹亭》是明代剧作家汤显祖一生最得意之作，曾经说：“吾一生四梦，得意处唯在《牡丹》。”汤显祖在这部穿越时空的生死之恋戏曲《题词》中有言：“如杜丽娘者，乃可谓之有情人耳。情不知所起，一往而深。生者可以死，死亦可生。生而不可与死，死而不可复生者，皆非情之至也。”对于汤显祖“至情说”产生的这部戏曲，晚明沈德符《万历野获编》卷二十五称：“汤义仍《牡丹亭梦》一出，家传户诵，几令《西厢》减价。”第二十三回林黛玉在梨香院墙角听到那十二个女戏子演习《牡丹亭》戏文，听到“原来姹紫嫣红开遍，似这般都付与断井颓垣”，觉得十分感慨缠绵，便止住步侧耳细听。庚辰本眉批说：“情小姐故以情小姐词曲警之，恰极，当极！己卯冬。”⓬姹紫嫣红的鲜艳爱情，最终要托付给断井颓垣的废墟，这种废墟文化意识是《红楼梦》空幻意旨的浓重投影。随之黛玉又听到“良辰美景奈何天，赏心乐事谁家院”，不觉点头自叹，心下自思道：“原来戏上也有好文章。可惜世人只知看戏，未必能领略这其中的趣味。”到了侧耳听见“则为你如花美眷，似水流年……”这两句，不觉心动神摇。又听到“你在幽闺自怜”等句，亦发如醉如痴，站立不住，便一蹲身坐在一块山子石上，细嚼“如花美眷，似水流年”八个字的滋味。这些曲文，都出自汤显祖《牡丹亭》（《还魂记》）第十出《惊梦》，它写杜丽娘游园唱出生命的伤感：“（皂罗袍）原来姹紫嫣红开遍，似这般都付与断井颓垣。良辰美景奈何天，赏心乐事谁家院。”杜丽娘游园时感到身子困乏了，就在牡丹亭上隐几而眠，梦见书生柳梦梅持柳枝上，笑着说：“小姐，咱爱杀你哩。（山桃红）则为你如花美眷，似水流年，是答儿闲寻遍。在幽闺自怜。”这是至情生梦，梦中消解了礼教束缚，使青春男女自由交往。这种自由境界，是深感到周围的人伦关系“一年三百六十日，风刀霜剑严相逼”的林黛玉心驰神往的。因而林黛玉忽又想起前日见古人诗中有“水流花谢两无情”之句，这是唐人崔涂《春夕》中“水流花谢两无情，送尽东风过楚城。胡蝶梦中家万里，子规枝上月三更”的句子；又想起词中有“流水落花春去也，天上人间”之句，这是李后主《浪淘沙令》词中的句子；又加上林黛玉方才所见《西厢记》中“花落水流红，闲愁万种”之句，这是王实甫《西厢记》第一本《张君瑞闹道场》中崔莺莺唱的“可正是人值残春蒲郡东，门掩重关萧寺中。花落水流红，闲愁万种，无语怨东风”中的句子。这些诗词妙句都一时想起来，凑聚在一处，使林黛玉仔细忖度，不觉心痛神痴，眼中落泪。《西厢记》《牡丹亭》有林黛玉这样聪慧、敏锐而多情善感的读者，是莫大的荣幸。黛玉既然听得字字入心，自然由于她对《牡丹亭》烂熟于心，但并没有交代她何时读过《牡丹亭》。这也可以说是个破绽。值得注意者，这些戏曲和诗词的妙句，都围绕着“落花”意象，折射了林黛玉对如花青春，转眼委身泥土的人生有限性悲剧的敏锐而沉痛的感悟，她由此享受和体味了生命的有情和无情。这就使她不能不细嚼“如花美眷，似水流年”八个字的滋味了。这第二十三回的庚辰本回末总评说：“前以《会真记》（《西厢记》）文，后以《牡丹亭》曲，加以有情有景消魂落魄诗词，总是急于令颦儿种病根也。看其一路不迹不离，曲曲折折写来，令观者亦自难持，况瘦怯怯之弱女乎！”[13] 青春是阳光，却又阴晴不定，纯情与废墟交织，使青春成了一朵开放在废墟上的曼陀罗花，成了一道明媚得令人心碎的忧伤，这就是《红楼梦》融合着写实性和象征性的复调叙事形态。

[13]（清）曹雪芹著，脂砚斋评：《脂砚斋重评石头记庚辰校本》，作家出版社2006年版，第474页。

第二十四回

醉金刚轻财尚义侠 痴女儿遗帕惹相思

话说林黛玉正自情思萦逗、缠绵固结之时，忽有人从背后击了他一掌，说道:“你作什么一个人在这里？”林黛玉倒唬了一跳，回头看时，不是别人，却是香菱。林黛玉道:“你这个傻丫头，唬我一跳。你这会子打那里来？”香菱嘻嘻的笑道:“我来寻我们的姑娘的，找他总找不着。你们紫鹃也找你呢，说琏二奶奶送了什么茶叶来给你的。走罢，回家去坐着。”一面说着，一面拉着黛玉的手回潇湘馆来了。果然凤姐儿送了两小瓶上用新茶来。林黛玉和香菱坐了。况他们有甚正事谈讲？不过说些这一个绣的好，那一个刺的精，又下一回棋，看两句书，香菱便走了。不在话下。

笺证

林黛玉陷入《西厢记》《牡丹亭》的纯情痴情之妙文的深处，到了第二十四回开头就是香菱将黛玉打捞上岸，香菱从背后击了黛玉一掌，说：“你作什么一个人在这里？”林黛玉倒唬了一跳，回头看见是香菱，就说：“你这个傻丫头，唬我一跳。你这会子打那里来？”庚辰本侧批说：“此‘傻’字加于香菱，则有多少丰神跳于纸上，其娇憨之态可想而知。”[1]称“傻丫头”，是一种爱怜的语气。香菱嘻嘻的笑着说：“我来寻我们的姑娘的，找他总找不着。你们紫鹃也找你呢，说琏二奶奶送了什么茶叶来给你的。走罢，回家去坐着。”庚辰本侧批说：“‘回家去坐着’之言，是恐(黛玉坐在)

石上冷意。”[2]香菱既活泼，又知体贴人的品性，略作点染，就跃然纸上，她一面说着，一面拉着黛玉的手回潇湘馆来了。果然凤姐儿送了两小瓶上用新茶来。林黛玉和香菱坐了。况他们有甚正事谈讲？不过说些这一个绣的好，那一个刺的精，又下一回棋，看两句书，香菱便走了。此时香菱尚未学作诗，只能谈一些女儿家日常事务。庚辰本夹批说：“棋不论盘，书不论章，皆是娇憨女儿神理，写得不即不离，似有若无，妙极！”眉批又说：“是书最好看如此等处，系画家山水树头丘壑俱备，末用浓淡墨点苔法也。丁亥夏。畸笏叟。”[3]所谓浓淡墨点苔法，就是用浓淡不同的墨打出点点，分出山石的结构和层次，形成近浓远淡，阴浊阳清，近实远虚的样貌。也就是说，《红楼梦》的叙事法融通了中国水墨画的墨分五彩的意趣。林黛玉称香菱为“傻丫头”，此是稠墨淡用，亲密语趣用，反衬出香菱的俏皮、灵慧，略作点染而犹抱琵琶半遮面，为后来香菱沉迷于向黛玉学作诗做了铺垫。这回若不是遇上香菱，而是遇上宝玉或宝钗，不知要出现多少情感上的夹缠，花费多少口水，这就是小说家在浓淡设色时，需要懂得趋避的窍门了。

如今且说宝玉因被袭人找回房去，果见鸳鸯歪在床上看袭人的针线呢，见宝玉来了，便说道：“你往那里去了？老太太等着你呢，叫你过那边请大老爷的安去。还不快换了衣服走呢。”袭人便进房去取衣服。宝玉坐在床沿上，褪了鞋等靴子穿的工夫，回头见鸳鸯穿着水红绫子袄儿，青缎子背心，束着白绉绸汗巾儿，脸向那边低着头看针线，脖子上戴着花领子。宝玉便把脸凑在他脖项上，闻那香油气，不住用手摩挲，其白腻不在袭人之下，便猴上身去涎皮笑道：“好姐姐，把你嘴上的胭脂赏我吃了罢。”一面说着，一

❶（清）曹雪芹著，脂砚斋评：《脂砚斋重评石头记庚辰校本》，作家出版社2006年版，第479页。

❷（清）曹雪芹著，脂砚斋评：《脂砚斋重评石头记庚辰校本》，作家出版社2006年版，第479页。

❸（清）曹雪芹著，脂砚斋评：《脂砚斋重评石头记庚辰校本》，作家出版社2006年版，第479页。

面扭股糖似的粘在身上。鸳鸯便叫道："袭人，你出来瞧瞧。你跟他一辈子，也不劝劝，还是这么着。"袭人抱了衣服出来，向宝玉道："左劝也不改，右劝也不改，你到底是怎么样？你再这么着，这个地方可就难住了。"一边说，一边催他穿了衣服，同鸳鸯往前面来见贾母。

见过贾母，出至外面，人马俱已齐备。刚欲上马，只见贾琏请安回来了，正下马，二人对面，彼此问了两句话。只见旁边转出一个人来，"请宝叔安。"宝玉看时，只见这人容长脸，长挑身材，年纪只好十八九岁，生得着实斯文清秀，倒也十分面善，只是想不起是那一房的，叫什么名字。贾琏笑道："你怎么发呆，连他也不认得？他是后廊上住的五嫂子的儿子芸儿。"宝玉笑道："是了，是了，我怎么就忘了。"因问他母亲好，这会子什么勾当。贾芸指贾琏道："找二叔说句话。"宝玉笑道："你倒比先越发出挑了，倒像我的儿子。"贾琏笑道："好不害臊。人家比你大四五岁呢，就替你作儿子了？"宝玉笑道："你今年十几岁了？"贾芸道："十八岁。"

原来这贾芸最伶俐乖觉，听宝玉这样说，便笑道："俗语说的，'摇车里的爷爷，拄拐的孙孙'。虽然岁数大，山高高不过太阳。只从我父亲没了，这几年也无人照管教导。如若宝叔不嫌侄儿蠢笨，认作儿子，就是我的造化了。"贾琏笑道："你听见了？认儿子不是好开交的呢。"说着就进去了。宝玉笑道："明儿你闲了，只管来找我，别和他们鬼鬼祟祟的。这会子我不得闲儿。明儿你到书房里来，和你说天话儿，我带你园里玩耍去。"说着扳鞍上马，众小厮围随往贾赦这边来。

见了贾赦，不过是偶感些风寒，先述了贾母问的话，然后自己请了安。贾赦先站起来回了贾母话，次后便唤人来："带哥儿去太太屋里坐着。"宝玉退出，来至后面，进入上房。邢夫人见了他来，先倒站了起来，请过贾母安，宝玉方请安。邢夫人拉他上炕坐了，方问别人好，又命人倒茶来。一钟茶未吃完，只见那贾琮来问宝玉好。邢夫人道："那里找活猴儿去！你那奶妈子死绝了，也不收拾收拾你，弄的黑眉乌嘴的，那里像大家子念书的孩子。"

正说着，只见贾环、贾兰小叔侄两个也来了，请过安，邢夫人便叫他两个椅子上坐了。贾环见宝玉同邢夫人坐在一个坐褥上，邢夫人又百般摩挲抚弄他，早已心中不自在了，坐不多时，便和贾兰使眼色儿要走。贾兰只得依他，一同起身告辞。宝玉见他们要走，自己也就起身，要一同回去。邢夫人笑道："你且坐着，我还和你说话呢。"宝玉只得坐了。邢夫人向他两个道："你们回去，各人替我问你们各人的母亲好。你们姑娘、姐姐、妹妹都在这里呢，闹的我头晕，今儿不留你们吃饭了。"贾环等答应着，便出来回家去了。

宝玉笑道："可是姐姐们都过来了，怎么不见？"邢夫人道："他们坐了一会子，都往后头不知那屋里去了。"宝玉道："大娘方才说有话说，不知是什么话？"邢夫人笑道："那里有什么话，不过是叫你等着，同你姊妹们吃了饭去。还有一个好玩的东西给你带回去玩。"娘儿两个说话，不觉早又晚饭时节。调开桌椅，罗列杯盘，母女姊妹们吃毕了饭。宝玉去辞贾赦，同姊妹们一同回家，见过贾母、王夫人等，各自回房安息。不在话下。

笺证

《红楼梦》叙事善于穿针引线。穿针引线如七夕乞巧，讲究针眼要细，线头要曲，绵密穿引，不落痕迹。第二十四回袭人招呼宝玉见贾母，碰见了贾母的大丫头鸳鸯，就猴上身去涎皮笑道："好姐姐，把你嘴上的胭脂赏我吃了罢。"点出了宝玉无赖意淫的怪脾性。宝玉见完贾母去向贾赦请安，碰到最伶俐乖觉的贾芸，要认他做干儿子，伶牙利嘴的贾芸却说出一番令人心酸的话："俗语说的，摇车里的爷爷，拄拐的孙孙。虽然岁数大，山高高不过太阳。只从我父亲没了，这几年也无人照管教导。如若宝叔不嫌侄儿蠢笨，认作儿子，就是我的造化了。"庚辰本侧批说："虽是随机而应，伶俐人之语，余却伤心。”[4]伤心在于身份决定着人的言行，这就是人道“损不足，奉有余”，尤其在那贵族等级制度中。宝玉在邢夫人处又碰见不自在的贾环，伏下了赵姨娘嫉恨报复宝玉的线索。庚辰本夹批说：“一段为五鬼魇魔法作引。脂砚。”[5]叙事针线七穿八引，一丝不乱，点缀着各种人情世态，而抽引出的长线索是以下的贾芸传，伸向混混浊浊的世俗市井社会。如此细针密缕，所趋向的是生活的原生态。

且说贾芸进去见了贾琏，因打听可有什么事情。贾琏告诉他：“前儿倒有一件事情出来，偏生你婶子再三求了我，给了贾芹了。他许了我，说明儿园里还有几处要栽花木的地方，等这个工程出来，一定给你就是了。”贾芸听了，半晌说道：“既是这样，我就等着罢。叔叔也不必先在婶子跟前提我今儿来打听的话，到跟前再说也不迟。”贾琏道：“提他作什么，我那里有这些工夫说闲话儿呢。明儿一个五更，还要到兴邑去走一趟，须得当日赶回来才好。你先去等着，后日起更以后你来讨信儿，来早了我不得闲。”说着便回后面换衣服去了。

贾芸出了荣国府回家，一路思量，想出一个主意来，便一径往他母舅卜世仁家来。原来卜世仁现开香料铺，方才从铺子里来，忽见贾芸进来，彼此见过了，因问他这早晚什么事跑了来。贾芸道：“有件事求舅舅帮衬帮衬。我有一件事，用些冰片麝香使用，好歹舅舅每样赊四两给我，八月里按数送了银子来。”卜世仁冷笑道：“再休提赊欠一事。前儿也是我们铺子里一个伙计，替他的亲戚赊了几两银子的货，至今总未还上。因此我们大家赔上，立了合同，再不许替亲友赊欠。谁要赊欠，就要罚他二十两银子的东道。况且如今这个货也短，你就拿现银子到我们这不三不四的铺子里来买，也还没有这些，只好倒扁儿去。这是一。二则你那里有正经事，不过赊了去又是胡闹。你只说舅舅见你一遭儿就派你一遭儿不是。你小人儿家很不知好歹，也到底立个主见，赚几个钱，弄得穿是穿吃是吃的，我看着也喜欢。”

贾芸笑道：“舅舅说的倒干净。我父亲没的时候，我年纪又小，不知事。

❹（清）曹雪芹著，脂砚斋评：《脂砚斋重评石头记庚辰校本》，作家出版社2006年版，第481页。

❺（清）曹雪芹著，脂砚斋评：《脂砚斋重评石头记庚辰校本》，作家出版社2006年版，第482页。

后来听见我母亲说，都还亏舅舅们在我们家出主意，料理的丧事。难道舅舅就不知道的，还是有一亩地两间房子，如今在我手里花了不成？巧媳妇做不出没米的粥来，叫我怎么样呢？还亏是我呢，要是别个，死皮赖脸三日两头儿来缠着舅舅，要三升米二升豆子的，舅舅也就没有法呢。”

卜世仁道：“我的儿，舅舅要有，还不是该的。我天天和你舅母说，只愁你没算计儿。你但凡立的起来，到你大房里，就是他们爷儿们见不着，便下个气，和他们的管家或者管事的人们嬉和嬉和，也弄个事儿管管。前日我出城去，撞见了你们三房里的老四，骑着大叫驴，带着五辆车，有四五十和尚道士，往家庙去了。他那不亏能干，就有这样的好事儿到他手里了！”贾芸听他韶刀的不堪，便起身告辞。卜世仁道：“怎么急的这样，吃了饭再去罢。”一句未完，只见他娘子说道：“你又糊涂了。说着没有米，这里买了半斤面来下给你吃，这会子还装胖呢。留下外甥挨饿不成？”卜世仁说：“再买半斤来添上就是了。”他娘子便叫女孩儿：“银姐，往对门王奶奶家去问，有钱借二三十个，明儿就送过来。”夫妻两个说话，那贾芸早说了几个“不用费事”，去的无影无踪了。

不言卜家夫妇，且说贾芸赌气离了母舅家门，一径回归旧路，心下正自烦恼，一边想，一边低头只管走，不想一头就碰在一个醉汉身上，把贾芸唬了一跳。听那醉汉骂道：“臊你娘的！瞎了眼睛，碰起我来了。”贾芸忙要躲身，早被那醉汉一把抓住，对面一看，不是别人，却是紧邻倪二。原来这倪二是个泼皮，专放重利债，在赌博场吃闲钱，专管打降吃酒。如今正从欠钱人家索了利钱，吃醉回来，不想被贾芸碰了一头，正没好气，抡拳就要打。只听那人叫道：“老二住手！是我冲撞了你。”倪二听见是熟人的语音，将醉眼睁开看时，见是贾芸，忙把手松了，趔趄着笑道："原来是贾二爷，我该死，我该死。这会子往那里去？"贾芸道："告诉不得你，平白的又讨了个没趣儿。"倪二道："不妨不妨，有什么不平的事，告诉我，替你出气。这三街六巷，凭他是谁，有人得罪了我醉金刚倪二的街坊，管叫他人离家散！"

贾芸道："老二，你且别气，听我告诉你这原故。"说着，便把卜世仁一段事告诉了倪二。倪二听了大怒，"要不是令舅，我便骂不出好话来，真真气死我倪二。也罢，你也不用愁烦，我这里现有几两银子，你若用什么，只管拿去买办。但只一件，你我作了这些年的街坊，我在外头有名放帐，你却从没有和我张过口。也不知你厌恶我是个泼皮，怕低了你的身分，也不知是你怕我难缠，利钱重？若说怕利钱重，这银子我是不要利钱的，也不用写文约，若说怕低了你的身分，我就不敢借给你了，各自走开。"一面说，一面果然从搭包里掏出一卷银子来。

贾芸心下自思："素日倪二虽然是泼皮无赖，却因人而使，颇颇的有义侠之名。若今日不领他这情，怕他臊了，倒恐生事。不如借了他的，改日加倍还他也倒罢了。"想毕笑道："老二，你果然是个好汉，我何曾不想着你，和你张口。但只是我见你所相与交结的，都是些有胆量的有作为的人，似我们这等无能无力的你倒不理。我若和你张口，你岂肯借给我？今日既蒙高情，我怎敢不领，回家按例写了文约过来便是了。"倪二大笑道："好会说话的人，我却听不上这话。既说'相与交结'四个字，如何放帐给他，使他的利钱！既把银子借与他，图他的利钱，便不是相与交结了。闲话也不必讲。既肯青目，这是十五两三钱有零的银子，便拿去治买东西。你要写什么文契，趁早把银子还我，让我放给那些有指望的人使去。"贾芸听了，一面接了银子，一面笑道："我便不写罢了，有何着急的。"倪二笑道："这不是话。天气黑了，也不让茶让酒，我还到那边有点事情去，你竟请回去。我还求你带个信儿与舍下，叫他们早些关门睡罢，我不回家去了；倘或有要紧事儿，叫我们女儿明儿一早到马贩子王短腿家来找我。"一面说，一面趔趄着脚儿去了，不在话下。

且说贾芸偶然碰了这件事，心中也十分罕希，想那倪二倒果然有些意思，只是还怕他一时醉中慷慨，到明日加倍的要起来，便怎处，心内犹豫不决。忽又想道："不妨，等那件事成了，也可加倍还他。"想毕，一直走到个钱铺里，将那银子称一称，十五两三钱四分二厘。贾芸见倪二不撒谎，心下越发欢喜，收了银子，来至家门，先到隔壁将倪二的信捎了与他娘子知道，方回家来。见他母亲自在炕上拈线，见他进来，便问那去了一日。贾芸恐他母亲生气，便不说起卜世仁的事来，只说在西府里等琏二叔的，问他母亲吃了饭不曾。他母亲已吃过了，说留的饭在那里。小丫头子拿过来与他吃。

笺证

《红楼梦》善于在不同人物世界的景观上荡秋千。秋千的往来晃荡，荡出了雅俗掩映、良莠不齐的人情世态。这种秋千，荡得越高，晃得越远，越见得曹雪芹社会视野之宏阔。说到秋千，清人翟灏《通俗编》卷三十一引《古今艺术图》说："秋千本山戎之戏，自齐威公北伐山戎，此戏始传中国，一云作千秋字，本出汉宫祝寿词，后世误倒读为秋千耳。"[6]对此唐人高无际《汉武帝后庭秋千赋》云："秋千者'千秋'也，汉武祈千秋之寿，故后宫多秋千之乐。……擢纤手以星曳，腾弱质而云齐。一去一来，斗舞空之花蝶。双上双下，乱晴野之虹蜺。径如风，捷如电，倏忽顾盼，万人皆见，香裾飒以牵空，珠汗集而光面。"[7]后世以清明节或上巳节为"秋千节"，以春风飘舞秋千。宋代韩琦《乙未寒食西溪》云："三月秋千节，西郊菡萏洲。塞寒春尚浅，俗乐政同优。"宋代魏庆之《诗人玉屑》卷十八记述北宋词人张先（字子野）说："子野尝有诗云：浮萍断处见山影。又长短句云：云破月来花弄影。又云：隔墙送过秋千影。并脍炙人口，世谓张三影。"[8]《诗人玉屑》卷二十一又记述：

[6]（清）翟灏著，陈志明编校：《通俗编》（下），东方出版社2013年版，第575页。

[7] 周维德集校：《全明诗话》，齐鲁书社2005年版，第4573—4574页。

[8]（明）胡仔纂集：《苕溪渔隐丛话》，人民文学出版社1962年版，第252页。

"东坡《蝶恋花》词：花衬残红青杏小，燕子来时，绿水人家绕。枝上柳绵吹又少，天涯何处无芳草。墙里秋千墙外道，墙外行人，墙里佳人笑。笑渐不闻声渐悄，多情却被无情恼。予得真本于友人处，'绿水人家绕'作'绿水人家晓'。'多情却被无情恼'，盖行人多情，佳人无情耳，此二字极有理趣。而绕与晓自霄壤也。"[9]李后主《蝶恋花》词也吟咏清明节之秋千云："遥夜亭皋闲信步。乍过清明，早觉伤春暮。数点雨声风约住。朦胧淡月云来去。 桃李依依春暗度。谁在秋千，笑里低低语。一片芳心千万绪，人间没个安排处。"[10]对于秋千节的日子，明代刘若愚《酌中志》卷二十说："三月初四日，宫眷内臣换穿罗衣。清明，则'秋千节'也，带杨枝于鬓。坤宁宫后及各宫，皆安秋千一架。"[11]明代王罃《群书类编故事》卷二"时令类"记述"秋千之戏"说："北方之俗，至寒食为秋千戏，以习轻趫。后中国女子效之，乃以彩绳悬木立架，士女坐立其上推引之，谓之秋千。或曰本山戎之戏。自齐威公北伐山戎，此戏始传中国。一云作'千秋'字，本出汉宫祝寿词。后世误，倒读为'秋千'耳(《古今艺术图》)。《涅槃经》谓之罥索(《岁时记》)。天宝宫中，至寒食节竞蹴秋千，令宫嫔辈嬉笑以为乐。帝常呼为半仙之戏(《遗事》)。"[12]曹雪芹、贾宝玉、林黛玉熟悉的王实甫《西厢记》第三本有红娘唱词："果若你有心，他有心，昨日秋千院宇深沉。花有阴，月有阴，'春宵一刻抵千金'，何须'诗对会家吟'？"这个秋千荡到了秋千的历史、秋千的风俗，如今该荡回《红楼梦》第二十四回了。贾芸出了荣国府，就游荡回到世俗市井社会，展开了两种类型的世俗人物，一是舅舅卜世仁（谐音"不是人"），向他赊用四两冰片麝香，被他左推右挡，连留外甥吃饭，也有舅母阻拦说："你又糊涂了。说着没有米，这里买了半斤面来下给你吃，这会子还装胖呢。留下外甥挨饿不成？"要再买半斤面让女儿到"对门王奶奶家去问，有钱借二三十个"。庚辰本侧批说："虽写小人家涩细，一吹一唱，酷肖之至，却是一气逼出，后文方不突然。《石头记》笔仗全在如此样者。"[13]甲辰本夹批说："世情写透。"写透了不是人的世界，又荡到真是人的世界。二就是撞上泼皮无赖倪二。原来这倪二是个泼皮，专放重利债，在赌博场吃闲钱，专管打降吃酒。如今正从欠钱人家索了利钱，吃醉回来，不想被贾芸碰了一头，正没好气，抡拳就要打。庚辰本眉批说："这一节对《水浒》杨志卖大刀遇没毛大虫（泼皮牛二）一回看，觉好看多矣。己卯冬夜。脂砚。"[14]虽然烂醉中而被贾芸撞倒，但倪二问知贾芸受了委屈，就放言："有什么不平的事，告诉我，替你出气。这三街六巷，凭他是谁，有人得罪了我醉金刚倪二的街坊，管叫他人离家散！"又慷慨地拿出十五两三钱有零的银子，给他拿去治买东西。贾芸心下思量："素日倪二虽然是泼皮无赖，却因人而使，颇颇的有义侠之名。"庚辰本侧批说："（因人而使）四字是评，难得难得，非豪杰不可当"；"'光棍眼内揉不下砂子'是也"[15]；"爽快人，爽快话"[16]。庚辰本还在回首为醉金刚倪二作了总批语，可见对此类市井人物格外青睐，说是："夹写'醉金刚'一回是书中之大净场，聊醒看官倦眼耳。然亦书中必不可少之文，必不可少之人。今写在市井俗人身上，又加一'侠'字，则大有深意存焉。"[17]所谓大有深意，就是映衬贵族府邸没有这种侠义人物。有了卜世仁、倪二这两种类型的人物，使贾芸的不虚此市井行，裹挟上不少泥土气息。贵族府邸与世俗市井，是两个世界的存在方式，都被曹雪芹搜罗到笔底了。

那天已是掌灯时候，贾芸吃了饭收拾歇息，一宿无话。次日一早起来，洗了脸，便出南门，大香铺里买了冰麝，便往荣国府来。打听贾琏出了门，贾芸便往后面来。到贾琏院门前，只见几个小厮拿着大高笤帚在那里扫院子呢。忽见周瑞家的从门里出来叫小厮们："先别扫，奶奶出来了。"贾芸忙上前笑问："二婶婶那去？"周瑞家的道："老太太叫，想必是裁什么尺头。"

正说着，只见一群人簇着凤姐出来了。贾芸深知凤姐

⑨ 施蛰存、陈如江辑录：《宋元诗话》，上海书店出版社1999年版，第487页。

⑩（南唐）李煜：《李煜词集》，上海古籍出版社2014年版，第27页。

⑪（明）刘若愚：《酌中志》，北京古籍出版社1994年版，第179页。

⑫（明）王罃：《群书类编故事》，书目文献出版社1993年版，第18—19页。

⑬（清）曹雪芹著，脂砚斋评：《脂砚斋重评石头记庚辰校本》，作家出版社2006年版，第484页。

⑭（清）曹雪芹著，脂砚斋评：《脂砚斋重评石头记庚辰校本》，作家出版社2006年版，第485页。

⑮（清）曹雪芹著，脂砚斋评：《脂砚斋重评石头记庚辰校本》，作家出版社2006年版，第485页。

⑯（清）曹雪芹著，脂砚斋评：《脂砚斋重评石头记庚辰校本》，作家出版社2006年版，第486页。

⑰（清）曹雪芹著，脂砚斋评：《脂砚斋重评石头记庚辰校本》，作家出版社2006年版，第479页。

是喜奉承尚排场的，忙把手逼着，恭恭敬敬抢上来请安。凤姐连正眼也不看，仍往前走着，只问他母亲好，“怎么不来我们这里逛逛？”贾芸道：“只是身上不大好，倒时常记挂着婶子，要来瞧瞧，又不能来。”凤姐笑道：“可是会撒谎，不是我提起他来，你就不说他想我了。”贾芸笑道：“侄儿不怕雷打了，就敢在长辈前撒谎。昨儿晚上还提起婶子来，说婶子身子生的单弱，事情又多，亏婶子好大精神，竟料理的周周全全；要是差一点儿的，早累的不知怎么样呢。”

凤姐听了满脸是笑，不由的便止了步，问道：“怎么好好的你娘儿们在背地里嚼起我来？”贾芸道：“有个原故，只因我有个朋友，家里有几个钱，现开香铺。只因他身上捐着个通判，前儿选了云南不知那一处，连家眷一齐去，把这香铺也不在这里开了。便把帐物攒了一攒，该给人的给人，该贱发的贱发了，像这细贵的货，都分着送与亲朋。他就一共送了我些冰片、麝香。我就和我母亲商量，若要转卖，不但卖不出原价来，而且谁家拿这些银子买这个作什么，便是很有钱的大家子，也不过使个几分几钱就挺折腰了；若说送人，也没个人配使这些，倒叫他一文不值半文转卖了。因此我就想起婶子来。往年间我还见婶子大包的银子买这些东西呢，别说今年贵妃宫中，就是这个端阳节下，不用说这些香料自然是比往常加上十倍去的。因此想来想去，只孝顺婶子一个人才合式，方不算遭塌这东西。”一边说，一边将一个锦匣举起来。

凤姐正是要办端阳的节礼，采买香料药饵的时节，忽见贾芸如此一来，听这一篇话，心下又是得意又是欢喜，便命丰儿：“接过芸哥儿的来，送了家去，交给平儿。”因又说道：“看着你这样倒很知好歹，怪道你叔叔常提你，说你说话儿也明白，心里有见识。”贾芸听这话入了港，便打进一步来，故意问道：“原来叔叔也曾提我的？”凤姐见问，才要告诉他与他管事情的那话，便忙又止住，心下想道：“我如今要告诉他那话，倒叫他看着我见不得东西似的，为得了这点子香，就混许他管事了。今儿先别提起这事。”想毕，便把派他监种花木工程的事都隐瞒的一字不提，随口说了两句淡话，便往贾母那里去了。贾芸也不好提的，只得回来。

因昨日见了宝玉，叫他到外书房等着，贾芸吃了饭便又进来，到贾母那边仪门外绮霰斋书房里来。只见焙茗、锄药两个小厮下象棋，为夺“车”正拌嘴；还有引泉、扫花、挑云、伴鹤四五个，又在房檐上掏小雀儿玩。贾芸进入院内，把脚一跺，说道：“猴头们淘气，我来了。”众小厮看见贾芸进来，都才散了。贾芸进入房内，便坐在椅子上问：“宝二爷没下来？”焙茗道：“今儿总没下来。二爷说什么，我替你哨探哨探去。”说着，便出去了。

这里贾芸便看字画古玩，有一顿饭工夫还不见来，再看看别的小厮，都顽去了。正是烦闷，只听门前娇声嫩语的叫了一声“哥哥”。贾芸往外瞧时，看是一个十六七岁的丫头，生的倒也细巧干净。那丫头见了贾芸，便抽身躲了过去。恰值焙茗走来，见那丫头在门前，便说道：“好，好，正抓不着个信儿。”贾芸见了焙茗，也就赶了出来，问怎么样。焙茗道：“等了这一日，也没个人儿过来。这就是宝二爷房里的。好姑娘，你进去带个信儿，就说廊上的二爷来了。”

那丫头听说，方知是本家的爷们，便不似先前那等回避，下死眼把贾芸钉了两眼。听那贾芸说道：“什么是廊上廊下的，你只说是芸儿就是了。”半晌，那丫头冷笑了一笑：“依我说，二爷竟请回家去，有什么话明儿再来。今儿晚上得空儿我回了他。”焙茗道：“这是怎么说？”那丫头道：“他今儿也没睡中觉，自然吃的晚饭早。晚上他又不下来。难道只是耍的二爷在这里等着挨饿不成！不如家去，明儿来是正经。便是回来有人带信，那都是不中用的。他不过口里应着，他倒给带呢！”贾芸听这丫头说话简便俏丽，待要问他的名字，因是宝玉房里的，又不便问，只得说道：“这话倒是，我明儿再来。”说着便往外走。焙茗道：“我倒茶去，二爷吃了茶再去。"贾芸一面走，一面回头说："不吃茶，我还有事呢。"口里说话，眼睛瞧那丫头还站在那里呢。

那贾芸一径回家。至次日来至大门前，可巧遇见凤姐往那边去请安，才上了车，见贾芸来，便命人唤住，隔窗子笑道："芸儿，你竟有胆子在我的跟前弄鬼。怪道你送东西给我，原来你有事求我。昨儿你叔叔才告诉我说你求他。"贾芸笑道："求叔叔这事，婶子休提，我昨儿正后悔呢。早知这样，我竟一起头求婶子，这会子也早完了。谁承望叔叔竟不能的。"凤姐笑道："怪道你那里没成儿，昨儿又来寻我。"贾芸道："婶子辜负了我的孝心，我并没有这个意思。若有这个意思，昨儿还不求婶子。如今婶子既知道了，我倒要把叔叔丢下，少不得求婶子好歹疼我一点儿。"

凤姐冷笑道："你们要拣远路儿走，叫我也难说。早告诉我一声儿，有什么不成的，多大点子事，耽误到这会子。那园子里还要种树种花，我只想不出一个人来，你早来不早完了。"贾芸笑道："既这样，婶子明儿就派我罢。"凤姐半晌道："这个我看着不大好。等明年正月里烟火灯烛那个大宗儿下来，再派你罢。"贾芸道："好婶子，先把这个派了我罢。果然这个办的好，再派我那个。"凤姐笑道："你倒会拉长线儿。罢了，要不是你叔叔说，我不管你的事。我也不过吃了饭就过来，你到午错的时候来领银子，后儿就进去种树。"说毕，令人驾起香车，一径去了。

贾芸喜不自禁，来至绮霰斋打听宝玉，谁知宝玉一早便往北静王府里去了。贾芸便呆呆的坐到晌午，打听凤姐回来，便写个领票来领对牌。至院外，命人通报了，彩明走了出来，单要了领票进去，批了银数年月，一并连对牌交与了贾芸。贾芸接了，看那批上银数批了二百两，心中喜不自禁，翻身走到银库上，交与收牌票的，领了银子。回家告诉母亲，自是母子俱各欢喜。次日一过五鼓，贾芸先找了倪二，将前银按数还他。那倪二见贾芸有了银子，他便按数收回，不在话下。这里贾芸又拿了五十两，出西门找到花儿匠方椿家里去买树，不在话下。

笺证

《红楼梦》写人物，仿佛洞彻其肺腑，勾出其肝肠。第二十四回贾芸的乖觉，凤姐的拿搪，都写得入木三分。凤姐是“喜奉承、尚排场”的，贾芸揣透了她的心思习性，把她奉承得丝丝入扣。但是凤姐“喜奉承、尚排场”也不是直露的，而是有一定深度的。这种深度，体现在凤姐善于拿搪。以拿搪的手法来擅权弄权，是凤姐的快意人生。贾芸用倪二的钱买了冰片、麝香送凤姐，凤姐心下想：“我如今要告诉他那话，倒叫他看着我见不得东西似的，为得了这点子香，就混许他管事了。今儿先别提起这事。”庚辰本脂评对凤姐这种欲擒故纵的算计看得很透，夹批说：“看官须知，凤姐所喜是奉承之言，打动了心，不是见物而欢喜，若说是见物而喜，便不是阿凤矣。”侧批又说：“的是阿凤行事心机笔意。”[18] 这令人联想到，就连乌鸦也喜欢狐狸的赞美。伊索寓言《狐狸和乌鸦》说：狐狸很想得到乌鸦嘴里叼着的肉，见乌鸦站在树枝上，眼珠一转，就与乌鸦套近乎，连问：“亲爱的乌鸦，您好吗？”“亲爱的乌鸦，您的孩子好吗？”见乌鸦没有回答，狐狸就摇着尾巴赞美乌鸦：“您的羽毛真漂亮，比其它鸟都漂亮，嗓子真好，可以给我唱首歌吗？”乌鸦非常得意，就唱了起来，刚一张嘴，肉就掉了，狐狸叼着肉便一溜烟地跑了。贾芸就是看中凤姐嘴上叼着的那块肉，不惜以夸张的谎话给凤姐唱颂歌的。但凤姐不轻易松口，直到第二日见面，凤姐才冷笑着说：“你们要拣远路儿走，叫我也难说。早告诉我一声儿，有什么不成的，多大点子事，耽误到这会子。那园子里还要种树种花，我只想不出一个人来，你早来不早完了。”凤姐嘴上的肉终于掉下来，安排贾芸去园子里种花种树的事，批了二百两银子的

[18] （清）曹雪芹著，脂砚斋评：《脂砚斋重评石头记庚辰校本》，作家出版社2006年版，第488页。

用度。如果头一日凤姐接了冰片、麝香，就直通通地安排贾芸职事，未免显得眼界浅了，心计拙了。有了这一顿挫，才显出凤姐难以猜测的城府和手腕。这就是《红楼梦》写人写到内心弯曲处的本领。蒙古王府本侧批说："有此一番必当孝顺、必当收下、必得备用之情景，行文妙看杀人，立意稀落杀人，看至此不知当哭当笑。"[19]行事看菜下箸，心计欲露先掩，如此才能勾出人物的心肝胆汁来。从小说家的妙手来说，凤姐安排贾芸去园子里种花种树的情节，还隐藏着别具匠心的不写之写的考量。贾芸拿了银子，回家告诉母亲，找了倪二还账，又拿了五十两，出西门找到花儿匠方椿家里去买树。庚辰本夹批说："至此便完种树工程。◇一者见得趱赶工程原非正文，不过虚描盛时光景，借此以出情文。二者又为避难法。若不如此了，必曰其树其价、怎么买、定几株，岂不烦絮矣？"[20]偌大一个大观园的种树工程应是不可缺少的浩大业务，却在贾芸与凤姐较量心计的游戏中，做了不写之写的明智处理，把技术性的业务行为转换成人物性格心计的刻画。这就真正做到了文学是一种人学，以人拉着事务的箱子走，而不以事务的箱子拖累人，在动态中写人。

如今且说宝玉，自那日见了贾芸，曾说明日着他进来说话儿。如此说了之后，他原是富贵公子的口角，那里还把这个放在心上，因而便忘怀了。这日晚上，从北静王府里回来，见过贾母、王夫人等，回至园内，换了衣服，正要洗澡。袭人因被薛宝钗烦了去打结子，秋纹、碧痕两个去催水；檀云又因他母亲的生日接了出去；麝月又现在家中养病，虽还有几个作粗活听唤的丫头，估着叫不着他们，都出去寻伙觅伴的玩去了。不想这一刻的工夫，只剩了宝玉在房内。偏生的宝玉要吃茶，一连叫了两三声，方见两三个老嬷嬷走进来。宝玉见了他们，连忙摇手儿说："罢，罢，不用你们了。"老婆子们只得退出。

宝玉见没丫头们，只得自己下来，拿了碗向茶壶去倒茶。只听背后说道："二爷仔细烫了手，让我们来倒。"一面说，一面走上来，早接了碗过去。宝玉倒唬了一跳，问："你在那里的？忽然来了，唬我一跳。"那丫头一面递茶，一面回说："我在后院子里，才从里间的后门进来，难道二爷就没听见脚步响？"宝玉一面吃茶，一面仔细打量那丫头：穿着几件半新不旧的衣裳，倒是一头黑鬒鬒的头发，挽着个䰖，容长脸面，细巧身材，却十分俏丽干净。

宝玉看了，便笑问道："你也是我这屋里的人么？"那丫头道："是的。"宝玉道："既是这屋里的，我怎么不认得？"那丫头听说，便冷笑了一声道："认不得的也多，岂只我一个。从来我又不递茶递水，拿东拿西，眼见的事一点儿不作，那里认得呢。"宝玉道："你为什么不作那眼见的事？"那丫头道："这话我也难说。只是有一句话回二爷：昨儿有个什么芸儿来找二爷。我想二爷不得空儿，便叫焙茗回他，叫他今日早起来，不想二爷又往北府里去了。"

刚说到这句话，只见秋纹、碧痕嘻嘻哈哈的说笑着进来，两个人共提着一桶水，一手撩着衣裳，趔趔趄趄，泼泼撒撒的。那丫头便忙迎去接。那秋纹、碧痕正对着抱怨，"你湿了我的裙子"，那个又说"你踹了我的鞋"。忽见走出一个人来接水，二人看时，不是别人，原来是小红。二人便都诧异，将水放下，忙进房来东瞧西望，并没个别人，只有宝玉，便心中大不自在。只得预备下洗澡之物，待宝玉脱了衣裳，二人便带上门出来，走到那边房内便找小红，问他方才在屋里说什么。小红道："我何曾在屋里的？只因我的手帕子不见了，往后头找手帕子去。不想二爷要茶吃，叫姐姐们一个没有，是我进去了，才倒了茶，姐姐们便来了。"

秋纹听了，兜脸啐了一口，骂道："没脸的下流东西！正经叫你催水去，你说有事，倒叫我们去，你可等着做这个巧宗儿。一里一里的，这不上来了。难道我们倒跟不上你

⑲ 朱一玄编：《红楼梦资料汇编》，南开大学出版社2012年版，第376页。

⑳（清）曹雪芹著，脂砚斋评：《脂砚斋重评石头记庚辰校本》，作家出版社2006年版，第490—491页。

了？你也拿镜子照照，配递茶递水不配！”碧痕道：“明儿我说给他们，凡要茶要水送东送西的事，咱们都别动，只叫他去便是了。”秋纹道：“这么说，不如我们散了，单让他在这屋里呢。”二人你一句，我一句，正闹着，只见有个老嬷嬷进来传凤姐的话说：“明日有人带花儿匠来种树，叫你们严紧些，衣服裙子别混晒混晾的。那土山上一溜都拦着帏幙呢，可别混跑。”秋纹便问：“明儿不知是谁带进匠人来监工？”那婆子道：“说什么后廊上的芸哥儿。”秋纹、碧痕听了都不知道，只管混问别的话。那小红听见了，心内却明白，就知是昨儿外书房所见那人了。

原来这小红本姓林，小名红玉，只因“玉”字犯了林黛玉、宝玉，便都把这个字隐起来，便都叫他“小红”。原是荣国府中世代的旧仆，他父母现在收管各处房田事务。这红玉年方十六岁，因分人在大观园的时节，把他便分在怡红院中，倒也清幽雅静。不想后来命人进来居住，偏生这一所儿又被宝玉占了。这红玉虽然是个不谙事的丫头，却因他有三分容貌，心内着实妄想痴心的向上攀高，每每的要在宝玉面前现弄现弄。只是宝玉身边一干人，都是伶牙俐爪的，那里插的下手去。不想今儿才有些消息，又遭秋纹等一场恶意，心内早灰了一半。正闷闷的，忽然听见老嬷嬷说起贾芸来，不觉心中一动，便闷闷的回至房中，睡在床上暗暗盘算，翻来掉去，正没个抓寻。忽听窗外低低的叫道：“红玉，你的手帕子我拾在这里呢。”红玉听了忙走出来看，不是别人，正是贾芸。红玉不觉的粉面含羞，问道：“二爷在那里拾着的？”贾芸笑道：“你过来，我告诉你。”一面说，一面就上来拉他。那红玉急回身一跑，却被门槛绊倒。要知端的，下回分解。

笺证

第二十四回“痴女儿遗帕惹相思”一节，写得曲曲折折，犹抱琵琶半遮面。面之半遮，是对审美进行控制，显示出显隐、闪烁、朦胧之美。美在于朦胧。小红（红玉）只因“玉”字犯了林黛玉、宝玉，就把这个“玉”字隐起来，叫作“小红”。在贵族家庭礼制中，连奴才取名都不自由。小红因有三分容貌，心内着实妄想痴心的向上攀高。先是贾芸去会宝玉，瞧见这个十六七岁的丫头，生的倒也细巧干净。那丫头知道贾芸是本家的爷们，就不似先前那等回避，下死眼把贾芸钉了两眼。庚辰本侧批说：“这句是情孽上生。”蒙古王府本侧批说：“五百年风流孽冤。”所谓风流孽冤，就发生在“下死眼把贾芸钉了两眼”，一个“死”字，一个“钉”字，何其有力度。贾芸听这丫头说话简便俏丽，待要问他的名字，因是宝玉房里的，又不便问。这是“半遮面”的写法。继而小红为宝玉倒茶，宝玉仔细打量那丫头：穿着几件半新不旧的衣裳，倒是一头黑鬒鬒的头发，挽着个䯼，容长脸面，细巧身材，却十分俏丽干净。不想为宝玉倒茶此举却受到宝玉的大丫头的一番抢白、数落和讥讽。面是露出来了，但又被大丫头刻意挡住。最后红玉听到明日带进匠人来监工种树的是贾芸，心里明白就是昨日外书房所见那人了。回至房中睡在床上暗暗盘算，忽听窗外低低的叫道：“红玉，你的手帕子我拾在这里呢。”红玉看见正是贾芸，不觉的粉面含羞，被贾芸拉住往外跑，却被门槛绊倒，唬醒过来，方知是梦。庚辰本回末批语说：“《红楼梦》写梦章法总不雷同。此梦更写的新奇，不见后文，不知是梦。”[21]小红与贾芸步步走近，却写得一波三折，看似遗帕惹相思而走到最近，却是一场春梦。春梦把人间的相思，尽情呈现，却在惊醒中摔破。《红楼梦》写丫鬟的私情，与写闺秀痴情一样，也是一丝不苟。庚辰本侧批说：“睡梦中当然一跑，这方是怡红之鬟。”[22]怡红院竟然是这样的怡红院，连丫鬟也被染上粉红色，做起粉红色的梦。

㉑（清）曹雪芹著，脂砚斋评：《脂砚斋重评石头记庚辰校本》，作家出版社2006年版，第494页。

㉒（清）曹雪芹著，脂砚斋评：《脂砚斋重评石头记庚辰校本》，作家出版社2006年版，第493—494页。

第二十五回

魇魔法姊弟逢五鬼 红楼梦通灵遇双真

话说红玉心神恍惚，情思缠绵，忽朦胧睡去，遇见贾芸要拉他，却回身一跑，被门槛绊了一跤，唬醒过来，方知是梦。因此翻来复去，一夜无眠。至次日天明，方才起来，就有几个丫头子来会他去打扫房子地面，提洗脸水。这红玉也不梳洗，向镜中胡乱挽了一挽头发，洗了洗手，腰内束了一条汗巾子，便来打扫房屋。

谁知宝玉昨儿见了红玉，也就留了心。若要直点名唤他来使用，一则怕袭人等寒心；二则又不知红玉是何等行为，若好还罢了，若不好起来，那时倒不好退送的。因此心下闷闷的，早起来也不梳洗，只坐着出神。一时下了窗子，隔着纱屉子，向外看的真切，只见好几个丫头在那里扫地，都擦胭抹粉，簪花插柳的，独不见昨儿那一个。宝玉便靸了鞋晃出了房门，只装着看花儿，这里瞧瞧，那里望望，一抬头，只见西南角上游廊底下栏杆上似有一个人倚在那里，却恨面前有一株海棠花遮着，看不真切。只得又转了一步，仔细一看，可不是昨儿那个丫头在那里出神。待要迎上去，又不好去的。正想着，忽见碧痕来催他洗脸，只得进去了。不在话下。

却说红玉正自出神，忽见袭人招手叫他，只得走上前来。袭人笑道：“我们这里的喷壶还没有收拾了来呢，你到林姑娘那里去，把他们的借来使使。”红玉答应了，便走出来往潇湘馆去。正走上翠烟桥，抬头一望，只见山坡上高处都是拦着帏幙，方想起今儿有匠役在里头种树。因转身一望，只见那边远远一簇人在那里掘土，贾芸正坐在那山子石上。红玉待要过去，又不敢过去，只得闷闷的向潇湘馆取了喷壶回来，无精打彩自向房内倒着。众人只说他一时身上不爽快，都不理论。

笺证

《红楼梦》写人物，往往用皴染法，在国画画法上，以皴来表现山石、峰峦和树身表皮的脉络纹理；以墨水或淡彩润刷画面来染，不露或少露笔痕，以分阴阳向背，加强物象的立体感。《红楼梦》于此又沟通了水墨画艺术精蕴，或皴或染，逐层加深对人物的刻画。第二十五回此节写小红，只染上淡淡的墨彩，依然是雾里看花。红玉早起也不梳洗，向镜中胡乱挽了一挽头发，洗了洗手，腰内束了一条汗巾子，便来扫地。又有好几个丫头在那里扫地，都擦胭抹粉，簪花插柳的，甲戌本侧批说："(擦胭抹粉，簪花插柳)八字写尽蠢鬟，是为衬红玉，亦如用豪贵人家浓妆艳饰插金戴银的衬宝钗、黛玉也。"[1]这就以皴染的方法在不同人物之间形成纹理脉络，相互映衬生姿。宝玉在众婢中，独不见昨儿那一个（指小红），晃出了房门，只装着看花儿，这里瞧瞧，那里望望，只见西南角上游廊底下栏杆外，似有一个人在那里倚着，却恨面前有一株海棠花遮着，看不真切。甲戌本夹批说："余所谓此书之妙，皆从诗词句中泛出者，皆系此等笔墨也。试问观者，此非'隔花人远天涯近'乎？可知上几回非余妄拟也。"[2]脂评中引用"隔花人远天涯近"句，来自元代王实甫《西厢记》第二本《崔莺莺夜听琴》"系春心情短柳丝长，隔花阴人远天涯近"的名句。明末唐元甲《天仙子〔向水河记事〕》词将之转化为"隔帘人远天涯近"的妙句。但就贾宝玉隔着海棠花看婢女小红而言，似乎用《西厢记》中"隔花阴人远天涯近"更贴切。《红楼梦》以此

[1] (清)曹雪芹著，脂砚斋评:《脂砚斋重评石头记庚辰校本》，作家出版社2006年版，第497页。

[2] (清)曹雪芹著，脂砚斋评:《脂砚斋重评石头记甲戌校本》，作家出版社2000年版，第276页。

迷离恍惚的寥寥数笔和“隔花阴人远天涯近”的意境，收束小红的公案，自有其初加皴染的空灵之处。

展眼过了一日，原来次日就是王子腾夫人的寿诞，那里原打发人来请贾母、王夫人的，王夫人见贾母不自在，也便不去了。倒是薛姨妈同凤姐儿并贾家几个姊妹、宝钗、宝玉一齐都去了，至晚方回。

可巧王夫人见贾环下了学，便命他来抄个《金刚咒》唪诵唪诵。那贾环正在王夫人炕上坐着，命人点灯，拿腔作势的抄写。一时又叫彩云倒杯茶来，一时又叫玉钏儿来剪剪蜡花，一时又说金钏儿挡了灯影。众丫鬟们素日厌恶他，都不答理。只有彩霞还和他合的来，倒了一钟茶来递与他。因见王夫人和人说话儿，他便悄悄的向贾环说道：“你安些分罢，何苦讨这个厌那个厌的。”贾环道：“我也知道了，你别哄我。如今你和宝玉好，把我不答理，我也看出来了。”彩霞咬着嘴唇，向贾环头上戳了一指头，说道：“没良心的。狗咬吕洞宾，不识好人心。”

两人正说着，只见凤姐来了，拜见过王夫人。王夫人便一长一短的问他，今儿是那几位堂客，戏文好歹，酒席如何等语。说了不多几句话，宝玉也来了，进门见了王夫人，不过规规矩矩说了几句，便命人除去抹额，脱了袍服，拉了靴子，便一头滚在王夫人怀里。王夫人便用手满身满脸摩挲抚弄他，宝玉也扳着王夫人的脖子说长道短的。王夫人道：“我的儿，你又吃多了酒，脸上滚热。你还只是揉搓，一会闹上酒来。还不在那里静静的倒一会子呢。”说着，便叫人拿个枕头来。宝玉听说便下来，在王夫人身后倒下，又叫彩霞来替他拍着。宝玉便和彩霞说笑，只见彩霞淡淡的，不大答理，两眼睛只向贾环处看。宝玉便拉他的手笑道：“好姐姐，你也理我理儿呢。”一面说，一面拉他的手，彩霞夺手不肯，便说：“再闹，我就嚷了。”

二人正闹着，原来贾环听的见，素日原恨宝玉，如今又见他和彩霞闹，心中越发按不下这口毒气。虽不敢明言，却每每暗中算计，只是不得下手，今见相离甚近，便要用热油烫瞎他的眼睛。因而故意装作失手，把那一盏油汪汪的蜡灯向宝玉脸上只一推。只听宝玉“嗳哟”了一声，满屋里众人都唬了一跳。连忙将地下的戳灯挪过来，又将里外间屋的灯拿了三四盏看时，只见宝玉满脸都是油。王夫人又急又气，一面命人来替宝玉擦洗，一面又骂贾环。凤姐三步两步的上炕去替宝玉收拾着，一面笑道："老三还是这么慌脚鸡似的，我说你上不得高台盘。赵姨娘时常也该教导教导他。"一句话提醒了王夫人，那王夫人不骂贾环，便叫过赵姨娘来骂道："养出这样黑心不知道理下流种子来，也不管管！几番几次我都不理论，你们得了意了，越发上来了！"

那赵姨娘素日虽然常怀嫉妒之心，不忿凤姐、宝玉两个，也不敢露出来，如今贾环又生了事，受这场恶气，不但吞声承受，而且还要走去替宝玉收拾。只见宝玉左边脸上烫了一溜燎泡出来，幸而眼睛竟没动。王夫人看了，又是心疼，又怕明日贾母问怎么回答，急的又把赵姨娘数落一顿。然后又安慰了宝玉一回，又命取败毒消肿药来敷上。宝玉道："有些疼，还不妨事。明儿老太太问，就说是我自己烫的罢了。"凤姐笑道："便说是自己烫的，也要骂人为什么不小心看着，叫你烫了！横竖有一场气生的，到明儿凭你怎么说去罢。"王夫人命人好生送了宝玉回房去后，袭人等见了，都慌的了不得。

林黛玉见宝玉出了一天门，就觉闷闷的，没个可说话的人。至晚正打发人来问了两三遍回来不曾，这遍方才回来，又偏生烫了。林黛玉便赶着来瞧，只见宝玉正拿镜子照呢，左边脸上满满的敷了一脸的药。林黛玉只当烫的十分利害，忙上来问怎么烫了，要瞧瞧。宝玉见他来了，忙把脸遮着，摇手叫他出去，不肯叫他看。——知道他的癖性喜洁，见不得这些东西。林黛玉自己也知道自己也有这件癖性，知道宝玉的心内怕他嫌脏，因笑道："我瞧瞧烫了那里了，有什么遮着藏着的。"一面说一面就凑上来，强搬着脖子瞧了一瞧，问他疼的怎么样。宝玉道：“也不很疼，养一两日就好了。”林黛玉坐了一回，闷闷的回房去了。一宿无话。次日，宝玉见了贾母，虽然自己承认是自己烫的，不与别人相干，免不得那贾母又把跟从的人骂一顿。

笺证

牵连着制度的事故，应该进行制度的反省。古代一夫多妻的家族制度，只有一位正妻为嫡，妻妾之间的地位不平等，这种差别就是嫡庶之分。嫡长子具有继承权，庶子女地位低于嫡子女，无继承权。嫡庶之间的不平等，使庶室心理受压抑而变态，在忍气吞声中爆发钩心斗角。第二十五回妻妾嫡庶之仇恨骤然升温，导致一场啼笑皆非的闹剧。王夫人命贾环抄《金刚咒》唪诵，甲戌本侧批说：“用《金刚咒》引五鬼法。”为何说引来五鬼法？就是王夫人命贾环抄《金刚咒》，导致一连串的感情冲突，激化了嫡庶之间的矛盾。别看贾环拿腔作势的抄写，他心思却用在调弄丫鬟玉钏儿、金钏儿，尤其是彩霞上。贾环指责彩霞：“如今你和宝玉好，把我不答理，我也看出来了。”彩霞咬着嘴唇，向贾环头上戳了一指头，说道：“没良心的！才是狗咬吕洞宾，不识好人心。”庚辰本夹批说：“风月之情，皆系彼此业障所牵。虽云‘惺惺惜惺惺’，但亦从业障而来。蠢妇配才郎，世间固不少，然俏女慕村夫者尤多，所谓业障牵魔，不在才貌之论。”眉批又说：“此等世俗之言，亦因人而用，妥极当极！壬午孟夏，雨窗。畸笏。”[3]所谓世俗之言，是指彩霞嗔怪贾环所引用的几乎妇孺皆知的口头语“狗咬吕洞宾，不识好人心”，埋怨贾环胡言乱语，不识好歹，以骂来表达他们间的暧昧之情。其后宝玉看戏回来，一头滚在王夫人怀内，扳着王夫人的脖子说长道短，这番母子亲热已经令贾环心中不自在，更何况宝玉又和彩霞说笑，拉她的手笑说：“好姐姐，你也理我一理儿呢。”贾环又见他和彩霞厮闹，心中越发按不下这口毒气，就故意装作失手，把那一盏油汪汪的蜡灯向宝玉脸上只一推，浇得宝玉满脸都是蜡油，烫了一溜燎泡，幸而眼睛没动。凤姐三步两步跑上炕去，给宝玉收拾着，笑说："老三（贾环）还是这样慌脚鸡似的，我说你上不得高台板。赵姨娘时常也该教导教导他才是。"庚辰本侧批说："（凤姐）两笑，坏极。"眉批又说："为五鬼法作耳，非泛文也。雨窗。"[4] 由于凤姐的拱火，引来王夫人叫过赵姨娘骂道："养出这样不知道理、下流黑心种子来，也不管管！几番几次我都不理论，你们倒得了意了，这不益发上来了！"这一连串的以嫡欺庶、以强欺弱的行为，使赵姨娘岂能咽下这口气？但行文一推一挽，又以黛玉、宝玉的柔情略作降温处理。黛玉来看望宝玉，宝玉知道她的癖性喜洁，见不得这些伤口。林黛玉自己也知道有这件癖性，知道宝玉的心内怕他嫌脏，就笑说："我瞧瞧烫了那里了，有什么遮着藏着的？"庚辰本夹批说："写宝玉文字，此等方是正紧笔墨"；"写林黛玉文字，此等方是正经笔墨。故二人文字虽多，如此等暗伏淡写处亦不少，观者实实看不出者"。侧批说了"二人纯用体贴功夫"后，夹批又说："将二人一并，真真写他二人之心玲珑七窍。"[5] 宝、黛间的玲珑七窍，是不能平息由贾环推倒油汪汪的蜡灯烫伤宝玉，引来的嫡庶对撞的风波的。《红楼梦》写风波，是层层推拥，起伏有度的。于此，嫡庶制度是风波之源。

过了一日，就有宝玉寄名的干娘马道婆进荣国府来请安。见了宝玉，唬一大跳，问起原由，说是烫的，便点头叹息一回，向宝玉脸上用指头画了一画，口内嘟嘟囔囔的又持诵了一回，说道："管保就好了，这不过是一时飞灾。"又向贾母道："祖宗老菩萨那里知道，那经典佛法上说的利害，大凡那王公卿相人家的子弟，只一生长下来，暗里便有许多促狭鬼跟着他，得空便拧他一下，或掐他一下，或吃饭时打下他的饭碗来，或走着推他一跤，所以往往的那些大家子孙

[3]（清）曹雪芹著，脂砚斋评：《脂砚斋重评石头记庚辰校本》，作家出版社2006年版，第499页。

[4]（清）曹雪芹著，脂砚斋评：《脂砚斋重评石头记庚辰校本》，作家出版社2006年版，第500页。

[5]（清）曹雪芹著，脂砚斋评：《脂砚斋重评石头记庚辰校本》，作家出版社2006年版，第500页。

多有长不大的。”

贾母听如此说，便赶着问：“这有什么佛法解释没有呢？”马道婆道：“这个容易，只是替他多作些因果善事也就罢了。再那经上还说，西方有位大光明普照菩萨，专管照耀阴暗邪祟，若有善男子善女人虔心供奉者，可以永佑儿孙康宁安静，再无惊恐邪祟撞客之灾。”贾母道：“倒不知怎么个供奉这位菩萨？”马道婆道：“也不值些什么，不过除香烛供养之外，一天多添几斤香油，点上个大海灯。这海灯，便是菩萨现身法像，昼夜不敢息的。”贾母道：“一天一夜也得多少油？明白告诉我，我也好作这件功德的。”马道婆听如此说，便笑道：“这也不拘，随施主菩萨们随心愿舍罢了。像我们庙里，就有好几处的王妃诰命供奉的：南安郡王府里的太妃，他许的多，愿心大，一天是四十八斤油，一斤灯草，那海灯也只比缸略小些；锦田侯的诰命次一等，一天不过二十四斤油，再还有几家也有五斤的、三斤的、一斤的，都不拘数。那小家子穷人家舍不起这些，就是四两半斤，也少不得替他点。”贾母听了，点头思忖。马道婆又道：“还有一件，若是为父母尊亲长上的，多舍些不妨，若是像老祖宗如今为宝玉，若舍多了倒不好，还怕哥儿禁不起，倒折了福。也不当家花花的，要舍，大则七斤，小则五斤，也就是了。”贾母说：“既是这样说，你便一日五斤合准了，每月打趸来关了去。”马道婆念了一声“阿弥陀佛慈悲大菩萨”。贾母又命人来吩咐：“以后大凡宝玉出门的日子，拿几串钱交给他的小子们带着，遇见僧道穷苦人好舍。”

说毕，那马道婆又坐了一回，便又往各院各房问安，闲逛了一回。一时来至赵姨娘房内，二人见过，赵姨娘命小丫头倒了茶来与他吃。马道婆因见炕上堆着些零碎绸缎湾角，赵姨娘正粘鞋呢。马道婆道：“可是我正没了鞋面子了。赵奶奶你有零碎缎子，不拘什么颜色的，弄一双鞋面给我。”赵姨娘听说，便叹口气说道：“你瞧瞧那里头，还有那一块是成样的。成了样的东西，也不能到我手里来！有的没的都在这里，你不嫌，就挑两块子去。”马道婆见说，果真便挑了两块袖将起来。

赵姨娘问道：“前日我送了五百钱去，在药王跟前上供，你可收了没有？”马道婆道：“早已替你上了供了。”赵姨娘叹口气道：“阿弥陀佛。我手里但凡从容些，也时常的上个供，只是心有馀力量不足。”马道婆道：“你只管放心，将来熬的环哥儿大了，得个一官半职，那时你要作多大的功德不能？”赵姨娘听说，鼻子里笑了一声，说道：“罢，罢，再别说起。如今就是个样儿，我们娘儿们跟的上这屋里那一个儿！也不是有了宝玉，竟是得了活龙。他还是小孩子家，长的得人意儿，大人偏疼他些也还罢了，我只不伏这个主儿。”一面说，一面伸出两个指头儿来。马道婆会意，便问道：“可是琏二奶奶？”赵姨娘唬的忙摇手儿，走到门前，掀帘子向外看看无人，方进来向马道婆悄悄说道：“了不得，了不得。提起这个主儿来，真真把人气杀，叫人一言难尽。我白和你打个赌，明儿这一分家私要不都叫他搬送到娘家去，我也不是个人。”

马道婆见他如此说，便探他口气说道：“我还用你说，难道都看不出来。也亏你们心里也不理论，只凭他去，倒也妙。”赵姨娘道：“我的娘，不凭他去，难道谁还敢把他怎么样呢？”马道婆听说，鼻子里一笑，半晌说道：“不是我说句造孽的话，你们没有本事！——也难怪别人。明不敢怎样，暗里也就算计了，还等到这如今！”赵姨娘闻听这话里有道理，心内暗暗的欢喜，便说道：“怎么暗里算计？我倒有这个意思，只是没这样的能干人。你若教给我这法子，我大大的谢你。”马道婆听说这话打拢了一处，便又故意说道：“阿弥陀佛！你快休问我，我那里知道这些事。罪过，罪过。”赵姨娘道：“你又来了。你是最肯济困扶危的人，难道就眼睁睁的看人家来摆布死了我们娘儿两个不成？难道还怕我不谢你？”马道婆听说如此，便笑道：“若说我不忍叫你娘儿们受人委曲还犹可，若说谢我的这两个字，可是你错打算盘了。就便是我希图你谢，靠你有些什么东西能打动我？”

赵姨娘听这话口气松动了，便说道：“你这么个明白人，怎么糊涂起来了。你若果然法子灵验，把他两个绝了，明日这家私不怕不是我环儿的。那时你要什么不得？”马道婆听了，低了头，半晌说道："那时候事情妥了，又无凭据，你还理我呢！”赵姨娘道："这又何难。如今我虽手里没什么，也零碎攒了几两梯己，还有几件衣服簪子，你先拿些去。下剩的，我写个欠银子文契给你，你要什么保人也有，那时我照数给你。”马道婆道："果然这样？”赵姨娘道："这如何还撒得谎。”说着便叫过一个心腹婆子来，耳根底下嘁嘁喳喳说了几句话。

那婆子出去了，一时回来，果然写了个五百两欠契来。赵姨娘便印了个手模，走到厨柜里将梯己拿了出来，与马道婆看看，道："这个你先拿了去做香烛供奉使费，可好不好？”马道婆看看白花花的一堆银子，又有欠契，并不顾青红皂白，满口里应着，伸手先去抓了银子掖起来，然后收了欠契。又向裤腰里掏了半晌，掏出十个纸铰的青面白发的鬼来，并两个纸人，递与赵姨娘，又悄悄的教他道："把他两个的年庚八字写在这两个纸人身上，一并五个鬼都掖在他们各人的床上就完了。我只在家里作法，自有效验。千万小心，不要害怕。”正才说着，只见王夫人的丫鬟进来找道："奶奶可在这里，太太等你呢。”二人方散了，不在话下。

却说林黛玉因见宝玉近日烫了脸，总不出门，倒时常在一处说说话儿。这日饭后看了两篇书，自觉无趣，便同紫鹃、雪雁做了一回针线，更觉烦闷。便倚着房门出了一回神，信步出来，看阶下新迸出的稚笋，不觉出了院门。来到园中，四顾无人，惟见花光柳影，鸟语溪声。

林黛玉信步便往怡红院中来，只见几个丫头舀水，都在回廊上围着看画眉洗澡呢。听见房内有笑声，林黛玉便入房中看时，原来是李宫裁、凤姐、宝钗都在这里呢，一见他进来都笑道："这不又来了一个？”林黛玉笑道："今儿齐全，谁下帖子请来的？”凤姐道："前儿我打发了丫头送了两瓶茶叶去，你往那去了？”林黛玉笑道："哦，可是倒忘了，多谢多谢。”凤姐儿又道："你尝了可还好不好？”没有说完，宝玉便说道："论理可倒罢了，只是我说不大甚好，也不知别人尝着怎么样。”宝钗道："味倒轻，只是颜色不大好些。”凤姐道："那是暹罗进贡来的。我尝着也没什么趣儿，还不如我每日吃的呢。”林黛玉道：“我吃着好，不知你们的脾胃是怎样？”宝玉道：“你果然爱吃，把我这个也拿了去吃罢。”凤姐笑道：“你要爱吃，我那里还有呢。”林黛玉道：“果真的，我就打发丫头取去了。”凤姐道：“不用取去，我打发人送来就是了。我明儿还有一件事求你，一同打发人送来。”

林黛玉听了笑道：“你们听听，这是吃了他们家一点子茶叶，就来使唤人了。”凤姐笑道：“倒求你，你倒说这些闲话，吃茶吃水的。你既吃了我们家的茶，怎么还不给我们家作媳妇？”众人听了一齐都笑起来。林黛玉红了脸，一声儿不言语，便回过头去了。李宫裁笑向宝钗道：“真真我们二婶子的诙谐是好的。”林黛玉道：“什么诙谐，不过是贫嘴贱舌讨人厌恶罢了。”说着便啐了一口。凤姐笑道：“你别作梦！你给我们家作了媳妇，少什么？”指宝玉道：“你瞧瞧，人物儿、门第配不上，根基配不上，家私配不上？那一点还玷辱了谁呢？”

林黛玉抬身就走。宝钗便叫：“颦儿急了，还不回来坐着。走了倒没意思。”说着便站起来拉住。刚至房门前，只见赵姨娘和周姨娘两个人进来瞧宝玉。李宫裁、宝钗、宝玉等都让他两个坐。独凤姐只和林黛玉说笑，正眼也不看他们。宝钗方欲说话时，只见王夫人房内的丫头来说：“舅太太来了，请奶奶姑娘们出去呢。”李宫裁听了，连忙叫着凤姐等走了。赵、周两个忙辞了宝玉出去。宝玉道：“我也不能出去，你们好歹别叫舅母进来。”又道：“林妹妹，你先略站一站，我说一句话。”凤姐听了，回头向林黛玉笑道：“有人叫你说话呢。”说着便把林黛玉往里一推，和李纨一同去了。

这里宝玉拉着林黛玉的袖子，只是嘻嘻的笑，心里有话，只是口里说不出来。此时林黛玉只是禁不住把脸红涨了，挣着要走。宝玉忽然“嗳哟”了一声，说：“好头疼。”林黛玉道：“该，阿弥陀佛！”只见宝玉大叫一声：“我要死！”将身一纵，离地跳有三四尺高，口内乱嚷乱叫，说起胡话来了。林黛玉并丫头们都唬慌了，忙去报知王夫人、贾母等。此时王子腾的夫人也在这里，都一齐来时，宝玉益发拿刀弄杖，寻死觅活的，闹得天翻地覆。贾母、王夫人见了，唬的抖衣而颤，且“儿”一声“肉”一声放声恸哭。于是惊动诸人，连贾赦、邢夫人、贾珍、贾政、贾琏、贾蓉、贾芸、贾萍、薛姨妈、薛蟠并周瑞家的一干家中上上下下里里外外众媳妇丫头等，都来园内看视。

登时园内乱麻一般。正没个主见，只见凤姐手持一把明晃晃钢刀砍进园来，见鸡杀鸡，见狗杀狗，见人就要杀人。众人越发慌了。周瑞媳妇忙带着几个有力量的胆壮的婆娘上去抱住，夺下刀来，抬回房去。平儿、丰儿等哭的泪天泪地。贾政等心中也有些烦难，顾了这里，丢不下那里。

笺证

《红楼梦》有意将民俗宗教民间信仰纳入叙事脉络，包括对祖先、神明、鬼魂、天象的信仰和巫蛊迷思。小人的妒忌怨恨与巫蛊迷思相配合，可以把人推向地府的入口，反过来邪不压正，地府塌陷后出现的也许是天国的入口。第二十五回马道婆收受了赵姨娘的银契，装神弄鬼，以巫蛊之术驱使五鬼祸害王熙凤、贾宝玉，气氛一派黯淡。丫鬟变成姨娘，处在任人踩踏的尴尬地位，由挫折感滋生了阴暗的嫉恨心态，她恨别人的尊贵安荣，恨别人的得意忘形。且看赵姨娘鼻子里笑了一声，说：“罢，罢，再别说起。如今就是个样儿，我们娘儿们跟的上那一个？也不是有了宝玉，竟是得了个活龙。他还是小孩子家，长的得人意儿，大人偏疼他些也还罢了，我只不服这个主儿。”一面说，一面又伸出俩指头来。马道婆会意，就问：“可是琏二奶奶么？”赵姨娘唬的忙摇手儿，走到门前，掀帘子向外看看无人，方进来向马道婆悄悄的说：“了不得，了不得。提起这个主儿来，真真把人气杀，叫人一言难尽。我白和你打个赌，明儿这一分家私要不教他搬送了娘家去，我也不是个人。”庚辰本侧批说：“这是妒心，正题目。”[6]妒心是散发着阴郁之气的。随之马道婆也是鼻子里一笑，半晌说出：“明不敢怎么样，暗里也就算计了。”甲戌本侧批说：“贼婆操必胜之券，赵妪（赵姨娘）已堕术中，故敢直出明言。可畏可怕！”[7]可畏可怕就在于妒心、愚昧、诡诈与邪术联手共谋，如此写妒、写邪，可谓刻画得形相毕现，见肉见骨。马道婆向裤腰里掏了半晌，掏出十几个纸铰的面白发的鬼来，并两个纸人，递与赵姨娘，又悄悄的教他道：“把他两个的年庚八字写在这两个纸人身上，一并五个鬼都掖在他们各人的床上就完了。我只在家里作法，自有效验。千万小心，不要害怕。”甲戌本侧批说：“如此现成，更可怕。”庚辰本侧批说：“如此现成，想贼婆所害之人岂止宝玉、阿凤二人哉？大家太君夫人诚之慎之。”[8]巫蛊是马道婆揣在裤腰里的随身本事，有银子进项就可以出手。哪管在凤姐、宝玉这面，还是一派阳光妩媚：来到园中，四顾无人，唯见花光柳影，鸟语溪声。林黛玉信步便往怡红院中来，只见几个丫头舀水，都在回廊上围着看画眉洗澡呢。凤姐还取笑林黛玉说：“你既吃了我们家的茶，怎么还不给我们家作媳妇？”还把林黛玉往贾宝玉怀里一推。甲戌本侧批说：“二玉事，在贾府上下诸人，即看书人、批书人皆信定一段好夫妻，书中常常每每道及，岂其不然，叹叹！”[9]庚辰本侧批说：“二玉之配偶，在贾府上下诸人，即观者、批者、作者皆为无疑，故常常有此等点题语。我也要笑。”[10]宝玉、黛玉的爱情悲剧是家族制度和命运发展的不可挽回的结果，它此时还阳光明媚，就更显示命运和家族制度的可怕。然而瞬间的明媚阳光即刻被乌云遮蔽，魇魔突然发作，猝不及防，宝玉忽然大叫“好头疼”“我要死”，将身一纵，离地跳有三四尺高，口内乱嚷乱叫，说起胡话来了。甲

[6]（清）曹雪芹著，脂砚斋评：《脂砚斋重评石头记庚辰校本》，作家出版社2006年版，第503页。

[7]（清）曹雪芹著，脂砚斋评：《脂砚斋重评石头记甲戌校本》，作家出版社2000年版，第282页。

[8]（清）曹雪芹著，脂砚斋评：《脂砚斋重评石头记庚辰校本》，作家出版社2006年版，第504页。

[9]（清）曹雪芹著，脂砚斋评：《脂砚斋重评石头记甲戌校本》，作家出版社2000年版，第285页。

[10]（清）曹雪芹著，脂砚斋评：《脂砚斋重评石头记庚辰校本》，作家出版社2006年版，第505页。

戌本侧批说："自黛玉看书起分三段写来，真无容针之空。如夏日乌云四起，疾闪长雷不绝，不知雨落何时，忽然霹雳一声，倾盆大注，何快如之，何乐如之，其令人宁不叫绝！"[11]雷鸣暴雨的快感来自叙事的力量，对于经历雷鸣暴雨的人，无异于当头霹雳，无比恐怖。凤姐又手持一把明晃晃钢刀砍进园来，见鸡杀鸡，见狗杀狗，见人就要杀人。甲戌本夹批说："此处焉用鸡犬？然辉煌富丽，非处家之常也，鸡犬闲闲，始为儿孙千年之业，故于此处必用'鸡犬'二字，方是一簇腾腾大舍。"[12]其实，宝玉、凤姐这种疯狂折腾，已经使得贾府鸡犬不宁，手足无措，虽然百般的医治祈祷，问卜求神，总无效验，两人命如游丝，竟然两口棺材都做齐备了。这是一种什么写法？无以名之，名之曰：旋风叙事法。看它运笔如旋风陡然而至，飞沙走石，悚然令人目瞪口呆。旋风又名"鬼头风"，王安石《破冢》诗云："埋没残碑草自春，旋风时出地中尘。"李壁注："俗云，旋风鬼所为也。"纪晓岚的志怪之作《阅微草堂笔记》，就常有鬼物与旋风一同出现的阴森情境。庄子却以旋风凶猛的气势，描写鲲鹏展翅。《庄子·逍遥游》说："穷发之北有冥海者，天池也。有鱼焉，其广数千里，未有知其修者，其名为鲲。有鸟焉，其名为鹏，背若太山，翼若垂天之云，抟扶摇羊角而上者九万里，绝云气，负青天，然后图南，且适南冥也。"[13]扶摇、羊角，讲的是风的形态，旋风向上旋转有如黑色的公山羊角。可见旋风连带着捣鬼弄邪的巫蛊妖术，气势凶猛，用来形容《红楼梦》此节的突起波澜的笔法，庶几有状物传神之妙乎？巫蛊是一种古老的民俗信仰，古籍记载与《红楼梦》所述，存在差异，这种差异或是古今之异，或是南北之异。《左传·隐公十一年》记载，郑伯伐许，颍考叔被本国大夫公孙阏（子都）以暗箭射落城楼而死。郑伯为了惩治射颍考叔的凶手，命军队出豭（公猪）及犬、鸡，诅而射之。秦汉诅咒术十分盛行，据考证，《诅楚文》乃是秦惠王诅咒楚怀王的告神之辞。汉代法律规定对诅咒者处以死刑。射偶人是用木、土或纸做成仇家偶像，暗藏于某处，每日诅咒之，或用箭射之，用针刺之，认为如此可使仇人得病身亡。《史记·封禅书》记载："丁夫人、洛阳虞初等以方祠诅匈奴、大宛焉。"汉武帝晚年，奸佞之臣江充诈称武帝得病是由于巫蛊作祟，以预先埋设的偶人诬害太子，结果造成太子及其家属全部遇难，株连而死者凡数万人的大冤案。《隋书·地理志下》记载："新安、永嘉、建安、遂安、鄱阳、九江、临川、庐陵、南康、宜春，其俗又颇同豫章，而庐陵人厖淳，率多寿考。然此数郡，往往畜蛊，而宜春偏甚。其法以五月五日聚百种虫，大者至蛇，小者至虱，合置器中，令自相啖，余一种存者留之，蛇则曰蛇蛊，虱则曰虱蛊，行以杀人。因食入人腹内，食其五藏，死则其产移入蛊主之家。三年不杀他人，则畜者自钟其弊。累世子孙相传不绝，亦有随女子嫁焉。干宝谓之为鬼，其实非也。自侯景乱后，蛊家多绝，既无主人，故飞游道路之中则殒焉。"[14] 据说唐代也沿袭此法，南宋郑樵《通志略·六书略》说："造蛊之法，以百虫置皿中，俾相啖食，其存者为蛊。故从虫皿也。"[15] 清代徐珂《清稗类钞》卷六三《疾病类》说："南方行蛊，始于蛮僮，盖彼族狉榛（'草木榛榛，鹿豕狉狉'，以形容未开化）成俗，不通文化。异方人之作客闽、粤者，往往迷途入洞，中蛊而死。…… 其造蛊之法，以百虫置皿中，俾相啖食，存者为蛊。或云：蛊者，人取三虫之类，虾蟆、蜈蚣、蛇虺也，以器皿盛之，使其自相啖食，余一存者名为蛊，而能变化。人以酒肉祭之，取出，放毒于饮食中，人中其毒，心闷腹痛，面目青黄，或唾杂鲜血，或下脓血。病人所食之物，皆化为虫，侵蚀脏腑，蚀尽则死。"[16]《红楼梦》中马道婆的巫蛊妖术却是另一种形态，把施害对象的年庚八字写在纸人身上，和剪纸而成的青脸红发的五鬼一起，掖在各人床上，然后作法诅咒，把刻骨仇恨寄托在神秘的符号上，使被诅咒的人丧心病狂。这就以一种民俗信仰的方式，展现了邪恶人物的狠毒心理。不启用这种民俗信仰，是难以将人物的阴暗心理状态写得如此淋漓尽致的。

[11]（清）曹雪芹著，脂砚斋评：《脂砚斋重评石头记甲戌校本》，作家出版社2000年版，第286页。

[12]（清）曹雪芹著，脂砚斋评：《脂砚斋重评石头记甲戌校本》，作家出版社2000年版，第286页。

[13]（清）王先谦：《庄子集解》，中华书局1987年版，第3页。

[14]（唐）魏征、令狐德撰：《隋书》，中华书局1973年版，第634页。

[15]（宋）郑樵：《通志略》，上海古籍出版社1990年版，第156页。

[16]（清）徐珂：《清稗类钞》，中华书局1986年版，第3527页。

别人慌张自不必讲，独有薛蟠更比诸人忙到十分去：又恐薛姨妈被人挤倒，又恐薛宝钗被人瞧见，又恐香菱被人臊皮，——知道贾珍等是在女人身上做功夫的，因此忙的不堪。忽一眼瞥见了林黛玉风流婉转，已酥倒在那里。

当下众人七言八语，有的说请端公送祟的，有的说请巫婆跳神的，有的又荐玉皇阁的张真人，种种喧腾不一。也曾百般医治祈祷，问卜求神，总无效验。堪堪日落，王子腾夫人告辞去后，次日王子腾也来瞧问。接着小史侯家、邢夫人弟兄辈并各亲戚眷属都来瞧看，也有送符水的，也有荐僧道的，总不见效。他叔嫂二人愈发糊涂，不省人事，睡在床上，浑身火炭一般，口内无般不说。到夜晚间，那些婆娘媳妇丫头们都不敢上前。因此把他二人都抬到王夫人的上房内，夜间派了贾芸带着小厮们挨次轮班看守。贾母、王夫人、邢夫人、薛姨妈等寸地不离，只围着干哭。

此时贾赦、贾政又恐哭坏了贾母，日夜熬油费火，闹的人口不安，也都没了主意。贾赦还各处去寻僧觅道。贾政见不灵效，着实懊恼，因阻贾赦道："儿女之数，皆由天命，非人力可强者。他二人之病出于不意，百般医治不效，想天意该如此，也只好由他们去罢。"贾赦也不理此话，仍是百般忙乱，那里见些效验。看看三日光阴，那凤姐和宝玉躺在床上，益发连气都将没了。合家人口无不惊慌，都说没了指望，忙着将他二人的后世的衣履都治备下了。贾母、王夫人、贾琏、平儿、袭人这几个人更比诸人哭的忘餐废寝，觅死寻活。赵姨娘、贾环等自是称愿。

到了第四日早晨，贾母等正围着宝玉哭时，只见宝玉睁开眼说道："从今以后，我可不在你家了！快收拾了，打发我走罢。"贾母听了这话，如同摘心去肝一般。赵姨娘在旁劝道："老太太也不必过于悲痛。哥儿已是不中用了，不如把哥儿的衣服穿好，让他早些回去，也免些苦，只管舍不得他，这口气不断，他在那世里也受罪不安生。"这些话没说完，被贾母照脸啐了一口唾沫，骂道："烂了舌头的混帐老婆，谁叫你来多嘴多舌的！你怎么知道他在那世里受罪不安生？怎么见得不中用了？你愿他死了，有什么好处？你别做梦！他死了，我只和你们要命。素日都不是你们调唆着逼他写字念书，把胆子唬破了，见了他老子不像个避猫鼠儿？都不是你们这起淫妇调唆的！这会子逼死了，你们遂了心，我饶那一个！”一面骂，一面哭。

贾政在旁听见这些话，心里越发难过，便喝退赵姨娘，自己上来委婉解劝。一时又有人来回说：“两口棺椁都做齐了，请老爷出去看。”贾母听了，如火上浇油一般，便骂：“是谁做了棺椁？”一叠声只叫把做棺材的拉来打死。

正闹的天翻地覆，没个开交，只闻得隐隐的木鱼声响，念了一句：“南无解冤孽菩萨。有那人口不利，家宅颠倾，或逢凶险，或中邪祟者，我们善能医治。”贾母、王夫人听见这些话，那里还耐得住，便命人去快请进来。贾政虽不自在，奈贾母之言如何违拗；想如此深宅，何得听的这样真切，心中亦希罕，命人请了进来。众人举目看时，原来是一个癞头和尚与一个跛足道人。见那和尚是怎的模样：

鼻如悬胆两眉长，目似明星蓄宝光。破衲芒鞋无住迹，腌臜更有满头疮。

那道人又是怎生模样：

一足高来一足低，浑身带水又拖泥。相逢若问家何处，却在蓬莱弱水西。

贾政问道：“你道友二人在那庙里焚修？”那僧笑道：“长官不须多话。因闻得府上人口不利，故特来医治。”贾政道：“倒有两个人中邪，不知你们有何符水？”那道人笑道：“你家现有希世奇珍，如何还问我们有符水？”贾政听这话有意思，心中便动了，因说道：“小儿落草时虽带了一块宝玉下来，上面说能除邪祟，谁知竟不灵验。”那僧道：“长官你那里知道那物的妙用。只因他如今被声色货利所迷，故不灵验了。你今且取他出来，待我们持颂持颂，只怕就好了。”

贾政听说，便向宝玉项上取下那玉来递与他二人。那和尚接了过来，擎在掌上，长叹一声道："青埂峰一别，展眼已过十三载矣！人世光阴，如此迅速，尘缘满日，若似弹指！可羡你当时的那段好处：天不拘兮地不羁，心头无喜亦无悲；却因锻炼通灵后，便向人间觅是非。可叹你今日这番经历：粉渍脂痕污宝光，绮栊昼夜困鸳鸯。沉酣一梦终须醒，冤孽偿清好散场！"

念毕，又摩弄一回，说了些疯话，递与贾政道："此物已灵，不可亵渎，悬于卧室上槛，将他二人安在一室之内，除亲身妻母外，不可使阴人冲犯。三十三日之后，包管身安病退，复旧如初。"说着回头便走了。贾政赶着还说话，让二人坐了吃茶，要送谢礼，他二人早已出去了。贾母等还只管着人去赶，那里有个踪影。少不得依言将他二人就安放在王夫人卧室之内，将玉悬在门上。王夫人亲身守着，不许别个人进来。

至晚间他二人竟渐渐醒来，说腹中饥饿。贾母、王夫人如得了珍宝一般，旋熬了米汤与他二人吃了，精神渐长，邪祟稍退，一家子才把心放下来。李宫裁并贾府三艳、薛宝钗、林黛玉、平儿、袭人等在外间听信息。闻得吃了米汤，省了人事，别人未开口，林黛玉先就念了一声"阿弥陀佛"。薛宝钗便回头看了他半日，嗤的一声笑。众人都不会意，贾惜春道："宝姐姐，好好的笑什么？"宝钗笑道："我笑如来佛比人还忙：又要讲经说法，又要普渡众生；这如今宝玉、凤姐姐病了，又烧香还愿，赐福消灾；今才好些，又管林姑娘的姻缘了。你说忙的可笑不可笑。"林黛玉不觉的红了脸，啐了一口道："你们这起人不是好人，不知怎么死！再不跟着好人学，只跟着凤姐贫嘴烂舌的学。"一面说，一面摔帘子出去了。不知端详，且听下回分解。

笺证

天书与人书的结合，结合于对人间灾难的拯救，结合于通灵宝玉的灵性受色欲、名利污染而泯灭，以及唱醒迷魂的重新激活。第二十五回正闹的天翻地覆，没个开交，只闻得隐隐的木鱼声响，念了一句："南无解冤孽菩萨。"又听说道："有那人口不安，家宅颠倾，或逢凶险，或中邪祟不利者，我们善能医治。”对于癞头和尚、跛足道人出现，甲戌本侧批说：“不费丝毫勉强，轻轻收住数百言文字，《石头记》得力处全在此处。以幻作真，以真作幻，看书人亦要如是看法为幸。”[17] 侧批又说：“作者是幻笔，合屋俱是幻耳，焉能无闻？”[18] 此所谓“双真”，在大荒山无稽崖出现过，在甄士隐厌世时出现过，在太虚幻境出现过，但论其相貌，此处刻画得最为真切，把神圣寄寓于肮脏，反过来用以拯救肮脏入于神圣。癞头和尚将贾宝玉的通灵宝玉擎在掌上，长叹一声说：“青埂峰一别，展眼已过十三载矣。人世光阴，如此迅速，尘缘满日，若似弹指。可羡你当时的那段好处：天不拘兮地不羁，心头无喜亦无悲。却因锻炼通灵后，便向人间觅是非。可叹你今日这番经历：粉渍脂痕污宝光，绮栊昼夜困鸳鸯。沉酣一梦终须醒，冤孽偿清好散场。”癞头和尚念的竟然是巫师的咒语，他吩咐将重新激活灵气的通灵宝玉悬挂在卧室门上，就使凤姐、宝玉精神渐长，邪祟稍退。庚辰本眉批说：“通灵玉除邪，全部百回只此一见，何得再言？僧道踪迹虚实，幻笔幻想，写幻人于幻文也。壬午孟夏，雨窗。”[19] 甲戌本眉批又说：“通灵玉听癞和尚二偈即刻灵应，抵却前回若干《庄子》及语录机锋偈子。正所谓物各有所主也。叹不得见玉兄‘悬崖撒手’文字为恨。”[20] 顽石象征着人性，受色欲、名利污染，丧失本真。要参透人生苦难，方能悬崖撒手。宝钗却有点冷眼旁观，笑说：“我笑如来佛比人还忙：又要讲经说法，又要普渡众生，这如今宝玉，凤姐姐病了，又烧香还愿，赐福消灾，今才好些，又管林姑娘的姻缘了。你说忙的可笑不可笑？”如来佛管得宽，炼石补天的女娲却有点大撒手，栽下了因而不顾其果，她任从无材补天的那块顽石在情根情海上载沉载浮翻跟头，入世出世，胡作乱为。这一节是对女娲炼石补天神话中无

[17] （清）曹雪芹著，脂砚斋评：《脂砚斋重评石头记甲戌校本》，作家出版社2000年版，第288页。

[18] （清）曹雪芹著，脂砚斋评：《脂砚斋重评石头记甲戌校本》，作家出版社2000年版，第289页。

[19] （清）曹雪芹著，脂砚斋评：《脂砚斋重评石头记庚辰校本》，作家出版社2006年版，第510页。

[20] （清）曹雪芹著，脂砚斋评：《脂砚斋重评石头记甲戌校本》，作家出版社2000年版，第290页。

材补天、幻形入世的那块顽石灵玉的大回应，是“天书—人书”复合叙事的一大关锁。这种超现实主义的方法，充满着震撼人心的魔幻色彩和力度，成为《红楼梦》审美精神的伟大创造而载入人类文学史。谁说中国古典文学缺乏世界意义的伟大原创？伟大原创是存在的，关键在于有无慧眼发现之，有无魄力阐扬之。

第二十六回

蜂腰桥设言传心事　潇湘馆春困发幽情

话说宝玉养过了三十三天之后，不但身体强壮，亦且连脸上疮痕平服，仍回大观园内去。这也不在话下。

且说近日宝玉病的时节，贾芸带着家下小厮坐更看守，昼夜在这里，那红玉同众丫鬟也在这里守着宝玉，彼此相见多日，都渐渐混熟了。那红玉见贾芸手里拿的手帕子，倒像是自己从前掉的，待要问他，又不好问的。不料那和尚道士来过，用不着一切男人，贾芸仍种树去了。这件事待要放下，心内又放不下，待要问去，又怕人猜疑，正是犹豫不决神魂不定之际，忽听窗外问道："姐姐在屋里没有？"红玉闻听，在窗眼内望外一看，原来是本院的个小丫头名叫佳蕙的，因答说："在家里，你进来罢。"佳蕙听了跑进来，就坐在床上，笑道："我好造化。才刚在院子里洗东西，宝玉叫往林姑娘那里送茶叶，花大姐姐交给我送去。可巧老太太那里给林姑娘送钱来，正分给他们的丫头们呢。见我去了，林姑娘就抓了两把给我，也不知多少。你替我收着。"便把手帕子打开，把钱倒了出来，红玉替他一五一十的数了收起。

佳蕙道："你这一程子心里到底觉怎么样？依我说，你竟家去住两日，请一个大夫来瞧瞧，吃两剂药就好了。"红玉道："那里的话，好好的，家去作什么！"佳蕙道："我想起来了，林姑娘生的弱，时常他吃药，你就和他要些来吃，也是一样。"红玉道："胡说！药也是混吃的。"佳蕙道："你这也不是个长法儿，又懒吃懒喝的，终久怎么样？"红玉道："怕什么，还不如早些儿死了倒干净！”佳蕙道：“好好的，怎么说这些话？”红玉道：“你那里知道我心里的事！”

佳蕙点头想了一会，道：“可也怨不得，这个地方难站。就像昨儿老太太因宝玉病了这些日子，说跟着服侍的这些人都辛苦了，如今身上好了，各处还完了愿，叫把跟着的人都按着等儿赏他们。我们算年纪小，上不去，我也不抱怨；像你怎么也不算在里头？我心里就不服。袭人那怕他得十分儿，也不恼他，原该的。说良心话，谁还敢比他呢？别说他素日殷勤小心，便是不殷勤小心，也拼不得。可气晴雯、绮霰他们这几个，都算在上等里去，仗着老子娘的脸面，众人倒捧着他去。你说可气不可气？”红玉道：“也不犯着气他们。俗语说的好，‘千里搭长棚，没有个不散的筵席’，谁守谁一辈子呢？不过三年五载，各人干各人的去了。那时谁还管谁呢？”这两句话不觉感动了佳蕙的心肠，由不得眼睛红了，又不好意思好端端的哭，只得勉强笑道：“你这话说的却是。昨儿宝玉还说，明儿怎么样收拾房子，怎么样做衣裳，倒像有几百年的熬煎。”

红玉听了冷笑了两声，方要说话，只见一个未留头的小丫头子走进来，手里拿着些花样子并两张纸，说道：“这是两个样子，叫你描出来呢。”说着向红玉掷下，回身就跑了。红玉向外问道：“倒是谁的？也等不得说完就跑，谁蒸下馒头等着你，怕冷了不成？”那小丫头在窗外只说得一声：“是绮大姐姐的。”抬起脚来咕咚咕咚又跑了。

红玉便赌气把那样子掷在一边，向抽屉内找笔，找了半天都是秃了的，因说道：“前儿一枝新笔，放在那里了？怎么一时想不起来。”一面说着，一面出神，想了一会方笑道：“是了，前儿晚上莺儿拿了去了。”便向佳惠道：“你替我取了来。”佳惠道：“花大姐姐还等着我替他抬箱子呢，你自己取去罢。"红玉道:"他等着你,你还坐着闲打牙儿?我不叫你取去,他也不等着你了。坏透了的小蹄子!"说着,自己便出房来,出了怡红院,一径往宝钗院内来。

刚至沁芳亭畔,只见宝玉的奶娘李嬷嬷从那边走来。红玉立住笑问道:"李奶奶,你老人家那去了?怎打这里来?"李嬷嬷站住将手一拍道:"你说说,好好的又看上了那个种树的什么云哥儿雨哥儿的,这会子逼着我叫了他来。明儿叫上房里听见,可又是不好。"红玉笑道:"你老人家当真的就依了他去叫了?"李嬷嬷道:"可怎么样呢?"红玉笑道:"那一个要是知道好歹,就回不进来才是。"李嬷嬷道:"他又不痴,为什么不进来?"红玉道:"既是进来,你老人家该同他一齐来,回来叫他一个人乱碰,可是不好呢。"李嬷嬷道:"我有那样工夫和他走?不过告诉了他,回来打发个小丫头子或是老婆子,带进他来就完了。"说着,拄着拐杖一径去了。

红玉听说,便站着出神,且不去取笔。一时,只见一个小丫头子跑来,见红玉站在那里,便问道:"林姐姐,你在这里作什么呢?"红玉抬头见是小丫头子坠儿。红玉道:"那去?"坠儿道:"叫我带进芸二爷来。"说着一径跑了。这里红玉刚走至蜂腰桥门前,只见那边坠儿引着贾芸来了。那贾芸一面走,一面拿眼把红玉一溜,那红玉只装着和坠儿说话,也把眼去一溜贾芸:四目恰相对时,红玉不觉脸红了,一扭身往蘅芜苑去了。不在话下。

笺证

凤姐、宝玉中巫蛊暴病的旋风之后,第二十六回又承接以贾芸、小红"设言传蜜意"的情意绵绵的一幕,由旋风暴作到风和日丽,这是一种类乎乾坤大挪移的叙事操作。挪移的要旨,在于激发各个主体的最大潜力,转换着和颠倒着一刚一柔、一阴一阳的乾坤二气,在牵引挪移之中,实现神奇的情调变化。红玉见贾芸手里拿的手帕子,倒像是自己从前掉的,待要问他,又不好问的,任凭贾芸仍种树去了。这就由实写挪移到虚写了。红玉抬头见是小丫头子坠儿。红玉听说坠儿去带进贾芸见宝玉,刚走至蜂腰桥门前，只见那边坠儿引着贾芸来了。这又从虚写挪移返回实写。甲戌本夹批说："妙！不说红玉不走，亦不说走，只说'刚走到'三字，可知红玉有私心矣。若说出必定不走必定走，则文字死板，且亦棱角过露，非写女儿之笔也。"[1]待那贾芸一面走，一面拿眼把红玉一溜，那红玉只装着和坠儿说话，也把眼去一溜贾芸：四目恰相对时，红玉不觉脸红了，一扭身往蘅芜苑去了。四目相对，在挪移中激发双方的主体潜力。但这依然是淡笔点染，作为过渡的笔墨，不落痕迹地引导进入怡红院、潇湘馆的世界。如甲戌本夹批所说："至此一顿，狡猾之甚！原非书中正文之人，写来间色耳。"[2]过渡笔墨、间色点染，是《红楼梦》乾坤大挪移而游刃有余的体现。更何况红玉说出"千里搭长棚，没有个不散的筵席"，此言洋溢着人生哲理。连甲戌本侧批都说："此时写出此等言语，令人堕泪。"[3]红玉又对小丫头说："等不的说完就跑，谁蒸下馒头等着你，怕冷了不成？"快嘴快舌，俗腔俗调，反成新鲜。从多情儿女身上，挪移出新鲜而深刻的俗趣，几乎铸成了一个俗语打造出来的"思想者"。

这里贾芸随着坠儿，逶迤来至怡红院中。坠儿先进去回明了，然后方领贾芸进去。贾芸看时，只见院内略略有几点山石，种着芭蕉，那边有两只仙鹤在松树下剔翎。一溜回廊上吊着各色笼子，各色仙禽异鸟。上面小小五间抱厦，一色雕镂新鲜花样隔扇，上面悬着一个匾额，四个大字，题道是"怡红快绿"。贾芸想道："怪道叫'怡红院'，原来匾上是恁样四个字。"正想着，只听里面隔着纱窗子笑说道："快进来罢。我怎么就忘了你两三个月！"

贾芸听得是宝玉的声音，连忙进入房内。抬头一看，只见金碧辉煌，文章炳灼，却看不见宝玉在那里。一回头，

[1]（清）曹雪芹著，脂砚斋评：《脂砚斋重评石头记甲戌校本》，作家出版社2000年版，第296页。

[2]（清）曹雪芹著，脂砚斋评：《脂砚斋重评石头记甲戌校本》，作家出版社2000年版，第299页。

[3]（清）曹雪芹著，脂砚斋评：《脂砚斋重评石头记甲戌校本》，作家出版社2000年版，第294页。

只见左边立着一架大穿衣镜，从镜后转出两个一般大的十五六岁的丫头来说："请二爷里头屋里坐。"贾芸连正眼也不敢看，连忙答应了。又进一道碧纱橱，只见小小一张填漆床上，悬着大红销金撒花帐子。宝玉穿着家常衣服，靸着鞋，倚在床上拿着本书看，见他进来，将书掷下，早堆着笑立起身来。贾芸忙上前请了安。宝玉让坐，便在下面一张椅子上坐了。宝玉笑道："只从那个月见了你，我叫你往书房里来，谁知接接连连许多事情，就把你忘了。"贾芸笑道："总是我没福，偏偏又遇着叔叔身上欠安。叔叔如今可大安了？"宝玉道："大好了。我倒听见说你辛苦了好几天。"贾芸道："辛苦也是该当的。叔叔大安了，也是我们一家子的造化。"

说着，只见有个丫鬟端了茶来与他。那贾芸口里和宝玉说着话，眼睛却溜瞅那丫鬟：细挑身材，容长脸面，穿着银红袄儿，青缎背心，白绫细折裙。——不是别个，却是袭人。那贾芸自从宝玉病了几天，他在里头混了两日，他却把那有名人口认记了一半。他也知道袭人在宝玉房中比别个不同，今见他端了茶来，宝玉又在旁边坐着，便忙站起来笑道："姐姐怎么替我倒起茶来。我来到叔叔这里，又不是客，让我自己倒罢。"宝玉道："你只管坐着罢。丫头们跟前也是这样。"贾芸笑道："虽如此说，叔叔房里姐姐们，我怎么敢放肆呢。"一面说，一面坐下吃茶。

那宝玉便和他说些没要紧的散话。又说道谁家的戏子好，谁家的花园好，又告诉他谁家的丫头标致，谁家的酒席丰盛，又是谁家有奇货，又是谁家有异物。那贾芸口里只得顺着他说，说了一会，见宝玉有些懒懒的了，便起身告辞。宝玉也不甚留，只说："你明儿闲了，只管来。"仍命小丫头子坠儿送他出去。

出了怡红院，贾芸见四顾无人，便把脚慢慢停着些走，口里一长一短和坠儿说话，先问他："几岁了？名字叫什么？你父母在那一行上？在宝叔房内几年了？一个月多少钱？共总宝叔房内有几个女孩子？"那坠儿见问，便一桩桩的都告诉他了。贾芸又道："才刚那个与你说话的，他可是叫小红？"坠儿笑道："他倒叫小红。你问他作什么？"贾芸道："方才他问你什么手帕子，我倒拣了一块。"坠儿听了笑道："他问了我好几遍，可有看见他的帕子。我有那么大工夫管这些事！今儿他又问我，他说我替他找着了，他还谢我呢。才在蘅芜苑门口说的，二爷也听见了，不是我撒谎。好二爷，你既拣了，给我罢。我看他拿什么谢我。”

原来上月贾芸进来种树之时，便拣了一块罗帕，便知是所在园内的人失落的，但不知是那一个人的，故不敢造次。今听见红玉问坠儿，便知是红玉的，心内不胜喜幸。又见坠儿追索，心中早得了主意，便向袖内将自己的一块取了出来，向坠儿笑道：“我给是给你，你若得了他的谢礼，不许瞒着我。”坠儿满口里答应了，接了手帕子，送出贾芸，回来找红玉，不在话下。

如今且说宝玉打发了贾芸去后，意思懒懒的歪在床上，似有朦胧之态。袭人便走上来，坐在床沿上推他，说道：“怎么又要睡觉？闷的很，你出去逛逛不是？”宝玉见说，便拉他的手笑道：“我要去，只是舍不得你。”袭人笑道：“快起来罢！”一面说，一面拉了宝玉起来。宝玉道：“可往那去呢？怪腻腻烦烦的。”袭人道：“你出去了就好了。只管这么葳蕤，越发心里烦腻。”

宝玉无精打采的，只得依他。晃出了房门，在回廊上调弄了一回雀儿，出至院外，顺着沁芳溪看了一回金鱼。只见那边山坡上两只小鹿箭也似的跑来，宝玉不解其意。正自纳闷，只见贾兰在后面拿着一张小弓追了下来，一见宝玉在前面，便站住了，笑道：“二叔叔在家里呢，我只当出门去了。”宝玉道：“你又淘气了。好好的射他作什么？”贾兰笑道：“这会子不念书，闲着作什么？所以演习演习骑射。”宝玉道：“把牙栽了，那时才不演呢。”

说着，顺着脚一径来至一个院门前，只见凤尾森森，龙吟细细。举目望门上一看，只见匾上写着“潇湘馆”三字。

宝玉信步走入，只见湘帘垂地，悄无人声。走至窗前，觉得一缕幽香从碧纱窗中暗暗透出。宝玉便将脸贴在纱窗上，往里看时，耳内忽听得细细的长叹了一声道："'每日家情思睡昏昏'。"宝玉听了，不觉心内痒将起来，再看时，只见黛玉在床上伸懒腰。宝玉在窗外笑道："为甚么'每日家情思睡昏昏'？"一面说，一面掀帘子进来了。

林黛玉自觉忘情，不觉红了脸，拿袖子遮了脸，翻身向里装睡着了。宝玉才走上来要扳他的身子，只见黛玉的奶娘并两个婆子却跟了进来说："妹妹睡觉呢，等醒了再请来。"刚说着，黛玉便翻身坐了起来，笑道："谁睡觉呢。"那两三个婆子见黛玉起来，便笑道："我们只当姑娘睡着了。"说着，便叫紫鹃说："姑娘醒了，进来伺候。"一面说，一面都去了。

黛玉坐在床上，一面抬手整理鬓发，一面笑向宝玉道："人家睡觉，你进来作什么？"宝玉见他星眼微饧，香腮带赤，不觉神魂早荡，一歪身坐在椅子上，笑道："你才说什么？"黛玉道："我没说什么。"宝玉笑道："给你个榧子吃！我都听见了。"

二人正说话，只见紫鹃进来。宝玉笑道："紫鹃，把你们的好茶倒碗我吃。"紫鹃道："那里是好的呢？要好的，只是等袭人来。"黛玉道："别理他，你先给我舀水去罢。"紫鹃笑道："他是客，自然先倒了茶来再舀水去。"说着倒茶去了。宝玉笑道："好丫头，'若共你多情小姐同鸳帐，怎舍得叠被铺床'？"林黛玉登时撂下脸来，说道："二哥哥，你说什么？"宝玉笑道："我何尝说什么？"黛玉便哭道："如今新兴的，外头听了村话来，也说给我听，看了混帐书，也来拿我取笑儿。我成了爷们解闷的。"一面哭着，一面下床来往外就走。宝玉不知要怎样，心下慌了，忙赶上来道："好妹妹，我一时该死，你别告诉去。我再要敢，嘴上就长个疔，烂了舌头。"

笺证

《红楼梦》两位主要角色的住所怡红院、潇湘馆，至于此第二十六回才仔细加以描述。描述的视角不同，导致人文景观的千差万别。怡红院是从贾芸眼中看见的，只见院内略略有几点山石，种着芭蕉，那边有两只仙鹤在松树下剔翎。一溜回廊上吊着各色笼子，各色仙禽异鸟。上面小小五间抱厦，一色雕镂新鲜花样隔扇，上面悬着一个匾额，四个大字，题道是“怡红快绿”。甲戌本夹批说：“伤哉，展眼便红稀绿瘦矣。叹叹！”[4]贾芸正想着，只听里面隔着纱窗子笑说：“快进来罢。我怎么就忘了你两三个月？”甲戌本侧批说：“是文若张僧繇点睛之龙，破壁飞矣，焉得不拍案叫绝！”[5]脂评所引典故，出自唐朝张彦远《历代名画记》：“张僧繇于金陵安乐寺画四龙于壁，不点睛。每曰：‘点之即飞去。’人以为妄诞，固请点之。须臾，雷电破壁，二龙乘云腾去上天，二龙未点眼者皆在。”[6]画龙点睛，比喻文章写到关键地方，以用一二警句点出神采，使行文更加传神有力。宝玉隔窗笑说，如天外飞来，堪称点睛。贾芸进门所见，宝玉穿着家常衣服，靸着鞋，倚在床上拿着本书看。甲戌本侧批说：“这是等芸哥看，故作款式。若果真看书，在隔纱窗子说话时已经放下了。玉兄若见此批，必云：老货，他处处不放松我，可恨可恨！回思将余比作钗、颦等，乃一知己，余何幸也！一笑。”[7]宝玉感谢在自己中巫蛊时，贾芸时时照顾的辛苦，贾芸说：“辛苦也是该当的。叔叔大安了，也是我们一家子的造化。”甲戌本侧批说：“不伦不理，迎合字样，口气逼肖，可笑可叹！”[8]庚辰本又说：“谁一家子？可发一大笑。”[9]贾芸把进怡红院当作殊荣，作为强族弱支中人，他还是小心翼翼地在鸡蛋上跳舞，捧场、谄媚、拉近乎，以便成为“我们一家子”。但宝玉只和他说些没要紧的散话。又说道谁家的戏子好，谁家的花园好，又告诉他谁家的丫头标致，谁家的酒席丰盛，又是谁家有奇货，又是谁家有异物。甲戌本夹批说：“妙极是极！况宝玉又有何正（紧）[经]可说的！”又说：

[4]（清）曹雪芹著，脂砚斋评：《脂砚斋重评石头记甲戌校本》，作家出版社2000年版，第297页。

[5]（清）曹雪芹著，脂砚斋评：《脂砚斋重评石头记甲戌校本》，作家出版社2000年版，第297页。

[6]卢辅圣主编：《中国书画全书》，上海书画出版社1993年版，第147页。

[7]（清）曹雪芹著，脂砚斋评：《脂砚斋重评石头记甲戌校本》，作家出版社2000年版，第297页。

[8]（清）曹雪芹著，脂砚斋评：《脂砚斋重评石头记甲戌校本》，作家出版社2000年版，第297页。

[9]（清）曹雪芹著，脂砚斋评：《脂砚斋重评石头记庚辰校本》，作家出版社2006年版，第518页。

"几个'谁家',自北静王、公侯驸马诸大家包括尽矣,写尽纨袴口角。"[10]庚辰本夹批说:"脂砚斋再笔:对芸兄原无可说之话。"[11]可见宝玉并不把贾芸当作知音,贾芸想促成"我们一家子",是难上加难的事。要改变地位等级,岂是易事?于此插叙贾芸从坠儿口中问知红玉丢了帕子,恰好上月贾芸进园种树,拣了一块罗帕,知是红玉的,心内不胜喜幸。就把罗帕交给坠儿,看有什么"谢礼",坠儿接了手帕子,回来找红玉。甲戌本夹批说:"至此一顿,狡猾之甚!原非书中正文之人,写来间色耳。"[12]这里又来一番"间色",是行文脉络委婉多姿。再插入一段贾兰练习骑射,追逐两只小鹿箭一般的奔跑,然后描写潇湘馆。潇湘馆是从贾宝玉眼中看见的,只见凤尾森森,龙吟细细。举目望门上一看,只见匾上写着"潇湘馆"三字。宝玉信步走入,只见湘帘垂地,悄无人声。走至窗前,觉得一缕幽香从碧纱窗中暗暗透出。贾宝玉感觉到的诗意,感觉到的人体香气,都是贾芸感觉不到的。宝玉探访潇湘馆,将脸贴在纱窗上,往里看时,耳内忽听得细细的长叹了一声说:"每日家情思睡昏昏。"甲戌本侧批说:"用情忘情,神化之文。"[13]庚辰本眉批说:"先用'凤尾森森,龙吟细细'八字,'一缕幽香自碧纱窗中暗暗透出','细细的长叹一声'等句,方引出'每日家情思睡昏昏'仙音妙音来,非纯化功夫之笔不能,可见行文之难。"[14]林黛玉长叹的语句,出自《西厢记》第二本《崔莺莺夜听琴》中莺莺所唱:"这些时坐又不安,睡又不稳,我欲待登临又不快,闲行又闷,每日家情思睡昏昏。"可见《西厢记》的绝妙好辞,已经占据了黛玉的灵魂,成了她表达内心情感的特殊方式。到了紫鹃笑说"他是客,自然先倒了茶来再舀水去",宝玉就顺口笑说:"好丫头,'若共你多情小姐同鸳帐,怎舍得叠被铺床'?"此语出自《西厢记》第一本《张君瑞闹道场》中张君瑞所唱:"若共他多情小姐同鸳帐,怎舍得他叠被铺床。"甲戌本侧批说:"真正无意忘情。"[15]庚辰本侧批也说:"真正无意忘情冲口而出之语。"眉批又说:"方才见芸哥所拿之书一定是《西厢》,不然如何忘情至此?"[16]为此,黛玉哭着指责宝玉:"看了混帐书,也来拿我取笑儿。我成爷们解闷的。"宝玉慌张得发誓:"好妹妹,我一时该死,你别告诉去。我再要敢,嘴上就长个疔,烂了舌头。"这些行文言语与脂评，使人物置身于《西厢记》的陶醉于纯情和摔打着纯情的境界之中。但由于借用《西厢记》话语，属于间接抒发，在你我彼此之间产生了多种解释的可能性，也就更耐人咀嚼寻味。爱情的间接表达，冲犯了“每日家情思睡昏昏”，却使大胆妄言“若共你多情小姐同鸳帐，怎舍得叠被铺床”蒙上一层薄雾，成了一种取巧的痴情直白。再看大观园的环境，宝玉眼中的潇湘馆世界，是笼罩着《西厢记》袅袅纯情的世界；贾芸眼中的怡红院世界，是一种令他目眩的富贵之乡，他宁可捡一方沾着尘土的手帕。借人物的眼睛看世界，世界可能因不同的眼睛改变颜色。

正说着，只见袭人走来说道：“快回去穿衣服，老爷叫你呢。”宝玉听了，不觉打了个焦雷一般，也顾不得别的，疾忙回来穿衣服。出园来，只见焙茗在二门前等着，宝玉便问道：“你可知道叫我是为什么？”焙茗道：“爷快出来罢，横竖是见去的，到那里就知道了。”一面说，一面催着宝玉。

转过大厅，宝玉心里还自狐疑，只听墙角边一阵呵呵大笑，回头只见薛蟠拍着手笑了出来，笑道：“要不说姨夫叫你，你那里出来的这么快。”焙茗也笑道：“爷别怪我。”忙跪下了。宝玉怔了半天，方解过来了，是薛蟠哄他出来。薛蟠连忙打恭作揖陪不是，又求“不要难为了小子，都是我逼他去的”。宝玉也无法了，只好笑问道：“你哄我也罢了，怎么说我父亲呢？我告诉姨娘去，评评这个理，可使得么？”薛蟠忙道：“好兄弟，我原为求你快些出来，就忘了忌讳这句话。改日你也哄我，说我的父亲就完了。”宝玉道：“嗳，嗳，越发该死了。”又向焙茗道：“反叛肏的，还跪着作什么？”焙茗连忙叩头起来。

⑩（清）曹雪芹著，脂砚斋评：《脂砚斋重评石头记甲戌校本》，作家出版社2000年版，第298页。

⑪（清）曹雪芹著，脂砚斋评：《脂砚斋重评石头记庚辰校本》，作家出版社2006年版，第519页。

⑫（清）曹雪芹著，脂砚斋评：《脂砚斋重评石头记甲戌校本》，作家出版社2000年版，第299页。

⑬（清）曹雪芹著，脂砚斋评：《脂砚斋重评石头记甲戌校本》，作家出版社2000年版，第300页。

⑭（清）曹雪芹著，脂砚斋评：《脂砚斋重评石头记庚辰校本》，作家出版社2006年版，第521页。

⑮（清）曹雪芹著，脂砚斋评：《脂砚斋重评石头记甲戌校本》，作家出版社2000年版，第301页。

⑯（清）曹雪芹著，脂砚斋评：《脂砚斋重评石头记庚辰校本》，作家出版社2006年版，第521页。

薛蟠道："要不是我也不敢惊动，只因明儿五月初三日是我的生日，谁知古董行的程日兴，他不知那里寻了来的这么粗这么长粉脆的鲜藕，这么大的大西瓜，这么长一尾新鲜的鲟鱼，这么大的一个暹罗国进贡的灵柏香熏的暹猪。你说，他这四样礼可难得不难得？那鱼、猪不过贵而难得，这藕和瓜亏他怎么种出来的。我连忙孝敬了母亲，赶着给你们老太太、姨父、姨母送了些去。如今留了些，我要自己吃，恐怕折福，左思右想，除我之外，惟有你还配吃，所以特请你来。可巧唱曲儿的小么儿又才来了，我同你乐一天何如？"

一面说，一面来至他书房里。只见詹光、程日兴、胡斯来、单聘仁等并唱曲儿的都在这里，见他进来，请安的，问好的，都彼此见过了。吃了茶，薛蟠即命人摆酒来。说犹未了，众小厮七手八脚摆了半天，方才停当归坐。宝玉果见瓜藕新异，因笑道："我的寿礼还未送来，倒先扰了。"薛蟠道："可是呢，明儿你送我什么？"宝玉道："我可有什么可送的？若论银钱吃的穿的东西，究竟还不是我的，惟有我写一张字，画一张画，才算是我的。"

薛蟠笑道："你提画儿，我才想起来。昨儿我看人家一张春宫，画的着实好。上面还有许多的字，也没细看，只看落的款，是'庚黄'画的。真真的好的了不得！"宝玉听说，心下猜疑道："古今字画也都见过些，那里有个'庚黄'？"想了半天，不觉笑将起来，命人取过笔来，在手心里写了两个字，又问薛蟠道："你看真了是'庚黄'？"薛蟠道："怎么看不真！"宝玉将手一撒，与他看道："别是这两字罢？其实与'庚黄'相去不远。"众人都看时，原来是"唐寅"两个字，都笑道："想必是这两字，大爷一时眼花了也未可知。"薛蟠只觉没意思，笑道："谁知他'糖银''果银'的。"

正说着，小厮来回"冯大爷来了"。宝玉便知是神武将军冯唐之子冯紫英来了。薛蟠等一齐都叫"快请"。说犹未了，只见冯紫英一路说笑，已进来了。众人忙起席让坐。冯紫英笑道："好呀！也不出门了，在家里高乐罢。"宝玉、薛蟠都笑道："一向少会，老世伯身上康健？"紫英答道："家父倒也托庇康健。近来家母偶着了些风寒，不好了两天。"

薛蟠见他面上有些青伤，便笑道："这脸上又和谁挥拳的？挂了幌子了。”冯紫英笑道：“从那一遭把仇都尉的儿子打伤了，我就记了再不怄气，如何又挥拳？这个脸上，是前日打围，在铁网山教兔鹘捎一翅膀。”宝玉道：“几时的话？”紫英道：“三月二十八日去的，前儿也就回来了。”宝玉道：“怪道前儿初三四儿，我在沈世兄家赴席不见你呢。我要问，不知怎么就忘了。单你去了，还是老世伯也去了？”紫英道：“可不是家父去，我没法儿，去罢了。难道我闲疯了，咱们几个人吃酒听唱的不乐，寻那个苦恼去？这一次，大不幸之中又大幸。”

薛蟠众人见他吃完了茶，都说道：“且入席，有话慢慢的说。”冯紫英听说，便立起身来说道：“论理，我该陪饮几杯才是，只是今儿有一件大大要紧的事，回去还要见家父面回，实不敢领。”薛蟠、宝玉众人那里肯依，死拉着不放。冯紫英笑道：“这又奇了。你我这些年，那回儿有这个道理的？果然不能遵命。若必定叫我领，拿大杯来，我领两杯就是了。”众人听说，只得罢了，薛蟠执壶，宝玉把盏，斟了两大海。那冯紫英站着，一气而尽。

宝玉道：“你到底把这个‘不幸之幸’说完了再走。”冯紫英笑道：“今儿说的也不尽兴。我为这个，还要特治一东，请你们去细谈一谈；二则还有所恳之处。”说着执手就走。薛蟠道：“越发说的人热剌剌的丢不下。多早晚才请我们，告诉了，也免的人犹疑。”冯紫英道：“多则十日，少则八天。”一面说，一面出门上马去了。众人回来，依席又饮了一回方散。

笺证

以险句对啰唆拖沓的叙事，来一个快刀斩乱麻，是《红楼梦》干净利落的好手段。俗语说：“行船走马三分险。”险句，乃是艰险奇异的语句，用在行文走笔上也有遇险、脱险的惊奇效果。唐人王建《寄上韩愈侍郎》诗云："叙述异篇经总别，鞭驱险句最先投。"险句拗断原来的叙事枝条，嘎然一声，给人惊诧，以锐角的方式转向新的叙事场景。第二十六回写那薛蟠，真是《红楼梦》四大家族中不可或缺的一块材料。他邀请贾宝玉的方法就出手不凡，让袭人通知"快回去穿衣服，（贾政）老爷叫你呢。"宝玉听了，不觉打了个焦雷一般，也顾不得别的，疾忙回来穿衣服。出园来。如此着墨无论是从转换叙事法，还是从刻画人物来说，都是出人意料的妙笔。首先是对于转换叙事情境，如何跳出宝玉嘴无遮拦地对紫鹃说："好丫头，'若共你多情小姐同鸳帐，怎舍得叠被铺床？'"引起黛玉哭鼻子的尴尬局面，庚辰本眉批说得好："若无如此文字收拾二玉，写颦无非至再哭恸哭，玉只以赔尽小心软求漫恳，二人一笑而止。且书内若此亦多多矣，未免有犯雷同之病。故用险句结住，使二玉心中不得不将现事抛却，各怀一惊心意，再作下文。壬午孟夏，雨窗。畸笏。"[17]甲戌本侧批也说："不止玉兄一惊，即阿颦亦不免一吓，作者只顾写来收拾二玉之文，忘却颦儿也。想作者亦似宝玉道《西厢》之句，忘情而出也"；"如此戏弄，非呆兄无人。欲释二玉，非此戏弄不能立解，勿得泛泛看过。不知作者胸中有多少丘壑"。[18]其次是对于刻画人物，庚辰本侧批说："非呆兄行不出此等戏弄，但作者有多少丘壑在胸中，写来酷肖。"[19]呆霸王不按常理出牌，须有如此愣头青的人，才能做出如此愣头青的事。就连他用这种雷霆霹雳的方法骗宝玉快快出来，受到宝玉埋怨，他出招拆招的方法也是一个愣头青。薛蟠忙说："好兄弟，我原为求你快些出来，就忘了忌讳这句话。改日你也哄我，说我的父亲就完了。"谁不知薛蟠父亲已经早逝？因而甲戌本侧批说："写粗豪无心人。逼肖。"[20]庚辰本侧批也说："真真乱话。"[21]至于接下来写呆霸王薛蟠请客的物料，又是带有皇家富商味道的令人诧异的豪华版："要不是我也不敢惊动，只因明儿五月初三日是我的生日，谁知古董行的程日兴，他不知那里寻了来的这么粗这么长粉脆的鲜藕，这么大的大西瓜，这么长一尾新鲜的鲟鱼，这么大的一个暹罗国进贡的灵柏香熏的暹猪。你说，他这四样礼可难得不难得？那鱼、猪不过贵而难得，这藕和瓜亏他怎么种出来的。我连忙孝敬了母亲，赶着给你们老太太、姨父、姨母送了些去。如今留了些，我要自己吃，恐怕折福，左思右想，除我之外，惟有你（宝玉）还配吃，所以特请你来。可巧唱曲儿的小么儿又才来了，我同你乐一天何如？”讲得绘声绘色，比手画脚，还带点哥们义气。甲戌本侧批说：“此语令人哭不得笑不得，亦真心语也。”对于呆霸王这块材料，又未忘揭发他胸无点墨的短。薛蟠竟然把唐寅的《美人图》说成是“庚黄画的”春宫图，“真真的好的了不得”。被贾宝玉揭穿他把唐寅误认为“庚黄”之后，薛蟠只觉没意思地解嘲说：“谁知他‘糖银’‘果银’的。”甲戌本眉批说：“闲事顺笔，骂死不学之纨袴。叹叹！”[22]庚辰本眉批也说：“闲事顺笔将骂死不学之纨袴。壬午雨窗。畸笏。”[23]如此薛蟠，既有粗俗的一面，又有豪爽的一面，是豪爽的粗俗。神武将军冯唐之子冯紫英却是另一种人物类型，他回答过家父、家母的健康状况后，接着解释脸上的青伤：“这个脸上，是前日打围，在铁网山教兔鹘捎一翅膀”；“可不是家父去，我没法儿，去罢了。难道我闲疯了，咱们几个人吃酒听唱不乐，寻那个苦恼去？这一次，大不幸之中又大幸”。这里牵涉到清代的“打围（猎）”制度。清室崇尚强弓硬马的八旗武将，入关后百年间，以打围作为习练骑射技艺的重要方式。皇帝每年要到口外去避暑，在距京八百里之遥设立围场。但是到了《红楼梦》时代，连神武将军之子都耽于逸乐享受，视打围为苦事了。铁网山打围一事，成了清朝八旗子弟蜕变的风向标。《红楼梦》善于把清朝前中期的重要制度纳入叙事之中，借以考察贵族中国的衰落进程。没有薛蟠、冯紫英辈，不足以见微知著地道尽纨袴子弟的形形色色及其衰变，这是《红楼梦》眼光敏锐深邃之处。

[17]（清）曹雪芹著，脂砚斋评：《脂砚斋重评石头记庚辰校本》，作家出版社2006年版，第522页。

[18]（清）曹雪芹著，脂砚斋评：《脂砚斋重评石头记甲戌校本》，作家出版社2000年版，第301页。

[19]（清）曹雪芹著，脂砚斋评：《脂砚斋重评石头记庚辰校本》，作家出版社2006年版，第522页。

[20]（清）曹雪芹著，脂砚斋评：《脂砚斋重评石头记甲戌校本》，作家出版社2000年版，第301页。

[21]（清）曹雪芹著，脂砚斋评：《脂砚斋重评石头记庚辰校本》，作家出版社2006年版，第522页。

[22]（清）曹雪芹著，脂砚斋评：《脂砚斋重评石头记甲戌校本》，作家出版社2000年版，第303页。

[23]（清）曹雪芹著，脂砚斋评：《脂砚斋重评石头记庚辰校本》，作家出版社2006年版，第523页。

宝玉回至园中，袭人正记挂着他去见贾政，不知是祸是福；只见宝玉醉醺醺的回来，问其原故，宝玉一一向他说了。袭人道："人家牵肠挂肚的等着，你且高乐去，也到底打发人来给个信儿。"宝玉道："我何尝不要送信儿，只因冯世兄来了，就混忘了。"

正说着，只见宝钗走进来笑道："偏了我们新鲜东西了。"宝玉笑道："姐姐家的东西，自然先偏了我们了。"宝钗摇头笑道："昨儿哥哥倒特特的请我吃，我不吃，叫他留着请人送人罢。我知道我的命小福薄，不配吃那个。"说着，丫鬟倒了茶来，吃茶说闲话儿，不在话下。

却说那林黛玉听见贾政叫了宝玉去了，一日不回来，心中也替他忧虑。至晚饭后，闻听宝玉来了，心里要找他问问是怎么样了。一步步行来，见宝钗进宝玉的院内去了，自己也便随后走了来。刚到了沁芳桥，只见各色水禽都在池中浴水，也认不出名色来，但见一个个文彩炫耀，好看异常，因而站住看了一会。再往怡红院来，只见院门关着，黛玉便以手扣门。

谁知晴雯和碧痕正拌了嘴，没好气，忽见宝钗来了，那晴雯正把气移在宝钗身上，正在院内抱怨说："有事没事跑了来坐着，叫我们三更半夜的不得睡觉！"忽听又有人叫门，晴雯越发动了气，也并不问是谁，便说道："都睡下了，明儿再来罢！"林黛玉素知丫头们的情性，他们彼此顽耍惯了，恐怕院内的丫头没听真是他的声音，只当是别的丫头们来了，所以不开门，因而又高声说道："是我，还不开么？"晴雯偏生还没听出来，便使性子说道："凭你是谁，二爷吩咐的，一概不许放人进来呢！"

林黛玉听了，不觉气怔在门外，待要高声问他，逗起气来，自己又回思一番："虽说是舅母家如同自己家一样，到底是客边。如今父母双亡，无依无靠，现在他家依栖。如今认真淘气，也觉没趣。"一面想，一面又滚下泪珠来。正是回去不是，站着不是。正没主意，只听里面一阵笑语之声，细听一听，竟是宝玉、宝钗二人。林黛玉心中益发动了气，左思右想，忽然想起了早起的事来："必竟是宝玉恼我要告他的原故。但只我何尝告你了，你也打听打听，就恼我到这步田地。你今儿不叫我进来，难道明儿就不见面了！”越想越伤感起来，也不顾苍苔露冷，花径风寒，独立墙角边花阴之下，悲悲戚戚呜咽起来。

原来这林黛玉秉绝代姿容，具希世俊美，不期这一哭，那附近柳枝花朵上的宿鸟栖鸦一闻此声，俱忒楞楞飞起远避，不忍再听。真是：花魂默默无情绪，鸟梦痴痴何处惊。

因有一首诗道：颦儿才貌世应希，独抱幽芳出绣闺。呜咽一声犹未了，落花满地鸟惊飞。

那林黛玉正自啼哭，忽听“吱喽”一声，院门开处，不知是那一个出来。要知端的，且听下回分解。

笺证

第二十六回写林黛玉“呜咽一声犹未了，落花满地鸟惊飞”，用了一种出格的表现形式，用了一种人的精诚的灵性与天地有情无情的精神相互感应的超现实思维方式。中国成语有道是“精诚所至，金石为开”。精诚到了极致，就能感动天地，使金石为之开裂。这种思维方式源头是庄子“独与天地精神往来”的超现实思维，如《庄子·渔父》说：“真者，精诚之至也，不精不诚，不能动人。”东汉王充《论衡·感虚篇》就出现“精诚所至，金石为开”的说法。南朝宋范晔《后汉书·广陵思王荆传》表述为“精诚所加，金石为开”。西汉刘向《新序·杂事第四》记载：“昔者楚熊渠子，夜行见寝石，以为伏虎，关弓射之，灭矢，饮羽。下视，知石也，却复射之，矢摧无迹。熊渠子见其诚心而金石为之开，况人心乎？”[24] 东晋葛洪《西京杂记》卷五另有记载：“李广与兄弟共猎于冥山之北，见卧虎焉。射之，一矢即毙，断其髑髅以为枕，示服猛也。铸铜象其形为溲器，示厌辱之也。他日复猎于冥山之阳，又见卧虎。射之，没矢饮羽。进而

[24]（西汉）刘向编著，石光瑛校释：《新序校释》，中华书局2001年版，第616—619页。

视之，乃石也。其形类虎，退而更射，镞破簳折而石不伤。余尝以问杨子云。子云曰：'至诚则金石为开。'余应之曰：'昔人有游东海者，既而风恶船漂不能制，船随风浪，莫知所之。一日一夜得至一孤洲，其侣欢然，下石植缆，登洲煮食，食未熟而洲没。在船者斫断其缆，船复漂荡。向者孤洲，乃大鱼，怒掉扬鬣，吸波吐浪而去，疾如风云。在洲死者十余人。又余所知陈缟，质木人也，入终南山采薪还，晚趋舍，未至，见张丞相墓前石马，谓为鹿也，即以斧挝之，斧缺柯折，石马不伤。此二者亦至诚也，卒有沈溺缺斧之事，何金石之所感偏乎？'子云无以应余。"[25]感天动地，使苍天和大地为之感动。这形容诚意感人至深，连无情天地也受感动。尤其是冤屈极大的灵魂呼吁。从道家转向儒家，《论语·为政篇》则在"诚"之上加了一个"信"字："子曰：人而无信，不知其可。（郑玄曰：不知其可者，言不可行也。）大车无輗，小车无軏，其何以行之哉！（郑玄曰：大车柏车，小车羊车。輗穿辕端着之，軏因辕端节之。车待輗軏而行，犹人之行不可无信也。）"孔子这段话被元代王实甫《西厢记》第四本《草桥店梦莺莺》所引用，其中"拷红"一节写道，老夫人说：莺莺与张生这端事，都是你个贱人干的。红娘说：非是张生、小姐、红娘之罪，乃夫人之过也。老夫人说：这贱人倒指下我来，怎么是我之过？红娘说：信者，人之根本，"人而无信，不知其可也。大车无輗，小车无軏，其何以行之哉！"当日军围普救，夫人所许退军者，以女妻之。张生非慕小姐颜色，岂肯建区区退军之策？兵退身安，夫人悔却前言，岂得不为失信乎！既然不肯成就其事，只合酧之以金帛，令张生舍此而去。却不当留请张生于书院，使怨女旷夫，各相早晚窥视，所以夫人有此一端。目下老夫人若不息其事，一来辱没相国家谱，二来张生日后名重天下，施恩于人，忍令反受其辱哉！使至官司，夫人亦得治家不严之罪。官司若推其详，亦知老夫人背义而忘恩，岂得为贤哉！红娘不敢自专，乞望夫人台鉴：莫若恕其小过，成就大事，𢱢之以去其污，岂不为长便乎！金圣叹评点红娘这番淋漓痛快的话，说："快然泻出，更无留难。人若胸膈有疾，只须朗吟《拷红》十过，便当开豁清利，永无宿物。"林黛玉不同于红娘，心中有话，不能快然泻出，使寄人篱下的无根感抑郁于胸，使绛珠还泪的宿债偿不胜偿，略加发泄，就感天动地。第二十六回黛玉因薛蟠托用贾政名义叫走宝玉，就去探问探问宝玉的遭遇，谁料宝钗领先到怡红院吃茶说闲话儿，惹得晴雯没好气，没有听清是黛玉来访，固执不开门。这种无意的误解，引发了有心的必然。黛玉思量自己寄人篱下的身世："虽说是舅母家如同自己家一样，到底是客边。如今父母双亡，无依无靠，现在他家依栖。如今认真淘气，也觉没趣。"于是独立墙角边花阴之下，悲悲戚戚呜咽起来。甲戌本侧批说："寄食者着眼，况颦儿何等人乎？"[26]在人屋檐下怎敢不低头，这是足以损伤独立的人格和灵性的。行文接着写道：原来这林黛玉秉绝代姿容，具希世俊美，不期这一哭，那附近柳枝花朵上的宿鸟栖鸦一闻此声，俱忒楞楞飞起远避，不忍再听。真是：花魂默默无情绪，鸟梦痴痴何处惊。因有一首诗道："颦儿才貌世应希，独抱幽芳出绣闺；呜咽一声犹未了，落花满地鸟惊飞。"甲戌本侧批说："沉鱼落雁，闭月羞花，原来是哭出来的。一笑。"[27]脂评停留在"一笑"是不够的，黛玉出于寄人篱下的身世以及宝、黛、钗爱情的扑朔迷离的危机感而悲戚哭泣，是感天动地的，这份悲情催生了感天动地的《葬花吟》。

㉕ 王根林等点校：《汉魏六朝笔记小说大观》，上海古籍出版社1999年版，第113—114页。

㉖（清）曹雪芹著，脂砚斋评：《脂砚斋重评石头记甲戌校本》，作家出版社2000年版，第305页。

㉗（清）曹雪芹著，脂砚斋评：《脂砚斋重评石头记甲戌校本》，作家出版社2000年版，第306页。

第二十七回

滴翠亭杨妃戏彩蝶 埋香冢飞燕泣残红

话说林黛玉正自悲泣，忽听院门响处，只见宝钗出来了，宝玉袭人一群人送了出来。待要上去问着宝玉，又恐当着众人问羞了宝玉不便，因而闪过一旁，让宝钗去了，宝玉等进去关了门，方转过来，犹望着门洒了几点泪。自觉无味，方转身回来，无精打采的卸了残妆。

紫鹃雪雁素日知道林黛玉的情性：无事闷坐，不是愁眉，便是长叹，且好端端的不知为了什么，常常的便自泪道不干的。先时还有人解劝，怕他思父母，想家乡，受了委曲，只得用话宽慰解劝。谁知后来一年一月的竟常常的如此，把这个样儿看惯了，也都不理论了。所以也没人理，由他去闷坐，只管睡觉去了。那林黛玉倚着床栏杆，两手抱着膝，眼睛含着泪，好似木雕泥塑的一般，直坐到二更多天方才睡了。一宿无话。

至次日乃是四月二十六日，原来这日未时交芒种节。尚古风俗：凡交芒种节的这日，都要设摆各色礼物，祭饯花神，言芒种一过，便是夏日了，众花皆卸，花神退位，须要饯行。然闺中更兴这件风俗，所以大观园中之人都早起来了。那些女孩子们，或用花瓣柳枝编成轿马的，或用绫锦纱罗叠成干旄旌幢的，都用彩线系了。每一颗树上，每一枝花上，都系了这些物事。满园里绣带飘飖，花枝招展，更兼这些人打扮得桃羞柳让，燕妒莺惭，一时也道不尽。

笺证

由大观园儿女祭饯花神，联想到美人如花。李白《长相思》诗云："美人如花隔云端，上有青冥之长天，下有渌水之波澜。"金陵十二钗，是否就是十二花神？十二月花神，古人断为正月梅花、二月兰花（或杏花）、三月桃花、四月牡丹花、五月榴花、六月莲花、七月鸡冠花、八月桂花、九月菊花、十月芙蓉花、十一月山茶花、十二月腊梅花。对于"万紫千红总是春"的春天百花，中国古时有迎花神和送花神的节日，这涉及人与草木花卉互怜互爱、相亲相敬的民俗信仰。二月十二日为花朝，即花神生日。花朝节有扑蝶的风俗，属于女儿节。南朝梁人宗懔《荆楚岁时记》记载："长安二月间，士女相聚，扑蝶为戏，名曰'扑蝶会'。"《广群芳谱·天时谱二》引《诚斋诗话》说："东京（今开封）二月十二曰花朝，为扑蝶会。"《中华全国风俗志》记载："二月望为花朝节。盖花朝、月夕，世俗恒言二、八两月为春秋之半，故以二月半为花朝，八月半为月夕也。"清代花朝，一般北方在二月十五，南方以二月十二为百花生日。清顾禄《清嘉录·二月》说："（二月）十二日，为百花生日，闺中女郎剪五色彩缯粘花枝上，谓之赏红。"有诗云："春到花朝染碧丛，枝梢剪彩袅东风。蒸霞五色飞晴坞，画阁开尊助赏红。"对于送花神的节日，南朝梁人崔灵思《三礼义宗》三"仲夏之月"说："五月芒种为节者，言时可以种有芒之谷，故以芒种为名，芒种节举行祭饯花神之会。"中国二十四节气，不仅反映了地球绕太阳公转的轨迹，而且折射了浓厚的民俗信仰的文化内涵。送花神，谁是花神？花神名叫"女夷"，《月令广义》说："女夷，主春夏长养之神，即花神也。"既然名叫女夷，她就是女儿神。西汉刘安《淮南子·天文训》说:“以至于仲春二月之夕,乃收其藏而闭其寒。女夷鼓歌,以司天和,以长百谷禽鸟草木。”[1]《艺文类聚》卷三《岁时上》解释说:“《淮南子》曰:女夷鼓歌,以司天和,以养百谷禽兽草木。(女夷,主春夏长养之神。)”宋郭茂倩《乐府诗集》卷三《郊庙歌辞三》录有谢朓《迎神歌》,其二《歌青帝》云:“营翼日,鸟殷宵。凝冰泮,玄蛰昭。景阳阳,风习习。女夷歌,东皇集。奠春酒,秉青珪。命田祖,渥群黎。”[2]明代汤显祖《紫箫记》第二出《友集》有歌词说:“女夷歌,宝瑟弦。舞云翘,彩胜偏。青湖富贵长如愿。画帖宜春燕,柳带桃枝又一年。”[3]《红楼梦》不写迎花神的二月十二日的“花朝”,而写送花神的芒种节,意味着它有一种“落花”情结,以落花象征着大观园女儿的性情和命运。第二十七回描绘祭饯花神说:“原来这日未时交芒种节。尚古风俗:凡交芒种节的这日,都要设摆各色礼物,祭饯花神,言芒种一过,便是夏日了,众花皆卸,花神退位,须要饯行。然闺中更兴这件风俗,所以大观园中之人都早起来了。那些女孩子们,或用花瓣柳枝编成轿马的,或用绫锦纱罗叠成干旄旌幢的,都用彩线系了。每一颗树上,每一枝花上,都系了这些物事。满园里绣带飘飖,花枝招展,更兼这些人打扮得桃羞柳让,燕妒莺惭,一时也道不尽。”这是饯送花神的芒种习俗,但它扯上扑蝶为戏,却混合了这双节日的女儿乐事。但是俗语又云:“人无千日好,花无百日红”,隐喻人的青春短暂易逝,正如花开的时间短促,容易凋谢一样。元代杨文奎的杂剧《儿女团圆·楔子》说:“人无千日好,花无百日红,早时不算计,过后一场空。”清代文康的通俗小说《儿女英雄传》第三十回说:“人情忌满……人无千日好,花无百日红。”这就映照了南唐后主李煜《浪淘沙》所说:“流水落花春去也,天上人间。”

且说宝钗、迎春、探春、惜春、李纨、凤姐等并巧姐、大姐、香菱与众丫鬟们在园内玩耍,独不见林黛玉。迎春因说道:“林妹妹怎么不见?好个懒丫头,这会子还睡觉不成?”宝钗道:“你们等着,我去闹了他来。”说着便丢下了众人,一直往潇湘馆来。正走着,只见文官等十二个女孩子也来了,上来问了好,说了一回闲话。宝钗回身指道:“他们都在那里呢,你们找他们去罢。我叫林姑娘去就来。”说着便逶迤往潇湘馆来。忽然抬头见宝玉进去了，宝钗便站住低头想了想：宝玉和林黛玉是从小儿一处长大，他兄妹间多有不避嫌疑之处，嘲笑喜怒无常，况且林黛玉素习猜忌，好弄小性儿的。此刻自己也跟了进去，一则宝玉不便，二则黛玉嫌疑。罢了，倒是回来的妙。想毕抽身回来。

刚要寻别的姊妹去，忽见前面一双玉色蝴蝶，大如团扇，一上一下迎风翩跹，十分有趣。宝钗意欲扑了来玩耍，遂向袖中取出扇子来，向草地下来扑。只见那一双蝴蝶忽起忽落，来来往往，穿花度柳，将欲过河去了。倒引的宝钗蹑手蹑脚的，一直跟到池中滴翠亭上，香汗淋漓，娇喘细细。宝钗也无心扑了，刚欲回来，只听滴翠亭里边嘁嘁喳喳有人说话。原来这亭子四面俱是游廊曲桥，盖造在池中水上，四面雕镂槅子糊着纸。

宝钗在亭外听见说话，便煞住脚往里细听，只听说道：“你瞧瞧这手帕子，果然是你丢的那块，你就拿着，要不是，就还芸二爷去。”又有一人说话：“可不是我那块，拿来给我罢。”又听道：“你拿什么谢我呢！难道白寻了来不成。”又答道：“我既许了谢你，自然不哄你。”又听说道：“我寻了来给你，自然谢我，但只是拣的人，你就不拿什么谢他？”又回道：“你别胡说。他是个爷们家，拣了我的东西，自然该还的。我拿什么谢他呢？”又听说道：“你不谢他，我怎么回他呢？况且他再三再四的和我说了，若没谢的，不许我给你呢。”半晌，又听答道：“也罢，拿我这个给他，算谢他的罢。——你要告诉别人呢？须说个誓来。”又听说道：“我要告诉一个人，就长一个疔，日后不得好死。”又听说道：“嗳呀，咱们只顾说话，看有人来悄悄在外头听见。不如把这槅子都推开了，便是有人见咱们在这里，他们只当我们说

❶ 何宁：《淮南子集释》，中华书局1998年版，第231—232页。

❷（宋）郭茂倩：《乐府诗集》，中华书局1979年版，第28页。

❸（明）汤显祖著，钱南扬校点：《汤显祖戏曲集》，上海古籍出版社2010年版，第866页。

顽话呢。若走到跟前，咱们也看的见，就别说了。”

宝钗在外面听见这话，心中吃惊，想道：“怪道从古至今那些奸淫狗盗的人，心机都不错。这一开了，见我在这里，他们岂不臊了。况才说话的语音，大似宝玉房里的红儿的言语。他素昔眼空心大，是个头等刁钻古怪东西。今儿我听了他的短儿，一时人急造反，狗急跳墙，不但生事，而且我还没趣。如今便赶着躲了，料也躲不及，少不得要使个‘金蝉脱壳’的法子。”犹未想完，只听“咯吱”一声，宝钗便故意放重了脚步，笑着叫道：“颦儿，我看你往那里藏！”一面说，一面故意往前赶。那亭内的红玉、坠儿刚一推窗，只听宝钗如此说着往前赶，两个人都唬怔了。宝钗反向他二人笑道：“你们把林姑娘藏在那里了？”坠儿道：“何曾见林姑娘了？”宝钗道：“我才在河那边看着林姑娘在这里蹲着弄水儿的。我要悄悄的唬他一跳，还没有走到跟前，他倒看见我了，朝东一绕就不见了。别是藏在这里头了。”一面说一面故意进去寻了一寻，抽身就走，口内说道：“一定是又钻在山子洞里去了。遇见蛇，咬一口也罢了。”一面说一面走，心中又好笑：这件事算遮过去了，不知他二人是怎样。

谁知红玉听了宝钗的话，便信以为真，让宝钗去远，便拉坠儿道：“了不得了。林姑娘蹲在这里，一定听了话去了。”坠儿听说，也半日不言语。红玉又道：“这可怎么样呢？”坠儿道：“便是听了，管谁筋疼，各人干各人的就完了。”红玉道：“若是宝姑娘听见，还倒罢了。林姑娘嘴里又爱刻薄人，心里又细，他一听见了，倘或走露了风声，怎么样呢？”二人正说着，只见文官、香菱、司棋、待书等上亭子来了。二人只得掩住这话，且和他们顽笑。

笺证

既然《荆楚岁时记》说“长安二月间，士女相聚，扑蝶为戏，名曰‘扑蝶会’”，那么扑蝶乃是迎花神的风俗。宝钗扑蝶在此节有精彩的展示，用在饯别花神的芒种节，就有点反时令的意味。第二十七回写薛宝钗戏扑彩蝶，“忽见前面一双玉色蝴蝶，大如团扇，一上一下迎风翩跹，十分有趣。宝钗意欲扑了来玩耍，遂向袖中取出扇子来，向草地下来扑。只见那一双蝴蝶忽起忽落，来来往往，穿花度柳，将欲过河去了”。这本是阳光明媚、鲜花着锦的事情，但追扑到滴翠亭，偷听了小红、坠儿谈论与贾芸的私情，这是呼应连接上回：“原来上月贾芸进来种树之时，便拣了一块罗帕，便知是所在园内的人失落的，但不知是那一个人的，故不敢造次。今听见红玉问坠儿，便知是红玉的，心内不胜喜幸。又见坠儿追索，心中早得了主意，便向袖内将自己的一块取了出来，向坠儿笑道：‘我给是给你，你若得了他的谢礼，不许瞒着我。’坠儿满口里答应了，接了手帕子，送出贾芸，回来找红玉，不在话下。”《红楼梦》的呼应，往往是隔着山头点烽火，伏线在断续之间错落有致。薛宝钗无意听闻小红、坠儿的私情话，就使了一个金蝉脱壳的法子，宣称看见林黛玉在亭边玩水，使二位丫头担心爱刻薄人的林黛玉泄露她们的秘密。庚辰本侧批说：“闺中弱女，机变如此之便，如此之急。”[4] 甲戌本侧批说：“真弄婴儿，轻便如此，即余至此，亦要发笑。”又说：“宝钗身份。”[5] 薛宝钗阳光明媚的扑蝶，也就为此转化成城府甚深的门面装饰，可见她比黛玉会做人。这就是《红楼梦》的一笔写两面，扑蝶扑出了人物性格的多重性。

[4]（清）曹雪芹著，脂砚斋评：《脂砚斋重评石头记庚辰校本》，作家出版社2006年版，第535页。

[5]（清）曹雪芹著，脂砚斋评：《脂砚斋重评石头记甲戌校本》，作家出版社2000年版，第312页。

只见凤姐儿站在山坡上招手叫，红玉连忙弃了众人，跑至凤姐跟前，堆着笑问：“奶奶使唤作什么事？”凤姐打谅了一打谅，见他生的干净俏丽，说话知趣，因笑道：“我的丫头今儿没跟进我来。我这会子想起一件事来，要使唤个人出去，不知你能干不能干，说的齐全不齐全？”红玉笑道：“奶奶有什么话，只管吩咐我说去。若说的不齐全，误了奶奶的事，凭奶奶责罚就是了。”凤姐笑道：“你是那位小姐房里的？我使你出去，他回来找你，我好替你说的。”红玉道：“我是宝二爷房里的。”凤姐听了笑道：“嗳哟，你原来是宝玉房里的，怪道呢。也罢了，等他问，我替你说。你到我们家，告诉你平姐姐：外头屋里桌子上汝窑盘子架儿底下放着一卷银子，那是一百六十两，给绣匠的工价，等张材家的来要，当面称给他瞧了，再给他拿去。再里头床头间有一个小荷包拿了来。”

红玉听说撤身去了，回来只见凤姐不在这山坡子上了。因见司棋从山洞里出来，站着系裙子，便赶上来问道：“姐姐，不知道二奶奶往那里去了？”司棋道：“没理论。”红玉听了，抽身又往四下里一看，只见那边探春、宝钗在池边看鱼。红玉上来陪笑问道：“姑娘们可知道二奶奶那去了？”探春道：“往你大奶奶院里找去。”红玉听了，才往稻香村来，顶头只见晴雯、绮霰、碧痕、紫绡、麝月、待书、入画、莺儿等一群人来了。晴雯一见了红玉，便说道：“你只是疯罢。院子里花儿也不浇，雀儿也不喂，茶炉子也不㶶，就在外头逛。”红玉道：“昨儿二爷说了，今儿不用浇花，过一日浇一回罢。我喂雀儿的时侯，姐姐还睡觉呢。”碧痕道：“茶炉子呢？”红玉道：“今儿不该我㶶的班儿，有茶没茶别问我。”绮霰道：“你听听他的嘴。你们别说了，让他逛去罢。”红玉道：“你们再问问我逛了没有。二奶奶使唤我说话取东西的。”说着将荷包举给他们看，方没言语了，大家分路走开。晴雯冷笑道：“怪道呢。原来爬上高枝儿去了，把我们不放在眼里。不知说了一句话半句话，名儿姓儿知道了不曾呢，就把他兴的这样。这一遭半遭儿的算不得什么，过了后儿还得听呵。有本事从今儿出了这园子，长长远远的在高枝儿上才算得。”一面说着去了。

这里红玉听说，不便分证，只得忍着气来找凤姐儿。到了李氏房中，果见凤姐儿在这里和李氏说话儿呢。红玉上来回道：“平姐姐说，奶奶刚出来了，他就把银子收了起来，才张材家的来讨，当面称了给他拿去了。”说着将荷包递了上去，又道：“平姐姐教我回奶奶：才旺儿进来讨奶奶的示下，好往那家子去。平姐姐就把那话按着奶奶的主意打发他去了。”凤姐笑道：“他怎么按我的主意打发去了？”红玉道：“平姐姐说：我们奶奶问这里奶奶好。原是我们二爷不在家，虽然迟了两天，只管请奶奶放心。等五奶奶好些，我们奶奶还会了五奶奶来瞧奶奶呢。五奶奶前儿打发了人来说，舅奶奶带了信来了，问奶奶好，还要和这里的姑奶奶寻两丸延年神验万全丹。若有了，奶奶打发人来，只管送在我们奶奶这里。明儿有人去，就顺路给那边舅奶奶带去的。”

话未说完，李氏道：“嗳哟哟，这些话我就不懂了。什么‘奶奶’‘爷爷’的一大堆。”凤姐笑道：“怨不得你不懂，这是四五门子的话呢。”说着又向红玉笑道：“好孩子，难为你说的齐全。别像他们扭扭捏捏的蚊子似的。嫂子你不知道，如今除了我随手使的几个丫头老婆之外，我就怕和他们说话。他们必定把一句话拉长了作两三截儿，咬文咬字，拿着腔儿，哼哼唧唧的，急的我冒火，他们那里知道？先时我们平儿也是这么着，我就问着他：难道必定装蚊子哼哼就是美人了？说了几遭才好些儿了。”李宫裁笑道：“都像你泼皮破落户才好。”凤姐又道：“这一个丫头就好。方才两遭，说话虽不多，听那口声就简断。”说着又向红玉笑道：“你明儿服侍我去罢。我认你作女儿，我一调理你就出息了。”

红玉听了，扑哧一笑。凤姐道：“你怎么笑？你说我年轻，比你能大几岁，就作你的妈了？你还作春梦呢。你打听打听，这些人头比你大的大的，赶着我叫妈，我还不理。今儿抬举了你呢。”红玉笑道：“我不是笑这个，我笑奶奶认错了辈数了。我妈是奶奶的女儿，这会子又认我作女儿。”凤姐道：“谁是你妈？”李宫裁笑道：“你原来不认得他？他是林之孝之女。”凤姐听了十分诧异，说道：“哦，原来是他的丫头。”又笑道：“林之孝两口子都是锥子扎不出一声儿来的。我成日家说，他们倒是配就了的一对夫妻，一个天聋，一个地哑。那里承望养出这么个伶俐丫头来。你十几岁了？”红玉道：“十七岁了。”又问名字，红玉道：“原叫红玉的，因为重了宝二爷，如今只叫红儿了。”

凤姐听说将眉一皱，把头一回，说道：“讨人嫌的很。得了玉的益似的，你也玉，我也玉。”因说道：“既这么着肯跟，我还和他妈说，‘赖大家的如今事多，也不知这府里谁是谁，你替我好好的挑两个丫头我使’，他一般答应着。他饶不挑，倒把这女孩子送了别处去。难道跟我必定不好？”李氏笑道：“你可是又多心了。他进来在先，你说话在后，怎么怨的他妈？”凤姐道：“既这么着，明儿我和宝玉说，叫他再要人，叫这丫头跟我去。可不知本人愿意不愿意？”红玉笑道：“愿意不愿意，我们也不敢说。只是跟着奶奶，我们也学些眉眼高低，出入上下，大小的事也得见识见识。”刚说着，只见王夫人的丫头来请，凤姐便辞了李宫裁去了。红玉回怡红院去，不在话下。

笺证

两个叙事高潮之间，存在着平缓的过渡，过渡是前一个高潮的转折，又是后一个高潮的准备。在薛宝钗扑蝶与林黛玉葬花之间，插入小红为王熙凤办事一节，运笔从容，过渡自然，笔如游龙，是《红楼梦》结构学上的能事。小红的口齿伶俐，得到王熙凤的赏识，在第二十七回这里算是大出了风头。王熙凤笑着夸小红说：“好孩子，难为你说的齐全。别像他们扭扭捏捏的蚊子似的。嫂子（李纨）你不知道，如今除了我随手使的几个丫头老婆之外，我就怕和他们说话。他们必定把一句话拉长了作两三截儿，咬文咬字，拿着腔儿，哼哼唧唧的，急的我冒火，他们那里知道！先时我们平儿也是这么着，我就问着他：难道必定装蚊子哼哼就是美人了？说了几遭才好些儿了。”甲戌本侧批说：“非小红夸耀，系尔等逼出来的，离怡红意已定矣。”[6] 指的是小红在怡红院受晴雯等大丫头的挤兑和奚落，寻找新的出路。凤姐笑说：“嗳哟。你原来是宝玉房里的，怪道呢！”甲戌本侧批说：“‘哎哟’‘怪道’四字，一是玉兄手下无能为者。前文打量生的‘干净俏丽’四字，合而观之，小红则活现于纸上矣。”[7] 如甲戌本回末批语所说：“凤姐用小红，可知晴雯等埋没其人久矣，无怪有私心私情。且红玉后有宝玉大得力处，此于千里外伏线也。”[8] 在怡红院，小红被人评价只是“干净俏丽”，在凤姐眼中，小红却变得口齿伶俐、办事干练，这实际上蕴含着人才学上以什么标准取人用人的大道理。

如今且说林黛玉因夜间失寐，次日起来迟了，闻得众姊妹都在园中作饯花会，恐人笑他痴懒，连忙梳洗了出来。刚到了院中，只见宝玉进门来了，笑道：“好妹妹，你昨儿可告我了不曾？教我悬了一夜心。”林黛玉便回头叫紫鹃道：“把屋子收拾了，撂下一扇纱屉，看那大燕子回来，把帘子放下来，拿狮子倚住，烧了香就把炉罩上。”一面说一面又往外走。宝玉见他这样，还认作是昨日中晌的事，那知晚间的这段公案，还打恭作揖的。林黛玉正眼也不看，各自出了院门，一直找别的姊妹去了。宝玉心中纳闷，自己猜疑：看起这个光景来，不像是为昨日的事，但只昨日我回来的晚了，又没有见他，再没有冲撞了他的去处了。一面想，一面由不得随后追了来。

只见宝钗、探春正在那边看鹤舞，见黛玉去了，三个一同站着说话儿。又见宝玉来了，探春便笑道：“宝哥哥，身上好？我整整的三天没见你了。”宝玉笑道：“妹妹身上好？我前儿还在大嫂子跟前问你呢。”探春道：“宝哥哥，你往这里来，我和你说话。”宝玉听说，便跟了他，离了钗、玉两个，到了一棵石榴树下。探春因说道：“这几天老爷可曾叫你？”宝玉笑道：“没有叫。”探春说：“昨儿我恍惚听见说老爷叫你出去的。”宝玉笑道：“那想是别人听错了，并没叫的。”探春又笑道：“这几个月，我又攒下有十来吊钱了，你

[6]（清）曹雪芹著，脂砚斋评：《脂砚斋重评石头记甲戌校本》，作家出版社2000年版，第313页。

[7]（清）曹雪芹著，脂砚斋评：《脂砚斋重评石头记甲戌校本》，作家出版社2000年版，第313页。

[8]（清）曹雪芹著，脂砚斋评：《脂砚斋重评石头记甲戌校本》，作家出版社2000年版，第320页。

还拿了去，明儿出门逛去的时侯，或是好字画，好轻巧顽意儿，替我带些来。”宝玉道：“我这么城里城外，大廊小庙的逛，也没见个新奇精致东西，左不过是那些金玉铜磁没处撂的古董，再就是绸缎吃食衣服了。”探春道：“谁要这些？怎么像你上回买的那柳枝儿编的小篮子，整竹子根抠的香盒儿，胶泥垛的风炉儿，这就好了。我喜欢的什么似的，谁知他们都爱上了，都当宝贝似的抢了去了。”宝玉笑道：“原来要这个。这不值什么，拿五百钱出去给小子们，管拉一车来。”探春道“小厮们知道什么。你拣那朴而不俗，直而不拙者，这些东西，你多多的替我带了来。我还像上回的鞋作一双你穿，比那一双还加工夫，如何呢？”

宝玉笑道：“你提起鞋来，我想起个故事：那一回我穿着，可巧遇见了老爷，老爷就不受用，问是谁作的。我那里敢提‘三妹妹’三个字，我就回说是前儿我生日，是舅母给的。老爷听了是舅母给的，才不好说什么，半日还说：何苦来。虚耗人力，作践绫罗，作这样的东西。我回来告诉了袭人，袭人说这还罢了，赵姨娘气的抱怨的了不得：‘正经兄弟，鞋搭拉袜搭拉的没人看的见，且作这些东西。’”探春听说，登时沉下脸来，道：“这话糊涂到什么田地，怎么我是该作鞋的人么？环儿难道没有分例的？一般的衣裳是衣裳，鞋袜是鞋袜，丫头老婆一屋子，怎么抱怨这些话。给谁听呢？我不过是闲着没事儿，作一双半双，爱给那个哥哥兄弟，随我的心。谁敢管我不成？这也是白气。”宝玉听了，点头笑道：“你不知道，他心里自然又有个想头了。”探春听说，益发动了气，将头一扭，说道：“连你也糊涂了。他那想头自然是有的，不过是那阴微鄙贱的见识。他只管这么想，我只管认得老爷、太太两个人，别人我一概不管。就是姊妹弟兄跟前，谁和我好，我就和谁好，什么偏的庶的，我也不知道。论理我不该说他，但忒昏愦的不像了。还有笑话呢：就是上回我给你那钱，替我带那顽的东西。过了两天，他见了我，也是说没钱使，怎么难，我也不理论。谁知后来丫头们出去了，他就抱怨起来，说我攒的钱为什么给你使，倒不给环儿使呢。我听见这话，又好笑又好气，我就出来往太太跟前去了。”正说着，只见宝钗那边笑道：“说完了，来罢。显见的是哥哥妹妹了，丢下别人，且说梯己去。我们听一句儿就使不得了。”说着，探春、宝玉二人方笑着来了。

宝玉因不见了林黛玉，便知他躲了别处去了，想了一想，索性迟两日，等他的气消一消再去也罢了。因低头看见许多凤仙、石榴等各色落花，锦重重的落了一地，因叹道:“这是他心里生了气，也不收拾这花儿来了。待我送了去，明儿再问着他。”说着，只见宝钗约着他们往外头去。宝玉道:“我就来。”说毕，等他二人去远了，便把那花兜了起来，登山渡水，过树穿花，一直奔了那日同林黛玉葬桃花的去处来。将已到了花冢，犹未转过山坡，只听山坡那边有呜咽之声，一行数落着，哭的好不伤感。宝玉心下想道:“这不知是那房里的丫头，受了委曲，跑到这个地方来哭。”一面想，一面煞住脚步，听他哭道是:

“花谢花飞花满天，红消香断有谁怜？游丝软系飘春榭，落絮轻沾扑绣帘。闺中女儿惜春暮，愁绪满怀无释处。手把花锄出绣闺，忍踏落花来复去。柳丝榆荚自芳菲，不管桃飘与李飞。桃李明年能再发，明年闺中知有谁？三月香巢已垒成，梁间燕子太无情。明年花发虽可啄，却不道人去梁空巢也倾。一年三百六十日，风刀霜剑严相逼，明媚鲜妍能几时，一朝飘泊难寻觅。花开易见落难寻，阶前闷杀葬花人，独倚花锄泪暗洒，洒上空枝见血痕。杜鹃无语正黄昏，荷锄归去掩重门。青灯照壁人初睡，冷雨敲窗被未温。怪奴底事倍伤神，半为怜春半恼春:怜春忽至恼忽去，至又无言去不闻。　昨宵庭外悲歌发，知是花魂与鸟魂？花魂鸟魂总难留，鸟自无言花自羞。愿奴胁下生双翼，随花飞到天尽头。天尽头，何处有香丘？　未若锦囊收艳骨，一抔净土掩风流。质本洁来还洁去，强于污淖陷渠沟。尔今死去侬收葬，未卜侬身何日丧？侬今葬花人笑痴，他年葬侬知是谁？试看春残花渐落，便是红颜老死时。一朝春尽红颜老，花落人亡两不知。”

宝玉听了不觉痴倒。要知端详，且听下回分解。

笺证

笺证：《葬花吟》是《红楼梦》中的血泪文章，也是小说史上的抒情绝唱，其中对人的本质、处境和命运的哀怜，以落花、葬花牵连着红楼群艳的归宿，宣发为对天之冷漠无情、空幻虚无的质问。可以说，《葬花吟》是《红楼梦》中令人心灵颤抖的《天问》。甲戌本对此诗侧批说：“余读《葬花吟》至再至三四，其凄楚感慨，令人身世两忘，举笔再四不能加批。有客曰：‘先生身非宝玉，何能下笔？即字字双圈，批词通仙，料难遂颦儿之意。俟看过玉兄后文再批。’噫嘻！阻余者想亦《石头记》来的？故停笔以待。”[9]庚辰本眉批说：“余读《葬花吟》凡三阅，其凄楚感慨，令人身世两忘，举笔再四不能加批。◇想先生身非宝玉，何得而下笔？即字字双圈，料难遂颦儿之意。俟看过玉兄后文再批。◇噫嘻！客亦《石头记》化来之人！故掷笔以待。”[10]脂评对黛玉此诗的高度关注，还见于庚辰本回首总评说：“《葬花吟》是大观园诸艳之归源小引，故用在饯花日诸艳毕集之期。饯花日不论其典与不典，只取其韵耳。”[11]甲戌本回末总评又说：“不因见落花，宝玉如何突至埋香冢；不至埋香冢又如何写《葬花吟》。埋香冢葬花乃诸艳归源，《葬花吟》又系诸艳一偈也。”[12]也就是说，《葬花吟》如泣如诉，倾诉的不仅是林黛玉的悲伤命运，而且是大观园群芳的悲伤命运。你看黛玉此诗是如何叠叠高推，层层追问，发出对人间天上的浩大迷茫的质疑精神？“花谢花飞花满天，红消香断有谁怜”，是在祭饯花神的芒种节，借满天飞花，抒写人类青春，尤其是女儿青春的凋零感。因而吁天而问：“桃李明年能再发，明年闺中知有谁？”自然无限循环，人的生命何其有限。原因是“一年三百六十日，风刀霜剑严相逼”，不仅是自然的风霜对花木的相逼，而且是人伦的礼教对青春男女自由生存的相逼，于此人花相通、人花同体、人花互怜互惜。这就使得葬花人徒唤奈何了，只好“独倚花锄泪暗洒，洒上空枝见血痕”。这千头万绪总汇成了悲剧人生的浩然长叹：“未若锦囊收艳骨，一抔净土掩风流。质本洁来还洁去，强于污淖陷渠沟。尔今死去侬收葬，未卜侬身何日丧？侬今葬花人笑痴，他年葬侬知是谁？”所持守着的是来去纯洁的人性本质，却哀怜人不如落花，尚有“锦囊艳骨”“净土风流”的缘分，而人生反而欠此缘分。甲戌本、庚辰本以此诗为焦点，一批再批。甲戌本眉批说：“‘开生面’、‘立新场’，是书多多矣，惟此回（处）[更]生更新。非颦儿断无是佳吟，非石兄断无是情聆。难为了作者了，故留数字以慰之。”[13]庚辰本侧批说：“诗词文章，试问有如此行笔者乎？”[14]庚辰本眉批说：“‘开生面’、‘立新场’是书不止《红楼梦》一回，惟是回更生更新，且读去，非阿颦无是佳吟，非石兄断无是章法行文，愧杀古今小说家也。畸笏。”[15]把《葬花吟》看成诸艳归源、诸艳一偈，都直抵本源、截绝了当地点明，《葬花吟》所吟者是全部金陵十二钗，或者简直就是太虚幻境中金陵十二钗的正册、副册、又副册。这就是“花魂鸟魂总难留”了。《红楼梦》的“落花”情结，于此凝聚成《葬花吟》绝唱。根据清代赵烈文的《能静居笔记》的记载：“曹雪芹《红楼梦》，高庙（按指乾隆）末年，和（和珅）以呈上，然不知其所指。高庙阅而然之，曰：‘此盖为明珠家事作也。’后遂以此书为明珠遗事。”“红楼”二字在明珠的儿子纳兰性德诗词中反复出现。比如他有一阕词说：“别绪如丝睡不成，那堪孤枕梦边城。因听紫塞三更雨，却忆红楼半夜灯。”他还有一阕《金缕曲·亡妇忌日作》：“此恨何时已。滴空阶、寒更雨歇，葬花天气。”又用了“葬花”这个词语。纳兰性德的《饮水词》在当时社会上就享有盛誉，曹雪芹是深得其中的妙处的。在康熙朝的政治脉络中，康熙不愿意看到明珠党人做大，所以每次都是尽力平衡明珠和索额图

[9]（清）曹雪芹著，脂砚斋评：《脂砚斋重评石头记甲戌校本》，作家出版社2000年版，第320页。

[10]（清）曹雪芹著，脂砚斋评：《脂砚斋重评石头记庚辰校本》，作家出版社2006年版，第543页。

[11]（清）曹雪芹著，脂砚斋评：《脂砚斋重评石头记庚辰校本》，作家出版社2006年版，第532页。

[12]（清）曹雪芹著，脂砚斋评：《脂砚斋重评石头记甲戌校本》，作家出版社2000年版，第320—321页。

[13]（清）曹雪芹著，脂砚斋评：《脂砚斋重评石头记甲戌校本》，作家出版社2000年版，第320页。

[14]（清）曹雪芹著，脂砚斋评：《脂砚斋重评石头记庚辰校本》，作家出版社2006年版，第542页。

[15]（清）曹雪芹著，脂砚斋评：《脂砚斋重评石头记庚辰校本》，作家出版社2006年版，第543页。

的势力。明珠处在两个相权之间的斗争中，导致这个簪缨家族的崩溃。其实，曹雪芹写的是曹寅家族。《红楼梦》的“因缘”与“意会”，如果我们假设曹雪芹的祖父（曹寅）为了迎接康熙帝南巡在南京建了一个华丽的私家庭园“随园”的事确系事实，而且曹雪芹也的确是在这个庭园中长大的。另一个“因缘”是恭亲王府花园，它原是和珅的园子。如果我们假定所有以上事实都是真的，那么最有可能的是，作者对大观园的设想是以两个庭园作为参照物的，一个是南方那个他度过了少年时代的曹家庭园，一个是他在北京那段不幸的日子中所得以探访的后海包括和珅宅邸花园在内的王府花园。同时《红楼梦》受惠于戏剧文学——尤其是《西厢记》和《牡丹亭》——的花园建筑与爱情寄托。这就使得《红楼梦》不能简单地看作曹雪芹的“自叙传”，而应该看作是对整个贵族中国命运的关照和反思。贵族中国已经到了它必然崩溃，不配有更好的命运的历史坎子。《红楼梦》的“意会”在于中国传统贵族的文明到了盛极难继，必然到腐烂崩溃的历史时代。《红楼梦》感受到中华文明转型的时代气息，已经到了换一种社会方式和人生方式，开始新生活的时候了。

第二十八回
蒋玉菡情赠茜香罗
薛宝钗羞笼红麝串

话说林黛玉只因昨夜晴雯不开门一事，错疑在宝玉身上。至次日又可巧遇见饯花之期，正是一腔无明正未发泄，又勾起伤春愁思，因把些残花落瓣去掩埋，由不得感花伤己，哭了几声，便随口念了几句。不想宝玉在山坡上听见，先不过点头感叹，次后听到"侬今葬花人笑痴，他年葬侬知是谁"，"一朝春尽红颜老，花落人亡两不知"等句，不觉恸倒山坡之上，怀里兜的落花撒了一地。试想林黛玉的花颜月貌，将来亦到无可寻觅之时，宁不心碎肠断？既黛玉终归无可寻觅之时，推之于他人，如宝钗、香菱、袭人等，亦可到无可寻觅之时矣。宝钗等终归无可寻觅之时，则自己又安在哉？且自身尚不知何在何往，则斯处、斯园、斯花、斯柳，又不知当属谁姓矣。——因此一而二，二而三，反复推求了去，真不知此时此际欲为何等蠢物，杳无所知，逃大造，出尘网，使可解释这段悲伤。正是：

花影不离身左右，鸟声只在耳东西。

笺证

毫无疑问，贾宝玉确是林黛玉心灵相契的知音。第二十七回宝玉听了林黛玉《葬花吟》，点头感叹，后听到"侬今葬花人笑痴，他年葬侬知是谁""一朝春尽红颜老，花落人亡两不知"等句，不觉恸倒山坡之上。到第二十八回，宝玉的哀恸更为广大："试想林黛玉的花颜月貌，将来亦到无可寻觅之时，宁不心碎肠断？既黛玉终归无可寻觅之时，推之于他人，如宝钗、香菱、袭人等，亦可到无可寻觅之时矣。宝钗等终归无可寻觅之时，则自己又安在哉？且自身尚不知何在何往，则斯处、斯园、斯花、斯柳，又不知当属谁姓矣。——因此一而二，二而三，反复推求了去，真不知此时此际欲为何等蠢物，杳无所知，逃大造，出尘网，使可解释这段悲伤。”由林黛玉的香消玉殒，联想到宝钗、香菱、袭人等的香消玉殒，请注意，在金陵十二钗的正册、副册、又副册中，各选一人，为此三人，可见贾宝玉也是《红楼梦》的择人标准。甲戌本眉批说：“不言炼句炼字辞藻工拙，只想景想情想事想理，反复推求悲伤感慨，乃玉兄一生之天性。真颦儿之知己，玉兄外实无一人。想昨阻批《葬花吟》之客，嫡是玉兄之化身无疑。余几作点金为铁之人，笨甚笨甚！”[1]甲戌本又侧批“花影不离身左右，鸟声只在耳东西”说：“二句作禅语参。”眉批上又补充：“一大篇《葬花吟》却如此收拾，真好机杼笔法，令人焉得不叫绝称奇！”[2]脂批还有未尽其意之处，贾宝玉“因此一而二，二而三，反复推求了去，真不知此时此际欲为何等蠢物，杳无所知，逃大造，出尘网，使可解释这段悲伤”，他自称“蠢物”，思量“逃大造，出尘网”，是联系着女娲炼石补天的闰余，即无材补天幻形入世的顽石灵玉的，是参透红尘而获得精神大解脱的一种暗示。所谓“作禅语参”而达到的解脱，在梵文中的意思是“解放”，词根是“解开”“放开”，就是生命个体能脱出离开在世界之中的生死轮回及随之而来的各种苦。正如一首歌词唱的：“解脱是懂擦干泪看以后，找个新方向往前走。这世界辽阔，我总会实现一个梦。”贾宝玉看人生的眼光，忧郁中带点大慈悲的味道，以梦幻消解人间的痛苦和悲哀。

[1]（清）曹雪芹著，脂砚斋评：《脂砚斋重评石头记甲戌校本》，作家出版社2000年版，第323页。

[2]（清）曹雪芹著，脂砚斋评：《脂砚斋重评石头记甲戌校本》，作家出版社2000年版，第323—324页。

那林黛玉正自伤感，忽听山坡上也有悲声，心下想道："人人都笑我有些痴病，难道还有一个痴子不成？"想着，抬头一看，见是宝玉。林黛玉看见，便道："啐！我道是谁，原来是这个狠心短命的……"刚说到"短命"二字，又把口掩住，长叹了一声，自己抽身便走了。

这里宝玉悲恸了一回，忽然抬头不见了黛玉，便知黛玉看见他躲开了，自己也觉无味，抖抖土起来，下山寻归旧路，往怡红院来。可巧看见林黛玉在前头走，连忙赶上去，说道："你且站住。我知你不理我，我只说一句话，从今后撂开手。"林黛玉回头看见是宝玉，待要不理他，听他说"只说一句话，从此撂开手"，这话里有文章，少不得站住说道："有一句话，请说来。"宝玉笑道："两句话，说了你听不听？"黛玉听说，回头就走。宝玉在身后面叹道："既有今日，何必当初！"林黛玉听见这话，由不得站住，回头道："当初怎么样？今日怎么样？"宝玉叹道："当初姑娘来了，那不是我陪着顽笑？凭我心爱的，姑娘要，就拿去，我爱吃的，听见姑娘也爱吃，连忙干干净净收着等姑娘吃。一桌子吃饭，一床上睡觉。丫头们想不到的，我怕姑娘生气，我替丫头们想到了。我心里想着：姊妹们从小儿长大，亲也罢，热也罢，和气到了儿，才见得比人好。如今谁承望姑娘人大心大，不把我放在眼里，倒把外四路的什么宝姐姐凤姐姐的放在心坎儿上，倒把我三日不理四日不见的。我又没个亲兄弟亲姊妹。——虽然有两个，你难道不知道是和我隔母的？我也和你似的独出，只怕同我的心一样。谁知我是白操了这个心，弄的有冤无处诉。"说着不觉滴下眼泪来。

黛玉耳内听了这话，眼内见了这形景，心内不觉灰了大半，也不觉滴下泪来，低头不语。宝玉见他这般形景，遂又说道："我也知道我如今不好了，但只凭着怎么不好，万不敢在妹妹跟前有错处。便有一二分错处，你倒是或教导我，戒我下次，或骂我两句，打我两下，我都不灰心。谁知你总不理我，叫我摸不着头脑，少魂失魄，不知怎么样才好。就便死了，也是个屈死鬼，任凭高僧高道忏悔也不能超生，还得你申明了缘故，我才得托生呢。"

黛玉听了这个话，不觉将昨晚的事都忘在九霄云外了，便说道："你既这么说，昨儿为什么我去了，你不叫丫头开门？”宝玉诧异道：“这话从那里说起。我要是这么样，立刻就死了。”林黛玉啐道：“大清早起死呀活的，也不忌讳。你说有呢就有，没有就没有，起什么誓呢。”宝玉道：“实在没有见你去。就是宝姐姐坐了一坐，就出来了。”林黛玉想了一想，笑道：“是了。想必是你的丫头们懒待动，丧声歪气的也是有的。”宝玉道：“想必是这个原故。等我回去问了是谁，教训教训他们就好了。”黛玉道：“你的那些姑娘们也该教训教训，只是我论理不该说。今儿得罪了我的事小，倘或明儿宝姑娘来，什么贝姑娘来，也得罪了，事情岂不大了。”说着抿着嘴笑。宝玉听了，又是咬牙，又是笑。

二人正说话，只见丫头来请吃饭，遂都往前头来了。王夫人见了林黛玉，因问道：“大姑娘，你吃那鲍太医的药可好些？”林黛玉道：“也不过这么着。老太太还叫我吃王大夫的药呢。”宝玉道：“太太不知道，林妹妹是内症，先天生的弱，所以禁不住一点风寒，不过吃两剂煎药就好了，散了风寒，还是吃丸药的好。”王夫人道：“前儿大夫说了个丸药的名字，我也忘了。”宝玉道：“我知道那些丸药，不过叫他吃什么人参养荣丸。”王夫人道：“不是。”宝玉又道：“八珍益母丸？左归？右归？再不，就是麦味地黄丸。”王夫人道：“都不是。我只记得有个‘金刚’两个字的。”宝玉扎手笑道：“从来没听见有个什么‘金刚丸’。若有了‘金刚丸’，自然有‘菩萨散’了。”说的满屋里人都笑了。宝钗抿嘴笑道：“想是天王补心丹。”王夫人笑道：“是这个名儿。如今我也糊涂了。”宝玉道：“太太倒不糊涂，都是叫‘金刚’‘菩萨’支使糊涂了。”王夫人道：“扯你娘的臊。又欠你老子捶你了。”宝玉笑道：“我老子再不为这个捶我的。”

王夫人又道：“既有这个名儿，明儿就叫人买些来吃。”

宝玉笑道:“这些都不中用的。太太给我三百六十两银子，我替妹妹配一料丸药，包管一料不完就好了。”王夫人道“放屁。什么药就这么贵？”宝玉笑道“当真的呢，我这个方子比别的不同。那个药名儿也古怪，一时也说不清。只讲那头胎紫河车，人形带叶参，三百六十两不足龟，大何首乌，千年松根，茯苓胆，诸如此类的药都不算为奇，只在群药里算。那为君的药，说起来唬人一跳。前儿薛大哥哥求了我一二年，我才给了他这方子。他拿了方子去又寻了二三年，花了有上千的银子，才配成了。太太不信，只问宝姐姐。”宝钗听说，笑着摇手儿说:“我不知道，也没听见。你别叫姨娘问我。”王夫人笑道:“到底是宝丫头，好孩子，不撒谎。”宝玉站在当地，听见如此说，一回身把手一拍，说道:“我说的倒是真话呢，倒说我撒谎。”口里说着，忽一回身，只见林黛玉坐在宝钗身后抿着嘴笑，用手指头在脸上画着羞他。

凤姐因在里间屋里看着人放桌子，听如此说，便走来笑道:“宝兄弟不是撒谎，这倒是有的。上日薛大哥亲自和我来寻珍珠，我问他作什么，他说配药。他还抱怨说，不配也罢了，如今那里知道这么费事。我问他什么药，他说是宝兄弟的方子，说了多少药，我也没工夫听。他说不然我也买几颗珍珠了，只是定要头上带过的，所以来和我寻。他说:‘妹妹就没散的，花儿上也得，掐下来，过后儿我拣好的再给妹妹穿了来。’我没法儿，把两枝珠花儿现拆了给他。还要了一块三尺上用大红纱去乳钵乳了隔面子呢。”凤姐说一句，那宝玉念一句佛，说:“太阳在屋子里呢。”凤姐说完了，宝玉又道:“太太想，这不过是将就呢。正经按那方子，这珍珠宝石定要在古坟里的，有那古时富贵人家装裹的头面，拿了来才好。如今那里为这个去刨坟掘墓，所以只是活人带过的，也可以使得。”王夫人道:“阿弥陀佛，不当家花花的。就是坟里有这个，人家死了几百年，这会子翻尸盗骨的，作了药也不灵。”

宝玉向林黛玉说道:“你听见了没有，难道二姐姐也跟着我撒谎不成？”脸望着黛玉说话，却拿眼睛飘着宝钗。黛玉便拉王夫人道:“舅母听听，宝姐姐不替他圆谎，他支吾着我。”王夫人也道:“宝玉很会欺负你妹妹。”宝玉笑道:“太太不知道这原故。宝姐姐先在家里住着，那薛大哥哥的事，他也不知道，何况如今在里头住着呢，自然是越发不知道了。林妹妹才在背后羞我，打谅我撒谎呢。”

正说着，只见贾母房里的丫头找宝玉、林黛玉去吃饭。林黛玉也不叫宝玉，便起身拉了那丫头就走。那丫头说等着宝玉一块儿走。林黛玉道:“他不吃饭了，咱们走吧。”那个丫头道:“吃不吃，等他一块儿去，老太太问，让他说去。”黛玉道:“你就等着。我先走了。”说着便出去了。宝玉道:“我今儿还跟着太太吃罢。”王夫人道:“罢，罢，我今儿吃斋，你正经吃你的去罢。”宝玉道:“我也跟着吃斋。”说着便叫那丫头“去罢”，自己先跑到桌子上坐了。王夫人向宝钗等笑道:“你们只管吃你们的，由他去罢。”宝钗因笑道:“你正经去罢。吃不吃，陪着林姑娘走一趟，他心里打紧的不自在呢。”宝玉道:“理他呢，过一会子就好了。”

一时吃过饭，宝玉一则怕贾母记挂，二则也记挂着林黛玉，忙忙的要茶漱口。探春、惜春都笑道:“二哥哥，你成日家忙些什么?吃饭吃茶也是这么忙碌碌的。”宝钗笑道:“你叫他快吃了瞧林妹妹去罢，叫他在这里胡羼些什么?”宝玉吃了茶，便出来，一直往西院来。可巧走到凤姐儿院门前，只见凤姐蹬着门槛子拿耳挖子剔牙，看着十来个小厮们挪花盆呢。见宝玉来了，笑道:“你来的好。进来，进来，替我写几个字儿。”宝玉只得跟了进来。到了屋里，凤姐命人取过笔砚纸来，向宝玉道:“大红妆缎四十匹，蟒缎四十匹，上用纱各色一百匹，金项圈四个。”宝玉道:“这算什么?又不是帐，又不是礼物，怎么个写法?”凤姐儿道:“你只管写上，横竖我自己明白就罢了。”宝玉听说只得写了。凤姐一面收起，一面笑道:“还有句话告诉你，不知你依不依？你屋里有个丫头叫红玉，我要叫了来使唤，明儿我再替你挑几个，可使得？”宝玉道：“我屋里的人也多的很，姐姐喜欢谁，只管叫了来，何必问我。”凤姐笑道：“既这么着，我就叫人带他去了。”宝玉道：“只管带去。”说着便要走。凤姐儿道：“你回来，我还有一句话呢。”宝玉道：“老太太叫我呢，有话等我回来罢。”说着便来至贾母这边，只见都已吃完饭了。贾母因问他：“跟着你娘吃了什么好的？”宝玉笑道：“也没什么好的，我倒多吃了一碗饭。”因问“林妹妹在那里？”贾母道：“里头屋里呢。”

宝玉进来，只见地下一个丫头吹熨斗，炕上两个丫头打粉线，黛玉弯着腰拿着剪子裁什么呢。宝玉走进来笑道：“哦，这是作什么呢？才吃了饭，这么空着头，一会子又头疼了。”黛玉并不理，只管裁他的。有一个丫头说道：“那块绸子角儿还不好呢，再熨他一熨。”黛玉便把剪子一撂，说道：“理他呢，过一会子就好了。”宝玉听了，只是纳闷。只见宝钗、探春等也来了，和贾母说了一回话。宝钗也进来问：“林妹妹作什么呢？”因见林黛玉裁剪，因笑道：“妹妹越发能干了，连裁剪都会了。”黛玉笑道：“这也不过是撒谎哄人罢了。”宝钗笑道：“我告诉你个笑话儿，才刚为那个药，我说了个不知道，宝兄弟心里不受用了。”林黛玉道：“理他呢，过会子就好了。”宝玉向宝钗道：“老太太要抹骨牌，正没人呢，你抹骨牌去罢。”宝钗听说，便笑道：“我是为抹骨牌才来了？”说着便走了。林黛玉道：“你倒是去罢，这里有老虎，看吃了你。”说着又裁。宝玉见他不理，只得还陪笑说道：“你也出去逛逛再裁不迟。”林黛玉总不理。宝玉便问丫头们：“这是谁叫裁的？”林黛玉见问丫头们，便说道：“凭他谁叫我裁，也不管二爷的事。”宝玉方欲说话，只见有人进来回说：“外头有人请。”宝玉听了，忙撤身出来。黛玉向外头说道：“阿弥陀佛。赶你回来，我死了也罢了。”

宝玉出来，到外面，只见焙茗说道：“冯大爷家请。”宝玉听了，知道是昨日的话，便说：“要衣裳去。”自己便往书房里来。焙茗一直到了二门前等人，只见一个老婆子出来了，焙茗上去说道：“宝二爷在书房里等出门的衣裳，你老人家进去带个信儿。”那婆子说：“放你娘的屁。倒好，宝二爷如今在园里住着，跟他的人都在园里，你又跑了这里来带信儿来了。”焙茗听了，笑道："骂的是，我也糊涂了。"说着一径往东边二门前来。可巧门上小厮在甬路底下踢球，焙茗将原故说了。小厮跑了进去，半日抱了一个包袱出来，递与焙茗。回到书房里，宝玉换了，命人备马，只带着焙茗、锄药、双瑞、双寿四个小厮去了。

一径到了冯紫英家门口，有人报与了冯紫英，出来迎接进去。只见薛蟠早已在那里久候，还有许多唱曲儿的小厮并唱小旦的蒋玉菡，锦香院的妓女云儿。大家都见过了，然后吃茶。宝玉擎茶笑道："前儿所言幸与不幸之事，我昼悬夜想，今日一闻呼唤即至。"冯紫英笑道："你们令表兄弟倒都心实。前日不过是我的设辞，诚心请你们一饮，恐又推托，故说下这句话。今日一邀即至，谁知都信真了。"说毕大家一笑，然后摆上酒来，依次坐定。冯紫英先命唱曲儿的小厮过来让酒，然后命云儿也来敬。

那薛蟠三杯下肚，不觉忘了情，拉着云儿的手笑道："你把那梯己新样儿的曲子唱个我听，我吃一坛如何？"云儿听说，只得拿起琵琶来，唱道：

两个冤家，都难丢下，想着你来又记挂着他。两个人形容俊俏，都难描画。想昨宵幽期私订在荼蘼架，一个偷情，一个寻拿，拿住了三曹对案，我也无回话。

唱毕笑道："你喝一坛子罢了。"薛蟠听说，笑道："不值一坛，再唱好的来。"

宝玉笑道："听我说来：如此滥饮，易醉而无味。我先喝一大海，发一新令，有不遵者，连罚十大海，逐出席外与人斟酒。"冯紫英、蒋玉菡等都道："有理，有理。"宝玉拿起海来一气饮干，说道："如今要说悲、愁、喜、乐四字，却要说出女儿来，还要注明这四字原故。说完了，饮门杯。酒面要唱一个新鲜时样曲子，酒底要席上生风一样东西，或古诗、旧对、《四书》《五经》成语。”薛蟠未等说完，先站起来拦道：“我不来，别算我。这竟是捉弄我呢。”云儿也站起来，推他坐下，笑道：“怕什么？这还亏你天天吃酒呢，难道你连我也不如。我回来还说呢。说是了，罢，不是了，不过罚上几杯，那里就醉死了。你如今一乱令，倒喝十大海，下去斟酒不成？”众人都拍手道妙。薛蟠听说无法，只得坐了。听宝玉说道：“女儿悲，青春已大守空闺。女儿愁，悔教夫婿觅封侯。女儿喜，对镜晨妆颜色美。女儿乐，秋千架上春衫薄。”

众人听了，都道：“说得有理。”薛蟠独扬着脸摇头说：“不好，该罚。”众人问：“如何该罚？”薛蟠道：“他说的我通不懂，怎么不该罚？”云儿便拧他一把，笑道：“你悄悄的想你的罢。回来说不出，又该罚了。”于是拿琵琶听宝玉唱道：

滴不尽相思血泪抛红豆，开不完春柳春花满画楼，睡不稳纱窗风雨黄昏后，忘不了新愁与旧愁，咽不下玉粒金莼噎满喉，照不见菱花镜里形容瘦。展不开的眉头，捱不明的更漏。呀！恰便似遮不住的青山隐隐，流不断的绿水悠悠。

唱完，大家齐声喝彩，独薛蟠说无板。宝玉饮了门杯，便拈起一片梨来，说道“雨打梨花深闭门”完了令。

下该冯紫英，说道：“女儿悲，儿夫染病在垂危。女儿愁，大风吹倒梳妆楼。女儿喜，头胎养了双生子。女儿乐，私向花园掏蟋蟀。”说毕，端起酒来，唱道：

“你是个可人，你是个多情，你是个刁钻古怪鬼灵精，你是个神仙也不灵。我说的话儿你全不信，只叫你去背地里细打听，才知道我疼你不疼。”唱完，饮了门杯，说道：“鸡声茅店月。”令完，下该云儿。

云儿便说道：“女儿悲，将来终身指靠谁？”薛蟠叹道：“我的儿，有你薛大爷在，你怕什么。”众人都道：“别混他，别混他。”云儿又道：“女儿愁，妈妈打骂何时休？”薛蟠道：“前儿我见了你妈，还吩咐他不叫他打你呢。”众人都道：“再多言者罚酒十杯。”薛蟠连忙自己打了一个嘴巴子，说道：“没耳性，再不许说了。”云儿又道：“女儿喜，情郎不舍还家里。女儿乐，住了箫管弄弦索。”说完，便唱道:“豆蔻开花三月三,一个虫儿往里钻。钻了半日不得进去，爬到花儿上打秋千。肉儿小心肝，我不开了你怎么钻。”唱毕，饮了门杯，说道“桃之夭夭。”令完了，下该薛蟠。

薛蟠道:“我可要说了: 女儿悲 ——”说了半日，不见说底下的。冯紫英笑道:“悲什么? 快说来。”薛蟠登时急的眼睛铃铛一般，瞪了半日，才说道:“女儿悲 ——”又咳嗽了两声，说道:“女儿悲，嫁了个男人是乌龟。”众人听了都大笑起来。薛蟠道:“笑什么，难道我说的不是? 一个女儿嫁了，汉子要当忘八，他怎么不伤心呢? ”众人笑的弯腰说道:“你说的很是，快说底下的。”薛蟠瞪了一瞪眼，又说道:“女儿愁 ——”说了这句，又不言语了。众人道:“怎么愁? ”薛蟠道:“绣房撺出个大马猴。”众人呵呵笑道:“该罚，该罚。这句更不通，先还可恕。”说着便要筛酒。宝玉笑道:“押韵就好。”薛蟠道:“令官都准了，你们闹什么? ”众人听说，方才罢了。云儿笑道:“下两句越发难说了，我替你说罢。”薛蟠道:“胡说。当真我就没好的了。听我说罢:女儿喜，洞房花烛朝慵起。”众人听了，都诧异道:“这句何其太韵? ”薛蟠又道:“女儿乐，一根毡耙往里戳。”众人听了，都扭着脸说道:“该死，该死。快唱了罢。”薛蟠便唱道:“一个蚊子哼哼哼。”众人都怔了，说:“这是个什么曲儿? ”薛蟠还唱道:“两个苍蝇嗡嗡嗡。”众人都道:“罢，罢，罢。”薛蟠道“爱听不听。这是新鲜曲儿，叫作哼哼韵。你们要懒待听，连酒底都免了，我就不唱。”众人都道:“免了罢，免了罢，倒别耽误了别人家。”

于是蒋玉菡说道:“女儿悲，丈夫一去不回归。女儿愁，无钱去打桂花油。女儿喜，灯花并头结双蕊。女儿乐，夫唱妇随真和合。”说毕，唱道:“可喜你天生成百媚娇，恰便似活神仙离碧霄。度青春，年正小，配鸾凤，真也着。呀！看天河正高，听谯楼鼓敲，剔银灯同入鸳帏悄。”唱毕，饮了门杯，笑道：“这诗词上我倒有限。幸而昨日见了一副对子，可巧只记得这句，幸而席上还有这件东西。”说毕，便干了酒，拿起一朵木樨来，念道：花气袭人知昼暖。

众人倒都依了，完令。薛蟠又跳了起来，喧嚷道：“了不得，了不得。该罚，该罚。这席上又没有宝贝，你怎么念起宝贝来？”蒋玉菡怔了，说道：“何曾有宝贝？”薛蟠道：“你还赖呢。你再念来。”蒋玉菡只得又念了一遍。薛蟠道：“袭人可不是宝贝是什么？你们不信，只问他。”说毕，指着宝玉。宝玉没好意思起来，说：“薛大哥，你该罚多少？”薛蟠道：“该罚，该罚。”说着拿起酒来，一饮而尽。冯紫英与蒋玉菡等不知原故，云儿便告诉了出来。蒋玉菡忙起身陪罪。众人都道：“不知者不作罪。”

少刻，宝玉出席解手，蒋玉菡便随了出来。二人站在廊檐下，蒋玉菡又陪不是。宝玉见他妩媚温柔，心中十分留恋，便紧紧的搭着他的手，叫他：“闲了往我们那里去。还有一句话借问：也是你们贵班中，有一个叫琪官的，他在那里？如今名驰天下，我独无缘一见。”蒋玉菡笑道：“就是我的小名儿。”宝玉听说，不觉欣然跌足笑道：“有幸，有幸。果然名不虚传。今儿初会，便怎么样呢？”想了一想，向袖中取出扇子，将一个玉玦扇坠解下来，递与琪官，道：“微物不堪，略表今日之谊。”琪官接了，笑道：“无功受禄，何以克当。也罢，我这里得了一件奇物，今日早起方系上，还是簇新的，聊可表我一点亲热之意。”说毕撩衣，将系小衣儿一条大红汗巾子解了下来，递与宝玉，道：“这汗巾子是茜香国女国王所贡之物，夏天系着，肌肤生香，不生汗渍。昨日北静王给我的，今日才上身。若是别人，我断不肯相赠。二爷请把自己系的解下来，给我系着。”宝玉听说，喜不自禁，连忙接了，将自己一条松花汗巾解了下来，递与琪官。二人方束好，只见一声大叫：“我可拿住了。”只见薛蟠跳了出来，拉着二人道：“放着酒不吃，两个人逃席出来干什么？快拿出来我瞧瞧。”二人都道：“没有什么。”薛蟠那里肯依，还是冯紫英出来才解开了。于是复又归坐饮酒，至晚方散。

宝玉回至园中，宽衣吃茶。袭人见扇子上的坠儿没了，便问他：“往那里去了？”宝玉道：“马上丢了。”睡觉时只见腰里一条血点似的大红汗巾子，袭人便猜了八九分，因说道：“你有了好的系裤子，把我那条还我罢。”宝玉听说，方想起那条汗巾子原是袭人的，不该给人才是，心里后悔，口里说不出来，只得笑道：“我赔你一条罢。”袭人听了，点头叹道：“我就知道又干这些事。也不该拿着我的东西给那起混帐人去。也难为你，心里没个算计儿。”再要说几句，又恐怄上他的酒来，少不得也睡了，一宿无话。

笺证

这第二十八回书，又要呼应太虚幻境的“天书”公案了，而且呼应得曲曲折折，扭扭歪歪。在太虚幻境与人生结局的漫漫长途之间，《红楼梦》总是设下某些坎子，隐喻着太虚幻境的公案不可逃避，结局就是偿还宿业欠下的浑沌债。坎子就在冯紫英的宴席上，宝玉提议行酒令：“如今要说悲、愁、喜、乐四字，却要说出女儿来，还要注明这四字原故。说完了，饮门杯。酒面要唱一个新鲜时样曲子，酒底要席上生风一样东西，或古诗、旧对、《四书》《五经》成语。”依次行酒令的是宝玉、冯紫英、锦香院的妓女云儿、薛蟠、蒋玉菡。薛蟠说的“女儿悲，嫁了个男人是乌龟”“女儿乐，一根毛毛往里戳”之类，粗俗透顶，不堪入耳，惹得哄堂大笑，足以显示纨袴子弟的豪纵和下作。甲戌本眉批说：“此段与《金瓶梅》内西门庆、应伯爵在李桂姐家饮酒一回对看，未知孰家生动活泼？”[3] 从这种批语中可以窥见，《红楼梦》写作多少是对《金瓶梅》开创的生活原生态文风的俗态沿袭和诗化提升，因而既写了大观园里的雅致娱乐，也写了大观园外的不避恶俗的娱乐，夹荤带素，叙事频谱很宽。

[3] （清）曹雪芹著，脂砚斋评：《脂砚斋重评石头记甲戌校本》，作家出版社2000年版，第334页。

更有隐喻性的是，蒋玉菡行酒令时说：“女儿悲，丈夫一去不回归。女儿愁，无钱去打桂花油。女儿喜，灯花并头结双蕊。女儿乐，夫唱妇随真和合。”酒令词还算平和，但传酒令的说词“花气袭人知昼暖”，却阴差阳错，竟然应了贾宝玉为花袭人起名所根据的诗句，从中透露了冥冥中的花袭人终归蒋玉菡的某种宿命感。蒋玉菡为了回赠贾宝玉的玉玦扇坠，就将系小衣儿一条大红汗巾子解了下来，送给贾宝玉说：“这汗巾子是茜香国女国王所贡之物，夏天系着，肌肤生香，不生汗渍。昨日北静王给我的，今日才上身。若是别人，我断不肯相赠。二爷请把自己系的解下来，给我系着。”宝玉解下回赠的汗巾子原是袭人的汗巾子。如此颠三倒四，就牵连上第五回贾宝玉神游太虚幻境，在金陵十二钗又副册上，看见“画着一簇鲜花，一床破席”，有几句判词是：“枉自温柔和顺，空云似桂如兰。堪羡优伶有福，谁知公子无缘。”这是袭人的图画和判词。对花袭人无缘的公子指贾宝玉，有福的优伶是蒋玉菡。当事人对这些关节，都是浑然不觉的，这就更加意味着命运不饶人，饶人非命运了。在古代中国，命运意识已经沉积成一种民俗信仰，认为人事遭际和归宿，既有命的定数，又有运的变数。根据命理学，所谓命运有两重含义：一是命，指先天所赋的本性；二曰运，指人生各阶段的穷通变化。如《论语·颜渊篇》子夏曰：“死生有命，富贵在天。”北宋状元宰相吕蒙正《命运赋》说：“蜈蚣百足，行不及蛇；雄鸡两翼，飞不过鸦。楚霸虽雄，败于乌江自刎；汉王虽弱，竟有万里江山。李广有射虎之威，到老无封；冯唐有乘龙之才，一生不遇。满腹文章，白发竟然不中；才疏学浅，少年及第登科。青春美女，却招愚蠢之夫；俊秀郎君，反配粗丑之妇。此乃命也！天不得时，日月无光；地不得时，草木不生。水不得时，风浪不平；人不得时，利运不通。蛟龙未遇，潜水于鱼鳖之间；君子失时，拱手于小人之下。有先贫而后富，有老壮而少衰。文章盖世，孔子厄于陈邦；武略超群，太公钓于谓水。韩信未遇之时，无一日三餐，路人唾众人欺，而及至遇行，腰悬调兵印，掌天下生杀大权。此乃时也、运也！注福注禄，命里已安排定，富贵谁不欲？人若不依根基八字，岂能为卿为相？吾昔寓居洛阳，朝求僧餐，暮宿破窖，思衣不可遮其体，思食不可济其饥，上人憎，下人厌，人道我贱，非我不弃也。今居朝堂，官至极品，位置三公，身虽鞠躬于一人之下，而列职于千万人之上，有挞百僚之杖，有斩鄙吝之剑，思衣而有罗锦千箱，思食而有珍馐百味，出则壮士执鞭，入则佳人捧觞，上人宠，下人拥。人道我贵，非我之能也，此乃时也、运也、命也。”他现身说法，讲了一种荣华富贵的命运，而红楼儿女就没有福气写这种《命运赋》，若要写，也只能是一篇《反命运赋》了。

至次日天明，方才醒了，只见宝玉笑道：“夜里失了盗也不晓得，你瞧瞧裤子上。”袭人低头一看，只见昨日宝玉系的那条汗巾子系在自己腰里呢，便知是宝玉夜间换了，忙一顿把解下来，说道：“我不希罕这行子，趁早儿拿了去。”宝玉见他如此，只得委婉解劝了一回。袭人无法，只得系在腰里。过后宝玉出去，终久解下来掷在个空箱子里，自己又换了一条系着。

宝玉并未理论，因问起昨日可有什么事情。袭人便回说：“二奶奶打发人叫了红玉去了。他原要等你来的，我想什么要紧，我就作了主，打发他去了。”宝玉道：“很是。我已知道了，不必等我罢了。”袭人又道：“昨儿贵妃打发夏太监出来，送了一百二十两银子，叫在清虚观初一到初三打三天平安醮，唱戏献供，叫珍大爷领着众位爷们跪香拜佛呢。还有端午儿的节礼也赏了。”说着命小丫头子来，将昨日所赐之物取了出来，只见上等宫扇两柄，红麝香珠二串，凤尾罗二端，芙蓉簟一领。宝玉见了，喜不自胜，问：“别人的也都是这个？”袭人道：“老太太的多着一个香如意，一个玛瑙枕。太太、老爷、姨太太的只多着一个如意。你的同宝姑娘的一样。林姑娘同二姑娘、三姑娘、四姑娘只单有扇子同数珠儿，别人都没了。大奶奶、二奶奶他两个是每人两匹纱，两匹罗，两个香袋，两个锭子药。”宝玉听了，笑道：“这是怎么个原故？怎么林姑娘的倒不同我的一样，倒是宝姐姐的同我一样？别是传错了罢。”袭人道：“昨儿拿出来，都是一份一份的写着签子，怎么就错了。你的是在老太太屋里的，我去拿了来了。老太太说了，明儿叫你一个五更天进去谢恩呢。”宝玉道：“自然要走一趟。”说着便叫紫绡来：“拿了这个到林姑娘那里去，就说是昨儿我得的，爱什么留下什么。”紫绡答应了，拿了去，不一时回来说：“林姑娘说了，昨儿也得了，二爷留着罢。”

宝玉听说，便命人收了。刚洗了脸出来，要往贾母那里请安去，只见林黛玉顶头来了。宝玉赶上去笑道：“我的东西叫你拣，你怎么不拣？”林黛玉昨日所恼宝玉的心事早又丢开，又顾今日的事了，因说道：“我没这么大福禁受，比不得宝姑娘，什么金什么玉的，我们不过是草木之人。”宝玉听他提出“金玉”二字来，不觉心动疑猜，便说道：“除了别人说什么金什么玉，我心里要有这个想头，天诛地灭，万世不得人身。”林黛玉听他这话，便知他心里动了疑，忙又笑道：“好没意思，白白的说什么誓。管你什么金什么玉的呢？”宝玉道：“我心里的事也难对你说，日后自然明白。除了老太太、老爷、太太这三个人，第四个就是妹妹了。要有第五个人，我也说个誓。”林黛玉道：“你也不用说誓，我很知道你心里有‘妹妹’，但只是见了‘姐姐’，就把‘妹妹’忘了。”宝玉道：“那是你多心，我再不的。”林黛玉道：“昨儿宝丫头不替你圆谎，为什么问着我呢。那要是我，你又不知怎么样了。”

笺证

第二十八回林黛玉因元妃赐赠的物品，宝玉、宝钗同等，黛玉低一等，而对贾宝玉说：“我没这么大福禁受，比不得宝姑娘，什么金什么玉的，我们不过是草木之人。”这些话与西方灵河畔绛珠还泪的诗化神话的联系，出自无意识，令人怵目惊心。甲戌本侧批说：“自道本是绛珠草也。”[4]绛珠还泪是天意，是哲学，美的哲学总要留下缺陷。玉自天降，金是人造，草木却无凭证，女娲补天阙，却留下这种天阙赠给曹雪芹。曹雪芹偏偏在后面补述："薛宝钗因往日母亲对王夫人等曾提过'金锁是个和尚给的，等日后有玉的方可结为婚姻'等语，所以总远着宝玉。昨儿见元春所赐的东西，独他与宝玉一样，心里越发没意思起来。"甲戌本眉批点赞说："峰峦全露，又用烟云截断，好文字。"[5] 宝钗并不抢风头，但风却向她身上吹，即所谓"好风凭借力，送我上青云"。这种命运之风如此翻来覆去地吹，旨在以审美质疑着何来天阙，天阙何为，请阿谁修补，修补是有功抑或徒劳？这就是借用艺术，叩问天阍了。屈原《远游》说："命天阍其开关兮，排阊阖而望予。"这就是人生的无奈，文学的有幸了。

[4]（清）曹雪芹著，脂砚斋评：《脂砚斋重评石头记甲戌校本》，作家出版社2000年版，第339页。

[5]（清）曹雪芹著，脂砚斋评：《脂砚斋重评石头记甲戌校本》，作家出版社2000年版，第339页。

正说着，只见宝钗从那边来了，二人便走开了。宝钗分明看见，只装看不见，低着头过去了，到了王夫人那里，坐了一回，然后到了贾母这边，只见宝玉在这里呢。薛宝钗因往日母亲对王夫人等曾提过"金锁是个和尚给的，等日后有玉的方可结为婚姻"等语，所以总远着宝玉。昨儿见元春所赐的东西，独他与宝玉一样，心里越发没意思起来。幸亏宝玉被一个林黛玉缠绵住了，心心念念只记挂着林黛玉，并不理论这事。此刻忽见宝玉笑问道："宝姐姐，我瞧瞧你的红麝串子。"可巧宝钗左腕上笼着一串，见宝玉问他，少不得褪了下来。宝钗生的肌肤丰泽，容易褪不下来。宝玉在旁看着雪白一段酥臂，不觉动了羡慕之心，暗暗想道："这个膀子要长在林妹妹身上，或者还得摸一摸，偏生长在他身上。"正是恨没福得摸，忽然想起"金玉"一事来，再看看宝钗形容，只见脸若银盆，眼似水杏，唇不点而红，眉不画而翠，比林黛玉另具一种妩媚风流，不觉就呆了，宝钗褪了串子来递与他也忘了接。宝钗见他怔了，自己倒不好意思的，丢下串子，回身才要走，只见林黛玉蹬着门槛子，嘴里咬着手帕子笑呢。宝钗道："你又禁不得风吹，怎么又站在那风口里？"林黛玉笑道："何曾不是在屋里的。只因听见天上一声叫唤，出来瞧了瞧，原来是个呆雁。"薛宝钗道："呆雁在那里呢？我也瞧一瞧。"林黛玉道："我才出来，他就'忒儿'一声飞了。"口里说着，将手里的帕子一甩，向宝玉脸上甩来。宝玉不防，正打在眼上，"嗳哟"了一声。要知端的，且听下回分解。

笺证

每一个脱离懵懂状态的人，都在寻找人生观的表现形式，形成自己的人生哲学。有了人生哲学，就可以形成对人生的价值、目的、意义、态度的把握，以此选择自己的人生之路。但是社会造就人，也毁掉人，如卢梭所说："大自然塑造了我，然后把模子打碎了。"打碎了模子的人生多歧途，多十字路口。人生的十字路口挑战着人的前程选择。选择了悲剧的走向、喜剧的走向，还是悲喜交加的走向？社会在成全人、作弄人，内在的性格也在成全人、作弄人，成全与作弄的多维交叉，演绎出千姿百态的人生戏剧。《晋书·阮籍传》说传主："时率意独驾，不由径路，车迹所穷，辄痛哭而返。"《荀子·王霸篇》说："杨朱哭衢涂，曰：'此夫过举蹞步而觉跌千里者夫！'哀哭之。此亦荣辱安危存亡之衢已，此其为可哀甚于衢涂。呜呼哀哉！君人者千岁而不觉也。"[6]阮籍率意单独驾车，不选择道路，走到没有路的地方，就痛哭一场回家了。杨朱面对岔路而痛哭，感到一步走错，就错上千里。这就是唐人鲍溶《秋怀》诗所云"万里歧路多，一身天地窄"了。人生道路，难道就这样"君人者千岁而不觉"吗？第二十八回贤明的元春贵妃，给贾府弟弟妹妹赐赠的红麝串子，竟然宝玉、宝钗同等待遇，黛玉降了一等，引起黛玉愁闷郁悒和反唇相讥。宝玉却似无心人那样笑问："宝姐姐，我瞧瞧你的红麝串子。"可巧宝钗左腕上笼着一串，但宝钗生的肌肤丰泽，不易褪下来。宝玉在旁看着雪白一段酥臂，不觉动了羡慕之心，暗暗想道："这个膀子要长在林妹妹身上，或者还得摸一摸，偏生长在他身上。"正是恨没福得摸，忽然想起“金玉”一事来，再看看宝钗形容，只见脸若银盆，眼似水杏，唇不点而红，眉不画而翠，比林黛玉另具一种妩媚风流，不觉就呆了，宝钗褪了串子来递与他也忘了接。“金玉”之事既然牵连着癞头和尚、跛脚道人，就摘不掉大荒山无稽崖的干系。贾宝玉的发呆，纠缠着剪不断理还乱的爱博而劳的情痴情结。看到对“什么金玉良缘，我只道是木石姻缘”信誓旦旦的宝玉发呆，林黛玉只好嘲笑说：“只因听见天上一声叫唤，出来瞧了瞧，原来是个呆雁。”呆雁是一种调皮的形容，形容得刻骨铭心。经过“薛宝钗羞笼红麝串”的刺激，悠悠苍天，这只呆雁到底飞向何方？宝玉对宝钗的每一次忘情，都会给黛玉的心头划上一道难以弥合的伤痕。这就是曹雪芹反复尝试的“伤痕文学”。

❻（唐）杨倞注：《荀子》，上海古籍出版社2014年版，第138页。

第二十九回

享福人福深还祷福 痴情女情重愈斟情

话说宝玉正自发怔，不想黛玉将手帕子甩了来，正碰在眼睛上，倒唬了一跳，问是谁。林黛玉摇着头儿笑道："不敢，是我失了手。因为宝姐姐要看呆雁，我比给他看，不想失了手。"宝玉揉着眼睛，待要说什么，又不好说的。

一时，凤姐儿来了，因说起初一日在清虚观打醮的事来，遂约着宝钗、宝玉、黛玉等看戏去。宝钗笑道："罢，罢，怪热的。什么没看过的戏，我就不去了。"凤姐儿道："他们那里凉快，两边又有楼。咱们要去，我头几天打发人去，把那些道士都赶出去，把楼打扫干净，挂起帘子来，一个闲人不许放进庙去，才是好呢。我已经回了太太了，你们不去我去。这些日子也闷的很了。家里唱动戏，我又不得舒舒服服的看。"

贾母听说，笑道："既这么着，我同你去。"凤姐听说，笑道："老祖宗也去，敢情好了。就只是我又不得受用了。"贾母道："到明儿，我在正面楼上，你在旁边楼上，你也不用到我这边来立规矩，可好不好？"凤姐儿笑道："这就是老祖宗疼我了。"贾母因又向宝钗道："你也去，连你母亲也去。长天老日的，在家里也是睡觉。"宝钗只得答应着。

贾母又打发人去请了薛姨妈，顺路告诉王夫人，要带了他们姊妹去。王夫人因一则身上不好，二则预备着元春有人出来，早已回了不去的，听贾母如今这样说，笑道："还是这么高兴。"因打发人去到园里告诉："有要逛的，只管初一跟了老太太逛去。"这个话一传开了，别人都还可已，只是那些丫头们天天不得出门槛子，听了这话，谁不要去。便是各人的主子懒怠去，他也百般撺掇了去，因此李宫裁等都说去。贾母越发心中喜欢，早已吩咐人去打扫安置，都不必细说。

单表到了初一这一日，荣国府门前车辆纷纷，人马簇簇。那底下凡执事人等，闻得是贵妃作好事，贾母亲去拈香，正是初一日乃月之首日，况是端阳节间，因此凡动用的什物，一色都是齐全的，不同往日。少时，贾母等出来。贾母坐一乘八人大轿，李氏、凤姐儿、薛姨妈每人一乘四人轿，宝钗、黛玉二人共坐一辆翠盖珠缨八宝车，迎春、探春、惜春三人共坐一辆朱轮华盖车。然后贾母的丫头鸳鸯、鹦鹉、琥珀、珍珠，林黛玉的丫头紫鹃、雪雁、春纤，宝钗的丫头莺儿、文杏，迎春的丫头司棋、绣桔，探春的丫头待书、翠墨，惜春的丫头入画、彩屏，薛姨妈的丫头同喜、同贵，外带着香菱、香菱的丫头臻儿，李氏的丫头素云、碧月，凤姐儿的丫头平儿、丰儿、小红，并王夫人两个丫头也要跟了凤姐儿去的是金钏、彩云，奶子抱着大姐儿带着巧姐儿另在一车，还有两个丫头，一共又连上各房的老嬷嬷奶娘并跟出门的家人媳妇子，乌压压的占了一街的车。贾母等已经坐轿去了多远，这门前尚未坐完。这个说“我不同你在一处”，那个说“你压了我们奶奶的包袱”，那边车上又说“蹭了我的花儿”，这边又说“碰折了我的扇子”，咭咭呱呱，说笑不绝。周瑞家的走来过去的说道:“姑娘们，这是街上，看人笑话。”说了两遍，方觉好了。前头的全副执事摆开，早已到了清虚观了。宝玉骑着马，在贾母轿前。街上人都站在两边。

将至观前，只听钟鸣鼓响，早有张法官执香披衣，带领众道士在路旁迎接。贾母的轿刚至山门以内，贾母在轿内因看见有守门大帅并千里眼、顺风耳、当方土地、本境城隍各位泥胎圣像，便命住轿。贾珍带领各子弟上来迎接。凤姐儿知道鸳鸯等在后面，赶不上来搀贾母，自己下了轿，忙要上来搀。可巧有个十二三岁的小道士儿，拿着剪筒，照管剪各处蜡花，正欲得便且藏出去，不想一头撞在凤姐儿怀里。凤姐便一扬手，照脸一下，把那小孩子打了一个筋斗，骂道："野牛肏的，胡朝那里跑。"那小道士也不顾拾烛剪，爬起来往外还要跑。正值宝钗等下车，众婆娘媳妇正围随的风雨不透，但见一个小道士滚了出来，都喝声叫："拿，拿，拿！打，打，打！"

贾母听了忙问："是怎么了？"贾珍忙出来问。凤姐上去搀住贾母，就回说："一个小道士儿，剪灯花的，没躲出去，这会子混钻呢。"贾母听说，忙道："快带了那孩子来，别唬着他。小门小户的孩子，都是娇生惯养的，那里见的这个势派。倘或唬着他，倒怪可怜见的，他老子娘岂不疼的慌？"说着，便叫贾珍去好生带了来。贾珍只得去拉了那孩子来。那孩子还一手拿着蜡剪，跪在地下乱战。贾母命贾珍拉起来，叫他别怕。问他几岁了。那孩子通说不出话来。贾母还说"可怜见的"，又向贾珍道："珍哥儿，带他去罢。给他些钱买果子吃，别叫人难为了他。"贾珍答应，领他去了。这里贾母带着众人，一层一层的瞻拜观玩。外面小厮们见贾母等进入二层山门，忽见贾珍领了一个小道士出来，叫人来带去，给他几百钱，不要难为了他。家人听说，忙上来领了下去。

贾珍站在阶矶上，因问："管家在那里？"底下站的小厮们见问，都一齐喝声说："叫管家。"登时林之孝一手扣着帽子跑了来，到贾珍跟前。贾珍道："虽说这里地方大，今儿不承望来这么些人。你使的人，你就带了往你的那院里去，使不着的，打发到那院里去。把小幺儿们多挑几个在这二层门上同两边的角门上，伺候着要东西传话。你可知道不知道，今儿小姐奶奶们都出来，一个闲人也到不了这里。"林之孝忙答应"晓得"，又说了几个"是"。贾珍道"去罢"，又问："怎么不见蓉儿？"一声未了，只见贾蓉从钟楼里跑了出来。贾珍道："你瞧瞧他，我这里也还没敢说热，他倒乘凉去了。"喝命家人啐他。那小厮们都知道贾珍素日的性子，违拗不得，有个小厮便上来向贾蓉脸上啐了一口。贾珍又道："问着他。"那小厮便问贾蓉道："爷还不怕热，哥儿怎么先乘凉去了？"贾蓉垂着手，一声不敢说。那贾芸、贾萍、贾芹等听见了，不但他们慌了，亦且连贾璜、贾㻞、贾琼等也都忙了，一个一个从墙根下慢慢的溜上来。贾珍又向贾蓉道："你站着作什么？还不骑了马跑到家里，告诉你娘母子去。老太太同姑娘们都来了，叫他们快来伺候。"贾蓉听说，忙跑了出来，一叠声要马，一面抱怨道："早都不知作什么的，这会子寻趁我。"一面又骂小子："捆着手呢？马也拉不来。"待要打发小子去，又恐后来对出来，说不得亲自走一趟，骑马去了，不在话下。

且说贾珍方要抽身进去，只见张道士站在旁边陪笑说道："论理我不比别人，应该里头伺候。只因天气炎热，众位千金都出来了，法官不敢擅入，请爷的示下。恐老太太问，或要随喜那里，我只在这里伺候罢了。"贾珍知道这张道士虽然是当日荣国府国公的替身，曾经先皇御口亲呼为"大幻仙人"，如今现掌"道录司"印，又是当今封为"终了真人"，现今王公藩镇都称他为"神仙"，所以不敢轻慢。二则他又常往两个府里去，凡夫人小姐都是见的。今见他如此说，便笑道："咱们自己，你又说起这话来。再多说，我把你这胡子还挦了呢。还不跟我进来。"那张道士呵呵大笑，跟了贾珍进来。

贾珍到贾母跟前，控身陪笑说："这张爷爷进来请安。"贾母听了，忙道"搀他来"，贾珍忙去搀了过来。那张道士先哈哈笑道："无量寿佛。老祖宗一向福寿安康？众位奶奶小姐纳福？一向没到府里请安，老太太气色越发好了。"贾母笑道："老神仙，你好？"张道士笑道："托老太太万福万寿，小道也还康健。别的倒罢，只记挂着哥儿，一向身上好？前日四月二十六日，我这里做遮天大王的圣诞，人也来的少，东西也很干净，我说请哥儿来逛逛，怎么说不在家？”贾母说道：“果真不在家。”一面回头叫宝玉。谁知宝玉解手去了才来，忙上前问“张爷爷好”，张道士忙抱住问了好，又向贾母笑道：“哥儿越发发福了。”贾母道“他外头好，里头弱。又搭着他老子逼着他念书，生生的把个孩子逼出病来了。”张道士道：“前日我在好几处看见哥儿写的字，作的诗，都好的了不得，怎么老爷还抱怨说哥儿不大喜欢念书呢？依小道看来，也就罢了。”又叹道：“我看见哥儿的这个形容身段，言谈举动，怎么就同当日国公爷一个稿子。”说着两眼流下泪来。贾母听说，也由不得满脸泪痕，说道：“正是呢，我养这些儿子孙子，也没一个像他爷爷的，就只这玉儿像他爷爷。”

那张道士又向贾珍道：“当日国公爷的模样儿，爷们一辈的不用说，自然没赶上，大约连大老爷，二老爷也记不清楚了。”说毕呵呵又一大笑，道：“前日在一个人家看见一位小姐，今年十五岁了，生的倒也好个模样儿。我想着哥儿也该寻亲事了。若论这个小姐模样儿，聪明智慧，根基家当，倒也配的过。但不知老太太怎么样，小道也不敢造次。等请了老太太的示下，才敢向人去说。”贾母道：“上回有和尚说了，这孩子命里不该早娶，等再大一大儿再定罢。你可如今打听着，不管他根基富贵，只要模样配的上就好，来告诉我。便是那家子穷，不过给他几两银子罢了。只是模样性格儿难得好的。”

说毕，只见凤姐儿笑道：“张爷爷，我们丫头的寄名符儿你也不换去。前儿亏你还有那么大脸，打发人和我要鹅黄缎子去。要不给你，又恐怕你那老脸上过不去。”张道士呵呵大笑道：“你瞧，我眼花了，也没看见奶奶在这里，也没道多谢。符早已有了，前日原要送去的，不指望娘娘来作好事，就混忘了，还在佛前镇着。待我取来。”说着跑到大殿上去，一时拿了一个茶盘，搭着大红蟒缎经袱子，托出符来。大姐儿的奶子接了符。张道士方欲抱过大姐儿来，只见凤姐笑道：“你就手里拿出来罢了，又用个盘子托着。”张道士道：“手里不干不净的，怎么拿，用盘子洁净些。”凤姐儿笑道：“你只顾拿出盘子来，倒唬我一跳。我不说你是为送符，倒像是和我们化布施来了。”众人听说，哄然一笑，连贾珍也掌不住笑了。贾母回头道：“猴儿猴儿，你不怕下割舌头地狱。”凤姐儿笑道：“我们爷儿们不相干。他怎么常常的说我该积阴骘，迟了就短命呢。”

张道士也笑道：“我拿出盘子来一举两用，却不为化布施，倒要将哥儿的这玉请了下来，托出去给那些远来的道友并徒子徒孙们见识见识。”贾母道：“既这们着，你老人家老天拔地的跑什么，就带他去瞧了，叫他进来，岂不省事？”张道士道：“老太太不知道，看看小道是八十多岁的人，托老太太的福倒也健壮，二则外面的人多，气味难闻，况是个暑热的天，哥儿受不惯，倘或哥儿受了腌臜气味，倒值多了。”贾母听说，便命宝玉摘下通灵玉来，放在盘内。那张道士兢兢业业的用蟒袱子垫着，捧了出去。

这里贾母与众人各处游玩了一回，方去上楼。只见贾珍回说：“张爷爷送了玉来了。”刚说着，只见张道士捧了盘子，走到跟前笑道：“众人托小道的福，见了哥儿的玉，实在可罕。都没什么敬贺之物，这是他们各人传道的法器，都愿意为敬贺之礼。哥儿便不希罕，只留着在房里顽耍赏人罢。”贾母听说，向盘内看时，只见也有金璜，也有玉玦，或有事事如意，或有岁岁平安，皆是珠穿宝贯，玉琢金镂，共有三五十件。因说道：“你也胡闹。他们出家人是那里来的，何必这样，这不能收。”张道士笑道：“这是他们一点敬心，小道也不能阻挡。老太太若不留下，岂不叫他们看着小道微薄，不像是门下出身了？”贾母听如此说，方命人接了。宝玉笑道：“老太太，张爷爷既这么说，又推辞不得，我要这个也无用，不如叫小子们捧了这个，跟着我出去散给穷人罢。”贾母笑道：“这倒说的是。”张道士又忙拦道：“哥儿虽要行好，但这些东西虽说不甚希奇，到底也是几件器皿。若给了乞丐，一则与他们无益，二则反倒遭塌了这些东西。要舍给穷人，何不就散钱与他们？”宝玉听说，便命收下，等晚间拿钱施舍罢了。说毕，张道士方退出去。

这里贾母与众人上了楼，在正面楼上归坐。凤姐等占了东楼。众丫头等在西楼，轮流伺候。贾珍一时来回：“神前拈了戏，头一本《白蛇记》。”贾母问：“《白蛇记》是什么故事？”贾珍道：“是汉高祖斩蛇方起首的故事。第二本是《满床笏》。”贾母笑道：“这倒是第二本上？也罢了。神佛要这样，也只得罢了。”又问第三本，贾珍道：“第三本是《南柯梦》。”贾母听了便不言语。贾珍退了下来，至外边预备着申表、焚钱粮、开戏，不在话下。

笺证

第二十九回的开头，紧接上回元春贵妃送了一百二十两银子，叫在清虚观打三天平安醮，唱戏献供的动议。贾府从贾母、凤姐、宝玉以下大队人马浩浩荡荡地出动，心中想的是到郊外道观呼吸一点新鲜空气。其中夹杂着一些花絮，可巧有个十二三岁的小道士儿，拿着剪筒，照管剪各处蜡花，正欲得便且藏出去，不想一头撞在下轿扶携贾母的凤姐怀里，引起一片喊打，贾母却吩咐不要吓着孩子，体现了贾母的仁慈。当日荣国府国公的替身张道士奉承贾母、凤姐，又笑说将宝玉的这玉请了下来，托出去给那些远来的道友并徒子徒孙们见识见识。又送了金璜、玉玦，事事如意、岁岁平安的珠穿宝贯、玉琢金镂，共有三五十件作为敬贺之礼。这算是对通灵宝玉这个女娲补天神话中衍生出来的意象的回应。至于回目所言“享福人福深还祷福”，而最终点中命门的是三出戏《白蛇记》《满床笏》《南柯梦》。被点中的命门中，戏说人生，隐喻着深刻的命运感。贾珍已经交代《白蛇记》是汉高祖刘邦斩白蛇方起义的故事，隐喻着贾府创造基业的无比风光。《满床笏》隐喻着繁华鼎盛、富贵寿考，是清康熙年间的传奇剧目，表演的是唐朝名将汾阳王郭子仪六十大寿，七子八婿皆来祝寿，这些朝廷高官皆手持笏板，拜寿时把笏板放满床头。《南柯梦》是明代戏曲家汤显祖的传奇剧本，取材于唐人李公佐的传奇小说《南柯太守传》。演绎的是淳于棼酒醉后梦入槐安国（即蚂蚁国）被招为驸马，后任南柯太守，政绩卓著。公主死后，召还宫中，加封左相，权倾一时，淫乱无度，终被废逐。醒来却是一梦，被契玄禅师度他出家。此剧以梦幻写人生，讽喻荣华富贵终成泡影。三出戏，戏说人生，有如同名歌曲所说："戏说人生，有苦有甜，到头依旧是空。…… 寻寻和觅觅，冷冷又清清，不知下一站将驶向何方？"这是贵族无可奈何地崩溃的三部曲隐喻，贾母听了报告的三部戏剧，便不言语了。"不言语"，是浑然不觉呢，还是默然于热闹中命运的作弄？也许是作家言在此、意在彼的狡猾吧。

且说宝玉在楼上，坐在贾母旁边，因叫个小丫头子捧着方才那一盘子贺物，将自己的玉戴上，用手翻弄寻拨，一件一件的挑与贾母看。贾母因看见有个赤金点翠的麒麟，便伸手拿了起来，笑道："这件东西好像我看见谁家的孩子也带着这么一个的。"宝钗笑道："史大妹妹有一个，比这个小些。"贾母道："原来是云儿有这个。"宝玉道："他这么往我们家去住着，我也没看见。"探春笑道："宝姐姐有心，不管什么他都记得。"林黛玉冷笑道："他在别的上还有限，惟有这些人带的东西上越发留心。"宝钗听说，便回头装没听见。宝玉听见史湘云有这件东西，自己便将那麒麟忙拿起来揣在怀里。一面心里又想到怕人看见，他听见史湘云有了，他就留这件，因此手里揣着，却拿眼睛瞟人。只见众人都倒不大理论，惟有林黛玉瞅着他点头儿，似有赞叹之意。宝玉不觉心里没好意思起来，又掏了出来，向黛玉笑道："这个东西倒好顽，我替你留着，到了家穿上你带。"林黛玉将头一扭，说道："我不希罕。"宝玉笑道："你果然不希罕，我少不得就拿着。”说着又揣了起来。

刚要说话，只见贾珍、贾蓉的妻子婆媳两个来了，彼此见过，贾母方说：“你们又来做什么？我不过没事来逛逛。”一句话没说了，只见人报：“冯将军家有人来了。”原来冯紫英家听见贾府在庙里打醮，连忙预备了猪羊香烛茶银之类的东西送礼。凤姐儿听了，忙赶过正楼来，拍手笑道：“嗳呀，我就不防这个。只说咱们娘儿们来闲逛逛，人家只当咱们大摆斋坛的来送礼。都是老太太闹的。这又不得预备赏封儿。”刚说了，只见冯家的两个管家娘子上楼来了。冯家两个未去，接着赵侍郎也有礼来了。于是，接二连三，都听见贾府打醮，女眷都在庙里，凡一应远亲近友，世家相与都来送礼。贾母才后悔起来，说：“又不是什么正经斋事，我们不过闲逛逛，就想不到这礼上，没的惊动了人。”因此虽看了一天戏，至下午便回来了，次日便懒怠去。凤姐又说：“打墙也是动土，已经惊动了人，今儿乐得还去逛逛。”那贾母因昨日张道士提起宝玉说亲的事来，谁知宝玉一日心中不自在，回家来生气，嗔着张道士与他说了亲，口口声声说从今以后不再见张道士了，别人也并不知为什么原故，二则林黛玉昨日回家又中了暑：因此二事，贾母便执意不去了。凤姐见不去，自己带了人去，也不在话下。

且说宝玉因见林黛玉又病了，心里放不下，饭也懒去吃，不时来问。林黛玉又怕他有个好歹，因说道：“你只管看你的戏去，在家里作什么？”宝玉因昨日张道士提亲，心中大不受用，今听见林黛玉如此说，心里因想着：“别人不知道我的心还可恕，连他也奚落起我来。”因此心中更比往日的烦恼加了百倍。若是别人跟前，断不能动这肝火，只是林黛玉说了这话，倒比往日别人说这话不同，由不得立刻沉下脸来，说道：“我白认得了你。罢了，罢了。”林黛玉听说，便冷笑了两声道：“我也知道白认得了我，那里像人家有什么配的上呢？”宝玉听了，便向前来直问到脸上：“你这么说，是安心咒我天诛地灭？”林黛玉一时解不过这个话来。宝玉又道：“昨儿还为这个赌了几回咒，今儿你到底又准我一句。我便天诛地灭，你又有什么益处？”林黛玉一闻此言，方想起上日的话来。今日原是自己说错了，又是着急，又是羞愧，便颤颤兢兢的说道：“我要安心咒你，我也天诛地灭。何苦来。我知道，昨日张道士说亲，你怕阻了你的好姻缘，你心里生气，来拿我煞性子。”

原来那宝玉自幼生成有一种下流痴病，况从幼时和黛玉耳鬓厮磨，心情相对。及如今稍明时事，又看了那些邪书僻传，凡远亲近友之家所见的那些闺英闱秀，皆未有稍及林黛玉者，所以早存了一段心事，只不好说出来，故每每或喜或怒，变尽法子暗中试探。那林黛玉偏生也是个有些痴病的，也每用假情试探。因你也将真心真意瞒了起来，只用假意，我也将真心真意瞒了起来，只用假意，如此两假相逢，终有一真。其间琐琐碎碎，难保不有口角之争。即如此刻，宝玉的心内想的是：“别人不知我的心，还有可恕，难道你就不想我的心里眼里只有你？你不能为我烦恼，反来以这话奚落堵我。可见我心里一时一刻白有你，你竟心里没我。”心里这意思，只是口里说不出来。那林黛玉心里想着：“你心里自然有我，虽有‘金玉相对’之说，你岂是重这邪说不重我的？我便时常提这‘金玉’，你只管了然自若无闻的，方见得是待我重，而毫无此心了。如何我只一提‘金玉’的事，你就着急，可知你心里时时有‘金玉’，见我一提，你又怕我多心，故意着急，安心哄我。”

看来两个人原本是一个心，但都多生了枝叶，反弄成两个心了。那宝玉心中又想着：“我不管怎么样都好，只要你随意，我便立刻因你死了也情愿。你知也罢，不知也罢，只由我的心，可见你方和我近，不和我远。”那林黛玉心里又想着：“你只管你，你好我自好，你何必为我而自失。殊不知你失我自失。可见是你不叫我近你，有意叫我远你了。”如此看来，却都是求近之心，反弄成疏远之意。如此之话，皆他二人素习所存私心，也难备述。

如今只述他们外面的形容。那宝玉又听见他说“好姻缘”三个字，越发逆了己意，心里干噎，口里说不出话来，便赌气向颈上抓下通灵宝玉，咬牙恨命往地下一摔，道：“什么捞什骨子，我砸了你完事。”偏生那玉坚硬非常，摔了一下，竟文风没动。宝玉见没摔碎，便回身找东西来砸。林黛玉见他如此，早已哭起来，说道：“何苦来，你摔砸那哑巴物件。有砸他的，不如来砸我。”二人闹着，紫鹃、雪雁等忙来解劝。后来见宝玉下死力砸玉，忙上来夺，又夺不下来，见比往日闹的大了，少不得去叫袭人。袭人忙赶了来，才夺了下来。宝玉冷笑道：“我砸我的东西，与你们什么相干！”

袭人见他脸都气黄了，眼眉都变了，从来没气的这样，便拉着他的手，笑道：“你同妹妹拌嘴，不犯着砸他，倘或砸坏了，叫他心里脸上怎么过的去？”林黛玉一行哭着，一行听了这话说到自己心坎儿上来，可见宝玉连袭人不如，越发伤心大哭起来。心里一烦恼，方才吃的香薷饮解暑汤便承受不住，“哇”的一声都吐了出来。紫鹃忙上来用手帕子接住，登时一口一口的把一块手帕子吐湿。雪雁忙上来捶。紫鹃道：“虽然生气，姑娘到底也该保重着些。才吃了药好些，这会子因和宝二爷拌嘴，又吐出来。倘或犯了病，宝二爷怎么过的去呢？”宝玉听了这话说到自己心坎儿上来，可见黛玉不如一紫鹃。又见林黛玉脸红头胀，一行啼哭，一行气凑，一行是泪，一行是汗，不胜怯弱。宝玉见了这般，又自己后悔方才不该同他较证，这会子他这样光景，我又替不了他。心里想着，也由不的滴下泪来了。袭人见他两个哭，由不得守着宝玉也心酸起来，又摸着宝玉的手冰凉，待要劝宝玉不哭罢，一则又恐宝玉有什么委曲闷在心里，二则又恐薄了林黛玉。不如大家一哭，就丢开手了，因此也流下泪来。紫鹃一面收拾了吐的药，一面拿扇子替林黛玉轻轻的扇着，见三个人都鸦雀无声，各人哭各人的，也由不得伤心起来，也拿手帕子擦泪。四个人都无言对泣。

一时，袭人勉强笑向宝玉道：“你不看别的，你看看这玉上穿的穗子，也不该同林姑娘拌嘴。”林黛玉听了，也不顾病，赶来夺过去，顺手抓起一把剪子来要剪。袭人紫鹃刚要夺，已经剪了几段。林黛玉哭道：“我也是白效力。他也不希罕，自有别人替他再穿好的去。”袭人忙接了玉道：“何苦来，这是我才多嘴的不是了。”宝玉向林黛玉道：“你只管剪，我横竖不带他，也没什么。”

只顾里头闹，谁知那些老婆子们见林黛玉大哭大吐，宝玉又砸玉，不知道要闹到什么田地，倘或连累了他们，便一齐往前头回贾母、王夫人知道，好不干连了他们。那贾母、王夫人见他们忙忙的作一件正经事来告诉，也都不知有了什么大祸，便一齐进园来瞧他兄妹。急的袭人抱怨紫鹃为什么惊动了老太太、太太，紫鹃又只当是袭人去告诉的，也抱怨袭人。那贾母、王夫人进来，见宝玉也无言，林黛玉也无话，问起来又没为什么事，便将这祸移到袭人、紫鹃两个人身上，说：“为什么你们不小心服侍，这会子闹起来都不管了。”因此将他二人连骂带说教训了一顿。二人都没话，只得听着。还是贾母带出宝玉去了，方才平服。

过了一日，至初三日，乃是薛蟠生日，家里摆酒唱戏，来请贾府诸人。宝玉因得罪了林黛玉，二人总未见面，心中正自后悔，无精打采的，那里还有心肠去看戏，因而推病不去。林黛玉不过前日中了些暑溽之气，本无甚大病，听见他不去，心里想：“他是好吃酒看戏的，今日反不去，自然是因为昨儿气着了。再不然，他见我不去，他也没心肠去。只是昨儿千不该万不该剪了那玉上的穗子。管定他再不带了，还得我穿了他才带。”因而心中十分后悔。

那贾母见他两个都生了气，只说趁今儿那边看戏，他两个见了也就完了，不想又都不去。老人家急的抱怨说：“我这老冤家是那世里的孽障，偏生遇见了这么两个不省事的小冤家，没有一天不叫我操心。真是俗语说的，不是冤家不聚头。几时我闭了这眼，断了这口气，凭着这两个冤家闹上天去，我眼不见心不烦，也就罢了。偏又不咽这口气。”自己抱怨着也哭了。这话传入宝林二人耳内。原来他二人竟是从未听见过“不是冤家不聚头”的这句俗语，如今忽然得了这句话，好似参禅的一般，都低头细嚼这句话的滋味，都不觉潸然泣下。虽不曾会面，然一个在潇湘馆临风洒泪，一个在怡红院对月长吁，却不是人居两地，情发一心。

袭人因劝宝玉道：“千万不是，都是你的不是，往日家里小厮们和他们的姊妹拌嘴，或是两口子分争，你听见了，你还骂小厮们蠢，不能体贴女孩儿们的心。今儿你也这么着了。明儿初五，大节下，你们两个再这们仇人似的，老太太越发要生气，一定弄的大家不安生。依我劝，你正经下个气，陪个不是，大家还是照常一样，这么也好，那么也好。”那宝玉听见了不知依与不依，要知端详，且听下回分解。

笺证

对核心人物的心理行为的刻画是任何一部成功的小说都不会懈怠的，《红楼梦》更是细入毫芒，力图从中挤出苦胆汁，进而沟通人间天上的情缘和命运感。有些地方也许过于琐屑，但琐屑处实在是“字字看来皆是血”“古今一梦尽荒唐”，不应辜负作者一片苦心才是。第二十九回“痴情女情重愈斟情”一节写宝玉、黛玉两个人原本是一个心，但都多生了枝叶，反弄成两个心了。这应了贾母之言：“真是俗语说的，不是冤家不聚头。”贾母甚至想，几时我闭了这眼，断了这口气，凭着这两个冤家闹上天去。这位老太太已经感觉到，他们的宿债只能到上天去了断。贾宝玉赌气从颈上摘下通灵宝玉，咬牙恨命往地下一摔，道：“什么捞什骨子，我砸了你完事。”偏生那玉坚硬非常，摔了一下，竟文风没动。宝玉见没摔碎，便回身找东西来砸。林黛玉见他如此，早已哭起来，说道：“何苦来，你摔砸那哑巴物件。有砸他的，不如来砸我。”就赌气拿起剪子剪断穿玉的穗子。二人本是要和好，反而演出了无休无止的拼死拼活，陷入了精神死结。这实在是令人感慨不已：严密的男女礼防的代代延续，已经沉积为一种宿命，少年男女无法用直率明白的语言来表达自己的内心情爱，只能百般无奈用试探语、戏曲语、假借语、发誓语来弯弯曲曲地吐露，弄得语言表达和内心欲念脱节，以一派至诚把对方折磨得苦不堪言。这是历史的荒唐，礼防的宿命造成情爱的失语，《红楼梦》细致深入地记录下宝玉、黛玉那一代青春的悲哀。宝玉、黛玉二人的心理转机在于听了贾母的话，竟然从未听见过“不是冤家不聚头”的这句俗语，如今忽然得了这个启示，好似参禅的一般，都低头细嚼此话的滋味，都不觉潸然泣下。“不是冤家不聚头”，此话出自元朝末年高明《琵琶记》，此剧写汉代名士蔡伯喈赴京应考高中，招婚牛相府三年不归，父母死于灾荒，发妻赵五娘卖发葬亲，身背琵琶，上京寻夫。此剧第二十一出《糟糠自厌》描写赵五娘剪发卖发，麻裙兜土，亲手造坟埋葬了公婆，唱出了：“千般生受，教奴家如何措手？终不然把他骸骨，没棺材送在荒坵。相看到此，不由人不泪珠流，不是冤家不聚头。”贾宝玉、林黛玉以“不是冤家不聚头”来参禅，参证了他们不是前世结下的冤孽，何以今世聚在一起？参禅最要生死心切，求证真心实相，由此打破玄关，参透自己的本来面目，从而无罣无碍，无人无我，“明悟自心，彻见本性”。《红楼梦》以参禅的方式，探究两个智商很高的儿女对抗礼防宿命的精神底蕴，达到了自来小说从未达到的深度。

第三十回
宝钗借扇机带双敲
龄官划蔷痴及局外

话说林黛玉自与宝玉角口后，也自后悔，但又无去就他之理，因此日夜闷闷，如有所失。紫鹃度其意，乃劝道："若论前日之事，竟是姑娘太浮躁了些。别人不知宝玉那脾气，难道咱们也不知道的？为那玉也不是闹了一遭两遭了。"黛玉啐道："你倒来替人派我的不是。我怎么浮躁了？"紫鹃笑道："好好的，为什么又剪了那穗子？岂不是宝玉只有三分不是，姑娘倒有七分不是？我看他素日在姑娘身上就好，皆因姑娘小性儿，常要歪派他，才这么样。"

林黛玉正欲答话，只听院外叫门。紫鹃听了一听，笑道："这是宝玉的声音，想必是来赔不是来了。"林黛玉听了道："不许开门。"紫鹃道："姑娘又不是了。这么热天毒日头地下，晒坏了他如何使得呢？"口里说着，便出去开门，果然是宝玉。一面让他进来，一面笑道："我只当是宝二爷再不上我们这门了，谁知这会子又来了。"宝玉笑道："你们把极小的事倒说大了。好好的为什么不来。我便死了，魂也要一日来一百遭。妹妹可大好了？"紫鹃道："身上病好了，只是心里气不大好。"宝玉笑道："我晓得有什么气。"一面说着，一面进来，只见林黛玉又在床上哭。

那林黛玉本不曾哭，听见宝玉来，由不得伤了心，止不住滚下泪来。宝玉笑着走近床来，道："妹妹身上可大好了？"林黛玉只顾拭泪，并不答应。宝玉因便挨在床沿上坐了，一面笑道："我知道妹妹不恼我。但只是我不来，叫旁人看着，倒像是咱们又拌了嘴的似的。若等他们来劝咱们，那时节岂不咱们倒觉生分了？不如这会子，你要打要骂，凭着你怎么样，千万别不理我。”说着，又把“好妹妹”叫了几万声。林黛玉心里原是再不理宝玉的，这会子见宝玉说别叫人知道他们拌了嘴就生分了似的这一句话，又可见得比别人原亲近，因又撑不住哭道：“你也不用哄我。从今以后，我也不敢亲近二爷，二爷也全当我去了。”宝玉听了笑道：“你往那去呢？”林黛玉道：“我回家去。”宝玉笑道：“我跟了你去。”林黛玉道：“我死了呢？”宝玉道：“你死了，我做和尚。”林黛玉一闻此言，登时将脸放下来，问道：“想是你要死了，胡说的是什么。你家倒有几个亲姐姐亲妹妹呢，明儿都死了，你有几个身子去作和尚？明儿我倒把这话告诉别人去评评。”

宝玉自知这话说的造次了，后悔不来，登时脸上红胀起来，低着头不敢则一声。幸而屋里没人。林黛玉直瞪瞪的瞅了他半天，气的一声儿也说不出来。见宝玉憋的脸上紫胀，便咬着牙用指头狠命的在他额颅上戳了一下，哼了一声，咬牙说道：“你这——”刚说了两个字，便又叹了一口气，仍拿起手帕子来擦眼泪。宝玉心里原有无限的心事，又兼说错了话，正自后悔，又见黛玉戳他一下，要说又说不出来，自叹自泣，因此自己也有所感，不觉滚下泪来。要用帕子揩拭，不想又忘了带来，便用衫袖去擦。林黛玉虽然哭着，却一眼看见了，见他穿着簇新藕合纱衫，竟去拭泪，便一面自己拭着泪，一面回身将枕边搭的一方绡帕子拿起来，向宝玉怀里一摔，一语不发，仍掩面自泣。宝玉见他摔了帕子来，忙接住拭了泪，又挨近前些，伸手拉了林黛玉一只手，笑道：“我的五脏都碎了，你还只是哭。走罢，我同你往老太太跟前去。”林黛玉将手一摔道：“谁同你拉拉扯扯的。一天大似一天的，还这么涎皮赖脸的，连个道理也不知道。”

笺证

形容内心深处的词语，就是心曲。《诗经·秦风·小戎》说：“言念君子，温其如玉。在其板屋，乱我心曲。”郑玄笺云：“言，我也。念君子之性，温然如玉。玉有五德……心曲，心之委曲也。忧则心乱也。此上四句者，妇人所用闵其君子。”[1]晚唐温庭筠《归国遥》则认为心曲具有无限性，并用华丽的辞藻、秾艳的风格加以形容：“香玉。翠凤宝钗垂䍦毿。钿筐交胜金粟。越罗春水绿。　画堂照帘残烛。梦余更漏促。谢娘无限心曲。晓屏山断续。”“谢娘”本来指唐朝宰相李德裕家的歌妓谢秋娘，泛指美丽的少妇。上片极写女子之美，头上佩戴香玉，钗上的凤坠低垂，花钿辉映金粟。身穿越罗长裙，舞动了春水般的碧绿。下片极写这女子的孤寂，画堂残烛忽明忽暗照着帘幕，梦醒时只听得更漏声声急促。谢娘内心深处无限愁绪，如拂晓屏风上的山影，映着晨光明明暗暗，断断续续。美人孤寂，冷落废弃，怨怼不平之情，难以平抑。无限心曲一词，也被脂评采用。第三十回庚辰本夹批说：“写尽宝、黛无限心曲，假使圣叹见之，正不知批出多少妙处。”林黛玉原想再不理宝玉，见宝玉说别叫人知道他们拌了嘴就生分了似的，又可见得比别人更亲近，因又撑不住哭说：“你也不用哄我。从今以后，我也不敢亲近二爷，二爷也全当我去了。”宝玉听了笑说：“你往那去呢？”林黛玉说：“我回家去。”宝玉笑说：“我跟了你去。”林黛玉说：“我死了呢？”宝玉说：“你死了，我作和尚去。”林黛玉虽然哭着，却一眼看见贾宝玉用簇新藕合纱衫去拭眼泪，就将枕边搭的一方绡帕子摔到宝玉怀里，一语不发，仍掩面自泣。这里黛玉称宝玉为“二爷”，双方又有一连串的亲近、回家、死了、做和尚、摔绡帕子的处在情感行为极点的语言动作。这就把心理刻画在这些语言动作描述之间荡来荡去，颠三倒四，对应着心理活动的七弯八曲。《红楼梦》长于以外在映衬内在，以外在的语言动作映衬一种在平常人看来未免过于奢侈的情感倾注和压抑，无非都是为了所谓“写尽宝、黛无限心曲”之处。但说起“假使圣叹见之，正不知批出多少妙处”，可知脂砚斋评点《石头记》，是取法金圣叹的，金圣叹提高了小说戏曲的细读技艺和悟性评述。

一句没说完，只听喊道“好了”，宝、林二人不防，都唬了一跳，回头看时，只见凤姐儿跳了进来，笑道：“老太太在那里抱怨天抱怨地，只叫我来瞧瞧你们好了没有。我说不用瞧，过不了三天，他们自己就好了。老太太骂我，说我懒。我来了，果然应了我的话了。也没见你们两个人有些什么可拌的，三日好了，两日恼了，越大越成了孩子了。有这会子拉着手哭的，昨儿为什么又成了乌眼鸡呢。还不跟我走，到老太太跟前，叫老人家也放些心。”说着拉了林黛玉就走。林黛玉回头叫丫头们，一个也没有。凤姐道：“又叫他们作什么，有我服侍你呢。”一面说，一面拉了就走。宝玉在后面跟着出了园门。到了贾母跟前，凤姐笑道：“我说他们不用人费心，自己就会好的。老祖宗不信，一定叫我去说合。我及至到那里要说合，谁知两个人倒在一处对赔不是了。对笑对诉，倒像‘黄鹰抓住了鹞子的脚’，两个都扣了环了，那里还要人去说合？”说的满屋里都笑起来。

❶（汉）毛亨传，（汉）郑玄笺，（唐）孔颖达疏：《毛诗正义》，北京大学出版社1999年版，第415—416页。

此时宝钗正在这里。那林黛玉只一言不发，挨着贾母坐下。宝玉没甚说的，便向宝钗笑道：“大哥哥好日子，偏生我又不好了，没别的礼送，连个头也不得磕去。大哥哥不知我病，倒像我懒，推故不去的。倘或明儿恼了，姐姐替我分辨分辨。”宝钗笑道：“这也多事。你便要去也不敢惊动，何况身上不好？弟兄们日日一处，要存这个心倒生分了。”宝玉又笑道：“姐姐知道体谅我就好了。”又道：“姐姐怎么不看戏去？”宝钗道：“我怕热，看了两出，热的很。要走，客又不散。我少不得推身上不好，就来了。”宝玉听说，自己由不得脸上没意思，只得又搭讪笑道：“怪不得他们拿姐姐比杨妃，原来也体丰怯热。”宝钗听说，不由的大怒，待要怎样，又不好怎样。回思了一回，脸红起来，便冷笑了两声，说道：“我倒像杨妃，只是没一个好哥哥好兄弟可以作得杨国忠的。”二人正说着，可巧小丫头靛儿因不见了扇子，和宝钗笑道：“必是宝姑娘藏了我的。好姑娘，赏我罢。”宝钗指他道：“你要仔细。我和你顽过，你再疑我。和你素日嘻皮笑脸的那些姑娘们跟前，你该问他们去。”说的个靛儿跑了。宝玉自知又把话说造次了，当着许多人，更比才在林黛玉跟前更不好意思，便急回身又同别人搭讪去了。

林黛玉听见宝玉奚落宝钗，心中着实得意，才要搭言也趁势儿取个笑，不想靛儿因找扇子，宝钗又发了两句话，他便改口笑道：“宝姐姐，你听了两出什么戏？”宝钗因见林黛玉面上有得意之态，一定是听了宝玉方才奚落之言，遂了他的心愿，忽又见问他这话，便笑道：“我看的是李逵骂了宋江，后来又赔不是。”宝玉便笑道：“姐姐通今博古，色色都知道，怎么连这一出戏的名字也不知道，就说了这么一串子。这叫《负荆请罪》。”宝钗笑道：“原来这叫作《负荆请罪》。你们通今博古，才知道‘负荆请罪’，我不知道什么是‘负荆请罪’！”一句话还未说完，宝玉、林黛玉二人心里有病，听了这话早把脸羞红了。凤姐于这些上虽不通达，但只见他三人形景，便知其意，便也笑着问人道：“你们大暑天，谁还吃生姜呢？”众人不解其意，便说道：“没有吃生姜。”凤姐故意用手摸着腮，诧异道：“既没人吃姜，怎么这么辣辣的？”宝玉、黛玉二人听见这话，越发不好过了。宝钗再要说话，见宝玉十分讨愧，形景改变，也就不好再说，只得一笑收住。别人总未解得他四个人的言语，因此付之流水。

一时宝钗凤姐去了，林黛玉笑向宝玉道：“你也试着比我利害的人了。谁都像我心拙口笨的，由着人说呢。”宝玉正因宝钗多了心，自己没趣，又见林黛玉来问着他，越发没好气起来。待要说两句，又恐林黛玉多心，说不得忍着气，无精打采一直出来。

笺证

《红楼梦》写口水仗，彼此争辩扯皮，多是谈言微中，暗含机锋。贾宝玉借小丫头寻找扇子的由头，搭讪笑说薛宝钗好比杨妃，原来也体丰怯热。

宝钗解嘲说："我倒像杨妃，只是没一个好哥哥好兄弟可以作得杨国忠的。"为报复宝玉的奚落，薛宝钗就指桑骂槐讽刺贾宝玉、林黛玉的争执活像戏中的李逵骂了宋江，后来又赔不是。宝玉笑说宝钗"通今博古，色色都知道，怎么连这一出戏的名字也不知道，就说了这么一串子。这叫《负荆请罪》"，宝钗反唇相讥说："原来这叫作《负荆请罪》。你们通今博古，才知道'负荆请罪'，我不知道什么是'负荆请罪'！"这把宝玉讨饶的鲁莽，比喻为黑旋风的顾前不顾后，着实刺中了宝玉、林黛玉二人心病，把他们的脸都羞红了。唐朝历史，宋元戏曲，随手拈来，这种言谈应对针锋对麦芒，针针刺中对方心坎要害，虽存芥蒂，却又无伤大雅，互不记恨。曹雪芹对语言文字的拿捏，实在是拿捏出邪性，拿捏出了精气神。

谁知目今盛暑之时，又当早饭已过，各处主仆人等多半都因日长神倦之时，宝玉背着手，到一处，一处鸦雀无闻。从贾母这里出来，往西走过了穿堂，便是凤姐的院落。到他们院门前，只见院门掩着。知道凤姐素日的规矩，每到天热，午间要歇一个时辰的，进去不便，遂进角门，来到王夫人上房内。只见几个丫头子手里拿着针线，却打盹儿呢。王夫人在里间凉榻上睡着，金钏儿坐在旁边捶腿，也乜斜着眼乱恍。

宝玉轻轻的走到跟前，把他耳上带的坠子一扚，金钏儿睁开眼，见是宝玉。宝玉悄悄的笑道："就困的这么着？"金钏儿抿嘴一笑，摆手令他出去，仍合上眼，宝玉见了他，就有些恋恋不舍的，悄悄的探头瞧瞧王夫人合着眼，便自己向身边荷包里带的香雪润津丹掏了一丸出来，便向金钏儿口里一送。金钏儿并不睁眼，只管噙了。宝玉上来便拉着手，悄悄的笑道："我明日和太太讨你，咱们在一处罢。"金钏儿不答。宝玉又道："不然，等太太醒了我就讨。"金钏儿睁开眼，将宝玉一推，笑道："你忙什么。'金簪子掉在井里头，有你的只是有你的'，连这句话语难道也不明白？我倒告诉你个巧宗儿，你往东小院子里拿环哥儿同彩云去。"宝玉笑道："凭他怎么去罢，我只守着你。"只见王夫人翻身起来，照金钏儿脸上就打了个嘴巴子，指着骂道："下作小娼妇，好好的爷们，都叫你教坏了。"宝玉见王夫人起来，早一溜烟去了。

这里金钏儿半边脸火热，一声不敢言语。登时众丫头听见王夫人醒了，都忙进来。王夫人便叫玉钏儿："把你妈叫来，带出你姐姐去。"金钏儿听说，忙跪下哭道："我再不敢了。太太要打骂，只管发落，别叫我出去就是天恩了。我跟了太太十来年，这会子撵出去，我还见人不见人呢。"王夫人固然是个宽仁慈厚的人，从来不曾打过丫头们一下，今忽见金钏儿行此无耻之事，此乃平生最恨者，故气忿不过，打了一下，骂了几句。虽金钏儿苦求，亦不肯收留，到底唤了金钏儿之母白老媳妇来领了下去。那金钏儿含羞忍辱的出去，不在话下。

且说那宝玉见王夫人醒来，自己没趣，忙进大观园来。只见赤日当空，树阴合地，满耳蝉声，静无人语。刚到了蔷薇花架，只听有人哽噎之声。宝玉心中疑惑，便站住细听，果然架下那边有人。如今五月之际，那蔷薇正是花叶茂盛之际，宝玉便悄悄的隔着篱笆洞儿一看，只见一个女孩子蹲在花下，手里拿着根绾头的簪子在地下抠土，一面悄悄的流泪。宝玉心中想道："难道这也是个痴丫头，又像颦儿来葬花不成？"因又自叹道："若真也葬花，可谓'东施效颦'，不但不为新特，且更可厌了。"想毕，便要叫那女子，说"你不用跟着那林姑娘学了"，话未出口，幸而再看时，这女孩子面生，不是个侍儿，倒像是那十二学戏的女孩子之内的，却辨不出他是生旦净丑的那一个角色来。宝玉忙把舌头一伸，将口掩住，自己想道："幸而不曾造次。上两次皆因造次了，颦儿也生气，宝儿也多心，如今再得罪了他们，越发没意思了。"

一面想，一面又恨认不得这个是谁。再留神细看，只见这女孩子眉蹙春山，眼颦秋水，面薄腰纤，袅袅婷婷，大有林黛玉之态。宝玉早又不忍弃他而去，只管痴看。只见他虽然用金簪划地，并不是掘土埋花，竟是向土上画字。宝玉用眼随着簪子的起落，一直一画一点一勾的看了去，数一数，十八笔。自己又在手心里用指头按着他方才下笔的规矩写了，猜是个什么字。写成一想，原来就是个蔷薇花的“蔷”字。宝玉想道:“必定是他也要作诗填词。这会子见了这花，因有所感，或者偶成了两句，一时兴至恐忘，在地下画着推敲，也未可知。且看他底下再写什么？”一面想，一面又看，只见那女孩子还在那里画呢，画来画去，还是个“蔷”字。再看，还是个“蔷”字。里面的原是早已痴了，画完一个又画一个，已经画了有几千个“蔷”。外面的不觉也看痴了，两个眼睛珠儿只管随着簪子动，心里却想:“这女孩子一定有什么话说不出来的大心事，才这样个形景。外面既是这个形景，心里不知怎么熬煎。看他的模样儿这般单薄，心里那里还搁的住熬煎，可恨我不能替你分些过来。”

伏中阴晴不定，片云可以致雨，忽一阵凉风过了，唰唰的落下一阵雨来。宝玉看着那女子头上滴下水来，纱衣裳登时湿了。宝玉想道:“这时下雨。他这个身子，如何禁得骤雨一激？”因此禁不住便说道:“不用写了。你看下大雨，身上都湿了。”那女孩子听说倒唬了一跳，抬头一看，只见花外一个人叫他不要写了，下大雨了。一则宝玉脸面俊秀，二则花叶繁茂，上下俱被枝叶隐住，刚露着半边脸，那女孩子只当是个丫头，再不想是宝玉，因笑道:“多谢姐姐提醒了我。难道姐姐在外头有什么遮雨的。”一句提醒了宝玉，“嗳哟”了一声，才觉得浑身冰凉。低头一看，自己身上也都湿了。说声“不好”，只得一气跑回怡红院去了，心里却还记挂着那女孩子没处避雨。

笺证

若能把内心意念外射为富有特征的意象，意在象中，象含深意，意与象一同向外辐射，给人的印象就最是深刻。第三十回写龄官画蔷，是《红楼梦》写小人物情感最出色的篇章之一，凝聚意象，呈露了戏子也不乏刻骨铭心的痴情，也可以说，这折射了《红楼梦》描写各色人物的真诚情感上的平等意识。花叶茂盛的蔷薇下，一个女孩子拿着簪子在地下抠土，抠来抠去，抠出的竟然是几十个“蔷”字。宝玉再留神细看，只见这女孩子眉蹙春山，眼颦秋水，面薄腰纤，袅袅婷婷，大有林黛玉之态，似乎又是一个影子的影子。宝玉早又不忍弃她而去，只管痴看。她不是对花吟诗，而是在地下抠字，把心上人的名字抠来抠去，抠入自己心中。隔着繁茂的花叶偷窥到此女子抠出几千个“蔷”字的，不是别人，而是情痴首席专家贾宝玉，心想：“这女孩子一定有什么话说不出来的大心事，才这样个形景。外面既是这个形景，心里不知怎么熬煎。看他的模样儿这般单薄，心里那里还搁的住熬煎，可恨我不能替你分些过来。”确如庚辰本回首总评说：“银钗画‘蔷’字，是痴女梦中说梦。”❷《列子·黄帝篇》说：“以瓦抠者巧，以钩抠者惮，以黄金抠者惛。巧一也，而有所矜，则重外也。凡重外者拙内。”❸注“抠”字曰：“以手藏物，探而取之。”这说明，抠的要点在于内心真诚，只要内心真诚，以瓦器来抠，胜于求助坚硬的铁器、珍贵的金器。龄官以自己约束头发的簪子抠土画蔷，是抠心挖肚，一往情深。宝玉由此怜人怜己，将心比心，以一种如梦如痴的情感穿透了尊卑，也在自己心中抠出了人类情感的普遍性。

原来明日是端阳节，那文官等十二个女子都放了学，进园来各处顽耍。可巧小生宝官、正旦玉官等两个女孩子，正在怡红院和袭人玩笑，被大雨阻住。大家把沟堵了，水积在院内，把些绿头鸭、花鸂鶒，彩鸳鸯，捉的捉，赶的赶，缝了翅膀，放在院内顽耍，将院门关了。袭人等都在游廊上嘻笑。

宝玉见关着门，便以手扣门，里面诸人只顾笑，那里听见。叫了半日，拍的门山响，里面方听见了，估谅着宝玉这会子再不回来的。袭人笑道：“谁这会子叫门，没人开去。”宝玉道:“是我。”麝月道:“是宝姑娘的声音。”晴雯道:“胡说。宝姑娘这会子做什么来？”袭人道:“让我隔着门缝儿瞧瞧，可开就开，要不可开，叫他淋着去。”说着，便顺着游廊到门前，往外一瞧，只见宝玉淋的雨打鸡一般。袭人见了又是着忙又是可笑，忙开了门，笑的弯着腰拍手道:“这么大雨地里跑什么？那里知道是爷回来了？”

宝玉一肚子没好气，满心里要把开门的踢几脚，及开了门，并不看真是谁，还只当是那些小丫头子们，便抬腿踢在肋上。袭人“嗳哟”了一声。宝玉还骂道:“下流东西们，我素日担待你们得了意，一点儿也不怕，越发拿我取笑儿了。”口里说着，一低头见是袭人哭了，方知踢错了，忙笑道:“嗳哟，是你来了。踢在那里了？”袭人从来不曾受过一句大话的，今儿忽见宝玉生气踢他一下，又当着许多人，又是羞，又是气，又是疼，真一时置身无地。待要怎么样，料着宝玉未必是安心踢他，少不得忍着说道:“没有踢着。还不换衣裳去。”宝玉一面进房来解衣，一面笑道:“我长了这么大，今日是头一遭儿生气打人，不想就偏遇见了你。”袭人一面忍痛换衣裳，一面笑道:“我是个起头儿的人，不论事大事小事好事歹，自然也该从我起。但只是别说打了我，明儿顺了手也打起别人来。”宝玉道:“我才也不是安心。”袭人道:“谁说你是安心了。素日开门关门，都是那起小丫头子们的事。他们是憨皮惯了的，早已恨的人牙痒痒，他们也没个怕惧儿。你当是他们，踢一下子，唬唬他们也好些。才刚是我淘气，不叫开门的。”

说着，那雨已住了，宝官、玉官也早去了。袭人只觉肋下疼的心里发闹，晚饭也不曾好生吃。至晚间洗澡时脱了衣服，只见肋上青了碗大一块，自己倒唬了一跳，又不好

❷（清）曹雪芹著，脂砚斋评:《脂砚斋重评石头记庚辰校本》，作家出版社2006年版，第585页。

❸（晋）张湛注:《列子》，上海古籍出版社2014年版，第53页。

声张。一时睡下，梦中作痛，由不得“嗳哟”之声从睡中哼出。宝玉虽说不是安心，因见袭人懒懒的，也睡不安稳。忽夜间听得“嗳哟”，便知踢重了，自己下床悄悄的秉灯来照。刚到床前，只见袭人嗽了两声，吐出一口痰来，“嗳哟”一声，睁开眼见了宝玉，倒唬了一跳道：“作什么？”宝玉道：“你梦里‘嗳哟’，必定踢重了。我瞧瞧。”袭人道：“我头上发晕，嗓子里又腥又甜，你倒照一照地下罢。”宝玉听说，果然持灯向地下一照，只见一口鲜血在地。宝玉慌了，只说：“了不得了。”袭人见了，也就心冷了半截。要知端的，且听下回分解。

笺证

对于宝玉与袭人的关系，《红楼梦》借宝玉踢中袭人的心窝，袭人咳痰带血，反复做文章，这是值得注意的。第三十回庚辰本回首批语总括全回说：“指扇敲双玉，是写宝钗金蝉脱壳。银钗画‘蔷’字，是痴女梦中说梦。脚踢袭人，是断无是理，竟有是事。”[4]宝玉隔花看龄官画“蔷”，淋得落汤鸡一般回怡红院，叫门、踢门迟迟不开，怒而踢伤开门的袭人。袭人忍痛笑说：“我是个起头儿的人，不论事大事小事好事歹，自然也该从我起。但只是别说打了我，明儿顺了手也打起别人来。”此言隐含着贾宝玉初尝禁脔，与袭人干警幻所训之事，一语戳到了命运的软肋，戳到了太虚幻境的游戏规则。到了夜间睡下，宝玉忽听得一声“嗳哟”，就知道踢袭人踢重了，自己下床悄悄的秉灯来照。刚到床前，只见袭人嗽了两声，吐出一口痰来，“嗳哟”一声，说：“我头上发晕，嗓子里又腥又甜，你倒照一照地下罢。”宝玉听说，果然持灯向地下一照，只见一口鲜血在地。宝玉慌了，只说：“了不得了。”袭人见了，也就心冷了半截。纨袴公子对丫鬟、对情欲的胡闹，其象征物就是痰中带血，心酸落泪。第三十一回还补叙：“话说袭人见了自己吐的鲜血在地，也就冷了半截，想着往日常听人说：‘少年吐血，年月不保，纵然命长，终是废人了。’想起此言，不觉将素日想着后来争荣夸耀之心尽皆灰了，眼中不觉滴下泪来。宝玉见他哭了，也不觉心酸起来，因问道：'你心里觉的怎么样？'袭人勉强笑道：'好好的，觉怎么呢？'宝玉的意思即刻便要叫人烫黄酒，要山羊血黎洞丸来。袭人拉了他的手，笑道：'你这一闹不打紧，闹起多少人来，倒抱怨我轻狂。分明人不知道，倒闹的人知道了，你也不好，我也不好。正经明儿你打发小子问问王太医去，弄点子药吃吃就好了。人不知鬼不觉的可不好？'宝玉听了有理，也只得罢了，向案上斟了茶来，给袭人漱了口。袭人知道宝玉心内是不安稳的，待要不叫他服侍，他又必不依，二则定要惊动别人，不如由他去罢：因此只在榻上由宝玉去服侍。一交五更，宝玉也顾不的梳洗，忙穿衣出来，将王济仁叫来，亲自确问。王济仁问原故，不过是伤损，便说了个丸药的名字，怎么服，怎么敷。宝玉记了，回园依方调治。"到了第七十七回，又写道："（袭人）有吐血旧症虽愈，然每因劳碌风寒所感，即嗽中带血。"对于痰血，明李时珍《本草纲目·主治第三》卷上云："邪祟（邪气乘虚，有痰、血、火、郁）。"大概宝玉这一"窝心脚"踢去，公子撒野的后果，也给袭人留下了难以弥合的邪祟了。袭人的好强，虽为得计，却早就留下暗伤，有暗伤的好强，这就是人生难得圆满。

❹（清）曹雪芹著，脂砚斋评：《脂砚斋重评石头记庚辰校本》，作家出版社2006年版，第585页。

第三十一回
撕扇子作千金一笑
因麒麟伏白首双星

话说袭人见了自己吐的鲜血在地，也就冷了半截，想着往日常听人说："少年吐血，年月不保，纵然命长，终是废人了。"想起此言，不觉将素日想着后来争荣夸耀之心尽皆灰了，眼中不觉滴下泪来。宝玉见他哭了，也不觉心酸起来，因问道："你心里觉的怎么样？"袭人勉强笑道："好好的，觉怎么呢？"宝玉的意思即刻便要叫人烫黄酒，要山羊血黎洞丸来。袭人拉了他的手，笑道："你这一闹不打紧，闹起多少人来，倒抱怨我轻狂。分明人不知道，倒闹的人知道了，你也不好，我也不好。正经明儿你打发小子问问王太医去，弄点子药吃吃就好了。人不知鬼不觉的可不好？"宝玉听了有理，也只得罢了，向案上斟了茶来，给袭人漱了口。袭人知宝玉心内是不安稳的，待要不叫他服侍，他又必不依；二则定要惊动别人，不如由他去罢：因此只在榻上由宝玉去服侍。一交五更，宝玉也顾不的梳洗，忙穿衣出来，将王济仁叫来，亲自确问。王济仁问其原故，不过是伤损，便说了个丸药的名字，怎么服，怎么敷。宝玉记了，回园依方调治。不在话下。

这日正是端阳佳节，蒲艾簪门，虎符系臂。午间，王夫人治了酒席，请薛家母女等赏午。宝玉见宝钗淡淡的，也不和他说话，自知是昨儿的原故。王夫人见宝玉没精打采，也只当是金钏儿昨日之事，他没好意思的，越发不理他。林黛玉见宝玉懒懒的，只当是他因为得罪了宝钗的原故，心中不自在，形容也就懒懒的。凤姐昨日晚间王夫人就告诉了他宝玉金钏儿的事，知道王夫人不自在，自己如何敢说笑，也就随着王夫人的气色行事，更觉淡淡的。贾迎春姊妹见众人无意思，也都无意思了。因此，大家坐了一坐就散了。

林黛玉天性喜散不喜聚。他想的也有个道理，他说："人有聚就有散，聚时欢喜，到散时岂不清冷？既清冷则伤感，所以不如倒是不聚的好。比如那花开时令人爱慕，谢时则增惆怅，所以倒是不开的好。"故此人以为喜之时，他反以为悲。那宝玉的情性只愿常聚，生怕一时散了添悲，那花只愿常开，生怕一时谢了没趣。及到筵散花谢，虽有万种悲伤，也就无可如何了。因此，今日之筵，大家无兴散了，林黛玉倒不觉得，倒是宝玉心中闷闷不乐，回至自己房中长吁短叹。偏生晴雯上来换衣服，不防又把扇子失了手跌在地下，将股子跌折。宝玉因叹道："蠢才，蠢才。将来怎么样？明日你自己当家立事，难道也是这么顾前不顾后的？"晴雯冷笑道："二爷近来气大的很，行动就给脸子瞧。前儿连袭人都打了，今儿又来寻我们的不是。要踢要打凭爷去。就是跌了扇子，也是平常的事。先时连那么样的玻璃缸、玛瑙碗不知弄坏了多少，也没见个大气儿，这会子一把扇子就这么着了，何苦来！要嫌我们就打发我们，再挑好的使。好离好散的，倒不好？"宝玉听了这些话，气的浑身乱战，因说道："你不用忙，将来有散的日子。"

袭人在那边早已听见，忙赶过来向宝玉道："好好的，又怎么了？可是我说的'一时我不到，就有事故儿'。"晴雯听了冷笑道："姐姐既会说，就该早来，也省了爷生气。自古以来，就是你一个人服侍爷的，我们原没服侍过。因为你服侍的好，昨日才挨窝心脚，我们不会服侍的，到明儿还不知是个什么罪呢。"袭人听了这话，又是恼，又是愧，待要说几句话，又见宝玉已经气的黄了脸，少不得自己忍了性子，推晴雯道："好妹妹，你出去逛逛，原是我们的不是。”晴雯听他说“我们”两个字，自然是他和宝玉了，不觉又添了酸意，冷笑几声，道:“我倒不知道你们是谁，别教我替你们害臊了。便是你们鬼鬼祟祟干的那事儿，也瞒不过我去，那里就称起‘我们’来了。明公正道，连个姑娘还没挣上去呢，也不过和我似的，那里就称上‘我们’了?”袭人羞的脸紫胀起来，想一想，原来是自己把话说错了。宝玉一面说:“你们气不忿，我明儿偏抬举他。”袭人忙拉了宝玉的手道:“他一个糊涂人，你和他分证什么?况且你素日又是有担待的，比这大的过去了多少，今儿是怎么了?”晴雯冷笑道:“我原是糊涂人，那里配和我说话呢?”袭人听说道:“姑娘倒是和我拌嘴呢，是和二爷拌嘴呢?要是心里恼我，你只和我说，不犯着当着二爷吵，要是恼二爷，不该这们吵的万人知道。我才也不过为了事，进来劝开了，大家保重。姑娘倒寻上我的晦气。又不像是恼我，又不像是恼二爷，夹枪带棒，终久是个什么主意?我就不多说，让你说去。”说着便往外走。宝玉向晴雯道:“你也不用生气，我也猜着你的心事了。我回太太去，你也大了，打发你出去好不好。”晴雯听了这话，不觉又伤心起来，含泪说道:“为什么我出去?要嫌我，变着法儿打发我出去，也不能够。”宝玉道:“我何曾经过这个吵闹。一定是你要出去了。不如回太太，打发你去吧。”说着，站起来就要走。袭人忙回身拦住，笑道:“往那里去?”宝玉道:“回太太去。”袭人笑道:“好没意思。真个的去回，你也不怕臊了?便是他认真的要去，也等把这气下去了，等无事中说话儿回了太太也不迟。这会子急急的当作一件正经事去回，岂不叫太太犯疑?”宝玉道:“太太必不犯疑，我只明说是他闹着要去的。”晴雯哭道:“我多早晚闹着要去了?饶生了气，还拿话压派我。只管去回，我一头碰死了也不出这门儿。”宝玉道:“这也奇了。你又不去，你又闹些什么?我经不起这吵，不如去了倒干净。”说着一定要去回。袭人见拦不住，只得跪下了。碧痕、秋纹、麝月等众丫鬟见吵闹，都鸦雀无闻的在外头听消息，这会子听见袭人跪下央求，便一齐进来都跪下了。宝玉忙把袭人扶起来，叹了一声，在床上坐下，叫众人起去，向袭人道:“叫我怎么样才好?这个心使碎了也没人知道。”说着不觉滴下泪来。袭人见宝玉流下泪来，自己也就哭了。

晴雯在旁哭着，方欲说话，只见林黛玉进来，便出去了。林黛玉笑道："大节下怎么好好的哭起来？难道是为争粽子吃争恼了不成？"宝玉和袭人嗤的一笑。黛玉道："二哥哥不告诉我，我问你就知道了。"一面说，一面拍着袭人的肩，笑道："好嫂子，你告诉我。必定是你两个拌了嘴了。告诉妹妹，替你们和劝和劝。"袭人推他道："林姑娘你闹什么？我们一个丫头，姑娘只是混说。"黛玉笑道："你说你是丫头，我只拿你当嫂子待。"宝玉道："你何苦来替他招骂名儿。饶这么着，还有人说闲话，还搁的住你来说他？"袭人笑道："林姑娘，你不知道我的心事，除非一口气不来死了倒也罢了。"林黛玉笑道："你死了，别人不知怎么样，我先就哭死了。"宝玉笑道："你死了，我作和尚去。"袭人笑道："你老实些罢，何苦还说这些话？"林黛玉将两个指头一伸，抿嘴笑道："作了两个和尚了。我从今以后都记着你作和尚的遭数儿。"宝玉听得，知道是他点前儿的话，自己一笑也就罢了。

笺证

在怡红院中，晴雯、袭人是黛、钗的缩微版，袭人是薛宝钗的影子，晴雯是林黛玉的影子，于此第三十一回彼影子与此影子较劲，体现得极为精彩和真切。晴雯失手跌断了扇子，宝玉发怒，袭人为晴雯解套说："好妹妹，你出去逛逛，原是我们的不是。"晴雯却敏感地挑刺，听她说"我们"两个字，自然是她袭人和宝玉了，不觉又添了酸意，冷笑几声说："我倒不知道你们是谁，别教我替你们害臊了。便是你们鬼鬼祟祟干的那事儿，也瞒不过我去，那里就称起‘我们’来了。明公正道，连个姑娘还没挣上去呢，也不过和我似的，那里就称上‘我们’了？”称谓隐含着身份的自我认定，称谓的无意识出格，羞得袭人的脸都紫胀起来。但是晴雯出去，林黛玉进来却拍着袭人的肩，笑说：“好嫂子，你告诉我。必定是你两个（宝玉、袭人）拌了嘴了。告诉妹妹，替你们和劝和劝。”黛玉还笑着辩解说：“你说你是丫头，我只拿你当嫂子待。”黛玉又把袭人的称谓出格，推衍为身份的出格。晴雯与黛玉的一递一送，尖嘴利舌，有异曲同工之趣。影子与正身于此互相掩映。接下来还有谶语的漏泄。宝玉对黛玉说：“你死了，我作和尚去。”这算是一种遥遥回响在几十回后的谶语。林黛玉将两个指头一伸，抿嘴笑道：“作了两个和尚了。我从今以后都记着你作和尚的遭数儿。”拿谶语当玩笑，这就是对命运作弄人的浑然不觉。影子晃动，谶语飘散，《红楼梦》运笔如风，出神入化。于此不妨追究一下古代关于形影神之辨。老庄哲学每每论及形神关系，春秋晚期老子学派的辛钘《文子·下德》中有老子曰：“太上养神，其次养形。”《淮南子·原道训》中说：“以神为主者，形从而利；以形为制者，神从而害。”这里强调形神一致，以神为主，以形为辅的观念。《淮南子·原道训》说：“夫形者，生之舍也；气者，生之充也；神者，生之制也；一失位，则三者伤矣。”[1]强调了形、气、神三者的本体及各自功能。汉初推崇黄老思想的司马谈《论六家要指》说：“凡人所生者神也，所託者形也。神大用则竭，形大劳则敝，形神离则死。死者不可复生，离者不可复反，故圣人重之。由是观之，神者生之本也，形者生之具也。”[2]佛教内传后，宣扬形灭神不灭，灵魂永恒，影响士林。陶渊明有《形影神三首》，参证道佛，归本于道家的自然思想，其小序云：“贵贱贤愚，莫不营营以惜生，斯甚惑焉；故极陈形影之苦，言神辨自然以释之。好事君子，共取其心焉。”[3]最终是以神来辨明自然的道理，接上《老子》“道法自然”的思想，以消解人们对形神分离的疑惑。首先是《形赠影》的话：“天地长久不灭，山川不改变时序，草木遵循自然常理，经霜而枯，得露而复荣。虽说人类最灵智，但竟然不能如此。适才还在世上，瞬间就走了，再也不能回来。怎么感到没有过这么一个人，亲戚朋友也不再思念他。只留下生前遗物，令人见了落泪不已。我作为形体又没有飞天成仙的本领，你影子也用不着怀疑我，但愿听取我的劝告，开怀畅饮，不必推辞，还是到醉乡寻求暂时的欢乐吧。”接着是《影答形》的话：“存在是谈不上的，卫生往往落入苦恼和笨拙。诚心诚意去昆仑华山游仙学道，发现此路渺茫与不通。自从我影子与你形体相遇，甘苦悲喜未尝不同。我如憩息在树荫下，好像你同我暂时分手；我若停在阳光下，你和我终日不分离。这种形影相随的状况也难以常在，昏暗中你我都不复存在。人死名也随之而尽，想起此事就心忧如焚。唯有立善可以立下美名，为何不去努力留名后世呢？虽说酒能消忧，但比较起立善，岂不等而下之了！”最后是《神释》的话：“造化没有偏私，万物都按照理路繁衍，人所以能跻身于天地人‘三才’之中，岂不是因为有了我精神的缘故？我与你们形和影虽然不相同，但生来就互相依附。既然我们结合托体于一身，怎么能不说说我的看法：上古三皇被称作大圣人，而今他们却在何处？彭祖活到了八百多岁，但也留不住他人间的生命。老少贤愚都同有一死，没有回生的运数可以挽救。每日沉湎于酒中或能忘忧，但那岂不是反而促使生命尽快结束吗？立善常常是人们喜欢做的事，可是身后又有谁会称赞你呢？极力去思索这些事情难免丧害了自身，还是听天由命吧。在宇宙中纵情放浪，人生没有什么可喜，也没有什么恐惧，生命到了尽头就让它尽止好了，不必独个儿有什么过多的忧虑了。”陶渊明以道家自然观为立论之本，提出纵浪大化，随顺自然，使个人成为自然的一部分，而无须别求腾化升仙之术，如此便可全神，死犹不亡，与天地共存。冥契自然，浑同造化的思想取于老庄哲学，如《庄子·天地》说：“执道者德全，德全者形全，形全者神全，

❶ 何宁：《淮南子集释》，中华书局1998年版，第82页。

❷（清）姚鼐纂集，胡士明、李祚唐标校：《古文辞类纂》，上海古籍出版社2016年版，第6页。

❸ 傅东华选注：《陶渊明诗》，崇文书局2014年版，第98页。

神全者圣人之道也。”陶诗用了寓言的形式，以形、影、神三者之间的相互问答来展开论述，可谓奇思异想，令哲学讨论充满生动活泼的机趣。后来李白《月下独酌》“举杯邀明月，对影成三人。月既不解饮，影徒随我身”，也是取陶诗之意。然而尘世俗子岂能都有陶渊明、李白的高旷？清代周清原《西湖二集》第十六卷《月下老错配本属前缘》记述作《断肠词》的南宋女词人朱淑真，顾影自怜，灯下照看自己的影子，以遣闷怀。有《如梦令》词为证：“谁伴明窗独坐？我和影儿两个。灯尽欲眠时，影也把人抛躲。无那，无那，好个凄惶的我。”写影子的小说艺术，是难以逃避这份凄惶冷清的。以称谓作出身份自认，关键在于身份、称谓之间不宜分裂，而求得自安。

一时黛玉去后，就有人说“薛大爷请”，宝玉只得去了。原来是吃酒，不能推辞，只得尽席而散。晚间回来，已带了几分酒，踉跄来至自己院内，只见院中早把乘凉枕榻设下，榻上有个人睡着。宝玉只当是袭人，一面在榻沿上坐下，一面推他，问道：“疼的好些了？”只见那人翻身起来说：“何苦来，又招我。”宝玉一看，原来不是袭人，却是晴雯。宝玉将他一拉，拉在身旁坐下，笑道：“你的性子越发惯娇了。早起就是跌了扇子，我不过说了那两句，你就说上那些话。说我也罢了，袭人好意来劝，你又括上他，你自己想想，该不该？”晴雯道：“怪热的，拉拉扯扯作什么？叫人来看见像什么？我这身子也不配坐在这里。”宝玉笑道：“你既知道不配，为什么睡着呢？”晴雯没的话，嗤的又笑了，说：“你不来便使得，你来了就不配了。起来，让我洗澡去。袭人、麝月都洗了澡。我叫了他们来。”宝玉笑道：“我才又吃了好些酒，还得洗一洗。你既没有洗，拿了水来咱们两个洗。”晴雯摇手笑道：“罢，罢，我不敢惹爷。还记得碧痕打发你洗澡，足有两三个时辰，也不知道作什么呢？我们也不好进去的。后来洗完了，进去瞧瞧，地下的水淹着床腿，连席子上都汪着水，也不知是怎么洗了，叫人笑了几天。我也没那工夫收拾，也不用同我洗去。今儿也凉快，那会子洗了，可以不用再洗。我倒舀一盆水来，你洗洗脸通通头。才刚鸳鸯送了好些果子来，都湃在那水晶缸里呢，叫他们打发你吃。”宝玉笑道：“既这么着，你也不许洗去，只洗洗手来拿果子来吃罢。”晴雯笑道：“我慌张的很，连扇子还跌折了，那里还配打发吃果子。倘或再打破了盘子，还更了不得呢？”宝玉笑道：“你爱打就打，这些东西原不过是借人所用，你爱这样，我爱那样，各自性情不同。比如那扇子原是扇的，你要撕着玩也可以使得，只是不可生气时拿他出气。就如杯盘，原是盛东西的，你喜听那一声响，就故意的碎了也可以使得，只是别在生气时拿他出气。这就是爱物了。”晴雯听了，笑道：“既这么说，你就拿了扇子来我撕。我最喜欢撕的。”宝玉听了，便笑着递与他。晴雯果然接过来，嗤的一声，撕了两半，接着嗤嗤又听几声。宝玉在旁笑着说：“响的好，再撕响些。”正说着，只见麝月走过来，笑道：“少作些孽罢。”宝玉赶上来，一把将他手里的扇子也夺了递与晴雯。晴雯接了，也撕了几半子，二人都大笑。麝月道：“这是怎么说，拿我的东西开心儿？”宝玉笑道：“打开扇子匣子你拣去，什么好东西？”麝月道：“既这么说，就把匣子搬了出来，让他尽力的撕，岂不好？”宝玉笑道：“你就搬去。”麝月道：“我可不造这孽。他也没折了手，叫他自己搬去。”晴雯笑着，倚在床上说道：“我也乏了，明儿再撕罢。”宝玉笑道：“古人云，‘千金难买一笑’，几把扇子能值几何？”一面说着，一面叫袭人。袭人才换了衣服走出来，小丫头佳蕙过来拾去破扇，大家乘凉，不消细说。

笺证

第三十一回晴雯撕扇子，宝玉在旁笑说：“响的好，再撕响些。”宝玉的理由是：“这些东西原不过是借人所用，你爱这样，我爱那样，各自性情不同。比如那扇子原是扇的，你要撕着玩也可以使得，只是不可生气时拿他出气。就如杯盘，原是盛东西的，你喜听那一声响，就故意的碎了也可以使得，只是别在生气时拿他出气。这就是爱物了。”这是没落贵族的奢侈的游戏心态。宝玉还要搬来扇子匣子，让晴雯尽力地撕，并笑着解释：“古人云，‘千金难买一笑’，几把扇子能值几何？”晴雯的任性，宝玉的纨袴气，都刻画得意态淋漓。虽然事件有大小，但这种千金买一笑的心态，犹可令人联想到西周末年烽火戏诸侯的故事。明代冯梦龙《东周列国志》第二回《褒人赎罪献美女　幽王烽火戏诸侯》说：“褒妃虽篡位正宫，有专席之宠，从未开颜一笑。幽王欲取其欢，召乐工鸣钟击鼓，品竹弹丝，宫人歌舞进觞，褒妃全无悦色。幽王问曰：‘爱卿恶闻音乐，所好何事？’褒妃曰：‘妾无好也。曾记昔日手裂彩缯，其声爽然可听。’幽王曰：‘既喜闻裂缯之声，何不早言？’即命司库日进彩缯百匹，使宫娥有力者裂之，以悦褒妃。可怪褒妃虽好裂缯，依旧不见笑脸。幽王问曰：‘卿何故不笑？’褒妃答曰：‘妾生平不笑。’幽王曰：‘朕必欲卿一开笑口。’遂出令：‘不拘宫内宫外，有能致褒后一笑者，赏赐千金。’虢石父献计曰：‘先王昔年因西戎强盛，恐彼入寇，乃于骊山之下，置烟墩二十余所，又置大鼓数十架，但有贼寇，放起狼烟，直冲霄汉，附近诸侯，发兵相救，又鸣起大鼓，催趱前来。今数年以来，天下太平，烽火皆熄。吾主若要王后启齿，必须同后游玩骊山，夜举烽烟，诸侯援兵必至，至而无寇，王后必笑无疑矣。’幽王曰：‘此计甚善。’乃同褒后并驾往骊山游玩，至晚设宴骊宫，传令举烽。时郑伯友正在朝中，以司徒为前导，闻命大惊，急趋至骊宫奏曰：‘烟墩者，先王所设以备缓急，所以取信于诸侯。今无故举烽，是戏诸侯也。异日倘有不虞，即使举烽，诸侯必不信矣。将何物征兵以救急哉！’幽王怒曰：‘今天下太平，何事征兵？朕今与王后出游骊宫，无可消遣，聊兴诸侯为戏。他日有事，与卿无与。’遂不听郑伯之谏。大举烽火，复擂起大鼓。鼓声如雷，火光烛天。畿内诸侯，疑镐京有变，一个个即时领兵点将，连夜赶至骊山，但闻楼阁管籥之音。幽王与褒妃饮酒作乐，使人谢诸侯曰：‘幸无外寇，不劳跋涉。’诸侯面面相觑，卷旗而回。褒妃在楼上，凭栏望见诸侯忙去忙回，并无一事，不觉抚掌大笑。幽王曰：'爱卿一笑，百媚俱生，此虢石父之力也。'遂以千金赏之。至今俗语相传'千金买笑'，盖本于此，髯翁有诗，单咏'烽火戏诸侯'之事。诗曰：良夜骊宫奏管簧，无端烽火烛穹苍。可怜列国奔驰苦，止博褒妃笑一场。"[4]周幽王为进一步讨褒姒欢心，又罔顾老祖宗的规矩，废黜王后申氏和太子宜白，册封褒姒为后，立褒姒之子伯服为太子。申侯得到这个消息，联合缯侯及西北夷族犬戎之兵，于公元前771年进攻镐京。周幽王听到犬戎进攻的消息，急忙命令点燃烽火。可是诸侯们因上次受了愚弄，都不再理会，不派军队救援。犬戎兵马蜂拥入城，周幽王带着褒姒、伯服，仓皇奔逃骊山。犬戎兵追上来，杀死周幽王、太子伯服，俘虏褒姒，西周灭亡。申侯、鲁侯、许文公等共立原太子姬宜臼为天子，于公元前770年在申（今河南南阳北）即位，是为周平王，迁都洛邑（今河南洛阳），史称东周。可以这样说，"千金买笑"是一种败家子行为，大则可以倾覆国家，小则可以毁坏身家性命，宝玉对晴雯的"千金买笑"的慷慨，是不可以单纯的情痴畸行来解释得了的，是破落户子弟的行为和忏悔。

[4]（明）冯梦龙：《东周列国志》，岳麓书社2014年版，第13页。

至次日午间，王夫人、薛宝钗、林黛玉众姊妹正在贾母房内坐着，就有人回："史大姑娘来了。"一时果见史湘云带领众多丫鬟媳妇走进院来。宝钗、黛玉等忙迎至阶下相见。青年姊妹间经月不见，一旦相逢，其亲密自不必细说。一时进入房中，请安问好，都见过了。贾母因说："天热，把外头的衣服脱脱罢。"史湘云忙起身宽衣。王夫人因笑道："也没见穿上这些作什么。"史湘云笑道："都是二婶婶叫穿的，谁愿意穿这些？”宝钗一旁笑道：“姨娘不知道，他穿衣裳还更爱穿别人的衣裳。可记得旧年三四月里，他在这里住着，把宝兄弟的袍子穿上，靴子也穿上，额子也勒上，猛一瞧倒像是宝兄弟，就是多两个坠子。他站在那椅子后边，哄的老太太只是叫‘宝玉，你过来，仔细那上头挂的灯穗子招下灰来迷了眼’。他只是笑，也不过去。后来大家撑不住笑了，老太太才笑了，说‘倒扮上男人好看了’。”林黛玉道：“这算什么。惟有前年正月里接了他来，住了没两日就下起雪来，老太太和舅母那日想是才拜了影回来，老太太的一个新新的大红猩猩毡斗篷放在那里，谁知眼错不见他就披了，又大又长，他就拿了个汗巾子拦腰系上，和丫头们在后院子扑雪人儿去，一跤栽到沟跟前，弄了一身泥水。”说着，大家想着前情，都笑了。

宝钗笑向那周奶妈道：“周妈，你们姑娘还是那么淘气不淘气了？”周奶娘也笑了。迎春笑道：“淘气也罢了，我就嫌他爱说话。也没见睡在那里还是咭咭呱呱，笑一阵，说一阵，也不知那里来的那些话？”王夫人道：“只怕如今好了。前日有人家来相看，眼见有婆婆家了，还是那们着。”贾母因问：“今儿还是住着，还是家去呢？”周奶娘笑道：“老太太没有看见衣服都带了来，可不住两天？”史湘云问道：“宝玉哥哥不在家么？”宝钗笑道：“他再不想着别人，只想宝兄弟，两个人好憨的。这可见还没改了淘气。”贾母道：“如今你们大了，别提小名儿了。”

刚只说着，只见宝玉来了，笑道：“云妹妹来了。前儿打发人接你去，怎么不来？”王夫人道：“这里老太太才说这一个，他又来提名道姓的了。”林黛玉道：“你哥哥得了好东西，等着你呢。”史湘云道：“什么好东西？”宝玉笑道：“你信他呢。几日不见，越发高了。”湘云笑道：“袭人姐姐好？”宝玉道：“多谢你记挂。”湘云道：“我给他带了好东西来了。”说着，拿出手帕子来，挽着一个疙瘩。宝玉道：“什么好的？你倒不如把前儿送来的那种绛纹石的戒指儿带两个给他。”湘云笑道：“这是什么？”说着便打开。众人看时，果然就是上次送来的那绛纹戒指，一包四个。林黛玉笑道：“你们瞧瞧他这主意。前儿一般的打发人给我们送了来，你就把他带来岂不省事？今儿巴巴的自己带了来，我当又是什么新奇东西，原来还是他。真真你是糊涂人。”史湘云笑道：“你才糊涂呢。我把这理说出来，大家评一评谁糊涂。给你们送东西，就是使来的不用说话，拿进来一看，自然就知是送姑娘们的了，若带他们的东西，这得我先告诉来人，这是那一个丫头的，那是那一个丫头的，那使来的人明白还好，再糊涂些，丫头的名字他也不记得，混闹胡说的，反连你们的东西都搅糊涂了。若是打发个女人素日知道的还罢了，偏生前儿又打发小子来，可怎么说丫头们的名字呢？横竖我来给他们带来，岂不清白？”说着，把四个戒指放下，说道：“袭人姐姐一个，鸳鸯姐姐一个，金钏儿姐姐一个，平儿姐姐一个：这倒是四个人的，难道小子们也记得这们清白？”众人听了都笑道：“果然明白。”宝玉笑道：“还是这么会说话，不让人。”林黛玉听了，冷笑道：“他不会说话，他的金麒麟会说话。”一面说着，便起身走了。幸而诸人都不曾听见，只有薛宝钗抿嘴一笑。宝玉听见了，倒自己后悔又说错了话，忽见宝钗一笑，由不得也笑了。宝钗见宝玉笑了，忙起身走开，找了林黛玉去说话。贾母向湘云道：“吃了茶歇一歇，瞧瞧你的嫂子们去。园里也凉快，同你姐姐们去逛逛。”湘云答应了，将三个戒指儿包上，歇了一歇，便起身要瞧凤姐等人去。众奶娘丫头跟着，到了凤姐那里，说笑了一回，出来便往大观园来，见过了李宫裁，少坐片时，便往怡红院来找袭人。因回头说道：“你们不必跟着，只管瞧你们的朋友亲戚去，留下翠缕服侍就是了。”众人听了，自去寻姑觅嫂，单剩下湘云、翠缕两个人。翠缕道：“这荷花怎么还不开？”史湘云道：“时侯没到。”翠缕道：“这也和咱们家池子里的一样，也是楼子花。”湘云道：“他们这个还不如咱们的。”翠缕道：“他们那边有棵石榴，接连四五枝，真是楼子上起楼子，这也难为他长。”史湘云道：“花草也是同人一样，气脉充足，长的就好。”翠缕把脸一扭，说道："我不信这话。若说同人一样，我怎么不见头上又长出一个头来的人？”湘云听了，由不得一笑，说道："我说你不用说话，你偏好说。这叫人怎么好答言？天地间都赋阴阳二气所生，或正或邪，或奇或怪，千变万化，都是阴阳顺逆多少。一生出来，人罕见的就奇，究竟理还是一样。”翠缕道："这么说起来，从古至今，开天辟地，都是些阴阳了？”湘云笑道："糊涂东西，越说越放屁。什么'都是些阴阳'，难道还有两个阴阳不成。'阴''阳'两个字还只是一字，阳尽了就成阴，阴尽了就成阳，不是阴尽了又有个阳生出来，阳尽了又有个阴生出来。”翠缕道："这糊涂死了我。什么是个阴阳，没影没形的。我只问姑娘，这阴阳是怎么个样儿？”湘云道："阴阳可有什么样儿，不过是个气，器物赋了成形。比如天是阳，地就是阴，水是阴，火就是阳，日是阳，月就是阴。”翠缕听了，笑道："是了，是了，我今儿可明白了。怪道人都管着日头叫'太阳'呢，算命的管着月亮叫什么'太阴星'，就是这个理了。”湘云笑道："阿弥陀佛。刚刚的明白了。”翠缕道："这些大东西有阴阳也罢了，难道那些蚊子、虼蚤、蠓虫儿、花儿、草儿、瓦片儿、砖头儿也有阴阳不成？”湘云道："怎么有没阴阳的呢？比如那一个树叶儿还分阴阳呢，那边向上朝阳的便是阳，这边背阴覆下的便是阴。”翠缕听了，点头笑道："原来这样，我可明白了。只是咱们这手里的扇子，怎么是阳，怎么是阴呢？”湘云道："这边正面就是阳，那边反面就为阴。”翠缕又点头笑了，还要拿几件东西问，因想不起个什么来，猛低头就看见湘云宫绦上系的金麒麟，便提起来笑道："姑娘，这个难道也有阴阳？”湘云道："走兽飞禽，雄为阳，雌为阴，牝为阴，牡为阳。怎么没有呢？”翠缕道："这是公的，到底是母的呢？”湘云道："这连我也不知道。”翠缕道："这也罢了，怎么东西都有阴阳，咱们人倒没有阴阳呢？”湘云照脸啐了一口道："下流东西，好生走罢。越问越问出好的来了。”翠缕笑道："这有什么不告诉我的呢？我也知道了，不用难我。”湘云笑道："你知道什么？”翠缕道："姑娘是阳，我就是阴。”说着，湘云拿手帕子握着嘴，呵呵的笑起来。翠缕道："说是了，就笑的这样了。”湘云道："很是，很是。”翠缕道:“人规矩主子为阳，奴才为阴。我连这个大道理也不懂得？”湘云笑道:“你很懂得。”

一面说，一面走，刚到蔷薇架下，湘云道:“你瞧那是谁掉的首饰，金晃晃在那里？”翠缕听了，忙赶上拾在手里攥着，笑道:“可分出阴阳来了。”说着，先拿史湘云的麒麟瞧。湘云要他拣的瞧，翠缕只管不放手，笑道:“是件宝贝，姑娘瞧不得。这是从那里来的？好奇怪。我从来在这里没见有人有这个。”湘云道:“拿来我看。”翠缕将手一撒，笑道:“请看。”湘云举目一验，却是文彩辉煌的一个金麒麟，比自己佩的又大又有文彩。湘云伸手擎在掌上，只是默默不语，正自出神，忽见宝玉从那边来了，笑问道:“你两个在这日头底下作什么呢？怎么不找袭人去？”湘云连忙将那麒麟藏起道:“正要去呢，咱们一处走。”说着，大家进入怡红院来。袭人正在阶下倚槛迎风，忽见湘云来了，连忙迎下来，携手笑说一向久别情况。一时进来归坐，宝玉因笑道:“你该早来，我得了一件好东西，专等你呢。”说着，一面在身上摸掏，掏了半天，呵呀了一声，便问袭人“那个东西你收起来了么？”袭人道:“什么东西？”宝玉道:“前儿得的麒麟。”袭人道:“你天天带在身上的，怎么问我？”宝玉听了，将手一拍说道:“这可丢了，往那里找去？”就要起身自己寻去。湘云听了，方知是他遗落的，便笑问道:“你几时又有了麒麟了？”宝玉道“前儿好容易得的呢，不知多早晚丢了，我也糊涂了。”湘云笑道:“幸而是顽的东西，还是这么慌张。”说着，将手一撒，笑道:“你瞧瞧，是这个不是？”宝玉一见由不得欢喜非常，因说道……不知是如何，且听下回分解。

笺证

《红楼梦》的人物闲谈，一不小心，就捎带着哲学。闲谈生存哲学，这就让人在其行文中一脚浅，一脚深，磕磕绊绊，时得启发，别有趣味。第三十一回史湘云与丫头翠缕一智一愚，愚者拓展思维的野性，智者把握思想的启蒙，形成了歪三扭四的哲学对撞。湘云谈论阴阳说："阴阳可有什么样儿，不过是个气，器物赋了成形。比如天是阳，地就是阴，水是阴，火就是阳，日是阳，月就是阴。"如此言说，还算不离正道。但是翠缕听了说："这些大东西有阴阳也罢了，难道那些蚊子、虼蚤、蠓虫儿、花儿、草儿、瓦片儿、砖头儿也有阴阳不成？"湘云说："怎么有没阴阳的呢？比如那一个树叶儿还分阴阳呢，那边向上朝阳的便是阳，这边背阴覆下的便是阴。"这就捎带上《庄子·知北游》对道之无所不在的比喻："东郭子问于庄子曰：'所谓道，恶乎在？'庄子曰：'无所不在。'东郭子曰：'期而后可。'庄子曰：'在蝼蚁。'曰：'何其下邪？'曰：'在稊稗。'曰：'何其愈下邪？'曰：'在瓦甓。'曰：'何其愈甚邪？'曰：'在屎溺。'东郭子不应。"[5] 老子论道，道归于一，庄子论道，道散为万，一与万相乘除，贯通整个宇宙。东郭子向庄子请教道藏之所，庄子谓"道无所不在"，追问之下，直逼出在蝼蚁、在小草、在砖瓦、在大小便，使得东郭子无言以对了。还有一个有趣的故事：据说清朝末年，李鸿章热心于洋务。他问属下什么是抛物线，属下讲了一大通，李鸿章仍是不懂。属下急了，说："李中堂，你撒不撒尿，撒尿就是抛物线啊！"李鸿章一下子大笑明白了，幽默地说："各位明白了吧，庄子说'道在屎溺'就是说的这个道理啊！"史湘云的丫头翠缕的感悟力，似乎不在李鸿章之下。回到本回的题目"因麒麟伏白首双星"。己卯本回首批语说："'金玉姻缘'已定，又写一金麒麟，是间色法也。何颦儿为其所惑？故颦儿谓'情情'。"[6] 蔷薇架下，翠缕捡到文彩辉煌的一个金麒麟，比对史湘云的金麒麟，"可分出阴阳来了"。这本是贾宝玉从清虚观道士那里得到的赤金点翠的麒麟，专等史湘云到来一起欣赏，在身上摸掏半天，呵呀了一声，原来已经丢失，为史湘云和丫头翠缕捡到。

这种阴差阳错，对照题目“因麒麟伏白首双星”，是否暗示了贾宝玉、史湘云还有一段白首姻缘？如此“间色法”，费人参详。

❺ 王先谦:《庄子集解》，中华书局1987年版，第190页。

❻（清）曹雪芹:《脂砚斋重评石头记（己卯本）》，上海古籍出版社1981年版，第423页。

第三十二回

诉肺腑心迷活宝玉　含耻辱情烈死金钏

话说宝玉见那麒麟，心中甚是欢喜，便伸手来拿，笑道："亏你捡着了。你是那里捡的？"史湘云笑道："幸而是这个，明儿倘或把印也丢了，难道也就罢了不成？"宝玉笑道："倒是丢了印平常，若丢了这个，我就该死了。"袭人斟了茶来与史湘云吃，一面笑道："大姑娘听见前儿你大喜了。"史湘云红了脸，吃茶不答。袭人道："这会子又害臊了。你还记得十年前，咱们在西边暖阁住着，晚上你同我说的话儿？那会子不害臊，这会子怎么又害臊了？"史湘云笑道："你还说呢。那会子咱们那么好。后来我们太太没了，我家去住了一程子，怎么就把你派了跟二哥哥，我来了，你就不像先待我了。"袭人笑道："你还说呢。先姐姐长、姐姐短哄着我替你梳头洗脸，作这个弄那个，如今大了，就拿出小姐的款来。你既拿小姐的款，我怎敢亲近呢？"史湘云道："阿弥陀佛，冤枉冤哉。我要这样，就立刻死了。你瞧瞧，这么大热天，我来了，必定赶来先瞧瞧你。不信你问问缕儿，我在家时时刻刻那一回不念你几声？"话未了，忙的袭人和宝玉都劝道："玩话你又认真了，还是这么性急。"史湘云道："你不说你的话噎人，倒说人性急。"一面说，一面打开手帕子，将戒指递与袭人。袭人感谢不尽，因笑道："你前儿送你姐姐们的，我已得了，今儿你亲自又送来，可见是没忘了我。只这个就试出你来了。戒指儿能值多少，可见你的心真。"史湘云道："是谁给你的？"袭人道："是宝姑娘给我的。"湘云笑道："我只当是林姐姐给你的，原来是宝钗姐姐给了你。我天天在家里想着，这些姐姐们再没一个比宝姐姐好的。可惜我们不是一个娘养的。我但凡有这么个亲姐姐，就是没了父母，也是没妨碍的。”说着，眼睛圈儿就红了。宝玉道：“罢，罢，罢。不用提这个话。”史湘云道：“提这个便怎么？我知道你的心病，恐怕你的林妹妹听见，又怪嗔我赞了宝姐姐。可是为这个不是？”袭人在旁嗤的一笑，说道：“云姑娘，你如今大了，越发心直口快了。”宝玉笑道：“我说你们这几个人难说话，果然不错。”史湘云道：“好哥哥，你不必说话教我恶心。只会在我们跟前说话，见了你林妹妹，又不知怎么了？”

袭人道：“且别说顽话，正有一件事还要求你呢。”史湘云便问：“什么事？”袭人道：“有一双鞋，抠了垫心子。我这两日身上不好，不得做，你可有工夫替我做做？”史湘云笑道：“这又奇了，你家放着这些巧人不算，还有什么针线上的，裁剪上的，怎么教我做起来？你的活计叫谁做，谁好意思不做呢？”袭人笑道：“你又糊涂了。你难道不知道，我们这屋里的针线，是不要那些针线上的人做的。”史湘云听了，便知是宝玉的鞋了，因笑道：“既这么说，我就替你做了罢。只是一件，你的我才作，别人的我可不能。”袭人笑道：“又来了，我是个什么，就烦你做鞋了。实告诉你，可不是我的。你别管是谁的，横竖我领情就是了。”史湘云道：“论理，你的东西也不知烦我做了多少了，今儿我倒不做了的原故，你必定也知道。”袭人道：“倒也不知道。”史湘云冷笑道：“前儿我听见把我做的扇套子拿着和人家比，赌气又铰了。我早就听见了，你还瞒我。这会子又叫我做，我成了你们的奴才了。”宝玉忙笑道：“前儿的那事，本不知是你做的。”袭人也笑道：“他本不知是你做的。是我哄他的话，说是新近外头有个会做活的女孩子，说扎的出奇的花，我叫他拿了一个扇套子试试看好不好。他就信了，拿出去给这个瞧给那个看的。不知怎么又惹恼了林姑娘，铰了两段。回来他还叫赶着做去，我才说了是你作的，他后悔的什么似的。”史湘云道：“越发奇了。林姑娘他也犯不上生气，他既会剪，就叫他做。”袭人道：“他可不作呢。饶这么着，老太太还怕他劳碌着了。大夫又说好生静养才好，谁还烦他做。旧年好一年的工夫，做了个香袋儿，今年半年，还没拿针线呢。”

正说着，有人来回说：“兴隆街的大爷来了，老爷叫二爷出去会。”宝玉听了，便知是贾雨村来了，心中好不自在。袭人忙去拿衣服。宝玉一面蹬着靴子，一面抱怨道：“有老爷和他坐着就罢了，回回定要见我。”史湘云一边摇着扇子，笑道：“自然你能会宾接客，老爷才叫你出去呢。”宝玉道：“那里是老爷，都是他自己要请我去见的。”湘云笑道：“主雅客来勤，自然你有些警他的好处，他才只要会你。”宝玉道：“罢，罢，我也不敢称雅，俗中又俗的一个俗人，并不愿同这些人往来。”湘云笑道：“还是这个情性不改。如今大了，你就不愿读书去考举人进士的，也该常常的会会这些为官做宰的人们，谈谈讲讲些仕途经济的学问，也好将来应酬世务，日后也有个朋友。没见你成年家只在我们队里搅些什么？”宝玉听了道：“姑娘请别的姊妹屋里坐坐，我这里仔细污了你知经济学问的。”袭人道：“云姑娘快别说这话。上回也是宝姑娘也说过一回，他也不管人脸上过的去过不去，他就咳了一声，拿起脚来走了。这里宝姑娘的话也没说完，见他走了，登时羞的脸通红，说又不是，不说又不是。幸而是宝姑娘，那要是林姑娘，不知又闹到怎么样，哭的怎么样呢？提起这个话来，真真的宝姑娘叫人敬重，自己讪了一会子去了。我倒过不去，只当他恼了。谁知过后还是照旧一样，真真有涵养，心地宽大。谁知这一个反倒同他生分了。那林姑娘见你赌气不理他，你得赔多少不是呢。”宝玉道：“林姑娘从来说过这些混帐话不曾？若他也说过这些混帐话，我早和他生分了。”袭人和湘云都点头笑道：“这原是混帐话。”

笺证

贵族中国的崩溃，是从内里首先崩溃的，他的叛逆子孙开始不愿按照正统规范的仕途经济的道路走下去，而是首先尊重自己的个性情感。因而第三十二回史湘云笑劝贾宝玉“常常的会会这些为官做宰的人们，谈谈讲讲些仕途经济的学问”，就被贾宝玉认为这是“混帐话”，并且说：“林姑娘从来说过这些混帐话不曾？若他也说过这些混帐话，我早和他生分了。”庚辰本回首批语说：“前明显祖汤先生有《怀人》诗一绝，堪合此回，故录之以待知音：‘无情无尽却情多，情到无多得尽么？解道多情情尽处，月中无树影无波。’”[1]《蒙古王府本石头记》于此侧批说：“花爱水清明，水怜花色新。浮落虽同流，空惹鱼龙涎。”庚辰本夹批马上来一句：“写足！憨宝玉殊可发一大笑。”讲的都是贾宝玉以纯真的感情，抗拒混账的仕途经济，追求尊重个性情感的生存形态。他知道，走旧的路，走不到新的地方；但是在那种体制下，走新的路，又能走到哪里？

[1]（清）曹雪芹著，脂砚斋评：《脂砚斋重评石头记庚辰校本》，作家出版社2006年版，第611页。

原来林黛玉知道史湘云在这里，宝玉又赶来，一定说麒麟的原故。因此心下忖度着，近日宝玉弄来的外传野史，多半才子佳人都因小巧玩物上撮合，或有鸳鸯，或有凤凰，或玉环金珮，或鲛帕鸾绦，皆由小物而遂终身。今忽见宝玉亦有麒麟，便恐借此生隙，同史湘云也做出那些风流佳事来。因而悄悄走来，见机行事，以察二人之意。不想刚走来，正听见史湘云说经济一事，宝玉又说：“林妹妹不说这样混帐话，若说这话，我也和他生分了。”林黛玉听了这话，不觉又喜又惊，又悲又叹。所喜者，果然自己眼力不错，素日认他是个知己，果然是个知己。所惊者，他在人前一片私心称扬于我，其亲热厚密，竟不避嫌疑。所叹者，你既为我之知己，自然我亦可为你之知己矣，既你我为知己，则又何必有金玉之论哉；既有金玉之论，亦该你我有之，则又何必来一宝钗哉！所悲者，父母早逝，虽有铭心刻骨之言，无人为我主张。况近日每觉神思恍惚，病已渐成，医者更云气弱血亏，恐致劳怯之症。你我虽为知己，但恐自不能久待。你纵为我知己，奈我薄命何！想到此间，不禁滚下泪来。待进去相见，自觉无味，便一面拭泪，一面抽身回去了。

这里宝玉忙忙的穿了衣裳出来，忽见林黛玉在前面慢慢的走着，似有拭泪之状，便忙赶上来，笑道："妹妹往那里去？怎么又哭了？又是谁得罪了你？"林黛玉回头见是宝玉，便勉强笑道："好好的，我何曾哭了？"宝玉笑道："你瞧瞧，眼睛上的泪珠儿未干，还撒谎呢。"一面说，一面禁不住抬起手来替他拭泪。林黛玉忙向后退了几步，说道："你又要死了。作什么这么动手动脚的！"宝玉笑道："说话忘了情，不觉的动了手，也就顾不的死活。"林黛玉道："你死了倒不值什么，只是丢下了什么金，又是什么麒麟，可怎么样呢？"一句话又把宝玉说急了，赶上来问道："你还说这话，到底是咒我还是气我呢？"林黛玉见问，方想起前日的事来，遂自悔自己又说造次了，忙笑道："你别着急，我原说错了。这有什么的，筋都暴起来，急的一脸汗。"一面说，一面禁不住近前伸手替他拭面上的汗。

宝玉瞅了半天，方说道"你放心"三个字。林黛玉听了，怔了半天，方说道："我有什么不放心的？我不明白这话。你倒说说怎么放心不放心？"宝玉叹了一口气，问道："你果不明白这话？难道我素日在你身上的心都用错了？连你的意思若体贴不着，就难怪你天天为我生气了。"林黛玉道："果然我不明白放心不放心的话。"宝玉点头叹道："好妹妹，你别哄我。果然不明白这话，不但我素日之意白用了，且连你素日待我之意也都辜负了。你皆因总是不放心的原故，才弄了一身病。但凡宽慰些，这病也不得一日重似一日。"林黛玉听了这话，如轰雷掣电，细细思之，竟比自己肺腑中掏出来的还觉恳切，竟有万句言语，满心要说，只是半个字也不能吐，却怔怔的望着他。此时宝玉心中也有万句言语，不知从那一句上说起，却也怔怔的望着黛玉。两个人怔了半天，林黛玉只咳了一声，两眼不觉滚下泪来，回身便要走。宝玉忙上前拉住，说道:“好妹妹，且略站住，我说一句话再走。”林黛玉一面拭泪，一面将手推开，说道:“有什么可说的。你的话我早知道了。”口里说着，却头也不回竟去了。

宝玉站着，只管发起呆来。原来方才出来慌忙，不曾带得扇子，袭人怕他热，忙拿了扇子赶来送与他，忽抬头见了林黛玉和他站着。一时黛玉走了，他还站着不动，因而赶上来说道:“你也不带了扇子去，亏我看见，赶了送来。”宝玉出了神，见袭人和他说话，并未看出是何人来，便一把拉住，说道:“好妹妹，我的这心事，从来也不敢说，今儿我大胆说出来，死也甘心。我为你也弄了一身的病在这里，又不敢告诉人，只好掩着。只等你的病好了，只怕我的病才得好呢。睡里梦里也忘不了你。”袭人听了这话，吓得魄消魂散，只叫:“神天菩萨，坑死我了。”便推他道:“这是那里的话。敢是中了邪？还不快去？”宝玉一时醒过来，方知是袭人送扇子来，羞的满面紫胀，夺了扇子，便忙忙的抽身跑了。

笺证

《红楼梦》写人的痴情，真是一套一套的，犯而不犯，重复中反重复，触及深湛的心理层次和灵魂皱褶之处。第三十二回林黛玉从旁意外地听到宝玉说:“林姑娘从来说过这些（仕途经济）混帐话不曾？若他也说过这些混帐话，我早和他生分了。”林黛玉由此暗自把他视为知己，辗转思量，又产生“奈我薄命何”的伤感。伤感是深化心理描写的极佳通道，它蕴含着最美的情感，却留下了最痛的伤害。如北宋柳永《满江红》词云："添伤感，将何计？空只恁，厌厌地。无人处思量，几度垂泪。"面对黛玉的伤感，贾宝玉说出"你放心"三个字。林黛玉怔了半天才说"我不明白这话"，反而引起宝玉伤感说："你果不明白这话？难道我素日在你身上的心都用错了？连你的意思若体贴不着，就难怪你天天为我生气了。"由此迷乱了心窍，待林黛玉走了，袭人给他送扇子，贾宝玉还拉着袭人的手，把袭人当成林黛玉，发呆失神地说："好妹妹，我的这心事，从来也不敢说，今儿我大胆说出来，死也甘心。我为你也弄了一身的病在这里，又不敢告诉人，只好掩着。只等你的病好了，只怕我的病才得好呢。睡里梦里也忘不了你。"这番"诉肺腑心迷活宝玉"，以伤感性的失常深化了常态刻画，刻画到人物的骨髓里去了。所谓"心迷"，就是迷了心窍，丧魂落魄，失去了正常的思考能力，却呈现了最深处的情感神经的颤抖。爱情由此成了最强烈的人生体验，也成了最痛苦的人生体验。

这里袭人见他去了，自思方才之言，一定是因黛玉而起，如此看来，将来难免不才之事，令人可惊可畏。想到此间，也不觉怔怔的滴下泪来，心下暗度如何处治方免此丑祸。正裁疑间，忽有宝钗从那边走来，笑道："大毒日头地下，出什么神呢？"袭人见问，忙笑道："那边两个雀儿打架，倒也好玩，我就看住了。"宝钗道："宝兄弟这会子穿了衣服，忙忙的那去了？我才看见走过去，倒要叫住问他呢。他如今说话越发没了经纬，我故此没叫他了，由他过去罢。"袭人道："老爷叫他出去。"宝钗听了，忙道："嗳哟，这么黄天暑热的，叫他做什么？别是想起什么来生了气，叫出去教训一场。"袭人笑道："不是这个，想是有客要会。"宝钗笑道："这个客也没意思，这么热天，不在家里凉快，还跑些什么？"袭人笑道："倒是你说说罢。"

宝钗因而问道："云丫头在你们家做什么呢？"袭人笑道："才说了一会子闲话。你瞧，我前儿粘的那双鞋，明儿叫他做去。"宝钗听见这话，便两边回头，看无人来往，便笑道："你这么个明白人，怎么一时半刻的就不会体谅人情。我近来看着云丫头神情，再风里言风里语的听起来，那云丫头在家里竟一点儿作不得主。他们家嫌费用大，竟不用那些针线上的人，差不多的东西多是他们娘儿们动手。为什么这几次他来了，他和我说话儿，见没人在跟前，他就说家里累的很。我再问他两句家常过日子的话，他就连眼圈儿都红了，口里含含糊糊待说不说的。想其形景来，自然从小儿没爹娘的苦。我看着他，也不觉的伤起心来。”袭人见说这话，将手一拍，说:“是了，是了。怪道上月我烦他打十根蝴蝶结子，过了那些日子才打发人送来，还说‘打的粗，且在别处能着使罢，要匀净的，等明儿来住着再好生打罢’。如今听宝姑娘这话，想来我们烦他他不好推辞，不知他在家里怎么三更半夜的做呢！可是我也糊涂了，早知是这样，我也不烦他了。”宝钗道:“上次他就告诉我，在家里做活做到三更天，若是替别人做一点半点，他家的那些奶奶太太们还不受用呢！”袭人道:“偏生我们那个牛心左性的小爷，凭着小的大的活计，一概不要家里这些活计上的人作。我又弄不开这些。”宝钗笑道:“你理他呢。只管叫人做去，只说是你做的就是了。”袭人道:“那里哄的信他，他才是认得出来呢。说不得我只好慢慢的累去罢了。”宝钗笑道:“你不必忙，我替你作些如何？”袭人笑道:“当真的这样，就是我的福了。晚上我亲自送过来。”

一句话未了，忽见一个老婆子忙忙走来，说道:“这是那里说起。金钏儿姑娘好好的投井死了！”袭人唬了一跳，忙问:“那个金钏儿？”老婆子道:“那里还有两个金钏儿呢？就是太太屋里的。前儿不知为什么撵他出去，在家里哭天哭地的，也都不理会他，谁知找他不见了。刚才打水的人在那东南角上井里打水，见一个尸首，赶着叫人打捞起来，谁知是他！他们家里还只管乱着要救活，那里中用了？”宝钗道:“这也奇了。”袭人听说，点头赞叹，想素日同气之情，不觉流下泪来。宝钗听见这话，忙向王夫人处来道安慰。这里袭人回去不提。

却说宝钗来至王夫人处，只见鸦雀无闻，独有王夫人在里间房内坐着垂泪。宝钗便不好提这事，只得一旁坐了。王夫人便问："你从那里来？"宝钗道："从园里来。"王夫人道："你从园里来，可见你宝兄弟？"宝钗道："才倒看见了。他穿了衣服出去了，不知那里去？"王夫人点头哭道："你可知道一桩奇事？金钏儿忽然投井死了！"宝钗见说，道："怎么好好的投井？这也奇了。"王夫人道："原是前儿他把我一件东西弄坏了，我一时生气，打了他几下，撵了他下去。我只说气他两天，还叫他上来，谁知他这么气性大，就投井死了。岂不是我的罪过。"宝钗叹道："姨娘是慈善人，固然这么想。据我看来，他并不是赌气投井。多半他下去住着，或是在井跟前憨顽，失了脚掉下去的。他在上头拘束惯了，这一出去，自然要到各处去顽顽逛逛，岂有这样大气的理？纵然有这样大气，也不过是个糊涂人，也不为可惜。"王夫人点头叹道："这话虽然如此说，到底我心不安。"宝钗叹道："姨娘也不必念念于兹，十分过不去，不过多赏他几两银子发送他，也就尽主仆之情了。"王夫人道："刚才我赏了他娘五十两银子，原要还把你妹妹们的新衣服拿两套给他妆裹。谁知凤丫头说可巧都没什么新做的衣服，只有你林妹妹作生日的两套。我想你林妹妹那个孩子素日是个有心的，况且他也三灾八难的，既说了给他过生日，这会子又给人妆裹去，岂不忌讳！因为这么样，我现叫裁缝赶两套给他。要是别的丫头，赏他几两银子就完了，只是金钏儿虽然是个丫头，素日在我跟前比我的女儿也差不多。"口里说着，不觉泪下。宝钗忙道："姨娘这会子又何用叫裁缝赶去，我前儿倒做了两套，拿来给他岂不省事？况且他活着的时候也穿过我的旧衣服，身量又相对。"王夫人道："虽然这样，难道你不忌讳？"宝钗笑道："姨娘放心，我从来不计较这些。"一面说，一面起身就走。王夫人忙叫了两个人来跟宝姑娘去。

一时宝钗取了衣服回来，只见宝玉在王夫人旁边坐着垂泪。王夫人正才说他，因宝钗来了，却掩了口不说了。宝钗见此光景，察言观色，早知觉了八分，于是将衣服交割明白。王夫人将他母亲叫来拿了去。再看下回便知。

笺证

如何对待他人之死，如何评议他人之死，最能看出一个人的价值取向和性格特征。高山与平地对待，双方面相比较而存在。对待别人，就从反射的角度上对待自己。金钏儿的死因，可参看第三十回的记载。大暑天王夫人发困假寐，宝玉进去与坐在旁边为她捶腿的金钏儿亲热调笑，并说"等太太醒了我就讨（你）"，金钏儿笑说："你忙什么。'金簪子掉在井里头，有你的只是有你的'，连这句话语难道也不明白？"宝玉、金钏之间，倒有点自由恋爱的味道，但说到"金簪子掉在井里头"，却成了谶语。王夫人驱逐金钏儿，是为了阻断这种超越长辈规矩的自作主张。王夫人成了大观园残杀美丽生命的狠心人。宝玉对金钏儿的深情，在以后闻知金钏儿"含羞赌气自尽，心中早又五内摧伤""恨不得此时也身亡命殒，跟了金钏儿去"的表现中，也可佐证。但王夫人翻身起来，照金钏儿脸上就打了个嘴巴子，指着骂道："下作小娼妇，好好的爷们，都叫你教坏了。"王夫人是讲究门当户对、父母之命媒妁之言的，平生最恨这种无耻之事，气忿不过而打骂，使金钏儿含羞忍辱，被驱逐出去。在这第三十二回中，王夫人对于金钏儿的投井而死，虚情假意为自己辩解推脱，宝钗劝解说："姨娘也不必念念于兹，十分过不去，不过多赏他几两银子发送他，也就尽主仆之情了。"又说："姨娘是慈善人，固然这么想。据我看来，他并不是赌气投井。多半他下去住着，或是在井跟前憨顽，失了脚掉下去的。他在上头拘束惯了，这一出去，自然要到各处去玩玩逛逛，岂有这样大气的理？纵然有这样大气，也不过是个糊涂人，也不为可惜。"蒙古王府本侧批说："善劝人，大见解！惜乎不知其情，虽精[金]美玉之言，不中奈何！”[2]这也是为宝钗善解人意而漠视奴仆性命的言辞作辩解。宝钗善解人意，还体现在她主动提出“她（金钏儿）活着的时候也穿过我的旧衣服，身量又相对”，用自己现成的两套衣服为金钏儿妆裹尸体。如此打发一条生命，令人怀疑薛宝钗讨好王夫人的言行，深湛的城府中流淌着冷血。这都是对读《红楼梦》前后回，才能体验到的玄机。《红楼梦》写美人的外表与内心颠倒错综的组对，掂斤拈两，可谓呕心沥血。记得印度文豪泰戈尔说过：“你可以从外表的美来评论一朵花或一只蝴蝶，但你不能这样来评论一个人。”人的世界比鲜花蝴蝶的世界复杂得多，需要呕心沥血才能窥破其隐秘。

[2] 朱一玄校录：《红楼梦脂评校录》，齐鲁书社1986年版，第422页。

第三十三回

手足耽耽小动唇舌

不肖种种大承笞挞

却说王夫人唤他母亲上来，拿几件簪环当面赏与，又吩咐请几众僧人念经超度。他母亲磕头谢了出去。

原来宝玉会过雨村回来听见了，便知金钏儿含羞赌气自尽，心中早又五内摧伤，进来被王夫人数落教训，也无可回说。见宝钗进来，方得便出来，茫然不知何往，背着手，低头一面感叹，一面慢慢的走着，信步来至厅上。刚转过屏门，不想对面来了一人正往里走，可巧儿撞了个满怀。只听那人喝了一声“站住！”宝玉唬了一跳，抬头一看，不是别人，却是他父亲，不觉的倒抽了一口气，只得垂手一旁站了。贾政道：“好端端的，你垂头丧气嗐些什么。方才雨村来了要见你，叫你那半天你才出来，既出来了，全无一点慷慨挥洒谈吐，仍是葳葳蕤蕤。我看你脸上一团思欲愁闷气色，这会子又咳声叹气。你那些还不足，还不自在？无故这样，却是为何？”宝玉素日虽是口角伶俐，只是此时一心总为金钏儿感伤，恨不得此时也身亡命殒，跟了金钏儿去。如今见了他父亲说这些话，究竟不曾听见，只是怔呵呵的站着。

贾政见他惶悚，应对不似往日，原本无气的，这一来倒生了三分气。方欲说话，忽有回事人来回：“忠顺亲王府里有人来，要见老爷。”贾政听了，心下疑惑，暗暗思忖道：“素日并不和忠顺府来往，为什么今日打发人来？”一面想，一面令“快请”，急走出来看时，却是忠顺府长史官，忙接进厅上坐了献茶。未及叙谈，那长史官先就说道：“下官此来，并非擅造潭府，皆因奉王命而来，有一件事相求。看王爷面上，敢烦老大人作主，不但王爷知情，且连下官辈亦感谢不尽。”贾政听了这话，抓不住头脑，忙陪笑起身问道：“大人既奉王命而来，不知有何见谕，望大人宣明，学生好遵谕承办。”那长史官便冷笑道：“也不必承办，只用大人一句话就完了。我们府里有一个做小旦的琪官，一向好好在府里，如今竟三五日不见回去，各处去找，又摸不着他的道路，因此各处访察。这一城内，十停人倒有八停人都说，他近日和衔玉的那位令郎相与甚厚。下官辈等听了，尊府不比别家，可以擅入索取，因此启明王爷。王爷亦云：‘若是别的戏子呢，一百个也罢了，只是这琪官随机应答，谨慎老诚，甚合我老人家的心，竟断断少不得此人。’故此求老大人转谕令郎，请将琪官放回，一则可慰王爷谆谆奉恳，二则下官辈也可免操劳求觅之苦。”说毕，忙打一躬。

贾政听了这话，又惊又气，即命唤宝玉来。宝玉也不知是何原故，忙赶来时，贾政便问：“该死的奴才！你在家不读书也罢了，怎么又做出这些无法无天的事来！那琪官现是忠顺王爷驾前承奉的人，你是何等草芥，无故引逗他出来，如今祸及于我？”宝玉听了唬了一跳，忙回道：“实在不知此事。究竟连‘琪官’两个字不知为何物，岂更又加‘引逗’二字？”说着便哭了。贾政未及开言，只见那长史官冷笑道：“公子也不必掩饰。或隐藏在家，或知其下落，早说了出来，我们也少受些辛苦，岂不念公子之德？”宝玉连说不知，“恐是讹传，也未见得。”那长史官冷笑道：“现有据证，何必还赖？必定当着老大人说了出来，公子岂不吃亏？既云不知此人，那红汗巾子怎么到了公子腰里？”宝玉听了这话，不觉轰去魂魄，目瞪口呆，心下自思：“这话他如何得知！他既连这样机密事都知道了，大约别的瞒他不过，不如打发他去了，免的再说出别的事来。”因说道：“大人既知他的底细，如何连他置买房舍这样大事倒不晓得了？听得说他如今在东郊离城二十里有个什么紫檀堡，他在那里置了几亩田地、几间房舍。想是在那里也未可知？”那长史官听了，笑道：“这样说，一定是在那里。我且去找一回，若有了便罢，若没有，还要来请教。”说着，便忙忙的走了。

贾政此时气的目瞪口歪，一面送那长史官，一面回头命宝玉：“不许动，回来有话问你。”一直送那官员去了。才回身，忽见贾环带着几个小厮一阵乱跑。贾政喝令小厮：“快打，快打。”贾环见了他父亲，唬的骨软筋酥，忙低头站住。贾政便问：“你跑什么？带着你的那些人都不管你，不知往那里逛去，由你野马一般。”喝令叫跟上学的人来。贾环见他父亲盛怒，便乘机说道：“方才原不曾跑，只因从那井边一过，那井里淹死了一个丫头，我看见人头这样大，身子这样粗，泡的实在可怕，所以才赶着跑了过来。”贾政听了惊疑，问道：“好端端的，谁去跳井？我家从无这样事情，自祖宗以来，皆是宽柔以待下人。——大约我近年于家务疏懒，自然执事人操克夺之权，致使生出这暴殄轻生的祸患。若外人知道，祖宗颜面何在？”喝令快叫贾琏、赖大、兴儿来。小厮们答应了一声，方欲叫去，贾环忙上前拉住贾政的袍襟，贴膝跪下道：“父亲不用生气。此事除太太房里的人，别人一点也不知道。我听见我母亲说……”说到这里，便回头四顾一看。贾政知意，将眼一看众小厮，小厮们明白，都往两边后面退去。贾环便悄悄说道：“我母亲告诉我说，宝玉哥哥前日在太太屋里，拉着太太的丫头金钏儿强奸不遂，打了一顿。那金钏儿便赌气投井死了。”话未说完，把个贾政气的面如金纸，大喝：“快拿宝玉来！”一面说一面便往里边书房里去，喝令：“今日再有人劝我，我把这冠带家私一应交与他与宝玉过去。我免不得做个罪人，把这几根烦恼鬓毛剃去，寻个干净去处自了，也免得上辱先人、下生逆子之罪。”众门客仆从见贾政这个形景，便知又是为宝玉了，一个个都是啖指咬舌，连忙退出。那贾政喘吁吁直挺挺坐在椅子上，满面泪痕，一叠声“拿宝玉。拿大棍。拿索子捆上。把各门都关上。有人传信往里头去，立刻打死”。众小厮们只得齐声答应，有几个来找宝玉。

那宝玉听见贾政吩咐他“不许动”，早知多凶少吉，那里承望贾环又添了许多的话。正在厅上干转，怎得个人来往里头去捎信，偏生没个人，连焙茗也不知在那里。正盼望时，只见一个老姆姆出来。宝玉如得了珍宝，便赶上来拉他，说道:“快进去告诉:老爷要打我呢。快去，快去!要紧，要紧!”宝玉一则急了，说话不明白;二则老婆子偏生又聋，竟不曾听见是什么话，把“要紧”二字只听作“跳井”二字，便笑道:“跳井让他跳去，二爷怕什么?”宝玉见是个聋子，便着急道:“你出去叫我的小厮来罢。”那婆子道:“有什么不了的事?老早的完了。太太又赏了衣服，又赏了银子，怎么不了事的。”

宝玉急的跺脚，正没抓寻处，只见贾政的小厮走来，逼着他出去了。贾政一见，眼都红紫了，也不暇问他在外流荡优伶，表赠私物，在家荒疏学业，淫辱母婢等语，只喝令“堵起嘴来，着实打死!”小厮们不敢违拗，只得将宝玉按在凳上，举起大板打了十来下。贾政犹嫌打轻了，一脚踢开掌板的，自己夺过来，咬着牙狠命盖了三四十下。众门客见打的不祥了，忙上前夺劝。贾政那里肯听，说道:“你们问问他干的勾当可饶不可饶!素日皆是你们这些人把他酿坏了，到这步田地还来解劝。明日酿到他弑君杀父，你们才不劝不成!”

笺证

第三十三回贾政对宝玉的火气上升，极端爆发，经历了三度呛火。一是召他与贾雨村见面，叫了那半天才来，既来了，全无一点慷慨挥洒谈吐，仍是葳葳蕤蕤。二是忠顺府长史官说他窝藏了戏子琪官（蒋玉菡），是忠顺王断断少不得的随机应答的称心戏子，宝玉狡辩，却从他的腰间搜出琪官所赠的红汗巾子。三是更加恶毒的呛火。庶出的贾环告状说：“宝玉哥哥前日在太太屋里，拉着太太的丫头金钏儿强奸不遂，打了一顿。那金钏儿便赌气投井死了。”三度火上添油，使贾政怒火中烧，将宝玉按在凳上，咬着牙狠命地举起大板往死里打了几十下，放狠说：“你们问问他干的勾当可饶不可饶！素日皆是你们这些人把他酿坏了，到这步田地还来解劝。明日酿到他弑君杀父，你们才不劝不成！”这三度呛火，针对的都是宝玉的志趣和痴情，其中掺杂着造谣拨弄。这就酿成了如回目所说的“手足耽耽小动唇舌，不肖种种大承笞挞”。由此可以看出，《红楼梦》中的因果链条，不是单线的，而是网络状的，或逐层推进的波浪状的。因而往往在推波助澜中，能够看清各色人等的嘴脸。另外，面对“不肖种种大承笞挞”的场面，假如要追踪文化史的因果链条，值得注意者，《皋鹤堂批评第一奇书金瓶梅》九十二回描写李通判儿子新娶的西门庆的妾孟玉楼，西门庆女婿陈经济夜间去向孟玉楼索讨由西门庆家寄放十箱金银宝玩之物，却被当贼捉拿了。清廉刚正的徐知府审明案情，对李通判数说了一顿：“你家儿子娶了他丈人西门庆妾孟氏，带了许多东西，应没官赃物，金银箱笼来。他是西门庆女婿，迳来索讨前物，你如何假捏贼情，拿他入罪，教我替你家出力？”这就出现了李通判暴打不肖子的场面：“这李通判回到本宅，心中十分焦燥，便对夫人大嚷大叫道：‘养的好不肖子！今天吃徐知府当堂对众同僚官吏，尽力数落了我一顿，可不气杀我也！’夫人慌了，便道：‘什么事？’李通判即把儿子叫到跟前，喝令左右：‘拿大板子来，气杀我也！’说道：‘你拿的好贼！他是西门庆家女婿。因这妇人带了许多妆奁、金银箱笼来，他口口声声称是当朝逆犯寄放应没官之物，来问你要。说你假盗出库中官银，当贼情拿他。我通一字不知，反被正堂徐知府对众数说了我这一顿。这是我头一日官未做，你照顾我的。我要你这不肖子何用！’即令左右雨点般大板打将下来。可怜打得这李衙内皮开肉绽，鲜血迸流。夫人见打得不像模样，在旁哭泣劝解。孟玉楼立在后厅角门首，掩泪潜听。当下打了三十大板，李通判吩咐左右押着衙内：‘及时与我把妇人打发出门，令他任意改嫁，免惹是非，全我名节。'那李衙内心中怎生舍得离异，只顾在父母跟前哭泣哀告：'宁把儿子打死爹爹跟前，并舍不得妇人。'李通判把衙内用铁索墩锁在后堂，不放出去，只要囚禁死他。夫人哭道：'相公，你做官一场，年纪五十余岁，也只落得这点骨血。不争为这妇人，你囚死他，往后你年老休官，倚靠何人？'李通判道：'不然。他在这里，须带累我受人气。'夫人道：'你不容他在此，打发他两回儿，上原籍真定府家去便了。'通判依听夫人之言，放了衙内，限三日就起身，打点车辆，同妇人归枣强县家里攻书去了。"[1] 从陈通判暴打不肖子，与贾政暴打宝玉存在着某种相似性上，可以看出，《红楼梦》和《金瓶梅》生活原生态叙事存在着某种渊源关系。

[1] 秦修容整理：《金瓶梅会评会校本》，中华书局1998年版，第1353—1354页。

众人听这话不好听，知道气急了，忙又退出，只得觅人进去给信。王夫人不敢先回贾母，只得忙穿衣出来，也不顾有人没人，忙忙赶往书房中来，慌的众门客小厮等避之不及。王夫人一进房来，贾政更如火上浇油一般，那板子越发下去的又狠又快。按宝玉的两个小厮忙松了手走开，宝玉早已动弹不得了。贾政还欲打时，早被王夫人抱住板子。贾政道："罢了，罢了。今日必定要气死我才罢。"王夫人哭道："宝玉虽然该打，老爷也要自重。况且炎天暑日的，老太太身上也不大好，打死宝玉事小，倘或老太太一时不自在了，岂不事大！"贾政冷笑道："倒休提这话。我养了这不肖的孽障，已不孝，教训他一番，又有众人护持，不如趁今日一发勒死了，以绝将来之患！"说着，便要绳索来勒死。王夫人连忙抱住哭道："老爷虽然应当管教儿子，也要看夫妻分上。我如今已将五十岁的人，只有这个孽障，必定苦苦的以他为法，我也不敢深劝。今日越发要他死，岂不是有意绝我？既要勒死他，快拿绳子来先勒死我，再勒死他。我们娘儿们不敢含怨，到底在阴司里得个依靠。”说毕，爬在宝玉身上大哭起来。贾政听了此话，不觉长叹一声，向椅上坐了，泪如雨下。王夫人抱着宝玉，只见他面白气弱，底下穿着一条绿纱小衣皆是血渍，禁不住解下汗巾看，由臀至胫，或青或紫，或整或破，竟无一点好处，不觉失声大哭起来：“苦命的儿吓！”因哭出“苦命儿”来，忽又想起贾珠来，便叫着贾珠哭道：“若有你活着，便死一百个我也不管了。”此时里面的人闻得王夫人出来，那李宫裁、王熙凤与迎春姊妹早已出来了。王夫人哭着贾珠的名字，别人还可，惟有宫裁禁不住也放声哭了。贾政听了，那泪珠更似滚瓜一般滚了下来。

正没开交处，忽听丫鬟来说：“老太太来了。”一句话未了，只听窗外颤巍巍的声气说道：“先打死我，再打死他，岂不干净了！”贾政见他母亲来了，又急又痛，连忙迎接出来，只见贾母扶着丫头，喘吁吁的走来。贾政上前躬身陪笑道：“大暑热天，母亲有何生气亲自走来？有话只该叫了儿子进去吩咐。”贾母听说，便止住步喘息一回，厉声说道：“你原来是和我说话。我倒有话吩咐，只是可怜我一生没养个好儿子，却叫我和谁说去！”贾政听这话不像，忙跪下含泪说道：“为儿的教训儿子，也为的是光宗耀祖。母亲这话，我做儿的如何禁得起！”贾母听说，便啐了一口，说道：“我说了一句话，你就禁不起，你那样下死手的板子，难道宝玉就禁得起了？你说教训儿子是光宗耀祖，当初你父亲怎么教训你来？”说着，不觉就滚下泪来。贾政又陪笑道：“母亲也不必伤感，皆是作儿的一时性起，从此以后再不打他了。”贾母便冷笑道：“你也不必和我使性子赌气的。你的儿子，我也不该管你打不打。我猜着你也厌烦我们娘儿们。不如我们赶早儿离了你，大家干净。”说着便令人去看轿马：“我和你太太、宝玉立刻回南京去。”家下人只得干答应着。贾母又叫王夫人道：“你也不必哭了。如今宝玉年纪小，你疼他，他将来长大成人，为官作宰的，也未必想着你是他母亲了。你如今倒不要疼他，只怕将来还少生一口气呢。”贾政听说，忙叩头哭道：“母亲如此说，贾政无立足之地。”贾母冷笑道：“你分明使我无立足之地，你反说起你来。只是我们回去了，你心里干净，看有谁来许你打。”一面说，一面只令快打点行李车轿回去。贾政苦苦叩求认罪。

贾母一面说话，一面又记挂宝玉，忙进来看时，只见今日这顿打不比往日，又是心疼，又是生气，也抱着哭个不了。王夫人与凤姐等解劝了一会，方渐渐的止住。早有丫鬟媳妇等上来，要搀宝玉，凤姐便骂道："糊涂东西，也不睁开眼瞧瞧。打的这么个样儿，还要搀着走。还不快进去把那藤屉子春凳抬出来呢。"众人听说连忙进去，果然抬出春凳来，将宝玉抬放凳上，随着贾母王夫人等进去，送至贾母房中。

彼时贾政见贾母气未全消，不敢自便，也跟了进去。看看宝玉，果然打重了。再看看王夫人，"儿"一声，"肉"一声，"你替珠儿早死了，留着珠儿，免你父亲生气，我也不白操这半世的心了。这会子你倘或有个好歹，丢下我，叫我靠那一个！"数落一场，又哭"不争气的儿"。贾政听了，也就灰心，自悔不该下毒手打到如此地步。先劝贾母，贾母含泪说道："你不出去，还在这里做什么？难道于心不足，还要眼看着他死了才去不成。"贾政听说，方退了出来。

此时薛姨妈同宝钗、香菱、袭人、史湘云也都在这里。袭人满心委屈，只不好十分使出来，见众人围着，灌水的灌水，打扇的打扇，自己插不下手去，便越性走出来到二门前，令小厮们找了焙茗来细问："方才好端端的，为什么打起来？你也不早来透个信儿。"焙茗急的说："偏生我没在跟前，打到半中间我才听见了。忙打听原故，却是为琪官、金钏儿姐姐的事。"袭人道："老爷怎么得知道的？"焙茗道："那琪官的事，多半是薛大爷素日吃醋，没法儿出气，不知在外头唆挑了谁来，在老爷跟前下的火。那金钏儿的事是三爷说的，我也是听见老爷的人说的。"袭人听了这两件事都对景，心中也就信了八九分。然后回来，只见众人都替宝玉疗治。调停完备，贾母令“好生抬到他房内去”。众人答应，七手八脚，忙把宝玉送入怡红院内自己床上卧好。又乱了半日，众人渐渐散去，袭人方进前来经心服侍，问他端的。且听下回分解。

笺证

有道是：看人，不把人看死；做事，莫把事做绝。这是一种留有余地的人生哲学。事件往往在起死回生或绝处回环上，显示造化的高抬贵手，也显示叙述者的绝招。《红楼梦》第三十三回对贾政还要往死里打宝玉的阻拦，构筑了两道堤防。第一道堤防由王夫人抱住大板子，哭诉说：“宝玉虽然该打，老爷也要自重。况且炎天暑日的，老太太身上也不大好，打死宝玉事小，倘或老太太一时不自在了，岂不事大！”这是用贾母的权威说话。在贾政要用绳索勒死宝玉时，王夫人连忙抱住哭说：“老爷虽然应当管教儿子，也要看夫妻分上。我如今已将五十岁的人，只有这个孽障，必定苦苦的以他为法，我也不敢深劝。今日越发要他死，岂不是有意绝我？既要勒死他，快拿绳子来先勒死我，再勒死他。我们娘儿们不敢含怨，到底在阴司里得个依靠。”第二道堤防由于没有找到合适的人向贾母递话，导致贾母的堤防延迟使用。贾母走到窗外就以颤巍巍的声气说：“先打死我，再打死他，岂不干净了！”对贾政的辩解，贾母啐了一口，就抬出老祖宗的尊神来打压他的气焰：“我说了一句话，你就禁不起，你那样下死手的板子，难道宝玉就禁得起了？你说教训儿子是光宗耀祖，当初你父亲怎么教训你来？”最后还要点无赖地冷笑说：“你分明使我无立足之地，你反说起你来。只是我们回去了，你心里干净，看有谁来许你打。”说着就命令备好轿马、打点行李，要带着王夫人、宝玉立刻回南京去，迫使贾政苦苦叩求认罪。三度呛火，欲置宝玉于死地；两道堤防，搭救宝玉出险境。在这一推一挽之间，《红楼梦》动用了乾坤大挪移的功夫，尽显各人的嘴脸，又把贾政挪移得天旋地转。戚蓼生本回末总评站在一边冷言冷语：“严酷其刑以教子，不情中十分用情；牵连不断以思婢，有恩处一等无恩。严父慈母一般爱子，亲优溺婢总是乖淫。蒙头花柳，谁解春光，跳出樊笼，一场笑话。”[2]是“一场笑话”吗？这场“笑话”可真够苦涩的。既然说到笑话，清代李汝珍《镜花缘》第七十八回也说了一个笑话：一人骑驴趱路，无奈驴行甚慢，这人心中发急，只是加鞭催它快走。那驴被打负痛，索性立住不走，并将双蹄飞起，只管乱踢。这人笑道：你这狗头也过于可恶。你不趱路也罢了，怎么还同我豁拳。豁拳是饮酒时的一种划拳博戏。两人同时喊数并伸出拳指，以所喊数目与双方伸出拳指之和数相符者为胜，败者罚饮。如此看来，苦涩的笑话也是一场游戏，也等于以幽默的眼光看人间，人间难道都在豁拳赌输赢吗？

[2] 朱一玄校录：《红楼梦脂评校录》，齐鲁书社1986年版，第426页。

第三十四回

情中情因情感妹妹　错里错以错劝哥哥

话说袭人见贾母王夫人等去后，便走来宝玉身边坐下，含泪问他："怎么就打到这步田地？"宝玉叹气说道："不过为那些事，问他作什么？只是下半截疼的很，你瞧瞧打坏了那里？"袭人听说，便轻轻的伸手进去，将中衣褪下。宝玉略动一动，便咬着牙叫"嗳哟"，袭人连忙停住手，如此三四次才褪了下来。袭人看时，只见腿上半段青紫，都有四指宽的僵痕高了起来。袭人咬着牙说道："我的娘，怎么下这般的狠手！你但凡听我一句话，也不得到这步地位。幸而没动筋骨，倘或打出个残疾来，可叫人怎么样呢？"

正说着，只听丫鬟们说："宝姑娘来了。"袭人听见，知道穿不及中衣，便拿了一床袷纱被替宝玉盖了。只见宝钗手里托着一丸药走进来，向袭人说道："晚上把这药用酒研开，替他敷上，把那淤血的热毒散开，可以就好了。"说毕，递与袭人，又问道："这会子可好些？"宝玉一面道谢，说："好些了。"又让坐。宝钗见他睁开眼说话，不像先时，心中也宽慰了好些，便点头叹道："早听人一句话，也不至今日。别说老太太、太太心疼，就是我们看着，心里也疼。"刚说了半句又忙咽住，自悔说的话急了，不觉的就红了脸，低下头来。宝玉听得这话如此亲切稠密，竟大有深意，忽见他又咽住不往下说，红了脸，低下头只管弄衣带，那一种娇羞怯怯，非可形容得出者，不觉心中大畅，将疼痛早丢在九霄云外，心中自思："我不过挨了几下打，他们一个个就有这些怜惜悲感之态露出，令人可玩可观，可怜可敬。

假若我一时竟遭殃横死，他们还不知是何等悲感呢！既是他们这样，我便一时死了，得他们如此，一生事业纵然尽付东流，亦无足叹惜，冥冥之中若不怡然自得，亦可谓糊涂鬼祟矣。”想着，只听宝钗问袭人道：“怎么好好的动了气，就打起来了？”袭人便把焙茗的话说了出来。宝玉原来还不知道贾环的话，见袭人说出方才知道。因又拉上薛蟠，惟恐宝钗沉心，忙又止住袭人道：“薛大哥哥从来不这样的，你们不可混猜度。”宝钗听说，便知道是怕他多心，用话相拦袭人，因心中暗暗想道：“打的这个形像，疼还顾不过来，还是这样细心，怕得罪了人，可见在我们身上也算是用心了。你既这样用心，何不在外头大事上做工夫，老爷也欢喜了，也不能吃这样亏。但你固然怕我沉心，所以拦袭人的话，难道我就不知我的哥哥素日恣心纵欲，毫无防范的那种心性。当日为一个秦钟，还闹的天翻地覆，自然如今比先又更利害了。”想毕，因笑道：“你们也不必怨这个，怨那个。据我想，到底宝兄弟素日不正，肯和那些人来往，老爷才生气。就是我哥哥说话不防头，一时说出宝兄弟来，也不是有心调唆：一则也是本来的实话，二则他原不理论这些防嫌小事。袭姑娘从小儿只见宝兄弟这么样细心的人，你何尝见过天不怕地不怕，心里有什么口里就说什么的人。”袭人因说出薛蟠来，见宝玉拦他的话，早已明白自己说造次了，恐宝钗没意思，听宝钗如此说，更觉羞愧无言。宝玉又听宝钗这番话，一半是堂皇正大，一半是去己疑心，更觉比先畅快了。方欲说话时，只见宝钗起身说道：“明儿再来看你，你好生养着罢。方才我拿了药来交给袭人，晚上敷上管保就好了。”说着便走出门去。袭人赶着送出院外，说：“姑娘倒费心了。改日宝二爷好了，亲自来谢。”宝钗回头笑道：“有什么谢处。你只劝他好生静养，别胡思乱想的就好了。要想什么吃的，玩的，你悄悄的往我那里取去，不必惊动老太太、太太众人，倘或吹到老爷耳朵里，虽然彼时不怎么样，将来对景，终是要吃亏的。”说着，一回身去了。

袭人抽身回来，心内着实感激宝钗。进来见宝玉沉思默默似睡非睡的模样，因而退出房外，自去栉沐。宝玉默默的躺在床上，无奈臀上作痛，如针挑刀挖一般，更又热如火炙，略展转时，禁不住“嗳哟”之声。那时天色将晚，因见袭人去了，却有两三个丫鬟伺候，此时并无呼唤之事，因说道：“你们且去梳洗，等我叫时再来。”众人听了，也都退出。

笺证

安慰是一贴心灵的药膏，名字叫作“创可贴”。一样安慰挨了毒打后卧床的贾宝玉，袭人是咬着牙说：“我的娘，怎么下这般的狠手！你但凡听我一句话，也不得到这步地位。幸而没动筋骨，倘或打出个残疾来，可叫人怎么样呢？”宝钗是点头叹道：“早听人一句话，也不至今日。别说老太太、太太心疼，就是我们看着，心里也疼。”都是“听一句话”，一是听“我”，一是听“人”，一字之差，却用老太太、太太作为自己的盾牌，从中可窥见二人内心的精微，《红楼梦》精于体贴不同人物的末梢神经。贾宝玉内心的精微，也被体贴到了像肚子里的蛔虫那种程度，深知宝玉心里弯弯曲曲的想法。宝玉听得宝钗这话如此亲切稠密，竟大有深意，忽见他又咽住不往下说，红了脸，低下头只管弄衣带，那一种娇羞怯怯，非可形容得出者，不觉心中大畅，将疼痛早丢在九霄云外，心中自思：“我不过挨了几下打，他们一个个就有这些怜惜悲感之态露出，令人可玩可观，可怜可敬。假若我一时竟遭殃横死，他们还不知是何等悲感呢！既是他们这样，我便一时死了，得他们如此，一生事业纵然尽付东流，亦无足叹惜，冥冥之中若不怡然自得，亦可谓糊涂鬼祟矣。”袭人、宝钗、宝玉的心理波动，层层推拥，波光潋滟，迭迭推进，读者于此得与《红楼梦》一书所蕴含的人情世故、妙想哲思相遇，欣赏其中意蕴之深厚丰美。

这里宝玉昏昏默默，只见蒋玉菡走了进来，诉说忠顺府拿他之事，又见金钏儿进来哭说为他投井之情。宝玉半梦半醒，都不在意。忽又觉有人推他，恍恍忽忽听得有人悲泣之声。宝玉从梦中惊醒，睁眼一看，不是别人，却是林黛玉。宝玉犹恐是梦，忙又将身子欠起来，向脸上细细一认，只见两个眼睛肿的桃儿一般，满面泪光，不是黛玉，却是那个？宝玉还欲看时，怎奈下半截疼痛难忍，支持不住，便"嗳哟"一声，仍就倒下，叹了一声，说道："你又做什么跑来？虽说太阳落下去，那地上的馀热未散，走两趟又要受了暑。我虽然捱了打，并不觉疼痛。我这个样儿，只装出来哄他们，好在外头布散与老爷听，其实是假的，你不可认真。"此时林黛玉虽不是嚎啕大哭，然越是这等无声之泣，气噎喉堵，更觉得利害。听了宝玉这番话，心中虽然有万句言词，只是不能说得，半日，方抽抽噎噎的说道："你从此可都改了罢。"宝玉听说，便长叹一声，道："你放心，别说这样话。就便为这些人死了，也是情愿的。"一句话未了，只见院外人说："二奶奶来了。"林黛玉便知是凤姐来了，连忙立起身说道："我从后院子去罢，回来再来。"宝玉一把拉住道："这可奇了，好好的怎么怕起他来？"林黛玉急的跺脚，悄悄的说道："你瞧瞧我的眼睛，又该他取笑开心呢。"宝玉听说赶忙的放手。黛玉三步两步转过床后，出后院而去。凤姐从前头已进来了，问宝玉："可好些了？想什么吃，叫人往我那里取去。"接着，薛姨妈又来了。一时贾母又打发了人来。

笺证

写言谈行为，是为了传达内在精神世界，即所谓传神写照，为的是生动逼真地描画出人物形神兼备的画像。第三十四回贾宝玉受暴打后卧病在床，薛宝钗手里托着一丸药走进来，向袭人说道:“晚上把这药用酒研开，替他敷上，把那淤血的热毒散开，可以就好了。”这种态度呈现为实用的冷静。林黛玉来看望，却两个眼睛哭肿得桃儿一般，满面泪光，虽不是嚎啕大哭，然而无声之泣，气噎喉堵，更觉得利害，心中虽然有万句言语，只是不能说得，半日，方抽抽噎噎地说道:“你从此可都改了罢。”薛宝钗察言观色的周到，林黛玉呕心沥血的重情，都从二人不同的性格特征上勾勒出来了。宝玉下半截疼痛难忍，支持不住，便“嗳哟”一声，仍就倒下，还关切黛玉的身子:“你又做什么跑来？虽说太阳落下去，那地上的馀热未散，走两趟又要受了暑。我虽然捱了打，并不觉疼痛。我这个样儿，只装出来哄他们，好在外头布散与老爷听，其实是假的。你不可认真。”还长叹一声说:“你放心，别说这样话。就便为这些人死了，也是情愿的。”蒙古王府本侧批说:“有这样一段（语）[话]，方不没灭颦儿之痛哭眼肿。英雄失足，每每至死不改，皆犹此耳。”[1] 台面上的行为和心底里的寻思，人物的一举一动，存在一种张力，相互组合，又满纸生辉。这就是形神兼备，形态和神韵都恰到好处，以“形”的躯壳，承载“神”的灵魂；以“形”的像貌，蕴含“神”的思想。无论是“情中情因情感妹妹”，还是“错里错以错劝哥哥”，都传达得形神兼备，各尽其妙。

至掌灯时分，宝玉只喝了两口汤，便昏昏沉沉的睡去。接着，周瑞媳妇、吴新登媳妇、郑好时媳妇，这几个有年纪常往来的，听见宝玉捱了打，也都进来。袭人忙迎出来，悄悄的笑道:“婶婶们来迟了一步，二爷才睡着了。”说着，一面带他们到那边房里坐了，倒茶与他们吃。那几个媳妇子都悄悄的坐了一回，向袭人说:“等二爷醒了，你替我们说罢。”

袭人答应了，送他们出去。刚要回来，只见王夫人使个婆子来，口称:

"太太叫一个跟二爷的人呢?"袭人见说,想了一想,便回身悄悄告诉晴雯、麝月、檀云、秋纹等说:"太太叫人,你们好生在房里,我去了就来。"说毕,同那婆子一径出了园子,来至上房。王夫人正坐在凉榻上摇着芭蕉扇子,见他来了,说:"不管叫个谁来也罢了。你又丢下他来了,谁服侍他呢?"袭人见说,连忙陪笑回道:"二爷才睡安稳了,那四五个丫头如今也好了,会服侍二爷了,太太请放心。恐怕太太有什么话吩咐,打发他们来,一时听不明白,倒耽误了。"王夫人道:"也没甚话,白问问他这会子疼的怎么样。"袭人道:"宝姑娘送去的药,我给二爷敷上了,比先好些了。先疼的躺不稳,这会子都睡沉了,可见好些了。"王夫人又问:"吃了什么没有?"袭人道:"老太太给的一碗汤,喝了两口,只嚷干渴,要吃酸梅汤。我想着酸梅是个收敛的东西,才刚捱了打,又不许叫喊,自然急的那热毒热血未免不存在心里,倘或吃下这个去激在心里,再弄出大病来,可怎么样呢。因此我劝了半天才没吃,只拿那糖腌的玫瑰卤子和了吃,吃了半碗,又嫌吃絮了,不香甜。"王夫人道:"嗳哟,你该早来和我说。前儿有人送了两瓶子香露来,原要给他点子的,我怕他胡糟踏了,就没给。既是他嫌那些玫瑰膏子絮烦,把这个拿两瓶子去。一碗水里只用挑一茶匙儿,就香的了不得呢。"说着就唤彩云来,"把前儿的那几瓶香露拿了来"。袭人道:"只拿两瓶来罢,多了也白糟踏。等不够再要,再来取也是一样。"彩云听说,去了半日,果然拿了两瓶来,付与袭人。袭人看时,只见两个玻璃小瓶,却有三寸大小,上面螺丝银盖,鹅黄笺上写着"木樨清露",那一个写着"玫瑰清露"。袭人笑道:"好金贵东西。这么个小瓶儿,能有多少?"王夫人道:"那是进上的,你没看见鹅黄笺子?你好生替他收着,别糟踏了。"

❶ 朱一玄编:《红楼梦资料汇编》,南开大学出版社2001年版,第435页。

袭人答应着，方要走时，王夫人又叫："站着，我想起一句话来问你。"袭人忙又回来。王夫人见房内无人，便问道："我恍惚听见宝玉今儿捱打，是环儿在老爷跟前说了什么话。你可听见这个了？你要听见，告诉我听听，我也不吵出来教人知道是你说的。"袭人道："我倒没听见这话，只听说为二爷霸占着戏子，人家来和老爷要，为这个打的。"王夫人摇头说道："也为这个，还有别的原故。"袭人道："别的原故实在不知道了。我今儿在太太跟前大胆说句不知好歹的话。论理……"说了半截忙又咽住。王夫人道："你只管说。"袭人笑道："太太别生气，我就说了。"王夫人道："我有什么生气的，你只管说来。"袭人道："论理，我们二爷也须得老爷教训两顿。若老爷再不管，将来不知做出什么事来呢？"王夫人一闻此言，便合掌念声"阿弥陀佛"，由不得赶着袭人叫了一声："我的儿，亏了你也明白，这话和我的心一样。我何曾不知道管儿子，先时你珠大爷在，我是怎么样管他，难道我如今倒不知管儿子了？只是有个原故：如今我想，我已经快五十岁的人，通共剩了他一个，他又长的单弱，况且老太太宝贝似的，若管紧了他，倘或再有个好歹，或是老太太气坏了，那时上下不安，岂不倒坏了。所以就纵坏了他。我常常掰着口儿劝一阵，说一阵，气的骂一阵，哭一阵，彼时他好，过后儿还是不相干，端的吃了亏才罢了。若打坏了，将来我靠谁呢？"说着，由不得滚下泪来。

袭人见王夫人这般悲感，自己也不觉伤了心，陪着落泪。又道："二爷是太太养的，岂不心疼。便是我们做下人的服侍一场，大家落个平安，也算是造化了，要这样起来，连平安都不能了。那一日那一时我不劝二爷，只是再劝不醒。偏生那些人又肯亲近他，也怨不得他这样，总是我们劝的倒不好了。今儿太太提起这话来，我还记挂着一件事，每要来回太太，讨太太个主意。只是我怕太太疑心，不但我的话白说了，且连葬身之地都没了。"王夫人听了这话内有因，忙问道："我的儿，你有话只管说。近来我因听见众人背前背后都夸你，我只说你不过是在宝玉身上留心，或是诸人跟前和气，这些小意思好，所以将你和老姨娘一体行事。谁知你方才和我说的话全是大道理，正和我的想头一样。你有什么只管说什么，只别教别人知道就是了。”袭人道:“我也没什么别的说。我只想着讨太太一个示下,怎么变个法儿,以后竟还教二爷搬出园外来住就好了。”王夫人听了,吃一大惊,忙拉了袭人的手问道:“宝玉难道和谁作怪了不成?”袭人连忙回道:“太太别多心,并没有这话。这不过是我的小见识。如今二爷也大了,里头姑娘们也大了,况且林姑娘、宝姑娘又是两姨姑表姊妹,虽说是姊妹们,到底是男女之分,日夜一处起坐不方便,由不得叫人悬心,便是外人看着也不像。一家子的事,俗语说的‘没事常思有事’,世上多少无头脑的事,多半因为无心中做出,有心人看见,当作有心事,反说坏了。只是预先不防着,断然不好。二爷素日性格,太太是知道的。他又偏好在我们队里闹,倘或不防,前后错了一点半点,不论真假,人多口杂,那起小人的嘴有什么避讳,心顺了,说的比菩萨还好,心不顺,就贬的连畜牲不如。二爷将来倘或有人说好,不过大家直过没事,若要叫人说出一个不好字来,我们不用说,粉身碎骨,罪有万重,都是平常小事,但后来二爷一生的声名品行岂不完了,二则太太也难见老爷。俗语又说‘君子防不然’,不如这会子防避的为是。太太事情多,一时固然想不到。我们想不到则可,既想到了,若不回明太太,罪越重了。近来我为这事日夜悬心,又不好说与人,惟有灯知道罢了。”王夫人听了这话,如雷轰电掣的一般,正触了金钏儿之事,心内越发感爱袭人不尽,忙笑道:“我的儿,你竟有这个心胸,想的这样周全。我何曾又不想到这里,只是这几次有事就忘了。你今儿这一番话提醒了我。难为你成全我娘儿两个声名体面,真真我竟不知道你这样好。罢了,你且去罢,我自有道理。只是还有一句话:你今既说了这样的话,我就把他交给你了,好歹留心,保全了他,就是保全了我。我自然不辜负你。”

笺证

人生哲学有一条重要线索，就是以人的心窝痛处，联系着人的生存本能。第三十四回此节直戳袭人内心久积的痛处。袭人担忧贾宝玉的性情发展，会走向乖僻，就借着回王夫人的话的机会，说出自己贴近观察宝玉所得的忧虑："论理，我们二爷也须得老爷教训两顿。若老爷再不管，将来不知做出什么事来呢？"她提出解决的方案，应是长久思虑的结果，不然不会如此长篇大论，这在袭人言谈中极为罕见，可谓敞开肺腑。袭人在王夫人盘问下，推心置腹地说："太太别多心，并没有这话。这不过是我的小见识。如今二爷也大了，里头姑娘们也大了，况且林姑娘、宝姑娘又是两姨姑表姊妹，虽说是姊妹们，到底是男女之分，日夜一处起坐不方便，由不得叫人悬心，便是外人看着也不像。一家子的事，俗语说的'没事常思有事'，世上多少无头脑的事，多半因为无心中做出，有心人看见，当作有心事，反说坏了。只是预先不防着，断然不好。二爷素日性格，太太是知道的。他又偏好在我们队里闹，倘或不防，前后错了一点半点，不论真假，人多口杂，那起小人的嘴有什么避讳，心顺了，说的比菩萨还好，心不顺，就贬的连畜牲不如。二爷将来倘或有人说好，不过大家直过没事，若要叫人说出一个不好字来，我们不用说，粉身碎骨，罪有万重，都是平常小事，但后来二爷一生的声名品行岂不完了，二则太太也难见老爷。俗语又说'君子防不然'，不如这会子防避的为是。太太事情多，一时固然想不到。我们想不到则可，既想到了，若不回明太太，罪越重了。近来我为这事日夜悬心，又不好说与人，惟有灯知道罢了。"王夫人听了这话，如雷轰电掣的一般。袭人"日夜悬心"之事，就是她的心痛处，她的话击中了王夫人的心痛处，二人心痛处一脉贯通，这关联着袭人日后的待遇和命运。袭人觉得"没事常思有事"，指平安无事的时候，要预防着有可能出现的变异；又说"君子防不然"，此语来自《乐府歌词·相和歌辞》中曹植的《君子行》："君子防未然，不处嫌疑间。瓜田不纳履，李下不正冠。嫂叔不亲授，长幼不比肩。劳谦得其柄，和光甚独难。周公下白屋，吐哺不及餐。一沐三握发，后世称圣贤。"[2]此语又被王实甫《西厢记》第一本《张君瑞闹道场》所引用，张生说："敢问小姐常出来么？"红娘发怒回答："先生是读书君子，孟子曰'男女授受不亲，礼也'，君知'瓜田不纳履，李下不整冠'。道不得个'非礼勿视，非礼勿听，非礼勿言，非礼勿动'。俺夫人治家严肃，有冰霜之操。内无应门五尺之童，年至十二三者，非呼召，不敢辄入中堂。向日莺莺潜出闺房，夫人窥之，召立莺莺于庭下，责之曰：'汝为女子，不告而出闺门，倘遇游客小僧私视，岂不自耻。'莺立谢而言曰：'今当改过从新，毋敢再犯。'是他亲女，尚然如此，可况以下侍妾乎？先生习先王之道，尊周公之礼，不干己事，何故用心？早是妾身，可以容恕。若夫人知其事呵，决无干休。今后得问的问，不得问的休胡说。"[3]袭人自然不会知道引经据典，但这些言语已经成了俗话。一旦袭人把这番"惟有灯知道"的话和盘托出，王夫人听了，如雷轰电掣的一般，正触了金钏儿之事，心内越发感爱袭人不尽。蒙古王府本对袭人的言行一路侧批说："能事解事，能了事。"又说："远忧近虑，言言字字，真是可人。"又说："袭卿之心，所谓'良人所仰望而终身也'。今若此，能不痛哭流（泣）[涕]，以成此语？"[4]这就从袭人内心的痛处联想到她"良人所仰望而终身"的生存本能了。因而蒙古王府本侧批还点赞说："袭卿爱人以德，竟至如此。字字逼来，不觉令人敬听。看官自省，切[不]可阔略，戒之。"[5]这都是站在袭人、王夫人的立场上，防患于未然，探寻羁勒贾宝玉的缰绳的。然而应该看到，把宝玉与大观园隔离，实际上就是把宝玉与太虚幻境隔离，与宝玉命定要还的宿债来个了断。这是挑战《红楼梦》的"天书—人书"旨趣而投下的棋子，而以贤惠沉稳的袭人来投下这棋子，是作者自我打脸，以此考验自身旨趣的合理性和荒谬性，看荒谬的合理

[2]（宋）郭茂倩：《乐府诗集》，上海古籍出版社1998年版，第374页。

[3]（元）王实甫：《西厢记》，浙江古籍出版社2015年版，第6—8页。

[4] 朱一玄编：《红楼梦资料汇编》，南开大学出版社2012年版，第435页。

[5] 朱一玄编：《红楼梦资料汇编》，南开大学出版社2012年版，第436页。

如何造成了合理的荒谬。《红楼梦》好看，就好看在它的这种有若“东风夜放花千树，更吹落，星如雨”的令人眼花缭乱的狡猾之处。这是以颠覆宿命，来加深对宿命的叩问。

袭人连连答应着去了。回来正值宝玉睡醒，袭人回明香露之事。宝玉喜不自禁，即令调来尝试，果然香妙非常。因心下记挂着黛玉，满心里要打发人去，只是怕袭人，便设一法，先使袭人往宝钗那里去借书。

袭人去了，宝玉便命晴雯来吩咐道：“你到林姑娘那里看看他做什么呢？他要问我，只说我好了。”晴雯道：“白眉赤眼，做什么去呢？到底说句话儿，也像一件事。”宝玉道：“没有什么可说的。”晴雯道：“若不然，或是送件东西，或是取件东西，不然我去了怎么搭讪呢？”宝玉想了一想，便伸手拿了两条手帕子撂与晴雯，笑道：“也罢，就说我叫你送这个给他去了。”晴雯道：“这又奇了。他要这半新不旧的两条手帕子？他又要恼了，说你打趣他。”宝玉笑道：“你放心，他自然知道。”

晴雯听了，只得拿了帕子往潇湘馆来。只见春纤正在栏杆上晾手帕子，见他进来，忙摆手儿，说：“睡下了。”晴雯走进来，满屋魆黑。并未点灯。黛玉已睡在床上，问是谁。晴雯忙答道：“晴雯。”黛玉道：“做什么？”晴雯道：“二爷送手帕子来给姑娘。”黛玉听了，心中发闷：“做什么送手帕子来给我？”因问：“这帕子是谁送他的？必是上好的，叫他留着送别人罢，我这会子不用这个。”晴雯笑道：“不是新的，就是家常旧的。”林黛玉听见，越发闷住，着实细心搜求，思忖一时，方大悟过来，连忙说：“放下，去罢。”晴雯听了，只得放下，抽身回去，一路盘算，不解何意。

这里林黛玉体贴出手帕子的意思来，不觉神魂驰荡：宝玉这番苦心，能领会我这番苦意，又令我可喜；我这番苦意，不知将来如何，又令我可悲；忽然好好的送两块旧帕子来，若不是领我深意，单看了这帕子，又令我可笑；再想令人私相传递与我，又可惧；我自己每每好哭，想来也无味，又令我可愧。如此左思右想，一时五内沸然炙起。黛玉由不得馀意绵缠，令掌灯，也想不起嫌疑避讳等事，便向案上研墨蘸笔，便向那两块旧帕子上走笔写道：

眼空蓄泪泪空垂，暗洒闲抛却为谁？尺幅鲛绡劳解赠，叫人焉得不伤悲。〔其一〕

抛珠滚玉只偷潸，镇日无心镇日闲。枕上袖边难拂拭，任他点点与斑斑。〔其二〕

彩线难收面上珠，湘江旧迹已模糊。窗前亦有千竿竹，不识香痕渍也无？〔其三〕

林黛玉还要往下写时，觉得浑身火热，面上作烧，走至镜台揭起锦袱一照，只见腮上通红，自羡压倒桃花，却不知病由此萌。一时方上床睡去，犹拿着那帕子思索，不在话下。

笺证

手帕是爱情场上的魔幻巾，它变出了无穷的魔怪和幻想，给古代小说戏曲开辟了一块用武之地。古典戏曲中，遗帕遗巾表相思，富家小姐钟情于某个穷秀才，往往丢下一方香罗帕。秀才拾到后，相思成疾，于是一段才子佳人的感情戏就因这一方遗帕而一波三折，荡气回肠。就连《金瓶梅》第八回，潘金莲寄赠西门庆的《寄生草》词也说："将奴这知心话，付花笺寄与他。想当初结下青丝发，门儿倚遍帘儿下，受了些没打弄的耽惊怕。你今果是负了奴心，不来还我香罗帕。"情丝延续，《红楼梦》第二十四回也有"痴女儿遗帕惹相思"，写小红与贾芸的情感纠葛。到了这第三十四回，又在赠送旧手帕的旧套数上翻出新花样，找到绵绵情意的宣泄口和蓄水池。贾宝玉先打发袭人往宝钗那里去借书，再派遣晴雯给黛玉送去半新不旧的两条手帕子，这都按照影子人物投其心意而到正位人物处办事的规矩。贾宝玉煞费苦心，让晴雯送给林黛玉两块旧帕子，林黛玉也就煞费苦心体贴出手帕子的意思，不觉神魂驰荡，引导出心灵深处的五个“可”字来：宝玉这番苦心，能领会我这番苦意，又令我可喜；我这番苦意，不知将来如何，又令我可悲；忽然好好的送两块旧帕子来，若不是领我深意，单看了这帕子，又令我可笑；再想令人私相传递与我，又可惧；我自己每每好哭，想来也无味，又令我可愧。如此左思右想，一时五内沸然炙起，绞肝撕肺。应该说，林黛玉的社会空间不如心灵空间大，她玩人伦游戏不如精神游戏玩得好。她在那两块旧帕子上走笔写下三首诗：“眼空蓄泪泪空垂，暗洒闲抛却为谁？尺幅鲛绡劳解赠，叫人焉得不伤悲”“抛珠滚玉只偷潸，镇日无心镇日闲。枕上袖边难拂拭，任他点点与斑斑。”“彩线难收面上珠，湘江旧迹已模糊。窗前亦有千竿竹，不识香痕渍也无？”《红楼梦》这种人物行为网络的编织，牵丝引线，眼明手快，处处精准地缠绕着并拨动人物敏感的心弦，这种手法颇得禅宗心心相印、默契彻悟的三昧。两块旧帕子牵引出如此刻骨铭心的精神丝缕，也只有林黛玉，只有宝玉、黛玉的姻缘才能达到如此才华性情的境界，才能尽品这种情缘至味、诗性至味。

却说袭人来见宝钗，谁知宝钗不在园内，往他母亲那里去了，袭人便空手回来。等至二更，宝钗方回来。原来宝钗素知薛蟠情性，心中已有一半疑是薛蟠调唆了人来告宝玉的，谁知又听袭人说出来，越发信了。究竟袭人是听焙茗说的，那焙茗也是私心窥度，并未据实，竟认准是他说的。那薛蟠都因素日有这个名声，其实这一次却不是他干的，被人生生的一口咬死是他，有口难分。这日正从外头吃了酒回来，见过母亲，只见宝钗在这里，说了几句闲话，因问：“听见宝兄弟吃了亏，是为什么？”薛姨妈正为这个不自在，见他问时，便咬着牙道：“不知好歹的东西，都是你闹的，你还有脸来问？”薛蟠见说，便怔了，忙问道：“我何尝闹什么？”薛姨妈道：“你还装憨呢。人人都知道是你说的，还赖呢？”薛蟠道：“人人说我杀了人，也就信了罢。”薛姨妈道：“连你妹妹都知道是你说的，难道他也赖你不成？”宝钗忙劝道：“妈和哥哥且别叫喊，消消停停的，就有个青红皂白了。”因向薛蟠道：“是你说的也罢，不是你说的也罢，事情也过去了，不必较证，倒把小事儿弄大了。我只劝你从此以后在外头少去胡闹，少管别人的事。天天一处大家胡逛，你是个不防头的人，过后儿没事就罢了。倘或有事，不是你干的，人人都也疑惑是你干的，不用说别人，我就先疑惑。”薛蟠本是个心直口快的人，一生见不得这样藏头露尾的事，又见宝钗劝他不要逛去，他母亲又说他犯舌，宝玉之打是他治的，早已急的乱跳，赌身发誓的分辩。又骂众人:“谁这样赃派我？我把那囚攮的牙敲了才罢。分明是为打了宝玉，没的献勤儿，拿我来作幌子。难道宝玉是天王？他父亲打他一顿，一家子定要闹几天！那一回为他不好，姨爹打了他两下子，过后老太太不知怎么知道了，说是珍大哥哥治的，好好的叫了去骂了一顿。今儿越发拉上我了。既拉上，我也不怕，越性进去把宝玉打死了，我替他偿了命，大家干净。”一面嚷，一面抓起一根门闩来就跑。慌的薛姨妈一把抓住，骂道:“作死的孽障，你打谁去？你先打我来。”薛蟠急的眼似铜铃一般，嚷道:“何苦来！又不叫我去，又好好的赖我。将来宝玉活一日，我担一日的口舌，不如大家死了清净。”宝钗忙也上前劝道:“你忍耐些儿罢。妈急的这个样儿，你不说来劝妈，你还反闹的这样。别说是妈，便是旁人来劝你，也为你好，倒把你的性子劝上来了。”薛蟠道:“这会子又说这话。都是你说的。”宝钗道:“你只怨我说，再不怨你顾前不顾后的形景。”薛蟠道:“你只会怨我顾前不顾后，你怎么不怨宝玉外头招风惹草的那个样子。别说多的，只拿前儿琪官的事比给你们听:那琪官，我们见过十来次的，我并未和他说一句亲热话，怎么前儿他见了，连姓名还不知道，就把汗巾子给他了？难道这也是我说的不成？”薛姨妈和宝钗急的说道:“还提这个。可不是为这个打他呢。可见是你说的了。”薛蟠道:“真真的气死人了。赖我说的我不恼，我只为一个宝玉闹的这样天翻地覆的。”宝钗道：“谁闹了？你先持刀动杖的闹起来，倒说别人闹！”薛蟠见宝钗说的话句句有理，难以驳正，比母亲的话反难回答，因此便要设法拿话堵回他去，就无人敢拦自己的话了，也因正在气头上，未曾想话之轻重，便说道：“好妹妹，你不用和我闹，我早知道你的心了。从先妈和我说，你这金要拣有玉的才可正配，你留了心。见宝玉有那劳什骨子，你自然如今行动护着他。”话未说了，把个宝钗气怔了，拉着薛姨妈哭道：“妈妈你听，哥哥说的是什么话？”薛蟠见妹妹哭了，便知自己冒撞了，便赌气走到自己房里安歇不提。

这里薛姨妈气的乱战，一面又劝宝钗道：“你素日知那孽障说话没道理，明儿我叫他给你陪不是。”宝钗满心委屈气忿，待要怎样，又怕他母亲不安，少不得含泪别了母亲，各自回来，到房里整哭了一夜。次日早起来，也无心梳洗，胡乱整理整理，便出来瞧母亲。可巧遇见林黛玉独立在花阴之下，问他那里去。薛宝钗因说“家去”，口里说着，便只管走。黛玉见他无精打采的去了，又见眼上有哭泣之状，大非往日可比，便在后面笑道：“姐姐也自保重些儿。就是哭出两缸眼泪来，也医不好棒疮。”不知宝钗如何答对，且听下回分解。

笺证

借一个由头，一石激起千层浪，把文章做足，可以尽显事件的“蝴蝶效应”。“蝴蝶效应”是一个拓扑学的比喻。蝴蝶扇动翅膀，引起身边的空气系统变化，产生微弱的气流，而微弱的气流的产生又引起四周空气或其他系统产生相应的变化，由此引起一系列连锁反应，最终导致其他系统的山摇海啸的变化。贾宝玉挨了严父暴打一事，一石激起千层浪，引发了大观园内上上下下的连锁反应。作为一个独立的门户，薛家最有好戏，因为外间哄传宝玉被严父暴打的原因，在于薛蟠那张无遮拦、不靠谱的嘴。薛蟠被人生生的一口咬死是他惹的祸，有口难以分辨，就在母亲、妹妹的责问下，持刀动杖的闹起来。他抓起一根门闩大叫大嚷：“难道宝玉是天王？他父亲打他一顿，一家子定要闹几天！那一回为他不好，姨爹打了他两下子，过后老太太不知怎么知道了，说是珍大哥哥治的，好好的叫了去骂了一顿。今儿越发拉上我了！既拉上，我也不怕，越性进去把宝玉打死了，我替他偿了命，大家干净。”面对宝钗的劝解，薛蟠一时急眼，就不掂量说话轻重，顶撞宝钗：“好妹妹，你不用和我闹，我早知道你的心了，从先妈和我说，你这金要拣有玉的才可正配，你留了心。见宝玉有那劳什骨子，你自然如今行动护着他。”这就触犯了宝钗和宝玉微妙关系的禁忌，直抵无材补天、幻形入世的那块顽石灵玉的命运谜团。《红楼梦》的问天情结，往往露出某种打破砂锅问（璺）到底的劲头。它到处找茬，一有茬口，就紧咬不放，不咬出血痕不罢休。在这类地方，竟然表现出虎狼嗜血的狠毒，狠毒到了令人拍案称奇。

第三十五回

白玉钏亲尝莲叶羹
黄金莺巧结梅花络

话说宝钗分明听见林黛玉刻薄他，因记挂着母亲、哥哥，并不回头，一径去了。这里林黛玉还自立于花阴之下，远远的却向怡红院内望着，只见李宫裁、迎春、探春、惜春并各项人等都向怡红院内去过之后，一起一起的散尽了，只不见凤姐儿来，心里自己盘算道："如何他不来瞧宝玉？便是有事缠住了，他必定也是要来打个花胡哨，讨老太太和太太的好儿才是。今儿这早晚不来，必有原故。"一面猜疑，一面抬头再看时，只见花花簇簇一群人又向怡红院内来了。定眼看时，只见贾母搭着凤姐儿的手，后头邢夫人、王夫人跟着周姨娘并丫鬟媳妇等人都进院去了。黛玉看了不觉点头，想起有父母的人的好处来，早又泪珠满面。少顷，只见宝钗、薛姨妈等也进去了。忽见紫鹃从背后走来，说道："姑娘吃药去罢，开水又冷了。"黛玉道："你到底要怎么样？只是催，我吃不吃，管你什么相干？"紫鹃笑道："咳嗽的才好了些，又不吃药了。如今虽然是五月里，天气热，到底也该还小心些。大清早起，在这个潮地方站了半日，也该回去歇息歇息了。"一句话提醒了黛玉，方觉得有点腿酸，呆了半日，方慢慢的扶着紫鹃，回潇湘馆来。

一进院门，只见满地下竹影参差，苔痕浓淡，不觉又想起《西厢记》中所云"幽僻处可有人行，点苍苔白露泠泠"二句来，因暗暗的叹道："双文，双文，诚为命薄人矣。然你虽命薄，尚有孀母弱弟，今日林黛玉之命薄，一并连孀母弱弟俱无。古人云'佳人命薄'，然我又非佳人，何命薄胜于双文哉！”一面想，一面只管走，不防廊上的鹦哥见林黛玉来了，嘎的一声扑了下来，倒吓了一跳，因说道：“作死的，又扇了我一头灰。”那鹦哥仍飞上架去，便叫：“雪雁，快掀帘子，姑娘来了。”黛玉便止住步，以手扣架道：“添了食水不曾？”那鹦哥便长叹一声，竟大似林黛玉素日吁嗟音韵，接着念道：“侬今葬花人笑痴，他年葬侬知是谁？试看春尽花渐落，便是红颜老死时。一朝春尽红颜老，花落人亡两不知。”黛玉、紫鹃听了都笑起来。紫鹃笑道：“这都是素日姑娘念的，难为他怎么记了。”黛玉便令将架摘下来，另挂在月洞窗外的钩上，于是进了屋子，在月洞窗内坐了。吃毕药，只见窗外竹影映入纱来，满屋内阴阴翠润，几簟生凉。黛玉无可释闷，便隔着纱窗调逗鹦哥作戏，又将素日所喜的诗词也教与他念。这且不在话下。

笺证

叙事讲究刚柔互济，张弛互动，“文戏武演，武戏文演”，均可以在阴柔缠绵中注入某种风骨；至于文戏接续武戏，武戏逗引文戏，来一个文武戏双全，也是叙事言情的好身段。《红楼梦》擅长于表演文武戏双全，宝玉被严父暴打之后，经过袭、黛的温存的文戏，又在薛家表演武戏，经过钗、蟠的一番表演之后，第三十五回又来潇湘馆表演文戏。林黛玉看见贾母搭着凤姐儿的手，后头邢夫人、王夫人跟着周姨娘并丫鬟媳妇等人都进怡红院去了。黛玉看了不觉点头，想起有父母的人的好处来，早又泪珠满面。于此逗出了黛玉的孤独感，以孤独咀嚼自己内心的不安。她看见满地下竹影参差，苔痕浓淡，不觉又想起《西厢记》中所云“幽僻处可有人行，点苍苔白露泠泠”二句来，因暗暗地叹道："双文，双文，诚为命薄人矣。然你虽命薄，尚有孀母弱弟，今日林黛玉之命薄，一并连孀母弱弟俱无。古人云'佳人命薄'，然我又非佳人，何命薄胜于双文哉！"对戏文中人倾诉衷情，是孤苦无告者的权利，因为她无处可以报告。黛玉所引戏文，见于《西厢记》第二本《崔莺莺夜听琴》中红娘所唱："【脱布衫】幽僻处可有人行。点苍苔白露泠泠。隔窗儿咳嗽了一声。"红娘此行是请张生赴老夫人的筵席，不承想老夫人在席间让他与崔莺莺（双文）以兄妹相称，使他做一个跨凤乘鸾客的念头，变做了梦里南柯。这里再度借《西厢记》言情，沟通了深湛的情感世界，如古诗用典，产生了历史世界在精神深处的错综。想不到架子上的鹦哥竟然也长叹一声，大似林黛玉素日吁嗟音韵，念出《葬花吟》的句子："侬今葬花人笑痴，他年葬侬知是谁？试看春尽花渐落，便是红颜老死时。一朝春尽红颜老，花落人亡两不知。"黛玉、紫鹃听了都笑起来。悲哀的诗听了发笑，笑得令人心酸。《蒙古王府本石头记》侧批说："哭成的句子，到今日听了，竟作一场笑话。"值得注意者，紫鹃在贾母房里当二等小丫头时，就叫作鹦哥。紫鹃聪慧可人，对黛玉的生活体贴细心，在精神上更是黛玉的忠实支持者。黛玉引紫鹃为知己，在大观园里，只有她真正理解宝黛之间的爱情。此鹦哥是彼鹦哥乎？她与黛玉听架上鹦哥念《葬花吟》而化悲为笑，翻转了《红楼梦》的抒写情调。这出文戏自具特色，文采摇曳，摇荡着人物颤抖的心弦。

且说薛宝钗来至家中，只见母亲正自梳头呢。一见他来了，便说道："你大清早起跑来作什么？"宝钗道："我瞧瞧妈身上好不好。昨儿我去了，不知他可又过来闹了没有？"一面说，一面在他母亲身旁坐了，由不得哭将起来。薛姨妈见他一哭，自己撑不住，也就哭了一场，一面又劝他："我的儿，你别委曲了，你等我处分他。你要有个好歹，我指望那一个来？"

薛蟠在外边听见，连忙跑了过来，对着宝钗，左一个揖，右一个揖，只说："好妹妹，恕我这一次罢。原是我昨儿吃了酒，回来的晚了，路上撞客着了，来家未醒，不知胡说了什么，连自己也不知道，怨不得你生气。"宝钗原是掩面哭的，听如此说，由不得又好笑了，遂抬头向地下啐了一口，说道:“你不用做这些像生儿。我知道你的心里多嫌我们娘儿两个，是要变着法儿叫我们离了你，你就心净了。”薛蟠听说，连忙笑道:“妹妹这话从那里说起来的，这样我连立足之地都没了。妹妹从来不是这样多心说歪话的人。”薛姨妈忙又接着道:“你只会听见你妹妹的歪话，难道昨儿晚上你说的那话就应该的不成？当真是你发昏了。”薛蟠道:“妈也不必生气，妹妹也不用烦恼，从今以后我再不同他们一处吃酒闲逛如何？”宝钗笑道:“这不明白过来了。”薛姨妈道:“你要有这个横劲，那龙也下蛋了。”薛蟠道:“我若再和他们一处逛，妹妹听见了只管啐我，再叫我畜生，不是人，如何？何苦来，为我一个人，娘儿两个天天操心。妈为我生气还有可恕，若只管叫妹妹为我操心，我更不是人了。如今父亲没了，我不能多孝顺妈多疼妹妹，反教娘生气妹妹烦恼，真连个畜生也不如了。”口里说着，眼睛里禁不起也滚下泪来。薛姨妈本不哭了，听他一说又勾起伤心来。宝钗勉强笑道:“你闹够了，这会子又招着妈哭起来了。”薛蟠听说，忙收了泪，笑道:“我何曾招妈哭来？罢，罢，罢，丢下这个别提了。叫香菱来倒茶妹妹吃。”宝钗道:“我也不吃茶，等妈洗了手，我们就过去了。”薛蟠道:“妹妹的项圈我瞧瞧，只怕该炸一炸去了。”宝钗道:“黄澄澄的又炸他作什么？”薛蟠又道:“妹妹如今也该添补些衣裳了。要什么颜色花样，告诉我。”宝钗道:“连那些衣服我还没穿遍了，又做什么？”一时薛姨妈换了衣裳，拉着宝钗进去，薛蟠方出去了。

笺证

《红楼梦》的文武戏双全，武戏演罢演文戏，武戏一转身也可以成为文戏，手法相当灵便巧妙。第三十五回写薛蟠一改持刀动杖耍横的故态，对着宝钗，左一个揖，右一个揖，只说："好妹妹，恕我这一次罢！原是我昨儿吃了酒，回来的晚了，路上撞客着了，来家未醒，不知胡说了什么，连自己也不知道，怨不得你生气。"还要对昨日顶撞宝钗金项圈的禁忌进行弥补，要拿去抛光以讨好宝钗。武戏改作文扮，道具、插科打诨的表情动作也没有增加，只不过换了一种调门，文戏改装表演就满纸生异彩了。换调门何所写？蒙古王府本侧批说："一写骨肉悔过之情，一写本等贞静之女。"[1]由此可知，薛蟠虽然粗俗混账，到底不是狼心狗肺，他也有俗得可爱的一面。

这里薛姨妈和宝钗进园来瞧宝玉，到了怡红院中，只见抱厦里外回廊上许多丫鬟老婆站着，便知贾母等都在这里。母女两个进来，大家见过了，只见宝玉躺在榻上。薛姨妈问他可好些。宝玉忙欲欠身，口里答应着"好些"，又说："只管惊动姨娘、姐姐，我禁不起。"薛姨妈忙扶他睡下，又问他："想什么，只管告诉我。"宝玉笑道："我想起来，自然和姨娘要去的。"

王夫人又问："你想什么吃？回来好给你送来的。"宝玉笑道："也倒不想什么吃，倒是那一回做的那小荷叶儿小莲蓬儿的汤还好些。"凤姐一旁笑道："听听，口味不算高贵，只是太磨牙了。巴巴的想这个吃了。"贾母便一叠声的叫人做去。凤姐儿笑道："老祖宗别急，等我想一想这模子谁收着呢。"因回头吩咐个婆子去问管厨房的要去。那婆子去了半天，来回说："管厨房的说，四副汤模子都交上来了。"凤姐儿听说，想了一想，道："我记得交给谁了，多半在茶房里。"一面又遣人去问管茶房的，也不曾收。次后还是管金银器皿的送了来。

薛姨妈先接过来瞧时，原来是个小匣子，里面装着四副银模子，都有一尺多长，一寸见方，上面凿着有豆子大小，也有菊花的，也有梅花的，也有莲蓬的，也有菱角的，共有三四十样，打的十分精巧。因笑向贾母、王夫人道："你们府上也都想绝了，吃碗汤还有这些样子。若不说出来，我见这个也不认得这是作什么用的。"凤姐儿也不等人说话，便笑道："姑妈那里晓得，这是旧年备膳，他们想的法儿。不知弄些什么面印出来，借点新荷叶的清香，全仗着好汤，究竟没意思，谁家常吃他了。那一回呈样的作了一回，他今日怎么想起来了。”说着接了过来，递与个妇人，吩咐厨房里立刻拿几只鸡，另外添了东西，做出十来碗来。王夫人道："要这些做什么？”凤姐儿笑道："有个原故：这一宗东西家常不大作，今儿宝兄弟提起来了，单做给他吃，老太太、姑妈、太太都不吃，似乎不大好。不如借势儿弄些大家吃，托赖连我也上个俊儿。”贾母听了，笑道："猴儿，把你乖的。拿着官中的钱你做人。”说的大家笑了。凤姐也忙笑道："这不相干。这个小东道我还孝敬的起。”便回头吩咐妇人："说给厨房里，只管好生添补着做了，在我的帐上来领银子。”妇人答应着去了。

❶ 朱一玄编：《红楼梦资料汇编》，南开大学出版社 2001 年版，第 437 页。

宝钗一旁笑道："我来了这么几年，留神看起来，凤丫头凭他怎么巧，再巧不过老太太去。”贾母听说，便答道："我如今老了，那里还巧什么。当日我像凤哥儿这么大年纪，比他还来得呢。他如今虽说不如我们，也就算好了，比你姨娘强远了。你姨娘可怜见的，不大说话，和木头似的，在公婆跟前就不大显好。凤儿嘴乖，怎么怨得人疼他。”宝玉笑道："若这么说，不大说话的就不疼了？”贾母道："不大说话的又有不大说话的可疼之处，嘴乖的也有一宗可嫌的，倒不如不说话的好。”宝玉笑道："这就是了。我说大嫂子倒不大说话呢，老太太也是和凤姐姐的一样看待。若是单是会说话的可疼，这些姊妹里头也只是凤姐姐和林妹妹可疼了。”贾母道："提起姊妹，不是我当着姨太太的面奉承，千真万真，从我们家四个女孩儿算起，全不如宝丫头。”薛姨妈听说，忙笑道："这话是老太太说偏了。”王夫人忙又笑道："老太太时常背地里和我说宝丫头好，这倒不是假话。”

宝玉勾着贾母原为赞林黛玉的，不想反赞起宝钗来，倒也意出望外，便看着宝钗一笑。宝钗早扭过头去和袭人说话去了。

忽有人来请吃饭，贾母方立起身来，命宝玉好生养着，又把丫头们嘱咐了一回，方扶着凤姐儿，让着薛姨妈，大家出房去了。因问汤好了不曾，又问薛姨妈等："想什么吃，只管告诉我，我有本事叫凤丫头弄了来咱们吃。"薛姨妈笑道："老太太也会怄他的。时常他弄了东西孝敬，究竟又吃不了多少。"凤姐儿笑道："姑妈倒别这样说。我们老祖宗只是嫌人肉酸，若不嫌人肉酸，早已把我还吃了呢。"

一句话没说了，引的贾母众人都哈哈的笑起来。宝玉在房里也撑不住笑了。袭人笑道："真真的二奶奶的这张嘴怕死人！"宝玉伸手拉着袭人笑道："你站了这半日，可乏了？"一面说，一面拉他身旁坐了。袭人笑道："可是又忘了。趁宝姑娘在院子里，你和他说，烦他莺儿来打上几根络子。"宝玉笑道："亏你提起来。"说着，便仰头向窗外道："宝姐姐，吃过饭叫莺儿来，烦他打几根络子，可得闲儿？"宝钗听见，回头道："怎么不得闲儿，一会叫他来就是了。"贾母等尚未听真，都止步问宝钗。宝钗说明了，大家方明白。贾母又说道："好孩子，叫他来替你兄弟作几根。你要无人使唤，我那里闲着的丫头多呢，你喜欢谁，只管叫了来使唤。"薛姨妈宝钗等都笑道："只管叫他来作就是了，有什么使唤的去处。他天天也是闲着淘气。"

大家说着，往前迈步正走，忽见史湘云、平儿、香菱等在山石边掐凤仙花呢，见了他们走来，都迎上来了。少顷至园外，王夫人恐贾母乏了，便欲让至上房内坐。贾母也觉腿酸，便点头依允。王夫人便令丫头忙先去铺设坐位。那时赵姨娘推病，只有周姨娘与众婆娘丫头们忙着打帘子，立靠背，铺褥子。贾母扶着凤姐儿进来，与薛姨妈分宾主坐了。薛宝钗、史湘云坐在下面。王夫人亲捧了茶奉与贾母，李宫裁奉与薛姨妈。贾母向王夫人道："让他们小妯娌服侍，你在那里坐了，好说话儿。"王夫人方向一张小杌子上坐下，便吩咐凤姐儿道："老太太的饭在这里放，添了东西来。"凤姐儿答应出去，便令人去贾母那边告诉，那边的婆娘忙往外传了，丫头们忙都赶过来。王夫人便令"请姑娘们去"。请了半天，只有探春、惜春两个来了，迎春身上不耐烦，不吃饭，林黛玉自不消说，平素十顿饭只好吃五顿，众人也不着意了。少顷饭至，众人调放了桌子。凤姐儿用手巾裹着一把牙箸站在地下，笑道:“老祖宗和姑妈不用让，还听我说就是了。”贾母笑向薛姨妈道:“我们就是这样。”薛姨妈笑着应了。于是凤姐放了四双:上面两双是贾母、薛姨妈，两边是薛宝钗、史湘云的。王夫人、李宫裁等都站在地下看着放菜。凤姐先忙着要干净家伙来，替宝玉拣菜。

少顷，荷叶汤来，贾母看过了。王夫人回头见玉钏儿在那边，便令玉钏与宝玉送去。凤姐道:“他一个人拿不去。”可巧莺儿和喜儿都来了。宝钗知道他们已吃了饭，便向莺儿道:“宝兄弟正叫你去打络子，你们两个一同去罢。”莺儿答应，同着玉钏儿出来。莺儿道:“这么远，怪热的，怎么端了去?”玉钏儿笑道:“你放心，我自有道理。”说着，便令一个婆子来，将汤饭等物放在一个捧盒里，令他端了跟着，他两个却空着手走。一直到了怡红院门内，玉钏儿方接了过来，同莺儿进入宝玉房中。袭人、麝月、秋纹三个人正和宝玉顽笑呢，见他两个来了，都忙起来，笑道:“你两个怎么来的这么碰巧，一齐来了?”一面说，一面接了下来。玉钏儿便向一张杌子上坐了，莺儿不敢坐下。袭人便忙端了个脚踏来，莺儿还不敢坐。宝玉见莺儿来了，却倒十分欢喜，忽见了玉钏儿，便想到他姐姐金钏儿身上，又是伤心，又是惭愧，便把莺儿丢下，且和玉钏儿说话。袭人见把莺儿不理，恐莺儿没好意思的，又见莺儿不肯坐，便拉了莺儿出来，到那边房里去吃茶说话儿去了。

这里麝月等预备了碗箸来伺候吃饭。宝玉只是不吃，问玉钏儿道:“你母亲身子好?”玉钏儿满脸怒色，正眼也不看宝玉，半日，方说了一个“好”字。宝玉便觉没趣，半日，只得又陪笑问道："谁叫你给我送来的？"玉钏儿道："不过是奶奶太太们。"宝玉见他还是这样哭丧，便知他是为金钏儿的原故，待要虚心下气磨转他，又见人多，不好下气的，因而变尽方法，将人都支出去，然后又陪笑问长问短。

那玉钏儿先虽不悦，只管见宝玉一些性子没有，凭他怎么丧谤，他还是温存和气，自己倒不好意思的了，脸上方有三分喜色。宝玉便笑求他："好姐姐，你把那汤拿了来我尝尝。"玉钏儿道："我从不会喂人东西，等他们来了再吃。"宝玉笑道："我不是要你喂我。我因为走不动，你递给我吃了，你好赶早儿回去交代了，你好吃饭的。我只管耽误时候，你岂不饿坏了？你要懒待动，我少不了忍了疼下去取来。"说着便要下床来，扎挣起来，禁不住嗳哟之声。玉钏儿见他这般，忍不住起身说道："躺下罢。那世里造了来的业，这会子现世现报。教我那一个眼睛看的上。"一面说，一面哧的一声又笑了，端过汤来。宝玉笑道："好姐姐，你要生气只管在这里生罢，见了老太太、太太可放和气些，若还这样，你就又挨骂了。"玉钏儿道："吃罢，吃罢。不用和我甜嘴蜜舌的，我可不信这样话。"说着，催宝玉喝了两口汤。宝玉故意说："不好吃，不吃了。"玉钏儿道："阿弥陀佛。这还不好吃，什么好吃？"宝玉道："一点味儿也没有，你不信，尝一尝就知道了。"玉钏儿真就赌气尝了一尝。宝玉笑道："这可好吃了？"玉钏儿听说，方解过意来，原是宝玉哄他吃一口，便说道："你既说不好吃，这会子说好吃也不给你吃了。"宝玉只管央求陪笑要吃，玉钏儿又不给他，一面又叫人打发吃饭。

丫头方进来时，忽有人来回话："傅二爷家的两个嬷嬷来请安，来见二爷。"宝玉听说，便知是通判傅试家的嬷嬷来了。那傅试原是贾政的门生，历年来都赖贾家的名势得意，贾政也着实看待，故与别个门生不同，他那里常遣人来走动。宝玉素习最厌愚男蠢女的，今日却如何又令两个婆子进来？其中原来有个原故：只因那宝玉闻得傅试有个妹子，名唤傅秋芳，也是个琼闺秀玉，常闻人传说才貌俱全，虽自未亲睹，然遐思遥爱之心十分诚敬，不命他们进来，恐薄了傅秋芳，因此连忙命让进来。那傅试原是暴发的，因傅秋芳有几分姿色，聪明过人，那傅试安心仗着妹妹要与豪门贵族结姻，不肯轻意许人，所以耽误到如今。目今傅秋芳年已二十三岁，尚未许人。争奈那些豪门贵族又嫌他穷酸，根基浅薄，不肯求配。那傅试与贾家亲密，也自有一段心事。今日遣来的两个婆子偏生是极无知识的，闻得宝玉要见，进来只刚问了好，说了没两句话。那玉钏儿见生人来，也不和宝玉厮闹了，手里端着汤只顾听话。宝玉又只顾和婆子说话，一面吃饭，一面伸手去要汤。两个人的眼睛都看着人，不想伸猛了手，便将碗碰翻，将汤泼了宝玉手上。玉钏儿倒不曾烫着，唬了一跳，忙笑道："这是怎么说？"慌的丫头们忙上来接碗。宝玉自己烫了手倒不觉的，却只管问玉钏儿："烫了那里了？疼不疼？"玉钏儿和众人都笑了。玉钏儿道："你自己烫了，只管问我。"宝玉听说，方觉自己烫了。众人上来连忙收拾。宝玉也不吃饭了，洗手吃茶，又和那两个婆子说了两句话。然后两个婆子告辞出去，晴雯等送至桥边方回。

那两个婆子见没人了，一行走，一行谈论。这一个笑道："怪道有人说他家宝玉是外像好里头糊涂，中看不中吃的，果然有些呆气。他自己烫了手，倒问人疼不疼，这可不是个呆子？"那一个又笑道："我前一回来，听见他家里许多人抱怨，千真万真的有些呆气。大雨淋的水鸡似的，他反告诉别人'下雨了，快避雨去罢'。你说可笑不可笑？时常没人在跟前，就自哭自笑的，看见燕子，就和燕子说话，河里看见了鱼，就和鱼说话，见了星星月亮，不是长吁短叹，就是咕咕哝哝的。且是连一点刚性也没有，连那些毛丫头的气都受的。爱惜东西，连个线头儿都是好的。糟踏起来，那怕值千值万的都不管了。"两个人一面说，一面走出园来，辞别诸人回去，不在话下。

笺证

《红楼梦》写餐饮极其讲究，器具用料无不典雅精致，散发着浓郁的贵族气息和滋味，堪称全书的一大景观，读书时切不可错过。第三十五回贾宝玉病中要喝小荷叶儿小莲蓬儿的汤。王熙凤就传令端上汤模子，薛姨妈先接过来瞧时，原来是个小匣子，里面装着四副银模子，都有一尺多长，一寸见方，上面凿着有豆子大小，也有菊花的，也有梅花的，也有莲蓬的，也有菱角的，共有三四十样，打的十分精巧。因笑向贾母、王夫人说："你们府上也都想绝了，吃碗汤还有这些样子。若不说出来，我见这个也不认得这是作什么用的。"连富商家族的薛姨妈都觉得开眼，可见其经典的贵族模样了。然而写餐饮，是为了写人，写人的性情和人伦关系。贾宝玉把旁人支开，温存和气地对金钏儿的妹妹玉钏儿问长问短，任凭玉钏儿怎么爱理不理，宝玉还是变着法子让玉钏儿喝莲叶羹汤。蒙古王府本侧批说："金钏儿如若有知，该何等感激！"这种赎罪心理，使得喝汤烫了宝玉的手，还问玉钏儿疼不疼。蒙古王府本侧批又说："多情人每于苦恼时不自觉，反说彼家苦恼。爱之至、惜之深之故也。"[2] 旁人自然是难以体验这种赎罪心理的，致使通判傅试家的两个嬷嬷肆意谈论嘲笑："怪道有人说他家宝玉是外像好里头糊涂，中看不中吃的，果然有些呆气。他自己烫了手，倒问人疼不疼，这可不是个呆子？"那一个又笑道："我前一回来，听见他家里许多人抱怨，千真万真的有些呆气。大雨淋的水鸡似的，他反告诉别人'下雨了，快避雨去罢'。你说可笑不可笑？时常没人在跟前，就自哭自笑的，看见燕子，就和燕子说话，河里看见了鱼，就和鱼说话，见了星星月亮，不是长吁短叹，就是咕咕哝哝的。且是连一点刚性也没有，连那些毛丫头的气都受的。爱惜东西，连个线头儿都是好的。糟踏起来，那怕值千值万的都不管了。"己卯本夹批说："宝玉之为人，非此一论，亦描写不尽；宝玉之不肖，非此一鄗，亦形容不到。试问作者是丑宝玉乎？是赞宝玉乎？试问观者是喜宝玉乎？是恶宝玉乎？"[3] 换一个立足点或一个角度看人，人的影像就不同。从昏庸村俗的老婆子侧面反衬贾宝玉的性情，也亏曹雪芹能够想到这种没有先例的神来之笔，它用哈哈镜照人，反令照人的镜子陷入哈哈，幽默感中包含着不入窠臼的良苦用心。这种艺术手法，令人联想到东汉学者牟融的《牟子理惑论》中讲的战国时期公明仪为牛弹奏乐曲的故事："公明仪为牛弹《清角》之操，伏食如故。非牛不闻，不合其耳矣。转为蚊虻之声、孤犊之鸣，即掉尾、奋耳，蹀躞而听。"以对牛弹琴的手法写人物的乖戾行为，弹琴者无意，听琴的牛硬要作解，在轻松的幽默感中映照出颠倒错综的人情世故，这是《红楼梦》寄深刻于从容的手腕。反面写痴情，遂使痴情回过头来做了一个怪脸，逗人取乐。

如今且说袭人见人去了，便携了莺儿过来，问宝玉打什么络子。宝玉笑向莺儿道："才只顾说话，就忘了你。烦你来不为别的，却为替我打几根络子。"莺儿道："装什么的络子？"宝玉见问，便笑道："不管装什么的，你都每样打几个罢。"莺儿拍手笑道："这还了得！要这样，十年也打不完了。"宝玉笑道："好姐姐，你闲着也没事，都替我打了罢。"袭人笑道："那里一时都打得完，如今先拣要紧的打两个罢。"莺儿道："什么要紧，不过是扇子、香坠儿、汗巾子。"宝玉道："汗巾子就好。"莺儿道："汗巾子是什么颜色的？"宝玉道："大红的。"莺儿道："大红的须是黑络子才好看的，或是石青的才压的住颜色。"宝玉道："松花色配什么？"莺儿道："松花配桃红。"宝玉笑道："这才娇艳。再要雅淡之中带些娇艳。"莺儿道："葱绿柳黄是我最爱的。"宝玉道："也罢了，也打一条桃红，再打一条葱绿。"莺儿道："什么花样呢？"宝玉道："共有几样花样？"莺儿道："一炷香、朝天凳、像眼块、方胜、连环、梅花、柳叶。"宝玉道："前儿你替三姑娘打的那花样是什么？"莺儿道："那是攒心梅

❷ 朱一玄编：《红楼梦资料汇编》，南开大学出版社2001年版，第438页。

❸（清）曹雪芹：《脂砚斋重评石头记（己卯本）》，上海古籍出版社1981年版，第524页。

花。”宝玉道：“就是那样好。”一面说，一面叫袭人刚拿了线来。窗外婆子说：“姑娘们的饭都有了。”宝玉道：“你们吃饭去，快吃了来罢。”袭人笑道：“有客在这里，我们怎好去的？”莺儿一面理线，一面笑道：“这话又打那里说起，正经快吃了来罢。”袭人等听说方去了，只留下两个小丫头听呼唤。

宝玉一面看莺儿打络子，一面说闲话，因问他：“十几岁了？”莺儿手里打着，一面答话说：“十六岁了。”宝玉道：“你本姓什么？”莺儿道：“姓黄。”宝玉笑道：“这个名姓倒对了，果然是个黄莺儿。”莺儿笑道：“我的名字本来是两个字，叫作金莺。姑娘嫌拗口，就单叫莺儿，如今就叫开了。”宝玉道：“宝姐姐也算疼你了。明儿宝姐姐出阁，少不得是你跟去了。”莺儿抿嘴一笑。宝玉笑道：“我常常和袭人说，明儿不知那一个有福的消受你们主子奴才两个呢？”莺儿笑道：“你还不知道，我们姑娘有几样世人都没有的好处呢，模样儿还在次。”宝玉见莺儿娇憨婉转，语笑如痴，早不胜其情了，那更提起宝钗来。便问他道：“好处在那里？好姐姐，细细告诉我听。”莺儿笑道：“我告诉你，你可不许又告诉他去。”宝玉笑道：“这个自然的。”正说着，只听外头说道：“怎么这样静悄悄的？”二人回头看时，不是别人，正是宝钗来了。宝玉忙让坐。宝钗坐了，因问莺儿：“打什么呢？”一面问，一面向他手里去瞧，才打了半截。宝钗笑道：“这有什么趣儿，倒不如打个络子把玉络上呢。”一句话提醒了宝玉，便拍手笑道：“倒是姐姐说得是，我就忘了。只是配个什么颜色才好？”宝钗道：“若用杂色断然使不得，大红又犯了色，黄的又不起眼，黑的又过暗。等我想个法儿：把那金线拿来，配着黑珠儿线，一根一根的拈上，打成络子，这才好看。”

宝玉听说，喜之不尽，一叠声便叫袭人来取金线。正值袭人端了两碗菜走进来，告诉宝玉道：“今儿奇怪，才刚太太打发人给我送了两碗菜来。”宝玉笑道：“必定是今儿菜多，送来给你们大家吃的。”袭人道：“不是，指名给我送来的，还不叫我过去磕头。这可是奇了。”宝钗笑道：“给你的，你就吃了，这有什么可猜疑的？”袭人笑道：“从来没有的事，倒叫我不好意思的。”宝钗抿嘴一笑，说道：“这就不好意思了？明儿比这个更叫你不好意思的还有呢！”袭人听了话内有因，素知宝钗不是轻嘴薄舌奚落人的，自己方想起上日王夫人的意思来，便不再提，将菜与宝玉看了，说："洗了手来拿线。"说毕，便一直的出去了。吃过饭，洗了手，进来拿金线与莺儿打络子。此时宝钗早被薛蟠遣人来请出去了。

这里宝玉正看着打络子，忽见邢夫人那边遣了两个丫鬟送了两样果子来与他吃，问他："可走得了？若走得动，叫哥儿明儿过来散散心，太太着实记挂着呢。"宝玉忙道："若走得了，必请太太的安去。疼的比先好些，请太太放心罢。"一面叫他两个坐下，一面又叫秋纹来，把才拿来的那果子拿一半送与林姑娘去。秋纹答应了，刚欲去时，只听黛玉在院内说话，宝玉忙叫"快请"。要知端的，且听下回分解。

笺证

吊胃口，是《红楼梦》引发读者的阅读期待和审美遐思的高明手法。有所谓"越被吊胃口越高兴"，越是被吊胃口，期待度就越高，想到口的欲望越强，一旦如愿以偿，乐何如哉？第三十五回的回目明明标示"黄金莺巧结梅花络"，但叙事的焦点却有意偏离莺儿。莺儿编结梅花络，只不过是个炮架子，炮弹瞄准的却是莺儿的主子薛宝钗。这才有贾宝玉向莺儿取笑说："我常常和袭人说，明儿不知那一个有福的消受你们主子奴才两个呢？"蒙古王府本侧批说："是有心？是无心？"这是在质疑贾宝玉，让读者揣摩贾宝玉缠缠绕绕的心思。接着莺儿笑说："你还不知道，我们姑娘有几样世人都没有的好处呢，模样儿还在次。"宝玉见莺儿娇憨婉转，语笑如痴，早不胜其情了，那更提起宝钗来！就问莺儿说："好处在那里？好姐姐，细细告诉我听。"莺儿笑道："我告诉你，你可不许又告诉他去。"蒙古王府本侧批又说："闺房闲话，着实幽韵。"读书至此，应该竖起耳朵来听了，但是戛然而止，恰在此时宝钗进来，打断他们的话头。这就形成了如韩愈《雉带箭》诗所云"将军欲以巧伏人，盘马弯弓惜不发"的架势。驰马盘旋，张弓欲射，故做惊人的姿态，却迟迟不出手实施，令人盼眼欲穿。《红楼梦》如此用笔，真是吊足了人们的胃口，让人们在叙事空白处尽情猜想。这是写书人打的一个哑谜，令人联想到《西厢记》第二本崔莺莺所唱："转关儿没定夺，哑谜儿怎猜破。"哑谜的美学原理，可以沟通于中国书画艺术上的"留白"，所谓"白"就是虚实上的"虚"，如何为之留出地步？既然知道，一纸之上，着墨处为黑，无墨处为白，白为黑之凭，黑为白之藉，黑白之间，相辅相成。那就得通过协调章法，错综虚实，有意识地以不留痕迹的方式为空白空间，以期气韵生动地引发人们的无限想象。在绘画上，水墨与空白水乳交融，密不透风，疏可跑马，虚实相生，就滋生出有生命、有情感、有意趣、有神韵的高超的审美价值。文章上留点余味，"不着一字，尽得风流"，音乐上腾出音响的沉默，"此时无声胜有声"，他们遵循的哲学，就是《老子》所云"大音希声，大象无形，道隐无名"，就是《庄子·人间世》所云"唯道集虚。虚者，心斋也"。所有由绘画、音乐到道家哲学的这些精神脉络，被曹雪芹巧妙地牵连进小说艺术中了。

第二十六回

绣鸳鸯梦兆绛芸轩 识分定情悟梨香院

话说贾母自王夫人处回来，见宝玉一日好似一日，心中自是欢喜。因怕将来贾政又叫他，遂命人将贾政的亲随小厮头儿唤来，吩咐他："以后倘有会人待客诸样的事，你老爷要叫宝玉，你不用上来传话，就回他说我说了：一则打重了，得着实将养几个月才走得，二则他的星宿不利，祭了星不见外人，过了八月才许出二门。"那小厮头儿听了，领命而去。贾母又命李嬷嬷、袭人等来，将此话说与宝玉，使他放心。那宝玉本就懒与士大夫诸男人接谈，又最厌峨冠礼服贺吊往还等事，今日得了这句话，越发得了意，不但将亲戚朋友一概杜绝了，而且连家庭中晨昏定省亦发都随他的便了，日日只在园中游卧，不过每日一清早到贾母、王夫人处走走就回来了，却每每甘心为诸丫鬟充役，竟也得十分闲消日月。或如宝钗辈有时见机导劝，反生起气来，只说："好好的一个清净洁白女儿，也学的钓名沽誉，入了国贼禄鬼之流。这总是前人无故生事，立言竖辞，原为导后世的须眉浊物。不想我生不幸，亦且琼闺绣阁中亦染此风，真真有负天地钟灵毓秀之德。"因此祸延古人，除四书外，竟将别的书焚了。众人见他如此疯颠，也都不向他说这些正经话了。独有林黛玉自幼不曾劝他去立身扬名等语，所以深敬黛玉。

笺证

《红楼梦》叙事，前面讲过文戏武戏转换法、对牛弹琴法、引而不发法、留白法，同时它也擅长蓄势而发，再顺水推舟、趁窝和泥，灵活调动叙事的时间与空间。贾政“棍棒之下出孝子”的政策彻底垮台，他暴打宝玉之后，到了第三十六回贾母出了一个反制的绝招：“以后倘有会人待客诸样的事，你老爷要叫宝玉，你不用上来传话，就回他说我说了：一则打重了，得着实将养几个月才走得，二则他的星宿不利，祭了星不见外人，过了八月才许出二门。”这就是积蓄叙事的势能，既破除贾政的家庭暴力，又借助天文星象学的民俗信仰，以此撑起了一顶保护伞，使宝玉放松精神，推敲起他的特种文化哲学。面对宝钗辈有时见机导劝，宝玉反生起气来说：“好好的一个清净洁白女儿，也学的钓名沽誉，入了国贼禄鬼之流。这总是前人无故生事，立言竖辞，原为导后世的须眉浊物。不想我生不幸，亦且琼闺绣阁中亦染此风，真真有负天地钟灵毓秀之德。”蒙古王府本侧批说：“宝玉何等心思，作者何等意见，此文何等笔墨！”[1]这里连用了三个“何等”，感叹之余并没有明白宝玉的真实意思。宝玉反对钓名沽誉的国贼禄鬼之流，实际上是反叛传统政治社会的运转原则，由此而与宝钗产生隔阂，反而觉得黛玉对他的心思，所以深敬黛玉。宝玉独立特行的反叛传统的品格，到此趋于模式化的成熟，在模式化中彰显了人与文化的紧张关系：文化与人既是相互肯定的力量，又是相互否定的力量，在否定中寻找新的可能性。

[1] 朱一玄编：《红楼梦资料汇编》，南开大学出版社2012年版，第440页。

闲言少述。如今且说王凤姐自见金钏儿死后，忽见几家仆人常来孝敬他些东西，又不时的来请安奉承，自己倒生了疑惑，不知何意。这日又见人来孝敬他东西，因晚间无人时笑问平儿道："这几家人不大管我的事，为什么忽然这么和我贴近？"平儿冷笑道："奶奶连这个都想不起来了？我猜他们的女儿都必是太太房里的丫头，如今太太房里有四个大的，一个月一两银子的分例，下剩的都是一个月几百钱。如今金钏儿死了，必定他们要弄这一两银子的巧宗儿呢。"凤姐听了，笑道："是了，是了，倒是你提醒了。我看这些人也太不知足，钱也赚够了，苦事情又侵不着，弄个丫头搪塞着身子也就罢了，又还想这个。也罢了，他们几家的钱容易也不能花到我跟前，这是他们自寻的，送什么来，我就收什么，横竖我有主意。"凤姐儿安下这个心，所以自管迁延着，等那些人把东西送足了，然后乘空方回王夫人。

这日午间，薛姨妈母女两个与林黛玉等正在王夫人房里大家吃西瓜呢，凤姐儿得便回王夫人道："自从玉钏儿的姐姐死了，太太跟前少着一个人。太太或看准了那个丫头好，就吩咐，下月好发放月钱的。"王夫人听了，想了一想，道："依我说，什么是例，必定四个五个的，够使就罢了，竟可以免了罢。"凤姐笑道："论理，太太说的也是。这原是旧例，别人屋里还有两个呢，太太倒不按例了。况且省下一两银子也有限。"王夫人听了，又想一想，道："也罢，这个分例只管关了来，不用补人，就把这一两银子给他妹妹玉钏儿罢。他姐姐服侍了我一场，没个好结果，剩下他妹妹跟着我，吃个双分子也不为过逾了。"凤姐答应着，回头找玉钏儿，笑道："大喜，大喜。"玉钏儿过来磕了头。王夫人问道："正要问你，如今赵姨娘、周姨娘的月例多少？"凤姐道："那是定例，每人二两。赵姨娘有环兄弟的二两，共是四两，另外四串钱。"王夫人道："可都按数给他们？"凤姐见问的奇怪，忙道："怎么不按数给？"王夫人道："前儿我恍惚听见有人抱怨，说短了一吊钱，是什么原故？"凤姐忙笑道："姨娘们的丫头，月例原是人各一吊。从旧年他们外头商议的，姨娘们每位的丫头分例减半，人各五百钱，每位两个丫头，所以短了一吊钱。这也抱怨不着我，我倒乐得给他们呢，他们外头又扣着，难道我添上不成。这个事我不过是接手儿，怎么来，怎么去，由不得我作主。我倒说了两三回，仍旧添上这两分的。他们说只有这个项数，叫我也难再说了。如今我手里每月连日子都不错给他们呢。先时在外头关，那个月不打饥荒，何曾顺顺溜溜的得过一遭儿。”王夫人听说，也就罢了，半日又问：“老太太屋里几个一两的？”凤姐道：“八个。如今只有七个，那一个是袭人。”王夫人道：“这就是了。你宝兄弟也并没有一两的丫头，袭人还算是老太太房里的人。”凤姐笑道：“袭人原是老太太的人，不过给了宝兄弟使。他这一两银子还在老太太的丫头分例上领。如今说因为袭人是宝玉的人，裁了这一两银子，断然使不得。若说再添一个人给老太太，这个还可以裁他的。若不裁他的，须得环兄弟屋里也添上一个才公道均匀了。就是晴雯、麝月等七个大丫头，每月人各月钱一吊，佳蕙等八个小丫头，每月人各月钱五百，还是老太太的话，别人如何恼得气得呢？”薛姨娘笑道：“只听凤丫头的嘴，倒像倒了核桃车子的，只听他的帐也清楚，理也公道。”凤姐笑道：“姑妈，难道我说错了不成？”薛姨妈笑道：“说的何尝错，只是你慢些说岂不省力？”凤姐才要笑，忙又忍住了，听王夫人示下。王夫人想了半日，向凤姐儿道：“明儿挑一个好丫头送去老太太使，补袭人，把袭人的一分裁了。把我每月的月例二十两银子里，拿出二两银子一吊钱来给袭人。以后凡事有赵姨娘、周姨娘的，也有袭人的，只是袭人的这一分都从我的分例上匀出来，不必动官中的就是了。”凤姐一一的答应了，笑推薛姨妈道：“姑妈听见了，我素日说的话如何？今儿果然应了我的话。”薛姨妈道：“早就该如此。模样儿自然不用说的，他的那一种行事大方，说话见人和气里头带着刚硬要强，这个实在难得。”王夫人含泪说道：“你们那里知道袭人那孩子的好处？比我的宝玉强十倍。宝玉果然是有造化的，能够得他长长远远的服侍他一辈子，也就罢了。”凤姐道：“既这么样，就开了脸，明放他在屋里岂不好？”王夫人道：“那就不好了，一则都年轻，二则老爷也不许，三则那宝玉见袭人是个丫头，纵有放纵的事，倒能听他的劝，如今作了跟前人，那袭人该劝的也不敢十分劝了。如今且浑着，等再过二三年再说。”

笺证

古典诗歌讲究炼字、炼句、炼意，《说文》云：“炼，铄治金也。”也就是用火烧制使物质浓缩、纯净、坚韧。在诗歌方面，所谓“二句三年得，一吟双泪流”“为人性僻耽佳句，语不惊人死不休”，由此锤炼出的关键字词被称为“诗眼”，眼神灼灼，章节泛光。欧阳修《六一诗话》载：“圣俞尝语余曰：‘诗家虽率意，而造语亦难。若意新语工，得前人所未道者，斯为善也。必能状难写之景，如在目前，含不尽之意，见于言外，然后为至矣。贾岛云：竹笼拾山果，瓦瓶担石泉。姚合云：马随山鹿放，鸡逐野禽栖。等是山邑荒僻，官况萧条，不如县古槐根出，官清马骨高为工也。’余曰：‘语之工者固如是。状难写之景，含不尽之意，何诗为然？’圣俞曰：‘作者得于心，览者会以意，殆难指陈以言也。虽然，亦可略道其仿佛：若严维柳塘春水漫，花坞夕阳迟，则天容时态，融和骀荡，岂不如在目前乎？又若温庭筠鸡声茅店月，人迹板桥霜，贾岛怪禽啼旷野，落日恐行人，则道路辛苦，羁愁旅思，岂不见于言外乎？’”[2]所谓“意新语工”“状难写之景，含不尽之意”“作者得于心，览者会以意”，虽然讲的是诗，但也可用于《红楼梦》的语言艺术，如若要得其意趣，必须步步留神的。比如，第三十六回此处写王夫人含泪说：“你们那里知道袭人那孩子的好处？比我的宝玉强十倍。宝玉果然是有造化的，能够得他长长远远的服侍他一辈子，也就罢了。”己卯本夹批就对其语言功夫作了仔细的吟味，说：“‘孩子’二字愈见亲热，故后文连呼二声‘我的儿’”“忽加‘我的宝玉’四字，愈令人堕泪，加‘我的’二字者，是明显袭人是‘彼的’。然彼的何如此好，我的何如此不好？又气又恨，宝玉罪有万重矣。作者有多少眼泪写此一句，观者又不知有多少眼泪也”。[3]这里对人物称谓的变化，称袭人为“孩子”蕴含着王夫人无比怜爱和倚重的内心情感的真切投入。精准用语，使字面蕴含着诸多奥妙，是曹雪芹的文字之敏感及功力所在。

说毕半日，凤姐见无话，便转身出来。刚至廊檐上，只见有几个执事的媳妇子正等他回事呢，见他出来，都笑道:“奶奶今儿回什么事，这半天？可是要热着了。”凤姐把袖子挽了几挽，跐着那角门的门槛子，笑道:“这里过门风倒凉快，吹一吹再走。”又告诉众人道:“你们说我回了这半日的话，太太把二百年头里的事都想起来问我，难道我不说罢？”又冷笑道:“我从今以后倒要干几样尅毒事了。抱怨给太太听，我也不怕。糊涂油蒙了心，烂了舌头，不得好死的下作东西，别作娘的春梦。明儿一裹脑子扣的日子还有呢。如今裁了丫头的钱，就抱怨了咱们。也不想一想是奴几，也配使两三个丫头。”一面骂，一面方走了，自去挑人回贾母话去，不在话下。

却说王夫人等这里吃毕西瓜，又说了一回闲话，各自方散去。宝钗与黛玉等回至园中，宝钗因约黛玉往藕香榭去，黛玉回说立刻要洗澡，便各自散了。宝钗独自行来，顺路进了怡红院，意欲寻宝玉谈讲以解午倦。不想一入院来，鸦雀无闻，一并连两只仙鹤在芭蕉下都睡着了。宝钗便顺着游廊来至房中，只见外间床上横三竖四，都是丫头们睡觉。转过十锦槅子，来至宝玉的房内。宝玉在床上睡着了，袭人坐在身旁，手里做针线，旁边放着一柄白犀麈。宝钗走近前来，悄悄的笑道:“你也过于小心了，这个屋里那里还有苍蝇蚊子，还拿蝇帚子赶什么？”袭人不防，猛抬头见是宝钗，忙放下针线，起身悄悄笑道:“姑娘来了，我倒也不防，唬了一跳。姑娘不知道，虽然没有苍蝇蚊子，谁知有一种小虫子，从这纱眼里钻进来，人也看不见，只睡着了，

❷（清）何文焕:《历代诗话》，中华书局1981年版，第267页。

❸（清）曹雪芹:《脂砚斋重评石头记（己卯本）》，上海古籍出版社1981年版，第539页。

咬一口，就像蚂蚁夹的。”宝钗道：“怨不得。这屋子后头又近水，又都是香花儿，这屋子里头又香。这种虫子都是花心里长的，闻香就扑。”说着，一面又瞧他手里的针线，原来是个白绫红里的兜肚，上面扎着鸳鸯戏莲的花样，红莲绿叶，五色鸳鸯。宝钗道：“嗳哟，好鲜亮活计！这是谁的，也值的费这么大工夫？”袭人向床上努嘴儿。宝钗笑道：“这么大了，还带这个？”袭人笑道：“他原是不戴，所以特特的做的好了，叫他看见由不得不戴。如今天气热，睡觉都不留神，哄他戴上了，便是夜里纵盖不严些儿，也就不怕了。你说这一个就用了工夫，还没看见他身上现戴的那一个呢。”宝钗笑道：“也亏你奈烦。”袭人道：“今儿做的工夫大了，脖子低的怪酸的。”又笑道：“好姑娘，你略坐一坐，我出去走走就来。”说着便走了。宝钗只顾看着活计，便不留心，一蹲身，刚刚的也坐在袭人方才坐的所在，因又见那活计实在可爱，不由的拿起针来，替他代刺。

不想林黛玉因遇见史湘云约他来与袭人道喜，二人来至院中，见静悄悄的，湘云便转身先到厢房里去找袭人。林黛玉却来至窗外，隔着纱窗往里一看，只见宝玉穿着银红纱衫子，随便睡着在床上，宝钗坐在身旁做针线，旁边放着蝇帚子。林黛玉见了这个景儿，连忙把身子一藏，手握着嘴不敢笑出来，招手儿叫湘云。湘云一见他这般景况，只当有什么新闻，忙也来一看，也要笑时，忽然想起宝钗素日待他厚道，便忙掩住口。知道林黛玉不让人，怕他言语之中取笑，便忙拉过他来道：“走罢。我想起袭人来，他说午间要到池子里去洗衣裳，想必去了，咱们那里找他去。”林黛玉心下明白，冷笑了两声，只得随他走了。

这里宝钗只刚做了两三个花瓣，忽见宝玉在梦中喊骂说：“和尚道士的话如何信得？什么是金玉姻缘，我偏说是木石姻缘。”薛宝钗听了这话，不觉怔了。忽见袭人走过来，笑道：“还没有醒呢？”宝钗摇头。袭人又笑道：“我才碰见林姑娘、史大姑娘，他们可曾进来？”宝钗道：“没见他们进来。”因向袭人笑道：“他们没告诉你什么话？”袭人笑道：“左不过是他们那些玩话，有什么正经说的？”宝钗笑道：“他们说的可不是玩话，我正要告诉你呢，你又忙忙的出去了。”

笺证

梦里的话，往往是最深的真情流露，它超越了显意识的压抑，使得情感深不可测的程度简直可以通向超现实的太虚幻境。宝钗为宝玉的白绫红里的兜肚绣花瓣，自然对宝玉怀有情意，竟然忽见宝玉在梦中喊骂说："和尚道士的话如何信得？什么是金玉姻缘，我偏说是木石姻缘！"薛宝钗听了这话，不觉怔了。蒙古王府本侧批说："请问：此'怔了'是呓语之故，还是呓语之意不妥之故？猜猜。"[4]"怔"的意思是心悸惊惧，或发愣发呆。这是不须多加猜测的，宝钗"怔了"，就是宝玉的梦话袭击了她心中的感情，使她发愣惊悸，她是隐藏着金玉良缘的心思的。隐藏的心思受到猛然的挑战，本能的反应就是发愣和惊悸。只是紧接着袭人进来，行文也就没有展开宝钗为何而"怔"，为何而发愣和惊悸。宝玉的梦中话，可是联系着女娲补天遗下的无材补天、幻形入世的顽石灵玉之命运的梦中话，于此打断叙事链条，留下些许空白，任随读者想象宝玉、宝钗、黛玉的情不情。这就是《红楼梦》不写之写的手法。北齐颜之推《颜氏家训·勉学篇》说："主人对曰：'夫命之穷达，犹金玉木石也。修以学艺，犹磨莹雕刻也。金玉之磨莹，自美其矿璞；木石之段块，自丑其雕刻。安可言木石之雕刻，乃胜金玉之矿璞哉？不得以有学之贫贱，比于无学之富贵也。'"[5]以金玉与木石，比喻命运人生的荣华和衰败，这是传承已久的思维方式。《红楼梦》却采取逆向思维，扬木石而抑金玉，抑扬之间，捅破了天不足于西北、地不足于东南的女娲补天时的情境，沟通了人书与天书的联系。哪怕面对着的是如元稹《谕宝二首》诗所云"圭璧无卞和，甘与顽石列"的尴尬处境，或者范仲淹《安道登茂材异等科》诗所云"玉

[4] 朱一玄编：《红楼梦资料汇编》，南开大学出版社2012年版，第441页。

[5] 王利器：《颜氏家训集解》，中华书局1993年版，第158页。

石方混淆，独能识真璞”的混乱认知。宝玉在《红楼梦》第三十五回的梦话，呼应着第五回神游太虚幻境时听到的《红楼梦十二曲·终身误》中的“都道是金玉良姻，俺只念木石前盟”，太虚幻境瞪眼看不见，只有在梦中可以找到通路。

一句话未完，只见凤姐儿打发人来叫袭人。宝钗笑道:“就是为那话了。”袭人只得唤起两个丫鬟来，一同宝钗出怡红院，自往凤姐这里来。果然是告诉他这话，又叫他与王夫人叩头，且不必去见贾母，倒把袭人不好意思的。见过王夫人急忙回来，宝玉已醒了，问起原故，袭人且含糊答应，至夜间人静，袭人方告诉。宝玉喜不自禁，又向他笑道:“我可看你回家去不去了。那一回往家里走了一趟，回来就说你哥哥要赎你，又说在这里没着落，终久算什么，说了那么些无情无义的生分话唬我。从今以后，我可看谁来敢叫你去？”袭人听了，便冷笑道:“你倒别这么说。从此以后我是太太的人了，我要走连你也不必告诉，只回了太太就走。”宝玉笑道:“就便算我不好，你回了太太竟去了，叫别人听见说我不好，你去了你也没意思。”袭人笑道:“有什么没意思，难道作了强盗贼，我也跟着罢？再不然，还有一个死呢。人活百岁，横竖要死，这一口气不在，听不见看不见就罢了。”宝玉听见这话，便忙握他的嘴，说道:“罢，罢，罢，不用说这些话了。”袭人深知宝玉性情古怪，听见奉承吉利话又厌虚而不实，听了这些尽情实话又生悲感，便悔自己说冒撞了，连忙笑着用话截开，只拣那宝玉素喜谈者问之。先问他春风秋月，再谈及粉淡脂莹，然后谈到女儿如何好，又谈到女儿死，袭人忙掩住口。宝玉谈至浓快时，见他不说了，便笑道:“人谁不死，只要死的好。那些个须眉浊物，只知道文死谏，武死战，这二死是大丈夫死名死节。竟何如不死的好？必定有昏君他方谏，他只顾邀名，猛拚一死，将来弃君于何地？必定有刀兵他方战，猛拚一死，他只顾图汗马之名，将来弃国于何地？所以这皆非正死。”袭人道:“忠臣良将，出于不得已他才死。”宝玉道:“那武将不过仗血气之勇，疏谋少略，他自己无能，送了性命，这难道也是不得已？那文官更不可比武官了，他念两句书汙在心里，若朝廷少有疵瑕，他就胡弹乱谏，只顾他邀忠烈之名，浊气一涌，即时拼死，这难道也是不得已？还要知道，那朝廷是受命于天，他不圣不仁，那天也断不把这万几重任与他了。可知那些死的都是沽名，并不知大义。比如我此时若果有造化，该死于此时的，趁你们在，我就死了，再能够你们哭我的眼泪流成大河，把我的尸首漂起来，送到那鸦雀不到的幽僻之处，随风化了，自此再不要托生为人，就是我死的得时了。”袭人忽见说出这些疯话来，忙说困了，不理他。那宝玉方合眼睡着，至次日也就丢开了。

笺证

第三十六回此节展示了贾宝玉的死亡观。生死问题是与人的一生相始终的现实问题，也是吸引中外古今无数哲人智者苦苦思索的哲学问题。死亡观作为世界观、人生观的有机构成部分，是人类对自身死亡的本质、价值和意义的根本观点和根本看法。孔子曰“杀身成仁”；孟子曰“舍生取义”；司马迁认为“人固有一死，死有重于泰山，或轻于鸿毛”；庄子认为天地之间唯有一气，气聚则生，气散则死，应该随任自然。这些圣贤的死亡观千差万别，南辕北辙。应该说，贾宝玉的死亡观近于庄子，脱离沽名钓誉的枷锁而略嫌紊乱，他笑说：“人谁不死，只要死的好。那些个须眉浊物，只知道文死谏，武死战，这二死是大丈夫死名死节。竟何如不死的好？必定有昏君他方谏，他只顾邀名，猛拚一死，将来弃君于何地？必定有刀兵他方战，猛拚一死，他只顾图汗马之名，将来弃国于何地？所以这皆非正死。”又说：“那武将不过仗血气之勇，疏谋少略，他自己无能，送了性命，这难道也是不得已！那文官更不可比武官了，他念两句书汙在心里，若朝廷少有疵瑕，他就胡弹乱谏，只顾他邀忠烈之名，浊气一涌，即时拼死，这难道也是不得已？还要知道，那朝廷是受命于天，他不圣不仁，那天也断不把这万几重任与他了。可知那些死的都是沽名，并不知大义。比如我此时若果有造化，该死于此时的，趁你们在，我就死了，再能够你们哭我的眼泪流成大河，把我的尸首漂起来，送到那鸦雀不到的幽僻之处，随风化了，自此再不要托生为人，就是我死的得时了。"蒙古王府本侧批说："自古及今，大凡大英雄、大豪杰，忠臣孝子，至其真极，不过一死，呜呼哀哉！"又说："此一段议论文武之死，真真确确的，非凡常可能道者。"[6] 可见死亡观的沉重分量，以及贾宝玉死亡观的新鲜独特。宝玉贬责"文死谏，武死战"的沽名钓誉并非"正死"，主张为性情而死，赚取眼泪流成大河，漂流尸体到无何有之乡，以兑现精神的逍遥。贾宝玉这种诉求，是以自己的痴情拥抱庄子的逍遥游。他的生死观，牵连着庄子适性随心的逍遥境。

一日，宝玉因各处游的烦腻，便想起《牡丹亭》曲来，自己看了两遍，犹不惬怀，因闻得梨香院的十二个女孩子中有小旦龄官最是唱的好，因着意出角门来找时，只见宝官、玉官都在院内，见宝玉来了，都笑嘻嘻的让坐。宝玉因问："龄官独在那里？"众人都告诉他说："在他房里呢。"宝玉忙至他房内，只见龄官独自倒在枕上，见他进来，文风不动。宝玉素习与别的女孩子顽惯了的，只当龄官也同别人一样，因进前来身旁坐下，又陪笑央他起来唱"袅晴丝"一套。不想龄官见他坐下，忙抬身起来躲避，正色说道："嗓子哑了。前儿娘娘传进我们去，我还没有唱呢。"宝玉见他坐正了，再一细看，原来就是那日蔷薇花下划"蔷"字那一个。又见如此景况，从来未经过这番被人弃厌，自己便讪讪的红了脸，只得出来了。宝官等不解何故，因问其所以。宝玉便说了，遂出来。宝官便说道："只略等一等，蔷二爷来了叫他唱，是必唱的。"宝玉听了，心下纳闷，因问："蔷哥儿那去了？"宝官道："才出去了，一定还是龄官要什么，他去变弄去了。"

宝玉听了，以为奇特，少站片时，果见贾蔷从外头来了，手里又提着个雀儿笼子，上面扎着个小戏台，并一个雀儿，兴兴头头的往里走着找龄官。见了宝玉，只得站住。宝玉问他："是个什么雀儿，会衔旗串戏台？"贾蔷笑道："是个玉顶金豆。"宝玉道："多少钱买的？"贾蔷道："一两八钱银子。"一面说，一面让宝玉坐，自己往龄官房里来。宝玉此刻把听曲子的心都没了，且要看他和龄官是怎样。只见贾蔷进去笑道："你起来，瞧这个顽意儿。"龄官起身问是什么，贾蔷道："买了雀儿你顽，省得天天闷闷的无个开心。我先顽个你看。"说着，便拿些谷子哄的那个雀儿在戏台上乱串，衔鬼脸旗帜。众女孩子都笑道"有趣"，独龄官冷笑了两声，赌气仍睡去了。贾蔷还只管陪笑，问他好不好。龄官道："你们家把好好的人弄了来，关在这牢坑里学这个劳什子还不算，你这会子又弄个雀儿来，也偏生干这个。你分明是弄了他来打趣形容我们，还问我好不好？"贾蔷听了，不觉慌起来，连忙赌身立誓。又道："今儿我那里的香脂油蒙了心。费一二两银子买他来，原说解闷，就没有想到这上头。罢，罢，放了生，免免你的灾病。"说着，果然将雀儿放了，一顿把将笼子拆了。龄官还说："那雀儿虽不如人，他也有个老雀儿在窝里，你拿了他来弄这个劳什子也忍得。今儿我咳嗽出两口血来，太太叫大夫来瞧，不说替我细问问，你且弄这个来取笑。偏生我这没人管没人理的，又偏病。"说着又哭起来。贾蔷忙道："昨儿晚上我问了大夫，他说不相干。他说吃两剂药，后儿再瞧。谁知今儿又吐了，这会子请他去。"说着，便要请去。龄官又叫："站住，这会子大毒日头地下，你赌气自去请了来我也不瞧。"贾蔷听如此说，只得又站住。宝玉见了这般景况，不觉痴了，这才领会了划"蔷"深意。自己站不住，也抽身走了。贾蔷一心都在龄官身上，也不顾送，倒是别的女孩子送了出来。

❻ 朱一玄校录：《红楼梦脂评校录》，齐鲁书社1986年版，第437页。

那宝玉一心裁夺盘算，痴痴的回至怡红院中，正值林黛玉和袭人坐着说话儿呢。宝玉一进来，就和袭人长叹，说道："我昨晚上的话竟说错了，怪道老爷说我是'管窥蠡测'。昨夜说你们的眼泪单葬我，这就错了。我竟不能全得了。从此后只是各人各得眼泪罢了。"袭人昨夜不过是些顽话，已经忘了，不想宝玉今又提起来，便笑道："你可真真有些疯了。"宝玉默默不对，自此深悟人生情缘，各有分定，只是每每暗伤："不知将来葬我洒泪者为谁？"此皆宝玉心中所怀，也不可十分妄拟。

笺证

《红楼梦》叙事，擅长采用"翻盘法"，翻过一面看世界，翻转盘面看底细，由此翻出事物隐蔽的皱褶，揭示人物内心的新层次。北宋陈师道《后山诗话》说："子瞻谓孟浩然之诗，韵高而才短，如造内法酒手而无材料耳。鲁直《乞猫》诗云：'秋来鼠辈欺猫死，窥瓮翻盘搅夜眠。闻道狸奴将数子，买鱼穿柳聘衔蝉。'虽滑稽而可喜。千岁而下，读者如新。"秋天来了，老鼠们欺负猫死，对它无可奈何，就扒着瓮沿向里窥探，蹬翻盘子弄出声响，搅得人夜里不能安眠。这种猫鼠寓言确是滑稽可喜，又是读之如新。南宋陆游《老学庵笔记》卷八说："先君（陆宰）读山谷《乞猫》诗，叹其妙。晁以道侍读在坐，指'闻道猫奴将数子'一句，问曰：'此何谓也？'先君曰：'老杜云暂止啼鸟将数子，恐是其类。'以道笑曰：'君果误矣。《乞猫》诗数字当音色主反。数子谓猫狗之属多非一子，故人家初生畜必数之曰：生几子。将数子犹言将生子也，与杜诗语同而意异。'以道必有所据，先君言当时偶不叩之以为恨。"[7] 明王志坚《表异录·羽族》说："后唐琼花公主，有二猫，一白而口衔花朵，一乌而白尾，主呼为衔蝉奴、昆仑妲己。"由于老鼠窥瓮翻盘的骚扰，黄庭坚打算串上买来的鱼去聘请猫先生了。在家居生活中老鼠翻盘，是不受欢迎的；但在文学写作上，不仅欢迎老鼠翻盘，而且也欢迎猫翻盘。第三十六回叙事就使用翻盘法，行文的引子是贾宝玉到梨香院请小旦龄官唱《牡丹亭》中的"袅晴丝"曲子。所谓"袅晴丝"，乃是汤显祖

《牡丹亭》第十出《惊梦》杜丽娘上场的“步步娇”唱词：“袅晴丝吹来闲庭院，摇漾春如线。停半晌、整花钿。没揣菱花，偷人半面，迤逗的彩云偏。”曲子是在杜丽娘赞叹“好天气也”的念白之后起唱的。写的是大地回春以后，各种冬眠的昆虫都苏醒了，纷纷吐丝，这种春的游丝在风和日丽中摇曳、飘荡。杜丽娘在小庭深院中就从晴丝上体味到一点可怜的纤细的春光。“晴”与“情”、“丝”与“思”谐音，所以“晴丝”与“情思”语意双关，因而情与景、物与我交融，称得上是体察入微。但是《红楼梦》第三十六回这个“袅晴丝”引子，引出的不是《牡丹亭》世界，它在欲唱还休中引出的是龄官画蔷公案的正面展开。龄官画蔷公案，千里伏线，已是断断续续地多次述及，至此又打上一个煞是好看的纽结。龄官拒绝为宝玉唱“袅晴丝”曲子，其他戏子建议他找贾蔷想办法。贾蔷花了一两八钱银子，买了一只会衔旗串戏台的笼中雀儿，想哄龄官开心。龄官却反唇相讥说：“你们家把好好的人弄了来，关在这牢坑里学这个劳什子还不算，你这会子又弄个雀儿来，也偏生干这个。你分明是弄了他来打趣形容我们，还问我好不好？”贾蔷的卖乖，却未能顺毛摸毛驴，引起那只富有个性的毛驴尥蹶子。贾蔷前功尽弃，将雀儿放了，又将笼子拆了。宝玉想听“袅晴丝”曲子的心愿也落空了。纵览这段叙事，《牡丹亭》世界被龄官画蔷公案替代，已经是一次“情理之中，意料之外”；龄官画蔷公案，又引起富有个性的毛驴尥蹶子，则是第二次“情理之中，意料之外”。龄官的任性，近乎黛玉，主仆尊卑的规矩对她失效。失效是对宝玉“博爱而劳”的报复，使之劳而无功。如此翻盘复翻盘，老鼠也翻盘，猫也翻盘，表明《红楼梦》善于翻过一面揭开人物心灵的多重皱褶。

❼上海古籍出版社编：《宋元笔记小说大观》（4），上海古籍出版社2007年版，第3528页。

且说林黛玉当下见了宝玉如此形象，便知是又从那里着了魔来，也不便多问，因向他说道："我才在舅母跟前听的明儿是薛姨妈的生日，叫我顺便来问你出去不出去。你打发人前头说一声去。"宝玉道："上回连大老爷的生日我也没去，这会子我又去，倘或碰见了人呢？我一概都不去。这么怪热的，又穿衣裳，我不去姨妈也未必恼。"袭人忙道："这是什么话？他比不得大老爷。这里又住的近，又是亲戚，你不去岂不叫他思量？你怕热，只清早起到那里磕个头，吃钟茶再来，岂不好看？"宝玉未说话，黛玉便先笑道："你看着人家赶蚊子分上，也该去走走。"宝玉不解，忙问："怎么赶蚊子？"袭人便将昨日睡觉无人作伴，宝姑娘坐了一坐的话说了出来。宝玉听了，忙说："不该。我怎么睡着了，亵渎了他。"一面又说："明日必去。"

正说着，忽见史湘云穿的齐齐整整的走来辞，说家里打发人来接他。宝玉、林黛玉听说，忙站起来让坐。史湘云也不坐，宝、林两个只得送他至前面。那史湘云只是眼泪汪汪的，见有他家人在跟前，又不敢十分委曲。少时薛宝钗赶来，愈觉缱绻难舍。还是宝钗心内明白，他家人若回去告诉了他婶娘，待他家去又恐受气，因此倒催他走了。众人送至二门前，宝玉还要往外送，倒是湘云拦住了。一时，回身又叫宝玉到跟前，悄悄的嘱道："便是老太太想不起我来，你时常提着打发人接我去。"宝玉连连答应了。眼看着他上车去了，大家方才进来。要知端的，且听下回分解。

第三十七回
秋爽斋偶结海棠社
蘅芜苑夜拟菊花题

这年贾政又点了学差，择于八月二十日起身。是日拜过宗祠及贾母起身，宝玉诸子弟等送至洒泪亭。

却说贾政出门去后，外面诸事不能多记。单表宝玉每日在园中任意纵性的逛荡，真把光阴虚度，岁月空添。这日正无聊之际，只见翠墨进来，手里拿着一副花笺送与他。宝玉因道："可是我忘了，才说要瞧瞧三妹妹去的，可好些了，你偏走来。"翠墨道："姑娘好了，今儿也不吃药了，不过是凉着一点儿。"宝玉听说，便展开花笺看时，上面写道：

娣探谨奉

二兄文几：前夕新霁，月色如洗，因惜清景难逢，讵忍就卧，时漏已三转，犹徘徊于桐槛之下，未防风露所欺，致获采薪之患。昨蒙亲劳抚嘱，复又数遣侍儿问切，兼以鲜荔并真卿墨迹见赐，何痌瘝惠爱之深哉。今因伏几凭床处默之时，因思及历来古人中处名攻利敌之场，犹置一些山滴水之区，远招近揖，投辖攀辕，务结二三同志盘桓于其中，或竖词坛，或开吟社，虽一时之偶兴，遂成千古之佳谈。娣虽不才，窃同叨栖处于泉石之间，而兼慕薛、林之技。风庭月榭，惜未宴集诗人。帘杏溪桃，或可醉飞吟盏。孰谓莲社之雄才，独许须眉。直以东山之雅会，让馀脂粉。若蒙棹雪而来，娣则扫花以待。此谨奉。

宝玉看了，不觉喜的拍手笑道："倒是三妹妹的高雅，我如今就去商议。"一面说，一面就走，翠墨跟在后面。刚到了沁芳亭，只见园中后门上值日的婆子手里拿着一个字帖走来，见了宝玉，便迎上去，口内说道："芸哥儿请安，在后门只等着，叫我送来的。"宝玉打开看时，写道是：

不肖男芸恭请

父亲大人万福金安。男思自蒙天恩，认于膝下，日夜思一孝顺，竟无可孝顺之处。前因买办花草，上托大人金福，竟认得许多花儿匠，并认得许多名园。因忽见有白海棠一种，不可多得。故变尽方法，只弄得两盆。大人若视男是亲男一般，便留下赏玩。因天气暑热，恐园中姑娘们不便，故不敢面见。奉书恭启，并叩

台安 男芸跪书。

宝玉看了，笑道："独他来了，还有什么人？"婆子道："还有两盆花儿。"宝玉道："你出去说，我知道了，难为他想着。你便把花儿送到我屋里去就是了。"一面说，一面同翠墨往秋爽斋来，只见宝钗、黛玉、迎春、惜春已都在那里了。

众人见他进来，都笑说："又来了一个。"探春笑道："我不算俗，偶然起个念头，写了几个帖儿试一试，谁知一招皆到。"宝玉笑道："可惜迟了，早该起个社的。"黛玉道："此时还不算迟，也没什么可惜。但是你们只管起社，可别算上我，我是不敢的。"迎春笑道："你不敢谁还敢呢？"宝玉道："这是一件正经大事，大家鼓舞起来，不要你谦我让的。各有主意自管说出来大家平章。宝姐姐也出个主意，林妹妹也说个话儿。"宝钗道："你忙什么，人还不全呢。"一语未了，李纨也来了，进门笑道："雅的紧。要起诗社，我自荐我掌坛。前儿春天我原有这个意思的。我想了一想，我又不会作诗，瞎乱些什么，因而也忘了，就没有说得。既是三妹妹高兴，我就帮你作兴起来。"

黛玉道:“既然定要起诗社，咱们都是诗翁了，先把这些姐妹叔嫂的字样改了才不俗。”李纨道:“极是，何不大家起个别号，彼此称呼则雅。我是定了‘稻香老农’，再无人占的。”探春笑道:“我就是‘秋爽居士’罢。”宝玉道:“居士、主人到底不恰，且又瘰赘。这里梧桐芭蕉尽有，或指梧桐芭蕉起个倒好。”探春笑道:“有了，我最喜芭蕉，就称‘蕉下客’罢。”众人都道别致有趣。黛玉笑道:“你们快牵了他去，炖了脯子吃酒。”众人不解。黛玉笑道:“古人曾云‘蕉叶覆鹿’。他自称‘蕉下客’，可不是一只鹿了?快做了鹿脯来。”众人听了都笑起来。探春因笑道:“你别忙中使巧话来骂人，我已替你想了个极当的美号了。”又向众人道:“当日娥皇女英洒泪在竹上成斑，故今斑竹又名湘妃竹。如今他住的是潇湘馆，他又爱哭，将来他想林姐夫，那些竹子也是要变成斑竹的。以后都叫他作‘潇湘妃子’就完了。”大家听说，都拍手叫妙。林黛玉低了头方不言语。李纨笑道:“我替薛大妹妹也早已想了个好的，也只三个字。”惜春迎春都问是什么。李纨道:“我是封他为‘蘅芜君’了，不知你们以为如何?”探春笑道:“这个封号极好。”宝玉道:“我呢?你们也替我想一个。”宝钗笑道:“你的号早有了，‘无事忙’三字恰当的很。”李纨道:“你还是你的旧号‘绛洞花主’就好。”宝玉笑道:“小时候干的营生，还提他作什么?”探春道:“你的号多的很，又起什么。我们爱叫你什么，你就答应着就是了。”宝钗道:“还得我送你个号罢。有最俗的一个号，却于你最当。天下难得的是富贵，又难得的是闲散，这两样再不能兼有，不想你兼有了，就叫你‘富贵闲人’也罢了。”宝玉笑道:“当不起，当不起，倒是随你们混叫去罢。”李纨道:“二姑娘、四姑娘起个什么号?”迎春道:“我们又不大会诗，白起个号作什么?”探春道:“虽如此，也起个才是。”宝钗道:“他住的是紫菱洲，就叫他‘菱洲’;四丫头在藕香榭，就叫他‘藕榭’就完了。”

李纨道:“就是这样好。但序齿我大，你们都要依我的主意，管情说了大家合意。我们七个人起社，我和二姑娘、四姑娘都不会作诗，须得让出我们三个人去。我们三个各分一件事。”探春笑道:“已有了号，还只管这样称呼，不如不有了。以后错了，也要立个罚约才好。”李纨道:“立定了社，再定罚约。我那里地方大，竟在我那里作社。我虽不能作诗，这些诗人竟不厌俗客，我作个东道主人，我自然也清雅起来了。若是要推我作社长，我一个社长自然不够，必要再请两位副社长，就请菱洲、藕榭二位学究来，一位出题限韵，一位誊录监场。亦不可拘定了我们三个人不作，若遇见容易些的题目韵脚，我们也随便作一首。你们四个却是要限定的。若如此便起，若不依我，我也不敢附骥了。”迎春、惜春本性懒于诗词，又有薛、林在前，听了这话便深合己意，二人皆说“极是”。探春等也知此意，见他二人悦服，也不好强，只得依了。因笑道：“这话也罢了，只是自想好笑，好好的我起了个主意，反叫你们三个来管起我来了。”宝玉道：“既这样，咱们就往稻香村去。”李纨道：“都是你忙，今日不过商议了，等我再请。”宝钗道：“也要议定几日一会才好。”探春道：“若只管会的多，又没趣了。一月之中，只可两三次才好。”宝钗点头道：“一月只要两次就够了。拟定日期，风雨无阻。除这两日外，倘有高兴的，他情愿加一社的，或情愿到他那里去，或附就了来，亦可使得，岂不活泼有趣。”众人都道：“这个主意更好。”

探春道：“只是原系我起的意，我须得先作个东道主人，方不负我这兴。”李纨道：“既这样说，明日你就先开一社如何？”探春道：“明日不如今日，此刻就很好。你就出题，菱洲限韵，藕榭监场。”迎春道：“依我说，也不必随一人出题限韵，竟是拈阄公道。”李纨道：“方才我来时，看见他们抬进两盆白海棠来，倒是好花。你们何不就咏起他来？”迎春道：“都还未赏，先倒作诗。”宝钗道：“不过是白海棠，又何必定要见了才作。古人的诗赋，也不过都是寄兴写情耳。若都是等见了作，如今也没这些诗了。”迎春道：“既如此，待我限韵。”说着，走到书架前抽出一本诗来，随手一揭，这首竟是一首七言律，递与众人看了，都该作七言律。迎春掩了诗，又向一个小丫头道:“你随口说一个字来。”那丫头正倚门立着，便说了个“门”字。迎春笑道:“就是门字韵，‘十三元’了。头一个韵定要这‘门’字。”说着，又要了韵牌匣子过来，抽出“十三元”一屉，又命那小丫头随手拿四块。那丫头便拿了“盆”“魂”“痕”“昏”四块来。宝玉道:“这‘盆’‘门’两个字不大好作呢！”

待书一样预备下四份纸笔，便都悄然各自思索起来。独黛玉或抚梧桐，或看秋色，或又和丫鬟们嘲笑。迎春又令丫鬟炷了一支“梦甜香”。原来这“梦甜香”只有三寸来长，有灯草粗细，以其易烬，故以此烬为限，如香烬未成便要罚。一时探春便先有了，自提笔写出，又改抹了一回，递与迎春。因问宝钗:“蘅芜君，你可有了？”宝钗道:“有却有了，只是不好。”宝玉背着手，在回廊上踱来踱去，因向黛玉说道:“你听，他们都有了。”黛玉道:“你别管我。”宝玉又见宝钗已誊写出来，因说道:“了不得。香只剩了一寸了，我才有了四句。”又向黛玉道:“香就完了，只管蹲在那潮地下作什么？”黛玉也不理。宝玉道:“我可顾不得你了，好歹也写出来罢。”说着也走在案前写了。李纨道:“我们要看诗了，若看完了还不交卷是必罚的。”宝玉道:“稻香老农虽不善作却善看，又最公道，你就评阅优劣，我们都服的。”众人都道:“自然。”于是先看探春的稿上写道是:

咏白海棠限门盆魂痕昏

斜阳寒草带重门，苔翠盈铺雨后盆。玉是精神难比洁，雪为肌骨易销魂。芳心一点娇无力，倩影三更月有痕。莫谓缟仙能羽化，多情伴我咏黄昏。

大家看了，称赏一回。又看宝钗的是:

珍重芳姿昼掩门，自携手瓮灌苔盆。胭脂洗出秋阶影，冰雪招来露砌魂。淡极始知花更艳，愁多焉得玉无痕。欲偿白帝凭清洁，不语婷婷日又昏。

李纨笑道:“到底是蘅芜君。”说着又看宝玉的，道是:

秋容浅淡映重门，七节攒成雪满盆。出浴太真冰作影，捧心西子玉为魂。晓风不散愁千点，宿雨还添泪一痕。独倚画栏如有意，清砧怨笛送黄昏。

大家看了，宝玉说探春的好，李纨才要推宝钗这诗有身分，因又催黛

玉。黛玉道:"你们都有了?"说着提笔一挥而就，掷与众人。李纨等看他写道是:

半卷湘帘半掩门，碾冰为土玉为盆。

看了这句，宝玉先喝起彩来，只说"从何处想来!"又看下面道:偷来梨蕊三分白，借得梅花一缕魂。

众人看了也都不禁叫好，说:"果然比别人又是一样心肠。"又看下面道是:

月窟仙人缝缟袂，秋闺怨女拭啼痕。娇羞默默同谁诉，倦倚西风夜已昏。

众人看了，都道是这首为上。李纨道:"若论风流别致，自是这首，若论含蓄浑厚，终让蘅稿。"探春道:"这评的有理，潇湘妃子当居第二。"李纨道:"怡红公子是压尾，你服不服?"宝玉道:"我的那首原不好了，这评的最公。"又笑道:"只是蘅、潇二首还要斟酌。"李纨道:"原是依我评论，不与你们相干，再有多说者必罚。"宝玉听说，只得罢了。李纨道:"从此后，我定于每月初二、十六这两日开社，出题限韵都要依我。这其间你们有高兴的，你们只管另择日子补开，那怕一个月每天都开社，我只不管。只是到了初二、十六这两日，是必往我那里去。"宝玉道:"到底要起个社名才是。"探春道:"俗了又不好，特新了，刁钻古怪也不好。可巧才是海棠诗开端，就叫个海棠社罢。虽然俗些，因真有此事，也就不碍了。"说毕大家又商议了一回，略用些酒果，方各自散去。也有回家的，也有往贾母王夫人处去的。当下别人无话。

笺证

第三十七回探春、李纨创立海棠诗社，是《红楼梦》中裙钗诗翁的高雅超逸的一大盛事，大观园由此成为诗的世界。贾宝玉成了“绛洞花主”。诗社是诗人定期聚会作诗吟咏而结成的社团，往往把原先的随机吟咏加以体制化。明代李东阳《麓堂诗话》说：“元季国初，东南人士重诗社，每一有力者为主，聘诗人为考官，隔岁封题于诸郡之能诗者，期以明春集卷，私试开榜次名，仍刻其优者，略如科举之法。”[1]中国是诗之国，诗社可以显示一代诗性风华。而《红楼梦》结诗社，更关键的是以其诗写其人。诗如其人，诗品即人品，是古代诗评领域的常言。虽然人、诗关系相当复杂，但清代谈文论艺颇多真知灼见的刘熙载《艺概·诗概》还是坚持“诗品出于人品”之说，认为：“诗品出于人品。人品悃款朴忠者最上；超然高举，诛茅力耕者次之；送往劳来，从俗富贵者无讥焉。”这一点上承钟嵘《诗品·序》所谓“气之动物，物之感人，故摇荡性情，形诸舞咏。照烛三才，晖丽万有，灵祇待之以致飨，幽微藉之以昭告。动天地，感鬼神，莫近于诗”。《红楼梦》不仅以诗品照出人品，而且以诗品透视人的命运，诗成了钓魂钩。林黛玉、薛宝钗最能诗，又是主要人物角色，因而聚光灯总是照着薛宝钗、林黛玉的诗。己卯本夹批几乎逐句评议薛宝钗之诗：“宝钗诗全是自写身份，讽刺时事。只以品行为先，才技为末。纤巧流荡之词、绮靡秾艳之语，一洗皆尽。非不能也，屑而不为也。最恨近日小说中，一百美人诗词语气，只得一个艳稿”“看他清洁自厉，终不肯作一轻浮语”“好极！高情巨眼能几人哉！正‘鸟鸣山更幽’也”“看他讽刺林、宝二人着手”“看他收到自己身上来，是何等身份”。[2]对于林黛玉诗，己卯本夹批也是逐句评点：“且不说花，且说看花的人，起得突然别致”“妙极！料定他自与别人不同”“虚敲旁比，真逸才也。且不脱落自己”“看他终结道自己，一人是一人口气。逸才仙品固让颦儿，温雅沉着终是宝钗。今日之作宝玉自应居末”。[3]对于诗品出于人品，性格决定命运，清人涂瀛《石头记论赞》有《林黛玉赞》云：“人而不为时辈所推，其人可知矣。黛玉人品才情，为《红楼梦》最，物色有在矣。乃不得于姊妹，不得于舅母。并不得于外祖母，所谓曲高和寡者，是耶非耶？语云：木秀于林，风必摧之；堆出于岸，流必湍之；行高于人，众必非之。其势然也。于是乎黛玉死矣。”又有《薛宝钗赞》云：

“观人者必于其微，宝钗静慎安详，从容大雅，望之如春。以熙凤之黠，黛玉之慧，湘云之豪迈，袭人之柔奸，皆在所容。其所蓄未可量也。然斩宝玉之痴，形忘忌器，促雪儿之配，情断故人。热面冷心，殆春行秋令者欤！至若规夫而甫听读书，谋侍而旋闻泼醋，所为大方家者，竟何如也？宝玉观其微矣。”由此可知，不知诗者，不可读《红楼梦》。知诗，才可知人品，才可知天地心。

❶丁福保:《历代诗话续编》，中华书局1983年版，第1380页。

❷（清）曹雪芹:《脂砚斋重评石头记（己卯本）》，上海古籍出版社1981年版，第565页。

❸（清）曹雪芹:《脂砚斋重评石头记（己卯本）》，上海古籍出版社1981年版，第566—567页。

且说袭人因见宝玉看了字贴儿便慌慌张张的同翠墨去了，也不知是何事。后来又见后门上婆子送了两盆海棠花来。袭人问是那里来的，婆子便将宝玉前一番缘故说了。袭人听说便命他们摆好，让他们在下房里坐了，自己走到自己房内秤了六钱银子封好，又拿了三百钱走来，都递与那两个婆子道:“这银子赏那抬花来的小子们，这钱你们打酒吃罢。”那婆子们站起来，眉开眼笑，千恩万谢的不肯受，见袭人执意不收，方领了。袭人又道:“后门上外头可有该班的小子们？”婆子忙应道:“天天有四个，原预备里面差使的。姑娘有什么差使，我们吩咐去。”袭人笑道:“有什么差使？今儿宝二爷要打发人到小侯爷家与史大姑娘送东西去，可巧你们来了，顺便出去叫后门小子们雇辆车来。回来你们就往这里拿钱，不用叫他们又往前头混碰去。”婆子答应着去了。

袭人回至房中，拿碟子盛东西与史湘云送去，却见槅子上碟槽空着。因回头见晴雯、秋纹、麝月等都在一处做针凿，袭人问道:“这一个缠丝白玛瑙碟子那去了？”众人见问，都你看我我看你，都想不起来。半日，晴雯笑道:“给三姑娘送荔枝去的，还没送来呢。”袭人道:“家常送东西的傢伙也多，巴巴的拿这个去。”晴雯道:“我何尝不也这样说？他说这个碟子配上鲜荔枝才好看。我送去，三姑娘见了也说好看，叫连碟子放着，就没带来。你再瞧，那槅子尽上头的一对联珠瓶还没收来呢。”秋纹笑道：“提起瓶来，我又想起笑话。我们宝二爷说声孝心一动，也孝敬到二十分。因那日见园里桂花，折了两枝，原是自己要插瓶的，忽然想起来说，这是自己园里的才开的新鲜花，不敢自己先顽，巴巴的把那一对瓶拿下来，亲自灌水插好了，叫个人拿着，亲自送一瓶进老太太，又进一瓶与太太。谁知他孝心一动，连跟的人都得了福了。可巧那日是我拿去的。老太太见了这样，喜的无可无不可，见人就说：‘到底是宝玉孝顺我，连一枝花儿也想的到。别人还只抱怨我疼他。’他们知道，老太太素日不大同我说话的，有些不入他老人家的眼的。那日竟叫人拿几百钱给我，说我可怜见的，生的单柔。这可是再想不到的福气。几百钱是小事，难得这个脸面。及至到了太太那里，太太正和二奶奶、赵姨奶奶、周姨奶奶好些人翻箱子，找太太当日年轻的颜色衣裳，不知给那一个。一见了，连衣裳也不找了，且看花儿。又有二奶奶在旁边凑趣儿，夸宝玉又是怎么孝敬，又是怎样知好歹，有的没的说了两车话。当着众人，太太自为又增了光，堵了众人的嘴。太太越发喜欢了，现成的衣裳就赏了我两件。衣裳也是小事，年年横竖也得，却不像这个彩头。”晴雯笑道：“呸！没见世面的小蹄子。那是把好的给了人，挑剩下的才给你，你还充有脸呢。”秋纹道：“凭他给谁剩的，到底是太太的恩典。”晴雯道：“要是我，我就不要。若是给别人剩下的给我，也罢了。一样这屋里的人，难道谁又比谁高贵些？把好的给他，剩下的才给我，我宁可不要，冲撞了太太，我也不受这口软气。”秋纹忙问：“给这屋里谁的？我因为前儿病了几天，家去了，不知是给谁的？好姐姐，你告诉我知道知道。”晴雯道：“我告诉了你，难道你这会退还太太去不成？”秋纹笑道：“胡说，我白听了喜欢喜欢。那怕给这屋里的狗剩下的，我只领太太的恩典，也不犯管别的事。”众人听了都笑道：“骂的巧，可不是给了那西洋花点子哈巴儿了。”袭人笑道：“你们这起烂了嘴的。得了空就拿我取笑打牙儿。一个个不知怎么死呢？”秋纹笑道：“原来姐姐得了，我实在不知道。我陪个不是罢。”袭人笑道：“少轻狂罢。你们谁取了碟子来是正经。”麝月道：“那瓶得空儿也该收来了。老太太屋里还罢了，太太屋里人多手杂。别人还可以，赵姨奶奶一伙的人见是这屋里的东西，又该使黑心弄坏了才罢。太太也不大管这些，不如早些收来正经。”晴雯听说，便掷下针黹道：“这话倒是，等我取去。”秋纹道：“还是我取去罢，你取你的碟子去。”晴雯笑道：“我偏取一遭儿去。是巧宗儿你们都得了，难道不许我得一遭儿？”麝月笑道：“通共秋丫头得了一遭儿衣裳，那里今儿又巧，你也遇见找衣裳不成？”晴雯冷笑道：“虽然碰不见衣裳，或者太太看见我勤谨，一个月也把太太的公费里分出二两银子来给我，也定不得。”说着，又笑道：“你们别和我装神弄鬼的，什么事我不知道。”一面说，一面往外跑了。秋纹也同他出来，自去探春那里取了碟子来。

袭人打点齐备东西，叫过本处的一个老宋妈妈来，向他说道：“你先好生梳洗了，换了出门的衣裳来，如今打发你与史姑娘送东西去。”那宋嬷嬷道：“姑娘只管交给我，有话说与我，我收拾了就好一顺去的。”袭人听说，便端过两个小掐丝盒子来。先揭开一个，里面装的是红菱和鸡头两样鲜果，又揭那一个，是一碟子桂花糖蒸新栗粉糕。又说道：“这都是今年咱们这里园里新结的果子，宝二爷送来与姑娘尝尝。再前日姑娘说这玛瑙碟子好，姑娘就留下顽罢。这绢包儿里头是姑娘上日叫我作的活计，姑娘别嫌粗糙，能着用罢。替我们请安，替二爷问好就是了。”宋嬷嬷道：“宝二爷不知还有什么说的，姑娘再问问去，回来又别说忘了。”袭人因问秋纹：“方才可见在三姑娘那里？”秋纹道：“他们都在那里商议起什么诗社呢，又都作诗。想来没话，你只去罢。”宋嬷嬷听了，便拿了东西出去，另外穿戴了。袭人又嘱咐他：“从后门出去，有小子和车等着呢。”宋妈去后，不在话下。

宝玉回来，先忙着看了一回海棠，至房内告诉袭人起诗社的事。袭人也把打发宋妈妈与史湘云送东西去的话告诉了宝玉。宝玉听了，拍手道："偏忘了他。我自觉心里有件事，只是想不起来，亏你提起来，正要请他去。这诗社里若少了他，还有什么意思？"袭人劝道："什么要紧，不过玩意儿。他比不得你们自在，家里又作不得主儿。告诉他，他要来又由不得他，不来，他又牵肠挂肚的，没的叫他不受用。"宝玉道："不妨事，我回老太太打发人接他去。"正说着，宋妈妈已经回来，回复道生受，与袭人道乏，又说："问二爷作什么呢，我说和姑娘们起什么诗社作诗呢。史姑娘说，他们作诗也不告诉他去，急的了不的。"宝玉听了立身便往贾母处来，立逼着叫人接去。贾母因说："今儿天晚了，明日一早再去。"宝玉只得罢了，回来闷闷的。

次日一早，便又往贾母处来催逼人接去。直到午后，史湘云才来，宝玉方放了心，见面时就把始末原由告诉他，又要与他诗看。李纨等因说道："且别给他诗看，先说与他韵。他后来，先罚他和了诗：若好，便请入社，若不好，还要罚他一个东道再说。"史湘云道："你们忘了请我，我还要罚你们呢。就拿韵来，我虽不能，只得勉强出丑。容我入社，扫地焚香我也情愿。"众人见他这般有趣，越发喜欢，都埋怨昨日怎么忘了他，遂忙告诉他韵。史湘云一心兴头，等不得推敲删改，一面只管和人说着话，心内早已和成，即用随便的纸笔录出，先笑说道："我却依韵和了两首，好歹我却不知，不过应命而已。"说着递与众人。众人道："我们四首也算想绝了，再一首也不能了。你倒弄了两首，那里有许多话说，必要重了我们。"一面说，一面看时，只见那两首诗写道：

神仙昨日降都门，种得蓝田玉一盆。自是霜娥偏爱冷，非关倩女亦离魂。秋阴捧出何方雪，雨渍添来隔宿痕。却喜诗人吟不倦，岂令寂寞度朝昏。〔其一〕

蘅芷阶通萝薜门，也宜墙角也宜盆。花因喜洁难寻偶，人为悲秋易断魂。玉烛滴干风里泪，晶帘隔破月中痕。幽情欲向嫦娥诉，无奈虚廊夜色昏。〔其二〕

众人看一句，惊讶一句，看到了，赞到了，都说："这个不枉作了海棠诗，真该要起海棠社了。”史湘云道：“明日先罚我个东道，就让我先邀一社可使得？”众人道：“这更妙了。”因又将昨日的与他评论了一回。

笺证

老子告诉世人：“知人者智，自知者明。”遵循着这一告诫，明代杨慎《墨池琐录》卷一说：“强中自有强中手，天下元无第一人。”晚明冯梦龙《警世通言》中的《王安石三难苏学士》也说：“强中更有强中手，莫向人前满自夸。”清代石玉昆《小五义》第三十七回又说：“强中还有强中手，能人背后有能人。”如此反复告诫，在《红楼梦》第三十七回中得到印证。海棠诗社一出手就亮出探春、宝玉、宝钗、黛玉四首诗，宝钗、黛玉的诗谁人第一，已是各有看法。岂料隔日又拿出史湘云两首，众人看一句，惊讶一句，堪称压卷之作。如此书写，是对史湘云、更是对曹雪芹能力的极大挑战。对于史湘云的两首诗，己卯本夹批一路点赞：“落想便新奇，不落彼四套”“好！‘盆’字押得更稳，不落彼四套”“又不脱自己将来形景”“拍案叫绝！压倒群芳在此一句（指‘秋阴捧出何方雪’）”“真好！”“更好！”“二首真可压卷。诗是好诗，文是奇奇怪怪之文，总令人想不到忽有二首来压卷”。[4]这里极写史湘云诗才，实际上是曹雪芹诗才了得，不然，何来如此更上层楼的妙品？宋人彭乘《墨客挥犀》卷二说：“河中府鹳雀楼五层。前瞻中条，下瞰大河。唐人留诗者甚多，惟李益、王之涣、畅当三篇，能状其景。李益诗曰：‘鹳雀楼西百尺墙，汀洲云树共茫茫。汉家萧鼓随流水，魏国山河半夕阳。事去千年犹恨速，愁来一日即知长。风烟并在思归处，远目非春亦自伤。’王之涣诗

[4]（清）曹雪芹：《脂砚斋重评石头记（己卯本）》，上海古籍出版社1981年版，第576—577页。

曰：'白日依山尽，黄河入海流。欲穷千里目，更上一层楼。'畅当诗曰：'迥临飞鸟上，高出世尘间。天势围平野，河流入断山。'"[5]在某种意义上说，曹雪芹才备李益、王之涣、畅当三者，才能在宝钗、黛玉诗之后，又推出被称许为"压卷"的湘云诗。压卷，特指诗文书画中压倒其他作品的最佳之作。宋陈振孙《直斋书录解题》卷十九说："《渭南集》一卷：唐渭南尉赵嘏承祐撰。压卷有'长笛一声人倚楼'之句，当时称为'赵倚楼'。"[6]曹雪芹的祖父曹寅《喜三侄颀能画长幹为题四绝句》有云："一家准勅谁修得，压卷诗从笨伯来。"在众诗中推出压卷之作，是曹家祖孙一脉相承的传统。

至晚，宝钗将湘云邀往蘅芜苑安歇去。湘云灯下计议如何设东拟题。宝钗听他说了半日，皆不妥当，因向他说道："既开社，便要作东。虽然是顽意儿，也要瞻前顾后，又要自己便宜，又要不得罪了人，然后方大家有趣。你家里你又作不得主，一个月通共那几串钱，你还不够盘缠呢。这会子又干这没要紧的事，你婶子听见了，越发抱怨你了。况且你就都拿出来，做这个东道也是不够。难道为这个家去要不成？还是往这里要呢？"一席话提醒了湘云，倒踌躕起来。宝钗道："这个我已经有个主意。我们当铺里有个伙计，他家田上出的很好的肥螃蟹，前儿送了几斤来。现在这里的人，从老太太起连上园里的人，有多一半都是爱吃螃蟹的。前日姨娘还说要请老太太在园里赏桂花吃螃蟹，因为有事还没有请呢。你如今且把诗社别提起，只管普通一请。等他们散了，咱们有多少诗作不得的？我和我哥哥说，要几篓极肥极大的螃蟹来，再往铺子里取上几坛好酒，再备上四五桌果碟，岂不又省事又大家热闹了。"湘云听了，心中自是感服，极赞他想的周到。宝钗又笑道："我是一片真心为你的话。你千万别多心，想着我小看了你，咱们两个就白好了。你若不多心，我就好叫他们办去的。"湘云忙笑道："好姐姐，你这样说，倒多心待我了。凭他怎么糊涂，连个好歹也不知，还成个人了？我若不把姐姐当作亲姐姐一样看，上回那些家常话烦难事也不肯尽情告诉你了。"宝钗听说，便叫一个婆子来："出去和大爷说，依前日的大螃蟹要几篓来，明日饭后请老太太姨娘赏桂花。你说大爷好歹别忘了，我今儿已请下人了。”那婆子出去说明，回来无话。

这里宝钗又向湘云道：“诗题也不要过于新巧了。你看古人诗中那些刁钻古怪的题目和那极险的韵了，若题过于新巧，韵过于险，再不得有好诗，终是小家气。诗固然怕说熟话，更不可过于求生，只要头一件立意清新，自然措词就不俗了。究竟这也算不得什么，还是纺绩针黹是你我的本等。一时闲了，倒是于你我深有益的书看几章是正经。”湘云只答应着，因笑道：“我如今心里想着，昨日作了海棠诗，我如今要作个菊花诗如何？”宝钗道：“菊花倒也合景，只是前人太多了。”湘云道：“我也是如此想着，恐怕落套。”宝钗想了一想，说道：“有了，如今以菊花为宾，以人为主，竟拟出几个题目来，都是两个字：一个虚字，一个实字，实字便用‘菊’字，虚字就用通用门的。如此又是咏菊，又是赋事，前人也没作过，也不能落套。赋景咏物两关着，又新鲜，又大方。”湘云笑道：“这却很好。只是不知用何等虚字才好。你先想一个我听听。”宝钗想了一想，笑道：“《菊梦》就好。”湘云笑道：“果然好。我也有一个，《菊影》可使得？”宝钗道：“也罢了。只是也有人作过，若题目多，这个也算的上。我又有了一个。”湘云道：“快说出来。”宝钗道：“《问菊》如何？”湘云拍案叫妙，因接说道：“我也有了，《访菊》如何？”宝钗也赞有趣，因说道：“越性拟出十个来，写上再来。”说着，二人研墨蘸笔，湘云便写，宝钗便念，一时凑了十个。湘云看了一遍，又笑道：“十个还不成幅，越性凑成十二个便全了，也如人家的字画册页一样。”宝钗听说，又想了两个，一共凑成十二。又说道：“既这样，越性编出他个次序先后来。”湘云道：“如此更妙，竟弄成个菊谱了。”宝钗道：“起首是《忆菊》；忆之不得，故访，第二是《访菊》；访之既得，便种，第三是《种菊》；种既盛开，

❺ 吴文治主编：《宋诗话全编》，江苏古籍出版社1998年版，第551页。

❺（宋）陈振孙：《直斋书录解题》，上海古籍出版社1987年版，第572页。

故相对而赏，第四是《对菊》；相对而兴有馀，故折来供瓶为玩，第五是《供菊》；既供而不吟，亦觉菊无彩色，第六便是《咏菊》；既入词章，不可不供笔墨，第七便是《画菊》；既为菊如是碌碌，究竟不知菊有何妙处，不禁有所问，第八便是《问菊》；菊如解语，使人狂喜不禁，第九便是《簪菊》；如此人事虽尽，犹有菊之可咏者，《菊影》《菊梦》二首续在第十、第十一；末卷便以《残菊》总收前题之盛。这便是三秋的妙景妙事都有了。"湘云依说将题录出，又看了一回，又问："该限何韵？"宝钗道："我平生最不喜限韵的，分明有好诗，何苦为韵所缚。咱们别学那小家派，只出题不拘韵。原为大家偶得了好句取乐，并不为此而难人。"湘云道："这话很是。这样大家的诗还进一层。但只咱们五个人，这十二个题目，难道每人作十二首不成？"宝钗道："那也太难人了。将这题目誊好，都要七言律，明日贴在墙上。他们看了，谁作那一个就作那一个。有力量者，十二首都作也可，不能的，一首不成也可。高才捷足者为尊。若十二首已全，便不许他后赶着又作，罚他就完了。"湘云道："这倒也罢了。"二人商议妥贴，方才息灯安寝。要知端的，且听下回分解。

笺证

第三十七回"蘅芜苑夜拟菊花题"，展示了宝钗善于待人，善于言诗。史湘云要接手举办海棠诗社，但她一个月通共那几串钱，无法支配家中银两，薛宝钗给她出主意："我们当铺里有个伙计，他家田上出的很好的肥螃蟹，前儿送了几斤来。现在这里的人，从老太太起连上园里的人，有多一半都是爱吃螃蟹的。前日姨娘（王夫人）还说要请老太太在园里赏桂花吃螃蟹，因为有事还没有请呢。你如今且把诗社别提起，只管普通一请。等他们散了，咱们有多少诗作不得的？我和我哥哥说，要几篓极肥极大的螃蟹来，再往铺子里取上几坛好酒，再备上四五桌果碟，岂不又省事又大家热闹了。"宝钗做人情，不仅顾及湘云，而且顾及贾母，是一种超级的善解人意。她提议不想重复作海棠诗，改作菊花诗。宝钗又帮助湘云策划了十二个诗题："起首是《忆菊》；忆之不得，故访，第二是《访菊》；访之既得，便种，第三是《种菊》；种既盛开，故相对而赏，第四是《对菊》；相对而兴有馀，故折来供瓶为玩，第五是《供菊》；既供而不吟，亦觉菊无彩色，第六便是《咏菊》；既入词章，不可不供笔墨，第七便是《画菊》；既为菊如是碌碌，究竟不知菊有何妙处，不禁有所问，第八便是《问菊》；菊如解语，使人狂喜不禁，第九便是《簪菊》；如此人事虽尽，犹有菊之可咏者，《菊影》《菊梦》二首续在第十、第十一；末卷便以《残菊》总收前题之盛。这便是三秋的妙景妙事都有了。"可见宝钗之体贴人心，安排事务的能力，无疑在黛玉、宝玉之上。也就是贾母所说："我说这个孩子细致，凡事想的妥当。"钗、黛优劣成了谈论《红楼梦》者津津乐道的话题。清末邹弢《三借庐笔谈》记述了一个有趣的故事："许伯谦茂才绍源，论《红楼梦》，尊薛而抑林，谓黛玉尖酸，宝钗端重，直被作者瞒过。夫黛玉尖酸，固也，而天真烂漫，相见以天，宝玉岂有第二人知己哉？…… 己卯春，余与许伯谦论此书，一言不合，遂相龃龉，几挥老拳，而毓仙排解之。于是，两人誓不共谈红楼。"[7]林黛玉才性超逸，诗情隽妙，堪称一绝；薛宝钗会做人，有"人缘"，在"人缘"上显然压倒了林黛玉。《诗·邶风·静女》云"静女其姝"，贞静娴雅的女子真是漂亮招人爱，红楼双姝美的形态不同，应是各有胜场的。又何必几挥老拳，誓不共谈《红楼》乎？谈《红楼》不可没有兼美包容的心态。

[7] 朱一玄编：《红楼梦资料汇编》，南开大学出版社2001年版，第832—833页。

第三十八回
林潇湘魁夺菊花诗
薛蘅芜讽和螃蟹咏

话说宝钗、湘云二人计议已妥，一宿无话。湘云次日便请贾母等赏桂花。贾母等都说道："是他有兴头，须要扰他这雅兴。"至午，果然贾母带了王夫人、凤姐兼请薛姨妈等进园来。贾母因问："那一处好？"王夫人道："凭老太太爱在那一处，就在那一处。"凤姐道："藕香榭已经摆下了，那山坡下两棵桂花开的又好，河里的水又碧清，坐在河当中亭子上岂不敞亮，看着水眼也清亮。"贾母听了，说："这话很是。"说着，就引了众人往藕香榭来。原来这藕香榭盖在池中，四面有窗，左右有曲廊可通，亦是跨水接岸，后面又有曲折竹桥暗接。众人上了竹桥，凤姐忙上来搀着贾母，口里说："老祖宗只管迈大步走，不相干的，这竹子桥规矩是咯吱咯喳的。"

一时进入榭中，只见栏杆外另放着两张竹案，一个上面设着杯箸酒具，一个上头设着茶筅茶盂各色茶具。那边有两三个丫头煽风炉煮茶，这一边另外几个丫头也煽风炉烫酒呢。贾母喜的忙问："这茶想的到，且是地方，东西都干净？"湘云笑道："这是宝姐姐帮着我预备的。"贾母道："我说这个孩子细致，凡事想的妥当。"一面说，一面又看见柱上挂的黑漆嵌蚌的对子，命人念。湘云念道：

芙蓉影破归兰桨，菱藕香深写竹桥。

贾母听了，又抬头看匾，因回头向薛姨妈道："我先小时，家里也有这么一个亭子，叫做什么'枕霞阁'。我那时也只像他们这么大年纪，同姊妹们天天顽去。那日谁知我失了脚掉下去，几乎没淹死，好容易救了上来，到底被那木钉把头碰破了。如今这鬓角上那指头顶大一块窝儿就是那残破了。众人都怕经了水，又怕冒了风，都说活不得了，谁知竟好了。”凤姐不等人说，先笑道：“那时要活不得，如今这大福可叫谁享呢？可知老祖宗从小儿的福寿就不小，神差鬼使碰出那个窝儿来，好盛福寿的。寿星老儿头上原是一个窝儿，因为万福万寿盛满了，所以倒凸高出些来了。”未及说完，贾母与众人都笑软了。贾母笑道：“这猴儿惯的了不得了，只管拿我取笑起来，恨的我撕你那油嘴。”凤姐笑道：“回来吃螃蟹，恐积了冷在心里，讨老祖宗笑一笑开开心，一高兴多吃两个就无妨了。”贾母笑道：“明儿叫你日夜跟着我，我倒常笑笑觉的开心，不许回家去。”王夫人笑道：“老太太因为喜欢他，才惯的他这样，还这样说，他明儿越发无礼了。”贾母笑道：“我喜欢他这样，况且他又不是那不知高低的孩子。家常没人，娘儿们原该这样。横竖礼体不错就罢，没的倒叫他从神儿似的作什么？”

说着，一齐进入亭子，献过茶，凤姐忙着搭桌子，要杯箸。上面一桌，贾母、薛姨妈、宝钗、黛玉、宝玉；东边一桌，史湘云、王夫人、迎、探、惜；西边靠门一小桌，李纨和凤姐的，虚设坐位，二人皆不敢坐，只在贾母王夫人两桌上伺候。凤姐吩咐：“螃蟹不可多拿来，仍旧放在蒸笼里，拿十个来，吃了再拿。”一面又要水洗了手，站在贾母跟前剥蟹肉，头次让薛姨妈。薛姨妈道：“我自己掰着吃香甜，不用人让。”凤姐便奉与贾母。二次的便与宝玉，又说：“把酒烫的滚热的拿来。”又命小丫头们去取菊花叶儿、桂花蕊熏的绿豆面子来，预备洗手。史湘云陪着吃了一个，就下座来让人，又出至外头，令人盛两盘子与赵姨娘、周姨娘送去。又见凤姐走来道：“你不惯张罗，你吃你的去。我先替你张罗，等散了我再吃。”湘云不肯，又令人在那边廊上摆了两桌，让鸳鸯、琥珀、彩霞、彩云、平儿去坐。鸳鸯因向凤姐笑道:“二奶奶在这里伺候，我们可吃去了。”凤姐儿道:“你们只管去，都交给我就是了。”说着，史湘云仍入了席。凤姐和李纨也胡乱应个景儿。凤姐仍是下来张罗，一时出至廊上，鸳鸯等正吃的高兴，见他来了，鸳鸯等站起来道:“奶奶又出来作什么？让我们也受用一会子。”凤姐笑道:“鸳鸯小蹄子越发坏了，我替你当差，倒不领情，还抱怨我。还不快斟一钟酒来我喝呢？”鸳鸯笑着忙斟了一杯酒，送至凤姐唇边，凤姐一扬脖子吃了。琥珀、彩霞二人也斟上一杯，送至凤姐唇边，那凤姐也吃了。平儿早剔了一壳黄子送来，凤姐道:“多倒些姜醋。”一面也吃了，笑道:“你们坐着吃罢，我可去了。”鸳鸯笑道:“好没脸，吃我们的东西。”凤姐儿笑道:“你和我少作怪。你知道你琏二爷爱上了你，要和老太太讨了你作小老婆呢。”鸳鸯道:“啐，这也是作奶奶说出来的话。我不拿腥手抹你一脸算不得！”说着赶来就要抹。凤姐儿央道:“好姐姐，饶我这一遭儿罢。”琥珀笑道:“鸳丫头要去了，平丫头还饶他？你们看看他，没有吃了两个螃蟹，倒喝了一碟子醋，他也算不会揽酸了。”平儿手里正掰了个满黄的螃蟹，听如此奚落他，便拿着螃蟹照着琥珀脸上抹来，口内笑骂:“我把你这嚼舌根的小蹄子。”琥珀也笑着往旁边一躲，平儿使空了，往前一撞，正恰恰的抹在凤姐儿腮上。凤姐儿正和鸳鸯嘲笑，不防唬了一跳，嗳哟了一声。众人撑不住都哈哈的大笑起来。凤姐也禁不住笑骂道:“死娼妇！吃离了眼了，混抹你娘的。”平儿忙赶过来替他擦了，亲自去端水。鸳鸯道:“阿弥陀佛，这是个报应。”贾母那边听见，一叠声问:“见了什么这样乐，告诉我们也笑笑。”鸳鸯等忙高声笑回道:“二奶奶来抢螃蟹吃，平儿恼了，抹了他主子一脸的螃蟹黄子。主子奴才打架呢。”贾母和王夫人等听了也笑起来。贾母笑道:“你们看他可怜见的，把那小腿子脐子给他点子吃也就完了。”鸳鸯等笑着答应了，高声又说道:“这满桌子的腿子，二奶奶只管吃就是了。”凤姐洗了脸走来，又服侍贾母等吃了一回。黛玉独不敢多吃，只吃了一点儿夹子肉就下来了。

笺证

贾府餐饮有自身贵族气派的排场、规矩、乐趣和氛围。第三十八回这次餐饮的地点选在藕香榭，四面有窗，左右有曲廊可通，跨水接岸处有曲折竹桥暗接。面对着山坡下两棵桂花开得又好，河里的水又碧清，坐在河当中亭子上岂不敞亮？看着水眼也清亮。席次尊卑有序，主仆分等。贾母摆老谱，凤姐来回凑趣，贾母说："我先小时，家里也有这么一个亭子，叫做什么'枕霞阁'。我那时也只像他们这么大年纪，同姊妹们天天顽去。那日谁知我失了脚掉下去，几乎没淹死，好容易救了上来，到底被那木钉把头碰破了。如今这鬓角上那指头顶大一块窝儿就是那残破了。众人都怕经了水，又怕冒了风，都说活不得了，谁知竟好了。"凤姐笑说："那时要活不得，如今这大福可叫谁享呢？可知老祖宗从小儿的福寿就不小，神差鬼使碰出那个窝儿来，好盛福寿的。寿星老儿头上原是一个窝儿，因为万福万寿盛满了，所以倒凸高出些来了。"说是奉承，却又得体，讨人喜欢。凤姐又窜去把平儿早剔的一壳蟹黄吃了，却又在互相打闹中抹了凤姐一脸的螃蟹黄子。说是打闹，却又无伤大雅。己卯本夹批说："近之暴发专讲理法竟不知礼法，此似无礼而礼法井井，所谓'整瓶不动半瓶摇'，又曰'习惯成自然'，真不谬也。"[1] 这种餐饮场面"横竖礼体不错"，但又不是呆如木鸡的正襟危坐，气氛活跃，人物各有谈笑口吻，可见《红楼梦》具有驾驭众多人物场面的古今第一乘的能力。即所谓擒纵自如，能够随心所欲控制局势，展开场面，还要结束场面，在结束场面上举重若轻，也体现了第一乘的能力。如己卯本回首批语所说："题曰'菊花诗''螃蟹咏'，偏自太君前阿凤若许诙谐中不失体、鸳鸯平儿宠婢中多少

[1] (清)曹雪芹:《脂砚斋重评石头记(己卯本)》,上海古籍出版社1981年版,第588页。

放肆之迎合取乐写来，似难入题，却轻轻用弄水戏鱼看花等游玩事，及王夫人云‘这里风大’一句收住入题，并无纤毫牵强，此重作轻抹法也。妙极！好看煞！”[2]以轻抹法收场，收得干脆利落，无拖泥带水之弊。

贾母一时不吃了，大家方散，都洗了手，也有看花的，也有弄水看鱼的，游玩了一回。王夫人因回贾母说：“这里风大，才又吃了螃蟹，老太太还是回房去歇歇罢了。若高兴，明日再来逛逛。”贾母听了，笑道：“正是呢。我怕你们高兴，我走了又怕扫了你们的兴。既这么说，咱们就都去罢。”回头又嘱咐湘云：“别让你宝哥哥、林姐姐多吃了。”湘云答应着。又嘱咐湘云、宝钗二人说：“你两个也别多吃。那东西虽好吃，不是什么好的，吃多了肚子疼。”二人忙应着送出园外，仍旧回来，令将残席收拾了另摆。宝玉道：“也不用摆，咱们且作诗。把那大团圆桌就放在当中，酒菜都放着。也不必拘定坐位，有爱吃的去吃，大家散坐岂不便宜。”宝钗道：“这话极是。”湘云道：“虽如此说，还有别人。”因又命另摆一桌，拣了热螃蟹来，请袭人、紫鹃、司棋、待书、入画、莺儿、翠墨等一处共坐。山坡桂树底下铺下两条花毡，命答应的婆子并小丫头等也都坐了，只管随意吃喝，等使唤再来。

湘云便取了诗题，用针绾在墙上。众人看了，都说：“新奇固新奇，只怕作不出来。”湘云又把不限韵的原故说了一番。宝玉道：“这才是正理，我也最不喜限韵。”林黛玉因不大吃酒，又不吃螃蟹，自令人掇了一个绣墩倚栏杆坐着，拿着钓竿钓鱼。宝钗手里拿着一枝桂花玩了一回，俯在窗槛上爬了桂蕊掷向水面，引的游鱼浮上来唼喋。湘云出一回神，又让一回袭人等，又招呼山坡下的众人只管放量吃。探春和李纨、惜春立在垂柳阴中看鸥鹭。迎春又独在花阴下拿着花针穿茉莉花。宝玉又看了一回黛玉钓鱼，一回又俯在宝钗旁边说笑两句，一回又看袭人等吃螃蟹，自己也陪他饮两口酒。袭人又剥一壳肉给他吃。黛玉放下钓竿，走至座间，拿起那乌银梅花自斟壶来，拣了一个小小的海棠冻石蕉叶杯。丫鬟看见，知他要饮酒，忙着走上来斟。黛玉道：“你们只管吃去，让我自斟，这才有趣儿。”说着便斟了半盏，看时却是黄酒，因说道：“我吃了一点子螃蟹，觉得心口微微的疼，须得热热的喝口烧酒。”宝玉忙道“有烧酒”，便令将那合欢花浸的酒烫一壶来。黛玉也只吃了一口便放下了。宝钗也走过来，另拿了一只杯来，也饮了一口，便蘸笔至墙上把头一个《忆菊》勾了，底下又赘了一个“蘅”字。宝玉忙道：“好姐姐，第二个我已经有了四句了，你让我作罢。”宝钗笑道：“我好容易有了一首，你就忙的这样。”黛玉也不说话，接过笔来把第八个《问菊》勾了，接着把第十一个《菊梦》也勾了，也赘一个“潇”字。宝玉也拿起笔来，将第二个《访菊》也勾了，也赘上一个“绛”字。探春走来看看道：“竟没有人作《簪菊》，让我作这《簪菊》。”又指着宝玉笑道：“才宣过总不许带出闺阁字样来，你可要留神。”说着，只见史湘云走来，将第四第五《对菊》、《供菊》一连两个都勾了，也赘上一个“湘”字。探春道：“你也该起个号。”湘云笑道：“我们家里如今虽有几处轩馆，我又不住着，借了来也没趣。”宝钗笑道：“方才老太太说，你们家也有这个水亭叫‘枕霞阁’，难道不是你的？如今虽没了，你到底是旧主人。”众人都道有理，宝玉不待湘云动手，便代将“湘”字抹了，改了一个“霞”字。又有顿饭工夫，十二题已全，各自誊出来，都交与迎春，另拿了一张雪浪笺过来，一并誊录出来，某人作的底下赘明某人的号。李纨等从头看起：

忆菊　蘅芜君

怅望西风抱闷思，蓼红苇白断肠时。空篱旧圃秋无迹，瘦月清霜梦有知。念念心随归雁远，寥寥坐听晚砧痴。谁怜我为黄花病，慰语重阳会有期。

访菊　怡红公子

闲趁霜晴试一游，酒杯药盏莫淹留。霜前月下谁家种，槛外篱边何处秋。蜡屐远来情得得，冷吟不尽兴悠悠。黄花若解怜诗客，休负今朝挂杖头。

❷（清）曹雪芹著，脂砚斋评：《脂砚斋重评石头记庚辰校本》，作家出版社2006年版，第697页。

种菊　怡红公子

携锄秋圃自移来，篱畔庭前故故栽。昨夜不期经雨活，今朝犹喜带霜开。冷吟秋色诗千首，醉酹寒香酒一杯。泉溉泥封勤护惜，好知井径绝尘埃。

对菊　枕霞旧友

别圃移来贵比金，一丛浅淡一丛深。萧疏篱畔科头坐，清冷香中抱膝吟。数去更无君傲世，看来惟有我知音。秋光荏苒休辜负，相对原宜惜寸阴。

供菊　枕霞旧友

弹琴酌酒喜堪俦，几案婷婷点缀幽。隔座香分三径露，抛书人对一枝秋。霜清纸帐来新梦，圃冷斜阳忆旧游。傲世也因同气味，春风桃李未淹留。

咏菊　潇湘妃子

无赖诗魔昏晓侵，绕篱欹石自沉音。毫端蕴秀临霜写，口齿噙香对月吟。满纸自怜题素怨，片言谁解诉秋心。一从陶令平章后，千古高风说到今。

画菊　蘅芜君

诗馀戏笔不知狂，岂是丹青费较量。聚叶泼成千点墨，攒花染出几痕霜。淡浓神会风前影，跳脱秋生腕底香。莫认东篱闲采掇，粘屏聊以慰重阳。

问菊　潇湘妃子

欲讯秋情众莫知，喃喃负手叩东篱。孤标傲世偕谁隐，一样花开为底迟？圃露庭霜何寂寞，鸿归蛩病可相思？休言举世无谈者，解语何妨片语时。

簪菊　蕉下客

瓶供篱栽日日忙，折来休认镜中妆。长安公子因花癖，彭泽先生是酒狂。短鬓冷沾三径露，葛巾香染九秋霜。高情不入时人眼，拍手凭他笑路旁。

菊影　枕霞旧友

秋光叠叠复重重，潜度偷移三径中。窗隔疏灯描远近，篱筛破月锁玲珑。寒芳留照魂应驻，霜印传神梦也空。珍重暗香休踏碎，凭谁醉眼认朦胧。

菊梦　潇湘妃子

篱畔秋酣一觉清，和云伴月不分明。登仙非慕庄生蝶，忆旧还寻陶令盟。睡去依依随雁断，惊回故故恼蛩鸣。醒时幽怨同谁诉，衰草寒烟无限情。

残菊　蕉下客

露凝霜重渐倾欹，宴赏才过小雪时。蒂有馀香金淡泊，枝无全叶翠离披。半床落月蛩声病，万里寒云雁阵迟。明岁秋风知再会，暂时分手莫相思。

众人看一首，赞一首，彼此称扬不已。李纨笑道："等我从公评来。通篇看来，各有各人的警句。今日公评：《咏菊》第一，《问菊》第二，《菊梦》第三，题目新，诗也新，立意更新，恼不得要推潇湘妃子为魁了。然后《簪菊》、《对菊》、《供菊》、《画菊》、《忆菊》次之。"

宝玉听说，喜的拍手叫"极是，极公道"。黛玉道："我那首也不好，到底伤于纤巧些。"李纨道："巧的却好，不露堆砌生硬。"黛玉道："据我看来，头一句好的是'圃冷斜阳忆旧游'，这句背面傅粉。'抛书人对一枝秋'已经妙绝，将供菊说完，没处再说，故翻回来想到未折未供之先，意思深透。"李纨笑道："固如此说，你的'口齿噙香'句也敌的过了。"探春又道："到底要算蘅芜君沉着，'秋无迹'，'梦有知'，把个忆字竟烘染出来了。"宝钗笑道："你的'短鬓冷沾'，'葛巾香染'，也就把簪菊形容的一个缝儿也没了。"湘云道："'偕谁隐'，'为底迟'，真个把个菊花问的无言可对。"李纨笑道："你的'科头坐'，'抱膝吟'，竟一时也不能别开，菊花有知，也必腻烦了。"说的大家都笑了。宝玉笑道："我又落第。难道'谁家种'，'何处秋'，'蜡屐远来'，'冷吟不尽'，都不是访？'昨夜雨'，'今朝霜'，都不是种不成？但恨敌不上'口齿噙香对月吟'、'清冷香中抱膝吟'、'短鬓'、'葛巾'、'金淡泊'、'翠离披'、'秋无迹'、'梦有知'这几句罢了。"又道："明儿闲了，我一个人作出十二首来。"李纨道："你的也好，只是不及这几句新巧就是了。"

笺证

在上面第三十七回“蘅芜苑夜拟菊花题”，薛宝钗说：“（十二首都作）那也太难人了。将这题目誊好，都要七言律，明日贴在墙上。他们看了，谁作那一个就作那一个。有力量者，十二首都作也可，不能的，一首不成也可。高才捷足者为尊。”本回即第三十八回的十二首分别由林黛玉、史湘云各作三首，薛宝钗、贾宝玉、探春各作二首，尽管这些诗各有身份、各有情趣、各有神采，但它们的潜在作者都是曹雪芹，高才捷足者也好，有力量者也好，最终都要记在曹雪芹的账上。这就是曹雪芹诗才频谱的极其宽广之处了。但是曹雪芹是为书中人物捉刀的，形成了人在写诗、诗在写人的有趣景观，就只好请李纨笑谈：“等我从公评来。通篇看来，各有各人的警句。今日公评：（林黛玉所作的三首）《咏菊》第一，《问菊》第二，《菊梦》第三，题目新，诗也新，立意更新，恼不得要推潇湘妃子为魁了；然后（探春所作）《簪菊》、（史湘云所作二首）《对菊》、《供菊》、（薛宝钗所作二首）《画菊》、《忆菊》次之。”也就是说，林黛玉的诗艺压倒群芳。而贾宝玉听了，喜得拍手叫：“极是，极公道。”反观自己也只好徒唤“何我堂堂须眉，诚不若彼裙钗哉”之奈何了。为裙钗拍手，就是为自己的理念和精神拍手，为林黛玉压倒群芳的诗性才华拍手。

大家又评了一回，复又要了热蟹来，就在大圆桌子上吃了一回。宝玉笑道：“今日持螯赏桂，亦不可无诗。我已吟成，谁还敢作呢？”说着，便忙洗了手提笔写出。众人看道：

持螯更喜桂阴凉，泼醋擂姜兴欲狂。饕餮王孙应有酒，横行公子却无肠。脐间积冷馋忘忌，指上沾腥洗尚香。原为世人美口腹，坡仙曾笑一生忙。

黛玉笑道：“这样的诗，要一百首也有。”宝玉笑道：“你这会子才力已尽，不说不能作了，还贬人家。”黛玉听了，并不答言，也不思索，提起笔来一挥，已有了一首。众人看道：

铁甲长戈死未忘，堆盘色相喜先尝。螯封嫩玉双双满，壳凸红脂块块香。多肉更怜卿八足，助情谁劝我千觞。对斯佳品酬佳节，桂拂清风菊带霜。

宝玉看了正喝彩，黛玉便一把撕了，令人烧去，因笑道："我的不及你的，我烧了他。你那个很好，比方才的菊花诗还好，你留着他给人看。"宝钗接着笑道："我也勉强了一首，未必好，写出来取笑儿罢。"说着也写了出来。大家看时，写道是：

桂霭桐阴坐举觞，长安涎口盼重阳。眼前道路无经纬，皮里春秋空黑黄。

看到这里，众人不禁叫绝。宝玉道："写得痛快！我的诗也该烧了。"又看底下道：

酒未敌腥还用菊，性防积冷定须姜。于今落釜成何益，月浦空馀禾黍香。

众人看毕，都说这是食螃蟹绝唱，这些小题目，原要寓大意才算是大才，只是讽刺世人太毒了些。说着，只见平儿复进园来。不知作什么，且听下回分解。

笺证

第三十八回薛宝钗"螃蟹咏"与林黛玉"菊花诗"，存在着对称平衡的机制。风风火火作菊花诗，林黛玉艺压群芳矣；平平稳稳作螃蟹咏，使薛宝钗不致落寞，而且众人看毕，都说："这是食螃蟹绝唱，这些小题目，原要寓大意才算是大才，只是讽刺世人太毒了些。"考究起来，宝钗诗中的"眼前道路无经纬，皮里春秋空黑黄"，嘲讽以阴谋诡计横行一时的政客，可谓穷形尽相，并且断言其"于今落釜成何益，月浦空余禾黍香"的下场。这就表露了薛宝钗稳重平和之中不乏锋芒的品性。林黛玉"菊花诗"之后殿以薛宝钗

“螃蟹咏”，实现了《红楼梦》叙事“双峰并峙，二水分流”的对称平衡之美。中国思想讲两极之中和，两极对称创造了中和的平衡，平衡创造了秩序、和谐和美。《红楼梦》在“菊花诗”后继之以“螃蟹咏”，讲究的就是中国的这种审美智慧。

第三十九回

村姥姥是信口开河 情哥哥偏寻根究底

话说众人见平儿来了，都说："你们奶奶作什么呢，怎么不来了？"平儿笑道："他那里得空儿来。因为说没有好生吃得，又不得来，所以叫我来问还有没有，叫我要几个拿了家去吃罢。"湘云道："有，多着呢。"忙令人拿了十个极大的。平儿道："多拿几个团脐的。"众人又拉平儿坐，平儿不肯。李纨拉着他笑道："偏要你坐。"拉着他身边坐下，端了一杯酒送到他嘴边。平儿忙喝了一口就要走。李纨道："偏不许你去。显见得只有凤丫头，就不听我的话了。"说着又命："嬷嬷们先送了盒子去，就说我留下平儿了。"那婆子一时拿了盒子回来说："二奶奶说，叫奶奶和姑娘们别笑话要嘴吃。这个盒子里是方才舅太太那里送来的菱粉糕和鸡油卷儿，给奶奶姑娘们吃的。"又向平儿道："说使你来你就贪住顽不去了。劝你少喝一杯儿罢。"平儿笑道："多喝了又把我怎么样？"一面说，一面只管喝，又吃螃蟹。李纨揽着他笑道："可惜这么个好体面模样儿，命却平常，只落得屋里使唤。不知道的人，谁不拿你当作奶奶太太看。"

平儿一面和宝钗、湘云等吃喝，一面回头笑道："奶奶，别只摸的我怪痒的。"李氏道："嗳哟，这硬的是什么？"平儿道："钥匙。"李氏道："什么钥匙？要紧梯己东西怕人偷了去，却带在身上。我成日家和人说笑，有个唐僧取经，就有个白马来驮他，有个刘智远打天下，就有个瓜精来送盔甲，有个凤丫头，就有个你。你就是你奶奶的一把总钥匙，还要这钥匙作什么？"平儿笑道："奶奶吃了酒，又拿了我来打趣着取笑儿了。"宝钗笑道：

"这倒是真话。我们没事评论起人来，你们这几个都是百个里头挑不出一个来的，妙在各人有各人的好处。"李纨道："大小都有个天理。比如老太太屋里，要没那个鸳鸯如何使得？从太太起，那一个敢驳老太太的回，现在他敢驳回。偏老太太只听他一个人的话。老太太那些穿戴的，别人不记得，他都记得，要不是他经管着，不知叫人诓骗了多少去呢！那孩子心也公道，虽然这样，倒常替人说好话儿，还倒不依势欺人的。"惜春笑道："老太太昨儿还说呢，他比我们还强呢。"平儿道："那原是个好的，我们那里比的上他？"宝玉道："太太屋里的彩霞，是个老实人。"探春道："可不是，外头老实，心里有数儿。太太是那么佛爷似的，事情上不留心，他都知道。凡百一应事都是他提着太太行。连老爷在家出外去的一应大小事，他都知道。太太忘了，他背地里告诉太太。"李纨道"那也罢了"，指着宝玉道："这一个小爷屋里要不是袭人，你们度量到个什么田地？凤丫头就是楚霸王，也得这两只膀子好举千斤鼎。他不是这丫头，就得这么周到了？"平儿笑道："先时陪了四个丫头，死的死，去的去，只剩下我一个孤鬼了。"李纨道："你倒是有造化的。凤丫头也是有造化的。想当初你珠大爷在日，何曾也没两个人。你们看我还是那容不下人的？天天只见他两个不自在。所以你珠大爷一没了，趁年轻我都打发了。若有一个守得住，我倒有个膀臂。"说着滴下泪来。众人都道："又何必伤心，不如散了倒好。"说着便都洗了手，大家约往贾母王夫人处问安。

众婆子丫头打扫亭子，收拾杯盘。袭人和平儿一同往前去，袭人因让平儿到房里坐坐，再喝一杯茶。平儿说："不喝茶了，再来罢。"说着便要出去。袭人又叫住问道："这个月的月钱，连老太太和太太还没放呢，是为什么？"平儿见问，忙转身至袭人跟前，见左近无人，才悄悄说道："你快别问，横竖再迟几天就放了。"袭人笑道："这是为什么，唬得你这样？"平儿悄悄告诉他道："这个月的月钱，我们奶奶早已支了，放给人使呢。等别处的利钱收了来，凑齐了才放呢。因为是你，我才告诉你，你可不许告诉一个人去。"袭人道："难道他还短钱使？还没个足厌？何苦还操这心。"平儿笑道："何曾不是呢。这几年拿着这一项银子，翻出有几百来了。他的公费月例又使不着，十两八两零碎攒了放出去，只他这梯己利钱，一年不到，上千的银子呢。"袭人笑道："拿着我们的钱，你们主子奴才赚利钱，哄的我们呆呆的等着。"平儿道："你又说没良心的话。你难道还少钱使？"袭人道："我虽不少，只是我也没地方使去，就只预备我们那一个。"平儿道："你倘若有要紧的事用钱使时，我那里还有几两银子，你先拿来使，明儿我扣下你的就是了。"袭人道："此时也用不着，怕一时要用起来不够了，我打发人去取就是了。"

平儿答应着，一径出了园门，来至家内，只见凤姐儿不在房里。忽见上回来打抽丰的那刘姥姥和板儿又来了，坐在那边屋里，还有张材家的、周瑞家的陪着，又有两三个丫头在地下倒口袋里的枣子倭瓜并些野菜。众人见他进来，都忙站起来了。刘姥姥因上次来过，知道平儿的身分，忙跳下地来问"姑娘好"，又说："家里都问好。早要来请姑奶奶的安，看姑娘来的，因为庄家忙。好容易今年多打了两石粮食，瓜果菜蔬也丰盛。这是头一起摘下来的，并没敢卖呢，留的尖儿孝敬姑奶奶姑娘们尝尝。姑娘们天天山珍海味的也吃腻了，这个吃个野意儿，也算是我们的穷心。"平儿忙道："多谢费心。"又让坐，自己也坐了。又让"张婶子、周大娘坐"，又令小丫头子倒茶去。周瑞、张材两家的因笑道："姑娘今儿脸上有些春色，眼圈儿都红了。"平儿笑道："可不是。我原是不吃的，大奶奶和姑娘们只是拉着死灌，不得已喝了两盅，脸就红了。"张材家的笑道："我倒想着要吃呢，又没人让我。明儿再有人请姑娘，可带了我去罢。"说着大家都笑了。周瑞家的道："早起我就看见那螃蟹了，一斤只好秤两个三个。这么三大篓，想是有七八十斤呢。"周瑞家的道："若是上上下下只怕还不够。"平儿道："那里够，不过都是有名儿的吃两个子。那些散众的，也有摸得着的，也有摸不着的。”刘姥姥道：“这样螃蟹，今年就值五分一斤。十斤五钱，五五二两五,三五一十五，再搭上酒菜，一共倒有二十多两银子。阿弥陀佛。这一顿的钱够我们庄家人过一年了。”平儿因问：“想是见过奶奶了？”刘姥姥道：“见过了，叫我们等着呢。”说着又往窗外看天气，说道：“天好早晚了，我们也去罢，别出不去城才是饥荒呢。”周瑞家的道：“这话倒是，我替你瞧瞧去。”说着一径去了，半日方来，笑道：“可是你老的福来了，竟投了这两个人的缘了。”平儿等问怎么样，周瑞家的笑道：“二奶奶在老太太的跟前呢。我原是悄悄的告诉二奶奶，‘刘姥姥要家去呢，怕晚了赶不出城去。’二奶奶说：‘大远的，难为他扛了那些沉东西来，晚了就住一夜明儿再去。’这可不是投上二奶奶的缘了。这也罢了，偏生老太太又听见了，问刘姥姥是谁。二奶奶便回明白了。老太太说：‘我正想个积古的老人家说话儿，请了来我见一见。’这可不是想不到投上缘分了。”说着，催刘姥姥下来前去。刘姥姥道：“我这生像儿怎好见的。好嫂子，你就说我去了罢。”平儿忙道：“你快去罢，不相干的。我们老太太最是惜老怜贫的，比不得那个狂三诈四的那些人。想是你怯上，我和周大娘送你去。”说着，同周瑞家的引了刘姥姥往贾母这边来。

二门口该班的小厮们见了平儿出来，都站起来了，又有两个跑上来，赶着平儿叫“姑娘”。平儿问：“又说什么？”那小厮笑道：“这会子也好早晚了，我妈病了，等着我去请大夫。好姑娘，我讨半日假可使的？”平儿道：“你们倒好，都商议定了，一天一个告假，又不回奶奶，只和我胡缠。前儿住儿去了，二爷偏生叫他，叫不着，我应起来了，还说我作了情。你今儿又来了。”周瑞家的道：“当真的他妈病了，姑娘也替他应着，放了他罢。”平儿道：“明儿一早来。听着，我还要使你呢，再睡的日头晒着屁股再来。你这一去，带个信儿给旺儿，就说奶奶的话，问着他那剩的利钱。明儿若不交了来，奶奶也不要了，就越性送他使罢。”那小厮欢天喜地答应去了。

平儿等来至贾母房中，彼时大观园中姊妹们都在贾母前承奉。刘姥姥进去，只见满屋里珠围翠绕，花枝招展，并不知都系何人。只见一张榻上歪着一位老婆婆，身后坐着一个纱罗裹的美人一般的一个丫鬟在那里捶腿，凤姐儿站着正说笑。刘姥姥便知是贾母了，忙上来陪着笑，道了万福，口里说：“请老寿星安。”贾母亦欠身问好，又命周瑞家的端过椅子来坐着。那板儿仍是怯人，不知问候。贾母道：“老亲家，你今年多大年纪了？”

笺证

切不可看轻称谓，一个称谓就可以给人物关系定位，定位于尊敬或者亲切。第三十九回刘姥姥晋见贾母，陪笑纳福说：“请老寿星安。”己卯本夹批说：“更妙！贾母之号何其多耶？在诸人口中则曰‘老太太’，在阿凤口中则曰‘老祖宗’，在僧尼口中则曰‘老菩萨’，在刘姥姥口中则曰‘老寿星’，（者）[看]去似有数人，想去则皆贾母，难得如此各尽其妙。刘姥姥亦善应接。”❶刘姥姥根据民俗信仰称贾母为“老寿星”，恭祝她如神仙那样长寿健朗纳福，非常得体。贾母回称刘姥姥说：“老亲家，你今年多大年纪了？”己卯本夹批又说：“神妙之极！看官至此必愁贾母以何相称，谁知公然曰‘老亲家’。何等现成，何等大方，何等有情理。若云作者心中编出，余断断不信。何也？盖编得出者，断不能有这等情理。”❷“老亲家”则是广泛流行民间的儿女姻亲的双方父母的亲切称呼，雅俗咸宜，可以立竿见影地拉近双方的距离。就在这简单的“老寿星”“老亲家”称呼上，也可以看出《红楼梦》以煞费苦心达到自然无间，可见体贴人心的深细，运用语言的精准，以体贴式的用语，楔入人物的心坎。

刘姥姥忙立身答道:“我今年七十五了。”贾母向众人道:“这么大年纪了，还这么健朗。比我大好几岁呢。我要到这么大年纪，还不知怎么动不得呢。”刘姥姥笑道:“我们生来是受苦的人，老太太生来是享福的。若我们也这样，那些庄家活也没人作了。”贾母道:“眼睛牙齿都还好?”刘姥姥道:“都还好，就是今年左边的槽牙活动了。”贾母道:“我老了，都不中用了，眼也花，耳也聋，记性也没了。你们这些老亲戚，我都不记得了。亲戚们来了，我怕人笑我，我都不会，不过嚼的动的吃两口，困了睡一觉，闷了时和这些孙子孙女儿顽笑一回就完了。”刘姥姥笑道:“这正是老太太的福了。我们想这么着也不能。”贾母道:“什么福，不过是个老废物罢了。”说的大家都笑了。贾母又笑道:“我才听见凤哥儿说，你带了好些瓜菜来，叫他快收拾去了，我正想个地里现撷的瓜儿菜儿吃。外头买的，不像你们田地里的好吃。”刘姥姥笑道:“这是野意儿，不过吃个新鲜。依我们想鱼肉吃，只是吃不起。”贾母又道:“今儿既认着了亲，别空空儿的就去。不嫌我这里，就住一两天再去。我们也有个园子，园子里头也有果子，你明日也尝尝，带些家去，你也算看亲戚一趟。”凤姐儿见贾母喜欢，也忙留道:“我们这里虽不比你们的场院大，空屋子还有两间。你住两天罢，把你们那里的新闻故事儿说些与我们老太太听听。”贾母笑道:“凤丫头别拿他取笑儿。他是乡屯里的人，老实，那里搁的住你打趣他?”说着，又命人去先抓果子与板儿吃。板儿见人多了，又不敢吃。贾母又命拿些钱给他，叫小幺儿们带他外头顽去。刘姥姥吃了茶，便把些乡村中所见所闻的事情说与贾母，贾母益发得了趣味。正说着，凤姐儿便令人来请刘姥姥吃晚饭。贾母又将自己的菜拣了几样，命人送过去与刘姥姥吃。

❶（清）曹雪芹:《脂砚斋重评石头记（己卯本）》，上海古籍出版社1981年版，第611—612页。

❷（清）曹雪芹:《脂砚斋重评石头记（己卯本）》，上海古籍出版社1981年版，第612页。

凤姐知道合了贾母的心，吃了饭便又打发过来。鸳鸯忙令老婆子带了刘姥姥去洗了澡，自己挑了两件随常的衣服令给刘姥姥换上。那刘姥姥那里见过这般行事，忙换了衣裳出来，坐在贾母榻前，又搜寻些话出来说。彼时宝玉姊妹们也都在这里坐着，他们何曾听见过这些话，自觉比那些瞽目先生说的书还好听。那刘姥姥虽是个村野人，却生来的有些见识，况且年纪老了，世情上经历过的，见头一个贾母高兴，第二见这些哥儿姐儿们都爱听，便没了说的也编出些话来讲。因说道："我们村庄上种地种菜，每年每日，春夏秋冬，风里雨里，那有个坐着的空儿，天天都是在那地头子上作歇马凉亭，什么奇奇怪怪的事不见呢。就像去年冬天，接连下了几天雪，地下压了三四尺深。我那日起的早，还没出房门，只听外头柴草响。我想着必定是有人偷柴草来了。我爬着窗户眼儿一瞧，却不是我们村庄上的人。"贾母道："必定是过路的客人们冷了，见现成的柴，抽些烤火去也是有的。"刘姥姥笑道："也并不是客人，所以说来奇怪。老寿星当个什么人？原来是一个十七八岁的极标致的一个小姑娘，梳着溜油光的头，穿着大红袄儿，白绫裙子——"刚说到这里，忽听外面人吵嚷起来，又说："不相干的，别唬着老太太。"贾母等听了，忙问怎么了，丫鬟回说："南院马棚里走了水，不相干，已经救下去了。"贾母最胆小的，听了这个话，忙起身扶了人出至廊上来瞧，只见东南上火光犹亮。贾母唬的口内念佛，忙命人去火神跟前烧香。王夫人等也忙都过来请安，又回说："已经下去了，老太太请进房去罢。"贾母足的看着火光息了，方领众人进来。宝玉且忙着问刘姥姥："那女孩儿大雪地作什么抽柴草？倘或冻出病来呢？"贾母道："都是才说抽柴草惹出火来了，你还问呢。别说这个了，再说别的罢。"宝玉听说，心内虽不乐，也只得罢了。刘姥姥便又想了一篇，说道："我们庄子东边庄上，有个老奶奶子，今年九十多岁了。他天天吃斋念佛，谁知就感动了观音菩萨，夜里来托梦说：'你这样虔心，原来你该绝后的，如今奏了玉皇，给你个孙子。'原来这老奶奶只有一个儿子，这儿子也只一个儿子，好容易养到十七八岁上死了，哭的什么似的。后果然又养了一个，今年才十三四岁，生的雪团儿一般，聪明伶俐非常。可见这些神佛是有的。"这一席话，实合了贾母王夫人的心事，连王夫人也都听住了。

宝玉心中只记挂着抽柴的故事，因闷闷的心中筹画。探春因问他："昨日扰了史大妹妹，咱们回去商议着邀一社，又还了席，也请老太太赏菊花，何如？"宝玉笑道："老太太说了，还要摆酒还史妹妹的席，叫咱们作陪呢。等着吃了老太太的，咱们再请不迟。"探春道："越往前去越冷了，老太太未必高兴。"宝玉道："老太太又喜欢下雨下雪的。不如咱们等下头场雪，请老太太赏雪岂不好？咱们雪下吟诗，也更有趣了。"林黛玉忙笑道："咱们雪下吟诗？依我说，还不如弄一捆柴火，雪下抽柴，还更有趣儿呢。"说着，宝钗等都笑了。宝玉瞅了他一眼，也不答话。

一时散了，背地里宝玉足的拉了刘姥姥，细问那女孩儿是谁。刘姥姥只得编了告诉他道："那原是我们庄北沿地埂子上有一个小祠堂里供的，不是神佛，当先有个什么老爷。"说着又想名姓。宝玉道："不拘什么名姓，你不必想了，只说原故就是了。"刘姥姥道："这老爷没有儿子，只有一位小姐，名叫茗玉。小姐知书识字，老爷太太爱如珍宝。可惜这茗玉小姐生到十七岁，一病死了。"宝玉听了，跌足叹惜，又问后来怎么样。刘姥姥道："因为老爷太太思念不尽，便盖了这祠堂，塑了这茗玉小姐的像，派了人烧香拨火。如今日久年深的，人也没了，庙也烂了，那个像就成了精。"宝玉忙道："不是成精，规矩这样人是虽死不死的。"刘姥姥道："阿弥陀佛，原来如此。不是哥儿说，我们都当他成精。他时常变了人出来各村庄店道上闲逛。我才说这抽柴火的就是他了。我们村庄上的人还商议着要打了这塑像平了庙呢。"宝玉忙道："快别如此。若平了庙，罪过不小。"刘姥姥道："幸亏哥儿告诉我，我明儿回去告诉他们就是了。"宝玉道："我们老太太、太太都是善人，合家大小也都好善喜舍，最爱修庙塑神的。我明儿做一个疏头，替你化些布施，你就做香头，攒了钱把这庙修盖，再装潢了泥像，每月给你香火钱烧香岂不好？”刘姥姥道：“若这样，我托那小姐的福，也有几个钱使了。”宝玉又问他地名庄名，来往远近，坐落何方。刘姥姥便顺口胡诌了出来。

宝玉信以为真，回至房中，盘算了一夜。次日一早，便出来给了茗烟几百钱，按着刘姥姥说的方向地名，着茗烟去先踏看明白，回来再做主意。那茗烟去后，宝玉左等也不来，右等也不来，急的热锅上的蚂蚁一般。好容易等到日落，方见茗烟兴兴头头的回来。宝玉忙问：“可有庙了？”茗烟笑道：“爷听的不明白，叫我好找。那地名坐落不似爷说的一样，所以找了一日，找到东北上田埂子上才有一个破庙。”宝玉听说，喜的眉开眼笑，忙说道：“刘姥姥有年纪的人，一时错记了也是有的。你且说你见的。”茗烟道：“那庙门却倒是朝南开，也是稀破的。我找的正没好气，一见这个，我说‘可好了’，连忙进去。一看泥胎，唬的我跑出来了，活似真的一般。”宝玉喜的笑道：“他能变化人了，自然有些生气。”茗烟拍手道：“那里有什么女孩儿，竟是一位青脸红发的瘟神爷。”宝玉听了，啐了一口，骂道：“真是一个无用的杀才！这点子事也干不来。”茗烟道：“二爷又不知看了什么书，或者听了谁的混话，信真了，把这件没头脑的事派我去碰头，怎么说我没用呢？”宝玉见他急了，忙抚慰他道：“你别急。改日闲了你再找去。若是他哄我们呢，自然没了，若真是有的，你岂不也积了阴骘。我必重重的赏你。”正说着，只见二门上的小厮来说：“老太太房里的姑娘们站在二门口找二爷呢。”

笺证

《红楼梦》真会写痴情，痴情对活人，已是痴得可以；痴情对死人，就更深了一层；对真死人已经够深了，对瞎编乱造出来的死人，就更痴得无可奈何了。第三十九回刘姥姥二进大观园的核心关注，竟然是挑动了贾宝玉对胡诌出来的乡野少女鬼魂的人鬼痴情。刘姥姥见贾母高兴，哥儿姐儿们都爱听乡野传闻，便没了说的也编出些话来讲：“我们村庄上种地种菜，每年每日，春夏秋冬，风里雨里，那有个坐着的空儿，天天都是在那地头子上作歇马凉亭，什么奇奇怪怪的事不见呢。就像去年冬天，接连下了几天雪，地下压了三四尺深。我那日起的早，还没出房门，只听外头柴草响。我想着必定是有人偷柴草来了。我爬着窗户眼儿一瞧，却不是我们村庄上的人。”刘姥姥接着笑说：“也并不是客人，所以说来奇怪。老寿星当个什么人？原来是一个十七八岁的极标致的一个小姑娘，梳着溜油光的头，穿着大红袄儿，白绫裙子——”这个姑妄言之的故事讲到这里就被贾府南院马棚的火灾打断，这是对说书人卖关子手法的借鉴。这么一借鉴，却吊住了贾宝玉的胃口。己卯本夹批说：“一段为后回作引，然偏于宝玉爱听时截住。”[3]这里使用了叙事学上的纽结理论，将多维空间中的曲线缠绕在一起打成结，在打结和解结之间窥探人物心灵。火被扑灭后，进一步解结，宝玉忙着问刘姥姥：“那女孩儿大雪地作什么抽柴草？倘或冻出病来呢？”却又被贾母转移了刘姥姥的话头，转到乡村老奶奶吃斋念佛，感动观音菩萨，喜得孙子的故事上。最后众人散了，贾宝玉背地里拉了刘姥姥追问，刘姥姥才说：“这老爷没有儿子，只有一位小姐，名叫茗玉。小姐知书识字，老爷太太爱如珍宝。可惜这茗玉小姐生到十七岁，一病死了。”“因为老爷太太思念不尽，便盖了这祠堂，塑了这茗玉小姐的像，派了人烧香拨火。如今日久年深的，人也没了，庙也烂了，那个像就成了精。”宝玉连忙解释说：“不是成精，规矩这样人是虽死不死的。”如此一层深似一层地打结、解结，逼出痴情，已是有点狠心了；却至此还不罢休，贾宝玉问明小庙方向地名，盘算了一夜，特派茗烟昏头昏脑去寻找，找到的竟然是破败小庙中一位青脸红发的

[3]（清）曹雪芹：《脂砚斋重评石头记（己卯本）》，上海古籍出版社1981年版，第616页。

瘟神爷。宋代释普济《五灯会元》记载黄檗禅师接纳新弟子时，有一套规矩，即不问情由地给对方当头一棒，或者大喝一声，而后提出问题，要对方不假思索地回答。这就是当头棒喝。茗烟寻找到青脸红发的瘟神爷，也是对痴心妄想的贾宝玉来了一个当头棒喝，但这能够喝醒贾宝玉吗？戚蓼生本回末总评说："而今不得不用套坡公听鬼之遗事，以振其余响，即此以点染宝玉之痴。"[4]人鬼思恋，碰到了青脸红发的瘟神爷，也算是一种解构的叙事法。朱熹《朱子语类》卷一百一十八说："讲学切忌研究一事未得，又且放过别求一事。如此，则有甚了期？须是逐件打结，久久通贯。"[5]解构是在打结、解结中进行的，以打结、解结来牵出人物内在精神的丝缕，通贯人物的行为和内心，更有甚者，还要抖一抖这精神的丝缕，使人物的内心深处发颤。

[4] 朱一玄编：《红楼梦资料汇编》，南开大学出版社2012年版，第456页。

[5]（宋）黎靖德编：《朱子语类》，岳麓书社1997年版，第2568页。

第四十回

史太君两宴大观园 金鸳鸯三宣牙牌令

话说宝玉听了，忙进来看时，只见琥珀站在屏风跟前说："快去吧，立等你说话呢。"宝玉来至上房，只见贾母正和王夫人众姊妹商议给史湘云还席。宝玉因说道："我有个主意。既没有外客，吃的东西也别定了样数，谁素日爱吃的拣样儿做几样。也不要按桌席，每人跟前摆一张高几，各人爱吃的东西一两样，再一个什锦攒心盒子，自斟壶，岂不别致？"贾母听了，说"很是"，忙命传与厨房："明日就拣我们爱吃的东西作了，按着人数，再装了盒子来。早饭也摆在园里吃。"商议之间早又掌灯，一夕无话。

次日清早起来，可喜这日天气清朗。李纨侵晨先起，看着老婆子丫头们扫那些落叶，并擦抹桌椅，预备茶酒器皿。只见丰儿带了刘姥姥板儿进来，说："大奶奶倒忙的紧。"李纨笑道："我说你昨儿去不成，只忙着要去。"刘姥姥笑道："老太太留下我，叫我也热闹一天去。"丰儿拿了几把大小钥匙，说道："我们奶奶说了，外头的高几恐不够使，不如开了楼，把那收着的拿下来使一天罢。奶奶原该亲自来的，因和太太说话呢，请大奶奶开了，带着人搬罢。"李氏便令素云接了钥匙，又令婆子出去把二门上的小厮叫几个来。李氏站在大观楼下往上看，令人上去开了缀锦阁，一张一张往下抬。小厮、老婆子、丫头一齐动手，抬了二十多张下来。李纨道："好生着，别慌慌张张鬼赶来似的，仔细碰了牙子。"又回头向刘姥姥笑道："姥姥，你也上去瞧瞧。"刘姥姥听说，巴不得一声儿，便拉了板儿登梯上去。进里面，只见乌压压的堆着些围屏、桌椅、大小花灯之类，虽不大认得，只见五彩炫耀，各有奇妙。念了几声佛，便出来了。然后锁上门，一齐才下来。李纨道："恐怕老太太高兴，越性把舡上划子、篙桨、遮阳幔子都搬了下来预备着。"众人答应，复又开了，色色的搬了下来。令小厮传驾娘们到舡坞里撑出两只船来。

正乱着安排，只见贾母已带了一群人进来了。李纨忙迎上去，笑道："老太太高兴，倒进来了。我只当还没梳头呢，才撷了菊花要送去。"一面说，一面碧月早捧过一个大荷叶式的翡翠盘子来，里面盛着各色的折枝菊花。贾母便拣了一朵大红的簪于鬓上。因回头看见了刘姥姥来，忙笑道："过来带花儿。"一语未完，凤姐便拉过刘姥姥来，笑道："让我打扮你。"说着，将一盘子花横三竖四的插了一头。贾母和众人笑的不住。刘姥姥笑道："我这头也不知修了什么福，今儿这样体面起来。"众人笑道："你还不拔下来摔到他脸上呢，把你打扮的成了个老妖精了。"刘姥姥笑道："我虽老了，年轻时也风流，爱个花儿粉儿的，今儿老风流才好。"

说笑之间，已来至沁芳亭子上。丫鬟们抱了一个大锦褥子来，铺在栏杆榻板上。贾母倚柱坐下，命刘姥姥也坐在旁边，因问他："这园子好不好？"刘姥姥念佛说道："我们乡下人到了年下，都上城来买画儿贴。时常闲了，大家都说，怎么得也到画儿上去逛逛。想着那个画儿也不过是假的，那里有这个真地方呢。谁知我今儿进这园里一瞧，竟比那画儿还强十倍。怎么得有人也照着这个园子画一张，我带了家去，给他们见见，死了也得好处。"贾母听说，便指着惜春笑道："你瞧我这个小孙女儿，他就会画。等明儿叫他画一张如何？"刘姥姥听了，喜的忙跑过来，拉着惜春说道："我的姑娘，你这么大年纪儿，又这么个好模样，还有这个能干，别是神仙托生的罢。"

贾母少歇一回，自然领着刘姥姥都见识见识。先到了潇湘馆。一进门，只见两边翠竹夹路，土地下苍苔布满，中间羊肠一条石子漫的路。刘姥姥让出路来与贾母众人走，自己却趄走土地。琥珀拉着他说道："姥姥，你上来走，仔细苍苔滑了。"刘姥姥道："不相干的，我们走熟了的，姑娘们只管走罢。可惜你们的那绣鞋，别沾脏了。"他只顾上头和人说话，不防底下果跴滑了，咕咚一跤跌倒。众人拍手都哈哈的笑起来。贾母笑骂道："小蹄子们，还不搀起来，只站着笑。"说话时，刘姥姥已爬了起来，自己也笑了，说道："才说嘴就打了嘴。"贾母问他："可扭了腰了不曾？叫丫头们捶一捶。"刘姥姥道："那里说的我这么娇嫩了。那一天不跌两下子，都要捶起来，还了得呢。"紫鹃早打起湘帘，贾母等进来坐下。林黛玉亲自用小茶盘捧了一盖碗茶来奉与贾母。王夫人道："我们不吃茶，姑娘不用倒了。"林黛玉听说，便命丫头把自己窗下常坐的一张椅子挪到下首，请王夫人坐了。刘姥姥因见窗下案上设着笔砚，又见书架上磊着满满的书，刘姥姥道："这必定是那位哥儿的书房了。"贾母笑指黛玉道："这是我这外孙女儿的屋子。"刘姥姥留神打量了黛玉一番，方笑道："这那像个小姐的绣房，竟比那上等的书房还好。"贾母因问："宝玉怎么不见？"众丫头们答说："在池子里舡上呢。"贾母道："谁又预备下舡了？"李纨忙回说："才开楼拿几，我恐怕老太太高兴，就预备下了。"贾母听了方欲说话时，有人回说："姨太太来了。"贾母等刚站起来，只见薛姨妈早进来了，一面归坐，笑道："今儿老太太高兴，这早晚就来了。"贾母笑道："我才说来迟了的要罚他，不想姨太太就来迟了。"

说笑一会，贾母因见窗上纱的颜色旧了，便和王夫人说道："这个纱新糊上好看，过了后来就不翠了。这个院子里头又没有个桃杏树，这竹子已是绿的，再拿这绿纱糊上反不配。我记得咱们先有四五样颜色糊窗的纱呢，明儿给他把这窗上的换了。"凤姐儿忙道："昨儿我开库房，看见大板箱里还有好些匹银红蝉翼纱，也有各样折枝花样的，也有流云卍福花样的，也有百蝶穿花花样的，颜色又鲜，纱又轻软，我竟没见过这样的。拿了两匹出来，作两床绵纱被，想来一定是好的。"贾母听了笑道："呸，人人都说你没有不经过不见过，连这个纱还不认得呢，明儿还说嘴。”薛姨妈等都笑说：“凭他怎么经过见过，如何敢比老太太呢。老太太何不教导了他，我们也听听。”凤姐儿也笑说：“好祖宗，教给我罢。”贾母笑向薛姨妈众人道：“那个纱，比你们的年纪还大呢。怪不得他认作蝉翼纱，原也有些像，不知道的，都认作蝉翼纱。正经名字叫作‘软烟罗’。”凤姐儿道：“这个名儿也好听。只是我这么大了，纱罗也见过几百样，从没听见过这个名色。”贾母笑道：“你能够活了多大，见过几样没处放的东西，就说嘴来了。那个软烟罗只有四样颜色：一样雨过天晴，一样秋香色，一样松绿的，一样就是银红的，若是做了帐子，糊了窗屉，远远的看着，就似烟雾一样，所以叫作‘软烟罗’。那银红的又叫作‘霞影纱’。如今上用的府纱也没有这样软厚轻密的了。”薛姨妈笑道：“别说凤丫头没见，连我也没听见过。”凤姐儿一面说，早命人取了一匹来了。贾母说：“可不是这个。先时原不过是糊窗屉，后来我们拿这个作被作帐子，试试也竟好。明儿就找出几匹来，拿银红的替他糊窗子。”凤姐答应着。众人都看了，称赞不已。刘姥姥也觑着眼看个不了，念佛说道：“我们想他作衣裳也不能，拿着糊窗子，岂不可惜？”贾母道：“倒是做衣裳不好看。”凤姐忙把自己身上穿的一件大红绵纱袄子襟儿拉了出来，向贾母薛姨妈道：“看我的这袄儿。”贾母薛姨妈都说：“这也是上好的了，这是如今的上用内造的，竟比不上这个。”凤姐儿道：“这个薄片子，还说是上用内造呢，竟连官用的也比不上了。”贾母道：“再找一找，只怕还有青的。若有时都拿出来，送这刘亲家两匹，做一个帐子我挂，下剩的添上里子，做些夹背心子给丫头们穿，白收着霉坏了。”凤姐忙答应了，仍令人送去。贾母起身笑道：“这屋里窄，再往别处逛去。”刘姥姥念佛道：“人人都说大家子住大房。昨儿见了老太太正房，配上大箱、大柜、大桌子、大床，果然威武。那柜子比我们那一间房子还大还高。怪道后院子里有个梯子。我想并不上房晒东西，预备个梯子作什么。后来我想起来，定是为开顶柜收放东西，非离了那梯子，怎么得上去呢？如今又见了这小屋子，更比大的越发齐整了。满屋里的东西都只好看，都不知叫什么，我越看越舍不得离了这里。”凤姐道：“还有好的呢，我都带你去瞧瞧。”说着一径离了潇湘馆。

远远望见池中一群人在那里撑舡。贾母道：“他们既预备下船，咱们就坐。”一面说着，便向紫菱洲蓼溆一带走来。未至池前，只见几个婆子手里都捧着一色捏丝戗金五彩大盒子走来。凤姐忙问王夫人早饭在那里摆。王夫人道：“问老太太在那里，就在那里罢了。”贾母听说，便回头说：“你三妹妹那里就好。你就带了人摆去，我们从这里坐了舡去。”凤姐听说，便回身同了探春、李纨、鸳鸯、琥珀带着端饭的人等，抄着近路到了秋爽斋，就在晓翠堂上调开桌案。鸳鸯笑道：“天天咱们说外头老爷们吃酒吃饭都有一个篾片相公，拿他取笑儿。咱们今儿也得了一个女篾片了。”李纨是个厚道人，听了不解。凤姐儿却知是说的是刘姥姥了，也笑说道：“咱们今儿就拿他取个笑儿。”二人便如此这般的商议。李纨笑劝道：“你们一点好事也不做，又不是个小孩儿，还这么淘气，仔细老太太说。”鸳鸯笑道：“很不与你相干，有我呢。”

正说着，只见贾母等来了，各自随便坐下。先着丫鬟端过两盘茶来，大家吃毕。凤姐手里拿着西洋布手巾，裹着一把乌木三镶银箸，敁敪人位，按席摆下。贾母因说：“把那一张小楠木桌子抬过来，让刘亲家近我这边坐着。”众人听说，忙抬了过来。凤姐一面递眼色与鸳鸯，鸳鸯便拉了刘姥姥出去，悄悄的嘱咐了刘姥姥一席话，又说：“这是我们家的规矩，若错了我们就笑话呢。”调停已毕，然后归坐。薛姨妈是吃过饭来的，不吃，只坐在一边吃茶。贾母带着宝玉、湘云、黛玉、宝钗一桌。王夫人带着迎春姊妹三个人一桌，刘姥姥傍着贾母一桌。贾母素日吃饭，皆有小丫鬟在旁边，拿着漱盂、麈尾、巾帕等物。如今鸳鸯是不当这差的了，今日鸳鸯偏接过麈尾来拂着。丫鬟们知道他要撮弄刘姥姥，便躲开让他。鸳鸯一面侍立，一面悄向刘姥姥说道："别忘了。"刘姥姥道："姑娘放心。"那刘姥姥入了坐，拿起箸来，沉甸甸的不伏手。原是凤姐和鸳鸯商议定了，单拿一双老年四楞象牙镶金的筷子与刘姥姥。刘姥姥见了，说道："这叉爬子比俺那里铁锨还沉，那里犟的过他。"说的众人都笑起来。

只见一个媳妇端了一个盒子站在当地，一个丫鬟上来揭去盒盖，里面盛着两碗菜。李纨端了一碗放在贾母桌上。凤姐儿偏拣了一碗鸽子蛋放在刘姥姥桌上。贾母这边说声"请"，刘姥姥便站起身来，高声说道："老刘，老刘，食量大似牛，吃一个老母猪不抬头。"自己却鼓着腮不语。众人先是发怔，后来一听，上上下下都哈哈的大笑起来。史湘云撑不住，一口饭都喷了出来，林黛玉笑岔了气，伏着桌子'嗳哟'，宝玉早滚到贾母怀里，贾母笑的搂着宝玉叫"心肝"，王夫人笑的用手指着凤姐儿，只说不出话来，薛姨妈也撑不住，口里茶喷了探春一裙子，探春手里的饭碗都合在迎春身上，惜春离了坐位，拉着他奶母叫揉一揉肠子。地下的无一个不弯腰屈背，也有躲出去蹲着笑去的，也有忍着笑上来替他姊妹换衣裳的，独有凤姐、鸳鸯二人撑着，还只管让刘姥姥。刘姥姥拿起箸来，只觉不听使，又说道："这里的鸡儿也俊，下的这蛋也小巧，怪俊的。我且肏攮一个。"众人方住了笑，听见这话又笑起来。贾母笑的眼泪出来，琥珀在后捶着。贾母笑道："这定是凤丫头促狭鬼儿闹的，快别信他的话了。"那刘姥姥正夸鸡蛋小巧，要肏攮一个，凤姐儿笑道："一两银子一个呢，你快尝尝罢，那冷了就不好吃了。"刘姥姥便伸箸子要夹，那里夹的起来，满碗里闹了一阵好的，好容易撮起一个来，才伸着脖子要吃，偏又滑下来滚在地下，忙放下箸子要亲自去捡，早有地下的人捡了出去了。刘姥姥叹道："一两银子，也没听见个响声儿就没了。”众人已没心吃饭，都看着他笑。贾母又说：“这会子又把那个筷子拿了出来，又不请客摆大筵席。都是凤丫头支使的，还不换了呢。”地下的人原不曾预备这牙箸，本是凤姐和鸳鸯拿了来的，听如此说，忙收了过去，也照样换上一双乌木镶银的。刘姥姥道：“去了金的，又是银的，到底不及俺们那个伏手。”凤姐儿道：“菜里若有毒，这银子下去了就试的出来。”刘姥姥道：“这个菜里若有毒，俺们那菜都成了砒霜了。那怕毒死了也要吃尽了。”贾母见他如此有趣，吃的又香甜，把自己的也端过来与他吃。又命一个老嬷嬷来，将各样的菜给板儿夹在碗上。

笺证

人类文化存在于时间和空间之中，文化空间在自然环境与人文环境中产生和发展。不同文化空间的碰撞磨擦，必然爆发出闪亮的火花。第四十回写贾府餐饮，由于不同文化空间的介入而写出了新花样。有了刘姥姥，又有了凤姐、鸳鸯从中拨弄，农村空间与城市贵族府邸空间发生了碰撞，碰撞得贾府这场餐饮出现哄堂笑声，前仰后合，不亦乐乎。如何安排贾母在晓翠堂上这顿饭，鸳鸯自有主意，笑说：“天天咱们说外头老爷们吃酒吃饭都有一个篾片相公，拿他取笑儿。咱们今儿也得了一个女篾片了。”女篾片就是刘姥姥。篾片指豪门富家帮闲的清客，打秋风，充串客，以闲情逸趣取悦财势，为主人东家脸上贴金。鲁迅在《帮忙文学与帮闲文学》中说：“那些会念书、会下棋、会画画的人，陪人主念念书，下下棋，画几笔画，这叫做帮闲，也就是篾片。”[1] 贾母的大丫鬟鸳鸯是以歧视的眼光看待刘姥姥的，算是奴隶面对更贱的奴隶而显出的优越感。在凤姐、鸳鸯的撮弄下，刘姥姥也很知趣，席间就座，站起身来高声说：“老刘，老刘，食量大似牛，吃一个老母猪不抬头。”在贾府饭桌上何尝有过如此夸张的村俗话语？自然使众人笑得前仰后合。给刘姥姥上了一道鸽子蛋，刘姥姥就说：“这里的鸡儿也俊，下的这蛋也小巧，怪俊的。我且肏攮一个。”刘姥姥用粗鄙的话“肏攮”来形容夹东西吃。凤姐、鸳鸯给刘姥姥配备的是“这叉爬子比俺那里铁锨还沉”的一双老年四楞象牙镶金的筷子，夹起的据说一两银子一个的鸽子蛋，滑落地上，刘姥姥叹息说：“一两银子，也没听见响声儿就没了。”哄堂大笑之余，鸳鸯想道歉，想不到刘姥姥却笑着说：“姑娘说那里话，咱们哄着老太太开个心儿，可有什么恼的！你先嘱咐我，我就明白了，不过大家取个笑儿。我要心里恼，也就不说了。”到底是鸳鸯、凤姐糊弄刘姥姥，还是刘姥姥糊弄鸳鸯、凤姐，这真是鬼知道。曹雪芹真会表演提线木偶戏，把刘姥姥、鸳鸯、凤姐，以及贾母等一干人等都耍弄得手舞足蹈，不亦乐乎。如此写贾府餐饮场面，想来曹雪芹心中暗暗偷笑，他以悲悯而又夹杂着嘲讽的眼光透视着人间世界。提线木偶戏古称“悬丝傀儡”，从上空提线操纵或借助绑在控制器上的细线而操纵木偶形体，几乎能模仿人和动物的所有动作。据传悬丝傀儡起源甚早，可以上溯到《史记·高祖本纪》：“（汉高祖）七年，匈奴攻韩王信马邑，信因与谋反太原。白土曼丘臣、王黄立故赵将赵利为王以反，高祖自往击之。会天寒，士卒堕指者什二三，遂至平城。匈奴围我平城，七日而后罢去。”[2]这就是“白登之围”，韩王信勾结匈奴从大同觊觎太原，汉高祖七年（前200），刘邦亲自率领32万大军迎击匈奴，先在铜鞮（今山西沁县）告捷，其后轻敌冒进，中了匈奴诱兵之计，被围困于平城（今大同）白登山达七天七夜。终于采用陈平的计谋，向冒顿单于的阏氏（冒顿妻）行贿，才得脱险。刘邦的谋士、护军中尉陈平究竟用了什么计谋？据说他探访得知：冒顿原生性好色，阏氏妒忌心重，经常醋海兴波。陈平就令工匠制作了许多木偶美女，再令士兵每天提线引木偶美女在城堞孔穴之处走动，木偶美女手舞足蹈，绰约多姿。阏氏误以为城里美女如云，担心攻下平城之后，冒顿选美纳艳，便下令退军，解了平城之围。这种传

❶ 鲁迅：《鲁迅随笔精选》，长江文艺出版社2016年版，第147页。
❷（汉）司马迁：《史记》，中华书局1959年版，第384—385页。

闻事出有因，查无实据，于此只不过用以说明《红楼梦》调度场面、消遣人物的灵活巧妙的艺术风采。

一时吃毕，贾母等都往探春卧室中去说闲话。这里收拾过残桌，又放了一桌。刘姥姥看着李纨与凤姐儿对坐着吃饭，叹道："别的罢了，我只爱你们家这行事。怪道说'礼出大家'。"凤姐儿忙笑道："你别多心，才刚不过大家取笑儿。"一言未了，鸳鸯也进来笑道："姥姥别恼，我给你老人家赔个不是。"刘姥姥笑道："姑娘说那里话，咱们哄着老太太开个心儿，可有什么恼的！你先嘱咐我，我就明白了，不过大家取个笑儿。我要心里恼，也就不说了。"鸳鸯便骂人："为什么不倒茶给姥姥吃？"刘姥姥忙道："刚才那个嫂子倒了茶来，我吃过了。姑娘也该用饭了。"凤姐儿便拉鸳鸯："你坐下和我们吃了罢，省的回来又闹。"鸳鸯便坐下了。婆子们添上碗箸来，三人吃毕。刘姥姥笑道："我看你们这些人都只吃这一点儿就完了，亏你们也不饿。怪只道风儿都吹的倒。"鸳鸯便问："今儿剩的菜不少，都那去了？"婆子们道："都还没散呢，在这里等着一齐散与他们吃。"鸳鸯道："他们吃不了这些，挑两碗给二奶奶屋里平丫头送去。"凤姐儿道："他早吃了饭了，不用给他。"鸳鸯道："他不吃了，喂你们的猫。"婆子听了，忙拣了两样拿盒子送去。鸳鸯道："素云那去了？"李纨道："他们都在这里一处吃，又找他作什么？"鸳鸯道："这就罢了。"凤姐儿道："袭人不在这里，你倒是叫人送两样给他去。"鸳鸯听说，便命人也送两样去后，鸳鸯又问婆子们："回来吃酒的攒盒可装上了？"婆子道："想必还得一会子。"鸳鸯道："催着些儿。"婆子应喏了。

凤姐儿等来至探春房中，只见他娘儿们正说笑。探春素喜阔朗，这三间屋子并不曾隔断。当地放着一张花梨大理石大案，案上磊着各种名人法帖，并数十方宝砚，各色笔筒，笔海内插的笔如树林一般。那一边设着斗大的一个汝窑花囊，插着满满的一囊水晶球儿的白菊。西墙上当中挂着一大幅米襄阳《烟雨图》，左右挂着一副对联，乃是颜鲁公墨迹，其词云：

烟霞闲骨格　泉石野生涯

案上设着大鼎。左边紫檀架上放着一个大观窑的大盘，盘内盛着数十个娇黄玲珑大佛手。右边洋漆架上悬着一个白玉比目磬，旁边挂着小锤。那板儿略熟了些，便要摘那锤子要击，丫鬟们忙拦住他。他又要那佛手吃，探春拣了一个与他说："玩罢，吃不得的。"东边便设着卧榻，拔步床上悬着葱绿双绣花卉草虫的纱帐。板儿又跑过来看，说："这是蝈蝈，这是蚂蚱。"刘姥姥忙打了他一巴掌，骂道："下作黄子，没干没净的乱闹。倒叫你进来瞧瞧，就上脸了。"打的板儿哭起来，众人忙劝解方罢。贾母因隔着纱窗往后院内看了一回，说道："后廊檐下的梧桐也好了，就只细些。"正说话，忽一阵风过，隐隐听得鼓乐之声。贾母问："是谁家娶亲呢？这里临街倒近。"王夫人等笑回道："街上的那里听的见，这是咱们的那十几个女孩子们演习吹打呢。"贾母便笑道："既是他们演，何不叫他们进来演习？他们也逛一逛，咱们可又乐了。"凤姐听说，忙命人出去叫来，又一面吩咐摆下条桌，铺上红毡子。贾母道："就铺排在藕香榭的水亭子上，借着水音更好听。回来咱们就在缀锦阁底下吃酒，又宽阔，又听的近。"众人都说那里好。贾母向薛姨妈笑道："咱们走罢。他们姊妹们都不大喜欢人来坐着，怕脏了屋子。咱们别没眼色，正经坐一回子船喝酒去。"说着大家起身便走。探春笑道："这是那里的话，求着老太太、姨太太来坐坐还不能呢。"贾母笑道："我的这三丫头却好，只有两个玉儿可恶。回来吃醉了，咱们偏往他们屋里闹去。"

说着，众人都笑了，一齐出来。走不多远，已到了荇叶渚。那姑苏选来的几个驾娘早把两只棠木舫撑来，众人扶了贾母、王夫人、薛姨妈、刘姥姥、鸳鸯、玉钏儿上了这一只，落后李纨也跟上去。凤姐儿也上去，立在舡头上，也要撑舡。贾母在舱内道："这不是顽的，虽不是河里，也有好深的。你快不给我进来。”凤姐儿笑道：“怕什么！老祖宗只管放心。”说着便一篙点开。到了池当中，舡小人多，凤姐只觉乱晃，忙把篙子递与驾娘，方蹲下了。然后迎春姊妹等并宝玉上了那只，随后跟来。其馀老嬷嬷散众丫鬟俱沿河随行。宝玉道：“这些破荷叶可恨，怎么还不叫人来拔去。”宝钗笑道：“今年这几日，何曾饶了这园子闲了，天天逛，那里还有叫人来收拾的工夫？”林黛玉道：“我最不喜欢李义山的诗，只喜他这一句：‘留得残荷听雨声’。偏你们又不留着残荷了。”宝玉道：“果然好句，以后咱们就别叫人拔去了。”说着已到了花溆的萝港之下，觉得阴森透骨，两滩上衰草残菱，更助秋情。

贾母因见岸上的清厦旷朗，便问：“这是你薛姑娘的屋子不是？”众人道“是”。贾母忙命拢岸，顺着云步石梯上去，一同进了蘅芜苑，只觉异香扑鼻。那些奇草仙藤愈冷逾苍翠，都结了实，似珊瑚豆子一般，累垂可爱。及进了房屋，雪洞一般，一色玩器全无，案上只有一个土定瓶中供着数枝菊花，并两部书，茶奁茶杯而已。床上只吊着青纱帐幔，衾褥也十分朴素。贾母叹道：“这孩子太老实了。你没有陈设，何妨和你姨娘要些？我也不理论，也没想到，你们的东西自然在家里没带了来。”说着，命鸳鸯去取些古董来，又嗔着凤姐儿：“不送些玩器来与你妹妹，这样小器。”王夫人、凤姐儿等都笑回说：“他自己不要的。我们原送了来，他都退回去了。”薛姨妈也笑说：“他在家里也不大弄这些东西的。”贾母摇头说：“使不得。虽然他省事，倘或来一个亲戚，看着不像，二则年轻的姑娘们，房里这样素净，也忌讳。我们这老婆子，越发该住马圈去了。你们听那些书上戏上说的小姐们的绣房，精致的还了得呢。他们姊妹们虽不敢比那些小姐们，也不要很离了格儿。有现成的东西，为什么不摆？若很爱素净，少几样倒使得。我最会收拾屋子的，如今老了，没有这些闲心了。他们姊妹们也还学着收拾的好，只怕俗气，有好东西也摆坏了。我看他们还不俗。如今让我替你收拾，包管又大方又素净。我的梯己两件，收到如今，没给宝玉看见过，若经了他的眼，也没了。”说着叫过鸳鸯来，亲吩咐道：“你把那石头盆景儿和那架纱桌屏，还有个墨烟冻石鼎，这三样摆在这案上就够了。再把那水墨字画白绫帐子拿来，把这帐子也换了。”鸳鸯答应着，笑道：“这些东西都搁在东楼上的不知那个箱子里，还得慢慢找去，明儿再拿去也罢了。”贾母道：“明日后日都使得，只别忘了。”说着，坐了一回方出来，一径来至缀锦阁下。文官等上来请过安，因问“演习何曲”。贾母道：“只拣你们生的演习几套罢。”文官等下来，往藕香榭去不提。

这里凤姐儿已带着人摆设整齐，上面左右两张榻，榻上都铺着锦裀蓉簟，每一榻前有两张雕漆几，也有海棠式的，也有梅花式的，也有荷叶式的，也有葵花式的，也有方的，也有圆的，其式不一。一个上面放着炉瓶，一分攒盒。一个上面空设着，预备放人所喜食物。上面二榻四几，是贾母、薛姨妈，下面一椅两几，是王夫人的，馀者都是一椅一几。东边是刘姥姥，刘姥姥之下便是王夫人。西边便是史湘云，第二便是宝钗，第三便是黛玉，第四迎春、探春、惜春挨次下去，宝玉在末。李纨、凤姐二人之几设于三层槛内，二层纱厨之外。攒盒式样，亦随几之式样。每人一把乌银洋錾自斟壶，一个十锦珐琅杯。

大家坐定，贾母先笑道：“咱们先吃两杯，今日也行一令才有意思。”薛姨妈等笑道：“老太太自然有好酒令，我们如何会呢？安心要我们醉了。我们都多吃两杯就有了。”贾母笑道：“姨太太今儿也过谦起来，想是厌我老了。”薛姨妈笑道：“不是谦，只怕行不上来倒是笑话了。”王夫人忙笑道：“便说不上来，就便多吃一杯酒，醉了睡觉去，还有谁笑话咱们不成？”薛姨妈点头笑道：“依令。老太太到底吃一杯令酒才是。”贾母笑道：“这个自然。”说着便吃了一杯。

凤姐儿忙走至当地，笑道：“既行令，还叫鸳鸯姐姐来行更好。”众人都知贾母所行之令必得鸳鸯提着，故听了这话，都说“很是”。凤姐儿便拉了鸳鸯过来。王夫人笑道：

"既在令内，没有站着的理。"回头命小丫头子："端一张椅子，放在你二位奶奶的席上。"鸳鸯也半推半就，谢了坐，便坐下，也吃了一钟酒，笑道："酒令大如军令，不论尊卑，惟我是主。违了我的话，是要受罚的。"王夫人等都笑道："一定如此，快些说来。"鸳鸯未开口，刘姥姥便下了席，摆手道："别这样捉弄人家，我家去了。"众人都笑道："这却使不得。"鸳鸯喝令小丫头子们"拉上席去"，小丫头子们也笑着，果然拉入席中。刘姥姥只叫："饶了我罢。"鸳鸯道："再多言的罚一壶。"刘姥姥方住了声。鸳鸯道："如今我说骨牌副儿，从老太太起，顺领说下去，至刘姥姥止。比如我说一副儿，将这三张牌拆开，先说头一张，次说第二张，再说第三张，说完了，合成这一副儿的名字。无论诗词歌赋，成语俗话，比上一句，都要叶韵。错了的罚一杯。"众人笑道："这个令好，就说出来。"鸳鸯道："有了一副了。左边是张'天'。"贾母道："头上有青天。"众人道"好。"，鸳鸯道："当中是个'五与六'。"贾母道："六桥梅花香彻骨。"鸳鸯道："剩得一张'六与幺'。"贾母道："一轮红日出云霄。"鸳鸯道："凑成便是个'蓬头鬼'。"贾母道："这鬼抱住钟馗腿。"说完，大家笑说："极妙。"贾母饮了一杯。鸳鸯又道："有了一副。左边是个'大长五'。"薛姨妈道："梅花朵朵风前舞。"鸳鸯道："右边还是个'大五长'。"薛姨妈道："十月梅花岭上香。"鸳鸯道："当中'二五'是杂七。"薛姨妈道："织女牛郎会七夕。"鸳鸯道："凑成'二郎游五岳'。"薛姨妈道："世人不及神仙乐。"说完，大家称赏，饮了酒。鸳鸯又道："有了一副。左边'长幺'两点明。"湘云道："双悬日月照乾坤。"鸳鸯道："右边'长幺'两点明。"湘云道："闲花落地听无声。"鸳鸯道："中间还得'幺四'来。"湘云道："日边红杏倚云栽。"鸳鸯道："凑成'樱桃是九熟'。"湘云道："御园却被鸟衔出。"说完饮了一杯。鸳鸯道："有了一副。左边是'长三'。"宝钗道："双双燕子语梁间。"鸳鸯道："右边是'三长'。"宝钗道："水荇牵风翠带长。"鸳鸯道："当中'三六'九点在。"宝钗道："三山半落青天外。"鸳鸯道："凑成'铁锁练孤舟'。"宝钗道："处处风波处处愁。"说完饮毕。鸳鸯又道："左边一个'天'。"黛玉道："良辰美景奈何天。"宝钗听了，回头看着他。黛玉只顾怕罚，也不理论。鸳鸯道："中间'锦屏'

颜色俏。"黛玉道:"纱窗也没有红娘报。"鸳鸯道:"剩了'二六'八点齐。"黛玉道:"双瞻玉座引朝仪。"鸳鸯道:"凑成'篮子'好采花。"黛玉道:"仙杖香挑芍药花。"说完，饮了一口。鸳鸯道:"左边'四五'成花九。"迎春道:"桃花带雨浓。"众人道:"该罚！错了韵，而且又不像。"迎春笑着饮了一口。原是凤姐儿和鸳鸯都要听刘姥姥的笑话，故意都令说错，都罚了。至王夫人，鸳鸯代说了个，下便该刘姥姥。刘姥姥道:"我们庄家人闲了，也常会几个人弄这个，但不如说的这么好听。少不得我也试一试。"众人都笑道:"容易说的。你只管说，不相干。"鸳鸯笑道:"左边'四四'是个人。"刘姥姥听了，想了半日，说道:"是个庄家人罢。"众人哄堂笑了。贾母笑道:"说的好，就是这样说。"刘姥姥也笑道:"我们庄家人，不过是现成的本色，众位别笑。"鸳鸯道:"中间'三四'绿配红。"刘姥姥道:"大火烧了毛毛虫。"众人笑道:"这是有的，还说你的本色。"鸳鸯道:"右边'幺四'真好看。"刘姥姥道:"一个萝蔔一头蒜。"众人又笑了。鸳鸯笑道:"凑成便是一枝花。"刘姥姥两只手比着，说道:"花儿落了结个大倭瓜。"众人大笑起来。只听外面乱嚷——

笺证

贾府的餐饮娱乐，都有浓厚的文化气氛，以文化映衬人的趣味和命运。第四十回探春房的西墙上当中挂着一大幅米襄阳《烟雨图》，左右挂着一副对联，乃是颜鲁公墨迹，其词云："烟霞闲骨格，泉石野生涯。"园中行船，宝玉主张拔去满池的破荷叶，林黛玉却说："我最不喜欢李义山的诗，只喜他这一句：'留得残荷听雨声'。偏你们又不留着残荷了。”这些破荷叶，与两滩上衰草残菱，更助秋情。墙上名人书画和湖中残荷衰草，是贵族世家繁华与衰落的文化装饰。鸳鸯代贾母行牙牌酒令，又翻出了贾府文化世俗的一面。鸳鸯笑说：“酒令大如军令，不论尊卑，惟我是主。违了我的话，是要受罚的”“无论诗词歌赋，成语俗话，比上一句，都要叶韵”。贾母、薛姨妈、湘云、宝钗的酒令词都算平稳。如宝钗基本上以补字改字的办法，采用唐宋诗，包括宋代刘季孙《题饶州酒务厅屏》中“呢喃燕子语梁间，底事来惊梦里闲”的句子，杜甫《曲江对雨》中“林花着雨燕脂湿，水荇牵风翠带长”的句子，李白《登金陵凤凰台》中“三山半落青天外，二水中分白鹭洲”的句子，唐代薛莹《秋日湖上》中“烟波处处愁”的句子，显得博学而中正。只有林黛玉、刘姥姥的酒令词，比较出格，并且因出格而出彩。林黛玉采用了明代汤显祖《牡丹亭》第十出《惊梦》中杜丽娘的唱词：“【皂罗袍】原来姹紫嫣红开遍，似这般都付与断井颓垣。良辰美景奈何天，赏心乐事谁家院”；元杂剧家王实甫《西厢记》第一本《张君瑞闹道场》中张生的唱词：“【驻马听】法鼓金铎，二月春雷响殿角。钟声佛号，半天风雨洒松梢。侯门不许老僧敲，纱窗外定有红娘报。害相思的馋眼脑，见他时须看个十分饱。”还有杜甫《紫宸殿退朝口号》诗中的“户外昭容紫袖垂，双瞻御座引朝仪。香飘合殿春风转，花覆千官淑景移”。至于“仙杖香挑芍药花”意为仙女以杖挑着篮子采花，所采芍药花象征爱情，男女相赠芍药花以结情好，如《诗经·郑风·溱洧》：“维士与女，伊其相谑（调笑），赠之以芍药。”其间也就隐含着“木石前盟”的寓意了。可见林黛玉出入于《西厢记》《牡丹亭》和古近诗的世界，因而宝钗听了，回头看着她，是对她离经叛道的提醒，他与宝钗存在于两个不同的文化世界。刘姥姥则属于第三文化世界了。刘姥姥说“是个庄家人罢”“我们庄家人，不过是现成的本色，众位别笑”；又说“大火烧了毛毛虫”“一个萝蔔一头蒜”“花儿落了结个大倭瓜”。而且还逗趣笑说：“实告诉说罢，我的手脚子粗笨，又喝了酒，仔细失手打了这瓷杯。有木头的杯取个子来，我便失了手，掉了地下也无碍。”使得众人听了，又笑起来。刘姥姥满口庄家人的毛毛虫、萝卜、蒜头、倭瓜，村腔俗调，机智诙谐，令贵族男女捧腹，尽显了一个生活经验丰富，而又深通世态人情的乡村老婆婆的本色。《红楼梦》不放过任何机会，即便行牙牌酒令，也要深探人物本性、本色，人各一面，雅俗并陈，活跃诙谐，沁人心脾。雅俗并陈是古典戏曲的审美命题。明刘若愚《酌中志》卷十六说："又过锦之戏，约有百回，每回十余人不拘，浓淡相间，雅俗并陈，全在结局有趣，如说笑话之类。又如，杂剧故事之类，各有引旗一对，锣鼓送上，所扮者备极世间骗局丑态，并闺壸拙妇呆男，及市井商匠刁赖词讼，杂耍把戏等项，皆可承应。"[3]明屠隆《章台柳玉合记叙》说："传奇之妙，在雅俗并陈，意调双美，有声有色，有情有态。"意思是戏曲写作只有雅方能"极才致"，充分表现作者的才华，从而"赏激名流"，博得名人的赏识。同时，又只有俗方能"通俗情"而"娱快妇竖"，使下层社会的广大观众娱乐快意。至于把雅俗相融合，清香婴居士《济公全传》第三十六则总评曰："传奇之妙，全在生旦净丑，而生旦净丑，各有本色，不得相兼。惟此《麴头陀传》，济公一身兼着生旦净丑。凡属当场敷衍之处，挺胸直臂，殚力撑持，全无旁驰假借。"[4]《红楼梦》借助刘姥姥二进大观园的餐饮娱乐，出雅入俗，导俗归雅，虽然牙牌酒令已是博物馆之物，但曹雪芹的趣味和苦心灼然可见。

[3] 上海古籍出版社编：《明代笔记小说大观》（4），上海古籍出版社2005年版，第2999页。

[4] （清）天花藏主人编次，萧欣桥校点，（清）香婴居士重编，于文藻校点：《醉菩提传·麴头陀传》，人民文学出版社1999年版，第318页。